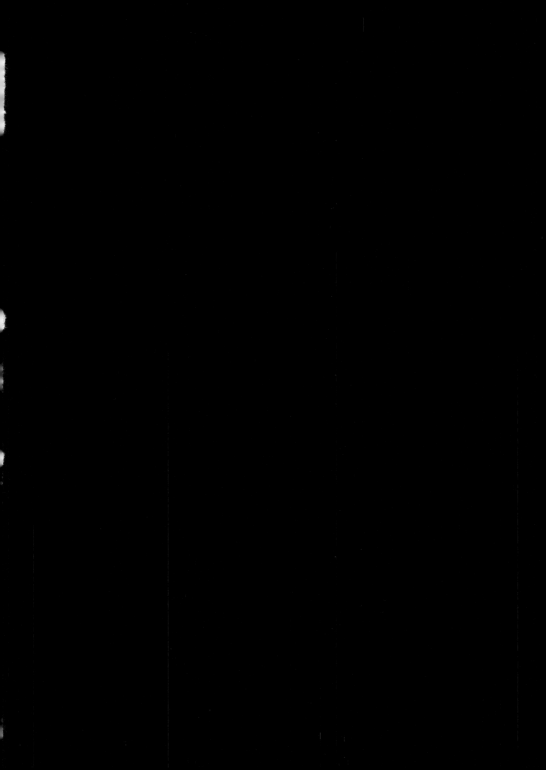

Children of Lucifer

The Origins of Modern Religious Satanism

悪魔崇拝とは何か

古代から現代まで

ルーベン・ファン・ラウク
藤原聖子 監修
飯田陽子 訳

中央公論新社

目次

凡例

○原書の【“ ”】、【‘ ’】は、おおむね【『 』】、【「 」】に置き換えた。

○原書の【[ ]】は、著者による引用文への補足がほとんどで、和文ものの【〔 〕】に換えた。

○綴字の誤りを指摘する【[sic]】は、訳文に残さなかった。一方、記載事項への疑問を示す【(sic)】は、【(原文ママ)】とした。

○書名や論文名を示すものではないイタリック体の部分は、傍点を振るか、あるいは【〈 〉】で囲んだ。

○【〔 〕】の部分は、訳者による説明か補いである。

○引用については、既訳を参照した場合、その文献書誌を文中に添えた。ただし、表記やルビ等で若干の変更がありうる。

○聖書の訳文は、『聖書 新共同訳』(日本聖書協会)に準じた。

○本文横に添えた数字は、訳注があることを示している。注は巻末に置いた。

悪魔崇拝とは何か——古代から現代まで

昨日はなお宗教であったものは今日はもはやそうではない。

そして今日無神論と認められているものは、明日は宗教と認められるのである。

——ルートヴィヒ・フォイエルバッハ『キリスト教の本質 *The Essence of Christianity*』〔船山信一訳、岩波文庫、一九三七〕

序論

ある日、大学の図書館で、『世界で最も奇妙な教団 *The World's Weirdest Cults*』というタイトルのペーパーバックがふと目に留まった。私はすぐにその本で取り上げられている宗教の中にはサタニズムも含まれているだろうと推測した。実際、その小本の全一六章のうち七章では、何らかのサタニスト「教団」が中心的に取り上げられていた。筆者の予感があたったのは、不思議な前兆があったからといったことではなく、合理的な推測による。サタニズムを「世界で最も奇妙な教団」の一つとして捉えることにおいては、こうした廉価本の著者たちは決して例外ではない。今日に至るまで、「サタニズム」という言葉は、奇怪なもの、不吉なもの、恐ろしいもの、ぞっとするもの、倒錯したもの、完全な悪などといったイメージを引き起こしてきた。このイメージは、学術的なものから非学術的なものまで、そのテーマを扱った文献、あるいは話のついでにたまたまそのテーマに触れた文献の多くに反映されている。また、筆者が研究中のテーマ(つまりサタニズム)について紹介した時の、学者を含む多くの人の反応も同じである。

こうした連想によって、サタニズムという言葉は自ずと、他人の評判を貶《おとし》めるための格好の道具となっている。歴史を通じて、何らかのサタニズムを実践していると言い立てられた個人や集団は数多く存在する。エッセネ派、グノーシス派、ヒンドゥー教徒、ユダヤ人とカタリ派、テンプル騎士団、ゴリアール、中世および近世のローマ・カトリック教皇、部族宗教の信者、プロテスタントとアナバプテスト〔再洗礼派。宗教改革時代にツヴィングリの弟子たちから分派〕、ジョン・ミルトン、フランソワ・アンリ・ド・モンモランシー＝ブトゥヴィル（リュクサンブール元帥）、モンテスパン夫人、イルミナティ、長老派教会、ロベスピエール、マラー、ダントン、モルモン教徒、薔薇十字団、催眠術師と降霊術師、ジュゼッペ・マツィーニとジュゼッペ・ガリバルディ、オットー・フォン・ビスマルク、ジャーコモ・レオパルディ、シャルル・ボードレール、グリゴリー・ラスプーチン、在米中国人の秘密結社、カール・マルクス、フリードリヒ・ニーチェ、サンフランシスコの自警団、教皇ピウス九世と教皇レオ一三世、マリアーノ・ランポッラ枢機卿、アレイスター・クロウリー、J・R・R・トールキン、ロバート・ジョンソン、アドルフ・ヒトラー、ナチ親衛隊、ユリウス・エヴォラ、ニューエイジ運動の支持者、ウィーン・アクショニスト、ビートルズ、マンソン・ファミリー、共産主義者、マクドナルド、プロクター・アンド・ギャンブル、ウォルト・ディズニー、ラッツィンガー枢機卿〔ベネディクト一六世〕、ブッシュ（父）元大統領以降の歴代アメリカ大統領などである。

サタニズムの定義

サタニストと呼ばれた人々がここに列挙した人物たちだけでないことは、本書にざっと目を通すだけでもわかる。リストが示唆するのは、サタニズムというテーマを適切に定義する必要性である。この序論では、少なくとも作業的定義を設けなければならない。多くの人々がこの語からすぐに抱くイメージとは裏腹に、これを定義するのは見かけほど単純ではない。サタニズムの用語に関しては、初めからさまざまな言い方が混在し、バベルの塔の物語に描かれるような言葉の混乱が生じていた。「サタニズム」と「サタニスト」という言葉がフランス語と英語に初めて登場したのは、一六世紀の宗教戦争の時代だった。当時の出版物では、カトリックの著述家がプロテスタントに対してその言葉を用い、その逆もまた然りであり、そして両者ともがアナバプテストに対してその蔑称を用いた。言葉のこのような論争的な用いられ方は、宗教的な敵対者同士が互いのことを、自覚的かつ秘密裏に悪魔を崇拝していると見做《みな》していたことを示しているのではなく（ただし、特にアナバプテストに関しては、相互の中傷が時折そうした疑惑に発展することもあった）、むしろ、カトリックの「偶像」崇拝者やプロテスタントの「異端」信仰者は、いずれもサタンの仲間であることを意味したということを示している。一九世紀初頭には、「サタニスト」と「サタニズム」という用語はより幅広い意味を持つようになり、「サタン的な性格」を持つ人物や物、つまり本質的に邪悪あるいは不道徳な人物や物のことを示すようになった。プロスペル・メリメ（『カルメン *Carmen*』の作者として有名）が一八四二年にある女友だちに宛てた手紙の中で、その友人のことを「サタニズムにおいてかなり急速な進歩」を遂げていると表現したのは、彼女が堕天使のための儀式を定期的に執り行っているという意味ではなく、彼女がますます「皮肉で嫌味っぽく、悪魔のように」なってきているという意味においてだった。「サタニズム」という言葉が現在の宗教史家、B級映画の監督、一般大衆たちのあいだで共有されているような意味合い、すなわち、意図的で明示的なサタン崇拝の意味を持つようになったのは、一九世紀末になってからのことだった。ただしこれは、この言葉が体現する概念や習わしがそれ以前には存在しなかったということではない。

本書では、「サタニズム」という用語を、その言葉に与えられた第三の最も新しい意味においてのみ使用する。歴史的資料のぬかるみの中を進むための仮説として、筆者はサタニズムを意図的かつ宗教的に動機づけられたサタンの崇拝と定義する。一見すると、これはかなりわかりやすく、専門家でなくとも本能的に同意できる定義に思えるかもしれない。しかし、詳細に見ていくと、それほど単純なことではないことがすぐにわかる。そのため、いくつかの点を前もって明確にしておきたい。

筆者は、「意図的な崇拝」というフレーズを用いることで、意図的な（とされる）宗教的選択の場合にのみサタニズムの語を使うということをはっきりさせておきたい。したがって、筆者は神学的、あるいは哲学的な観点から特定の歴史的事象を「サタニズム」として解釈することはない——たとえば、「ナチズムはサタニズムである、なぜならそれは悪を広めるための悪魔の道具だからである」というような解釈をすることはない。このような分析は、世界の秩序《コスモス》（あるいは無秩序）における物事の「本当の」場所や、歴史的事実の「仮面」の裏に隠された、あるいは見えないアイデンティティを見極める能力を前提としている。サタニズムのこのような「神学的」な定義、または同定への強い傾向は、キリスト教の（諸々の）下位文化に由来するこのテーマに関する非学術的、あるいは似非《えせ》学術的な膨大な文献において特に顕著であるが、サタニスト自身が自分たちの宗教について語った稀な歴史的記述にも見受けられる。これに対して、本研究は意図的な（とされる）諸々のサタニズムの起源や歴史に関するものである。言い換えれば、この研究は（想定される）行為または発言によって明確にほかと区別された意図的な宗教的選択としてのサタニズムに関するものである。

前述の内容から推察されるように、筆者は神や悪魔が実在して歴史に介入しているかどうかについては関心がない。サタンとその仲間が人間に知覚できる形で存在するのか、もし存在するとすれば、どのような方法でどのような手段を使って活動しているのかといったようなことは筆者の専門外である。これらの問いや同様の疑問に対する答えは、最終的には個人の宗教的（または非宗教的）な傾向に依存し、単純な歴史研究によって導き出せるものではない——ただし、この問題に対する筆者自身の見解が本書に表れている可能性はあるだろう。

「宗教的に動機づけられた」崇拝という表現で筆者が意味しているのは、その崇拝が宗教的性格を帯びていなくてはならないということである。そうでなければ、本書は宗教運動の歴史ではなく、宗教的な起源を持つ神話的象徴の歴史に関する本になってしまう（後述するように、この二つのテーマは必然的かつ複雑に絡み合っているのではあるが）。しかし、「宗教的」という言葉が具体的に意味するものを説明するのは決して容易ではない。今のところ、学者たちは宗教の適切な定義について合意に至っていない。最初の試みの一つは、一九世紀の人類学者E・B・タイラーによるもので、彼は宗教を「超自然的な存在に対する信仰」と定義した。現在、多くの学者は、このように宗教的領域を「超自然的なもの」に限定する見方はしていない。まず、「超自然的なもの」という言葉自体が定義の難しい用語であり、そうすることで宗教は近代西洋科学とは逆の領域に押し込められることになる(ちなみに、タイラーが提示していたのはまさにこのことである)。さらに、多くの宗教がこの定義には当てはまりにくい(一部の部族宗教、汎神論、道教など)。とりわけ近代宗教運動の多くは、正確には、「超自然的な存在に対する信仰」を伴わない宗教性のあり方を受け入れている――特に「自己啓発的な宗教」のさまざまな現れが思い浮かぶ。

そこで、本書の目的に沿って、筆者は宗教をより広義に定義することとする。そのために、本書ではロバート・ベラーによる簡潔な定義を取り入れる。すなわち、宗教を「人間を自らの存在の究極的条件に結びつける一連の象徴的な形式と行為」とする定義である。ただし、ベラーが実際に書こうとしていたのは、「人間を自らの存在の究極的条件と考えるものに結びつける一連の象徴的な形式と行為」ということではないかと筆者は推測している。さらに、この研究の後半で明らかになるように、筆者はベラーの「象徴的な形式と行為」を(おそらくベラーが意図したよりも広く)拡大解釈した定義を用いる。

筆者は、この定義を用いる中で、自分たちのことを宗教的とは考えていない集団、あるいは宗教という分類を断固として否定すらする集団を、宗教的と分類するかもしれない。そうする理由は、筆者の考えでは、一つには宗教という分類を否定することが、近代西洋文明の歴史上の特定のイデオロギーによるものであり、宗教史学者の役割は、自身の研究領域ではそうした期間限定の概念を破棄することにあるからである。これは、明示的あるいは暗黙の自己分類が示す宗教批判の態度の意義をないがしろにするものではない。実際、この態度の歴史的起源は、およそ三世紀前の西洋にあるが、本書の物語において本質的な部分をなすこととなる。さらに、現在の「宗教」という言葉の使われ方は、この歴史的なプロセスと密接な関連があるかもしれない。というのも、その言葉は、宗教的なものを人間社会あるいは人間存在の他の諸領域から切り離すことができるという、比較的近代的と思われる考え方を前提しているからである。

この最後の点に関して補足すると、宗教を独立した範疇とする見方が、西洋の特殊な歴史的展開によって形成されたからといって、宗教の語を研究で使ってはならないとは筆者は思わない。西洋文明のこの特殊な経験は、おそらく真に価値のある洞察ももたらしたのだろう――実際、学術的・科学的研究の妥当性に対する私たちの信頼は、暗黙のうちにこの確信を拠り所としている。しかし、異なる場所、異なる時代にいる人々が、この比較的厳格な分類を共有していたとは限らないし、今もそうとは限らないとの認識を持っていることは重要である。また、宗教に関する現在の通俗的な考えを、そして、宗教とは何であり、何が宗教でないかに関するそれを、定義と区分についての決定的な言葉として、精査することなく受け入れるべきだということでもない。

筆者は、ベラーによる定義に、一定の方法論的および存在論的な問題が残っていることは認識している。しかし、現時点での本書の目的は、宗教に関する確実で隙のない定義を見つけ出すことではなく、純粋なサタニズムを、過去の文献や、民間伝承および神学的な伝承においてサタニズムと結びつけられてきた、ほかの多くの現象から区別するのに役立つツールを見つけることにある。そして、予《あらかじ》め言えることとしては、宗教に関するこのように広義の定義を用いたとしても、サタニズム（であるかもしれないし、そうでないかもしれないもの）の歴史には、いかに分類しようとしても困難な事例がいくつも存在する。このような事例から、宗教、西洋文明、そして人間性全般の本性に関する、最も興味をかき立てられる問いや洞察がしばしば生み出されるのも、偶然ではないのかもしれない。

重要なのは、「サタン」という言葉の解釈の曖昧さである。この言葉は、その最も単純な形においては、聖書に出てくる「サタン」の名で称されるあらゆる神話的存在、または意図的にサタンを指し示そうとして使われるものと筆者は考えている。本研究の目的を踏まえ、「サタン」という言葉で表すものの中には、ルシファー、ベルゼブブ、レビヤタン、蛇など、初期キリスト教の伝統においてサタンと同一視されていた、あるいはサタンと密接に結びつけられていた聖書に出てくる存在も含めている。したがって、キリスト教の邪悪なもののヒエラルキーに組み込まれた後の、これら神話的存在に対する意図的で宗教的な崇拝をすべて、筆者はサタニズムと見做すこととする。もちろん、このことは、サタンではなく（たとえば）ルシファーを崇拝の対象として選ぶことが恣意的であるという意味ではない。それは、しばしば極めて重要な意味を持つため、筆者はその重要性を各章において適宜示していくように心がける。

しかし筆者は、サタンの名に包摂される神話的存在を、ユダヤ＝キリスト教のサタンに似ているからという理由で（たとえば、悪、地下の神々、性的なもの、生命力などの象徴とされるものとして、あるいは、単にキリスト教ではなかったり獰猛な顔つきであったりすることを理由に）、ほかの宗教体系の神々または神話的存在にまで拡大することは断固として提案しない。そのような拡大は、キリスト教の中でもサタニズムの中でもしばしば起きたことではあるが。したがって、インドのシヴァ神の崇拝者は、たとえ一部のキリスト教徒のあいだでサタニストと見做され、そして一部のサタニストたちが、自分たちの万神殿《パンテオン》または万悪魔殿《パンデモニウム》の中にシヴァを含めていたとしても、サタニストではないのである。そして、これはさらに基本的な点ではあるが、サタンと悪を同一視はしない。神話的な存在としてのサタンは、サタンが登場するさまざまな伝統ごとに、異なる形や意味を与えられてきており、今も昔も必ずしも悪の象徴ではなかった。サタンが悪の化身としての役割を担うようになったのは、ごく一部の地域の主にキリスト教伝統においてのみで、西暦紀元が始まる少し前に広まり始め、その後も常にその見方が支持されたわけではなかった。

　最後に挙げる、サタニズム定義上の問題は、どのくらい「サタン」が出てきたらサタニズムと言ってよいのかである。サタンへの崇拝を表明する宗教集団や個人の中には、ほかの関連性のない神話的存在を崇拝している者もいる——驚くべきことに、その多くはエホバ、キリスト、聖母マリアといったユダヤ＝キリスト教の伝統に由来するものだが、ほかの宗教に由来する神々であるセト、ロキ、カーリー、マルドゥークといったキリスト教以外の多種多様な神々も含まれている。このような状況において「サタニズム」という用語が最も適切かどうか、あるいはほかの用語の方が適しているかどうかを判断する客観的な基準が存在しないのは明らかである。一般的に、宗教的なレッテルを貼る際には極めて慎重にならなければならない（これはあらゆる宗教的なレッテル貼りに言えることだが、特にサタニズムのそれには注意を払う必要がある）。そのため、大まかな方向性として、筆者はサタン（またはサタンと関連づけられた聖書に出てくる存在）への崇拝の要素が明らかに支配的である場合にのみ、「サタニズム」の用語を使用する。ほかのケースで、サタンへの崇拝がより広範な宗教体系における単なる一側面、または従属的な側面にすぎない場合には、サタニズムの要素を示す宗教として語る方が適切であるように思われる。いずれの場合も強調しておかなければならないのは、筆者が「サタニズム」という用語を使うのは、歴史的あるいは社会学的な用語としてであって、倫理的もしくは神学的な価値判断を示しているのでは一切ないということである。

本書の仮説、枠組み、方法論

これまで見てきたように、サタンを崇拝することと悪を崇拝することが必ずしもイコールでないことは覚えておく必要があるが、宗教的サタニズムの存在を興味深いものとしているのは、言うまでもなく、伝統的キリスト教においてはサタンが神話的に表現された悪の代表だったという事実である。なぜ、現代の西洋社会において個人や集団がかつての悪の象徴を崇拝するようになったのか。これこそが、現代のサタニズムの存在によって提起される最大の問いであり、本書を貫く中心的な問いである。

　この問いに答える上で、筆者は分析のための二つのカテゴリーを取り入れた。一つは「ラベリング（attribution）」であり、もう一つは「同一化（identification）」または「摂取（appropriation）」である。ラベリングとは、他者がしていることをサタニズムに帰すメカニズムであり、〈同一化〉とは、自分をサタニズムの概念および／あるいはサタンという存在と同一視するメカニズムである。これらのカテゴリーによってサタニズムに関するたくさんの歴史的な報告をふるいにかけ、その報告が他者にサタニズムの濡れ衣を着せるものなのか、それとも実際に行われたサタニズムを記述するものなのかに応じて区別することができる。しかし、このようなアプローチを選択する上で、さらに指摘しておくべき点があることは明らかだ。筆者の考えでは、ラベリングは〈同一化〉に先立つ。サタニズムを適切な歴史的コンテキストに位置づける上で、前提として必要なのは、ラベリングが〈同一化〉に先立つという事実を捉え、示すことである。E・ホブズボウムの有名な言葉を借りるなら、サタニズムは創られた伝統であるというのが筆者の考えだ。このテーマに対するこのアプローチは、ほかのアプローチと同様、必然的にある種の先入観を伴うが、その有用性が本書で証明されることを願っている。

　わかりやすくするために、サタニズムの文脈において「ラベリング」の言葉が持ちうる二つの意味を明確にしておくことが賢明かもしれない。一つ目の意味としては、ラベリングとは、筆者が言うところの「神学的」なサタニズムの定義を他者に当てはめることを指す場合がある。すなわち、一般的な神学的または哲学的考えで、邪悪だからということで、ある団体や個人をサタニスト呼ばわりする場合である。この場合、意図的に実践されているサタン崇拝の実在は必ずしも前提されていない。たとえば、ニヒリストがサタニストと呼ばれるのは「悪魔的に」社会を混乱させるからであって、彼らが悪魔崇拝の儀式を行うと考えられているからではない。二つ目の意味としては、意図的で宗教的に動機づけられたサタン崇拝としてのサタニズムを他者に当てはめる場合である。すなわち、本書の定義にしたがったサタニズムを、実際に、かつ意図的に実践しているという嫌疑をかける場合である。本書にとっては、こちらの方が重要な事例ではあるが、この二つの意味の「ラベリング」は絡み合っている。

具体的には、本書は三重の関心に従って書かれている。関心の一つ目は、リアルなサタニストを見つけ出すことである。その際、暫定的な定義とラベリングの概念を用いて歴史的なサタニズムの記述の信憑性を判断し、より幅広い歴史的枠組みにその記述の事例を位置づける。二つ目は、これらのラベリングとしての、または実際のサタニズムの事例が、サタニズム概念の構築にどのように寄与したかを示すことである。三つ目は、〈近代的な〉宗教的サタニズムを生じさせたラベリングから〈同一化〉への移行が、いつどこでどのように起きたかを突き止め、そしてその歴史的背景を描写することである。この三つ目の点を論じるために、本書では一九世紀の〈対抗〉文化におけるロマン派サタニストとその後継者のような、厳密な意味でのサタニズムの定義からは外れた集団や個人も含めて幅広く論じていく。なぜなら、そうした事例は、ラベリングから〈同一化〉への移行における重要な段階を体現または象徴するところがあり、近代の宗教的サタニズムの出現が近代西洋社会の成立とどのように関連しているのかを明確にできると考えられるからだ。同様の理由から、一見すると必要ないように見えるかもしれないが、本書では明白なラベリングの事例について広範な議論を行う。

用いる資料の性格からも、とる方法は決まってくる。すでに指摘したとおり、サタニズムの歴史は数百年だが、サタンの歴史的起源は三〇〇〇年近く遡る可能性がある。限られた時間しか持たない一人の人間が、一次資料の包括的な調査を行い、このように長いスパンをカバーする説明を提示することは明らかに不可能である。そのため、特に第1章で取り上げたテーマに関しては、二次文献に頼るところが大きい。二次文献とはつまり、特定の時代や出来事に関する専門家による文献である。例外的な場合にのみ、サタニズムに関する一般的な歴史書を参照した。だが、その場合でも筆者は主要な一次資料を調べることで、忘れ去られた歴史の事実に触れ続けようと試みている。読者も同じことができるよう、本書ではこうした資料を随所にちりばめた。続く各章では、先行研究を大いに参考にした。さらに、筆者は自身の解釈の根拠を、各事例に関する原典を幅広く読むことにおいた。加えて、第4章では一次資料を深く掘り下げた（主にユイスマンスとブーラン、あるいは彼らの仲間による書簡や個人文書）。ただし、本書の強みが、古文書から新たな歴史的情報を発見することにあるのではないことは付記しておきたい。むしろ、本書の強みは、これまで学術的な注目をほとんど浴びることなく、過去に十分な広がりと正確さをもって提示されることがほぼなかった複雑な歴史的対象に新たな光を当てたという点にある。

本書のテーマの広さゆえに、ほかにも調査の範囲を制限せざるをえず、特定の時代に研究の焦点を絞る必要があった。筆者は時代を一九世紀に絞ることにしたが、それは結果的に的確な判断だったと言える。というのも、研究が進むにつれ、現代のサタニズムの出現に不可欠なラベリングから〈同一化〉への移行において、一九世紀が非常に重要な時期であることがわかったからだ。また、この時間的な制限のほかに、扱う資料に関しては地理的にも制限を設けざるをえなかった。こうした制限はある程度テーマそのものによって左右される。本書でサタニズムを意図的で宗教的なサタン崇拝と定義したため、サタニズムはユダヤ＝キリスト教的伝統の一部であるか、それと接触してきた社会においてしか生じ得ない現象ということになった。そのため、筆者の焦点は基本的に西洋文明に向けられている。イスラム世界はユダヤ＝キリスト教のサタンを受容し、サタンに関するさまざまな独自の見解を発展させたが、今回の調査からは除外した。第2章と第3章では、ロマン派のサタンとその影響を取り上げ、主にイギリス文学とフランス文学について論じ、一部ほかのヨーロッパの文学にも言及している。ただ、たとえばドイツ文学についてしっかりとした調査を行うことができれば、興味深いさらなる洞察を得られたはずであるが、時間的および手法的な問題からそれは叶わなかった。第4章ではユイスマンスを取り上げることから、焦点は自ずとフランスに絞られている。第5章と第6章でも主にフランスを扱っているが、より広範なカトリック世界への重要な影響についても論じる。第7章と第8章では二〇世紀における近現代の宗教的サタニズムの出現について語り、その大部分はアメリカと関係している。というのも、アメリカはこの時期のサタニズムに関する流行を作り出していた地域だからだ。

本書のテーマの多様な側面と、テーマに合う多面的なアプローチを踏まえると、この著書はあくまでサタニズムの包括的な歴史の概略および提案にすぎない。このことと関連して、本書の方法論のもう一つの根本的な側面も明確にしておかなければならない。これは決して機能主義的な分析ではない。すなわち本書では、人々がサタニストとなる、あるいは人が誰かをサタニストと見做すきっかけとなった社会的、経済的、心理的な因果関係についで深く掘り下げることはしない。これらのアプローチはすべて、複雑な現実のさまざまなレベルで本書のテーマに関するより深い理解をもたらしてくれるかもしれないが、筆者は（ほかに良い表現がないが）物語（論）的（narrativist）な方法論的枠組みを採用した。筆者の考えでは、歴史の物語は、過去の確認できる痕跡に信憑性のある解釈や相互関係を与え、何が起こったのかを整理し意味のある記述に落とし込むことを模索すべきである。たしかに筆者は、歴史における、そしてサタニズムの歴史においても重要なパターンを見つけることができると考えてはいるが、人間や人間同士の関わり合いの複雑さが生み出した歴史上の出来事は独特なものとなる傾向にあり、一連の出来事そのものを語ることでしか的確に記述し説明することはできない。これこそが、歴史家の本領が発揮される領域であると筆者は考える。したがって、本書の副題にある「近現代宗教的サタニズムの起源」とは、サタニズムの歴史的起源を指しているのであって、その出現に関わっていたかもしれない経済的、社会的、心理的なメカニズムを指しているのではない。

本書でサタニズムの歴史を語るにあたって、読者が、そして筆者自身も、西洋社会が過去に経験した実存的なジレンマのいくつかを追体験し、サタニズムというこの尋常ではない宗教の出現の過程で、人々がどのような選択をしてきたかについて理解を深めるだけでなく、私たちが何者であるかをもより深く理解することを願う。

この魔神のためにおれは教会と祭壇を築き、
生まれたての嬰児のなま温かい血潮を献げよう。
――クリストファー・マーロウ『フォースタス博士の悲劇』(第二幕第一場一三-一四行)〔平井正穂訳、『筑摩世界文学大系18』筑摩書房、一九七五〕

第1章 キリスト教によるサタニズムの発明

サタニズムの概念はキリスト教によって発明された。これから論じていくように、サタニズムの概念が最初に表れたのは、キリスト教とキリスト教を背景とする社会的文脈においてである。大局的に見れば、サタンの概念が膨らんでいく中でキリスト教が中心的な役割を果たしたという点で、サタニズムの出現はキリスト教と根本的に結びついていたと言える。サタニズムを意図的なサタンの宗教的崇拝と定義するとすれば、それはつまり、サタンなしにはサタニズムは存在しないことになる。そこで本章では、まずこのサタンという神話的存在の起源について簡単な説明を行い、次にサタニズムの概念がユダヤ=キリスト教世界で起こり発展していった軌跡をたどる。それと同時に、この概念の背景にある実態にも注目し、近代以前と近世の歴史において、サタニズムが実際はどのような様相を呈していたのかを検討する。とりわけ、一七世紀末のフランスで起こった宮廷毒殺事件をはじめ、近世のサタニズムと思《おぼ》しきいくつかの事例に注目し論じていく。いずれにせよ、本書ではまずサタン自体の誕生に関する簡単な説明を行って、この探究の旅を始めることにする。

悪魔の略歴

人は古くより不幸や災いの原因は神々や霊にあると信じ、畏れてきた。地域社会において災いは、特定の場所・動物・人物、古《いにしえ》の神々、あるいは霊が地上をさまよう一定の時期と結びつけて考えられた。より中央集権化された社会では、災いの原因とされた霊を祭司や神官が儀式書や長いリストにまとめて編纂した。危険と疑われる神々や霊の正確な名前を把握することによって、その存在を何らかの方法で押さえつけコントロールし、儀式によって身を守ることができるようにしたのだ。霊の世界は両面的な性格を持つとされ、災いをもたらす霊的存在とそうでないそれとは明確に分けられておらず、その区別は場所や時代、あるいは民族や職業によって変化した。悪魔祓《ばら》いや魔除《まよ》けの呪文に含まれる追い払われる霊というのは、混沌の化身や人間を食い物にする存在、近隣民族の神々、敵の願いを聞き入れ、害を与えようとする在来の神々などである。時折こうした呪文の最後が、「怒りが静まらない限り顕現するであろう神と女神」から嘆願者を守るように、との文言で締め括られていることがあるが、それはどうやら、そうしないと、リストに入れ忘れた神々や霊が、儀式によって作られた結界に侵入してくるかもしれないと懸念していたかららしい。

このように、同じ神的・超人間的な存在であっても、状況によって「善」にも「悪」にもなった。このことを示す有名な例が、古代ギリシア宗教のオリンポスの神々は道徳的とは言い難い行動をとったというものである。神々はたいてい人間には好意的だが、何か気に障ることがあれば害を与えることもいとわない。彼らの敵であるティタン神族は原始の混沌の荒れ狂う力を具象化したものだが、それは秩序ある人間も住める世界を創り出すためには、戦いによって制圧しなくてはならない存在だった。だが、このティタン神族とオリンポスの神々が、道徳的または存在論的に完全に対比させられることはなく、それはゼウス自身がもともとティタン神族の生まれだという事実にも示されている。それと同じく、ダイモーン

（demon / daimon）という言葉は邪悪な存在という意味に限定されず、大物小物の霊のどちらをも言い表す言葉だった。プラトンによると、ダイモーンは憑依することで情熱的な愛や予言の際のトランス状態、狂気をもたらした。狂気に至っては単なる災いではなく、神々から予言する力が与えられていることが示されているのだと考えられた。ソクラテスは（プラトンが語るところによると）、こうした個人的なダイモーンからインスピレーションを得ていたのだと主張した。

民族間の歴史的争いは、霊の世界の勢力図にも反映されている可能性がある。ある文化が別の文化に征服された場合、征服された側の神々は征服した側の神々の中に吸収されるか、あるいは下級の悪質な存在として軽んじられるようになった。加えて、文化・言語が分岐、展開していくことで、著しく異なる性格づけが神々の世界でされるようになった。この事象について引用されることの多い有名な例として、インド＝イラン語派圏の宗教におけるアスラとダエーワが挙げられる。インドのリグ・ヴェーダでアスラには「君主」の意味があり、とりわけ「軍の統率者」といった意味合いが強く、敵味方を問わず使われていた。その後、アスラはヴェーダ文化の神々であるダエーワと対立する存在となっていった。一方、イランの宗教において、「アフラ」には「君主」の意味合いが残り、最高神であるアフラ＝マズダの名前の一部にすらなった。一方で戦士的な「悪神《ダエーワ》」は、敵意のある霊に格下げされた。

要するに、一定の道徳的両義性は、古代世界における神々や霊のとらえ方の特徴なのである。おそらく、「善」神と「悪」神が明確に区別されるようになったのは、宗教史の中でも比較的後の時代になってからのことである。古代エジプトのセト神は時代が下がると悪霊を表すように変化する珍しい例としてひとまず挙げられるかもしれない。最古の宗教の一つである古代エジプトの宗教では、「完全なる神」と呼ばれる起源神アトゥムについて語られている。アトゥムからすべての神々は生まれた。セト神もアトゥムから生まれ、砂漠の神、荒れ地の神、「強大な力」を持つ神となった。オランダのエジプト学者テ・ヴェルデは、権威ある自身の論文でセト神を「混乱の神」と見做し、秩序を乱し、嵐や動乱をもたらし、「短気で好色な神」であり、兄オシリスを殺してオシリスの息子ホルスに性的な嫌がらせを行ったと論じた。しかしこのように不快な特徴はあるものの、セト神を絶対悪の具現として記述するのは時代錯誤になりかねない。むしろ、セト神には神として崇拝される側面があった。かなり好戦的な神としての側面を持つセト神は、毎夜空の旅をくり返す太陽の船の守護神として描かれることもあり、太陽を呑み込もうと脅かす混沌の大蛇アーペピから太陽を守っているとされた。エジプトのとある地域ではセト神信仰が栄え、熱心な信者であれば子どもに「偉大なるセト」、「慈悲深きセト」、「支配者たるセト」などと名づける者もいた。

砂漠の神でもあるセト神は、異国の土地や人々とも結びつけられた。たとえば、国際協定に記された異国の神々の名は、エジプト側の文書ではたいてい「セト」と翻訳された。また、ラムセス王朝時代にエジプトが領土拡大を行っていた時期にセト神信仰は大きく発展し、ラムセス王朝の歴代のファラオの中にはセト神にちなんだ名前をセカンドネームとしてつけた者たちもいた。セト神はある意味では「外来神」として、新たにファラオの支配を受けることになった異国の人々のことを表していた。こうした関連づけによってセト神は悪魔化されるようになっていった可能性がある。エジプトがアッシリアによる侵略後に長期にわたり外国の統治下におかれると、セト神は外国による支配を象徴する存在となった。「セト神の名前と肖像は記念碑や碑文から消された。「セト神とその一味を打倒する」ための儀式がエジプトの神殿で執り行われ、嫌悪の対象となったセト神は「嘘つき君主」、「偽りの王」、「罪人の親玉」と呼ばれた。しかしこうした悪魔化がすべての地域に広がることはどうやらなかったらしく、ローマ時代に至ってもなお辺境のオアシスでセト神が引き続き信仰されていたことが分かっている。

エジプトの「混乱の神」の例を別にすると、ゾロアスター教は至高の悪神を示した最初の宗教であると考えられる。ゾロアスター教はゾロアスター（ザラスシュトラ）によって紀元前一〇〇〇年から紀元前六〇〇年のあいだに古代イランで創始され、その革新的な発想でこの世を徹底した二元論によって解釈し直した。ゾロアスター教によれば宇宙が始まった時から対立関係にある霊が二つ存在する。すなわち、光明と善の神アフラ・マズダ（オフルマズド）と暗黒と悪の神アンラ・マンユ（アーリマン）である。アンラ・マンユは初めは単に「悪霊」を意味する一般的名称にすぎなかったが、ゾロアスター教が展開していくにつれ悪神を意味する固有名詞になっていった。

善神と悪神との明確な区別は、前例がない独自の方法で、現実の世界にも当てはめられていった。まず、霊の世界は対立する二陣営から成ると考えられた。古の戦士の神でありつつも悪霊と見做されるようになったダエーワが支持するアーリマン側と、多くの善神から支持されたオフルマズド側である。また、動物界に関しては、悪霊によって生み出された動物（主に昆虫と爬虫類）を殺すことはゾロアスター教徒の宗教的義務とされた。最後に重要な点としては、人間も二種類に分けて考えられたことである。一方は、アフラ・マズダの教えに従うゾロアスター教徒で、悪霊との戦いで最後の勝利を収める側の人間であり、もう一方は、悪事を働く非ゾロアスター教徒で、最後の戦いでアーリマンともども滅ぼされる側の人間である。興味深いことに、ゾロアスター教の聖典にはダエーワをある特殊な方法で崇拝する信者集団に対する懸念が記されている。この「アーリマニスト」は夜に秘密の集会を開き、独自の礼拝を行ったりダエーワによる啓示を唱えたりした。また、ゾロアスター教の書記によると、アーリマニストは腐った人肉を好んで食し、人間の排泄物を体中に塗りたくったという。


サタンの緩やかな進化は、こうした歴史的背景に対して位置づけていく必要がある。「サタン」という名称の最古の痕跡は、後にユダヤ教の聖書タナハ（＝キリスト教の旧約聖書）となるヘブライ語の文書に見出される。ヘブライ語のサタンにあたるサーターンは一般に「敵」、「対抗者」、「告発者」などと訳され、また、関連する意味としては「妨害者」、「試練を課す者」もある。タナハの五か所では――サーターンの用例に多くあたるが――サタンは人間の敵対者を意味し、四か所では人間以外の存在を表している。たとえば、民数記第二二章二二～三五節では、イスラエルの民を呪いに行く途中の預言者バラムを妨げた主の使いあるいは天使が「サタン」と呼ばれている。ここでの「サタン」は単に、天使がバラムを「物理的に」阻む妨害者であることを意味するにすぎない。

このサタンは、預言者ゼカリヤの幻視に現れるサタンとは明らかに別の存在である（ゼカリヤ書第三章一～二節）。ゼカリヤの幻視では、大祭司の処遇が検討されている。大祭司は主の天使の前に立ち、右側には「告発者」であるサタンが大祭司を告発するために立っている。しかし主の天使はこの告発者を戒め、大祭司を弁護する。

ヘブライ語（旧約）聖書内の最も有名な「サタン」は、これと似た告発者の役割を担っている。紀元前六世紀頃に書かれたとされるヨブ記のプロローグに登場するサタンである。ヨブ記第一章と第二章では、「神の息子たち」がいかにしてヤハウェのもとに集まったのかが記されている。そこでもただ「告発者」とだけ表される天使が現れる。天使が「地上を巡回しておりました。ほうぼうを歩き回っていました」と報告すると、ヤハウェは、しもべのヨブが持つ類稀な信仰心に気づいたかと尋ねる。天使はヨブの類稀な信仰心は驚くにはあたらない、なぜならヤハウェのおかげでヨブは何をしても成功し繁栄できるようになっているのだからと答えた。天使はさらに、ヨブが富も健康も失った時、その信仰心はどうなるのだろうかと尋ねた。ヤハウェはその挑戦に応じ、ヨブに災厄と病気が降りかかるよう天使に指示した。

このように、ヨブ記における「サタン的な」天使と災難とのあいだには明らかな結びつきがある。けれども、現代の研究者が認めるように、ここに出てくる「サタン」は、悪の性格を備えた神話的存在というより、神に人間について報告し、人間に試練を与える役割を負う職務の名称にすぎない。ヘブライ語（旧約）聖書には、悪霊が災いを引き起こすという概念はなく、ヤハウェが唯一の真なる強力な力を持つ神だという認識が根底にある。災いは、人間がヤハウェの掟に背いたために、または人知の及ばない神の意志によってもたらされると考えられた。このテーマは詩編にもしばしば登場する。ヨブ記も結局のところはこのテーマに帰着する。というのも、ヨブ記のプロローグより後の章では、ヤハウェによる幸・不幸の配分が正当かどうかについての詩的な議論が徹底的になされる一方、告発者である天使の話題は一切出てこないからである。

聖書学者の中には、ヘブライ人のヤハウェ崇拝のような一神教を発展させる「内なる力」によって、神と悪を直接結びつけてしまわないように、ほぼ必然的に何らかの「悪の外部化」が発生したと主張する者もいる。その流れを説明するために引き合いに出されることが多いのが、サタンが現れる第四の聖書の一節、すなわち歴代誌上第二一章一節である。歴代誌上はサムエル記下に記された古代イスラエル列王記をもとに再構成したものである。サムエル記下第二四章には、ダビデ王がヤハウェから、それが罪深い行いであるにもかかわらずイスラエルの民の数を数えるよう誘われ、その結果イスラエルに壊滅的な疫病がもたらされた、とある。これと同じ物語が歴代誌上第二一章にも記されているが、こちらでは、ダビデに「イスラエルの人口を数えるよう」誘ったのは「サタン」だとされている。歴代誌でこの第三者が突然登場する理由としてよく言われるのは、ヘブライ人の年代記編者が悪意ある行為がヤハウェによるものではないことの証を立てようと試み、それに伴い、「天界における善悪二分の始まり」が示されているのだというものである。けれども、こうした解釈には異論もある。歴代誌上を記した無名の作者の興味は、神の振る舞いが道徳的に正しいかどうかより、ヤハウェとダビデの良好な関係を描くことにあったとも言われている——というのも、特に歴代誌下のほかの箇所では、偽りや悪事を容認するヤハウェが数多く描写されているからである（歴代誌下第一〇章、第一四章、第一八章一八～二二節参照）。

実際に、災いや害悪をもたらす神々や霊がユダヤ教思想で注目されるようになったのはもっと後になってからであり、時期としては、ヘブライ語（旧約）聖書の編纂が終わった時期（紀元前四〇〇年頃）から第二神殿が破壊された頃（七〇年）のあいだのことである。この展開の歴史的要因については議論がなされている。これまでも見てきたように、聖書学者はユダヤ教内部における自律的な神学の展開を重要視することが多い。イラン研究者はたいてい、ゾロアスター教における極めて二元論的な宗教的世界観から受けた強い影響について主張する。結局のところ、ユダ族とレビ族が捕らわれ、ゾロアスター教のペルシアへと連れて行かれたのだし、さらにその後で、大いなる文化のるつぼであるヘレニズム時代のアジア圏でゾロアスター教の思想に慣れ親しんでいった可能性もあるのだ。要因が何であるにせよ、悪業を行う神々や霊に対する関心の高まりはこの時期から明白となっていき、新たな宇宙創成譚や悪霊のリスト、あるいは終末論（世界の終わりに関する思想）の概念の中に表されていった。こうした神学上の善悪二分化のプロセスに、ヘブライ語（旧約）聖書のサタンは巻き込まれていく。善悪の特徴が曖昧だったサタンがいつ邪悪なる存在としてのサタンになったのか、正確な時期は特定できないが、その目印となるキーワードが示されていることは確かである。ヘブライ語（旧約）聖書のギリシア語訳である七十人訳聖書は紀元前二〇〇年頃にまとめられたが、そこではヨブ記とゼカリヤ書に登場する「サタンである天使」が、「ho diabolos（一般に悪魔と訳される）」、「中傷する者」と訳され、明確な一つの存在、明らかにより悪意のある存在として示されている。

ここではまだ、この「中傷する者」が後世において悪魔と見做されるようになるかは明確ではない。実際、同時代のユダヤ文献には悪魔の候補となる悪霊の親玉が頻繁に登場する。シャムハザ、アザゼル、シェミハザ、アスモデウス（おそらく古代イランの「憤怒の神」から派生）、ベリアル、マステマ、サマエル、メルキナなどヘブライ語にはない名前の悪霊である。第二神殿の破壊後、ユダヤ教の主流派はこうした霊は重視せず、人間の内面的な善悪二面性の性質を強調していった。悪霊や終末論はユダヤ教の傍流グループによって重視され、精巧に作り上げられていった。処刑されたナザレのイエスというユダヤ人説教者の周りで発生したのはこうした傍流グループの一つだった。この新しい宗教運動によってユダヤ教の正典に文書選集（今日新約聖書として知られるもの）が追加された。そこには悪魔がしばしば登場し、悪霊との劇的な遭遇を描く物語が多く含まれているが、悪魔はユダヤ教とキリスト教の伝統においてはもっぱらネガティヴな意味合いを獲得した。暗黒の悪の王国は、真なる神の光の王国と対立し、ほとんどの場合、サタンは前者の長として描かれた。新約聖書が執筆された当時、地上はまだこうした悪霊の力によって支配され、災いや病がもたらされ、罪への誘惑がはびこっていると信じられていた。しかし、イエスはヤハウェの王国がサタンに勝利すると宣言するために到来した。サタンが権力のある地位から引きずり降ろされた場面は、キリスト教の正典の最後に追加されたヨハネの黙示録でこと細かく描かれている。

しかし、サタンの存在感が増したとはいえ、新約聖書におけるその描写は曖昧なままである。古い伝承やほかの伝承を文章の継ぎ目から時折読み取ることができ、共観福音書（マルコ、マタイ、ルカが記したとされるイエスの伝記）では、ヘブライ語の「サタン」は古く、幅広い意味のまま用いられていることがある。たとえば、使徒ペトロはヨブが受けたような苦しみの道をイエスには受け入れさせまいとするが、イエスはペトロを「サタン」だと叱る（マタイによる福音書第一六章二三節、マルコによる福音書第八章三三節）。共観福音書にはフェニキアの宗教でバアルゼブル、すなわち「偉大なる王」として崇拝される悪霊や不浄霊の支配者が登場することもあるが、使徒パウロはキリストとベリアル――サタンではない――をコリントの信徒への手紙二において併記している

（コリントの信徒への手紙二第六章一四～一五節）。だが新約聖書のほとんどの文脈において、ヘブライ語のまま訳されていない「サタン」、あるいはギリシア語の同義である「悪魔（devil）」は、「神と正義の完全な敵」である神々や霊を明確に示す言葉となっている。

新約聖書に記されたこの漠然としたサタン観は、二、三世紀のキリスト教神学における悪に関する一貫した解釈に組み込まれていった。ユスティノス（一〇〇～一六五）、テルトゥリアヌス（一六〇～二二五）、オリゲネス（一八五～二五四）らは、古典期の哲学の例に倣って体系的なキリスト教神学を開拓していった。また、暗黒の領域にも踏み込み、数多くの悪霊のリストを作り分類した。彼らの著述においてサタンは敵国の王として明確に著されている。また、サタンの活動はヘブライ語（旧約）聖書に遡って読み取られ、たとえば、創世記でアダムとイヴを原罪へと誘惑した蛇はサタンと同一視された――これはすでに新約聖書のヨハネの黙示録でも示され、サタンは「年を経た蛇」（ヨハネの黙示録第一二章九節）と呼ばれる。

さらに、ユスティノスやオリゲネスなど初期のキリスト教神学者は、聖書には記されていなかった悪魔の伝記を補足しようとした。特に悪魔の起源（ひいては悪の起源）に関する伝記であったが、それは主に、聖書に組み入れられることがなかった神話的伝承をめぐる彼らの推測に基づいていた。

こうした神話的伝承の一つが〈見張り役の天使〉の話である。創世記の有名な一節で、「神の子ら」が「人の娘たち」の美しさに気づいて、その中から「各々選んだ者を妻にした」とある。「当時もその後も、地上にはネフィリム〔巨人〕がいた。これは、神の子らが人の娘たちのところに入って産ませた者である」（創世記第六章一～四節）。この物語は、第一エノク書（紀元前三〇〇年～紀元一〇〇年頃に成立した聖書外典）では、人間の女性に歓びを見出した天使の一群が、人間という途方もなく下級の存在と交わったことへの罰として追放される神話に膨らんだ。天使たちは地上に降りて黄金、武器、女性の化粧品、すなわち文明の罪悪をもたらした。堕天使のリーダーは、第一エノク書第六章～第一六章ではシェムハザと記されるが、この神話は後にサタンに適用されていき、それゆえ、サタンが最初に犯した罪は不適切な欲望であったことになる。

だが、別の物語ではサタンの最初の罪は嫉妬だとされる。物語には、天使は、人間が創造された際にヤハウェが自身の姿に似せて造ることにしたのが、こうも下等な生き物であることを受け入れることができなかったとある。その結果、天使は神に反逆することにしたのだという。こうした語りは特に東方教会に引き継がれ、さらに時代を下がってからはイスラム神学にも取り入れられていった。

西方教会で支配的に語られるようになったのは、サタンの最初の罪は傲慢さにあるという説である。この起源神話はイザヤ書にある預言に基づいており、それによれば、バベル〔バビロン〕の王はヤハウェに匹敵する「いと高き者」になろうと目指したが、ヤハウェにそれを戒められた（イザヤ書第一四章一二節）。紀元一世紀から「明けの明星」（ラテン語で「ルシファー」のこと）にまつわるこの預言は悪魔と関連づけられていった。最高位の天使としてルシファーは神の権力を手にしたいと考えて反旗を翻し、その後、エデンの園の蛇を装って人間を罪悪へと誘うのである。

三、四世紀までに、サタンの正式な伝記のようなものがキリスト教内部で展開し、その結果、その後数世紀にもわたって議論され続けることになる、数々の課題がキリスト教神学者に残された。例として、オリゲネスは「万物の回復《アポカタスタシス・パントーン》」の一部として、サタンが最後の裁きの後に再び始原の状態に再統合されるのだと主張し続けた。ただし、キリスト教のサタンの全体的な輪郭は、これまでにかなり明確に示されている。サタンは人類の大敵であり、キリスト王国に対立する暗黒の王国を支配し、天国の天使の階級を映し出す悪魔と悪霊の子分を率いる。神の支配への抵抗と人間の堕落への関与によって、サタンは悪そのものの発生と広がりに密接に結びついている。サタンが活動できるのは神の意志が定めた範囲だけで、その帝国も最後には崩壊するのだが、「世の支配者」（ヨハネによる福音書第一四章三〇節および第一六章一一節。ヨハネの手紙一第五章一九節もまた参照）としてのサタンの力は現在の現実において侮ることはできない。やや不愉快な任務の描写とともに曖昧に定義された天国の役人から悪の神話的表象へと、サタンは変化していったのである。

サタン崇拝者の構築

キリスト教の教えはこの世の強力な悪の存在を認めるだけにとどまらなかった。不運な状況を改善し、信者を——やがては宇宙全体を——災いや悪をもたらす悪霊から解放できるのだとも説いた。イエス自身は福音書の中では、悪霊に取り憑かれた人や病人から悪霊を追い出す強力な悪魔祓い師として記述された。信者もまたイエスの名のもとに、自分たちにも同じ悪魔祓いの力があるのだと主張した。したがって、神学書に記された膨大な数の悪霊のリストは、邪悪な超越的世界についての神学者の単なる気ままな思弁の産物なのではなく、日々の現実の中で現れる霊的な力をコントロールするための実践的なツールだったのである。

悪霊を管理しようとした宗教は初期キリスト教のほかにも数多くあったが、初期のキリスト教徒を際立たせたのは、その普遍的な視野と排他的な性格の両方であった。すなわち、民族、社会的階層、性別にかかわらず、人はみなキリスト教徒になることができた、というより、なるべきだと考えられた。なぜならキリストは人類を真に悪から解放することができる唯一の存在だからである。先にも述べたが、それとちょうど対応するように、人間に不幸をもたらす悪霊たちは、一つの敵対する普遍的な力に従属していると考えられていた。ローカルな宗教の祭司や祈禱師がローカルな悪霊の駆逐にのみ寄与するのに対し、キリスト教はこうしたローカルな悪霊とその背後に潜む大いなる悪の存在の両方に対抗できると主張した。キリスト教が発するこのようなメッセージは、ローマ帝国という多様な地域を吸収し急速に拡大していく社会に住む人々を惹きつけた。

こうしたすべてを包摂しようとする言説と善悪の二分化は、キリスト教のライバル宗教にも当てはめられた。新しい宗教運動がユダヤ教の一派から真に普遍的な宗教へと展開していくにつれ、ローマ帝国で支配的だった異教との対立は一層激しくなっていった。興味深いことに、早くも使徒パウロはコリントの教会に宛てた最初の手紙の中で、異教の神々に対する両義的な視点を記しており、異教の神々を旧約聖書の預言者イザヤに倣って空虚な偶像神と呼ぶ一方で、異教の神々の背後には悪霊があると示唆した（コリントの信徒への手紙一第一〇章二〇a節——コリント一第八章四～六節も参照）。重視されるようになるのは後者の見方だった。増加するキリスト教への改宗者たちにとっては、それまで崇拝していた異教の神々が突然実在しなくなるわけではなかった。むしろ解釈し直され、現実の秩序の中で新しい位置づけを与えられていったのである。悪霊は実在する超自然的な存在とされ、異教の偶像神崇拝を扇動したり、不思議な出来事の背後で動いていたりするのだと考えられた。キリスト教の護教論者ミヌキウス・フェリクスは二世紀末頃に、次のように記している。「ゾロアスター教の祭司や賢人の前に現れた、こうした不浄の霊、あるいは悪霊は、像や聖画の下に潜み、息を吹きかけることで神であるかのように人に影響を与える。悪霊たちは一方では予言者に霊感を与え、また他方では神殿に出没し、さらには内臓占いの動物の内臓を動かし、鳥占いの鳥の飛行をコントロールし、くじの当たりはずれを定め、偽りだらけの託宣をもたらした」。ユスティノスにとっては、異教的なものは何でも、たとえキリスト教にも似たような性質のものがあったとしても、悪霊が意図的に創り出したものであり、「キリストに関して言われていることは詩人が言うようなありそうもない物語なのだと人間に思わせる」ために捏造されたものだった。二世紀以降、キリスト教への改宗者は受洗する前に必ず悪魔祓いを受け、サタンとその創造物を棄てることを公に誓った。またテルトゥリアヌスは自著『護教論 *Apologeticus*』の中で、次のように簡潔にまとめている。「あなた方が神と見做していた神々が悪魔であることに気づくだろう」。

こうしたプロパガンダ合戦は言葉や神学的な論説だけでくり広げられたわけではなかった。悪魔祓いの目覚ましい功績により、神々は悪魔であることを白状させられた。ミヌキウス・フェリクスを再び引用する。

知ってのとおり、悪霊は人間の身体から悪魔祓いの言葉と祈りの炎によって追い出される時、そのすべてが真実であると自ら認める。サタン本人、セラピス、ユピテル等あなた方に崇められていた悪霊はすべて、痛めつけられた果てに自分が何者であるかを公に告白した。まさか自らの不名誉になるような嘘はつかないだろうし、とりわけあなた方が誰かそばにいればなおさらであろう。証人が自ら真実を告白し悪霊だと認める時、あなた方は信じるしかないだろう。唯一真実の神の名のもとに厳命されれば、悪霊はしぶしぶ悲嘆にくれながら衰弱して震え、取り憑かれていた人間の信仰や悪魔祓いを行う司祭がもたらす神の恩寵の度合いによって、ただちに飛び出すか徐々に消えていく〔ミヌキウス・フェリクス「オクタウィウス」〕。

古代キリスト教における、実在する悪意ある悪霊としての神々という見方は教父の著述の中でくり返され、中世以降も引き継がれていった。列聖された宣教師の報告では、悪霊は「黒いエチオピア人」の姿をし、異教の寺院や神殿が破壊されたりキリスト教の崇拝の場になったりする時に度々現れる。多神教・汎神論的な異教信仰の霊的スポットはヨーロッパのあちらこちらに散在していたため、キリスト教によるヨーロッパ大陸の征服は、人間と人間精神の征服であるとともに、物と場所の征服でもあった。神聖な木は切り倒され、聖なる水源や湖には悪魔祓いが施された。キリスト教を支配する厳格な二元論的な体系の中で、中間的地帯はなくなったも同然だった。建造物、庭園、道具、動物、あるいは聖餐式で使われるパンや洗礼式で注がれる水でさえも、正式に定められた儀式によって悪魔の影響から解放する必要があった。現実に対するこうした姿勢はグレゴリウス一世が著した有名な物語に顕著に描かれている。つまり、悪霊の潜むレタスを尼僧が十字を切り忘れて口にしたところ、尼僧にすぐさまその悪霊が取り憑いたのであるが、その敵意ある侵入者が尼僧の体から出ていく前に、悪魔祓いを行う必要があったという話である。

異教の神々とその崇拝の悪魔化は、民間におけるサタンの概念にも影響を及ぼした。山羊の足と角が生えた悪魔の姿はよく知られているが、それはギリシア神話の神パンや古代ローマの森の神ファウヌスやシルウァーヌスを彷彿とさせる。ヨーロッパのほかの地域では、ほかの伝統における土着の神々の特徴が悪魔に吸収されることもあった。たとえば、中世後期のオランダの奇跡劇『ナイメーヘンのマリア *Mariken van Nieumeghen*』では、悪魔が「一つ目のモエネン」として登場するが、その特徴は、数世紀も前に崇拝されなくなっていた北欧神話の神オーディンと奇妙なまでに似通っている。

「キリスト教解釈 interpretatio Christiana」（異教の諸要素に対するキリスト教的観点からの解釈）では異教（ローマの多神教）の信者の崇拝が悪魔によってもたらされた可能性があるとされてはいても、異教の信者の悪魔崇拝が意図的なものと見做されることはなかった。教父は異教の信者が自分たちの神々の正体を知らずに崇拝し続けていたのだと考えたのである。異教の信者はただ誤って導かれているだけなのだ。サタンもしくは悪魔を意図的に崇拝する集団がいるという考え方――すなわち本書で定義したサタニズムの概念――が注目されるようになったのは、キリスト教信仰の内側で発生した対立関係においてであった。すなわち、イエスを救い主として認めなかったユダヤ人と、信条や実践が自分たちと一致しないキリスト教徒との関係である。後者は異端者と呼ばれることも多いが、異端とはもともとギリシア語で「選択」を意味する言葉である。

紀元前五世紀から紀元一世紀のユダヤ教の周縁集団においても、キリスト教においても、サタンと特別な結びつきがあるのは外部の敵ではなく、「同胞」なのだとする傾向が顕著であった。すでに新約聖書では、改宗していないユダヤ人と教会内部にいる「偽り」の指導者がサタンの信奉者とされていた。たとえば、ヨハネによる福音書の中で、イエスは自分に敵対するユダヤ人に対し「あなたたちは、悪魔である父から出た者であって、その父の欲望を満たしたいと思っている」と言い返す（ヨハネによる福音書第八章四四節）。また、パウロが書いたとされる牧会書簡では、異端者は「悪魔に生け捕りにされてその意のままになっている」と記されている（テモテへの手紙二第二章二六節）。この主題は初期の教父文献に影響を及ぼした。ポリュカルポス（一五五年没）は正統派のキリスト教徒を「神の初子の共同体」と呼び、異端者を「サタンの初子」と見做した。また、使徒教父文書『ヘルマスの牧者』によって二つの町のイメージが加えられた。一方はキリスト教の神に仕える共同体であり、もう一方はサタンに仕える共同体である。

キリスト教教義を危険なまでに歪曲したことでサタンの町の住人と見做された異端者は、次第に悪魔の積極的な崇拝者と考えられるようになった。八世紀初期、アルメニア教会の総主教オズンのヨハネは、悪魔の崇拝を近東発祥の異端キリスト教集団であるパウロ派によるものと見做した。オズンのヨハネの七二〇回目の説教によると、パウロ派は夜の集会で悪魔を崇拝した。そして偶像崇拝、近親相姦、嬰児殺しを行い、殺害した子どもの血を聖体と混ぜ、その遺骸を野外に放置して腐敗させた。西方教会でこうした報告が最初になされたのは一〇二二年であり、その年にステファヌスとリゾイウスという二人の聖職者が南仏のトゥルーズで異端者として裁かれた。教会会議の議事録には、異端とされた派の信者とその仲間の儀式に関する恐ろしい内容が詳しく記述されている。

信奉者たちは夜に予め決められていた人家で定期的に集会を開く。手には明かりを持ち、悪霊の名前を連禱で唱えるが、これは悪霊が何か動物の姿で突然降りてくるまで続けられる。それから可能な男性は全員、隣にいる女性をすぐさま捕まえて性的な乱暴を加え、相手が自分の母親だろうと姉妹だろうと尼僧だろうと構うことはない。こうした交わりは神聖なものとして行われる。この汚れた交わりによって生まれた子どもは、生後八日目に中央で焚かれた巨大な炎によって古代の異教の信者がしていたようなやり方で試練を与えられ、そのまま炎で焼き殺される。その遺灰には悪霊が入り込むので、この宗派にどっぷり浸かり、この遺灰を少量でも口にし手に取った者は、以後、その宗派から真理の道へ進もうとしても、自らの精神の歩みをそこに向かわせることは二度とできなくなる。こうした内容をこと細かに記したのは、キリストの子らがこのような邪悪な行為を警戒し、それを真似し始めないようにするためである［「一〇二二年のオルレアンの宗教物語」］。

このような身の毛もよだつ悪魔崇拝の饗宴は、パウロ派や中世フランスで実際に行われていたのだろうか。現代の歴史学者は、十分な根拠をもとにその可能性を否定する。一つには、このような報告にある真に迫った詳細は、その多くが目新しい内容ではないことが挙げられる。教父や初期キリスト教徒による著述の中にも見られる内容であり、そして皮肉にも古代ローマ人から見た初期キリスト教徒自身に対する疑惑を反復したものなのだ。たとえば、次の内容は古代ローマ人の異教の信者がフェリクスに話したキリスト教徒の集会についての説明である。

彼らは秘密の合図と印で互いを見分け、ほぼ知り合う前から恋に落ち、行く先々で欲望の宗教のようなものを広める。通常は姦淫とされるふしだらな関係が神聖な名を装って「兄弟愛」や「姉妹愛」と称され、それが近親相姦に変わる。つまり、単に無益で愚かな迷信であるにとどまらず、歴然とした犯罪行為である。噂が真実をまったく欠いていたのなら、口にするのも憚《はばか》られるような下卑た悪行を行っていると彼らが非難されることはなかっただろう。聞いたところによると、彼らはばかげた衝動に駆られて、最も卑しい獣であるロバの頭を聖別し崇拝する。こうした行いをさせるような道徳の宗教なのである。別の者からは、彼らは実際に指導者や大祭司の陰部を崇め、その一物を自らの存在の根源として敬慕しているのだと聞く。これはおそらく虚偽であろうが、彼らの夜の秘儀はこうした疑念と自ずと結びつけられる。自ら犯した罪で処刑された悪人と、その処刑で使われた十字架の木材が崇敬の対象になるような信仰は、見放されたあさましい奴らに相応な祭壇と、その祭壇に相応な礼拝に伴われるのだ。新受洗者の入信式の詳細は、よく知られるように忌まわしいものである。怪しまれないよう練り粉に包まれた嬰児が入信者のそばに置かれる。それからすぐ入信者は練り粉に軽い打撃を与えるよう言われ、嬰児は何も知らない入信者が加えた打撃によって意図せずして殺される。信者はその血をごくごくと飲み干し――なんと恐ろしいことか――、四肢を夢中で引きちぎり、犠牲者を挟んで盟約と契約を結び、共犯の意識から互いに口をつぐむことを誓う。このような神聖な儀式は冒瀆的というより汚れた行いである。彼らの宴の形態は悪名高く、世間の噂になっているが、このことはキルタ〔古代北アフリカ、ヌミディアの首都。現アルジェリアのコンスタンティーヌ〕の友人との会話の中にも出てきた。約束の日に信者の子ども、姉妹、母親といった老若男女が宴に集まってくる。狂宴をたっぷり味わい、血が沸き立ち、酒で近親相姦への欲望がかき立てられた後、明かりのついたランプにつながれた犬が、届かない場所に投げられたご馳走に引きつけられ一気に走り出す。その場を照らす明かりがひっくり返され消えてしまうと、恥知らずにもその暗闇の中で淫らな抱擁が無節操に交わされはじめ、個人の行為によって引き起こされることはすべて共通の目的に起因するため、近親相姦を自らは行っていない者も、ほかの者たちと同様、共犯である〔ミヌキウス・フェリクス「オクタウィウス」〕。

言うまでもなく、初期キリスト教徒に対するこのような中傷には実際には何の根拠もなかった。その内容は、ユダヤ人、外国の密儀宗教、国境の外に住む「蛮族」などの「よそ者集団」についてローマ帝国内に以前に流布していた噂をただ真似たものだった。多神教徒のローマ人にとって、キリスト教徒はこのようなよそ者集団の最たる例だったに違いない。カタコンベのような不吉な場所で秘密裏に集会を開きながら、この新しい宗教運動は、ローマ市民と宗教的敬虔の伝統的な価値観を完全にひっくり返し、神聖なる皇帝ではなく処刑された反逆者を神として崇拝し、さらには帝国の伝統的な神々が実は悪魔なのだと断言し攻撃した。

先述のように、キリスト教の著述家はこの手の恐ろしい物語を、翻って敵対する集団にあてがうことをいとわなかった。そのような中傷は異教の信者に向けられることもあったが、キリスト教にとってのライバル集団が標的であることがほとんどだった。ユスティノスはすでにこうした動きを「クリスチャンと（誤って）呼ばれている異端者」によるものと見做してはいたが、「彼らがその信じられないような恥ずべき行為――明かりを倒し、見境のない肉体関係を結び、人肉を食らう行為――を行ったかどうかは、われわれの知るところではない」とも慎重に付け加えている。また、アウグスティヌスはマニ教徒に関して、同様にやんわりと皮肉を述べている。マニ教徒が無節操な性の狂宴に興じ、男性の精液が神に捧げられ聖体として使われているとの告発に言及しながら、アウグスティヌスはこうした噂が真実ではない可能性を認めつつも、それがマニ教の教義そのものに起因し、教義を論理的に当てはめていくと、たしかにこのような行為が導き出されるのだとした。ほかの著述家はこのような但し書きを省略した。四世紀ギリシアにおける異端の便覧『全異端反駁書 *Panarion*』の中でサラミスのエピファニオスは、彼が「グノーシス主義者」と決めつけるあるキリスト教の集団について、次のように述べたが、それはローマ人による初期のキリスト教徒の描写にそっくりである。この信者たちは、秘密の手の合図によって互いを認識し、集団セックスを行い、アウグスティヌスが著したマニ教徒のように、精液を捧げものとして示した後にそれを飲み干し、そして同じ行為が月経血によっても行われた。こうした聖なる性の狂宴のあいだに女性が妊娠してしまった場合、胎児は堕胎させられ、狂宴の食事として振る舞われた。

これに関してもまた、この時代の宗教集団（とりわけ「グノーシス主義者」の）の中に、こうした行為（の一部）を実際に行っていた集団が存在したかどうか、に関する議論が歴史学者のあいだでくり広げられた。そもそも、記述にある行動の中で実現がまったく不可能なものはない。嬰児殺し、人食い、性的なパートナーの儀式的な交換、これらはすべて頻繁に報告される人間行動である。近親婚を神聖視する宗教（ゾロアスター教など）も存在し、精液を用いる儀式が部族の宗教や二〇世紀の魔術の儀式で行われていたという証拠は十分にある。しかし本書においては、このような儀式を行っていたキリスト教集団が存在したかどうかを確定することはしない。だが、こうした告発がその時代の前後のステレオタイプと同じパターンであることを踏まえると、それを真実として無批判に受け入れることには、歴史学者全員が極めて慎重になるべきなのである。さらにそれが事実であることを示す唯一の手掛かりも、宗教的な対立相手による論争的文書の中に見出されるのみである。

一方で、古代キリスト教の著述家の論争には非常に重要な要素が明らかに欠けていることに注目する必要がある。すなわち、サタンの意図的な崇拝に関する内容が欠如しているのである。筆者の知る限り、この時代の著述家は誰一人として、批判する異端的集団が、悪魔や悪霊を意識的、意図的に崇拝していたとはしていない。サラミスのエピファニオスは、異端に関するその広範な著作において名称や一般的な中傷を積極的に悪魔化したものの、一方で、異端集団に見た多くの悪習の中でも、明白な悪魔崇拝に触れることは控えていた——それは過激な反聖書釈義を行ったグノーシス主義のいくつかの流れのように、いかにも意図的な悪魔崇拝を行いそうな事例についてさえも同様だった。例としてオフィス派などは、エデンの園の蛇を神の使いと見做し、実際の蛇をその象徴として崇拝していた。同様にカイン派はカインや、ヘブライ語（旧約）聖書で堕落した存在とされるソドム人やエサウなどを実際には尊ぶべきであるとするが、それは彼らがユダヤ人の聖典に影響を与えた悪の創造神に抵抗したからである。どちらの例においても、またエピファニオスが記述したほかのほとんどの異端についても、悪魔への直接的な崇拝に関することは一切述べられていない。一度だけ、サタンを明確に崇拝する集団に言及しているが、その集団は「異教全般」と一括りにされた宗教運動の中に含められている。彼がこの得体のしれない「サタン派」について著した節は驚くほど短く、生き生きとした描写にも欠けている。

しかしほかの者たちは自分の番になると、何かもっとずる賢いことを考え、自分たちの愚純な頭の中だけで考えたのかこのように言う。「サタンは偉大であり最強であり、人々に多大なる害悪をもたらす。サタンのもとへ逃げ込み、［神の］代わりにサタンを崇拝し、敬意と祝福の言葉をサタンに捧げようじゃないか。そうすればへつらいの奉仕によりサタンは鎮まり、害を及ぼすことなくわれわれを救ってくれるようになる。それもわれわれがサタンの信奉者になればこそなのだ」。そうして、彼らは再び自分たちをサタン派と呼んだ（サラミスのエピファニオス『全異端反駁書』）。

筆者の知る限り、サタニズムを実践する宗教集団として歴史資料に言及のある例としては、これが最古である。エピファニオスはさらなる説明を加え、彼らが野外で集まり、「祈りや讃歌を捧げて時間を過ごした」と記す。この集団は、『全異端反駁書』の中で最後、あるいは最後から二番目の「宗派」として記されているが、本の中でのその位置やその教義が示唆するような、きわめつけの逸脱集団だという印象はまったくと言っていいほど与えない。『全異端反駁書』で明示されているように、サタン派は――本当に存在したとするなら――あらゆる点において極めて周縁的な集団であった。むしろエピファニオス自身、彼らを「無害」でキリスト教信仰を妨げたりはしない存在だと見做していた。

「サタン派」に関する資料はエピファニオスの著作だけであるため、彼らが実際に存在したかどうかについて多くを語ることはできない。何らかの定着していない宗教集団の誤解された教義が物語の根底にあるのかもしれず、エピファニオスの記述はあまり信憑性があるとは言えないのである。他方で、エピファニオスが本を著していた四世紀末に、ユダヤ＝キリスト教のサタンの概念が十分に広まり、非キリスト教徒が悪魔の助けや庇護を求めるようになった可能性がある。さらに、（宗教的）「他者」に対するステレオタイプの典型的な特徴――人食い、嬰児殺し、見境のない肉体関係、夜の秘密集会――のどれもエピファニオスのサタン派の記述には表されていない。『全異端反駁書』にサタン派が登場するということは、意図的なサタンへの崇拝という考えや存在が古代キリスト教の著述家にとって想像できない、あるいは未知のものではなかったことを示してはいるものの、それを異端と結びつけて記述するにはまだ至っていない。

中世は後者の点について劇的な変化が訪れた時代だった。先述のように、その時代の著述家は古代末期の反異端の言説を利用した――このつながりにおいて非常に示唆的なのは、たとえば、ステファヌスとリゾイウスの仲間の「宗派」がすぐに「新マニ教徒」と称されたことである。ただし、サタン、または子分の悪魔への崇拝という新たな要素が、異端の悪行のリストについに加えられた。これは、筆者が本研究で定義するサタニストの概念がいよいよ登場したことを示している。

この新たな「サタニスト」に対するステレオタイプは、異端者の集団に対し中世を通じて幅広く当てはめられていった。七世紀のパウロ派、ボゴミール派、カタリ派、過度に禁欲的なフラティチェッリ派、ワルド派、フス派、こうした宗派が組織的に、あるいは何かの折に悪魔崇拝者として告発された。多くの場合、こうしたラベリングは膨らみすぎて、それらの集団の特徴は何なのかを正確に捉えることがほとんど不可能になるほどであった。というのも、特に残された資料のほとんどは、そのような集団に敵対する「正統派の」キリスト教徒により著されたものばかりだからである。ここに出てくる名称でさえも、カトリックの年代記編者が記したものに由来しているのだ。しかし、こうした集団のリアルな実践と信念の一端が明らかになると必ず、彼らがサタニズムとはかけ離れた集団であることが分かる。カタリ派、あるいは少なくともその一部は、より二元論的なキリスト教の一派であり、ボゴミール派も同様であった――どちらもサタンやほかのいかなる悪の原理をも崇拝していた可能性は低い。ワルド派は一般信者のためのローカルな改革集団として発生し、最終的には教会の権威と衝突した。どちらかと言えば、これらの集団はキリスト教信仰に対し、「正統派」とされるキリスト教徒よりもさらに徹底した献身ぶりを見せていたのである。

中世社会においてずっと「他者」であり続けたユダヤ人も悪魔崇拝者と告発された宗教集団のリストに入っていたことは、何ら驚くことではないだろう。実際、中世以前からユダヤ人は、少なくともキリスト教の異端者と同じだけのあいだ、悪魔と特別な関係があると陰口を叩かれてきた。すでにヨハネの黙示録は、改宗に失敗したユダヤ人を「サタンの集いに属して、自分はユダヤ人であると言う者たちには、こうしよう。実は、彼らはユダヤ人ではなく、偽っているのだ」（ヨハネの黙示録第三章九節）と記している。四世紀にギリシア教父のヨハネス・クリュソストモスはユダヤ人のシナゴーグを「像が置かれていないといっても、偶像崇拝と悪魔の住処にほかならない」と記述した。中世において少数派であるユダヤ人の正確な地位に対する見方は曖昧だった。ユダヤ教の方がキリスト教より以前から存在しているため、公式には、ユダヤ人がキリスト教の異端と見做されることはありえなかった。それでも、ユダヤ人はキリストが来《きた》るべき救世主として聖典で明確に預言されていたにもかかわらず、否定したのではなかったか。そして、キリストが磔刑に処されたのはユダヤ人の責任ではなかったか。こうした批判から、中世におけるユダヤ人に対する見方には異端者に対するそれが反映されることが多く、その逆もまた然りだった。ユダヤ人はキリスト教徒を嫌っている。ユダヤ人の祈りはサタンに向けられている。ユダヤ人は悪魔の魔術を実践し、聖物を汚し、秘密の儀式でキリスト教徒の子どもを殺害する。反ユダヤ論者の中には、ユダヤ人は悪魔と同盟した――より詳細には悪魔のベン・タマリオンと同盟し、その忠誠に対する見返りとして、第二神殿破壊後にユダヤ教の宗教的儀式を禁止したローマ皇帝の命令を無効にしてもらった――と主張する者もいた。一六世紀には、宗教改革者マルティン・ルターがこのユダヤ人への中傷を継承し、ユダヤ人は真の神ではなく、「二二万六〇〇〇匹の悪魔」を崇拝していると述べた。

このようにしてサタニズムというラベリングは、宗教的他者を悪魔化するための告発の仕組みの一部となった。このラベリングは実際に実践されたサタニズムに由来しているわけではなかった。むしろ、その時代、その地域ごとの歴史の中の「他者」にあてがわれてきた数ある反転の形態の一つの現れだった。こうして、宗教的他者は中世の標準的なキリスト教徒の陰画としてそのイメージが作り上げられていった。つまり、従来の性の道徳規範を逸脱し、聖なるものを汚し、悪を崇拝するというイメージである。異端者のほとんどがサタンの崇拝者であるとの印象を与えなかったという事実にもかかわらず、ローマ・カトリックの批判者が思いとどまることはなかった。「異端をどう見分けるか」という問いは中世の異端研究学の書物にくり返し出てくる。これに対する答えは、しばしば逆説的で、次のようなものであった。並外れた敬虔さ、困窮者への思いやり、見かけ上神を畏れる生活によって、異端がわかるというのだ。当然ながら、こうした表面的な献身はただの仮面にすぎない。「聖性と信仰は見せかけであり、そのどちらも彼らは持ち合わせていない」。裏では集会で恐ろしいことをやっているのだと主張された。秘密主義的な彼らの振る舞いからだけでも、その様子を窺い知ることができる。自分たちの宗教がいかに恥ずべきものであるかを分かっているのか、彼らはこうした日の光を避けるのだ。レーゲンスブルクのベルトルトとクレルヴォーのベルナルドゥスはこのように述べ、初期のキリスト教徒に対しかつて投げかけられた非難の言葉を、そうとは知らずにくり返した。

　一三世紀には、聖職者をはじめとする著述家が「ルキフェル」派について言及し始めると、悪魔崇拝と道徳律廃棄主義[*1]的な振る舞いに対するこうした一連の告発に、独立した地位のようなものが与えられるようになった。このルキフェル派が史料に最初に登場したのは一二三一年頃であり、トリーア年代記の中のルカルディスなる女性が率いる宗教集団に関する記述で、「非常に信心深い生活を送っていると思われていた」ルカルディスが、実は、「ルシファーが不当に天から追放されたことを嘆き悲しみ」、ルシファーが再び天に戻り支配する姿を見たいと願っていることが分かった、と記されている。ルカルディスの一味によるルシファー崇拝疑惑は、ローマ・カトリック教会の最初の異端審問官であるコンラート・フォン・マールブルクによって明るみに出された。彼はさらにルキフェル派を見つけ出す任務に迅速に取り掛かった。彼が地元の貴族の反発に遭うと、教皇グレゴリウス九世は大勅書「ラマの声」を送って助け舟を出した。この教皇文書（一二三三年または一二三四年付）にはルキフェル派の儀式や慣行が詳細に記され、その内容もこれまでに紹介してきたものと似通っている。

> あの厄介者集団の入信の儀はこのように行われる。入信者が初めて彼らに認められ、地獄に落ちた者たちの門下に入る時、入信者の前にカエル、あるいはヒキガエルとかつて呼んでいた動物のようなものが現れた。そしてその尻と口に何度か口づけをするのだが、そのやり方が実におぞましく、その獣の舌と唾液を自分の口の中に絡めるのである……。それを続けていると、入信者は驚くほど青白い顔をした男に出会った。男の瞳は真っ黒で、痩せこけ、そのやつれきった皮膚の下には骨が浮き上がって見える。男が氷のように冷たい口づけを入信者に施すと、カトリックを信仰していた記憶が入信者の心から完全に消え去った。その後、二人は座って食事をし、食事を済ませると、学び舎の像として置いてある黒猫が犬のように背を向けたまま、尻尾を丸めた姿で二

人の前に降臨する。入信者と主人が順にその尻に口づけをし、その後に口づけをするに値する、完徳者である者全員が猫に口づけをする。一方、不完全で己がそれをするに値しないと思う者は、主人から代わりの礼を受け取り、そしてその場にいる全員が讃歌を歌い、猫の方へと頭を傾ける。「われらを救いたまえ」と主人が言うと、次の者が同じ祈りの言葉をくり返し、そして三番目の者がそれに答えて「あなたが主人［であることを］知っている」と言い、四番目の者が「われわれは従わなければならない」と言う。

　これが終わると、蠟燭の火が消される。そして欲望に駆られて醜悪極まりない行為に及ぶのであるが、その際に相手が血縁であるかどうかを気にすることはない。男性の方が女性より多くいる場合、男性は下劣な情欲と抑えきることができない欲望の炎に流されてほかの男性と恥ずべき行いをし、その際も女性の時と同様の行為に及ぶのだが、それは自然に反することであり、天罰に値する。

　信奉者が極めて邪悪な行いにより自らを汚し終えると、再び蠟燭が灯され、みな各々の場所へと戻っていく。この上なく忌まわしい男たちが常にいる学び舎の暗い隅からある男が現れ、彼らが言うには、上からは太陽のごとく鮮やかな光が差し、そして下からは逆立てられた猫の毛のように光が差し、その輝きがあたり全体を照らしている。すると主人は入信者の衣服の中にあるそれを取り出して、輝く者に言った。「主よ、私の一部を差し上げます」。すると輝く者は「お前は多くの良き奴隷とともによく仕えてくれた、お前から渡されたものをお前に委ねよう」と言って消える。

　数年のあいだ、彼らは復活祭に司祭の手から主の体を受け取り、口に入れて家に持ち帰り、贖《あがな》い主を侮辱すべく便所に吐き出しさえする。こうしたすべての哀れな者の中で最も不幸な人間は、汚れた唇で天を冒瀆し、主が密かに正義に反し、不誠実にも地獄でルシファーを滅ぼそうとしているとわめき散らす。哀れな者たちはそれを信じ込み、その同じ「ルシファー」が天の真の創設者であり、天に復活し主を倒すのだと主張する。そして永遠の幸福をルシファーに先んずることなく、共に手にすることを求める。神を喜ばせるようなことは一切しないと公言し、神が嫌うことなら何でもそれが可能な時は行うと言う〔教皇グレゴリウス九世「ラマの声」〕。

こうした捉えどころのない「ルキフェル派」への言及は一三世紀から一四世紀にかけて続き、そのあいだにも時折新しい情報がいくつか加わった（たとえば一四世紀ドイツにおける異端審問の報告書には、サタンの主の祈りや、ルキフェル派の洗礼の式文などが記されている。「ルシファー、主よ、この子どもに財産と名誉をお授けください、この子の身体と魂はあなたのものとなるでしょう」）。現代の歴史学者のあいだでは、それが完全なフィクションであるという点で意見が一致している。ルキフェル派の烙印を押された集団の本来の姿がいかなるものであったかを確かめるのは困難ではあるが、グレゴリウス九世の記述の中では、悪魔の猫の崇拝など、普通はカタリ派のものと見做されていた要素をいくつか認めることができる。また、一四世紀にブランデンブルクで一斉に捕らえられたルキフェル派は、ほぼ確実にワルド派であったことが特定された。

悪魔の手下を追い払う

サタニズムの概念はこうして論駁の道具として出現した。ところで、本書でこのラベリングをプロパガンダと表していても、そのプロパガンダの内容を人々が真剣には信じていなかったというわけではない。時として無節操な支配者が自らの利益のためにこうしたプロパガンダをわざと利用することもあるが（分かりやすい例として、フランス王フィリップ四世によるテンプル騎士団とユダヤ人に対する謀略が挙げられる）、だからといってそのほかの者が本当に信じていたことを疑う理由はどこにもないのである。悪魔や悪霊の崇拝は、この時代の異端者と異教徒に対する一般的な認識の一部になっていたのだ。あいにく、宗教的他者に対するサタニズムのこうしたラベリングは、論戦で用いられるだけの単なる修辞的な道具ではなかった。キリスト教と世俗権力との密接な絡み合い（常に円満ではなかったにせよ）のために、悪魔崇拝および異端の疑惑によって巻き込まれた人々には、しばしば実際に危害が及んだ。多くの場合、社会からサタンの存在を浄化しようとする共同体の意欲は、告発された者を物理的に破壊する方向へと向かう。このように、気づかぬうちに悪魔祓いは迫害へ、宗教による解放は現実の身近な抑圧へと展開していったのである。

ここで、この歴史の展開を概観し、キリスト教の「迫害装置」が出現するまでを手短に紹介するとしよう。ちなみにこの「迫害装置」はR・I・ムーアによる有名な造語である。初めはキリスト教徒の方が異教側のローマ皇帝による定期的な迫害を受ける側であった。しかしキリスト教徒が増加し続けていることを受け、三一三年にローマ皇帝コンスタンティヌスによりキリスト教が初めて公認された。三八〇年にはテオドシウス一世が勅令を発し、キリスト教をローマ帝国の国教とした。その後、古の異教は次第に非合法とされ忘れ去られていった。三九二年に異教信仰は禁止され、四〇七年に異教の神殿を破壊する勅令が発せられた。七世紀までに修道士であるダマスコのヨアンネスがすべての「悪魔崇拝」が終わりを告げたと高らかに謳った。「偶像神の祭壇と神殿は破壊された。神の叡智が吹き込まれた……。悪魔はかつて自分たちの意のままに扱っていた人間に震え上がっている」と。

キリスト教教会は、ローマ帝国で支配的となり、その後一〇〇〇年以上にわたって西洋でその地位を保ち続けるわけだが、実のところ、教会というのもキリスト教信仰の一つの組織における一派閥である。その大部分は、ローマ帝国の宗教的支柱となる統一された教会を必要としていたコンスタンティヌス帝によって創り上げられた。コンスタンティヌス帝は臣民のための「正当な」宗教に基づく完全な帝国支配を確立すべく、先駆者であった異教のディオクレティアヌス帝に端を発する中央集権化の傾向を展開させた。三二六年に「異端者と分離派」を、公式に認可された教会に与えられていた特権から排除する勅令を発し、さらにこうしたよそ者にはさまざまな公共奉仕に強制的に従事させた。この政策はコンスタンティヌス帝の後継者たちにも引き継がれ、異端者の教会と財産を没収し、その市民権を奪う法律が発布された。特に迫害の標的となったのはマニ派キリスト教徒だった。異教のディオクレティアヌス帝はすでにこの派に対して厳しい措置を取っていたが、それはその信者たちがマレフィキウム（邪術）を行ったり皇帝に対する陰謀を企てたりしているのではないかと疑っていたからだった（というのもおそらく、マニ教がローマ帝国の大敵であるペルシアに起源を持つ宗教だったからである）。ディオクレティアヌス帝がマニ教の指導者を火刑に処したのは、おそらく彼らが邪術を行っているという疑いをかけられていたからであろう。火刑はローマ法においてマレフィキウムに対して科された伝統的な刑罰である。キリスト教を国教化した後、テオドシウス帝はマニ教徒をはじめ、隠れマニ教徒とされた大勢の異端者に対し、死刑を復活させたのだ。さらに、異端者を起訴することに特化した司法機関を設置し、異端者を追い詰める「異端審問官」を独自に配置した。その上、「正統派」の信奉者には自主的に異端者を殺害する権利が与えられた。ユスティニアヌス一世は六世紀に、マニ教の聖職者（と書物）に再び火刑を科すようになり、それに伴い全市民にはマニ教徒と疑われる人物を帝国の当局に報告する法的義務が課された。

キリスト教教会（あるいは少なくとも公認であるとの恩恵に浴するキリスト教）は皇帝による異教への弾圧にはほとんど異議を唱えなかった。三八三年にトゥールのマルティヌス司教は、アビラのプリスキリアヌスが火あぶりにされた際に、マレフィキウムと性非行という捏造された容疑（ことによると、マニ教徒と疑われたのかもしれないが、実際に彼が率いたのは厳格な禁欲主義の俗人による運動であり、マニ教とは何の関わりもなかった）に抗議し、これを受けてミラノのアンブロジウスと教皇シリキウスが遅まきながらプリスキリアヌスの告発者を破門した。だが、西方教会の指導者たちが、信者集団内の逸脱した者たちに対する強引な取り締まりに抵抗することはなくなる一方だった。アウグスティヌスは、自身の北アフリカの教区で起こったとりわけ強固な分離派に直面した際に、当局による武力介入に反対を示さなかった。この出来事をきっかけにアウグスティヌスはその悪名高い教義「強いて入らしめよ《コンペルレ・イントラーレ》」*2 を作ったが、これによって宗教による強制が、権威あるキリスト教神学者によって初めて観念的に正当化されることとなった。留意しなければならないのは、この点で西方教会は東方教会とは異なる展開を見せたのであって、東方教会では異端者への迫害は、皇帝の管轄であり続け、国益の観点から行われた。それに対して、西方教会では異端根絶に向けた戦いにおける宗教権力と世俗権力との協力関係ははるかに強力だった。西ローマ帝国が衰退していくにつれ、カトリックの司教は、しばしば政治秩序の最後の痕跡となり、その過程でかなりの世俗権力を手に入れた。これはローマ自体において特に顕著であり、末期のローマ皇帝が取るに足らない哀れな姿を呈していたのに対し、ローマ教皇は実権を握るようになっていった。

中世初期には、西方教会の政治的分裂と中央権力の崩壊により、異端を引きずり出すことよりも教会にとってさらに重要な事柄が出てきた。西欧社会と西欧キリスト教はその大部分がローカルな事柄へと回帰し、中央政府とは世俗権力であれ教会権力であれ、限られた関係だけを保っていた。西ローマ帝国に侵入してきたゲルマン民族はキリスト教のまた別の派（すなわちアリウス主義）を支持し、ローマ・カトリック教会はゲルマンの豪族たちを信者にし、教会の権力を取り戻すことに注力した。さらに、キリスト教の古い中心部の内外に新たに押し寄せてきた異教の蛮族は、伝道師による尽力、洗礼用の無償の服、絶対的な軍事力により表面的にでもキリスト教の受容を余儀なくされた。しかし中世後期に都市や商業、国際的な接触、高等教育、中央政府が再び盛り上がりを見せ始めると迫害も復活し、古代末期に迫害を容易にした法的・観念的概念が再び参照されるようになった。この復興による最初の犠牲者は先述のステファヌスとリゾイウスであり、両者は一〇二二年に「新マニ教徒」として有罪を宣告された。一〇人余の犠牲者とともに、二人はトゥルーズの城壁の外で厳粛に焼かれ灰となった――二人はローマ時代の反異端のプロパガンダの復活により、ローマ時代の宗教集団の信者との容疑をかけられ、ローマ時代の刑罰を科されたのだった。

グレゴリウス七世（一〇一五～一〇八五年頃）の治世で、普遍的で統一的なキリスト教共同体の復興が精力的になされていった。グレゴリウス七世が意欲的に推し進めた教会の改革は、その名を冠してグレゴリウス改革として知られる。改革の措置としては、聖職者の独身主義の義務づけや聖職売買（聖職者の位階や特権を売買すること）の一掃などが提案されていた。しかしその中でも改革者たちの野心的な目的の要は、宗教と世俗のあらゆる事柄に対する最高権威として教皇権を昇格させることにあった。教義上の立場よりも教皇に服従するかどうかが、それ以降、正統と異端のあいだの曖昧な境界線を決定した。こうした忠誠のあり方により、「社会的・世俗的にも霊（宗教）的にも統一されたキリストの民の共同体」として理解されるキリスト教共同体という新しい概念の輪郭が定義された。地域的な面では、この文化的・地理的な共同体は、「ヨーロッパ」や「西洋キリスト教世界」とおおよそ同義となり、それが転じて今日人々が知るところの「西洋世界」へと最終的には修正され、広げられていった。それは、イスラム教徒という「異教徒」、東方正教会の分派、そして異教の蛮族という海に囲まれた、信者による不安定な防壁だった。

キリスト教共同体の新たな概念によって、共同体の一員とそうでない者とが区別され、後者を共同体から排除する取り組みも再び始められた。一二一五年に第四ラテラン公会議は信者の共同体の定義として、聖職者に信仰を告白し、一年に少なくとも一度は聖体拝領を受けた者たちであるとする有名な法令を発布し、そうすることで、少なくとも理論上は、聖職者による一般信者の支配を強化することになった。また、公会議はローマ・カトリック教会の「迫害装置」を強化し、異端者の破門と、その後に異端者を処罰するために世俗権力へ引き渡すことを定めた教会法を発布した。司教は、少なくとも年一回は異端者の潜伏先と思《おぼ》しき場所を調査し、地域住民には宗教的な逸脱を目にした場合はすべて報告するよう誓いを立てさせた。世俗の支配者は「信仰のもとに誠意を尽くし、自身が支配する領地内にいる教会が指摘する異端者をすべて根絶することに全力を注ぐことを公に誓わなければならなくなった」。もしそれに失敗すれば、家来には支配者への忠誠を撤回する権利があった。異端者を匿ったり擁護したりした者、あるいは異端者に対し適切な措置を講じなかった者は、彼ら自身も異端者と見做されることになった。

一二三〇年代に教皇グレゴリウス九世は異端審問制度を設立することで、迫害装置を強化した。主な目的は、異端審問官が地方の司教権力を無視できるようにし、そして、教皇が異端者に対し直接措置を講じられるようにすることだった。その初期の活動の一つは、コンラート・フォン・マールブルクによるドイツのいわゆるルキフェル派に対する取り組みである。当時の『トリーア人の功績譚 *Gesta Treverorum*』には、コンラートが文字通り暴れ回り、後には焼かれた死体が残されていたという異端狩りの様子が描写されている。人々は自分たちの命と財産が奪われることへの恐怖から、異端の知識もその傾向もない者を非難し始め、罪なき人々が大勢犠牲となった。こうした活動が止んだのは、コンラートが通報を受けて土地の有力貴族を異端者として告発した後だった。「証人」の報告によると、その貴族は巨大なカニに乗り、狂宴に繰り出したのだという。コンラートは雇われた殺し屋によって、ある日の帰路で暗殺された。しかしそれでも、迫害、異端審問、抑圧の高まりは、そう簡単には収まらなかった。拷問が異端の自白を引き出すための手段として世俗・教会当局の双方で頻繁に用いられるようになり、一二五二年には異端審問官による拷問がインノケンティウス四世が出した勅令によって承認された。こうした展開は、異端者にサタンの忌まわしい追従者だという濡れ衣を着せる傾向と密接に関連していた。この点について、ドイツの歴史学者アレクサンダー・パチョフスキーは、「当時の考えでは、異端を死に値する罪として分類することは、悪魔崇拝としてのその定義と密接につながっていた」と指摘する。

宗教的支配の積極的な維持と拡大を追求する西欧キリスト教世界の形成は、ユダヤ人にも影響を及ぼした。古代よりユダヤ人共同体はある程度の宗教的自律を享受してきたが、それに伴い一定の市民権からは排除されてきた。キリスト教神学者はユダヤ人が存在し続けることの正当性をそれまで主張していたが、それというのも彼らが旧約聖書の内容が真正であることについての「生き証人」としての役割を果たし、さらに使徒パウロの預言に言及するなら、ユダヤ人の「残りの者」は最後の日々に改宗し救われる（ローマの信徒への手紙第九章二七～二八節）からであると論じる。このように、ユダヤ人は長きにわたって、ヨーロッパキリスト教世界の内側で唯一法的に容認されていた、非キリスト教徒の宗教的少数派であった。しかし、キリスト教共同体の理想が復活するのに伴い、ユダヤ人の存在の大きさと、キリスト教徒が「ユダヤ教徒化」される可能性を危惧する教会の懸念は増大した。教会当局はユダヤ人を以前と同じように規制し続けることに加え、ユダヤ人には土地の所有を認めないなどの新たな制限を課すことを主張した。また、ユダヤ人に対する古いステレオタイプが復活すると同時に、聖体の冒瀆や儀式でキリスト教徒の子どもを大量に殺害するなどといった偏見も新たに作り出された。この後者は一二世紀に再び現れ、反ユダヤのプロパガンダの中心テーマとしてその後何世紀にもわたり語り継がれていった。

こうした疑惑とそれに関連した悪魔崇拝というラベリングは確実に、中世のユダヤ人共同体に対する世俗の支配者とキリスト教徒の乱衆による暴力を正当化し扇動する要因として機能した。ローマ・カトリック教会はこうした展開においては曖昧な立場を取っていた。一方の立場では、ユダヤ人に対する肉体的暴力を非難し、高位聖職者の多くは地域のユダヤ人共同体を虐殺から守ろうとしていた。しかし他方では「他者」であるユダヤ人に制約を課すよう主張し、イエスを十字架にかけた当事者であることに対する罰として隷属し「離散」したままでいるべきだと論じた。聖職者の著述家はユダヤ人に対する告発理由の考案と普及を主導し、教会が脅威と見做すライバル宗教であるユダヤ教の勢いを弱めようとした。

　中世後期のヨーロッパキリスト教における悪魔化のレトリックは、要するに、キリスト教内外のライバルに対して自らの普遍性を主張する、キリスト教の激化する好戦的な姿勢の一部だった。増え続ける「教会の敵」（その大半は自ら生み出したものだが）の悪魔化にまつわる記述はすでにグレゴリウス七世の著述において顕著であり、先に引用したグレゴリウス九世によるルキフェル派に関する妄想で一応の頂点に達した。重要なことに、グレゴリウス七世はイスラムという「異教徒」に対抗するための十字軍を組織しようとした初めての教皇でもあったが、その計画は半世紀以上ものあいだ実現されることはなかった。神の敵に対抗する気運が高まっていった原因は多様で複雑である。それでも、デイヴィッド・フランクフルターが示した大まかなメカニズムはここにも当てはめることができる。フランクフルターによれば、地域の共同体がより広い世界の混乱に巻き込まれた場合、その共同体の世界観は、より普遍的なそれに取って代わられるか、吸収される。そしてこうした状況は、ヨーロッパ社会において経済活動、国際的な接触、政府の中央集権化が促進され始めた時期である中世後期以降に、西洋キリスト教世界でも起こっていた可能性があるのである。このような背景と、この時代の西洋キリスト教世界での中央集権化された統一的で普遍的な信仰への傾向は、確実に結びついていた。この一般的な風潮と関連して、災いと害悪の原因解釈の世界化と統一が新たに進展（あるいは復活と言うべきか）した。このようにして、ユダヤ教や異なるキリスト教の宗派を信奉した同胞はすぐさま悪の世界的ネットワークの手先とされたのである。

　これはまた、陰謀という概念がなぜこの時代のサタニズムのラベリングを示す上で、こうも重要な役割を果たしたのかという点も明らかにする。異端者と異教徒は、ただ単に言葉にするのも忌まわしい礼拝を行う者たちと考えられていたわけではなかった。災いを積極的に呼び込む存在としても見られていたのである。ユダヤ人とサラセン人が、魔術師とユダヤ人が、異端者と魔術師とまた別の異端者がみなそれぞれに陰謀を企み、全員が悪霊、あるいはその上に立つ悪魔と結託していると考えられた。特筆すべきは、当時の史料に他者が一貫して脅威と捉えられ記述されていることである。すなわち厄介な存在によって、宗教的社会的共同体の不安定な安全性が脅かされているというのであるが、しかし現実にはまったく逆のことが起こっていたのであり、ヨーロッパのローマ・カトリック教の拡大する権力の脅威に晒されていたのはライバル宗教の方であった。それと同時に、こうした他者のレトリカルな悪魔化は、共同体自体のアイデンティティを明確にし、強固なものとした。そうしたアイデンティティは、部分的には、この対立と排斥のプロセスにおいて実際に生じ、形成されていったのである。

魔術によるサタニストの陰謀

サタニズムの体系的なラベリングを通じて宗教的他者を見下す傾向は、近世における宗教改革により西洋キリスト教共同体が分裂した後も、なくなることはなかった。カトリックの論客はプロテスタントに対し、サタニストの異端者にまつわる古いステレオタイプを用いて非難し、一方でプロテスタント側は、ローマ・カトリック教会を、悪魔崇拝を行っており、教皇はサタンの下僕だとして非難した。悪魔崇拝者の陰謀に対する恐怖が歴史上頂点に達したのは、まさにこの時期であった。サタン崇拝が拡大しているという噂を、西洋世界のあちこちで恐ろしいほどよく聞くようになり、当時の著述家は、内側からキリスト教界を滅ぼそうとする極めて悪意のある「新しい宗派（教派、分派）」について記すようになった。悪魔崇拝者はあらゆる社会階層に見られたが、とりわけ女性に多かった。崇拝者は魔術を使って善良なクリスチャンに危害を加え、山上などの隔絶された場所で集まったとされている。そこで崇拝者は残虐で冒瀆的な儀式を行い、最終的には悪魔と、もしくは崇拝者同士で性交をするのだと。

宗教史や昔話に親しんでいる読者は、この新たなサタニストとは魔女なのではないかと思うだろう。一五世紀以降、魔女狩りはそれ以前に流行したペストさながらヨーロッパ中に広がり、北イタリアを起点にフランスの一部地域や北欧、ハンガリーなどの周辺地域にも及び、そして一七世紀末には北アメリカにも飛び火した。結果として、近年の研究が算出したところによると、およそ三万〜五万もの人々が斬首や火あぶりによって処刑され、さらにその数を上回る人口が魔女狩りの甚大な被害を受けた。死者の数で言うと、近世の魔女狩りによる死者数は、初期の異端狩りを超えている可能性がある。事実、後述するように、魔女狩りと異端迫害はさまざまな点で密接に結びついており、特にどちらも（サタニズムという言葉が定着する前に）悪魔を崇拝しているのではと疑いをかけられた共通点があった。

一般的な認識とは裏腹に、魔女狩りはローマ・カトリック教会の独擅場《どくせんじょう》ではなかった——ローマやスペインの異端審問はさらに関わりが小さく、実際にはこれらの組織は魔術で告発された人々に対してはかなり寛大であった。魔女狩りを熱心に推し進めていたのは、プロテスタント圏であろうとカトリック圏であろうとむしろ世俗権力の方であった。魔術やマレフィキウムへの信仰はキリスト教が現れるよりはるか昔から存在していた。悪霊や有害な霊的エネルギーを（正しく名指しし、適切な儀式を行うことによって）撃退する力を持てる人は、そうした存在をある程度意のままにできる能力があるということも意味した。よって、これはその逆の可能性も開いた。すなわち悪霊や霊的エネルギーに命令して、何らかの理由で自分にとって好ましくない人間に災いをもたらすということである。こうした魔術とそれに対する恐怖はずっと昔から文書に書き残されてきた。異教のローマ人はすでにマレフィキウムを非常に恐ろしい罪悪と見做し、実践者には最も厳しい処罰の一つである火刑を科した。

初めのうち、キリスト教の到来は魔女と告発された人々にとって必ずしも不都合な出来事ではなかった。たとえば、シャルルマーニュが新たに制定したザクセン領に対する法は、異教のザクセン人が魔女を食すことを禁じた——これは明らかに魔女の習わしである人肉食の儀式に対する慣習上の報復だった。また神学の研究によって、教会の権威はマレフィキウムに関する通俗的理解に懐疑的になった。神学の公式見解によれば、サタンとサタンに従う悪霊は極めて強力ではあるが、もとは天使である彼らは本質的には霊的存在であって、ゆえに物質的現実を変えることはできない。サタンが力を及ぼせるのは、邪悪な暗示、幻覚、憑依などで人間の心を操ることによってのみである、とされた。このような考察は、有名な『司教法令集 *Canon Episcopi*』の背景を成していると考えられる。この法令集は、一〇世紀に司教のために編集された指導書で、ディアーナやヘロディアスとともに夜に騎行していると言い張る女性たちのことがすでに記されている。法令集の文書では、こうした女性の夜の行動は単なる妄想だとの見解がかなり明確に示され、本当の罪悪というのはこうした幻想を現実として信じることだとされる。

とはいえ、このような神学の見解は、中世にマレフィキウムの危険性に対する確信が広まることを防げなかった。マレフィキウムが存在するという信仰が無学な農村の民衆だけのものでなかったことは、四世紀から一八世紀まで、キリスト教徒の統治者の法廷で、マレフィキウムをめぐるスキャンダルが度々勃発したことからも明らかである。近世の大規模な魔女狩りを引き起こすことになった決定的な要因は、ユダヤ人や異端者について語られてきたサタニストのステレオタイプを魔術に適用したことにある。その起点のいくつかは、宗教的他者に対する初期のプロパガンダにある。先述のように、古代ではすでにマニ教徒がマレフィキウムを行っていたとされ、こうした疑念はほかの異端に向けられることもあった。ユダヤ人については、民衆や学者の想像により、魔術師と似たような噂が立った。中世末頃にはその逆の動きもあり、場所によっては魔術師を異端組織の一員と見做した。一四世紀に教皇権は、悪魔の魔術は異端でありサタンの崇拝であると公式に宣言した。一四〇〇年頃に最初の魔術の宗派に対する裁判――すなわち、個人ではなく組織化された集団で魔術を行っていたとされる事件の裁判――がアルプス山脈西側のサヴォイアで開かれた。高名な魔女狩りの歴史学者が示すところによると、この裁判はそれよりほんの数十年前に行われたワルド派の異端審問の迫害と直接関係しており、そこでは異端審問官によってワルド派が、サバト（魔女の宴）に招集された悪魔崇拝をする魔術師の集団とされた。悪魔化しようとするこうした試みが成功したのは言うまでもない。ヨーロッパの一部地域では、ワルド派は異端を示す一般名称となっただけでなく、魔術と同義語になっていった。

魔術の新しい概念が広まるにつれ、古より存在した魔術師は突如として新しい見方で捉えられ、むしろまったくの新しい存在として理解されることが多かった。魔術駁論において魔女は通例「新しい宗派」と記述され、あるいは同様に重要な意味を持つ「悪魔のシナゴーグ」と記されることもあった。ドミニコ会の異端審問官ニコラ・ジャキエは一四五八年に、次のように書いた。「この魔女の宗派、あるいはシナゴーグには女だけでなく男も集まる。さらに悪いことに、聖職者や修道士もおり、さまざまな姿で実名を語って現れる悪魔と実際に会話している。この同じ魔術師たちが悪魔を崇拝、敬愛し、ひざまずいて口づけを行い、自らの王と主として受け入れ、神とカトリック信仰、そしてその秘蹟を捨て去る。それと引き換えに悪魔からは、呼び出すたびに加護と助けを与えられることを約束される。召喚に応じる悪魔はいつも同じで、一日のうちいつでも、シナゴーグであろうと、別の場所であろうと、どこにでも現れる。悪魔は魔術師の要求に応じて助けに現れ、罪を犯すための毒や物を悪魔自ら魔術師に与える」。重要なのは、ジャキエがこれと同じ節で、自身が記した「新しい宗派」は『司教法令集』で述べられているものとは異なるということを明白に証明しようとしている点である。一四八七年に刊行された悪名高い『魔女の槌 *Malleus Maleficarum*』において著者ハインリヒ・クラーマーもまた、魔術について昔の法令集と新しい見方とのあいだに見られる表面上の相違について多く記述し、魔術師の邪悪な宗派はキリスト教界を内側から破壊しようとしているのだという考えを懸命に擁護した。

組織化されたサタニストによる魔術という概念は、したがって、昔からあるものでも一般に普及しているものでもなかった。むしろ、学問を修めたエリートによって展開され、最新の学識を得ることのできた人々によって広められた。魔術の背後には異端と悪魔崇拝の陰謀があるとの憶測は、現実にも重要な影響を及ぼした。異端審問の裁判手続きは今やマレフィキウムの迫害にも使われるようになったが、以前であればマレフィキウムの有罪判決は、加害者による「被害を受けた」人物が犯人を告発し、その証明を行った後でしか下されなかった。ところが、それが「例外の犯罪（crimen exceptum）」であることを根拠に、拷問が自白を引き出すために合法的に使われるようになった。また、魔術は集団で行うものだとの推測により、司法当局は共犯者を探そうとした。このような組み合わせによって魔女裁判が一気に増加したのである。

その規模の大きさという点で、魔女狩りはまた、西欧における中央集権化がさらに強化されたことを示している。マレフィキウムに関する問題は、以前であれば地域社会における裁判によってさまざまな残酷なやり方で解決されていたが、今や学識のある裁判官が用いる枠組みに従い法廷で裁かれるようになっていた。世俗権力はこうした訴訟を促進するだけでなく仕掛けることもあった。この点について留意しておくべきは、近代社会を特徴づけることになる宗教と世俗の明確な区別は、まだ存在していないということである。教会、君主、貴族が互いの正確な権限をめぐって言い争う一方で、社会の宗教的枠組みとしてのキリスト教の正当性が問われることはなかった。君主と世俗権力は、異端や魔女との戦いは自分たちの義務であると考えたが、それは政治的な目的のためだけでなく、このような邪悪な活動を許容して、神の怒りが自分たちに降りかかってくることを恐れたためでもあった。

また、農村や都市の民衆が犠牲者を差し出すだけの、受動的で無力な存在であったという想像は適切ではない。先述のように、魔術と魔法（への恐怖）は近代以前には共同体の生活の本質的な部分をなしていた。魔術がサタニストの陰謀であるとの観念は、主に学問を修めたエリートが採用した考えであるが、一方、マレフィキウムが個人と集団に降りかかる災いの原因であるとの認識はエリート限定ではなかった。婚姻関係における不妊、酸っぱくなったミルク、発酵しないビールなど、魔術はありとあらゆる自然の災いをもたらすと考えられていた。だから一般民衆は、魔術師の活動を抑制する公式の魔女狩りを熱狂的に支持したのかもしれない。穀物の不作や自然災害によって、魔女を根絶やしにしようとする動きが誘発された。例として、一五八六年にドイツのプファルツで冬が異常に長く続き、その際、トリーアの司教が一二〇人の住人を捕らえ、彼らに自分たちが魔術を使って春の到来を遅らせたのだとの自白をさせ、その後彼らを火あぶりにしたという事件がある。地方政府は時々中央政府に、魔女に対する訴訟手続きを開始するよう要請することがあったが、中央政府にほかの優先事項があった場合はそうした要請は却下された。

別の段階において、民衆の信仰は魔術に対するステレオタイプにも反映された。歴史学者たちは、夜に活動する魔女、魔術による飛行、幽霊狩猟《ワイルド・ハント》、妖精の踊りなどの民間伝承がいかにして魔術のステレオタイプに組み込まれていったかを示した。カルロ・ギンズブルグは、こうした要素にはそれぞれキリスト教以前に起源を持つ古い文化階層が反映されていたのではないかと論じる。魔女の疑いをかけられた者の中には、尋問された際に魔女や悪魔に関する土地の伝承を自ら提供した者もいた。その内容が、魔術の学術伝承集や、集団による魔術行使の容疑を審問する際に裁判官が使用したチェックリストに追加されていった可能性があり、その結果、新たに想像された魔女の宗派は、異界にまつわる増え続ける伝承が集約された集団となった。魔術的な災いに対処する、学識ある裁判官と地元の魔女退治の専門家との関係性はさまざまであった。ギンズブルグはその著名な研究〔『夜の合戦——16-17世紀の魔術と農耕信仰』〕において、フリウーリの伝統的な反魔術の専門家がいかに異端審問に混乱をもたらし、最終的には邪悪な魔術師として迫害されるに至ったかを記述している。これとは対照的に、チロルの法廷では、悪魔との契約によって守られていると考えられていたアナバプテスト派から自白を引き出すために地元の占い師が起用されることもあり、結果もそれなりに出していたようである。

　近世の魔術の一部は伝統文化にルーツがあるため、歴史学者の中には、魔術が行われているという噂が立ったのは、異教の儀式が隠れて続けられていたからだろう、つまり、火のないところに煙は立たないものだと言う者もいる。イングランドのエジプト学者マーガレット・マレー（一八六三〜一九六三）はこの仮説を熱心に主張し、魔術やサタニズムの著述家の多くがそれに賛同した。しかしここ三〇〜四〇年間、この説は魔術研究の歴史学者によって完全に否定された。たしかに、残存するあらゆる異教の信者とその信仰体系が魔女狩りによって表面化し、前述のフリウーリの魔女狩りはその一例である。この点で、魔術を根絶しようとする動きは、多くの場合、キリスト教があらゆる民間信仰にとっての付け焼き刃でしかなかったヨーロッパの農村のキリスト教化を終わらせるための大規模な運動として見做すことができる。さらに、バルト諸国やアイスランドなどの周辺地域においては、異教の祈禱師の生き残りが魔女として訴追され処刑される例もあった。しかし、魔女として迫害された人々の大半が、周囲の住人よりもキリスト教信仰心が薄かった（あるいは篤かった）ことを示す十分な証拠はないのである。

　悪魔崇拝をする魔女の秘密組織が存在したことを示す証拠がいっそうわずかしかないことは、少なくともこれまでの流れからも明らかであろう。民間伝承の要素はあるものの、近世の魔女のステレオタイプは主に、宗教的他者の初期のイメージを融合、結集させたものだった。異端者とユダヤ人が行うとされた聖体の冒瀆、嬰児殺し、近親相姦の狂宴、倒錯した性の儀式、卑猥な身ぶりによる悪魔崇拝とそれに伴うキリスト教の否定、キリスト教信仰の全記憶を消し去る魔法の薬――すべてが魔女のステレオタイプに含まれていた。一連の冒瀆行為の疑惑は新たな盛り上がりを見せ、今度は魔女がサタンやサタンに従う悪霊と性的関係にあるのだというイメージが作り出された。聖書外典にある堕天使の原罪を、魔女の集会ではドラマチックに再演するのだが、こうした超自然的な性的交わりの経験は――異端審問官ジャキエの言葉によると――「一日か二日経ってもまだ疲労困憊で肉体的に疲れ果てている」ほど強烈なものであると考えられていた。最終的には、魔女のサバト自体が一つの異空間に変わり、通常の社会においては慣習であるものがすべて逆転している完全な逸脱という空想が生み出された。そこでは人々が後ろ向きか背中合わせで踊り、食べられない物や腐った物を食し、ソドミーなどの「自然に反した」性行為を行い、忌避されている動物をペットとして可愛がり、キリスト教の神ではなくサタンを崇拝している。こうしたありそうもない事柄は、追記する必要もないかもしれないが、災いの超自然的な原因から逃れようと必死にもがくようになった社会が生み出した完全に想像上の構築物だった。実際、魔女の陰謀説は、まさにそれが現実には根拠がなかったゆえに、こうも潜在的に危険なものとなったのだと言えよう。もし誰もが実際には悪魔崇拝の魔女でないのなら、誰もが魔女たりうるのである。

黒魔術と黒ミサ

魔術と言えば、黒魔術を思い浮かべる人も少なくないだろう。どちらの概念もサタニズムと同義に用いられることが多い。したがって、ここでは「黒魔術」に関する歴史的事象について少し言及しておくことにする。サタニズム自体の概念と同様、まず、本書が具体的に何を論じているかを明確にする必要がある。「魔術」という言葉は幅広く用いられ、そのため乱用されることも多く、多様な文脈の中でさまざまな意味で使われている。人類学と宗教学の分野では、厳密には宗教とは見做されない超自然的な事柄を扱う行為を指す、包括的な用語として用いられることもある。この使い分けの妥当性については大いに議論がなされてきた。その内容は本書のテーマと関係がないわけではないが、ここではひとまず措いておく。本書では、西洋キリスト教世界の歴史において真っ先に「黒魔術」と見做されるようになった魔術行為の具体的な内容に注目する。

もともと黒魔術はネクロマンシー、あるいは「死者への伺い」と呼ばれていた。死者は徐々に一般的な精霊と見做されるようになるが、こうした霊はキリスト教の出現以降、悪霊や悪魔の類として見られることが多くなっていった。このプロセスにおいて、誤記か宗教的な意図によるものかは定かでないが、ネクロマンシーはニグロマンシー、すなわち「黒魔術」の烙印を押された。この中世と近世の「ニグロマンシー」はほとんどが、現代の魔術を専門とする歴史学者が儀式、儀礼、または学問的と呼ぶ魔術というカテゴリーに属していた。これは「霊を呼び出すことで召喚者が多種多様な利益を得るために長時間にわたる複雑な儀式」を利用する魔術だった。ニグロマンシーはその複雑性により、文書と知識が密接に関係してくる形の魔術であり、したがって、前近代や近世の宗教において同様によく見られた呪文、まじない、民間魔術とは区別される。

こうした区別は同時代の文書にも時折示されている。たとえば『魔女の槌』では、学問を修めた者が行うネクロマンシーと、「書物や学のある者を必要とせず、完全に無知の者が執り行う」「民間」魔術が明確に区別されている。しかし現実には、「民間」魔術とネクロマンシーとの境界はかなり曖昧だったと言えるだろう。またこれらの事柄に関するローマ・カトリック教会の方針を作る神学者や悪魔学者は、そのことには目もくれていなかった。前述のように、ユダヤ人、異教徒、異端者は黒魔術を行っているとしてしばしば告発された。これに補足すると、教皇ヨハネス二二世は一三二六年にネクロマンシーを、サタンとの同盟とその崇拝を意味するとして異端と宣言した。この教義上の決定は、命を狙われたヨハネス二二世が、教皇の法廷内で活動する魔術師が自分を殺そうと企てたのだとの恐怖に駆られて下したものだった。前述のように、この公式の非難は魔女狩りに向かう法的・観念的な序幕を開く上で決定的だった。

魔術に対するヨハネス二二世の否定的な評価は、キリスト教およびキリスト教以前の長い歴史に端を発する。初期キリスト教会ではすでに、魔術はキリスト教とは相容れないものと考えられていた。使徒言行録では、パウロがエフェソで福音を説いた後に人々が銀貨五万枚に値する「魔術《キュリアス・アート》」の書物を焼き捨てた様子が語られ（使徒言行録第一九章一九節)、聖書外典では、使徒ペトロが魔術師シモンをいかに破滅させたかについての説明が記されている。古代末期以降、魔術をサタンと結びつける伝説が増加した。現代に残るその最初期のものの例として、いわゆるプロテリウス伝説がある。この伝説はカッパドキアのアンフィロキウスが著した『バシリウス伝 *Life of Basilius*』に記録されている。伝説では、キリスト教徒の元老院議員プロテリウスの若き奴隷が、主人の娘にひどく惚れ込んでしまった様子が語られる。愛に絶望した奴隷は、「嫌われ者の魔術師の一人」に助けを求めた。この「真の毒殺者」はその若者に、キリストを捨てそのことを書き記す覚悟はあるかと尋ねた。若者がそのことを承諾すると、魔術師はその宣言書を口述し、この若者がキリスト教信仰を捨て、悪魔の集団に加わりたいとする旨を示した。魔術師はそれから「異教の何らかの建造物」のある場所を夜間に訪れ、悪魔を呼び出し、その宣言書を掲げるよう指示した。悪霊が順当に現れ、若き奴隷を悪魔のもとへ案内した。最初、悪魔は彼を疑った――悪魔が言うには、必要な時にだけ悪魔に頼って、願いが叶えられた途端にキリストの慈悲のもとへ戻っていくキリスト教徒が多すぎるのだという。だから悪魔は何か保証となるものが欲しかった。果たして若者は、永遠の苦しみが待ち受けていようとも、キリストとキリスト教の洗礼を破棄し、永久に彼とともにいることを宣言できたのだろうか。奴隷はすぐさま魔術師が準備した契約を提示し、悪魔はそれを受け取った。

その後、悪霊は元老院議員の娘が、父親の下僕に対し熱烈な愛情を抱くよう仕向けた。元老院議員は娘を尼僧にするとの誓いを立てていたため二人の愛に反対したが、娘があまりに激しくその運命を嘆いたため、元老院議員が最終的には折れ、二人の結婚に同意した。娘とその夫は幸せな結婚生活を送っていた。だがしばらくして、娘の周囲の人々がこの新しい夫について疑い始めた。夫はなぜほとんど教会へ行かないのか。なぜ聖体を拝領することがないのか。本当にクリスチャンなのか。娘は下僕であった夫にこの疑念をぶつけ、問い詰められた夫は悪魔との契約を告白した。

そこへバシリウスが登場した。下僕は彼のもとへ逃れ、助けを求めた。バシリウスは「われらの主なる神」に改宗したいかと尋ね、若い男はそうしたいができないと答えた。「私はキリストを棄てる文書を記し、悪魔と契約を結んだのです」。だがバシリウスは、主の慈悲を信頼し祈り始めるよう熱心に促した。聖人と悪霊とのあいだに祈禱の戦いが生じ、修道会全体が祈願と憐れみの讃歌《キリエ・エレイソン》を捧げる一方、悪霊は下僕をバシリウスから引き離そうとした。最後は当然ながらバシリウスが勝利し、そして空から一枚の紙切れが漂ってきて聖人の手中に収まった。若き奴隷にはすぐにそれがサタンと結んだ契約だと分かった。その紙切れは厳《おごそ》かに燃やされ、プロテリウスの娘は救われた夫とともに家路についた。

　契約伝説と呼ばれるこうしたタイプの物語は、西欧でその後一〇〇〇年にわたって絶大な人気を誇った。テオフィルスという司祭についての類似した物語は最も引用された中世の物語の一つで、ルネサンス期にはファウスト伝説の中でそれの別ヴァージョンの話が生み出され、その後ゲーテによって不朽の名作となった。これらの作品すべてに共通する基本的なテーマは、黒魔術に頼る男あるいは女が最後にはその魂をサタンに売り、サタンはやがて対価を要求しに現れる、というものである。

　こうした伝説や聖人伝における魔術観は、神学で公式化されたそれと相互に関係している。スコラ哲学の大御所トマス・アクィナスは、悪霊を呼び出したり捧げものをしたりする魔術はすべて悪魔との明白な契約を意味するとした。そして捧げものはキリスト教の秘蹟を悪魔的に再現したもので、このようにして、新しいサタンの宗教形態ができあがったのだと述べる。さらには秘密の合図や謎のまじないを使う魔術は、悪魔との暗黙の契約だと主張した。結局、魔術に頼ることにおいて、魔術の使い手は全能の至高神を信頼するのではなく、世界を救う何かほかの根源があると確信していることを暗黙のうちに示したのである。このことは異端と関係し、実際にその人物が悪魔の側との契約を結んだことを意味した。留意すべきなのは、トマスは「自然」で、「中立な」魔術も存在しうるとしたことであり、また、魔術的なものの中世のカテゴリーは、必ずしも現代においてオカルトや超常現象とされるものとは一致しないことも忘れてはならない。たとえば、特別な効能がある天然石や占星術などは、単に自然科学の一形態として見られることが多かった。しかし、アウグスティヌスやトマス・アクィナスのような著名な神学者は、黒魔術を悪魔崇拝と固く結びつけていた。こうした見方がローマ・カトリック教会において支配的な教養となっていき、結果として多くの魔術師が火刑台に送られたのである。

　魔術の使い手側が何を思っていたかはほとんど記録さ

れていないが、その考えの一端を、『誓書 *Liber Juratus*』の写本の一部に記載されている序文から推測できるかもしれない。この書は中世のネクロマンシーの有名な手引書で、『聖なる書 *Liber Sacer*』や『ホノリウスの誓いの書 *Liber juratus Honorii*』のタイトルでも知られる。序文には、教会の魔術批判に明確に言及した上で、教皇と枢機卿が魔術を根絶しようとするのは、彼ら自身が邪悪な霊の影響を受けているからだと記されている。高位聖職者は、魔術師とネクロマンシー術師は悪霊に捧げものをし、洗礼を破棄し、サタンの高慢な振る舞いとわざに従い、無知な人々に幻影を見せて破滅へと向かわせる存在だと断言する。この序文の無名の書き手はこうした告発を、そのような不思議なわざを独占し続けたい悪魔に吹き込まれたものだとして、断固否定した。不道徳であったり不純であったりする人間が魔術を真に扱うことは不可能であり、魔術によって霊を意のままに操ることができるのは純粋な人間にしかできない。真の魔術というのは、したがって、サタニズムとは真逆のもので、つまりはサタンに服従する*の*ではなく、サタンを服従させる*も*のである。序文にはさらに、魔術師たちは自分たちが狙われていることを魔術の力で前もって知っていたが、多少のためらいの後、悪魔を召喚して助けを求めることはしないと決めた、というのも悪魔がその機に乗じて全人類を破滅させる可能性があったからだと記されている。代わりに、ナポリ、アテネ、トレドの八一一人の長の会議が、テーベの長であるホノリウスを選び、魔術書を九三章から成る一巻に減らしてまとめ、より隠しやすく保管しやすくするよう伝えた。言うまでもなく、その書がほかならぬ『誓書』というわけである。

『誓書』の序文に独特なのは、魔術を明確に正当化し宗教的権威に激しく反発する姿勢が示されていることだが、そこに含まれている論法は、中世後期オランダの奇跡劇『ナイメーヘンのマリア *Mariken van Nieumeghen*』などにも見出される。苦境に陥ったマリアが悪魔に助けを求めると、悪魔が一つ目の男の姿で彼女の前に現れ、どんな魔術でも知りたいものを教えてやると言った。マリアはすぐさま「ネクロマンシー」を教えてほしいと頼んだ。司祭である叔父がその魔術を使って驚くべきことをなすのを見たことがあったからだ。だが悪魔はすぐにその魔術はやめておくようマリアを説得した。「マリアがネクロマンシーを使えるようになれば、自分は彼女に言われるがまま動くしかなくなる」。悪魔はそう考えたのだ。

そのあいだ、マリアの叔父は一心に祈り、そのおかげでついに「聖なる父」（神）がマリアを暗黒の悪魔から救い出した。つまり叔父は「一冊の本」をもとに魔術を熱心に実践していたといっても、それによって敬虔な心を失ったわけではなかったのである。

正しいのはどちらだろうか。『誓書』の魔術師か、あるいは、ローマ・カトリック教会か。おそらく、どちらでもないだろう。天使の魔術――教会から同様に非難されていた――を度外視して、明らかに、悪霊を召喚する魔術だけに注目すれば、魔術師は知恵を追求する気高く高潔な人物だったという自己像の証拠はない。これに関して、『誓書』が例外的であるのは、最初の部分が至福直観〔人間の救いの完成として、神を直接に見ること〕を得るための儀式に関する内容で構成されているためであり、その儀式では祈りが何度もくり返され、その祈りにはかなり異国風なものも含まれている。しかしほかの章は、特に気高くも高潔でもない、極めて実用的な「術」で占められ、儀式によって秘密の知識を得たり、隠された財宝を発見したり、有力者に気に入られたり、女が自分に恋するよう、あるいは裸で踊るよう仕向けたり、恨みを晴らしたり、敵を傷つけたりするなど、マレフィキウムの領域にあえて近づこうとする行為が記されている。こうした描写は、ネクロマンシーに関する現存するほかの手引書にも示されている。しかしそれと同時に、記述されている行為というのは、本研究で採用したサタニズムの定義にあまり当てはまらないのである。悪霊は必ず呼び出され、時折サタンでさえ召喚される。しかしこれが起こるのは父と子と聖霊の名の下においてであり、多くの聖人や大天使、あるいは唯一神の秘密の名前の力を伴うことが多い。そうした力はユダヤ教の伝統では地獄の邪悪な住人を含むあらゆる創造物を支配する大いなる力を宿していなければならない。こうした資料に見られる悪魔崇拝に最も近いものと言えば、魔術師が悪霊に差し出すよう時々指示される捧げものであり、そのほとんどが鶏や鳩といった小さい生き物である。しかし概して、魔術書に表される描写は、『誓書』と『ナイメーヘンのマリア』が示すものと一致する。魔術は悪霊を崇拝するためではなく、抑制し束縛するために使われている。

たしかに、魔術書の呪文がローマ・カトリックの悪魔祓いの公式の式文と酷似していることは指摘されている。祓魔師が取り憑かれた人からキリストの名において悪霊を「召喚し」――多くは真の姿を暴露させてから――去らせるように、ネクロマンシー術師は悪霊に財宝を探し当てさせたり、知識を得させたり、女性を誘惑させたり、敵に危害を加えさせたりなど面倒な用事を言いつける。後者の行動は前者の延長線上にあるものとしか捉えられないかもしれない。また、礼拝式と魔術とのこの連続性は、それほど驚くようなことでもない。奇妙に思えるかもしれないが、悪魔的儀式の魔術の使い手のほとんどは、おそらくローマ・カトリックの聖職者であった。著名な専門家リチャード・キークヘーファーはネクロマンシーを、「典型的には聖職者による大胆な闇稼業」であり、担い手はほとんどが下位の聖職者でスリルや小遣い稼ぎのために行っていた、とさえ述べている。教会の指導者たちはそうした娯楽を非常に危険な逸脱した行為と見做していた可能性はあるものの、そのネクロマンシーはサタンの崇拝ではなかった。その著述や職業から判断すれば、中世の魔術師のほとんどはおそらく自分たちのことを普通の、または敬虔ですらあるキリスト教徒だと考えていた。

ここでサタニズムと黒魔術にまつわる伝承や伝説と密接に関係しているもう一つの現象、いわゆる黒ミサについて簡単に論じる。『グノーシスおよび西洋エソテリシズム辞典 *Dictionary of Gnosis and Western Esotericism*』においてマッシモ・イントロヴィニエは黒ミサを「ローマ・カトリックのミサを「逆転」させたもので、式文に適宜変更を加えることで、イエス・キリストを冒瀆し、サタンを崇拝する」と定義している。この定義を受け入れるのであれば、中世および近世のネクロマンシーがその事例とは言い難いことはすでに明らかであろう。現存するネクロマンシーの手引書——かなりの数が残っているのだが——には黒ミサに関するものは、わずかに類似したものでさえ一つも記述がない。だが確かなのは、学問を修めた者の魔術と民間の魔術の双方において、聖体と聖餐の儀式に細心の注意が払われていたということである。聖体は「その本質において」地上における神の化身である、とする実在論者の考えは初期の教会史において支配的となり、一二一五年に第四ラテラン公会議で成文化された。その結果、聖体拝領や聖別式には奇跡の力が関係していると考えられた。こうした考えは、教会の学識ある博士たちが意図していなかった実用的な形へと解釈されることもあった。聖別式が行われる際に祭壇の上や聖体の下に置いてある物は、この儀式を取り巻く神聖な力を含んでいると信じられた。たとえば、特定の祝祭日にハーブをその薬効を高めるために祭壇に置く習慣は六世紀まで遡る。また、聖体に対する信仰が同じように実用に適用された例は魔術の儀式にも見られる。たとえば、一五世紀末の魔術書には透明人間になるための方法として、ミサを九回行うあいだに祭壇にしのばせておいたワタリガラスの舌とトビの舌を必要とすると記録されている。実際のところ、ネクロマンシーの手引書はその効果をさらに高めるために手引書自体を聖別することを課していることが多い。

このような行為は、「逆転した」礼拝式や冒瀆とは明らかに何の関係もない。それどころか、聖体拝領における神の臨在が持つと考えられた力に対する強烈な畏怖を証明した。魔術師にも普通の信者にも、魔術とキリスト教は連続体として理解されることが多かった。ところで、このことは逆の場合にも当てはまる。ルネサンス期の著名な自然魔術師ハインリヒ・コルネリウス・アグリッパは、ミサ自体が魔術の一形態であり、パンとワインに神を宿すために神を召喚する特別な儀式であると述べる。

黒ミサの実際の起源については、前述した宗教的他者に関する想像の産物の領域を見ていく必要がある。聖体の冒瀆に対する非難は、社会の中の宗教的逸脱者に向けて恐怖に駆られて何度もくり返されていた。本書ではこれまでにも折に触れて事例を挙げてきたが、たとえば、ルキフェル派などは聖別されたパンを便所の中に入れ、その上に排泄していると噂された。こうした話は第四ラテラン公会議で発布された化体説[*3]の教義を裏づける根拠として機能し、その後、プロテスタントのキリスト教徒が宗教改革の後に聖餐式の実在説に異議を唱え始めた際にも、再び参照されるようになった。イエスの肉体の顕現にわずかな関心も示さなかったユダヤ教徒や、ローマ・カトリックの化体説の見解を否定した一部の異端者などの集団は、それでもなお聖体に対して極めて邪悪な興味を持っているという疑いをかけられた。魔女にも同様の疑いが向けられた。信仰の敵対者が聖体を冒瀆するのに最も一般的な方法として、踏みつけたり唾を吐きかけたりするやり方があるが、さらに独創的な方法も記録されている。悪霊に取り憑かれたと主張する修道女マドレーヌ・バヴァンが一六四三年に述べたところによると、聴罪司祭は自分と肉体関係を結んでいる際に、輪っか状の聖体を性器にはめて使っていたという。さらに、そうした行為が教会の聖餐台の上でなされたという生々しい詳細が、ほかの修道女たちによって付け加えられた。

聖体の冒瀆にまつわるこのような架空のイメージがさらに作り込まれ、礼拝式の複雑なパロディが生み出された。倒錯した形の聖体拝領を行い体液を飲み交わす、というマニ教徒とグノーシス派に向けられた疑惑は前述のとおりである。謎めいた存在であったルキフェル派は、一四世紀にはルシファーの名のもとに子どもに洗礼を施し、悪魔風にもじった主の祈りを捧げていると考えられていた。しかし、こうしたイメージを最も盛んに生み出したのは魔女のサバトであった。裁判官の報告書、悪魔学者の論文、そして悪魔祓いを受けた修道女の告白に見出される、この倒錯の儀式についての多様な記述から、反礼拝式の真の輪郭が明らかになった。たとえば、黒い蠟燭や黒い聖杯に入った黒い聖体を使って行うミサのパロディであったり、悪魔か魔女の尿を使って行う聖水散布であったり、黒革で装丁された悪魔の典礼書であったり、あるいは悪徳を美徳として聖職者がするように説教を行うサタンの様子さえも記述されている。一六一〇年に魔術を使ったとして告発された司祭ルイ・ゴーフリディは、サバトでいかにして「彼らが聖体をルシファーの栄光のもと聖別したか」を記憶しているとすら主張した。後に黒ミサと呼ばれるようになった冒瀆的な偽の礼拝式がどのようなものかを知りたい場合は、まず取っ掛かりとしてこのサバト観を参照するのがよい。

このように黒ミサは、一般的なサタニズムの概念と同様に、ラベリングによるでっち上げなのである。歴史学者の中には反対の説を論じる者もいるが、筆者はイントロヴィニエの定義による黒ミサが、近代の幕開け以前に行われていたことを示す証拠を一つも知らない。ただし、一七世紀の資料には、筆者の説に当てはまらない歴史的例外が存在するかもしれない。次節ではこの点についてより詳細に論じていく。

ルイ一四世宮廷毒殺事件

すでに明らかなように、黒魔術はサタニズムとは別ものである。しかしネクロマンシーの儀式の中には、「神の国」の最も暗い裏通りへと、反キリスト（悪魔）のたまり場の近くへと人々を誘うものがあることも否定できない。現代の宗教史学者ですら、たとえば、悪霊にちょっとした捧げものをするという事例があるなら、そこでは悪霊が、いかに下級従属的な神であったとしても信仰の対象になっているのだと解釈するだろう。ここで明らかなのは、キリスト教とサタニズムとの境界線が、神学者や歴史学者が示してきた教科書の定義のようなはっきりとしたものではない、というグレーゾーンの存在であり、それについて次に論じなくてはならない。

ネクロマンシーの「グレーゾーン」的な性格が分かる例として、近世サタニズムと言えるかもしれない最も有名な出来事、いわゆるルイ一四世宮廷毒殺事件がある。このスキャンダルは、パリのとある占い師が顧客からの依頼で人を毒殺して儲けていることを自慢話として吹聴したことをきっかけに、一六七九年に発覚した。この話はパリ警察総代理官ニコラ・ド・ラ・レニの耳に入り、その後の調査によってパリにはオカルトで商売をする者たちの巨大なネットワークがあることが明らかとなり、顧客にはかなりの数の上流階級の人々が含まれていたとされる。おまけに、この地下組織ではフランス王を毒かす魔術（当時はこの二つを区別しない人々が多くいた）によって暗殺する陰謀が練られているとの情報が提供されたのである。国王ルイ一四世はこの警察総代理官の報告に大いに危機感を募らせたらしく、一六七九年四月七日に特別尋問司法裁判を設置した。それはすぐに「火刑裁判所」とあだ名されるようになったが、それは異端問題を扱う特別裁判所、すなわち、一六世紀には一面が黒い垂れ幕で覆われ、松明の明かりに照らされた武器庫で行われていた特別裁判所を彷彿とさせる不吉な名称であった。

この新たな火刑裁判所の法廷には多彩な顔ぶれが登場した。一人は女占い師「ラ・トリアノン」なる人物で、同業の女性と「同居し、男として、そして妻として「過ごし」」、その占い部屋には天井から人骨が吊されていた（彼女の供述によれば「人間に骨が何本あるか知りたかった」らしい）。もう一人はカトリーヌ・モンヴォワザンという人物で、「ラ・ヴォワザン」として知られ、美容師、占い師、堕胎医をしており、突如として起こったこのスキャンダルにおいて重要な役割を果たした。ラ・ヴォワザンは大胆不敵な女性で、比較的規模の小さいオカルト興行主の一団に囲まれていた。一団の中には権力を利用し、後ろ暗い方法で小遣い稼ぎを企むカトリックの聖職者も数名いた。中でも見下げ果てた人物にはエティエンヌ・ギブールが挙げられる。気味の悪い斜視の七〇代の男で、過去二〇年間内縁の妻と過ごし、妻とのあいだに子どもを複数もうけていた。通説では、ラ・ヴォワザンのところには上流階級の顧客が出入りしており、彼らに雇われた手下が尋問され始めると、疑いの目はすぐさま宮廷の最有力者グループにも向けられるようになった。彼らを狼狽させたのは、数名の貴族が法廷に出頭を命じられたことである。その中にはフランス最高位の将軍リュクサンブール元帥も含まれ、ルサージュと呼ばれる冒険家であり魔術師であり占星術師でもあった人物を通じて悪魔を召喚しようとしたとして告発された。

逮捕された魔術師たちが尋問官に説明した悪魔的取引の全容からすれば、リュクサンブール元帥が行ったとされる悪魔との取引は氷山の一角にすぎなかった。とりわけラ・ヴォワザンと彼女の取り巻きは、少なくとも一部の証人の証言によれば、悪魔崇拝と酷似したおぞましい儀式に関わっていたという。言うまでもなく、サタニズム史学者にとってはこうした儀式のおかげでルイ一四世宮廷毒殺事件はとても興味深いものとなった。幸運にも取調べで使われた調書の原資料が残っているため、黒魔術の瀆聖的な儀式が行われたという認識が司法調査の際に、どのようにして生まれたのかを詳しくたどっていくことができる。本書のテーマと極めて関連深い事例であることを踏まえ、ここで最も重要な事象の概要を時系列に並べ、簡単に紹介する。

一六七九年一一月一八日、「パリで最も名の知れた手相占い師」の一人マルティーヌ・ベルジュロは、ヴァンセンヌの王立刑務所で尋問された際に、ラ・フィラストルという女性から、サタンに身を売って一儲けする誘いがあったと供述した。ラ・フィラストル自身がサタンに身を売っていたので、羊皮紙に書かれた自分の契約をベルジュロに読んで聞かせた。ラ・フィラストルは自分の体と魂を悪魔に売り渡し、その見返りに「誰でも好きな相手に死や災いをもたらす」能力と、契約書に挙げた「数名の上流階級の人間」の依頼を実行する力を与えられた。

一六七九年一一月二八日、ルサージュ（リュクサンブール元帥を事件に巻き込んだ人物）は、ラ・ヴォワザンと彼女の取り巻きの一人でダヴォという聖職者を有罪に追い込むような供述を重ねた。ルサージュは、ダヴォがミサを少女または成人女性の子宮か腹部の上で行ったと述べ、記録には「この女性たちの名前は後で彼［ルサージュ］が思い出すだろう」とされている。この儀式が行われたのはラ・ヴォワザンの仕事場となっている人家だった。さらにダヴォはラ・ヴォワザンのもとでよく、ミサの最中に不特定の少女または成人女性と性交し「淫らな部分」に口づけをするなどの儀式に秘密裏に興じていた。

一六八〇年五月二六日、ラ・フィラストルは愛人の子を産んだ時の様子を説明し、火の灯された蠟燭の輪の中心で呪文を唱え、秘蹟と自身の洗礼を破棄しながら産み落としたと述べた。その後子どもが連れて行かれると、その子が悪魔に差し出されたのではないかと恐れたという。また、ラ・フィラストルは、コトンという聖職者――彼女が悪魔と契約を結ぶためのミサを執り行った聖職者――によって悪魔との契約が承認された過程を説明し、コトンがよくわからない言葉で「悪魔の三人の王子」を召喚したと述べた。前述のベルジュロの供述にもあったように、ラ・フィラストルは自身を第三者に代わって悪魔に売り渡すことに同意していたため、「ほかの者全員」の要望に応えることができた。

司祭のジャック＝ジョゼフ・コトンは自分の身柄が確保された際、教会でのミサの最中にワインの聖杯の下に、愛または死をもたらす「人形」をしのばせたこと、そして後産［胎盤］の上でミサを一度だけ捧げたことだけを認めた（おそらく後産を魔術で使うためだろう）。コトンは最後まで主にそのことだけ主張し続け、ほかは儀式の手順に関する詳細を付け加えただけだった。手順とはつまり、ラ・フィラストルが呪文と悪魔への要求を記した紙を一枚コトンに渡し、そのためのミサが「われらの主の臨在により霊が現れるよう」九日間行われたというものである。

一方、ラ・ヴォワザンはその時すでに火刑に処されていた。彼女の二一歳の娘マリー・マルグリット・モンヴォワザンも尋問に呼び出され、斜視の老人エティエンヌ・ギブールを密告した。不屈のルサージュとともに、二人はそれまでになくセンセーショナルな暴露をいくつも続けていった。

一六八〇年六月二六日、ギブールは見知らぬ城の礼拝堂で女性の腹部の上でミサを執り行ったと述べた。その後また別の機会に、サン・ドニの掘っ立て小屋で同じような儀式を行い、この時もまた別の裸の女性の上でミサが捧げられ、ギブールはその女性は娼婦であろうと思ったという。七月一五日、ルサージュはさらなる詳細を付け加えた。二〇年前の一六六〇年にギブールが複数の女性にミサを何度か執り行い、「全員が全裸で下着をつけておらず、祭壇であるテーブルの上に横たわり、両腕を広げ、両手にはミサのあいだじゅう火のついた蠟燭を持っていた」。その三日後、ギブールはラ・フィラストルの件に関してもさらなる詳細を提供した。ラ・フィラストルがほぼ確実に自分の子を悪魔への捧げものの「生贄として殺す」ために引き渡し、ほかの子どもも捧げものとして堕胎した。さらには、一四、五歳の少女もまた悪魔に捧げられるためにパリの外側で連れ去られたが、連れ去った司祭は「その少女の腹部の上でミサを三回執り行い、そのうち一回は肉体的に少女を知った」というのである。

一六八〇年八月二〇日、ラ・ヴォワザンの娘がルサージュによるギブールに関する申し立てを追認し、さらに別の容疑を加えた。ギブールはミサを「女性たちの腹部で」行い、そのうち数回は母親のラ・ヴォワザンの家で行われた。娘の知る限り、初めてそれが行われたのは六年前だったという。その時娘は儀式に使うマットレスと蠟燭を用意することだけをラ・ヴォワザンに許されたが、成長すると「あの類のミサ」に立ち会うことを許され、裸の女性がマットレスの上に横たわる様子を目撃した。「女性の頭は逆さまの椅子の上のクッションに支えられながら垂れ下がり、両脚も垂れ下がり、お腹の上には布が一枚かけられ、布の子宮の位置には十字架が置かれ、その上には聖杯が置かれていた」。さらに人々を驚かせたのは、全裸の女性の一人が自分は国王の公妾モンテスパン夫人であると暴露したことだった。彼女はラ・ヴォワザンのもとに三年ほど前からミサを受けに足を運ぶようになり、夜一〇時から真夜中までいたという。

ラ・フィラストルが次に暴露したのは、ギブールがサン・ドニで行った「ヌード・ミサ」の祭壇になっていた女性が、ほかでもないモンテスパン夫人であるということだった。初めのうちギブールはそれについて何も知らないと否定していたが、後になって、モンテスパン夫人であると知らされていた黒のベールで顔を隠した裸の女性に、ミサを四回施したことを思い出した。そのうちの少なくとも一回は、見知らぬ人物に目隠しをされてミサが行われている場所へと案内されたという。

そしてさらにおぞましい話の詳細をマリー・モンヴォワザンが加えた。一六八〇年一〇月九日、マリーが尋問官に語ったのは、堕胎された子どもの内蔵がいかに魔術の儀式に使われていたかということだった。一度はギブールが早産で生まれた子どもの喉元を裂き、「聖杯にその血を注ぎ、聖体とともに聖別した」というのである。これに関してはギブールはすぐに行いを認めた。一〇月一〇日、女性のお腹の上で子どもを生贄にし、「ナイフ」

を赤ん坊の首に突き刺して血を抜いた方法の詳細を語った。儀式のあいだ、ギブールは悪霊を次のような言葉で呼び出した。「アスタロト、アスモデウス、愛情の王子たちよ、あなた方に要求するものの代わりに差し出しますこの子どもを生贄として受け取っていただくべく召喚します」。その後、その死んだ子どもは別の部屋に運ばれ、内臓と心臓を取り除かれて生贄として捧げられた。ギブールはまた、デズイエ嬢――モンテスパン夫人の女中であり、国王の愛人でもあった――が、匿名の貴族の英国人男性と奇妙な儀式を行っていた様子も暴露した。彼女は自分の月経血を、英国人男性の精液が入った聖杯に入れ、そこにコウモリの血液と小麦粉を加えた。この調合物は国王を殺すための手段として考案された。

その一方でルサージュは、ギブールがラ・フィラストルの子どもの生贄の一件にも関与し、そのほかにも最近生まれた子どもの悪魔への生贄にも多数関わっていたことを打ち明けた――さらには、ギブールが絞首刑になった男の遺体を悪霊に差し出していたことまで語った。一〇月一日、ラ・フィラストルは拷問を受け、自分の子どもを悪魔への生贄として引き渡したことを自白した。その後ラ・フィラストルは処刑されたが、最後の告解ではその自白を撤回している。

ギブールとマリー・モンヴォワザンによる最後の暴露が行われた後も、小物の容疑者たちがさらなる詳細を明かし続けた。すでにある話の言い換えのようなものでしかなく――たとえば、裸姿の母娘に同時にミサを行うなど――、実質的な情報が増えることはなかった。最終的には、調査は蠟燭の明かりが消えるように突如として終わりを告げ、火刑裁判所は停止状態になった。裁判所が発行した逮捕状は合計三一九人分を数え、そのうち一九四人が収監された。そしてその中で一〇四人が裁かれ、三六人が死刑判決を受けた。

サタニズムに関する歴史的文献の中では、実在すると言える資料に限れば、毒殺事件は一般的にサタニズムが最初に立証された事例として位置づけられている。マッシモ・イントロヴィニエは毒殺事件を「史実という確かな土台に基づき推論された」ものとして言及し、「フランス国立図書館やそのほかのパリの図書館に保管された記録は、妄想に陥ることがなかった熟練の警察官たちの手によって残されたものである」と述べる。イントロヴィニエは本物の「リストにある公爵夫人、伯爵夫人、侯爵」の面々がラ・ヴォワザンと「その仲間たち」による裏のミサに参加したことを信じて疑わず、この事件を、それより以前の魔女狩りや、ルーダンとルーヴィエでのフランスの有名な憑依事件と好んで比較している。イントロヴィニエは、毒殺事件においては、「信心深い修道女や熱心すぎる聴罪司祭の空想物語」は出てこず、「完全に非宗教的な文脈」において「教会権力」ではなく「世俗的な警察」が調査と訴追に着手したと論じる。

たしかに、毒殺事件の歴史的背景を指摘するのは極めて重要である。一七世紀末のパリでは近世の魔女狩りの恐怖がすでに過去のものとなっていた。フランスの首都で魔女が最後に火あぶりにされたのは一六二五年のことだった。地方では魔女狩りが続けられたが、パリ高等法院は下級裁判所が下した魔術行為に対する有罪判決をすべて無効とした。さらに、現存する調査報告には、サタニストの魔女にまつわるステレオタイプを表す多彩な要素が著しく欠けている。すなわち、悪魔の出現、超自然的な飛行、夜ごとの乱痴気騒ぎ、悪魔的な動物などの記述が出てこないのである。儀式の様子や召喚の呪文については記されているものの、こうした行為によって行為者の意図した魔術の効果がどのくらい達成されていたのかは記述されていない。現代の読者にとっては、このような書かれ方をされている方が馴染みやすい。

しかし、そうした馴染みやすさが落とし穴でもあるのだ。それ以前の時代に権勢をふるっていた聖職者による狂信的行為と、毒殺事件での冷静かつ合理的な警察の働きというイントロヴィニエによる対比は、肝心な点で間違っているのである。その間違いは、魔女裁判に関する誤解と毒殺事件における主要人物の誤った描写の両方に基づいている。前述のように、魔女裁判は狂信的な聖職者に独占されていたのではなく、主に世俗的事柄として当時の学識のある人々によって実施され、広められていった。そして「熟練の警察官」であるラ・レニは一部の著述家が指摘する以上に、より深くこの伝統の中に立っていた。ラ・レニにとっては被告に悪魔を見たことがあるかと聞くのは普通のことであり、その際、明らかに彼は本当に危惧していたのである。一例として、ラ・レニは魔術の実在性を擁護する有名な法律家ジャン・ボダンを、事件に魔術が介入しているかどうかを見極める権威として召喚した。イギリスの歴史学者アン・サマセットの、「魔術への根強い恐怖」が事件の規模の拡大と激化を招いた一因である、との指摘はおそらく正しい。火刑裁判所の関係者の一人は、法廷がとうの昔に消滅したはずの魔術の告発だけに忙殺されていることに対し、ひどく不平を述べていた。

ラ・レニの悪魔に対するこだわりよりもさらに重要なのは、毒殺事件で適用された法的な仕組みが魔女裁判で用いられたものと実質的にはまったく同じものであったことだ。訴訟手続きを担う王立委員会に対する「火刑裁判所」という俗称は至極当然の呼び名だった。というのも多くの点において、火刑裁判所での訴訟手続きは、以前に起こった異端迫害を彷彿とさせるものだったからである。拷問と脅迫が身分の低い容疑者に使われた。その結果、歪曲された供述書が作成されたことは想像に難くない。だが主要な容疑者の中には拷問を免れた者もいた――ルサージュ、ギブール、ラ・ヴォワザンの娘である。彼らは早い段階で尋問官が何を聞き出したいかを察知し、どのように事を運べば自分にとって有利になるかを把握していたようである。暴露話を慎重に小出しにし、さらなる調査が必要になるセンセーショナルな「秘密」の数々を徐々に明かしていくことで、自分たちの避けられない運命を遅らせることに成功した。これは、容疑者たちの供述書に時折示される奇妙なやり取りや、中には身の毛もよだつ事実を即座かつ自発的に告げる者もいたことに対する説明になる。

現代の研究者も当時の観察者も、こうしたやり方で行われた証言は、根本的に信憑性に欠けると述べる。毒殺事件に関するこれまでで最も徹底した考察の中で、サマセットはモンテスパン夫人の関与と、国王暗殺の陰謀の存在に疑問を投げかけた。サマセットによる主要な証人の信憑性に対する厳しい分析は、当時の著名人の発言に裏づけされている。国王への覚書でフランスの大臣コルベールは次のように記している。「魔術師や占い師、秘伝、呪術、毒薬の提供者についての公開捜査では、こういったあさましい商売人たちが自分たちの共犯者として誰彼構わず名指しする自由と機会を得るのはよくあることです。というのは、ほとんどの場合、こうした人々に対する確固たる証拠は何もなく、そしてこれらの犯罪については深く調べることは不可能であり、根拠を示さず語るだけに終始してしまうにもかかわらず、彼らが言うことは事実に基づかない中傷にすぎないと立証するのはいつも非常に難しいからです。だから、このような漫然とした取調べが、人々の平穏を脅かす最も危険なものであると常に見做されてきたのです」。ラ・レニでさえ、同様の覚書の中で、彼の囚人が語った証言が信頼できないことを認めざるをえなかった。「全体であるにせよ一部であるにせよ」、彼らが暴露した主な申し立てはおそらく信頼できず、彼らの主張には「何が真実で何が嘘かについての確実性がまったくない」。しかしラ・レニはそれでもなお、「不信心、瀆聖、醜行がパリや地方で行われている」のは明らかであると結論づけた。

真実の追求が二の次であったのは、自分たちのほら話に命をかけていた「悪党」や「怪物」だけではなかった。彼らも、そしておそらくラ・レニも把握していない、さらに大掛かりな駆け引きが水面下ではくり広げられていた。毒殺事件は、魔女狩りの延長線上に位置づけるより、魔術を伴う宮廷スキャンダルという、さらに古い「伝統」の中に位置づける方が適切であろう。魔術が関わるほかの宮廷スキャンダルのように、毒殺事件は、絶え間ない「恣意的な支配者たちの王位を取り巻く権力争い」の一幕であった。ルヴォワ（一六四一～一六九一）は国王の冷酷な大臣でありラ・レニの直属の上司であった人物だが、彼の目的が、毒殺事件を利用し、かつての友人であったリュクサンブール元帥を政治的に失脚させることにあったのは明らかだった。記録には、ルヴォワが証拠を操作し、リュクサンブール元帥や彼が気にもかけない人物たちとのつながりについて「真実をすべて」告白すれば刑を軽くしてやってもいい、と証人に持ちかけるなどしたことが明確に示されている。証人の供述の信憑性に対するルヴォワ自身の見方と、彼らを自分の駒として利用する悪辣なやり口は、一六八三年に独房から新たな「秘密」を言いふらし始めた占星術師ルサージュに関してルヴォワが記した短いメモを見れば明らかである。ルヴォワはブザンソンの城砦の指揮官に向けて、メモで次のように伝えた。「この悪党に手加減はいらない、ヴァンセンヌにいた時に奴が真実を口にしたことは一度もないのだから」と。この「悪党」がリュクサンブール元帥を罪に陥れるための主要な証人として仕えていたにもかかわらず、である。

ルヴォワの背後にはフランス国王というさらに恐るべき人物がいた。国王命令により調査の特別委員会が設けられたが、それは毒殺事件の最初の兆候が明るみに出た直後のことだった。委員会を設けた国王の主な動機が、敬虔さからくる憤りであったとは考えにくい。太陽王の宮廷は敬虔さと結びついた場であるとは言えず、むしろ当時の放蕩の限りが尽くされたところであった。しかし、毒殺事件は、周囲の貴族を抑えるための国王の精力的な計画にうまくはまりすぎた。火刑裁判所には最高位の貴族にさえ出頭を命じ裁く代理権があった。普段であれば同じ貴族による裁判を受ける特権を握っていた貴族たちにとって、このことは自分たちに対する侮辱として映ったのである。

だがルイ一四世の計画は裏目に出て、自分の取り巻きに関する「事実」が法廷によって暴露されることとなった。国王の公妾が悪霊を召喚するための裸の祭壇になり、さらに彼女の女中頭が自分の月経血を英国人男性の精液と混ぜ合わせたという話を、フランス、さらにはヨーロッパの大衆が面白がったということを国王が喜ぶはずもなかった。これをきっかけに火刑裁判所は閉廷されることになった。モンテスパン夫人の名前が出てくるやいなや、ルイ一四世は彼女に関するすべての公式報告書を自分だけに直接送るよう要求した。ルイ一四世はモンテスパン夫人に関する機密文書を、自らの私的な部屋で厳重に保管し、一七〇九年に自らの手で燃やした。そもそもなぜこのことが知られているかと言えば、国王の警察総代理官ラ・レニが別個に議事録のメモを保管していたからである。その議事録はその後二世紀を経て発見され、ラヴェッソンにより彼の膨大なバスティーユ牢獄の記録集の一部として出版された。

同様の裁量により、ルサージュ、ギブール、マリー・モンヴォワザンをはじめとする容疑者の一部は公判にかけられることなく、最終的には死刑を免れた。彼らの賭けが功を奏したのだと言う者もいるかもしれない――だが彼らが最終的にたどった運命は処刑されるよりもましだったとは言い難い。人里離れた砦の牢獄の壁に死ぬまで鎖でつながれたのだから。リュクサンブール元帥にはもう少し運があった。彼はバスティーユ牢獄で悲惨な数か月間を過ごした後、「明確に赦免されることなく解放され」、軍隊で引き続き輝かしいキャリアを築いていった。しかし、リュクサンブール元帥の悪魔との契約の話は、その後生涯にわたってささやかれ続け、彼の死後にはファウスト的伝説のようなものへと膨らんだ。

こうした事実からどのような結論を導き出すことができるだろうか。毒殺事件に関する史料が、現存する魔女狩りの裁判記録よりも留保なしに信頼できるとはとても言えないということが、ここまでの説明から明らかになっただろう。一部の歴史学者が毒殺事件の背後にあるとした「史実という確かな土台」は、より詳しく調べてみるともろくも崩れ、歪曲と改ざんでしかなかったことがわかった。それでもなお、ラ・レニの容疑者が詳しく語った行為が事実であったかどうかはいまだに確認できないものの、それが当時のサタニズムと「黒魔術」のイメージが、実際にはどのようなものであったかを示していることは確かである。さらに、彼らが説明したサタニズムの方法は、後述するように、黒魔術の実践に関するほかの資料でも確認されている。この点で、毒殺事件の調査記録には、魔術に携わっていた者たちの側から提供された興味深い情報が含まれているかもしれない。したがって、その資料は詳しく見ていくに値するものと考えられる。

まず検討を行うのは、「普通の」ネクロマンシーがより逸脱した術へと変化した過程を調べる上で、よいスタート地点となり、かつ信憑性のある、魔術に関する記録である。魔術に手を出したそれほど重要ではない多種多様な人物が、毒殺事件の法廷に引きずり出された。そのうちの一人は神父のバルテレミ・ルメニャンなる人物で、彼が秘宝を発見するために使ったと噂された呪文についての尋問が一六八〇年七月三一日に行われた。この尋問は、ほぼ一語一語記録されている。

――呪文を唱えている時、彼は短白衣と法衣を着ていたか?

――はい、それを着ていないと儀式を執り行うことはできません。

――彼は地下室で呪文を唱えていたのではないか?

――はい。

――そこには誰がいたか?

――五、六年前のことなので、彼は誰のことも覚えていません。

――呪文は手書きされていたのではないか?

――はい、聖キプリアヌスと聖アンブロシウスの呪文で、少しだけ言葉を変えていました。つまり彼は、悪霊に人間の体からではなく、その場から離れるよう命じたのです。これは財宝を発見するためでした〔フランソワ・ラヴェッソン編『バスティーユ文書』〕。

この数行の会話には、一部の歴史学者が推察したキリスト教の悪魔祓いとネクロマンシーの有機的な結びつきが完璧に表れている。「聖キプリアヌスと聖アンブロシウスの呪文」は悪魔祓いの公認の儀式である。言葉を少し変えると、人の体ではなく財宝が隠されている場所から悪霊を追い払うことができ、埋もれていた富を見つけ出すことができるのである。

尋問部屋の記録の中で報告されているそのほかの行為は、先述したほかの資料とも対応する。魔法の「人形」、呪文の本、ミサ——三回または九回くり返されるのが望ましいとされる——での聖別の際に聖杯や聖体の下に置く悪霊への要求や嘆願を書いた紙について何度も言及がある。これは学問的な魔術と民間の魔術の双方で見られる同様の行為と一致する。裸の女性の腹部の上でミサを執り行うという驚きの行為は、同じような考えから生じている。この奇妙なやり方について最初に暴露したのは占星術師ルサージュであり、それゆえ完全な作り話であることも大いにありうる。そこに何か真実があるとすれば、その儀式が類比の論理に基づいているというところかもしれない。すなわち、女性の体の上でミサを行うことにおいて、悪霊が女性の性的魅力を増幅させることにより魔術の働きがさらに高められるというのは、祭壇や聖杯の下に置かれた薬効のあるハーブや護符の効果が聖別式のあいだに増すというのと同様の論理である。記録には常にミサは女性の「腹部」の上で捧げられるとあるが、この「腹部」は文字通り女性の「腹部」を指すこともあるが、子宮や女性の性器を表す婉曲的な言葉としても用いられる。ただし、このような儀式のためにただろう。われるようなミサは間違いなく内密に執り行われたというのも、普通のミサの際に裸の女性を祭壇の上に載せるというのは不可能だからである。

ほかの仮説では、裸の女性は捧げものではないかということが言われている。魔女がサバトでサタンと肉体的に交わることでサタンとの契約を結ぶように、両脚が両脇にだらりと垂れた裸の女性も、悪霊に自分自身を捧げるものと理解されているのかもしれない。魔女の場合と同様に、女性は見返りを期待することができ、またほかの者のために頼みごとをすることもできた。こうした内容が尋問の記録に数回にわたり記されている。ただし、身分の高い婦人たちが「こうした類のミサで……自らを捧げた」と表されている場合、それは必ずしも彼女たちが裸の祭壇になったということではない。むしろ、初期の証言の中には、自分たちのために行われた儀式で代理の女性が使われたことを示唆するものもある。さらには、司祭がこうした女性の祭壇と行うこともあったとされる「性交」を、代理による一種の悪魔的な性的結びつきとする解釈もありうる。

もちろん、これは単なる性的空想を深読みしすぎているだけの可能性もある。記録にあるような男女の性液を混ぜ合わせた奇妙な魔法の調合物についても同様のことが言えるかもしれない。イントロヴィニエは、こうした儀式を、インドのタントラと中国の道教の性的魔術にたどったが、あいにくこのような外来の性愛の手法に関する知識が一七世紀のパリの後ろ暗い地下組織に伝わった経緯についての説明はなかった。このような行為や陳述されたそのほかの逸脱した性的行動が基づいている可能性のある資料としては、同様の行為を異端者と魔術師にラベリングした近代以前のものの方がはるかに参考になるであろう。本書ではすでにそうした事例を数多く引用してきた。マニ教徒について著したアウグスティヌスやほかの教父たちに加え、一五世紀の異端審問官ニコラ・ジャキエも捧げものとしての人間の精液について述べている。「数年前になんともおぞましい話を耳にした。とある司祭が複数の女性と教会で秘密裏に性交渉を行い、その結果、彼らの種が聖油と混じり合った」と、彼は語った。中世の教誨師の手引書には、性液を使ったこれとほぼ同様の媚薬の「レシピ」の記述がある。

また、前述の儀式に含まれていないのは——イントロヴィニエらの主張とは反対に——黒ミサの事例である。すなわち、黒ミサとはローマ・カトリックのミサを「逆転」させたもので、式文に適宜変更を加えることでサタンを崇拝し、イエス・キリストを冒瀆するものである、とするイントロヴィニエ自身の黒ミサの定義に従うとすれば、それは含まれていないことになる。悪霊がこうした「裸体の」ミサで崇拝されているということはできるかもしれない（もっとも、同じ儀式について、悪霊が「意のままに動けなくなっている」という見方もまたできるのだ）。しかし、資料には「逆転」のミサの記述は一切見られない。それどころか、少なくとも一度は言及されていることであるが、行われた儀式はごく普通のミサであり、唯一の違いと言えば司祭が聖別の後に悪霊を召喚し、悪霊を召喚するよう依頼した人物の名前を口にすることである。悪魔祓いや古典的な黒魔術と同じように、ここでの聖別と聖体は、悪霊を出現させ、人の要求を満たすために使う力の供給場となっている。正しい儀式だけが願いどおりの神の顕現を確実にすると信じられていたので、逆転のミサは意外かもしれないが不適切だったのである。同様に、このミサがイエスを呪うために使われたのであれば驚くべきことである、というのもミサを行う司祭が悪霊と取引することができるのは、イエスが聖体に仮現するから、その効力が生まれるとされたからだ。たしかに毒殺事件に関する記録の中にイエスを呪う行為の形跡はない。尋問中に記録された報告においては、聖体には常に敬意が払われている。聖体が「切り刻まれる」場合もあるが、ほかのことのついでに言及されるのみであり、それは純粋に実用的な目的で行われていただけのようである。

手短に言えば、ここで論じているものについては、典型的なネクロマンシーと、異端的聖体拝領、そして起源が曖昧な性的魔術が入り交ざったものとして表すのがおそらく最も適切であろう。これらの儀式に関する記述は、後に黒ミサの伝承が形成されていく上で、大いに影響を与えたが、それが反キリスト教または冒瀆的な意図を表すものであったことを示唆するものは何もない。したがって、こうした儀式を黒ミサと呼ぶのは間違いであろう。「黒ミサ」という言葉が「ラ・ヴォワザン事件」に始まった語句であるとするイントロヴィニエの主張とはまったく対照的に、実際にその言葉が審問記録で使われたことは一度もなかったのである。

前述のように、毒殺事件に登場する奇妙な女性の祭壇は、神の恩恵を受け取るための魔術の道具、あるいは悪霊への捧げもの（もしくはその両方）と見做すことができるかもしれない。しかし捧げものという観念は、尋問記録に登場するほかの、時には如実に身の毛のよだつ儀式を理解する上で、最適な取っ掛かりとなる。まず、悪魔に「肉体と魂」を売り渡したとして描写された数名の人物に関する記述がある。これらが実際の出来事であったかどうかは後で詳しく論じる。ここでは、記録を見る限りにおいては、悪魔と契約を結ぶのは必ずしも簡単なことではなかったようだ、という点を指摘すれば十分である。何らかの効果を得るために、悪魔または悪霊自身が契約を結ぶことが求められたのは明らかだが、それはどうやら簡単に準備できることではなかったようである。したがって、その契約が「承認された」ことを保証するために、大掛かりな魔術が行使されたのだとも聞く。ある時には、なんとカリブ海への航海の計画の中に「野蛮人のやり方ならマボヤ――それは悪魔にほかならないのだが――と話をし、契約を結ぶことができるだろう」との記述があった。もちろん、至高の神の力を用いて悪魔を召喚することもできた。それによって、悪魔と契約を結ぶためにミサを捧げたり、あるいは、三位一体の名のもとでの悪魔の召喚が、洗礼と教会を破棄するための儀式の前振りになったりという矛盾した状況が生じた。ある容疑者の証言によれば、「聖別された聖体には呪文を強化し、霊を出現させる力がある」という。

　サタンへの儀式に参加するためのそれほど滑稽でない別の方法は、サタンにほかの誰かを差し出すことであった。尋問記録には、必ずしも明確ではないものの、そのための方法が二種類記されている。まず一つは、子どもの魂――それも自分の子が望ましい――を悪魔またはその手下の悪霊に渡す方法である。それはどうやら、通常のキリスト教の洗礼を施す前および／あるいは洗礼を施す代わりに行うのが最適なやり方であったらしい。出産する女性が関わる一部のおかしな儀式に関する記述についてはこれで説明がつく。ヨーロッパの大半の地域では、洗礼がすぐに施されなければ、その子どもは悪魔に憑かれてしまうと信じられていた。毒殺事件に関する記録文書には、この過程を意図的に逆転させて行った儀式の様子についての記述が、少なくとも一度は出てくる。財宝が埋まっている可能性のある地下室で、今にも出産しそうな女性の上で儀式が行われていた。その際、その女性は自分の子どもを悪魔に渡す約束をし、「お腹の子どもに洗礼を施すことは拒否するつもりであるとさえ述べ、そして自分の子どもをアスタロトに渡す契約を別の羊皮紙に［女性が］記し、子どもが生まれた瞬間からアスタロトのものとすることを承諾した」。しかしどうやら、嬰児や受洗していない子どもだけが、このような捧げものとなりえたわけではなかったようである。別の尋問でラ・フィラストルは、自分の一四、五歳の娘を「霊を出現させるために」悪魔に差し出したとして告発された。これを果たすために、司祭は娘の子宮の上でミサを三回執り行い、そのうち一回は娘と体の関係を結んだ――娘の身に起こったことはそれがすべてであり、後の供述では彼女は生きていて元気にしているようであるとのことだった。

　ある種の「霊への捧げもの」のこうした事例は例外的である。すでに見てきたように、火刑裁判所の記録で一番多く言及される幼児の供犠は、ただの嬰児殺害であった。ネクロマンシーの古典的な手引書の中において、霊を「誘い込む」ためのものとして指示される鳩や雄の若鶏などの捧げものとは、実にかけ離れている。資料を見る限り、ヨーロッパの黒魔術の伝統において幼児の生贄が捧げられていたという内容は記されていない。幼児の生贄という考えがどこから来たのかについては、再び宗教的他者に関するラベリングの伝統に目を向ける必要がある。嬰児殺しの儀式や、それとよく似た残虐行為の疑惑が、いかにして異端者や魔術師やユダヤ人のステレオタイプの本質的な部分を形成したかという点は、ここではもうくり返す必要はないだろう。とりわけ魔女は、幼児や洗礼を受けていない子どもを食い物にしているように描写され、子どもたちをサバトで主人である悪魔に捧げるか、あるいは魔法の軟膏の材料にするために殺害したとされた。より具体的には、セビリアのイシドールスとサン・ヴィクトルのフーゴーなど聖職者の著述家は、「悪霊は人間の血が大好物である」という事実と、人間の血を捧げることが黒魔術の手順の重要な部分であったという事実を証明した。一六八〇年のパリでは、こうした考えがまだ人々のあいだにかなり残っていたに違いない。ほんの数年遡った一六七五年でさえ、子どもたちが「血の洗礼」の儀式のための生贄にされているとの噂が立ち、町では騒動が発生した。

毒殺事件の記録に記された背筋が凍るような儀式は、他者にラベリングした「逆転の」ミサについてのこのようなイメージに由来しているのかもしれない。だがそうなると、ではどのように、という問いが浮かぶ。ここでわれわれが扱っているのは「魔術に対しいまだ残っている恐怖」や、黒魔術の実践者がする可能性のある事柄に関するより広い信仰を映す噂話なのだろうか。それとも、記録に記されているのは、悪魔崇拝のステレオタイプを、それこそが悪魔を慰撫する適切な方法だと思い込んだ人々が、参照して実際に執り行った儀式なのだろうか。言い換えれば、われわれが扱っているのはいまだにラベリングであるのか、それとも資料に記されているのは、摂取や〈同一化〉の一例であるのか、ということになる。

この問いに対する答えは、記録にある背筋が凍るような儀式が実際に行われていたかどうかによって変わってくる。現代の研究者の判断は、この点についてあまり一致していない。たとえば、イントロヴィニエの記述には「少なくとも一定の状況下で……子どもたちが殺害され、生贄にされた可能性はある」とある。モレナウアーは「瀆聖的行為の詳細の記述が本当のものかどうかは蓋然的である」と主張する。サマセットは「子どもが実際に生贄にされていたかを知ることは不可能だ」と結論づけている。ラ・ヴォワザンは、本当に恐怖を巻き起こした冷酷な人物だったのだろうか。堕胎医として秘密裏に活動していた彼女が、魔術に手を出したことで、猟奇的な儀式を容易に行うようになった経緯は想像することができる。しかし、堕胎医と魔術という組み合わせのために、事実と乖離した噂が立った可能性もまた想像できるのである。実際のところ、ラ・ヴォワザンは火刑による死の直前まで、不道徳なミサや子どもの生贄については何も知らないと、断固として否定していた。さらに資料には、ある堕胎を行っていた際に、処置を行った助産師が胎児に洗礼を授けたことに感動したラ・ヴォワザンが嬉し涙を流したとする記述もある。また、一部の歴史学者の主張とは裏腹に、生贄にされた被害者の遺体は一つも見つかっていない。これらが完全な作り話ではないとする決定的な証拠はないのである。

　鋭い読者であればすでに、黒魔術の完全に実行可能な儀式から、伝統的に「サタニスト」的他者に向けられた言いがかり——逸脱した性行動、嬰児殺害、陰謀の兆し（国王の殺害計画）すら含む——とほぼ同じ陳述へと、議論の対象が移ったことに気づいているかもしれない。どこからが実際の出来事で、どこからが想像上の事柄であるか確かなことは言えない。この節の冒頭で示したように、毒殺事件というのは、事実がフィクションに、ラベリングが〈同一化〉に、「キリスト教の」魔術がサタニズムのありえそうな形態へと溶け込み、見分けがつきにくくなっているグレーゾーンのようなものである。資料に内包される不確実性を踏まえると、これがサタニズムの初期の歴史的事例であるかどうか、という問いに関して過度に大胆な主張をすることは適切ではないだろう。私たちが知らないことがとにかく多すぎるのであって、いま得られる証拠だけでは、この問題を確信を持って解決することは決してできないだろう。しかし次の節では、グレーゾーンで実際に何が起こっているのかを明らかにできるかもしれない興味深い事実をいくつか紹介する。

近代以前のサタニスト?

毒殺事件はさまざまな影響をもたらした。このスキャンダラスな事件をきっかけに、フランス国王はヒ素をはじめとする有害な薬物を制限する勅令を発した。勅令ではさらに占い師、魔術師、魔法使いのふりをした者には罰が与えられることが規定された。こうした人々は追放され、キリスト教に対する冒瀆が目に余る場合には、死刑判決が下されることとなった。勅令はこの「ふりをした」という言葉によってとりわけ画期的なものとなった。この勅令は、国王の名のもとに発布された、魔術の実在性に関する法的な懐疑論の公式声明であった。

勅令を施行する文脈において、ダルジャンソン伯爵ルネ・ヴォワイエは、一七〇二年一〇月に上司に提出した覚書の中で、ほかとは異なる容疑者について報告した。この覚書は、ほかの文書の中に埋もれていたが、一九七九年にフランスの歴史学者ロベール・マンドルーによって掘り起こされ、出版された。パリ警察総代理官としてラ・レニの後任となったダルジャンソン伯爵は自身の覚書をまとめ、一部の実直な職人による本物のギルドよりも近ごろ数が増えてきた、と伯爵が不満を漏らす「偽の魔術師」のギルドに対する緊急措置を要請した。伯爵は覚書において、パリで最も重要な「偽の魔術師」の一九団体、団体とその共犯者を率いた偽の魔術師、そして時にはその騙されやすさにつけこまれた「手先」に関して書き記した。こうした記録の多くは、ほとんど史料が存在しないサタニズム前史を解明したい者にとっては非常に興味深いものである。たとえば、一八世紀初頭のパリでは、占い師、結婚仲介人、手相占い師、財宝発掘家、処女回復の水を売る者たちに混じって、少なくとも一〇人が「悪魔との契約」を仲介することを商売としていた。

「普通の」ネクロマンシーに含まれる数々の儀式とは別に、この優れた文書には毒殺事件をそのまま想起させる出来事がいくつか記されている。たとえば、逸脱した聖職者によって執り行われた不適切なミサについて示されているが、そのような聖職者の一人として、ラ・マリエットという女性と彼女の夫の家で一緒に住んでいた背教者であるカプチン会修道士ル・フェーヴル神父が挙げられる。「神父は女性の夫の家でミサを真夜中に数回行い、その際にサン・セヴランの司祭に倣ってラ・マリエットが取り入れた習慣で、ビールの大きな水差しを聖杯として使った。これらのミサ全体の目的は、地獄の霊と契約を結び、一〇〇万エキュ、または月に二〇〇〇エキュの手当、そして身分の高い人物との愛を育むという贈り物を手に入れるためであった」。その後、ル・フェーヴルはますます「背信的になり、そのあげく、聖なるミサを執り行い、ラ・マリエットの子宮の上で聖体を聖別した」[*4]。さらに、覚書には「地獄の霊を誘惑し、新しい羊皮紙に書かれた契約を力ずくで承認させるため」の、裸の描写がないミサの、ほかのいくつかの例について詳しく記されている。自分の子どもを悪魔に差し出した女性についての記述が二度出てくるが、その儀式の内容や、その子どもたちがどのような運命をたどったかは不明瞭なままである。（ある事例では、嬰児が「すぐに連れて行かれた」と記されているだけであり、また別の事例では、まだ生まれていない子どもが悪霊により印をつけられているが、その子どもの身に生まれた後何が起こったのかは分からない――悪霊はその子どもが「子どもをこよなく愛す」ルシファーの小姓となっているだろうと示唆してはいる。）

くり返しになるが、サタンと契約を結ぶことが簡単なことではなかったのは明らかである。ダルジャンソンは、とある紳士が地獄の力と契約を結ぼうとする試みに失敗して身を滅ぼしたことや、一〇年または一二年のあいだ、老婆が自分との契約にサタンの関心を引こうと試みたものの成功せず、「悪魔は彼女から何も欲しくなかったのだ」などと伝えている。実際、覚書に記された契約のほとんどは結ばれることはなかった。生贄を捧げ、複雑な手続きを行うことがたいていの場合は必要なのであった。人々が悪魔の気を引こうと必死になって切望するこの不安定な状況で、サタンの署名を手に入れる秘訣を知っていると謳う霊能者や魔術師による小規模な詐欺産業が展開していたようである。

こうした三流ペテン師の暗黒街は、毒殺事件の際にその存在が明らかとなったオカルトの地下組織とよく似ている。しかし、ダルジャンソンの覚書が歴史資料としてはるかに信憑性があることは明らかである。政治的陰謀の気配もないわけではないが、ダルジャンソンの報告は、予め定められた目的のある政治ゲームの一部とはなっていなかった。そして、彼が記述する行為が、「そのあらゆる原理において宗教の破壊をもたらす可能性がある」とする彼の敬虔さからくる懸念にもかかわらず、ダルジャンソンの説明はバランスが保たれており、冷静かつ率直で、洗練された懐疑論の論調で、所々では儀式を面白がっていることも窺える。さらに、ダルジャンソンの情報は容疑者の尋問によるものではなく、オカルトの地下組織の信頼できる内通者から得たものである。とはいえ、その覚書が細部にわたってすべて信頼できるものというわけではない――覚書を読んだ者であれば誰しも、そこにかなりのほら話が紛れ込んでいることにすぐに気がつくだろう。しかし全般的には、そこに記されたことは、十分に真実であるように思われる。「霊との契約」を結び、金儲けをしようと活動する人々の集団がパリにたしかに存在したことを疑う理由はどこにもないのである。

こうした契約を通じて、正確には何を理解することができるだろうか。当然ながら、ダルジャンソンの覚書を通じて知りえた儀式は、彼の言葉を介して伝えられたものであり、その記述にある言葉は、実際に関与した人々が使っていたものではなかったのかもしれない。こうした人々は、あの世との関係を自分たちが拘束した霊との部分的な合意として理解していた可能性がある。また、当時の用語は大雑把なものだったことにも注意する必要がある。それはダルジャンソンの記述にも影響を与えており、彼の記録は明らかに現代の宗教学者と同じ感覚では書かれていないからである。しかしそれでも、彼の長い覚書の随所に、自分の「肉体と魂」を悪魔に差し出したがっている人々に関する明白な記述は、多少なりとも見出されるのである。

ダルジャンソンは情報提供者から、パリにはサタンの下僕になりたがっている人が大勢いると聞いたようである。こうした報告の信憑性を前もって疑う必要はない。近世を通じて、悪魔との本物の確かな契約が交わされたことを示す、かなりの数の文書が見つかっているからである。最も有名な契約書の一つは、一五九六年にチュービンゲンの大学で神学を学ぶ新入生ダーヴィト・リプシウス（あるいはライプツィヒ）の試みによるものである。彼の契約書は現存し、文書全体の内容は次のとおりである。

> チューリンゲン州エルフルト出身の私ダーヴィト・ライプツィヒは、地獄の大雷鳥殿に書いて知らせます、あなたと契約を結び、あなたのものとなることを望んでいると。すぐにそうしてくださるのであれば、私が家に戻った時に、この手紙の隣に三枚の金貨を残し、その後、私の望みを叶えてください。お返事をお待ちしています〔フォルカー・シェーファー「チュービンゲンの悪魔契約」〕。

サタニズムへのダーヴィトの冒険的行為が発覚したのは、ルームメイトが部屋で、リプシウスが悪霊のために置いてあった紙切れとお金を見つけたからだった。一六九八年にはチューリンゲンのまた別の神学生が悪魔の下僕になろうとした。契約書には自分の魂を「一〇〇〇枚の金貨と、お金を生み出す小人」と引き換えに売り渡すことが自身の血で書かれ、署名には「元キリスト教徒ゲオルク・フリードリヒ・ハイムは、これよりお金と引き換えにあなたさまの奴隷となります」と記されている。一六三九年に、オランダ西部の地方当局は、プロテスタントの元牧師で浮浪者となり果てたヤン・ハートマン・オーステルダッハを逮捕した際にあっけにとられたのであるが、それはオーステルダッハの体に、これまたお金との引き換えに自分の身をサタンに差し出すとする契約が記されていたからだった。そのほかの事例は、オランダ、スウェーデン、アメリカのスペイン語圏の保管文書で発見されている。ここで挙げた話のいくつかは、思春期の些細な出来事であるように見えるかもしれないが、それらはすべて、個人的かつ意図的に悪魔を選んだ人がいたことを示す好例である。これらの事例には、明らかな狂気の事例や、人々が壮大な見世物の一部としてサタンの信奉者のふりをし（てい）た事例（ルーヴィエとルーダンの憑依事件の修道女のように）、あるいは宗教的権威の関心を引きつけようとしただけの事例（スペイン語圏の南アメリカで過酷な扱いを受けた奴隷が、その虐待に比べればまだましな異端審問にかけられようとして行ったような）は含まれていない。

　明らかに、サタンに仕えるという選択は近世ヨーロッパにおいてはありえないことではなかったのである。したがって、ダルジャンソンの主張には真実という確かな基盤が備わっている可能性がある。ゆえに、ここでついにサタニストとして定義できる人々の明確な歴史的事例を見出すことができるかもしれない。なぜなら意図的な悪魔崇拝が、ここに確実に示されているからである。サタンに魂を売る行為がサタニズムでないなら、それに当てはまるものはほかにはほぼないであろう。儀式はサタンを満足させるために行われ、肉体と魂が差し出される。こうした崇拝の仕方はたしかに宗教的でありそれは言うまでもない。問題は、厳密にはそれがどのような宗教であるかということである。ダルジャンソンは彼らを「信徒」と名づけ、その集まりを「集会」と呼ぶこともあったが、近世の悪魔崇拝者は、キリスト教伝統とは異なる、世界《コスモス》の宗教的解釈を明確に掲げるような、信条に基づく共同体としては組織されていなかった。資料からは彼らの世界観についてあまり詳しく読み取ることはできないが、若干の例外はあるものの、キリスト教の世界観の完全な否定や、支配的なキリスト教に対する宗教的抵抗を示す証拠に遭遇することはない。裸の女性のお腹の上でミサを執り行うなど、当時の人々を最も仰天させた儀式でさえも、キリスト教に対する故意の挑発や冒瀆が意図されていたわけではなかったようなのである。

ありそうもないことに聞こえるかもしれないが、こうした儀式はむしろキリスト教とサタニズムの習合を引き起こしているように思われる。言うまでもなく、サタンの力に頼ることは、「伝統的な」キリスト教の一部の中心的教義に対する暗黙の批判を意味する。しかし、入手できるわずかな資料を見る限りでは、近世のサタニズムの信奉者のほとんどは、そうしたことには関心がないのである。彼らのサタニズムでは、教義的な問題や世界《コスモス》の説明は重視されていなかった。むしろ、その方向性においては極めて功利的かつ実用的で、超自然的存在はもっぱら、「善悪」を問わず、権力、富、繁栄をもたらすものと見做されていた。サラミスのエピファニオスによる記述にある古代末期のサタン派のように、彼らはサタンにただ身を寄せていたにすぎないのだが、それはサタンが強力でたくましく、それゆえに自分たちの願い事を叶えてくれる可能性があったからだ。

現代の読者には理解しにくいかもしれないが、このような実用主義的な態度は近世やそれ以前の宗教的実践においてはまったく珍しいものではなかった。自分の魂をサタンに売るという人々の行為には、そうした態度が行き着く極端な思考が表れていたにすぎない。毒殺事件に関するイントロヴィニエの結論は、ほとんどそのままここに当てはめることができる。「この事件の主役たちは誰一人として……キリスト教に対抗したり、サタンを讃美したりするために戦っては［いなかった］。よりあからさまに言うとすれば、彼らの目的は悪霊の助けを借りて、あつかましくも自分より何歳も若い恋のライバルを服従させたり……あるいは、イタリアの優雅な土地で余生を過ごすための十分な資金を手に入れたりすることにあった……。こうしたとりわけ卑しい面［がある］ため、これらの事例を、悪魔崇拝という意味でのサタニズムと呼ぶことは、すでに難しいのである」。この特徴の描写は妥当であるように筆者には思えるが、イントロヴィニエの最終的な結論には異論を唱えたい。筆者が思うに、近世の民衆の地下組織の信仰体系には、何が宗教で何がそうでないかに関するキリスト教由来の厳格な考え方は合わない。多くの部族宗教や古代宗教は、見返りがベースとなって機能していたが、だからといってそれらが宗教でないということにはならない。断片的ではあるものの、あるいは現存する資料には断片しか残っていないものの、本節と前節で言及した「サタニスト」の儀式の事件は、「存在の究極的根拠」に関係する世界観をたしかに含んでいる。あらゆる事例において、悪魔崇拝には何らかの役割があった。その悪魔は、キリスト教の三位一体の神に従属する、下級だが強力な神であったり、あるいはキリスト教の神と同等な別の存在であったりした。なるほどたしかに、ダルジャンソンの記述にある「サタニズム」の魔術師の多くは、依頼人のお金を持ち逃げした途端に自分たちの魔術を信じることをやめたようである。だがそれでも、依頼人が魔術師による謳い文句を明らかに信用し、その確信から莫大な金額を頻繁に注ぎ込む用意があったという事実は変わらない。彼らが、死後だけでなく地上にいるあいだにも、その信仰によって利益を得ようとしたことが愚行の極みであるようには、筆者には感じられない。

イントロヴィニエからの引用文により、議論は毒殺事件および前節の最後に挙げた問いへと戻る。ダルジャンソンの覚書に記されている術や儀式の多くは、火刑裁判所の尋問記録の記述と著しく似通っている。前節の結論を要約すると、次のようになる。すなわち、毒殺事件に関する資料は、額面どおりに受け取ることはできない。そこに記されている術や儀式は、実際に存在したとされるネクロマンシーの要素を多く示してはいるものの、ステレオタイプに陥りがちであるしラベリングによるものと言いうる。しかしダルジャンソンの覚書では、その多くが――特に悪魔の契約という「サタニズム」の核となる要素が――再び現れ、しかも覚書ははるかに信憑性のある資料なのだ。では、このことは毒殺事件を理解する上で、どのような示唆を与えるだろうか。

この問いに対する答えは、一七〇二年の覚書に記された事実と、それ以前の事件で報告された事実との正確な関係性に大きく左右される。ダルジャンソンの記述によるサタニズムの事例が、ラ・ヴォワザンと仲間が行ったとされる儀式を模倣したもので、毒殺事件に触発され事件後二〇年を経て初めて発生したという可能性もある。宗教と魔術には革新をもたらす力が十分にあり、事件が非常に有名になったため一部の人々に新たな発想をもたらした可能性は大きい。一七〇二年に事件の悪評がまだ残っていたことは、ダルジャンソンが覚書の序論でそれとなく言及しており、またダルジャンソンの記述に登場する占い師の一人が、もとはラ・ヴォワザンの住居であったところに仕事場を構えていると主張している――明らかに、それが客の関心を引くことを見込んで――という事実によって示されている。

また別の――筆者からすれば、よりありえそうな――仮説は、一七〇二年に記述されたサタニズムは、毒殺事件ですでに表面化し、火刑裁判所によって一時的に――それもおそらくほんの短いあいだ――抑制されていただけの活動の延長線上にあるものだという説である。これはつまり、毒殺事件の陰謀、国王の愛人の裸姿での参加、毎週の嬰児殺しという作り話の影で、本物のサタニズム、またはサタニズムのもととなる儀式が一六七〇年に行われていた可能性があることを意味している。毒殺事件の容疑者の中には、告発された内容の一部を実際に行っていた者もいたのかもしれない。悪霊と契約を結んだり、独特な方法でミサを行ったりするのは――とりわけわずか二〇年後にこれと同じことが、オカルトで商売をする人々のいるほぼ同様の状況下で起こったことを踏まえると――非現実的なことではない。さらには、こうした活動が事件以前に実際に時々行われていたということが証明されているのである。アン・サマセットは一六七七年の事例を引用する。その事例ではベルナール・トゥルネという名の司祭が「ミサ自体の聖なる犠牲を冒瀆し、悪魔を召喚し、悪霊を使って財宝を探させる、という偽の口実を使って数人を誘惑し虐待した」として火刑に処された。罪状についてはあいにく詳しく記述されていないが、毒殺事件やダルジャンソンの記録にある内容と面白いほど似ている。これまで見てきたように、悪魔との契約を結ぶための試みが実際に行われていたことを示す、より一般的な証拠は、近代以前の資料に比較的豊富に見出される。

筆者の考えでは、これらの指摘をすべて組み合わせれば、近世、そしておそらくそれより以前からサタニズムの「伝統」が社会の周縁に存在していたと主張する人も増えるだろう。伝統という語句に鉤括弧をつけたのは、このサタニズムは世代を超えてその教えや術・儀式を伝えていくような信奉者の秘密の共同体ではないからである。言い換えれば、これは、キリスト教に絶えず反発し、組織化され続けてきたような秘密の代替宗教ではない。サタニズムを他者にラベリングする昔のキリスト教徒や、同じようにラベリングを行う後世の人々が存在すると思っていた共同体ではないのである。実のところ、これらの儀式の多くは、まさにこのラベリングという伝統の方に、その起源が見出されるのではないかと筆者は考えている。サタニストの思想がこの時代に主に書物によって伝えられ、著名で名高い悪魔崇拝者についての報告や論説にくり返し登場する、とのマッシモ・イントロヴィニエによる指摘はおそらく正しい。キリスト教のかなり初期の時代から、魔術師はその力をサタンから得ているのだと考えられ、契約（書）によって暗示的あるいは明示的にサタンに服従することが求められていたとされた。したがって、契約を作成する方法と文章を発明する必要はなかった。というのも、その方法は何世紀にもわたって説教台で説かれ、民間伝承や著述の中で説明されてきていたからである。プロティノスやテオフィルスの物語がさまざまにアレンジされて毎回語られた。そして一部の聴衆には、それがサタニズムの魅力の広告にもなった。結局は、プロティノスの召使は最後に娘を手に入れたのではなかったか。

資料にはその証拠が時折示されている。ダーヴィト・リプシウスの事例では、たとえば、当局はリプシウスがファウスト伝説の中の『クリストファー・ワーグナーと大雷鳥という名の悪魔との契約 *Christophor Wagner's Pact with the Devil called Auerhan*』という物語が収録された大衆向け小冊子から契約の着想を得たことを探り当てた。それが明らかであるのは、リプシウスの契約が「大雷鳥」に向けられていたからなのだが、「大雷鳥」は普通のドイツ語では森にいる鳥の一種（ヨーロッパオオライチョウ）を指す言葉であって、悪魔の呼び名としては珍しい名前なのである。このことが示すのは、こうした一六、一七世紀のサタニズムの事例を〈同一化〉、あるいは少なくとも摂取を表す初期の形態として見做すことができるのではないか、ということである。キリスト教徒の著述家が、ユダヤ人、異端者、魔女、そしてとりわけ魔術師のものとしてラベリングした術や儀式は、部分的に近世のサタニストに受け継がれたのであるが、それは、そうすることが悪魔の信奉者になるための、あるいは魔術を行うための正しいやり方であるとサタニストが考えたからだった。ついでに言えば、このことはまたキリスト教のコスモロジーと神学の枠組みの中に、この近世のサタニズムがいかに深く埋め込まれたままであるかを示している。教義であろうと儀式であろうと、キリスト教とは別に独創的に作られたことがわかる新たな発明がなされた形跡はほとんどない。ただし、儀式に関する例外的な事例として、毒殺事件とのつながりで記述されたサタニズムが挙げられるかもしれない。学問的な魔術と民間の魔術にローマ・カトリックの礼拝式が組み合わさり、異界を操るための新しい儀式が生み出されたのだと考えられる。

こうしたサタニストの〈同一化〉と発明の初期のあり方に関するほかの側面も、ここでは強調しておく必要がある。すなわち、ラベリングが支配的な力であったのに対し、〈同一化〉が社会的にも歴史的にも非常に周縁的なものであったことである。稀に見るこの時期のサタニズムのほとんどは、孤立した人々が個別に実践していたもので、苦境に陥った人や社会の周縁に存在する人が主な担い手だった。ある意味、この一般則に対する唯一の例外は、一七世紀末から一八世紀初頭のフランスに実際にいた「サタニスト」である。そこにはたしかに、サタニストの術や儀式を部分的に含む秘密の地下組織の文化が存在したことがおぼろげながらわかる。信奉者のあいだで、儀式についての伝承のようなものが実際に存在したことすら窺われる。しかし、この領域の魔術師や占い師で、ある程度の商業的成功を収めた者がいた事実はあるものの、こうしたサタニズムに対する全体的な印象としては、町の薄汚い路地裏に隠れた比較的些細な出来事、というものである。ダルジャンソンは、悪党、詐欺師、絶望した依頼人の世界を面白おかしく描くだけでなく、むしろ気が滅入るようなことも書き記した。彼らのほとんどは、刑務所、あるいはパリの悪名高い貧困者の救済施設である「神の病院《オピタル・ド・ディユー》〔施療院〕」で人生を終えることになったのである。

したがって、本章で提示した歴史的な研究結果から結論を一つ導き出すとすれば、近代以前のサタニズムの歴史においてはラベリングが圧倒的に多く存在していたということである。サタニズムの歴史は多くの点において不明確であったり議論されていたりはするものの、悪魔の実際の崇拝自体よりもサタニズムについてのイメージが先行していた様子をはっきりと捉えることができる。このサタニズムのイメージは、キリスト教とキリスト教共同体の内外のさまざまな宗教集団との対立の中で生じ、主に分類のため、より正確には他者を中傷するための道具として機能した。初期のキリスト教における、異教の多神教を悪魔崇拝とする見方と、異端集団の道徳律の無視や冒瀆的行為についての噂とが合わさり、中世初期には信奉者が猥褻な儀式において自ら積極的にサタンおよび／あるいは手下の悪魔を崇拝する反キリスト教的宗教のイメージが形成された。後に実践されるようになるサタニズムの展開に最も重要な影響を与えたことがわかったのは、このサタニズムのステレオタイプである。

この点で、毒殺事件のサタニズムについて最も重要だったのは、それがいかに派手で身の毛のよだつものであっても、そこで行われていたとされる儀式ではない。むしろ重要なのは、サタニズムを壊滅させようとした、ほかならぬその公的組織がサタニズムをどのようにして記述したかである。その方法は、その後のサタニズムに対するステレオタイプのさらなる展開に反映される新傾向でもある。それより前の時代と比較すると、毒殺事件に関する尋問記録にはサタンの行動や出現に関する言及がないことが顕著である。その代わり、焦点はサタニスト自身の行動へと移り、サタニストの集団は悪魔にすべてを捧げ、逸脱した目的のための卑猥な儀式を行い、さらには危険なまでに社会を乱す反社会的傾向を帯びていると疑われた。こうしたステレオタイプは、新たな、より懐疑的な時代——千年紀の後に続く時代——によく適していたのである。

地獄、そして永遠に燃えさかる
神の牢獄を支配する邪悪な悪霊
（ならず者が考案し、愚か者が恐怖する牢獄）、
その扉を守る恐ろしく気味の悪い番犬
それはみな意味のない物語、くだらない作りごと、
夢、そして奇想にすぎない。

――ジョン・ウィルモット（ロチェスター伯爵）訳
セネカ『トロアス』第二幕、合唱曲

間奏曲 一

〈一八世紀　サタンの死？〉

毒薬事件の騒動のあいだに、劇作家トマ・コルネイユとドノー・ド・ヴィゼによる喜劇『女占い師 *La Devineresse*』がパリの劇場で初演された。女占い師の演目であったが、現実のスキャンダルがすでに町中で話の種になっていたため、この劇が大当たりし、観客が劇場に押し寄せたのにはなんら不思議はなかった。どちらかと言えば、主人公の女占い師による魔術行為が、劇中では極めて懐疑的に描かれていることの方が驚きかもしれない。何しろ女占い師本人がこう明言したとされているのだから。「この仕事では、運が成功を引き寄せる鍵なのです。必要なのは、冷静さとちょっとした度胸、陰謀を企てる才能と、必要な場所に信頼できる人物が数人いること、

それから事件や恋愛関係を把握しておくこと。けれど何より大切なのは、人が相談しに来た時に、相手と言葉をたくさん交わすこと。たくさん交わされた言葉の中には必ず、相手に偶然当てはまっていることがあるのだから。名声を得るためには、その正しいことを偶然二、三回言うだけでいいのです」。

　コルネイユとヴィゼの劇には、「超自然的」な犯罪、つまりサタンや手下の悪霊が介入する事件に対する人々の態度が、西欧で変化し始めていたことが表れている。その後一〇〇年のあいだに、魔術や異端に対する大規模な迫害は、ほとんどの西洋諸国で事実上終結した。歴史学者は、こうした態度の変化の要因と動機に関してさまざまな説を論じている。よく言われているのは、魔女裁判の初期の批判は、超自然的なものの実在性に対する合理的批判の立場に動機づけられていたのではなかった、というものである。むしろ、魔女狩りに異議を唱えた著述家のほとんどは、訴訟手続きに欠陥があったとの批判や、あるいは、霊的存在であるサタンは、現実世界の物質に直接影響を及ぼすことができないという昔の神学的観念に照らして、悪魔の魔術は存在しないとの議論を展開していた。ゲイリー・K・ウェイトが論じるには、一部地域では、単一宗教国家を目指した結果引き起こされた合法的な殺戮に、地域社会がうんざりしただけであり、一方で、別の地域では、宗教改革後の宗教的多元性の現実によって、人々がサタニストの陰謀にまつわる噂に対して疑念を持つようになったという。魔女や異端者として告発された人々は悪意あるサタン信奉者ではなく、中傷や誤解の犠牲者や精神疾患を抱えた人であったと見做されるようになっていった。

　同時に、悪魔の活動の場は減少していった。一六九一年にオランダのプロテスタントの牧師バルタザール・ベッカーが『魔法にかけられた世界 *The Enchanted World*』を出版し、昔の摂理神学と新しいデカルト哲学を組み合わせて、悪の天使のような霊的存在が、この世に物理的な影響を与えることは論理的に不可能であると論じた。キリスト教の隠れた二元論に立ち向かう中で、ベッカーは強力なサタンを信じる者を「二神教徒」と呼んだ。「私の見解を理由に、私に新しい名前を授けたい者がいるとして、それが一神教徒という名前であれば、受け入れてやってもいい。この本によって、人々がいと高き者から奪い、悪魔に与えていた力と知恵を、いと高き者に返すための私の努力が証明されるだろう。私は王イエスを至上の座に君臨させるべく、悪魔をこの世界から追い払い、地獄に縛り付ける」。ベッカーはこのように挑発的な非難を行った。

ベッカーによる壮大な悪魔祓いは、やがて起こる啓蒙思想において注目され強化された。一七七三年にヴォルテールは、「サタン、ベルゼブブ、アスタロトが、ティーシポネー、アレークトー、メガイラと同じく実在しないことをわれわれは十分に承知している」と率直に述べた。またフランスの啓蒙思想家は、ユダヤ人がバビロン捕囚の際にペルシアのアーリマンに倣ってサタンを取り入れたことを最初に示唆した人たちの一部であり、近代の聖書学より何十年も先にイザヤ書に記された「ルシファー」〔という言葉やその存在〕は悪魔を指すのだという説に対し疑問を投げかけた。啓蒙思想の記念碑的著作であるディドロの『百科全書 *Encyclopédie*』における悪魔の見出しのついた記事は、主に聖書からの引用で構成されている。ディドロはその中で、ヨーロッパ人は悪魔は黒い肌をしていると考え、一方でエチオピア人は悪魔は白い肌をしていると考える傾向がある、という皮肉交じりの批判を投げかけた。「前者の見解は、後者の見解と同じくらいの妥当性がある」。このような批判が比較的穏やかであったのは、おそらく検閲を避けるためだったのだろう。ほかの著述家はさらに執拗にサタンをこき下ろした。一六九六年にアントン・ファン・ダール（オランダの急進的啓蒙の初期の擁護者）は自身の論文「偶像崇拝と迷信の起源と発展 *De origine ac progressu Idolatriae et Superstitionum*」で、この主題についてのその後の議論で古典的な言いまわしとなる非難をすでに表していた。ファン・ダールは、司祭と支配者が自分たちの権力と支配を確実なものとするために、民衆の悪魔に対する恐怖を意図的に継続させたのだと主張した。

簡潔に言えば、啓蒙思想にとってサタンと魔術は、人類の乗った気球がその自然界の頂点に到達しようとした時に投げ捨てるべき重荷の一部であった。悪魔が存在すると信じることは嘲笑と嘲りの対象となった。こうしたサタンの脱構築は、キリスト教の神をヨーロッパ社会から追い払い、キリスト教会による教義上の独占と世俗的な影響を終わらせようとする、さらに野心的な試みの一部であった。このことは啓蒙思想全体が宗教に無関心であったことを意味するのではない。もちろん関心はあった。しかし、パスカルが「哲学者の神」と的確に表現した神は、過去のキリスト教の神とは異なっていた。啓蒙思想の理神論において神は、世界を完璧な機械として創り、その後それを自然法則に従って自動で動くようにした賢明な創造主として見做された。人間は理性という神の賜物を使って、宇宙を支配する神の法則を理解し、それと調和して生きるよう心がけるべきだ、と考えられたのである。

啓蒙思想の「自然」宗教について、ダニエル・デフォーは次のように簡潔に要約した。「天国は自然によって、宗教は理性によって解明され、あらゆる神々は哲学へと帰着する」。中には、実際にはこれが人類の信仰の原型であり、今日の宗教では、その原型は、迷信や聖職者の奸計によって隠されているのだと主張する者もいた。啓蒙思想はこのようにして、原始の普遍的な宗教に関する「科学的な」学説の隆盛を見、そして一部の啓蒙思想家が描いたキリスト教に代わる新しい宗教の見取り図は、(ヨーロッパの)人類がすでに到達した理性と文明の新しい頂点の反映としてだけでなく、原初の純粋な宗教性へと戻ろうとする試みとしても理解できるのである。

啓蒙思想はまた、良心の自由と信教の自由の普及において重要な役割を果たした。たしかに、「伝統的な」キリスト教に対する啓蒙思想の反感の一端は、継続する宗教迫害の歴史に対する道徳的嫌悪に由来していた。ピエール・ベール(一六四七〜一七〇六)はフランスから逃れてきたプロテスタントで、初期の急進的啓蒙の著名な代弁者となった人物である。ベールは国家が是認する教義上の抑圧のあらゆる形態に対し、すべての宗教の完全な法的平等を支持する雄弁な議論を通じて先駆的に抗議した。ベールが避難したネーデルラント連邦共和国は、西ヨーロッパで最初に「いかなる人も宗教の事柄のために迫害されたり尋問されたりしてはならない」と定め、国内の種々の宗教に対しある程度の自由を与えた国の一つだった。オランダ総督ウィレム三世がイギリスの王位についた後、一六八九年の寛容法によってイギリスにも同様の自由がもたらされたが、ほかの場所においても、啓蒙思想を受け入れた支配者のもとでは事実上の宗教的寛容がもたらされた。

しかし、このような寛容の避難場所においてさえ、宗教的少数派が法的に完全に解放されるまでにはまだ数世紀もの道のりがあった。また、迫害の風潮が昔のまま残っている地域もあった。特に辺境の地域では、サタニズムのラベリングとそれに続く司法による抑圧のプロセスが、以前と同じように続いていた。スコットランドで魔女が最後に火刑に処されたのは一七二二年のことで、ハンガリーとポーランドでは魔女狩りの波が一八世紀初頭に押し寄せた。現在のオランダとベルギーにまたがるリンブルフ地域では、一八世紀末になってもまだ、サタンを崇拝する超自然的な略奪者集団に対する集団的な恐怖が蔓延していた。「山羊乗り」として知られる略奪者集団は、雄山羊の姿をした悪霊に乗って移動したとされている。彼らはキリスト教を棄ててサタンに忠誠を誓い、その最終的な目的は、教会と国家を完全に転覆させることであったと言われている。このような恐怖によって、数百もの人々が火刑や絞首刑に処され、それはフランス革命が始まるまで続いたのだった。

　証拠の断片からは時折、サタニストの古い〈同一化〉のやり方が、一八世紀のあいだも（そしておそらくそれ以降も）続いていたことが窺える。イントロヴィニエはイタリアの司祭の事例に言及し、その司祭が、とある修道女とその姉妹に非常に性的な性質を帯びた「サタニスト」の儀式に参加するよう説得し、当時のカトリックの静寂主義者が説く、神秘的な「充実感」を得られることを約束したと述べている。ネーデルラント連邦共和国の略奪者集団は、これとは多少異なる仕方で、サタンに従う契約を結んだ。兵士が戦闘で無傷でいるために悪魔に身を捧げるという昔からの慣習もおそらく続いていたのだろう。一九世紀の戦場においてさえ、サタンへの献身が書かれた小さい手紙が、死んだ兵士の遺体から発見されることがあった。また、一八世紀のハレには、酔っ払ってサタンと契約を交わした料理人がいた。このサタニスト志望者は、軽い処罰を受けるだけで済んだのだが、それは、彼の裁判官が述べているように、「自然界の現実によれば、そのような契約は存在し得ない」からであった。ハレの司法当局は、ほんの数世代前にはより厳しい処罰が下されていたことを十分承知していたが、それでも「今はさらに理性的な原則を導入しているのだから」と、その判決を支持したのだった。重要なことに、ドイツの法律家たちは、その料理人が安っぽい雑誌や新聞にヒントを得たことを自明なこととして捉えていた。

　これらのおおよそ伝統的な枠組みにおける悪魔崇拝の希少な事例はすべて、数世紀にもわたって埃をかぶっていた裁判の記録文書に見出される。一八世紀のイギリスでちょっとした流行となった、いわゆる〈地獄の業火《ヘル・ファイアー》クラブ〉は、歴史に残る悪名高い出来事である。一八世紀のイギリスでは社交クラブが非常に盛んであり、少し挙げるだけでも、賭博、ビーフステーキを食す会、芸術の後援活動、集団で自慰行為をする集まりなどさまざまであった。〈地獄の業火クラブ〉は、このように大流行する社交クラブの、最も悪名高く、最も捉えどころのない現れの一つだった。ロンドンでは一七二〇年代に、ダブリンでは一七三〇年代に大衆新聞に最初の記事が掲載され、彼らは無神論者の遊び人で、悪魔を称えて酒を飲み交わし、キリスト教を嘲っているとされた。その後、悪魔の訪問、地獄の霊との契約、暗黒の君の訪問に備えて常に空席にしてある椅子などの詳細がまことしやかに語り継がれていった。

これらの集まりの「衝撃的な不信心」を抑えるため、ジョージ一世は一七二一年四月二九日に「冒瀆と不敬をより効果的に抑圧するための法」を貴族院に提案した。しかし貴族院は、法案を「反対」六〇対「賛成」三四で否決した。この新しい法律が冒瀆に対する単なる措置ではなく、迫害の道具となる可能性を懸念したのだ。こうした懸念はまったく根拠のないものではなかったのかもしれない。というのも、法案はカンタベリー大主教ウェイクが陰で起草したのであるが、彼の最大の関心事は次の異端の潮流、特に啓蒙思想の理神論の「ユニテリアン主義」からイングランド国教会の「正統派」を守ることにあったからである。啓蒙思想の懐疑主義はまた、おそらく〈地獄の業火クラブ〉そのものの根底をなしていた。彼らの集会の具体的な進め方についてはあまり知られていないが——怪談や大衆新聞の記事を正確な史料として数えるのであれば別であるが——最近の歴史学では、彼らは一般に信じられているような悪魔崇拝者ではまったくなかったという合意がなされている。イギリス史の専門家イーヴリン・ロードは、彼らは「基本的には若い紳士の集団で、集まっては悪魔に乾杯するなどの冒瀆的な行為にふけっていた」が、中には「三位一体の存在に異論を述べるという真剣な目的」があった者もいた可能性があると指摘する。

〈地獄の業火クラブ〉全体の中で最も有名だったのは、〈地獄の業火クラブ〉ではなかった。いわゆる聖フランシス騎士団（メドメナム托鉢修道士としても知られる）が、地主階級の名家出身であるイギリスの貴族サー・フランシス・ダッシュウッドによって一七五〇年頃に創設された。ダッシュウッドはすでに、イタリア芸術への関心を育成していたディレッタンティ協会や、短命に終わったディヴァン・クラブという、トルコに少なくとも一度は行ったことのある人々の集まりの共同創設者であった。これよりさらに親密な集まりの必要性を感じたダッシュウッドは、「騎士」の小さなサークルによる定期的な集会を組織し始めた。最初はウェスト・ウィカムにある私有地で、その後はシトー修道会の古い修道院を改装し、生殖行為を連想させるふざけた趣向であふれた粋な庭園を備えたメドメナム修道院で活動を行っていた。ここには「修道女」がロンドンの売春宿から招かれるか連れてこられるかし、メンバーは自分の独房を個人的な献身のために使うことができた。修道院内の最も神聖な場所である総会部屋では、より厳粛な宗教的実践が行われていた可能性はあるものの（「イギリス式のエレウシスの秘儀」についてほのめかした元メンバーがいた）、サタンの崇拝がそこに含まれていたことを示すものは何もない。聖フランシスの托鉢修道士がしていたことと言えば、主に飲酒と娼婦と交わることだったようである。

その一五年という活動期間中、聖フランシス騎士団のメンバーにはイギリスの著名人が数名含まれていた。サー・ダッシュウッド自身と第四サンドウィッチ伯爵ジョン・モンタギュー（軽食のサンドウィッチやキャプテン・クックの航海で知られている）に加えて、チャールズ・チャーチル、ジョージ・ウォルポール、ジョン・ウィルクスらはかつてメンバーだった人物たちである。アメリカ合衆国建国の父ベンジャミン・フランクリンはダッシュウッドと仲が良かったことから、いくつかの「儀式」には参加した可能性がある。「騎士団」は、最も著名なメンバーが英内閣に加わり、サー・フランシス・ダッシュウッドが大蔵大臣になった際に、少しだけ歴史書に登場する。この地獄の業火内閣はそう長くは続かず、サー・フランシスはその後の人生をより負担の少ない仕事をして過ごした。彼は貴族院の忠実なメンバーであり、自分の領地に変わったデザインの教会を建て、ベンジャミン・フランクリンとともに聖公会祈禱書の改訂版を作成した。騎士団が有名になると〈地獄の業火クラブ〉にも新しい波がもたらされたが、そのような展開の中で、正式な意味におけるサタニズムに近いものは一つもなかった。

一八世紀のサタニズムの歴史に頻繁に登場するもう一人の有名人はマルキ・ド・サド（一七四〇〜一八一四）である。この悪名高いポルノ作家兼哲学者がキリスト教に対して特に好意的であったわけでないことは言うまでもない。サドの作品の後では、どんな瀆聖的な内容の作品も間違いなく霞んで見えるだろう。たとえば、『ジュスティーヌまたは美徳の不幸*Justine ou les malheurs de la vertu*』では、ジュスティーヌという不幸なヒロインが修道院に行き当たり、そこでは、住人が、〔毒殺事件の〕ギブールがしていたような冒瀆的なミサを、若い処女の尻の上で行っていた。その後、修道士たちはルーヴィエの修道女でさえ思いもよらない仕方で聖体を用いた。ジュスティーヌ自身、この儀式に参加することを余儀なくされた。「彼らは私を摑んでフロレットと同じ場所に連れて行った。生贄は揃った。その聖体を……われわれの尊い宗教の聖なる象徴を……セヴェリノは両手でつかみ取り、自身の卑猥な部分に押し込み、ソドミーをして楽しんでいる……悪態をつきながらそれをしきりに突き動かし……自分の巨大な槍の強打を受けながら乱暴に押しつけ台無しにしてしまった。そして冒瀆しながら、彼の救い主の聖なる体の上に、自らの不純な欲望の激流をほとばしらせる」。

　しかし、サドの作品にはこのような反キリスト教的な描写がそこかしこにあるにもかかわらず、キリスト教の神の伝統的な敵対者はほとんど出てこない。サタンが登場するのは、『閨房哲学 *La philosophie dans le boudoir*』（一七九五）でマダム・サンタンジュがオーガズムの最中に叫んでいる時だけである。「おお！　ルシフェル！　わが魂の唯一無二の神、あたしに霊感を授けて、もっとすごいことをさせてちょうだい。あたしの心に新たな逸脱の種を蒔いてちょうだい。そうしたら、どんなことにでも身を投じてみせてあげるわ」〔『閨房哲学』秋吉良人訳、講談社学術文庫、二〇一九〕。伝統的な神を召喚する頻繁な祈り（そのほとんどが「わが尻を拭く神の忌まわしき名よ！……」といったフレーズである）に比べれば、こうした描写は明らかに乏しいのである。事実、サドの世界にサタンの居場所はなく、唯一の支配的原理である造化の神の存在だけをサドは信じていた。啓蒙思想神学という楽観的な理神論の暗い鏡像の中で、サドの神は人間の運命にはまったく関心がなく、残酷で非道徳的なやり方で命と破壊をばらまく。人間にできることと言えば、造化の神と調和し、あらゆる道徳を捨て去り、残忍性の苦しみに喜びを見出すことである。神のいない世界についての冷酷で断固とした考えにおいて、サドの哲学は間違いなく画期的であった。しかし、それはサタニズムではなかったのである。

第2章

ロマン派におけるサタンの復興

教義とは何か、崇拝とは、儀式とは。美術品である。
――ヴィクトル・ユゴー『精神の四方の風 *Les quatre vents de l'esprit*』

サドが冒瀆的な幻想文学を執筆していたのとほぼ同時期に、イギリスではサタンの表象に目を向け始めた作家と芸術家の選り抜きグループがいた。中世や近世の読み手であれば、彼らの悪魔の描き方に、確実に驚いたことだろう。シェリーやバイロンといったロマン派詩人の文学作品や、フューズリやブレイクの美術作品では、しばしばサタンが奇妙に慈悲深く、英雄的にすら描かれた。こうした描写は、キリスト教の古くからある神話的な悪の権化としてのサタンのイメージと、これ以上ないほど対照的だった。初期の「冒瀆」文学が、程度の差はあれ両義的に悪魔を描くことを特徴とすることはあったが、このように公然と、同一化、教化、さらには完全な称賛の対象として表されたことはこれまでなかった。

こうした新しいサタンの見方は、二つの点での復権を意味した。第一に、最も明白なこととして、キリスト教の神話ではサタンが悪と非難され地獄に追放されたのに対し、作家と芸術家の一部は、この堕天使に同情的な立場をとり、少なくとも芸術の領域でサタンを何らかの形で復権させようとした。第二に、こちらも劣らず重要であるが、彼らは啓蒙思想の合理主義によって葬られたサタンを蘇らせた。啓蒙思想においてサタンは、昔の迷信の遺物であり、崇拝の対象としてはふさわしくないと嘲笑され、無視されてきた存在だった。筆者が論じたいのは、この二重の復権は近代サタニズムの歴史的な出現において欠くことのできない局面である、ということである。そこで本章では、こうしたサタンの著しいイメージの逆転の起源と展開をたどっていくこととする。この逆転がなぜ歴史の中のこの時期であったのか、そして、その具体的な現れ方をどのように理解すればよいのかを探っていく。最後に、こうしたサタン像の再形成を宗教的サタニズムと呼んでよいのか、という問いに関する検討を行う——もしそう呼べるとなると、これは西洋の歴史における近代の宗教的サタニズムの最初の事例となるだろう。

詩作のサタン派

　サタンの新しいイメージの歴史的起源は、ある程度正確にたどることができる。一七八〇年代から一七九〇年代にかけて、非国教徒である出版者ジョセフ・ジョンソンとつながりのあった急進的な芸術家、詩人、思想家のサークルが、堕ちた大天使の存在に興味を持つようになった。そのきっかけとなったのは意外な作品であった。ジョン・ミルトンによる一七世紀の叙事詩『失楽園』（一六六三）である。ジョンソンは『失楽園』に豪華な挿絵を入れて新しく出版しようと計画していた。今となっては主に文学者と歴史学者に読まれるだけのミルトンの長く教訓的な詩は、一八世紀にはイングランドはもちろん、ほかの国々でも広く読まれていた。ヴォルテールが翻訳し、シラーに称賛され、ロシアの古儀式派の書棚にすら並んでいた。『失楽園』では、キリスト教のサタンの反乱の神話とそれに続く人間の堕落が詩によって語り直されているが、ミルトンが詩の第一巻で、「神の配慮《おもい》の正しきを、人々に証明《あかし》する」〔『失楽園』平井正穂訳、岩波文庫、一九八一〕ために著したと明確に述べているにもかかわらず、批評家は作品のバランスの悪さが印象に残る、と長いあいだ指摘し続けた。ミルトンの物語の中心を成していたのは、アダムやキリストではなく、サタンなのである。

　一八世紀の『失楽園』の読者のほとんどは、こうした側面をミルトンの詩の弱点と見做した。だが、ジョンソンの周りに集まる仲間や急進派の人々（シュトゥルム・ウント・ドラングのスイス人画家ヘンリー・フューズリ、エッチング画家ジェイムズ・バリー、メアリー・ウルストンクラフト、ウィリアム・ゴドウィン、トマス・ペインなど）はまったく別の問題として捉えた。彼らにとってサタンは、卑しい虫けらになり果てた思い上がった反逆者ではなく、むしろ英雄的な崇高さの化身であった。ジョンソンの豪華な新版『失楽園』と、それに付随して彼が企画した〈ミルトン・ギャラリー〉はこうした新たなサタン像が形成される主要な場となるはずであった。しかし、どちらの計画も実現にはいたらなかった。ジョンソンの計画のわずかな痕跡としては、フュースリとバリーが描いたミルトンのサタンの線画とエッチング画が少しだけ残っている。そこにはミルトンのサタンが、古典的な英雄として、ギリシア兵の格好をして創造主に対しテルモピュライ[*5]の構えで、天に向かって盾と槍を傲然と掲げる姿が描かれている。別の痕跡としては、ウィリアム・ゴドウィンによる『政治的正義 *An Enquiry Concerning Political Justice*』の注目すべき一節にも見出される。これは一七九三年に出版された政治哲学の古典で、近代アナーキズム思想を初めて明確に著した書としてしばしば見做される。ミルトン的なサタンに対するゴドウィンの次に記すコメントは、サタンを新しい英雄の型にそのままはめ込むものであった。

> 彼の活力が個人的な関心に注がれすぎていることは認めざるをえない。だがなぜ自らの創造主に反抗したのか。それは、彼自身が告げているように、創造主が前提とする階級と権力の極端な不平等に、十分な理由を見出せなかったからだ。規範と前例が、絶対的な信仰への十分な根拠とはならなかったからだ。堕ちた後、彼はなぜ敵対心を抱き続けたのか。自分がひどい不当な扱われ方をしていたという確信を持っていたからだろうか。彼が明らかに不平等な争いに意欲を失うことがなかったのは、心の中では、野蛮な力の感覚より、理性と正義感の方が勝っていたからだ。エピクテトスやカトーのような感性は持っていても、奴隷の感性はほとんど持ち合わせていなかったからだ。強靭な精神力で苦痛に耐えたのは、独裁的な権力に支配されることを蔑んでいたからだ。復讐を企てたのは、自分を捨てようとする問答無用の権威を、おとなしく受け入れることができなかったからだ。

今見れば、ゴドウィンのこの一節にはロマン派のサタンの核となる要素がすでに表れていたことがわかる。ジョンソンのミルトン計画と結びついていた悪魔の復権の小さな兆しから、サタンの新たな定義を決定づけることになる、作家と想像的な作品の連鎖が引き起こされた。まず、ウィリアム・ブレイク（一七五七〜一八二七）はゴドウィンが示したサタン像に影響された一人かもしれない。ジョンソンのサークルではやや片隅にいたこの若きエッチング画家は、『失楽園』の新版に載せるためのエッチング画をジョンソンから依頼された。ブレイクは自身をエッチング画家としてだけでなく、作家、さらには幻視者として捉えていた。エッチング画の仕事を終えた後の残り時間に、ブレイクは独自のパンフレットや挿絵入り本の組版をし、自分の仕事場で、複雑な操作が必要な浮彫機を使ってこっそりと印刷した。このようにして、ブレイクは一七九〇年代前後に——正確な年代について専門家の意見はまとまっていない——『天国と地獄の結婚 *The Marriage of Heaven and Hell*』という小冊子を出版した。風変わりな考えにあふれたこの極めて独創的な作品の中で、ブレイクは善と悪、悪魔と天使にまつわる従来の価値判断を完全に逆転させた。ブレイクはこのように記した。「善とは、理性に従う受動能力であり、悪とは、熱情《エネルギー》から生まれる能動能力である。／善は天国であり、悪は地獄である。……／熱情はただ一つの生命であっても、肉体から生まれる。そして理性は熱情の限界ないし外枠である。／熱情は永遠の喜びである」〔「天国と地獄の結婚」岡地嶺訳編『イギリス詩論集（上）』中央大学出版部、一九八〇〕。『天国と地獄の結婚』には、続いて「地獄の諺」が収められ、数章ある「心に残り得る幻想」では神学、歴史、哲学に関する悪魔的な逆転の解釈が表され、「悪魔の声」では三頁にわたって主題が述べられている。タイトルにある結婚は、実のところ、「善き」天使が、悪魔の「燃える火焔」の中に消えていくことを表している。ブレイクは最後にこのように付け加える。「この天使は、今では悪魔となっているが、私の特別な友である。私たちは、地獄的な、あるいは悪魔的な意味で聖書を一緒に読むことがしばしばであるが、世の人たちも、もし品行方正であれば、そういう意味の読み方をするであろう。／私はまた地獄の聖書も持っているが、これは世の人たちが望もうと望むまいと、世の人たちに読んでもらいたいものだ」。

　その二〇数年後にパーシー・ビッシュ・シェリー（一七九二〜一八二二）が最初に英雄的サタンのテーマに出会ったのは、ジョンソンのサークルとの直接的な接触を通してではなく、おそらくゴドウィンの『政治的正義』を読んだ時であった。イギリス貴族の息子として生まれ、反抗的に生きたシェリーは、当時、「火の宿る目、たぎる血、脳にはウジ虫でもいるのか、そわそわと気も狂わんばかりの話し方が、この哲学者ぶったいかれた男の特徴だ」とも評された。シェリーはオクスフォード大学に進んだものの、無神論を擁護する挑発的な小論を書いたために退学処分となり、熱心な国教徒であった父親と仲違いした後に、詩の創作と政治活動に身を捧げることを決意した。貪るように読んでいた急進的な著作家ゴドウィンが存命であり、しかもイギリスにいることを知ったシェリーは驚嘆し、すぐさまかの思想家に接触することにした。

一方、ゴドウィンはその頃ひどい苦境に陥っており、進歩的な児童文学を売ることで家族のためにわずかな生計をなんとか立てている状態であった。そのため、若くとも裕福な貴族である崇拝者からの思いがけない申し入れを嫌がりはしなかった。しかし、ゴドウィンは『政治的正義』の自らの最も急進的な考えを、シェリーが一貫して熱烈に支持していたことにいささか戸惑いを感じた。というのも、出版後、ゴドウィンはその主張の多くを撤回していたからだ。さらにゴドウィンを愕然とさせたのは、自らが以前唱えていた自由恋愛論を、彼の一六歳の娘メアリーとシェリーが実行に移し、最後は駆け落ちしてヨーロッパに渡ってしまったことだった。その後、アナーキズムの先駆的思想家と急進的な若き詩人が和解することはなかった。

だが、この決裂によってシェリーがゴドウィンの描いたミルトン的サタン像に対する称賛の念を失うことはなかった。実際、シェリーは自身の有名な詩論『詩の擁護 *A Defence of Poetry*』（一八二〇）の中で、その主題に関してゴドウィンの主張をほとんどそのままくり返しているのである。

『失楽園』で描かれたサタンの力強さと壮大さにまさるものはない。

シェリーはここで考えを巡らせた。

彼が悪の通俗的な擬人化として描かれたと考えることは、間違っている。執念深い憎悪、冷徹な奸計《かんけい》、そして、敵にこの上ない苦痛を与えるため寝もやらず策略をめぐらすこと、これらはすべて悪であろう。それは、奴隷ならば許されるにせよも、王者にはとうてい許さるべきことではない。敗北者にとっては、その敗北を高貴たらしめる多くのものによって償えるが、勝利者にとっては、その征服をけがすものによってしか、目立たせられないのである。ミルトンの悪魔は道徳的存在として、彼の神よりもはるかに優れているが、それは、逆境や苦難をものともせず、自ら優れていると信じうるある目的をあくまでも堅持し続ける人物が、敵をしてその不撓《ふとう》の敵意を後悔させるなどという誤った考えからではなく、むしろ敵を挑発して新たな苦痛を受けさせようという確固たる意図から、いささかも勝利を疑わぬ冷静な確信をもって、最も恐るべき復讐を敵に加える人物よりも、はるかに優れているのと同様であろう〔『詩の擁護』上田和夫訳、『シェリー詩集』新潮文庫、一九八〇〕。

それより以前に、シェリーは『レイオンとシスナ　あるいは黄金都市革命――一九世紀の一幻影 *Laon and Cythna; or, The Revolution of the Golden City: A Vision of the Nineteenth Century*』（一八一七）という長々としたタイトルのついた叙事詩のプロローグにおいて、善と悪の伝統的な表象を根本的に逆転させて解釈しようとしていた。シェリーはここで、「血紅色の彗星と明けの明星」との原初的な戦いを書き記した。前者は勝利し、悪と暴力による支配を確立し、「人と動物が和解しないまま」、「美しき星」を「恐ろしき蛇」へと変えてしまう。

偉大なる善の霊は人間の国に忍び寄った
するとそれが通るたびに
すべての舌がそれを呪い、冒瀆した、なぜなら、
善と悪の違いを知る者が一人も
いなかったからだ。

シェリーとブレイクが、イギリスの最も著名な詩人に数えられる運命にあったのは言うまでもない。しかし、その運命は当時まったく予想されていなかった。一八二〇年代初頭にはゴドウィンは忘れられたも同然であり、ブレイクはまったく無名のまま予言を書き下ろし、そしてシェリーのサタンに関する熟考はほとんど注目されずに、未発表のノートとして積み上がっていった。新しいサタンはもしかすると、バイロン卿と保守的な文芸批評

という、二つのほぼ正反対の要素がなければ、文学史におけるマイナーな脚注にとどまっていたかもしれなかった。

シェリーと同様、第六代バイロン男爵ジョージ・ゴードン・バイロン（一七八八～一八二四）もまた、極めてイギリス的で、極めて貴族的な反逆者であった。さらに彼は、排泄されたばかりの馬糞がハエを呼び寄せるようにスキャンダルを引き寄せる男だった。彼のスキャンダラスな離婚は、腹違いの姉とのこれまたスキャンダラスな不倫が原因であった。旅行記である長詩『チャイルド・ハロルドの巡礼 *Childe Harold's Pilgrimage*』（一八一二）の第一篇でバイロンはすでに有名な詩人となっていたが、離婚への非難が激しさを増したことで、ヨーロッパ大陸への亡命を自ら宣言するに至った。大陸で彼はしばらくのあいだ、同じように自主的な亡命でヨーロッパを放浪していたシェリー一家と行動を共にし、カーニバルの都ヴェネツィアへと行き着いた。イタリアの太陽の光が降り注ぐこの安寧の地から、バイロンはイギリスに詩を送り続け、その内容はますます大胆なものとなっていった。

文学界の論客もそれに応えるように反論した。皮肉なことに、新しい「ロマン派サタニズム」を有名にしたのは彼らであった。『フォートナイト・クォータリー *Fortnight Quarterly*』誌はすでにバイロンを、「マニ教の悪しき半面に対するおかしな偏愛」を見せていると非難していた。この保守派の雑誌は、「当代の最も偉大な精神の持ち主の一人は、どうやら、悪の装飾と拡大に自らとその才能を捧げたようである」と述べた。ロバート・サウジーの『ある審判の夢 *A Vision of Judgment*』（一八二一）にはさらに厳しい言葉が並べられた。サウジーはシェリーのよき相談相手で、ワーズワースやコールリッジとともに、イングランドにおけるロマン主義の草分け的な詩人の一人であった。三人とも、初めは急進派だったが、後年には全員が穏健派、または軟派となり、大なり小なり体制側へと「転向」した。しかし、バイロンの辛辣な言葉によれば、桂冠詩人となったサウジーほど「乱筆、自分の売り込み、魂の賃貸し、軽蔑されたイスカリオテ〔キリストを裏切ったユダの姓〕」〔的な行為〕をこうも大々的にやってのけた者はいなかった。この桂冠詩人は『ある審判の夢』の序文で、最近の英文学で一気に広まった「おびただしい数の淫らな本」についての不満を漏らしている。

病んだ心と堕落した想像力の持ち主は、自分たちの不幸な振る舞い方に沿った意見の体系を形づくり、人間社会の最も神聖なしきたりに逆らった。そして、全力を尽くし虚勢を張ってさえも、信じきることが叶わなかった啓示宗教を彼らは憎悪し、自分たちと同じように他者も惨めな目に遭わせてやろうと、魂を蝕む道徳的な害悪を与えるのだ！　彼らが設立した一派はサタン派と呼ぶのが適当であろう。なぜなら、彼らの作品は、ベリアルの精神を自分たちの淫らな部分に、そして、彼らが嬉々として描く蛮行と恐怖の忌まわしい描写にモレクの精神を吹き込んではいるが、彼らを特に特徴づけるのは、傲慢で大胆な不敬のサタン的精神であり、それと類似する絶望という惨めな感情を絶えずさらけ出しているからである。

この一節は、「詩作のサタン派」の公式な出生証明書として捉えることができる。サウジーの批判は、現代の文学者のあいだで今も使われている「ロマン派サタニズム」または「文学的サタニズム」の名称のもととなったのである。（これらの用語の正確な意味については、後でより深く掘り下げることにする。）この桂冠詩人による痛烈な非難は、明らかにバイロンとシェリーを標的としたものであり、二人のうち主に前者は、悪の天才と見做された（シェリーの「悪魔的な」発言には、批評家のほとんどがまだ気づいていなかった）。

逆説的に言えば、バイロンは、サタンのテーマに対する、批判者からの絶え間ない激しい攻撃に触発されて、史上最も「悪魔的な」作品を書いたのかもしれなかった。ピーター・A・ショックが論じるように、バイロンが悪魔的な領域に足を踏み入れたのは、あくまで批評家から「サタニスト」呼ばわりされたこと（「ラベリング」）に憤慨し、パロディ精神を発揮して自ら「サタニスト」を演じた（「同一化」）ことに端を発する。一八二一年の後半に、バイロンは副題に「聖史劇 Mystery」と付けた『カイン *Cain*』をわずか三週間で書き上げ、彼が言うには、執筆中は常に酔っ払っていたという。この劇詩（上演されることはほとんどなかったが）において、バイロンは最初の殺人についての聖書の物語を再現した。出来事の根底に、バイロンは、「楽園の政治」に対するカインの反抗心、すなわち気苦労のない幸福から人類を排除［しようとする意図］を見出す。カインのこの反抗的な態度は、ルシファーとの会話によって助長される。ルシファーは、創造主の悪意をほのめかす機会を見過ごさなかった。「これらの事柄に関して、彼とルシファーとのあいだで交わされる雑談は、正統の解釈とは違う、と思うかもしれません」。バイロンは戯曲を書き上げた後、上機嫌で友人にこのように書き送った。戯曲のもともとの序文で、彼は反抗的にこう記していたのだ。「マニ教《マニキイズム》などのイズムで終わる堅苦しい呼称で非難される覚悟はできています。こうした呼称は、人々の目には恐ろしい形に映り、耳には恐ろしい音として響くのです。彼らは、このような蔑称をもてあそぶ自由主義者や敬虔な人々と同じくらい、こうも取りざたされた用語の説明に困惑することでしょう」。

保守派の批判は、バイロンがサタンのテーマを取り上げる直接的な要因となったかもしれないが、二つの具体的な文学的資料にもバイロンへの影響を見ることができる。一つ目は、ヨハン・ヴォルフガング・フォン・ゲーテ(一七四九〜一八三二)による悲劇『ファウスト』である。これは広範な、非常に哲学的な詩的作品で、第一部は一八〇八年に出版された。イギリスでロマン派サタニズムが起こった展開とはまったく無関係に、ゲーテの悲劇では、ファウストの悪魔との契約の近世の物語が詳しく述べ伝えられ、ブロッケン山での魔女たちの集会(サバト)への訪問や、メフィストフェレスという恐ろしく機知に富んだ賢い悪魔が描かれていた。バイロンはゲーテの詩を大いに称賛していたが、ゲーテのメフィストフェレスがバイロンのルシファーにどのように影響したかについては後述する。二つ目の文学的影響は、言うまでもなく、シェリーとの関わり合いの中で受けたものだった。前述した悪魔への共感をバイロンに少しずつ抱かせたのはシェリーであった。シェリーはイタリアにいるバイロンを何度か訪ね、文壇の批評家に反論するよう勧めていた。バイロンと政治、文学、哲学について長い議論を交わす中で、シェリー——バイロンから「蛇」というあだ名をつけられた——が、ゴドウィンの勇敢で反抗的なサタン像と自身の作品にバイロンの目を向けさせた可能性は高い。

『カイン』が出版された時、周りには衝撃が走った。一八二一年から一八三九年のあいだに、一八〇〇行のこの戯曲には、二万行あるバイロンの代表作『ドン・ジュアン *Don Juan*』に対するよりも多くの論評がなされたと言われている(『ドン・ジュアン』は実際にすでにちょっとしたスキャンダルになっていたのだ)。保守的な批評家たちはすぐに作品を「恐ろしい冒瀆」と断じ、一方、バイロンは嬉々として「ケンティッシュ・タウンとオクスフォードからピサに至るまで、教区牧師はみなこれに影響されるなと説教している」と書き記した。ジョン・マレー出版社にとってより深刻だったのは、一八二二年に裁判所が『カイン』が冒瀆的であるとの判断を下し、それの著作権保護を是認しなかったことだ。しかし、皮肉にも、この判断によって作品の知名度が高まり、また、法律に縛られることなく、海賊出版業者が安価な版を出版できるようになったことで、この戯曲がいっそう広まるという予想外の結果をもたらした。

国際的に著名な詩人であり、悪魔を彷彿とさせる存在としても知られていたバイロンは、新しいサタン像を広く国際的に普及させることができた。最も顕著なのは、この新しいサタンがフランスへと海峡を渡り、貴族の青年アルフレッド・ド・ヴィニー（一七九七〜一八六三）による叙事詩『エロア *Éloa*』の発表とともに、一般に紹介されたことである。この作品のもとのタイトルは、単に『サタン *Satan*』であったが、そこに、「聖史劇 Mystère」が付け加えられたことで、そのバイロン的な着想が明らかとなったのである。バイロンによるルシファーはどこか孤独で非人間的であったが、ヴィニーは、どんな抜きん出た英雄も魅力的な女性の連れ合いなしでは成り立たない、と当然のように考え、サタンに一人の女性をあてがった。美しく高潔な女天使エロアである。彼女は誘惑者たる悪魔が醸すメランコリックな雰囲気にすっかり魅了されてしまった。メランコリーな男性がもてるというのは一九世紀に流行った恋愛のパターンだった。青白く、魅力的な青年としての仮面をつけたサタンは、無垢の天使に向けた慰めの言葉の中で、エロスの役割を担っている。

人の上に私は火の帝国を築いた
心の欲望の中には、魂の夢が、
肉体の結びつきの中には、神秘的な魅力が、
血の財宝の中には、眼差しが。
夫の夢の中で彼に語らせるのは私
この幸せな少女は心地よい嘘を耳にする
彼らの日々を慰めるために私は彼らに夜を与える
私は秘めた愛の密かな君主

『エロア』はフランスの一般の人々のあいだでかなりの

人気を博した。流行の先端を行く自称「エロア」たちは最愛の人をサタンに見立て、ラブレターを書いた。また、テオフィル・ゴーティエは風刺的な短編の中で、自分が生まれつき青白くオリーヴ色の顔色に恵まれ、大悪魔に似ているのはとてつもなく幸運である、なぜなら間違いなく女性から好意を寄せられるからであると述べている。『ラ・ミューズ・フランセーズ *La Muse Française*』誌に掲載されたバイロン卿の追悼記事には、「ヴィクトル＝M・ユゴー」と署名した若い詩人が、フランス文学の現状を次のように紹介している。「そこには二つの流派が形成され、われわれの政治的問題が思慮深い人々に残した二重の状況、すなわち、諦めと絶望が表されている……一方は天国からすべてを見、もう一方は地獄の底からすべてを見る……一方は要するに、イマニュエルに似て、温厚でたくましく、稲妻と光の戦車で自分の王国を駆け巡り、もう一方はあの華麗なサタンであり、天国から追い出された時にこれほどの数の星をさらっていった」。『ラ・ミューズ・フランセーズ』誌の編集者は、この文章に付け加えた注の中で、サウジーの言う「サタン派」のイメージから距離を置くように気をつけていたが、ほかの者はそれほど気にしていなかった。影響力のあった保守的な批評家オジェは、イギリスの桂冠詩人とよく似た表現で、「サタン本人からその使命を受け取っていたように思われる」バイロンと彼の仲間たちの一派に対して警告した。とあるフランスの作家は一八三三年にこう記している。「すべてはバイロンに由来する。葉巻を吸ったり狂宴にふけったりといった、ほかにも多くのことがバイロンに由来している」。

また、ヴィニーは、フランスで特に人気があったと思われるもう一つの流行、すなわち、来るべきサタンの贖罪という文学モチーフ、も引き起こしたのかもしれない。ヴィニーは、書かれることはなかった『エロア』の続編で、サタンが悔い改め、創造主と和解する筋書きを立てていた。その後数十年のあいだに数え切れないほどの亜流詩人が、ヴィニーが書き終えることのなかったその詩の執筆に取り掛かった。「サタンの贖いの涙 larme rédemptrice de Satan」、すなわちサタンが世界と和解する時に流すその一筋の涙は、ほぼ文学における決まり文句となっていった。この壮大な叙事詩の波の、最も奇妙な行き過ぎた作品の一つは、アレクサンドル・スメ（一七八八～一八四五）による『神の叙事詩 *La Divine Epopée*』かもしれない。最後の審判の後の世界の様子を描こうとしたこの叙事詩において、天国の美しい魂の一人であるセミダは、失われた恋人イダメールがいないのを寂しく思い、幸せを見つけられないでいる。この永遠の反逆者は地獄に落とされたが、そこでさえも、時間とともに多少おとなしくなったルシファーから権力を奪うことに成功する。セミダに幸せを、すべてのものに和解をもたらすために、イエスは地獄まで降りてゆき、結局再び磔にされてしまう。驚くべきことに、スメの詩はいたって真面目に書かれたようであるが、伝統的なキリスト教徒の中に彼の救済論的な曲芸を気に入った者はほとんどいなかった。

ヴィクトル・ユゴー（一八〇二～一八八五）がサタンの贖罪のテーマを取り上げた時、神とサタンの和解というモチーフに見出されるフランスの伝統がその最盛期を迎えた。時はすでに一八五〇年代のことだが、バイロンの追悼記事を書いた時にはほとんど無名であったヴィクトル＝M・ユゴーは、フランス文学の大家へと成長していた。このフランスの詩人でもある小説家は、チャネル諸島での亡命生活中に『サタンの終わり *Fin de Satan*』という叙事詩を書き始めた。ヴィニーの当初の構想のように、この大作は、悪魔の生涯を歴史を通じてたどり、最後には、すべてに打ち勝つ愛を讃美する合唱が鳴り響く中、両手を広げて迎える神のもとに悪魔が帰っていく様子を描く予定だった。だが、ユゴーの計画が完成することはなかった。彼は一八六〇年までこの叙事詩に新しい内容を加え続けていたのだが、その後、自分の保管庫にしまい込んでしまったようなのである。しかし、その頃には、ロマン派のサタンは西洋文化において確立した言いまわしとなり、ロシア、ドイツ、ベルギー、オランダ、イタリア、スペイン、スカンジナビア、アメリカにおける芸術や文学にその足跡を明確に、あるいはかすかであっても残していった。

神、サタン、そして革命

一九世紀の最も重要なロマン派たちは、なぜ突然サタンを讃美し始めたのだろう。西洋文明において千年以上ものあいだ、悪の主要な神話的表象であり続けてきたこの堕天使は、何がきっかけでこのように新たに評価されるようになったのだろう。この意外な出来事は、西洋社会で起こっていた、より多方面にわたる変化を考慮しない限り、理解することはできない。こうした多方面における変化の中で、二つの革新的な歴史的展開、すなわち、第一に革命、第二に世俗化、がとりわけ重要であったと筆者は主張したい。どちらの現象も西洋の様相に重大な変化をもたらし、サタンを評価する新しい機会を生み出したのである。

一七八九年七月一四日、群衆がバスティーユ牢獄を襲撃した。王室の刑務所として機能していたパリの有名な要塞である。これをきっかけにパリ市民は、国王を退位させ、最終的には処刑し、その後自分たちで統治するようになった。ヨーロッパの主要な国家権力の一つの政治構造におけるこの激変は、フランス革命として知られるようになった。革命は西洋世界全体、そして最終的にはそのほかの地域にも衝撃を与え、したがって近代史における転換点として見做すことができる。

フランス革命はそれだけでも重大な出来事ではあったが、突然起こったのではなかった。むしろ、何十年にもわたって構築されてきた思想運動の頂点であると同時に、西洋文化におけるまったく新しい局面への導火線ともなった。こうした、ヨーロッパとアメリカ大陸における革命と政治の刷新の連鎖を、〈西洋革命〉と呼ぶ歴史学者もいる。アメリカ独立革命（一七六三〜一七八三）を皮切りに、一七六六年と一七八八年にジュネーヴで、一七八二年から一七八七年にかけてアイルランドで、一七八三年から一七八七年にかけてネーデルラント連邦共和国で、一七八八年から一七九〇年にかけてオーストリア領ネーデルラントおよびリエージュ司教領において、革命的な政変の初期の胎動が表面化していった。フランス革命（最初の前触れは一七八七年に始まった）の後、南アメリカでも独立に向けた革命闘争が勃発し始めた。一八三〇年、一八四八年、一八七一年には、失敗あるいは成功した革命がさらに相次ぎ、フランスをはじめとするヨーロッパ諸国の政治体制に衝撃を与えた。

これらの政治的暴動はすべて、多少なりとも啓蒙思想の観念に根差した計画によって動機づけられていた。すなわち、より民主的で合理的な政府のあり方、「外国」政府からの民族共同体の自由、報道と思想の自由、信教の自由であり、時にはそれが社会改革のための急進的な計画と一体になっていることもあった。民主主義と自由を目指すこうした運動は、主に教育を受けた裕福な中産階級の地位向上に向けた手段であったが、革命の潮流は、女性、貧困層・労働者階級、国民的・宗教的・性的マイノリティという広い範囲を含む、社会におけるすべての恵まれない集団の解放と平等の権利を求める一連の運動を生じさせた。それは二〇世紀に入ってからも、いや今日もなお続いていると言えるだろう。これらの政治的な激変と連動して、しばしば相互に影響を与え合いながら、イデオロギー的、社会的、人口動態的、経済的な革命が起こり、最終的には、時として「近代性」という緩やかで多少曖昧な名称を刻まれた、特有の西洋の文明形態が生み出されることとなった。

〈西洋革命〉を構成したすべての革命の中で、フランス革命は間違いなく（フランスの歴史学者ジャック・ゴドゥショの言葉によれば）、「最も重要で、最も深く、最も急進的」であった。一七八九年の出来事それ自体にどのような意味があったにせよ、それが後に人々に受容されていく中で重要な意味を持つようになったのは確かであり、少なくともその後一世紀にわたって、ヨーロッパの世論とヨーロッパの文化を二分したのである。味方にとっても敵にとっても、革命はヨーロッパ人の中に新しい精神が出現したことを意味するようになり、その新たな精神に基づき、人々は必要に応じて伝統という「神によって定められた」構造に対抗し、自分たちの政治的・文化的・宗教的運命を形づくる権利を主張した。両陣営とも内部では深く分裂していたかもしれないが、ヨーロッパの知識人はそれ以降「左派」と「右派」、すなわち、急進的または「進歩的」な変化を支持する者と、それに反対する者とに分かれたのだった。（実のところ、「左派」と「右派」という用語自体が、フランス革命の際に、より急進的な議員が議長の左側に座っていたことに由来するのだ。）

この新しい二分法もまた、サタンのイメージを根本から変える上で重要であった。暗黒の君に関する政治的解釈がまったく新しいというわけではなかった。ミルトンの『失楽園』や、それと似たオランダの劇作家ヨースト・ファン・デン・フォンデルによる悲劇『ルシファー *Lucifer*』（一六五四）などの作品ではすでに、一七世紀にそれぞれの国が直面していた政治的混乱に明らかに関係づけながら大天使の堕落の話が語られた。しかし、演劇効果のためにその反逆者の主人公には曖昧さが与えられたにもかかわらず、彼らの作品は、最後はそのサタンに対する「神の」権威の主張を擁護した。だが、次の世紀において、啓蒙思想家とフランス革命は、「反乱」に、ヨーロッパの知的エリートの大半にとってはまったく新しい、肯定的な意味を与えていった。こうした再評価はサタンの神話にも反映された。ゴドウィンやシェリーなどの革命の急進的な支持者にとって、サタンはもはや正義や世界秩序《コスミック・オーダー》に対する悪の反乱者ではなく、独裁的で専制的な権力に対する革命的な抵抗を映す鏡像であり神話的権化であった。したがって、サタンを称賛したロマン派詩人たちが、政治的には左派の側に常に位置づけられるのは不思議なことではない。実際に、世紀末までには、この公式は逆転し、悪の天使と言われてきた存在について肯定的に語る作品はみな急進的な政治的傾向があると即座に確信できるほどになっていた。

ロマン派サタニズムの政治的背景については、フランス文学に関してはマックス・ミラーが、イギリスの文脈に関してはピーター・A・ショックがすでに指摘している。彼らの結論を要約し、所々詳しく紹介していくこととする。ジョンソンのサークルで始まった時から、ロマン派サタニズムと政治的急進主義とのつながりは明白だった。ジョンソンのグループのメンバーは全員が何らかの政治的急進派だと言える。ゴドウィンはアナーキストの哲学者であったし、その妻メアリー・ウルストンクラフトは最初の女性解放論者の一人であり、トマス・ペイン（後にメンバーに加わった）は自らフランス革命に参加した。革命の最初の鼓動は、ミルトン計画が打ち出されたのとまったく同じ時期に、海峡を越えた向こう側で明らかとなった。こうした状況は彼らがサタンを再解釈する上で、重要な要素であった可能性がある。「地獄で君臨する方が、天国で仕えるよりもましである」。これはミルトンのサタンが地獄の底から恥知らずにも発した言葉であり、その言葉はこの特定の歴史的状況における多くの急進派の心境をそのまま表していたに違いない。

ブレイクはこうした革命推進派の感情を共有した。一見、不明瞭で難解な彼の『天国と地獄の結婚』には、かなり明確にそのことが示されている。この作品は「自由への歌」で締め括られ、フランスに「汝の地下牢を打ち破れ」と熱心に説き、自由の「新生の火」がいかに天から追放され、今や地上の国々に（ある種の聖霊として）散らばっているかを訴えた。朝が来ると、ブレイクは予言した。「火の息子が……呪いが書かれている雲を追い払いつつ、石の掟を踏み潰して塵にする、……そして叫ぶ……帝政の命運は尽きたのだ！」と。実際、ブレイクは自由に関する自らの考えを、フランス革命に関する長編叙事詩の中でさらに明確に示すつもりでいたし、その詩はジョンソンによって出版されることにもなっていた。

しかしその頃にはイギリスの暴徒がジャコバン派支持者と疑われた人物の家を略奪するようになり、反乱を扇動した者に対する簡易立法府が設立された。詩の出版は中止され、作家の中には、ブレイクはそれ以降また出版差し止めになるのを避けようとして、今日に至るまで研究者を悩ませることになる、自ら作った複雑な神話の中で自身を表現することを選んだのだと言う者もいた。

反動がはっきりと現れ始めたのは、その二、三〇年後にシェリーとバイロンが登場した時であった。革命は恐怖政治をもたらし、その後ナポレオンによる独裁体制が敷かれたが、これはヨーロッパ君主国の連合軍によって壊滅させられた。イングランドでは、ピットの弾圧によってジャコバン主義の芽が踏み潰され、その後さらに悪いことに、人身保護令状の撤回や、ピール法による冒瀆的・扇動的な文学に対する措置が取られることとなった。ヨーロッパ全土で、急進主義は無力で迫害される少数派となってしまったように思われた。こうした状況が、サタンのメタファーを一層適切なものとしたのである。ミルトンが描いたサタン像——自らの目的で敗北した偉大な浮浪者であり追放者は、その悲惨で目も当てられない境遇にあっても、真の内なる確信ゆえに挑戦的に抵抗し続けた——は今や、一見勝利した体制側の列強との闘いにおいてのけ者にされていたロマン派の急進派によって、より適切なロールモデルとして理解されるようになった。

シェリーはたしかに、こうしたロマン派の急進派の一人であった。彼は菜食主義、自由恋愛、女性解放、革命的な政治改革の熱烈な支持者だった。ゴドウィンの娘メアリーと駆け落ちする前は、最初の妻ハリエットと学校の女性教師との短期間の共同生活を始めてみたり、熱気球にパンフレットを貼りつけて空を漂わせるなどして、革命的な主張を広めようと気まぐれな策を企てたりした。ダブリンでは、くすくすと笑うハリエットを連れて、扇動的なパンフレットを道端で配布した。その一つには、末尾にミルトンの一節が記されていた。「目覚めよ！　起ち上がれ！　さもなくば永遠に堕落したままでいればよい！」これは、サタンが自分とともに地獄に落とされた天使たちに向けて、地獄の底から発した有名な激励の言葉である。悪魔に関するシェリーの考えは、失敗した革命と社会不安の醸成を背景に、たとえば、彼がミルトンのサタンを自らの神聖な主人よりも道徳的にはるかに優れていると称賛した時に、初めてその刺激を十分に受ける。「逆境や責め苦にあっても、自ら優れていると考えるある目的に粘り強く取り組む者は、確実な勝利という冷めた安心の中で、自らの敵に最も恐ろしい復讐をする」。『レイオンとシスナ』は、押さえつけられたフランス革命のかなり明確な喚起に始まり（「踏みにじられたフランスの最後の希望が／消えゆく栄光の儚い夢のごとく尽きた時／ぼくは絶望の幻影から立ち上がった」）、最後は圧制の犠牲となった主人公たちの死で締め括られた。実のところ、サタンやそれと関連した象徴的存在を題材にしたシェリーの作品はすべて、政治的イデオロギーと、未来の「広い日の出」の千年王国説信奉者の予想で満ちている。

王座、祭壇、法廷、牢獄――その中や、
その傍らで、哀れな者たちがその手で運んだ
笏、三重の冠〔教皇の冠〕、剣、鎖、巻物
無知の者らが注釈し、理屈で固めた不正な巻物――
それはみな、あの怪奇で野蛮な形のようなものであり、
もはや誰の記憶にもない亡霊のようなものであった
〔シェリー『鎖を解かれたプロメテウス』石川重俊訳、岩波文庫、二〇〇三〕。

民主主義を「ごろつきの貴族政治」と述べたバイロンは、しばしば民主主義の批判者として見做される。しかしそれでも、この「悪魔の君」はそれどころか急進的な変化の大義を強く支持していた。彼は友である「哲学者ぶったいかれた男」シェリーよりも、自らの確信に実質的な意味合いを持たせることができた。貴族であった彼は、イギリス貴族院の議員となることができ、その短い期間にカトリック解放に賛成票を投じ（彼の言葉によれば、「五〇〇万人の未開人」の自由を守るためであったという）、そして暴徒的な労働者階級のラダイト運動〔産業革命期に起こった、イギリスの熟練手工業者たちによる機械打ちこわし運動〕を支持する発言をした。イタリア滞在中には、反抗的なカルボナリ結社〔一九世紀初期にイタリアとフランスに存在した政治的秘密結社〕のための武器を隠し、最後は、ギリシア独立のために戦っている最中に没したのだった。懐疑論にどっぷり浸かっていたバイロンは、壮大なイデオロギー的な信条に引きつけられることはなかった。むしろ、彼自身の個人の自由も含めて共感する「自由」に対する、より一般的な関心に突き動かされていたようである。

　バイロンの政治的関心は、彼の作品においても明らかである。バイロンの最も「サタニスト」的な詩作である

『カイン』の政治的な意味合いに注目した研究者はそれほど多くないように思われる。だが、「楽園の政治」に対してカインが明確に示した不満には、神を人間の圧制の記号として用いることで、この戯曲の聖書の主題を当時の社会に当てはめる可能性がすでに示唆されている。「神が全き能《ちから》であるからといって、神が全き善であることになるのか?」カインは天上の権力者に自問する。

　より具体的な政治的見解は、この戯曲の人間関係、とりわけアベル殺害についての話に読み取ることができよう。この劇的な出来事は、気の進まないカインにアベルが一緒にエホバに供え物を捧げようと説得した時に起こった。この最初の殺人に関する聖書の話には、カインは大地の収穫物を捧げ物として用意し、アベルは「群れの初子」を殺して持ってきたとある。カインは、それまでのルシファーとの会話に勇気づけられ、二つの捧げ物のうちどちらかを選んでほしいという「祈り」をエホバに捧げた。

　　もしあなたが血を愛するならば、私の右手で煙を立てている
　　羊飼いの祭壇では、あなたへの奉仕として、
　　群れの初仔の血を流させております、今その四肢からは血煙が立ち、
　　血なまぐさい匂いの煙があなたの空へ昇ってゆく。
　　あるいは、土と温暖な季節とが育んだ甘く熟した果実を、
　　今汚れなき芝土に広げ、それを熟させた光に輝ける太陽の面前で、
　　あなたに捧げます。これはあなたには善きものに見えるかもしれません
　　その肉体や生命は苦しみに晒されたことはなく、われらのものをぜひ見てよ
　　との嘆願ではなく、むしろ、あなたの御業の一つの例証となるのですから。
　　もし、犠牲者のいない聖堂と
　　血の塊のない祭壇があなたさまのお気に召すのなら
　　これを御覧になってください〔バイロン『カイン』島田謹二訳、岩波文庫、一九六〇〕。

　カインの捧げ物が突然の旋風でまき散らされ、アベルの捧げ物が火に包まれると、カインは激怒して今後一切祭壇は作らないと断言し、アベルの祭壇を破壊する。「この血塗られた記念物が/太陽の前に立って神の手で

創られたものを侮辱するのを俺は許しておけん！」信心深い弟は自分の祭壇を守ろうと進み出る。「今はエホバの永遠の喜びで浄められたのです」。カインは激昂し、弟の祭壇にあった石で弟を殺してしまう。

この場面が示す明らかな宗教的な意味は別として——この点については後述する——、ここでのバイロンの語りは、フランス革命を示唆する注解としても解釈することができる。この二つのテーマは、実のところ、密接に絡み合っているのである。カインの最初の抵抗は、伝統的なキリスト教に関する啓蒙思想の批判が反映された議論に動機づけられており、バイロンの読者にとっては、伝統という構造・拘束を打ち倒そうとする彼の衝動は、明らかにフランス革命の同様の試みを指していた。一方、アベルはアンシャン・レジーム（旧体制）の擁護者の表象として、自らの信念に忠実でありつつも変化や自由の大義には反対する存在と捉えることができる。フランス革命が過去の宗教的・政治的構造に固執しようとした人々に対する殺戮や迫害をもたらしたことは周知のとおりである。人間の兄は人間の弟をなぜ殺したのかという問いは、バイロンの戯曲の重要なテーマの一つであり、こうした暴力がどのように発生したかという彼の説明はまた、人間の友愛と解放への理念にもかかわらず、革命の企てが、同胞殺しというこれまで以上に血なまぐさいサイクルに陥ってしまった理由の説明としても解釈することができる。

ここで『カイン』のもう一つの側面、すなわち、この作品がバイロン的英雄にとってある種の起源神話となったことにも触れておく必要がある。バイロン的英雄というのは、バイロンの作品によく登場する、ロマン主義の一つの典型となった主人公の類型を指す言葉である。メランコリックで孤独だが、過去に犯した言うもはばかる罪（たとえば、近親相姦的恋愛、殺人、もしくは両方）を背負って自ら祖国を離れた誇り高き者。言うまでもなく、こうした人物像はバイロン自身がもとにもなっていた。彼は、体制派の道徳的価値観から自由であり、異母姉との不倫スキャンダルの後、外国での放浪生活を余儀なくされていた（この点で、カインと妹のあいだに「近親相関的」関係は一切なかったということを、バイロンが嬉々として指摘していることを示しておこう）。明らかに、カインにはこうしたバイロン的英雄の権化の主な特徴がすべて備わっている。彼はその疑い深く陰鬱な気質（これもまたバイロンお気に入りのテーマである）という「運命」のせいで最初からのけ者扱いされ、最後の幕では最終的に、心の安寧をいつか得られる時がくるのかと絶望する放浪者となる。この観点からすると、『カイン』は、半ば神話的なバイロン的英雄と彼の「原罪」の起源を物語っており、この戯曲のわれわれの解釈が妥当であるなら、この原罪は、少なくとも部分的には、宗教的・政治的反乱によって引き起こされている。たしかに、このようなバイロンの読み方は、彼の作品を政治的反乱の文脈に堅く位置づける傾向のある、保守的な批評家によるものであった。「この悪は道徳的であるだけでなく政治的でもある」。サウジーはすでに『審判の夢』の中で、新しい「サタン派」についてこのように記述していた。この桂冠詩人が序文に記したこの痛烈な非難文は、決して単なる詩的な皮肉ではなく、実際は、バイロンと彼の詩的犯罪に与する仲間たちへの法的介入を求める遠回しの要求として書かれたものであった。

ロマン派サタニズムの政治的な含みは、革命の地フランスの事例でも劣らず明白であった。一七八九年の革命の遺産、すなわち、革命の試み(の一部)を取り戻すためのさまざまな計画、そして急進的改革へのこうした試みに対するその後の反動が、一九世紀フランスの政治的・文化的状況に著しく影響した。一八二〇年にこの新しいサタンが英仏海峡を渡った時、国は、革命の計画を何らかの形で再開させたい人々と、革命以前の状態を復活させたい人々とのあいだで板挟みになっていた。当時は後者の方が優勢であった。外国の軍事力はブルボン家を王位に戻し、それをきっかけに、亡命していた旧体制の貴族や聖職者たちが権力の座に返り咲いた。復古的な政治形態は積極的に、すでに神話的となっていた革命前のフランスを復活させようとしていた(それは結局成功しなかったが)。国民の再キリスト教化は強く奨励され、左派の政治的扇動は抑圧され、西洋革命の価値観を広める人々は鳴りを潜めている必要があった。

これが、サタンに対する当時のフランス人の関心を読み解くための直接の背景である。このことは、若きヴィクトル・ユゴーも正確に把握しており、「われわれの政治的問題」はサタンの魅惑の根源にあるのだと示唆した。フランス社会を分裂させた根深い二分法は、すでに述べた神とサタンの和解についての詩的シナリオが人気である一因かもしれない——そこでは、必ずと言っていいほど、サタンが妥協しない革命家の役を演じ、完全に否定的な描かれ方はされないことに留意しなければならない。

「荘厳なサタン」と「温和でたくましい」イマニュエルとの融合は、革命が自分たちの国にもたらしたイデオロギー的な分裂を乗り越えようとする多くのフランスの知識人たちの願いを明白に反映していた。その上、革命が見える形で登場することは決して珍しいことではなかった。このことは、たとえば、自由と人間の自律性という革命の価値観が、人間存在の本質として讃美されているユゴーの未完の作品『サタンの終わり』に当てはまる。一見したところ、この詩は、愛の源としての神と、これに対抗する物質原理としてのサタンという、ほぼ伝統的な二元論を示しているが、よく読んでみるとさらに複雑な意図が明らかとなる。ゆえに、世界における真の悪の力はサタンではなく、運命、いやむしろ運命という幻想の化身である魔物リリス－イシス－アナンケである。この魔物は、天国に残されていたサタンの翼の羽から生まれ、神によって生命を吹き込まれた自由の天使によってのみ消滅させられる。「反逆の翼から／自由の羽根は落ちる」。ユゴーは『サタンの終わり』の未完の遺稿でこのように記している。この詩の原稿には、この神話的世界の出来事と一七八九年のバスティーユの陥落を一致させるユゴーの意図が示されている。ユゴーにとって一七八九年は、世界の牢獄からの、フランスだけでなく人類全体の解放を意味していたように思われる。「地下牢を破壊すれば、地獄は壊滅する」。

ここまでの考察で、この時代におけるある一定のサークルがサタンに対して感じていた魅力を理解するには、一九世紀の政治的・イデオロギー的状況が不可欠であることは明らかになったであろう。ロマン派サタニストたちの作品が、どの程度政治に関わっていたのかを過大に見積もりすぎることはまずない。しかし、彼らがサタンのテーマを使ったことを単純な政治的アレゴリーと解釈してしまうのは誤りであろう。また、彼らがサタンを芸術に用いることには明白な宗教的側面があり、単なる修辞ではなかった。ただし、実際にこの宗教的関心の焦点となっていた形而上の存在は、サタンではなくむしろ、その二元論上の敵対者であるキリスト教伝統の神だった。

注目すべきは、こうした自律的な宗教的要素が、ほとんどのロマン派サタニストにとって、その政治的立場と不可分に絡まり合っていたことである。一九世紀社会における政治的展開は、キリスト教とキリスト教の神に対する反感を醸成する重要な要素であった。西ヨーロッパにおける既成キリスト教会はそのほとんどが西洋革命、特にその最も過激な示威運動であったフランス革命に反対の立場を取っていた。フランス革命の終結後、既成教会と反動勢力との絡み合いはよりいっそう密接になり、それは、王党派の王政復古とローマ・カトリック教会が、「王位と祭壇」は不可分であると宣言したイデオロギー的同盟において互いを受け入れたフランスにおいて特に顕著であった。このことは、革命計画の支持者たちにとって、どのような形であれ、法と秩序を公然と支持する宗教に反対する立場を選ぶことを理にかなったものとした。しかし、ロマン派サタニズムの政治的側面と宗教的側面は、さらに深いところでつながっており、それの支持者が選んだサタンと、その敵対者を記述するための言葉そのものにまで及んでいる。神を「暴君の神」、「人間の悪政の原型」（シェリーの言葉を借りるならば）と呼ぶことは、地上の政治的圧制者を指すメタファーとして神が機能していたことを示すだけでなく、一九世紀の政治的現実における人間の圧制者が、伝統的・神学的な神の概念に迫るための（そしてそれを捨て去るための）参照枠になったことを意味していた。ここまでにいくつもの例を見てきたが、こうした役の割り当てが、「専制的な権力」と「問答無用の権威」に対する、自由の高潔な擁護者としてのサタンの新しい側面を表すことを可能にしたのである。

こうした展開の背景を形成したさらに根本的な神学的対立が存在し、それなしではロマン派のサタンの概念はありえなかったということは指摘するに値する。チャールズ・テイラーは、キリスト教自体によって促進された近世における社会の道徳化が、いかにして最終的に神の領域にまで及ぶようになったかを述べている。善悪の道徳的基準によって裁かれるのは、人間だけでなく、神自身もまたこうした監視の対象となりえたのである。このような議論はまったく新しいものではなかったが（ヨブ記を見るだけでもそのことはわかるだろう）、テイラーによれば、それは近代以前の社会で普及していた、より潜在的な宗教的精神構造からの脱却を意味していた。伝統的な精神構造において、神は主に、災いから救ってくれる存在、あるいは守ってくれる存在として考えられてきた。神が世界を支配する方法のよしあしを問うことは、人間の分際ではできないとされた。しかし、今や災いが起こると、神は弁明を求められ、呼び出されることが多くなった。

これはロマン派サタニストたちが言い出したことではなく、

なかった。実際、このような考察はすでにミルトンに見出すことができる。『失楽園』においてミルトンは、「人々に対し、神のすることを正当化する」ことを意図し、彼自身は明らかに神の行動を正当化可能なものであると考えてはいたが、その正当性が疑われうることも暗に認めていた。一八世紀には、啓蒙思想家や、コーヒーハウスやサロンにいる彼らの読者たちが、聖書に書かれている神を裁き始め、最後は神に有罪を言い渡して決着することがほとんどであった。ロマン派サタニストたちの時代に、こうした判定を『人間の権利 *Rights of Man*』（一七九一）の著者であり、啓蒙思想の合理主義の鑑であるトマス・ペインはかなりの語調でくり返していた。彼は『理性の時代 *The Age of Reason*』（一七九五）に、次のように記している。「猥褻な話、酒色におぼれた放蕩、残忍な責め苦の処刑、仮借しない復讐など、聖書の半ば以上を占めるこうした話を読む時はいつでも、それが神の言葉であるというより、悪魔の言葉と考える方がよりつじつまが合っているだろう」〔『理性の時代』渋谷一郎監訳、泰流社、一九八二〕。ついでにいえば、神に対するこうした自由な、道徳的に優れた姿勢は、悪魔に対する新たな態度をロマン派サタニストが取り入れることも事実上可能にした。災いをもたらすとして特に恐れられた不吉な存在から、サタンは、壮大な道徳的戯曲において、まさに文字通りの高潔な役を演じるような存在となったのである。

キリスト教伝統（のすべてとは言わないが）の「全能の暴君」に対する啓蒙主義の根強い反感は、ロマン派サタニストの全員に見出すことができる。早くも一八一一年には、シェリーが、自らの知的活力のすべてを尽くしてキリスト教と闘うという明白な意志を示した。「ああ、私がアンチキリスト[*6]であったならどんなによかったか！　悪霊を打ち滅ぼすのが、彼がもといた地獄に投げ込んで二度と復活しないようにするのが、私の役目であったなら！　この貪欲な気持ちの一端を詩に表して堪能しようと思う」。シェリーが言うその詩というのはおそらく、彼の最初の叙事詩『クイーン・マブ *Queen Mab*』（一八一二～一八一三）のことであろう。この詩では、幼い少女が眠っているあいだに、妖精の女王マブの訪問を受ける。女王は、「目覚めよ！　起ち上がれ！」というおなじみのミルトンの激励で少女の魂を目覚めさせ、彼女の精神を連れて、短くまとめた人類と自然界の歴史を巡る。この場面を通じて、宗教全般、そしてキリスト教信仰、とりわけキリスト教の神に対するかなり痛烈な非難がいくつか行われる。後者は、論理的な不条理として、また血（それも自分の息子の血を含む）の生贄を楽しむ悪鬼として公然と非難されるが、何より、暴政のための聖職者の道具として糾弾されるのである。

彼らには三つの言葉がある——暴君はその言葉の使
い方を知っていて、
十分に借金を返すことができる、この世界から
力ずくで奪い取った利息をつけて！——その三つの
言葉とは、神、地獄、天国だ〔『クイーン・マブ』〕。

後にシェリーは『クイーン・マブ』について、それを書いたのが「一八の歳で、あえて言うなら、かなり荒れた精神であった」頃の作品だとして否定することになるのだが、反キリスト教は生涯を通じて彼の詩的作品にとって極めて重要な部分であり続けた。『レイオンとシスナ』には似たような姿勢が豊富に見られ、また、シェリーの生前に出版された最後の長編詩『鎖を解かれたプロメテウス *Prometheus Unbound*』（一八二〇）にも同じことが言える。この文脈においてジュピターはユダヤ＝キリスト教の神の単なる代役としても読めるが、ここでは「神々と人間の汚れた暴君」であり、「悪を被らぬ」者であり、そしてその帝国が「地獄がある限り存在する恐怖」の上に築かれているのだとはっきりと描かれている。典型的なロマン派らしく、シェリーのイエスの描き方は穏当なもので、プロメテウスの幻覚に現れたイエスの姿を「忍耐強い顔つきの青年が磔にされていた」としている。しかし、プロメテウスはその名を口には出さず（「それは呪いの言葉となった」）、彼の後の信奉者によってなされた数々の悪事について語った。

バイロンの反キリストのレトリックに、シェリーの影響があったことはほぼ確実であろう——この点については、『クイーン・マブ』と『カイン』の類似点を指摘すればよい。カインはルシファーに、シェリーが『クイーン・マブ』で描いたのと同じような天界見物のツアーに連れて行かれ、父なる神が自らの息子を生贄にするというキリスト教の考えも同じように退けられている。だが、バイロンはシェリーとは関係なく、伝統的信仰に対する嫌悪感を抱くようになった。この点に関しては、熱狂的なカルヴァン主義の影響と性的虐待という、彼が子どもの頃に自分の乳母から受けていた厄介な組み合わせを指摘すれば十分であろう。彼の自由主義者の傾向と並行し

て、このことが彼の中に、組織化されたあらゆる宗教に対する、根深い懐疑論を植えつけたのである。一八一一年、シェリーがアンチキリストになりたいという願望を表したのと同じ年に、バイロンは反信仰の告白を友人のフランシス・ホジソンへの手紙に記した。「私はプラトン主義者でもなければ、何者でもない。だがじきに、主の愛と互いへの憎しみのために引き裂き合っている七二ある下等な宗派よりも、パウロ派となり、マニ教徒となり、スピノザ哲学信奉者、異教徒、ピュロニズム信奉者（絶対懐疑論者）、ゾロアスター教徒となるだろう。ガリレオ主義の話？　その効果を見せてほしい――君は自分の教えに従って、より善く、より賢く、より親切か？」『カイン』の随所に、神に対する道徳的非難の残響を見つけるのは難しいことではない。生贄として生き物を要求した神を暗に悪魔化した、カインのそれほど敬虔でない祈りはすでに引用してある――引用した詩句は、実際は、このテーマに関する長大な詩の変奏曲のほんの一部でしかない。予想どおり、ルシファーは敵対者である神への批判をさらに強め、「万能な暴君の永劫な顔を、真正面から見据えて、その悪は断じて善にあらずと、万能者にあえて告げんとする」者たちとの結束を宣言する。この戯曲の反宗教的な皮肉の主な狙いは、「破壊するために創造する」神という観念にあり、それにバイロンの幼少期のカルヴァン派の神を認めても差し支えない。すなわち、非力な人間を、永遠の苦しみか幸せのどちらかに理由もなくふり分ける神であり、そして、その神が人間に死後の生を与えるのは地獄で永遠の苦しみを受けさせるためなのだ。ルシファーは皮肉を込めてこう言う。「彼が自ら粉々になってしまうようなことがあれば、それこそ最高の贈り物なんだがなあ」。

ブレイクとユゴーは、ロマン派サタニストの一翼を担う最重要人物であるが、彼等は形而上学的な宗教とキリスト教に対してさらに複雑な態度を示している（が、バイロンとシェリーでさえかなり複雑であることは後ほど取り上げる）。実のところ、ブレイクは、自らを真のキリスト教徒と考えていた――もしかすると、唯一残っている真のキリスト教徒とも思っていたかもしれない。しかし、ブレイクにおいてさえ、シェリーとバイロンが厳しく非難した、ある種のキリスト教伝統の神に対する愛はなかった。ブレイクはその神を『天国と地獄の結婚』の中で、「嫉妬深い王」と呼び、その「王」の「石の掟」は火の息子によって踏み潰され塵となった。ブレイクが特に嫌っていたのは、中世と西洋のキリスト教の伝統における顕著な特徴であった官能的享楽に対する非難である。「毛虫が一番美しい葉を選んで卵を産みつけるのと同じように、聖職者は最も美しい喜びの上に呪いをかける」。「地獄の諺」の章の一節はこう示している。悪魔の啓示によって正される最初の「誤り」の一つは、「神は人間を彼の熱情《エネルギー》に従った報いとして、永劫において責めさいなむであろう」という考えである。むしろ、悪魔の声はこう言い放つ。「熱情はただ一つの生命である」、「熱情は永遠の喜びである」と。ブレイクの口調は、彼の後の〈予言書〉『アメリカ *America*』ではさらに好戦的であり、アメリカ独立革命の精神である「ボストンの天使」〔『アメリカ』江河徹訳、『ウィリアム・ブレイク』牧神社、一九七七〕が、服従と偽善の神に対し、憤りの声を上げる。

平和の律法を定めながら　嵐を身に纏《まと》うはいかなる
神か
人の涙を所望し　吐息の嵐に涼むとは　いかなる愛
の天使ぞや
口で禁欲を説きながら　小羊の脂肪にくるまるは
いかなる蛇蝎《だかつ》のやからなるか
もはや　われは従わず　恭順の意志を持たず

少し変化させれば、ほとんど同じことがヴィクトル・ユゴーにも言えるかもしれない。『サタンの終わり』では神が善の源としての自分の中心的位置を保持するが、この神は、ユゴーが偽りの神と見做すようになった伝統的キリスト教の「エホバ」ではなかった。詩人はとりわけ、永遠の破滅というキリスト教の教義に嫌悪感を抱くようになった。この嫌悪感は、娘のレオポルディーヌがセーヌ川に落ちて水死してからは、執念へと変わっていった。したがって、『サタンの終わり』は最終的には、神についてのキリスト教の特定の観念に対する反論と、サタンさえも含む万物との和解の重要な喚起を目的としていたのである。神は世界《コスモス》の「核心」であり「愛に満ちた中心」であり、「宇宙にいる存在と同じ数だけの太陽光線」で愛を放っているとして、適切に描かれている。彼に先立っていたシェリーと同じく、ユゴーは、人間の苦しみを体現する「至上の人」であるイエスについて、完全に否定的な立場だったわけではない。しかし、イエスの名を冠したキリスト教に対しては、ユゴーも同様に好意的には捉えていなかった。『サタンの終わり』では、イエスの十字架の木からローマ教皇の教皇冠が生じ、「殺された者の」木からは人殺しが生まれたとされている。実際のところ、ユゴーが指摘するには、そもそもイエスをゴルゴタで殺したのは「不吉な宗教」であって、不敬虔な司祭は愛の神という永遠の名を悪用し冒瀆するだけだという。

要するに、最も著名な四人のロマン派サタニストは、その全員が既成のキリスト教会に対する激しい敵意を表現していた。その詩的作品において、彼らは自分たちが拒絶するようになった宗教伝統から、自らと社会を解放しようとしたのである。だが、こうした拒絶反応を示したのは、彼らだけではなかった。西洋では多くの人々が、「伝統的な」キリスト教の見方と道徳的束縛に、不満を抱くようになっていたのである。トマス・ペインはすでに一七九四年に、次のように述べている。「いわゆるキリスト教会なるものの理屈が虚構であるとの疑いは、諸国でかなり広範囲に広まっている」。一八世紀には、教育を受けたエリートのあいだでこうした展開が起こったが、フランス革命の後の世紀には、この傾向がかなりの数の大衆運動に及んだ。

このように幅広い社会のプロセスは、一般に世俗化と呼ばれる。学術用語としては、この名称はさまざまな解釈をされやすい。もとは世俗的な当局による教会財産の接収を意味する言葉だったが（特にフランス革命とナポレオンの征服の余波において）、世俗化は次第に、第一に、公共圏における宗教的なものと世俗的なものの全体的な分離、そして第二に、西洋世界の至る所で既成のキリスト教への信奉が徐々に衰退していったことを意味する言葉として使われるようになった。本研究ではどちらの解釈も用いるつもりである。

学術界において、世俗化はいささか論争を招く用語となった。歴史的な現象として、世俗化を単に信仰の消滅と同一視することはできない。むしろ、最近の研究者は、社会で利用できる宗教的選択の多元化を意味するのだとしている。明確な無神論や不信仰はこうした選択肢の一つにすぎず、一九世紀にはそのようなものとして、確実に、ますます声高に主張され目立つものとなっていった。しかし、西洋人の大半にとって、そして西洋文化全般にとって、キリスト教信仰の範囲内にしっかりと、あるいは緩く収まる宗教的選択は、望ましい選択肢としてあり続けたのである。また、世俗化は、時代遅れのキリスト教が、科学の到来や漠然と定義された「近代性」に必然的に取って代わられる決定論的なプロセスとして見做されるべきではない。このような見方は、古い世代の社会学者や歴史学者たちに多く見られる傾向である。しかし現実には、既成の教会さえも、変化する社会の状況に適応する方法をしばしば見出していたのである。多元化が高まり、伝統的信仰が当然の選択肢ではなくなるにつれ、教会がその信奉者を動員するための大規模な運動を展開することもあった。一部の地域では、そうした動きが、以前よりも熱烈なキリスト教信仰への参加を実際に引き起こすことにもなった。動員に向けたこうした運動については、また後ほど触れることにする。

それでも、この二、三世紀のあいだに西洋において、三つの大きなプロセスが出現、あるいは強まったことに異議を唱える研究者はほとんどいないだろう。すなわち、社会における世俗領域の意識的な分離と強化、宗教的（および／あるいはイデオロギー的）選択の多元化の拡大、そして、人口の割合としてますます多くの人々が、非キリスト教の宗教的、あるいはイデオロギー的な立場を明確に取るようになったこと（そして、それに伴って起こる、キリスト教を信奉する人々の相対的減少）である。このような展開を指す最も一般に理解されている通称が、世俗化である。

世俗化と革命は決して無関係な現象でなかったことは指摘しておこう。フランス革命は、非キリスト教化の最初の大きな波の前触れであっただけでなく、キリスト教を代わりとなる宗教、すなわち理性の崇拝、と入れ替えようとする最初の壮大な試みでもあった。革命軍とナポレオン法典はその後、体制側の宗教に反対する人々の法の下の自由と政教分離を、ヨーロッパの大部分に広めた。実際、西洋革命によって提唱された価値観は実質的には世俗化を要求していたのである。西洋革命の計画の根幹である良心・宗教・表現の自由は、その言葉の最初の意味における世俗化を含意していた——すなわち、宗教的に「中立」の国を作るために、公的生活における宗教的なものと世俗的なものとを分離することである。さらに、西洋革命による人間の自律性と個人の自由の強調はほかでもなく宗教情勢の多様化の拡大を引き起こした。このように、一八世紀から一九世紀にかけて、「伝統」宗教と革命は常に対立状態にあった、という事実には一理あるのである。

理論上は、西洋革命を支持しつつ、キリスト教への忠誠を保つことは十分可能であった。しかし、実際には、こうした立場を取る人間は、宗教的共同体においては異端的存在となることが多かったのである。少なくともヨーロッパでは、ほとんどの既成教会が、西洋革命と、それが支持するものに反対する姿勢を取っていた。当然、歴史的現実の図式化できない状況にはグレーゾーンが多くあった。キリスト教自体が多くの点で「争われる領域」であり、そこでは「革命の」価値観に対する支持者と反対者が覇権を争っていた。この争いは、さまざまな場所や教派において、さまざまな結果をもたらした。しかし、全体的に見れば、一九世紀のヨーロッパ社会では、古い信仰と新しい価値観とのあいだで明確な断絶が示されていた。

こうした背景に照らしてみれば、著名なロマン派詩人たちが突如としてサタンを称賛し始めたことを偶然と見做すことはできない。むしろ、ヨーロッパ人の意識の中で起こっていた大きな転換を示す、主要な文化的な指標であった。しかし、このように端的に言い表したとしても、この結論は、ロマン派サタニストの重要性を正当に評価するにはまだ十分ではないだろう。イギリスの歴史学者ヒュー・マクロードは、世俗化に関する独創性に富んだ自身の研究において、次のように指摘する。「世俗化が起こった原因は、少なくとも一つには、それを必死になってもたらそうとした人々が大勢いたことにあった」。そして、それに尽力した人々の中でも、ロマン派サタニストはたしかに最も重要な位置にあったというにふさわしい。この点において、彼らの反キリスト教の詩の重要性はすぐに退けられるべきではない。ユゴー、シェリー、そしてバイロンは特に、当時知名度が高く、かなり広く読まれていた。もちろん、彼らの人気は、彼らがその時代の歌を歌っていたことにもよるものであろう。しかし、彼らの詩は、その時代の歌の旋律を定める上で、たしかに影響を与えたのである。

詩、神話、そして人間の究極的な存在根拠

革命と世俗化は、特定のロマン派（と、おそらくは彼らの読者）のあいだでサタンが突然人気を集めた背景にある、二つの連鎖した歴史的展開であった。しかし、こうした歴史的枠組みだけでは、彼らがなぜ自分たちの詩や芸術作品に堕天使を取り入れることにしたのかを十分に説明することはできない。自由と革命の精神の称賛は、

ほかの方法で表現することができた（そして、実際にそうしたのだった）。さらに、伝統的宗教に対するロマン派による批判は、その大部分が啓蒙思想の初期の反キリスト教の言いまわしを復活させたものだった。しかし、啓蒙思想の著述家で、キリスト教批判を正当化するために「悪魔のあの哀れな物語」（シェリーを再び引用するなら）に頼ろうとした者はほとんどいなかった。

加えて覚えておかなければならないのは、ロマン派サタニストたちは、忌み嫌われた伝統的な神に反抗する自分たちを支えうる実在の人格を備えた存在としてサタンを捕らえ、訴えかけていたのではないということである。シェリーとバイロンが、キリスト教の神もルシファーも、この世に現れるような形で実在するとは信じていなかったことははっきりしている。ユゴーは明らかに、「自由の天使」がサタンの翼の羽から本当に生まれたとは考えていなかった。そして、ブレイクの場合はさらに複雑かもしれないが、彼の天使と悪魔の表象の明らかな象徴性と、それらを使って自由に創作したことを考えると、彼もまた文字通り信じていたわけではないと推測できる。このことは、たとえば、前章に出てきた実体的な宇宙的存在としての悪魔に訴えかけていた近世のサタニストたちとはかなり対照的である。実質的な不信仰というその態度においてもまた、ロマン派サタニストたちは啓蒙思想の真の申し子だったのである。

実のところ、ピーター・ショックは、サタンへの文字通りの信仰の消滅は、ロマン派のサタンの出現にとって重要な必要条件であったと論じる。サタンが実体的な（そして恐ろしい）霊的な力に結びつけられなくなり、ある種の「自由に浮遊するシンボル」へと展開したことで、ロマン派サタニストは、サタンを新しい、かなり珍しい方法で用いることができるようになった。けれども、このことからはまだ、彼らがなぜそうしたいと思い、聖書の宗教の「幼稚な茶番劇」（再びシェリーの引用であるが）に由来する時代遅れの神話的表象へと戻ることにしたのかはわからない。この著名なロマン派作家たちが悪魔を復活させることにした理由を明らかにするためには、神話、詩、そして最終的には、意味の発見や創造——彼らにとっては実は複雑に絡み合った三つのテーマ——に対するその姿勢をより深く掘り下げていく必要がある。ちなみに、こうした姿勢はロマン派サタニストに特有のものではなかった。それがほかの多くのロマン派の作家にも、さらには宗教的・イデオロギー的にはまったく正反対の立場を取っている人々にまで反映されていたことがわかる。しかし、ブレイク、シェリー、バイロン、ユゴーらのさらに極端な宗教観は、ロマン派のアプローチの斬新さをより際立たせている。以下ではこのアプローチに関する検討を行い、次に、この四人の主要な「サタニスト」詩人の作品、特に彼らのサタンの取り上げ方にどう影響を与えたのかを明らかにしていきたい。後で見ていくように、ロマン派サタニストたちは、彼らのサタンへの単なる愛着が示唆する以上に、より革命的であったかもしれないのである。

「司祭」や「予言者」としての詩人という古い考えへの言及が、ロマン派の作品には多く出てくる。たとえば、ヴィクトル・ユゴーは、詩人は「司祭として天に語りかけ、予言者として地に語りかける」と記した。今日、われわれはこうした言葉を詩的な誇張と読んでしまいがちであり、ロマン派と同時代の人々の多くも同様であった。しかし、ロマン派詩人たち本人は、いたって真剣にその主張をしていたのであり、また、そうする理由があったのかもしれない。詩の認識における、この一見些細な変化の裏には、現実の理解における根本的な断絶が隠されていた。

このことを明らかにするためには、もう一度啓蒙思想へと戻らなければならない。啓蒙思想家たちは、一般的には、世界から神秘性を除き、彼らの基本原理としての理性を広めることで世界を変えようとした。理性だけが、「迷信」や「偏見」の誤りを明らかにすることも、世界の本来の姿を暴くこともできた。しかし、ロマン派は、単なる「分析論」では価値を生み出したり、意味を発見したりすることはできないと考えた。科学は、物理学的なレベルで世界がどう動いているかを解明できるかもしれないが、なぜそもそも世界があるのか、その目的は何か、そしてそこで人は何をすべきで何をすべきでないのか、といったことを解き明かすことはできない。ロマン派が言うには、価値と意味は、彼らが〈想像力〉としばしば呼んだ人間の能力によってのみ示され、創り出すことができた。ロマン派にとってこの言葉は、今日のわれわれが考えるような、取るに足らない意味合いのものではなく、それ以前の新プラトン主義的・ヘルメス主義的な考えと重要な関連性のある言葉であった。大まかに言えば、〈想像力〉によって、人間はイデアの世界、すなわちプラトン哲学での原意によれば究極の真理にアクセスすることができるとされた。〈想像力〉はまた、一般的語法によれば、普通の現実においては（まだ）存在していないものを「想像」するための、真に創造的である人間の能力とされる。この概念に読み込むことのできる曖昧さ――いわば「霊感《インスピレーション》」と「創造」のあいだの揺らぎ――は、多くのロマン派の作品に認めることができ、真に霊感《インスピレーション》を受けた詩人を超越的な啓示の代弁者として考える者や、あるいは人間の創造性の構築物としての価値や意味という、ほとんどポストモダン的な考えへと向かう者もいた。しかし、啓蒙思想家たちが考えたであろうこととは対照的に、この後者の見方は、必ずしもロマン派にとって、詩的想像力の価値を落とすものではなかった。それどころか、その地位を、価値と意味を唯一もたらしうる源へと引き上げたのである。

　こうした認識論的な背景によって、なぜロマン派が「詩」（その可能な限りの広い意味における、あらゆる想像力から生まれた文学、そして究極的にはすべての芸術を含む）をコミュニケーションの手段として選んだのかを理解することができる。彼らが伝えようとした超合理的な真理は、合理的な言説によっては決して伝えることはできなかった。詩の言葉だけが、それを喚起できたのである。これまでの考察によって、神話や神話の言葉がどのようにしてブレイク、シェリー、バイロン、そしてヴィクトル・ユゴーといった詩人たちにこうも好まれる表現方法となりえたのかは、すでに半分ほど解明できている。どちらも詩的で象徴的なコミュニケーションの一形態である。しかし、「神話を語る」こうした傾向にはまた別の側面があり、それは「司祭」や「予言者」としての詩人というロマン派の考えとも密接に関わっている。もし「詩」が、意味を発見し創造する唯一真の方法であるなら、それはまた宗教の起源でもあるはずなのである。

　このような主張をする中で、ロマン主義は、実のところ、啓蒙思想ではその伝統的信仰の脱構築における道具として扱われてきた宗教の起源に関する前提の上に築かれていた。しかし、ロマン派はまたしても、この啓蒙思想の脱構築から思いがけない結論を引き出した。このことはブレイクの『天国と地獄の結婚』において理解することができる。ブレイクは、図版《プレート》一一の中で宗教の起源について、次のようにまとめている。「古代の詩人たちは、認識し得るすべての対象を神々や精霊たちによって、生命あるものとなし、……そして遂に一つの組織ができあがった。ある者はこの組織を利用し、その対象物から心の神々を具象化または抽象化しようとすることによって、俗衆を隷属させた。かくして聖職が始まった。／彼らは、詩的な物語から、さまざまの礼拝の形式を選び出した。／そして遂には、神々がそういう礼拝の形式を命じたのだと宣言した」。啓蒙思想家のほとんどは、宗教の起源に関するこの標準的な説明に同意し、またブレイクの次の主張とも、おそらく同じ考えを持っていたであろう。「かくして、人々はすべての神々が人間の心の中に住んでいることを忘れたのである」。けれども、啓蒙思想が神話と宗教の詩的な起源論を使ってそれらの権威を削いだのに対し、ブレイクは根本的に異なる結論を導き出した。続く『天国と地獄の結婚』の図版において、彼は語り手と預言者エゼキエルとの会話を描写した。エゼキエルは暗に自らを詩人だと述べた後で、「われわれイスラエルの者は、詩的な精霊（と今なら呼ばれるもの）が第一の原理で、他のすべては派生物にすぎない」と説いた。そしてこの預言者は、すべての神々や哲学体系は、この詩の精霊の単なる「支流」にすぎないのだ、と続けた。

『天国と地獄の結婚』の語り手は、「私はこれを、ある驚きをもって聞いた、そして私自身の確信をも告白しなければならない」と付け加える。たしかに、ここには驚くに値する理由が十分にあるが、それはブレイクがもとの啓蒙思想の理論の趣旨を完全に逆転させることに乗り出しているからである。万物に「生命を吹き込み」、神々をも創造するものは、詩の精霊である――つまり、ブレイクやほかのロマン派詩人たちも呼ぶところの〈想像力〉であり、あるいは、経験的に示された事実を超える価値や意味や真理を見出し構築する人間の能力、とわれわれが呼ぶものである。あるいはまた、宗教を作り出す力、すなわち、人間の究極的な存在理由や存在の全体的秩序についての概念を作り出す力、とも言えるかもしれない。ここには、詩人に関する古代における考えとの根本的な違いもある。神々が詩人に生命を吹き込み、「創造した」のだと古代人が信じていた一方、ロマン派詩人たちは、詩人が神々に生命を吹き込み、創造したのだと考えるようになった。その力は、それを強奪した（キリスト教の）司祭からは切り離され、今や本来の持ち主である（ロマン派の）詩人たちのもとへと戻ってきたのである。

本書ではこの逆戻りを、「ロマン派の逆転」と呼ぶことにする。人間存在の究極的な理由についての神話的説明を行おうとする中で、ロマン派サタニストたちは啓蒙思想の合理主義とは袂を分かち、それは、彼らの作品の形式においても、それが著される上で、基礎をなす前提にも当てはまる。ブレイクはその予言の一つに、「私は一つの体系を創造しなければならない、でなければ他の人間の奴隷となってしまう／私は理を説いたり、比べたりはしまい、私の務めは創造することである」と記した。雰囲気における革命的な変化を味わうためには、トマス・ペインのような合理主義とは正反対の人物の作品を読むだけで十分である。『理性の時代』における旧約聖書の預言者について言えば、ペインは、古いヘブライ語の「預言者」は、単に「詩人」を意味する言葉であることを指摘している――それは、それ以上の説明を、質を下げるものであるとして必要としない語源なのである。自身の青年期の思い出を書いてから、ペインはこう述べている。「私にはいくつか転機があり、思うに、私には詩才がいくらかあった。けれども、想像の世界に入り込みすぎてしまうため、私はその才能を伸ばすよりも、抑え込んだ」。ロマン派詩人であれば、このような発言をすることなど夢にも思わないだろう。

　もちろん、こうした一般論は歪曲されてしまいがちである。また、啓蒙思想も神話にかなりの興味を示していた。けれども、その支持者は主に、神話を、解読して理性的な言葉で語り直すべき暗号として、あるいは、古代の異教徒の「原始の知恵」を強調することによって（もしくは、異教の神話を少し飾り立てただけのキリスト教の「仮面をはぐ」ことによって）、キリスト教の「迷信」をけなす方法として捉え、アプローチした。それに対しロマン派は、神話を解読すべき暗号ではなく、究極的なものを表現するのにふさわしい言葉として受容したのである。

　このように神話を自律的な表現方法として認識することは、啓蒙思想の過去との決別をたしかに意味していた。当然、ロマン派サタニストは、真理の媒体としての詩という非合理的な言葉に対する自分たちの潜在的あるいは明示的な信念によって、古典的な啓蒙思想の実証主義の教義と対立することになった。しかし、対立することになったのは啓蒙思想の実証主義とだけではなかった。詩人が司祭や予言者となりえた理由は、詩人が自らの詩によって、人間と神――あるいは、崇高、理想などと呼ばれる存在――との橋渡しをしたからである。このことによって、ロマン派の詩人は、社会におけるほかの「霊的な仲介者」、すなわち、言うまでもなく主にキリスト教教会の、潜在的あるいは明示的な競争相手となった。古い教会の聖職者が信用を失ったことに伴い、ロマン派は詩人や創造力に富んだ芸術家——つまり自分たち——のための霊的に卓越した場所を求めるようになった。

一連の綿密な研究の一つであり、適切なタイトルのついた『作家の聖別 *Le sacre de l'écrivain*』において、フランス文学史研究者のポール・ベニシューは、宗教的権力の空白状態に向かいつつある社会の新たな霊的指針となること、これがまさにロマン派たちがしようとしていたことであり、そして時折成功していたことでもあると論じる。詩人——「天分」に恵まれた人——は昔、究極的関心事についての神話、つまり世界の始まりと終わりや世界の中の人間の居場所についての説明の創造者であった。ロマン派サタニストはこうした働きを、実践、もしくは理論、あるいはその両方で取り戻していたのである。至極当然ながら、宇宙規模の壮大な叙事詩は、彼らの一大プロジェクトであり、全員で計画され、多くの者が取り掛かり、ごく一部の者によって仕上げられた作品である。『天国と地獄の結婚』(『地獄の聖書』の縮小版)、ブレイクの後期の「予言」である『ファウスト』、『カイン』、シェリーの叙事詩、ユゴーの『サタンの終わり』、これらはどれも、神話や神話の登場人物を通じて世界《コスモス》に関する新しい包括的な見方をもたらそうとする作品である。この中で彼らは、新しい神話を創り出し、古い神話を定義し直すことで、世俗化するヨーロッパ文明に新しい「大きな物語」をもたらすための、意識的あるいは無意識的な取り組みを示している。

しかし、忘れてはならないのは、既成のキリスト教とのこうした表立った、あるいは水面下での競合にもかかわらず、ロマン派サタニストの神話の用い方には、キリスト教伝統におけるそれとは重要な違いがあったことである。まず、すでに見てきたように、キリスト教伝統において、聖書の神話は、文字通りの意味での真実や事実に基づく記述として書かれたものであったが(たとえば、受肉や、犠牲としてのキリストの磔刑など)、ロマン派の神話はそうではなかった。そうではなく、ロマン派の神話はノースロップ・フライが「開けた神話」と呼ぶものであり、人間の究極的な存在理由に関する物語を語るために、昔の神話や新しい神話の表象をシンボルやメタファーとして用いた、意識的に計画された象徴体系であった。この点で、ロマン派サタニストたちはあくまでもポスト啓蒙思想の立場にあったことを再度強調しておこう。古い宗教的な言葉によって書かれた文字通りの真実への彼らの信仰は完全に失われた。彼らがサタンのような伝統的な神話的存在を受容するのと同時に、それに急進的な新しい解釈を与えることができたのはそのためであり、ショックはこの点でたしかに正しかったのである。

しかし一方で、ロマン派サタニストの神話は、単なる寓話や、合理的な真実という確かな核心を見出すために解読されるべき神話的暗号以上のものを意味していた。筆者の見解では、彼らの詩的な神話は、同一化のテキストとして意図されていたのであり、それを通じて読み手は想像の中で神話的な航海を行い、世界《コスモス》の中での自分の居場所を見出していた。つまり、それを読むことが霊的な経験となり、霊的な反応を引き出すのである。ここで、ロマン派サタニズムが覆そうとした伝統的キリスト教とのもう一つの重要な違いを認めることができる。ロマン派の大半は、たしかに、ほとんど教義と呼んで差し支えない個人や集団の前提を抱いていたが、彼らは絶対的な信仰をもたらす教義的なテキストとして自分たちの詩を提示したのではなかった。それに、自分たちの宗教組織を設立したり、既存の宗教組織に加入する方向に向かうこともなかった――ロマン派の教会はなかったのである。「神々がそのようなことを命じた」と言明する「聖職者」の時代は克服されることとなった。ロマン派が婉曲的にせよ明示的にせよ普及させたものは、実際には、人間の意味の原始の起源、すなわち霊的な経験そのものに戻ることであった。自分たちの詩を通じて、彼らはこうした霊的な経験を伝えようとし、読み手は彼らの詩を読み、再び想像することでそれを追体験することができたのである。

サタンの新しい神話――ブレイクとシェリー

ロマン派のほとんどは過激なまでにキリスト教を否定していたが、だからといって彼らの思想も非宗教的であったというわけでは決してなく、このことは、先述した姿勢にも表れている。彼らの詩の新しい神話は、自分たちが究極的な存在理由と見做したものに関連づけようとした記号の形態だった。この新たな霊的よそおいは、ブレイク、シェリー、バイロン、ユゴーの「サタニスト」神話においてどのように形を成したのか。人間の全体的な存在秩序に関するいかなるメッセージを彼らは伝えようとしたのか。以下では、この四人の作家の主要な「サタニスト」作品をさらに詳しく検討し、特にその作品において サタンが果たした特定の役割に注目する。

この四人のロマン派サタニストの中で最も複雑な事例はブレイクかもしれない。非国教徒の家系に生まれたブレイクは、その生涯を通じてさまざまな意味において非キリスト教徒的キリスト教徒であり続けた。前述したように、この「風変わりな考えを持つ職人の彫版師」は自分のことをキリスト教の真の信奉者であると考え、霊界へと入ることへの期待に胸を躍らせ、讃美歌を歌いながら死ねると言っていた。このような背景は、彼の作品においても見出すことができ、『天国と地獄の結婚』もそうしたものの一つだった。この変わった小冊子を出版する数年前に、ブレイクはスウェーデンの科学者であり幻視者であるエマヌエル・スウェーデンボルグの作品に夢中になった。しばらくのあいだ、ブレイクは地元のスウェーデンボルグ主義の新エルサレム教会(実際、ブレイクがメンバーであったことがわかっている最後の教派である)に通うほど、このスウェーデンの幻視者の著作に没頭していた。スウェーデンボルグ主義が彼を引きつけたのは、一つには、自由と「官能的な喜び」の従来の抑制とはかけ離れた宗教的選択としてそれを捉えたからだった。彼が通っていたスウェーデンボルグ派教会の入り口の上の門には大文字で「今、それは許される Now it is Allowable」と刻まれていた。しかし、イギリスのスウェーデンボルグ派の人々が道徳的保守主義へと戻り始めると、ブレイクはこの新しい宗教運動に幻滅するようになった。そしてその後、彼はスウェーデンボルグ自身の考えに対しても、批判的な姿勢を取るようになったのである。

『天国と地獄の結婚』はある程度この幻滅が直接反映されたものだった。この本は明らかに、その構成と内容において、スウェーデンボルグが自らの霊界探訪について著した有名な『天界と地獄 *Heaven and Hell*』(一七五八)に対応する風刺的な作品として意図されていた。スウェーデンボルグの神学が伝統的でないのはブレイクと同じであった。彼の作品の主な趣旨は、人間を永遠の地獄の責め苦へと追いやる神の観念を否定し、愛だけに満ちた神を提唱することであった。人が天国を見出すか、地獄に落とされるかは、人間自身の徳への姿勢によるとスウェーデンボルグは説いた。地獄の炎は実は自己愛であり、聖書に書かれた「[地獄に落ちた人たちの]歯ぎしり」は、この利己主義が生み出す絶え間ない争いと戦いであった。

彼はこれを、神の愛の霊的な炎と対比させた。

しかし、こうした教義上の革新にもかかわらず、徳に関するスウェーデンボルグの定義はかなり伝統的なままであった。『天国と地獄の結婚』において、ブレイクはこのスウェーデンの幻視者による基準を根本的に覆した。道徳的・宗教的判断は体系的に覆され、革命の「地獄のような」炎の方が、スウェーデンボルグの天国の不毛な平和よりも好まれるようになった。「地獄の炎」は、今や生命と神の核心となり、天国は地獄から盗ってきたこうしたエネルギーのほんの一部分にすぎない。ほかのスウェーデンボルグのもじりとしては、「心に残り得る幻想」が『天国と地獄の結婚』の随所に盛り込まれているが、これは「心に残り得る関係」のユーモラスな反転であり、聖書のヨハネの黙示録に関するスウェーデンボルグの注釈の中に出てくる。さらに、スウェーデンボルグは、ブレイクの小本の中で数回にわたって、あからさまに非難されていた。その中で、語り手はスウェーデンボルグのことを「あらゆる古き偽り」を広めた人物として描写し、彼の著作を、復活した地獄の悪魔の空っぽの墓の中にある「折りたたまれた麻布〔死者に着せる衣のこと〕」として描いている。

それでも、スウェーデンボルグに対するブレイクの最も重要な反論は、スウェーデンボルグの道徳的保守主義というよりも、むしろ、このスウェーデン人神秘家がいまだに合理主義に「囚われ」すぎていること、あるいは、『天国と地獄の結婚』の言葉を借りるならば、彼が「宗教的な」理性の天使としか会話をせず、悪霊とは言葉を交わさないことに対するものだった。『天国と地獄の結婚』を執筆する少し前に、ブレイクは啓蒙思想の合理主義とその宗教的な派生物である理神論に対する反論を、一七八八年頃に出版した二冊の短い小冊子『自然的宗教は存在しない *There Is No Natural Religion*』と『すべての宗教は一つである *All Religions Are One*』の中ですでに著していた。この自ら出版した二冊の小冊子には、彼の後の悪魔の祝婚歌《エピタラミオン》に関する議論が多く記されている。後者の冊子に書かれた原理第四には、次のように書かれている。「知っている土地を巡るだけでは誰も未知のものを見つけることはできない、だから、既知のものから人が新しく得られるものはない。それゆえ、詩の精霊が遍在するのである」。『自然的宗教は存在しない』の中で、ブレイクは合理的・原子論的哲学の欠陥に関して同じ結論を導き出した。「万物に〈無限〉を見る者は、〈神〉を見る。理性を見る者は、己しか見ない」。

その後の作品で、ブレイクはこれらの考えを、自らの詩才をさらに活かした詩、神話、芸術の形にしてより詳しく表していった。『天国と地獄の結婚』の図版一一〜一三の「心に残り得る幻想」はすでに引用してあるが、その中でブレイクは、詩の精霊がすべての宗教の根源であることを前提としていた――これは実は、『すべての宗教は一つである』の七つの原理の詩的な要約である。この霊感《インスピレーション》を受けた詩人（一段と優れた詩的天才の代表）の予言者的な使命は、ブレイクの後の叙事詩『ミルトン *Milton*』（一八〇四〜一八一〇）の主題でもあった。この注目すべき作品には、『失楽園』でミルトンが描いた新たな宇宙創成譚、そして、予言の霊に取り憑かれ、「熱狂と強さ」の傑出した人物となるブレイク自身の予言的なよそおいに関する記述の両方が示されている。そこにはまた、ミルトンが自身の詩のピューリタン的な間違いを浄化するために地上に戻ってくるという話も記されている。ブレイクがすでに『天国と地獄の結婚』において、この一七世紀の作家を「真の詩人であり、そうとは知らずに悪魔の仲間」になっていた――つまり、生命と想像力を表す「仲間」に無意識のうちに属していた――と評していたことは有名である。ミルトンの名前のついた詩的作品において、ブレイクは、次のように厳かに誓う救済された彼を描いている。

ベーコン、ロック、そしてニュートンをアルビオンの覆いから解き放つこと
その汚れた衣服を脱ぎ捨てさせ、彼に想像力をまとわせること
霊感《インスピレーション》ではない詩をすべて捨て去ること
そうすればもはや狂気という中傷でわざわざ嘲ることはないだろう
……
間抜けな質問者を見捨てること
その質問者はいつも質問をするばかりで答える能はまるでない
狡猾な笑みを浮かべながら座り、
いつ問いかけるべきかを、ほら穴にいる盗っ人のように静かに企てている
疑念を広め、それを知識と呼ぶ、その者の学は絶望である。

ブレイクはその詩に、復活したキリストに似た生まれ変わったミルトンの姿を頁全体に描いて添えた。これは偶然でも単なる芸術的創作でもない。ブレイクにとって真の詩人とは、ミルトンに例示されているように、復活したキリストであり、一方で、復活したキリストとは〈想像力〉だった。〈想像力〉とは、結局のところ、神に近づく手だてを人に与え、その五感が空洞になった人間と「本物の永遠の世界」のあいだを仲介するものである。この能力なしには、人類の救済はありえないのだ。実際に、ブレイクは、〈想像力〉とは人を神性へと導くものであるだけでなく、神そのものなのだと主張した。ブレイクにとって芸術と芸術家が〈想像力〉の最高の媒体であったことを思い起こせば、彼の一見すると大袈裟な、たとえば、「キリスト教は芸術である」や「詩人、画家、音楽家、建築家、このどれでもない者は男であれ女であれキリスト者ではない」といった言葉の意味がよりわかりやすくなる。

ところで、ブレイクの場合、永遠の世界の媒体としての霊感を受けた詩人という考えは、ほとんど文字通りに捉えることもできた。『天国と地獄の結婚』の語り手は、本の一部は悪魔から打ち明けられたのだと詩的に述べ、そして、ブレイクがまた別の本を妖精から聞き取ったのだと示すとともに、この詩人芸術家は実生活においても超常的な導きを経験したことを伝えている。「私は、毎日毎夜、天からの使者の指示に従っている」。ブレイクは一八〇二年にパトロンの一人にこう書き送った。このことは、『天国と地獄の結婚』やブレイクのほかの挿絵つきの詩が、単なる「機械的な啓示」の産物であったことを意味するものではない。明らかに、これらの作品は入念に作られ、組み立てられた芸術作品である。だが、ブレイクにとって、そこに矛盾はなかったのだろう。いずれにせよ、語ったのは想像力、すなわち神なのだ。

ブレイクの神学をより深く掘り下げた後でもう一度『天国と地獄の結婚』を読むと、印象的なことが二つ見出される。第一に、本に浸透する「新しい地」の夜明けという終末論の深い感情がある。冒頭でブレイクが、始まった「新しい天国」と復活した「永遠の地獄」について語っている箇所がある。「そして見よ！」ブレイクは続ける。「スウェーデンボルグは墓に座る天使、その著作は折りたたまれた屍衣である」。ここで意味されていることへの理解が、これでさらに深まっただろう。スウェーデンボルグの著作は、ニュートン科学、合理主義哲学、「組織化された」神学など、「理性」全般を表すものとされている。これらが、熱情／生命／欲望／想像力――ブレイクにとってはこれらは同じものをさす――という殉教者の遺体を包む麻布であり、「外側から覆い、拘束するもの」である。しかし、その生命力は今やその覆いから飛び出し、その墓を後にした。

その文脈から、このキリストのような復活を経験したのは「永遠の地獄の悪魔」ということになる。しかし、キリストについてブレイクが言っていたことを思い起こすならば、キリスト＝想像力＝悪魔なのだから、ここでも実際には矛盾のないことがわかる。キリストと悪魔の両方がエホバでもあるのだ（「キリストは死んだ後、エホバになった」とブレイクは後述する）。少なくとも、無限なるものを幻視する人々にとってはそうであり、理性あるいは悟性でしか見られない人々は、両者を悪魔的なものとして経験するのである。これはブレイクが『自然的宗教は存在しない』で書いた、すなわち「われわれがどのようであるかにしたがって、神もどのような存在かが決まる」という言葉に当てはまっている。したがって、「理性の神」（後にブレイクが、ユリゼンという名で明記した）は真の「サタン」であり、真の神に取って代わろうとする（が成功しなかった）簒奪者なのである。しかし、その見せかけの権力はじきに終わる、と『天国と地獄の結婚』は予言する。「炎の剣を持つケルビム」がその持ち場である生命の樹を離れ、アダムが楽園へと戻って来る。と同時に、世界が「火に焼き尽くされ」――これは人間の知覚を清めることのメタファーである、とブレイク自ら説明する――、「無限で神聖」な姿で人間の前に現れる。それから偽りの理性の神は消滅し、再び、熱情／生命／想像力などの本物の神に生まれ変わる。『天国と地獄の結婚』の最後で天使が悪魔となるように。

当分のあいだ、「精神の戦い」は続くだろう。だが、ブレイクが「新しい時代」が間近だと考えていたことは明らかである。『天国と地獄の結婚』の出版の時期が生命の熱情を解放するタイミングにぴったり合ったのは、何のためだろうか。それは革命の潮流の高まりだったのだろうか。このことは、結びの「自由の歌」で、火のメタファーが革命まで及んでいることからわかる（この詩の一一行目には「火だ、火が降ってくる！」と書いてある）。あるいは、人間を解放するためのブレイク自身の啓示だったのだろうか。

ブレイクの神話的作品を特徴づける二つ目の点は、彼の強い全体論的な視野である。悪の王国に善の王国が対抗するという伝統的なキリスト教の考えとは対照的に、ブレイクの世界ではすべてが相互に関係しており、善と悪は、話し手の視点によって変わるだけでなく（「獅子と牡牛に一つの掟を課すことは圧制である」）、「対立のないところに進歩はない」ことから、存在のための必要条件でもある。ここでブレイクは、善と悪を道徳の絶対的な原理として見做すキリスト教伝統から脱却した。彼にとって、はるかに重要だったのは、創造性と非創造性の対立であった。ブレイクは『天国と地獄の結婚』の別の箇所において、太古の時代から二種類の存在があったと論じる。すなわち、創造する「多産なもの」と、「飼いならされた心」を持つ「むさぼり食うもの」である。どちらも世界が前進するために必要な存在のようであるが、それは、「〈むさぼり食うもの〉が〈多産なもの〉のあふれんばかりの喜びを海のように受け入れない限り、〈多産なもの〉は〈多産〉ではなくなる」からである。

このような見方をすれば、本のタイトルが示唆する「反対の一致《コンユンクティオ・オッポシトールム》」は、喜びに満ちた融合というより、むしろ絶え間ない争いである。しかし、この世界というメダルの表裏どちらの面も明らかに必要であるにもかかわらず、ブレイクが共感したに違いない「面」は明白である。彼のその後の作品には、新たな二重性が見られ始めた。『ミルトン』でブレイクは「否定」について語っているが、それは「反対」とは異なる。後者は対立する「肯定同士」であり、否定とは「人の論理的思考力であり……取り除いて消滅させるべきものである」。ブレイクが最も嫌っていた敵、すなわち合理主義の「ニュートンの幻影」（後の作品では「アンチキリスト」や「死の樹」とされる）の輪郭や、また、その付属物である道徳的宗教の「杓子定規の聖性」がここに再び現れている。

こうした全体論的・ポスト二元論的な考えにおいて、ブレイクは、後の、それもずっと後になってからの、近代の宗教的サタニズムという重要な流れを含む、西洋思想とエソテリシズムの潮流を予示している。ブレイク自身は、こうした極めて異端的な視点の大半を、パラケルスス、ヤーコプ・ベーメ、さらにはスウェーデンボルグといった以前の幻視者や神秘家たちの著作に見出していたことを付け加えておく必要がある。しかし、彼はこれらの要素を新しいやり方で再結合させ、一方では西洋革命を特徴づけた人間の解放に向けた戦いと結びつけ、また、他方では極端なポスト啓蒙思想的・ポスト合理的な言説の中に位置づけた。こうした文脈の中で、悪魔は神に、神は悪魔に変わることができたのである。けれども、最も重要なのは、神性の真の源泉が、創造する人間の能力として定義し直されたことである。

一見、ウィリアム・ブレイクとパーシー・ビッシュ・シェリー――シェリーは神殺しを自ら公言し、『無神論の必然性 *The Necessity of Atheism*』を著した――との違いは、これ以上ないほど際立っている。しかし、よく見ると二人の違いはそれほど極端なものではなくなってくる。まず、シェリーが抱く、伝統的キリスト教やほかのほとんどの組織化された宗教形態に対する嫌悪を、単なる反宗教性や非宗教性と解釈することはできない。シェリーはすでに『クイーン・マブ』の覚書の中で、彼の有神論批判は「創造神的な神にのみに向けられていると理解されなければならない」と述べ、「世界と永遠に共存し遍在する霊」の存在を引き続き信じていることを告白していた。こうした汎神論、正確には万有在神論は生涯を通じて彼の中にあり続け、晩年になってからは個人的な新プラトン主義に著しく傾倒した。

とはいえ、シェリーの主要な詩的作品を読んでいく上で、最も顕著であるのはこのようなことではない。むしろ、それは作品に染み渡る予言者的な終末論の精神であり、王や司祭や神々のいない新時代の幕開けを大いに期待させるものである。シェリーにとって、伝統的な神観念の消失は、人間の幸福にとって最重要の条件であったらしく、また、その消失が差し迫っていることに対する彼の確信は、少なくとも『天国と地獄の結婚』におけるブレイクの終末への期待と同じくらい強いものであったように思われる。シェリーはすでに『クイーン・マブ』の覚書の中で、キリスト教信仰の最終的な消滅という行く末を自信を持って見据えていた。

類推に従えば、ほかの体制がそうであるように、キリスト教も、起こり拡大した後に衰退し消滅してゆくという見方になる。論理や説得ではなく暴力と闇と欺瞞が人間に宗教を受け入れさせたのだから、熱狂が静まり、時間とともに誤った考えが正されることで、宗教の偽りの証は古代の闇に葬り去られ、宗教は廃れていくだろう。ミルトンの詩だけがその不条理の記憶に永続性を与えるだろう。ユピテルの変身、ローマ・カトリックの聖人の奇跡、魔術の効果、死者の霊の出現の信仰を今嘲笑っているのと同じように、キリスト教の恩寵、信仰、贖罪、原罪の教えを心から笑うようになるだろう。

『クイーン・マブ』の最後の部分では、幻夢の中で、聖職者と神々への恐れがなくなった後に、世界がどのようにして天国の輝きの中へと入っていくのかが描かれる。そこにおいてシェリーは、地上の気候でさえも黄金時代の時の状態に戻るだろうと示唆しているようである。『クイーン・マブ』よりも陰鬱で抑えたトーンの『レイオンとシスナ』にも、今の「世界の冬」に取って代わる神のいない未来の「壮麗なる夜明け」への言及が豊富にある一方、『鎖を解かれたプロメテウス』の最後の二幕は、そのほとんどが未来の人類の調和に関する恍惚とした描写に割かれている。矛盾して聞こえるかもしれないが、こうした考え方を世俗主義の宗教と見做すことができるかもしれない。つまり、古い諸宗教のあらゆる痕跡が消された際に、人類に最後の幸福が舞い降りるとする至福千年の信仰である。

　大袈裟な言い回しにはなっているものの、シェリーはここで、一八世紀の啓蒙思想のより急進的な流れがすでに示していた心情を言い表している。啓蒙思想は確実に自らの至福千年の期待からは解放されておらず、その詩的な副産物の一部がシェリーにとって霊感《インスピレーション》の直接的な源泉となっていたことはわかっている。宗教やそれが支える権力構造に関するシェリーの批判は、一八世紀の倫理的・合理的な議論を洗練させたものである。シェリーが啓蒙思想という師から離れてブレイクに近づいた狙いは、詩と〈想像力〉の役割に関する彼の強い確信にあった。こうした確信は彼の死後に出版された『詩の擁護』（一八二一）の中でかなり明白に述べられている。この代表的なエッセイは英文学の古典となり、詩についての名言の宝庫となった（たとえば、「詩人は、暗闇の中に座して、自らの孤独を美しい声でうたい慰めるナイチンゲールである」など）。この作品におけるシェリーの主張の革命的な性質をもう一度経験するには、彼の言葉から精神的な埃を取り除き、新鮮な目で読む必要がある――というのも、まさにここでシェリーの詩作の本来的には宗教的な性質が最も明らかとなるからである。

　このエッセイの冒頭ではすでに、詩人の役目と詩の働きに関する描写がなされているが、いくらか落ち着いた表現になってはいるものの、このテーマに関するブレイクの考えがほとんどそのまま反映されている。

詩人は、古代世界においては、彼らが現れた時代と民族の事情に応じて、立法者、あるいは予言者と呼ばれていた。詩人は本質的にどちらの性格も兼ね備えているのである。なぜなら、詩人は、現在のあるがままを厳しく見つめ、今あるものが従うべき原則を見つけ出すだけでなく、現在の中に未来を見つめ、その上、詩人の思想というのは花の芽であり最近生った果実でもあるからだ。もとより私は、詩人が低俗な意味における予言者であると言っているわけでも、詩人が出来事の精神を予知できるようにその形までも確実に予言できるなどと言っているのでもない。こうしたものは迷信という見せかけにほかならず、予言を詩の属性とするよりも、かえって詩を予言の属性とするものである。詩人が関与するのは永遠なるもの・無限なるもの・唯一無二の存在であり、詩人の考えについて言う限り、時代・地域・集団などは存在しない〔前掲『詩の擁護』、『シェリー詩集』〕。

ブレイクとの類似性は、詩人は「永遠・無限・唯一無二の存在」――すなわち神――に関係すると特徴づけている最後の一節において、特に明らかとなっている。ここにシェリーの汎神論的な神が静かに入り込んでいることがわかる。「活動と生命の精神、それは限界も、止まることも、衰えることも知らない」。シェリーによれば、世界の霊的な息吹を、詩人は直接受けている。ブレイクと同様、彼あるいは彼女にそうさせているのは〈想像力〉である。想像力がないことには、超越も、「人の本性から脱すること」もなく、それゆえ、愛も道徳感情もありえないのである。シェリーは次のように表現している。

> 人は、大いなる善であるためには、激しく広く想像力を働かせねばならぬ。相手の、また他の多くの人々の立場に、わが身を置かねばならない。同胞の苦痛もよろこびも、おのれのものとしなければならぬのである。道徳的善の大いなる道具は想像力である。そして詩は、原因である創造力に働きかけて道徳的効果を生む〔前掲『詩の擁護』、『シェリー詩集』〕。

このようにして、霊感を受けた詩人たちは、このエッセイの最も有名なフレーズが示すように、「世界の未認可の立法者」となりうるのである。その弁明のほかの部分において、シェリーは、「打算的能力」に依拠する「低俗な科学」に対して詩が優位にあることを支持し、ブレイクとほぼ同じ主張をしている。自らの時代の技術的進歩に付随しているように思われる社会の苦悩を指し示すことで、彼は、科学を先導すべきなのは詩と想像力であると指摘し、その際、科学者が後に「日常生活の書」に写しとる創造の過程を想像するだけでなく、それなしには技術が単なる搾取と抑圧の道具となってしまうような道徳的原則を示すことによって導くべきであると述べる。「詩はたしかに神聖な何かである。それは同時に知識の中心でもあり周辺でもある。あらゆる科学を包含し、あらゆる科学が帰するべきものである。……もし、打算的能力というフクロウの翼ではとうてい届きえぬ永遠の国から、光と火をもたらすための詩が聞こえてこなかったならば、徳行、愛、愛国心、友情はどうなったであろうか――われわれの住むこの美しい世界の風景はどうなったであろう、墓のこちら側にあるわれわれの慰めはどうなったのであろう――そして墓の向こう側へのわれわれの憧れはどうなったのであろうか」。結局、シェリーはためらうことなく自らの前提からブレイクと同じ結論を引き出したのだった。「詩、および金銭に象徴される〈自我〉の原理こそ、人類の神でありマモン〔聖書に出る「富」を表す語〕なのだ」。ここまでに論じてきたことを踏まえると、これは単なる「詩的な」誇張以上のものであり、ここには一貫した哲学がある。

シェリーの『詩の擁護』には、本章で引用したミルトンのサタンの「壮大さ」に関する長い一節も含まれている。しかし、シェリーのロマン派サタニズムが最も極端に現れているのは、『レイオンとシスナ』の特に最初の「篇」においてである。そこで彼は「〈蛇〉」を称えて歌い、そしてその〈蛇〉というのは、実は〈明けの明星〉、すなわちルシファーのことなのであるが、その名が挙げられることはない。この「偉大な善の精神」が、自由と善に向けた全人類の取り組みを吸い上げるもの――あるいは象徴とも言えるかもしれない――なのである。その起源は、「生命と思考が本質のない無……から現れ出た時」という時代に遡り、さらに、彼は自然の声で話すと描写されている。全体として見れば、シェリーの蛇神は、彼の万有在神論的な「全人類と永遠に共存し遍在する霊」とほとんど区別がつかない。もしそれが本当で、その二つが同一であるなら、シェリーはここで、ブレイクの『天国と地獄の結婚』と完全に同様な、過激なサタンの事実上の神格化に取り組んでいることになる。

そして次に浮かぶ疑問は、では悪はどこから来るのか、というものである。なぜこの永遠の霊の庇護の下で、この世が幸せに覆われていないということがありうるのか。この問いに対し、シェリーは『レイオンとシスナ』の中で逆説的な答えを示している。すなわち、善霊は、悪霊による妨害にあうからだが、その悪霊は善霊とともに生まれたからだと。悪霊と善霊は「双子の精霊、対等な神々」であり、どちらも「不滅で」、この世に「遍在」しているのだと。『レイオンとシスナ』において、こうした「悪霊」が、人間精神や人間社会における一つの傾向としてもっぱら隠喩的に解釈されうる、というのは事実である（シェリーは、ある時点ではこの対抗する勢力を「慣習」と同一視しているようだ）。しかし、この時期のシェリーは、存在論的に独立した悪の力という選択肢についても思案していたようだ。この可能性について彼は、死後に出版された『キリスト教に関する小論 *Essay on Christianity*』という、おそらく一八一七年に書かれたもう一つのエッセイの中で論じている。「イエス・キリストによれば、そしてこの問題の明白な事実によれば、この完璧な世界は、何らかの悪霊によって支配されている。けれども、良き力の影響だけが人間の精神に現れるようになる時が必ず来るだろう」。こうした言葉は、シェリーがこの時点では、キリスト教の悪魔とほとんど同じ役割を持つ「サタン」の存在を前提としていたことを示唆している。すなわち、悪や不幸の存在を説明するための役割である。悪の陣営と善の陣営、自由の陣営と抑圧の陣営とにはっきり分けて自ら世界を評価する、その明確な道徳的枠組みによって、彼はこの方向へと駆り立てられたのかもしれない。

もちろん、こうしたシェリー風のサタンは、キリスト教のサタンとは同じではない。それどころか、蛇が善霊と同一視される一方で、『レイオンとシスナ』では悪霊が、ゼウスの伝統的な属性であるワシの姿で描かれている。ギリシアの「神々の父」の背後にすぐさま認めることができるのは、シェリーが破壊したいと願った「魔神」の姿である。社会に出現した最も強力なこの魔神こそが既成キリスト教会の「エホバ」だった。シェリーのキリスト教のコスモロジーの反転はここで完結する。しかし、それはまた、彼のイデオロギー的命題に彼自身を巻き込むことにもなる。というのも、彼がその公的な生涯の大部分において、それが幻想であることを明らかにしようとしたキリスト教の神が今や突然、存在論的な実在性を、それが悪魔であるにしても、帯びてしまうからである。シェリーがこの考えの方向をそれ以上追求しなかったように見えるのは、そのためかもしれない。

いま一度、シェリーの詩に関する考えに触れてみることとする。すでに引用してあるこの主題に関する彼の考えを通じて、なぜシェリーが自身の詩的および政治的な活動を、連続したつながりとして捉えていたのかを簡単に理解することができる。『詩の擁護』で彼はすでに、詩は「偉人たちを呼び起こし、思想や制度に有益な変化をもたらす、最も信頼できる使者であり、友であり、随行者」であると特徴づけた。『レイオンとシスナ』の序文では、自分の詩には「私の読者たちの胸の内に、暴力も、誤解も、偏見も、人間のあいだから完全に無くなることはなくとも、何かしら善であるものに対する信念と希望という、自由と正義の教義に向けた高潔な情熱を燃え立たせる」という目的があったと記している。

詩で世界を変えることができるのだということのような考えは、詩の読者がまだ比較的多くいたシェリーの時代には、それほどおかしな考えではなかったようである。さらに、シェリーが生きた時代のそうした歴史的展開は、言葉による変化の促進に向けた、新しく刺激的な機会を約束しているようにも思われた。啓蒙思想は、社会の下部構造を定義することにおいてイデオロギー的な上部構造が極めて重要であることを教え、フランス革命はそのことを証明した。国王と司祭たちは、結局は、民衆の従順さによってのみ権力を行使できている状態だった。民衆のその従順さは、「その考えを変えさせる」ことができれば、取り払うことのできるものであった。

神話は、それを実現するためにシェリーが好んで用いた手段だった。ある研究者〔マリリン・バトラー〕は、彼の人生の課題は、「世界の神話や宗教を書き換えることで、人々の精神を解放」しようとすることであったと述べる。さらに、シェリーの新たな、あるいは書き直した神話は、〈同一化〉の資料として神話を用いるロマン派の最も顕著な事例の一部となっている。このことは『レイオンとシスナ』の序文で明確に示されている。そこにおいてシェリーは、彼の叙事詩は「方法論的、または体系的な議論」を提示しようとしているのではなく、ただ「感情を呼び覚ます」ことのみを追求し、そのために、「人間一人ひとりの心情に共通する共感に」訴えかけるつもりで、「その最も普遍的な性格における人間の情熱の物語」を語っているのだと記す。また、この方向性におけるシェリーの最も壮大な試みは、紛れもなく『鎖を解かれたプロメテウス』であり、それはヨーロッパ人の意識からキリスト教の神を排除し、彼の思想に不可欠な諸々のテーマをまとめようとする最後の大きな取り組みであった。この作品において、プロメテウスは横暴な神に立ち向かう崇高な反逆者としての堕天使に取って代わり、ある種サタンとイエスを足して二で割ったような役割を果たしている。すなわち、サタンのように強情に反抗しながらも、イエスのように受難に耐えるのである。しかし、何よりもまず、シェリーはプロメテウスを愛情に満ちた存在として描いた。その愛情は、彼の同胞との想像的な同一化、というとてつもない才能に起因する。このようにして、シェリーのギリシア神話の新しい解釈ではプロメテウスは解き放たれるのであるが、それは彼がジュピターへの反感を抱き続けたからではなく（そうすれば神の権力を暗黙のうちに認めることになり、「神々と人間の汚れた暴君」を特徴づける憎しみの精神状態が続いていくことにもなる）、古の神にさえ哀れみを示し、その呪いを撤回したためである。それから突然、デモゴーゴン——ここでは、永遠、歴史、または「恐ろしい人々」を表しているかもしれない悪魔的な存在——が現れ、ジュピターとその取り巻きを忘却へと導く。「虚飾的な覆い」は破られ、世界中の抑圧的な権力構造は崩壊し、そうして人類は普遍的で、無政府状態の幸福という段階へと進んでいく。この物語を読み進めていく上で、読み手は、想像力を働かせてプロメテウスに感情移入し、そして、暴君の神がやがて消滅し、自由の黄金時代の始まりへとつながる、このティタン神〔プロメテウス〕の精神における変化を再演することを期待される。そうすることで（シェリーの望みでは）、読み手が自らの精神からも神を追いやり、それとともに社会が精神的・政治的抑圧を受けることなく未来に向かって進み始めることができる。したがって、詩は予言であり、それ自体が実現されるものであり、「世論や制度に有益な変化をもたらす偉大な人々の覚醒の、最も信頼できる使者であり仲間であり従者」なのである。これがシェリーが自らの詩的作品に託した希望であったことは確かである。彼はこう記す。「われわれが求めているのは、知っていることを想像する創造力であり、われわれが想像することを行動にうつすための限りない衝動である。要するに、生命の詩をわれわれは求めているのだ」。

サタンの新たな神話――バイロンとユゴー

バイロンの作品には、ブレイクやシェリーとはまったく異なる空気が漂っているように思われる。読み手は、未来の世界的調和という高尚な未来図や、芸術の予言的役割についての熱烈な言葉に迎えられることはない。バイロンはナポレオンのような「偉大な政治家」になることが自らの宿命であると考え、書くこと――あるいはバイロンは「なぐり書き」と呼ぶことを好んだ――が単なる気晴らし以上の意味を持つという印象は与えないよう気をつけていた。このことは、彼のデビュー作の詩集のタイトルが『無為の時間 *Hours of Idleness*』であったことや、酒浸り状態で三週間で『カイン』を書き上げ、校正刷り以外では修正することがなかったという彼の主張に示されている。

言うまでもなく、こうして入念に作り上げられた外面に惑わされる必要はない。酩酊状態にもかかわらずその作品がすばらしいものであったことは、彼に詩の才能があることを巧みに表している。そして、バイロンの個人的なメモや手紙は、彼にとって書くことが骨の折れる仕事であったことをよく裏づけている一方、その作品の数の多さからは、彼が詩作にはかなり真剣であったことが窺える。しかし、自身の作品に対するその皮肉な態度を踏まえれば、彼が著した詩や芸術の形而上の意味に関して、広範で理論的な思索を自ら行ったと期待することはできない。バイロンは詩を――残された著述を見る限りでは――「人生の投影」と捉え、「キリスト教世界のあらゆる偽善的な言葉」に屈することなく、自分が見て経験したままの人生を描写する権利を主張した。

このようなプラグマティズムにもかかわらず、ブレイクとシェリーにも見受けられた、聖なる歴史を書く（書き直す）ための神話的詩作という試みに、『カイン』が正面から取り組んでいたことは明らかである。しかし、この作品自体は、ロマン派サタニズムの中で最も曖昧な作品の一つでもあるのだ。一つには、聖書の神がこの戯曲では悪役でありルシファーが英雄であることが、『カイン』が出版されるや否や、バイロンの味方と敵の一般的な考え方となった（それゆえ、すでに始まっていた作者の悪魔化が助長された）にもかかわらず、その解釈はそれほど自明ではないことが挙げられる。バイロン自身は、この戯曲は『失楽園』と同じくらい正統であり、劇中の主人公たちが発した意見を、作者のものと混同するべきではないとしばしば主張していた。

では、バイロンは実際にその戯曲を通じて何を言おうとしていたのだろうか。その多くは、バイロンがルシファーに割り当てた役割をいかに解釈すべきかに依存する。『カイン』の悪魔的な対話者は、ゴドウィン、シェリー、そしてその一派の伝統に見られる反抗的なサタンの重要な特徴をたしかに示している。その特徴は、「俺に勝利した奴はいる。だが、そいつが俺よりも優れているわけではない」というサタンのミルトン風の自己肯定にも現れているし、奴隷であることを選んだ者たちを軽蔑する一方で、彼自身は、「讃美という穏やかな苦悶より、責め苦という独立」を誇らしげに好むところにも現れている。しかし、もう一つの影響は、少なくとも『カイン』と同じくらい明確な、すなわちゲーテ、特にその有名な悲劇である『ファウスト』からもあるかもしれない。この不朽の作品の第一部は一八〇八年に出版された。バイロンは初歩的なドイツ語しか話せなかったが、一八一六年に作家仲間のマシュー・ルイスを通じて『ファウスト』を知った。彼がバイロンの自宅に客として滞在していた時に、口頭でこのドイツ語の詩を翻訳したのである。『ファウスト』は悪魔好きの宿主に深い印象を与え、彼のルシファーは明らかにゲーテのメフィストフェレスに負うところがある。バイロンが堕天使に結びつけた、人間の置かれた状況に対する嘲笑や斜に構えた姿勢は、ブレイクやシェリーにはまったくなじみのないものだが、それはゲーテのファウストを唆《そその》かす悪魔の描写の顕著な特徴である。このことは、バイロンのルシファーが、メフィストフェレスを単に模したものだと言っているのではない。ゲーテの悪魔には、バイロンの悪魔とはかけ離れた側面がある——否定と破壊の宇宙の原理とだけでなく、物質世界ともつながっているが、それに対して、『カイン』のルシファーは物質世界には完全な侮蔑のみを示し、人間を「強大な世界の沈殿するヘドロから生み出された爬虫類」として嘲笑し、その欲求は「粗野で取るに足らない」ものであり、最上の喜びと言えば「甘美な堕落」や「汚らしいごまかし」しかないとしている（これについては後述する）。とはいえ、その語調と主題において、バイロンは、ブレイクやシェリーといったイギリスロマン派の急進派よりも、ゲーテに近いように思われる。

しかし、バイロンのルシファーで何か本当に傑出するものがあるとすれば、それはその探究心との密接なつながりである。「知識」とその価値についての議論は、『カイン』でくり返し扱われるテーマである。ルシファーはカインに知識を授けて「誘惑」する。その際、カインを過去から現在に至る世界を巡る旅に連れ出すのだが、たとえば、キュヴィエ〔ジョルジュ・キュヴィエ（一七六九〜一八三二）。フランスの動物・古生物学者〕の人類出現以前の生き物の絶滅についての説など、バイロンの時代の最新の学問の研究成果も彼に見せるのだった。ルシファーは、「私は誰も誘惑しない、真理以外ではね」と述べ、カインに絶対的な信仰を求めず、「汝があえて否定しないもの」を見せるとだけ約束し、自らを敵である神と明確に対比させる。

歴史的に見れば、ここでのルシファーは、啓蒙思想の科学的・哲学的合理主義を表していると言えるかもしれない。彼（とカイン）が慈悲深い聖書の創造主に対して行った論理的主張は、ヴォルテールやパーシー・ビッシュ・シェリーによって提起されたものでもある。すなわち、一見すると無益な苦しみの存在、「善」と「悪」の相対性、無垢のものを犠牲として捧げることによる贖いという倫理的な不条理という問題である。啓蒙思想の精神は、ルシファーのカインに対する最後の言葉に壮麗に漂っているが、それはトマス・ペインの「私自身の理性が私自身の教会である」という言葉の詩的な言い換えである。

あの生命のりんご様はとにかく立派な贈り物を下し賜ったなあ――
お前の理性というのがそれだ。
だがせっかくの理性を
無理強いしてくる横暴な脅しに揺り動かされて、
そのためにあらゆる外的感覚と内的感情とに逆らった信仰を
無理強いさせられるようなことがあってはならぬ。
思考するのだ、耐え忍ぶのだ、己の胸の中に内面世界を築くのだ、
そうすれば外面的なものはみな消滅してしまう。
そうして初めてお前は霊性へとさらに近づいて、
己との戦いに勝利を収めることになるのだ。

バイロンがこうした主張の妥当性を否定している箇所

は『カイン』のどこにもなく、むしろ反駁する余地のないものとして示している。彼の個人的なメモや書簡からは、これらの論点が完全に彼自身のものであることが窺える。しかし、このような前提から導き出されるバイロンの結論は、啓蒙思想の楽天主義者やその申し子であるシェリーのようなロマン派の結論とは異なるものだった。すでに述べたように、楽園のような未来という熱狂的ヴィジョンがバイロンに見出されることはない。それどころか、こうした分析と疑念すべての最終結果は、ブレイクが科学という「間抜けな質問者」のものとした、絶望である。『カイン』において、科学とは創造性のかけらもなく、破壊的なものでしかない。ルシファーが明らかにしたことは、自らの存在に対してカインが抱く不満を悪化させるだけで、結局は、原始の人間共同体（欠点が何であれ、少なくとも共同体ではあった）の崩壊と兄弟殺しをもたらした。カインは親に勘当され、希望と心の平穏も失う。『カイン』の文章は、まさにここで終わるのである。

　バイロンが、『カイン』やほかの作品において、伝統的な信仰のこうした消滅を、心理的・社会的にどんなに悲惨な影響を及ぼしたとしても、避けたりもとに戻したりするべきものであると示唆している箇所はどこにもない。むしろ、それは何か免れることのできない「運命」として描かれている。西洋の人間にとって哲学的・科学的な知恵の木の実を食べた後に、自らの古い信仰を失うことは必然であり、自分の敬虔な「内面の」兄弟（言うまでもなく、アベルは詩人自身の失われた一部としても読むことができるため）を殺すことは必然であり、精神的な住処を失うことになるのは必然なのである。

　当時のある批評家は、このような姿勢を「廃墟の上に座っている哲学は、その不信心と科学の悲しい結末に涙を流している」として、特徴を適切に捉えている。モース・ペッカムは、こうした見解を「消極的ロマン主義」と呼ぶことを提案した。新たな全体的な意味体系を作り出すことで、啓蒙思想による信仰の破壊によって生み出された、精神的な真空状態を克服する「積極的ロマン主義」とは対照的に、消極的ロマン主義は、伝統的な信仰の崩壊と、その空白を埋められない啓蒙主義哲学がもたらした、精神的な「住処がない状態」をただ表現しているにすぎない。こうした分類は、特にロマン主義とバイロンを、それぞれに適した宗教史的文脈に位置づける上で、たしかに有用である。しかし、それをより広範囲に適用できるかどうかに関しては議論の余地が残る。まず、当然のことながら、「積極的」と「消極的」という言葉には価値判断が含まれており、筆者からすれば不適切な表現に思われる。この点については後で論じることとする。次に、より重要な点として、単なる歴史的位置づけに関して定式化すれば、バイロンとほかの偉大なロマン派たちとの共通点や相違点という重要な点を見落としてしまう恐れがある。バイロンにすれば、彼が引き起こした形而上の絶望の状態は、人間の歴史のある時点におけるる自身の立場に起因するものではなかった。むしろ、それは真の人間の条件であり、共通する世界の苦境であった。バイロンが『カイン』において、こうした態度を楽園追放の後に最初に生まれた人間のものとしたことには、ある理由がある。

ここで問題となっているのは、疑念——あるいは科学や合理主義——に起因する疎外だけではない。カインの苦悩は、「あるものでどうか満足しておくれ」という母親の忠告に従わなかったために生じる。カインが神に対して抱いた疑問は、神の存在の仮定的な不合理に対してというより、彼の「楽園の政治」の限界にある。この反抗的態度には倫理性があり、大まかには「どんな神が、自らの創造物を不完全な世界に住まわせたのか？」と言い換えることができる。しかし、その態度はこのことをはるかに超える。「不毛の楽園」に再び入ったとしてもカインが満足するかは定かではない。カインを憤激させるのは、バイロン自身の言葉を借りれば、「自らの考えに対する彼の状態の不十分さ」であり、そうした「考え」は本質的に無限である、とバイロンの聖史劇は示唆する。ルシファーがカインを、天界の旅という果てしない場面に導く時でさえ、カインはその壮麗さをすぐに認めるものの、「私の欲求や考えよりいまだに劣っている」と述べる。

カインを悩ませているものは、言うまでもなく、ブレイクが〈想像力〉と呼んでいた能力、すなわち、「感覚（それが非常に鋭くても）が発見できる以上のもの」を、人が捉える力である。この定義に、ブレイクはすでに「全体に満たないものが人を満足させることはできない」という結論を付け加えていた。ごくわずかな面識しかなかったブレイクから、バイロンがこのような考えをもらうことはなかっただろう。しかし、このロマン派の中心となる信条をバイロンに伝えたかもしれないロマン派の作家は、たとえばワーズワースやゲーテなど、ほかにもたくさんいる。人間のすべての願望にもともと備わっている超越志向は、ゲーテの『ファウスト』の中心テーマとなっている。ゲーテによれば、富や美しい女性や権力への最も単純な欲求でさえ、それ以上のさらに大きなものへの渇望を呼び起こすだけで、最終的には神を求めるようになる。ファウストが今という瞬間について「時よ止まれ、お前は美しい」という有名な言葉を発してからすぐに悪魔に魂を奪われるのはこのためである。というのも、それは、彼がより大きなものへの探求を諦め、代わりに下等なものに執着したがっていることを意味するからである。しかし、こうした満たされない欲求の道筋が、ゲーテにとっては最終的に神との合一に行き着く一方で、バイロンにとっては終わりのない絶望に結びついた。そして、この頂点への内面的な衝動を言い表す優れた代弁者となったのがルシファーなのである。

　バイロンはきっと、ミルトンのサタンによる別の有名な言葉に、この選択へのさらなるインスピレーションを見出したのだろう。

　心というものは、それ自体が一つの独自の世界なのだ、
　地獄から天国を作り、天国から地獄を作りうるものなのだ〔ミルトン『失楽園』〕。

「自らの胸の内に内面世界を築くのだ、そうすれば外的世界は消滅する」というバイロンが描くルシファーによる忠告は、何度もくり返されている。「心が己の本性に戻って、周囲の物事の中心となるならば、どんなものも心を鎮めることはできぬ」。ルシファーが言うには、こうした能力によって、知性のある存在は何が善で何が悪かを見極めることができ、さらにそれによって、人の「不滅の部分」、つまり「霊的本性」が形づくられているのである。そして、超越的なものをカインが強く志向するさまや、自分がこの世に存在することの構造上の不安が、そもそも彼をルシファーとの親交を結ぶのに適した存在としたのである、とルシファーは述べる。

　バイロンの「諸霊の主」は極めて崇高な性質を帯びているようである。並べてみると、『カイン』における聖書の神は、ひとまず物質的現実の表象として見做すことができるように思われる。両者の住処は「ここであり、すべての空間の上」ではありながら、彼らが「共に支配している」ものの「ばらばらに」住んでいるのは、おそ

らくこのためであり、また、それゆえ、互いの支配をめぐって「永遠に」戦っているのである。そして、物質的現実が精神の果てしない願望に応えることはないため、後者の永遠というのは、苦しみが永遠に続くことであるに違いないのだ。「手に入らないものを欲することができるとすれば、絶望は彼の永遠の定めであるに違いない」。ブレイクはすでにこのように述べている。『カイン』では、絶望がたしかにわれわれの永遠の定めであるのは、想像力という滅びることのない力があるからこそである、と結論づけられているようだ。贖罪の想像力というバイロン自身の原則のこのような逆転を、ブレイクは鋭く見抜いた。彼は『カイン』への反応として、『アベルの亡霊――ウィリアム・ブレイクから見たエホバの幻影における意外な新事実 *The Ghost of Abel: A Revelation in the Visions of Jehovah Seen by William Blake*』（一八二二）というタイトルの短い作品を著した。この作品の「荒野のバイロン卿」への献辞の中で、ブレイクは仲間の予言者に呼びかけ、霊の力を信じる心の欠如や、彼が主張する精神と自然の誤った二分法を語った。「詩人はエホバを見る体験を疑うことができるだろうか。自然に輪郭はないが、想像力にはある。自然に旋律はないが、想像力にはある。自然は超自然なものではなく消えてゆくが、想像力は永遠である」。

　ルシファーの声はバイロンの声なのだろうか。少なくとも、カインやマンフレッドのような初期のバイロンの作品の登場人物について同様のことが言えるなら、この堕天使は間違いなくその作者の一部を表している。ルシファーはカインに酷似しているようであり、その精神的な逆境、同胞から孤立していること、本質的な憂い（カインはルシファーについて「悲しみがその不死の半分を占めているようだ」と述べている）といった点で両者はそっくりなのである。初期の作品においても、バイロンが描く主人公は、人間――少なくとも、独立した思考の道を選んだ人間――が幸福になることは本質的に不可能であることについて、同じような感情を表している。先述したように、バイロンの作品の主人公たちは自伝的に描かれている部分も多く、カインとルシファーの気持ちに作者自身が反映されていることは確実である。

　しかし、こうした希望のない精神性を「消極的」と分類してしまうことは気が進まない。神にも悪魔にも屈しないバイロン的な主人公に付随するメランコリーには、明白な矜持の要素も含まれている――それがもたらされたのは、少なくとも一つには、普通の人間よりも勇敢で、「物知り」で、騙されにくい立場から語っているからである。「私は幸福とは何の関わりもない。幸福は私と私のものを謙虚にさせる」とカインは述べている。ルシファーが誇らしげに選んだ「苦悩の独立」は、このような線に沿って解釈することもできるのだ。バイロンはここで、あらゆる不平等に対抗する反逆者としてのサタンの古いトポス〔よくある主題〕を鮮やかに拡大している。バイロンはルシファーを通じて、われわれを憂鬱にさせる精神的な欲求不満は、われわれを極めて人間らしくしている部分でもあることを読者に伝えているようにも思える。人間として、われわれは人のように自らの難渋に耐えなければならない。バイロンのここでの哲学に関する傾向は、彼のフランス人の門弟であるアルフレッド・ド・ヴィニーが、キリスト教の後の時代に人間に残された唯一見込みのある精神的な道筋として提唱した「名誉の宗教」に近いものとなっている。

　だが、これで『カイン』における解釈の可能性がすべて試されたわけではないかもしれない。実際のところ、『カイン』は、バイロンが自身の「バイロン的な」英雄詩に対して次第に批判的になっていったことを最初に暗示している作品であると論じる研究者もいる。まず、この戯曲がさまざまな声を明確に表現し、伝統的な宗教の声でさえ、まったく共感なしに表すことがないのは明らかである（実際のところ、悪役がいつも悪人のままであるシェリーよりも、バイロンの方がたしかに想像的な同一化をはるかにうまくやってのけた）。しかし、伝統的な宗教は、ルシファーが支持する独立と探求という大胆不敵な精神に対する実現性のある代案として示されることはない。バイロンは、カインの姉妹で妻であるアダという人物にだけ、ルシファーの不毛な知性偏重でもアダムの素朴な信仰でもない、真の第三の道を提案しているようである。カインのように、アダは人間が楽園を追放された後に生まれた第一世代である（バイロンはここで、カインとアベルが自分たちの双子の姉妹と結婚したとするユダヤ教の伝承を用いている）。そして、カインが、アダは自分を「打ちのめす心」を理解してくれないと述べているにもかかわらず、アダの方もまた、「満たされない好奇心にあふれた考え」と穏やかではない心を持つことを告白する（「ああ、なんということでしょう」）。けれども、彼女を駆り立てる感情というのは愛であり、利他的でありながらも現世的で個人的な愛である。「喜びを広めることのほかに、何が喜びとなりうるのでしょう?」これがアダの信条なのである。

ルシファーはカインとアダとの会話の中で、カインに「愛か知識」のどちらかを選ぶよう明確に要求する。カインは、初めは知識を選ぶのであるが、その悪魔の指針にことごとく従っているわけではない。バイロンの「聖史劇」の最も感動的な一節において、カインは、ルシファーが提案する高潔だが束縛されていない人格よりも、肉体があり滅びゆくアダへの愛を選ぶことを擁護する。一時はルシファーでさえ、自分や共に反逆する仲間の幸せを高めてくれるのは、唯一の創造神ではなく、自らの苦しみのうちに自分たちが経験しうる交友、「すべてのもののすべてのものへの果てしない共感」である、というシェリー風のひねりを示している。

バイロンはここで、宗教的、哲学的、あるいは「ロマン主義的な」理想主義の精彩を欠いた絶対的な原理と対比して、身体的で現世的な人間愛の大義を擁護しているように思われる。結局、彼の戯曲は、主人公がエホバに反旗を翻したことへの後悔ではなく、彼が弟との生命と愛の絆を永遠に断ち切ってしまったことに対する自責の念で幕を閉じる。そしてさらに、アダが愛のために、楽園を追放されるカインについて行き、彼の苦しみを分かち合うことを決意するところで終わる。『カイン』では、それが無慈悲な神の要求より愛という自発的行為としてであっても、この文脈における犠牲的な贖罪の考えに対する多少の共感が示されている。これがどうやら、バイロンが提唱するポストキリスト教、ポスト革命、ポスト楽園における人間の存在様式であるようだ。すなわち、自由で対等な個人同士における、人間的で現世的な愛(カインの父親に対する愛情の根源であるような社会的慣習や礼儀によるものではないとバイロンは強調する)によって価値のあるものとなる生のことである。

バイロンはこうした要素について、次の「聖史劇」であり、悪魔的なものを明確に取り上げた未完の書斎劇『天と地 *Heaven and Earth*』(一八二一)の中で、さらに強調して描くつもりだったようである。そこでは、『カイン』のある種の続編として、「人間の娘たち」と「神の息子たち」とのあいだの愛の物語が語られる。この関係が聖書外典の一部に記されているような天使たちの堕落(本書第1章参照)を引き起こすきっかけとなり、聖書の神話によれば、その後、神が定めた洪水によって人類のほとんどが滅ぼされた。この戯曲では、バイロンが幼少期に遭遇したカルヴァン主義と再び格闘し、「残れる者を救う」ために何百万もの人間を滅ぼす神に慈悲の心はあるのかと疑念を抱く様子が示されている。しかし、書き残された三つの場面の主要なテーマはむしろ、人が最後には死に呑み込まれてしまうのであれば、何が生を価値あるものとするのか、という問いであるように思われる。ここでもまた、バイロンは現世的な愛をその一つの答えとして挙げ、特に男女間の愛によって、たとえもろく死ぬ運命にある存在でさえも、「死後の永遠」より望ましいものとなると考えているようだ。例として、ノアの放浪し陰鬱な息子ヤペテは、愛する恋人と死ぬために、救いの方舟《はこぶね》には乗らないでおこうと考え、熾天使であるシェムハザとアザゼルは、人間であるアナとアホリバマへの愛のために「罪と恐怖」に立ち向かう。後者の例は、適切な神話的な形式の中で、「人間という動物」(ヨースト・ファン・デン・フォンデルの言葉を引用するなら)へのわれわれの愛情は常に精神的・観念的な考えに打ち勝つべきとする見方、あるいは、少なくとも、精神的なものと現世的なものは、対等で調和のとれた恋愛においてバランスが保たれるべきであるとする見方を例示していると思われる。

ヴィクトル・ユゴーの『サタンの終わり』では、西洋の聖なる歴史を書き換えようとするロマン派サタニズムの最後の壮大な試みが示されている。ユゴーは、ブレイクやシェリーと同じタイプのロマン派で、フランスにおけるこの新しい芸術運動の飛躍的な進歩において中心的な役割を果たした。彼の作品では、「天才たち」への、また「聖なる幻視者」、あるいは「神秘的なシナイ」としての詩人(その額には「完全な神」と書かれている)、そして「霊的な力」としての文学へのさりげない言及が随所に見られる。革命の後に台頭した世代が、詩人に対しかつてないほど多くのことを求めるようになったことをユゴーは一八二三年にすでに指摘している。「信じるための信仰を彼〔詩人〕に求めているのである」。当時、彼はまだ、自らの詩と予言の才能を、君主制と王政復古の大義のために使っていた。しかし、その後数年のあいだにそれまでにないほどに左派へと近づき、革命を支持する立場を明確に取るようになった。その結果、ナポレオンの甥であるルイ＝ナポレオン・ボナパルトが、一九世紀史の奇妙なねじれの一つにおいて、一八五一年のすみやかなクーデターの後に自らをナポレオン三世と宣言した際、ユゴーは抗議して国を去ることを決意した。ユゴーは亡命先としてイギリスのチャネル諸島を選び、家族とともに海を望む壮麗な家に引っ越した。

現代版のイザヤやエリヤのように荒野に追放され、水平線上にかろうじて見える母国のかすかな輪郭を臨みながら、ユゴーは予言詩人としての自らの役割について再び考えをめぐらせた。フランスと人類に新たな福音を示そうという彼の強い衝動はすでに一八五四年に書かれた詩にはっきりと示され、その核心には『サタンの終わり』の極めて重要な要素の大部分が示されている。

よく聞け。掟は変化している。
大天使が天に現れるのを私は見たのだ！
　天の霊が
山上で私にこう叫んだ。
「地獄はすべて消滅し、いかなる牢獄も
　永遠ではない」。
私はもはや嫌ってはいない、深い海よ。
私は愛する。私は教え、新たな礎を私は築く。
　すべて過ぎ去るにまかせよ。
サタンは死に、別の帝国が
誕生する。そして咬み傷は消え
　口づけに変わるのだ〔ユゴー「大洋」、『諸世紀の伝説』〕。

新たな予言者的な使命を果たす上で、ユゴーは自らの詩の才能だけに頼る必要はなかった。彼はキリスト教とは袂を分かったものの、エソテリシズムやほかの代替宗教には強い関心を持ち続けていた。一八五〇年代に、グループで死者の魂を呼び出す降霊術《スピリティズム》が流行った際、ユゴー家の人々は、ヨーロッパ大陸で真っ先にこの霊的世界との交信の仕方を受容した。ユゴーの降霊術《スピリティズム》への関心は、おそらくある程度は、彼に個人的に降りかかった悲劇に起因していたと思われる。最愛の長女の悲劇的な死によって、人生の大きな問いに対する答えを切望する気持ちが高まり、特に苦痛・死・来世の存在に関する問いに対する答えを求めた。彼が降霊術の信頼性にとりわけ確信を持つようになったのは、あるセッションの際に、水死した娘と接触した感覚を覚えてからであった。二年近くのあいだ、ユゴーとその家族は定期的に霊を召喚し、アイスキュロス、モーセ、ガリレオ、イエス、ルソー、アリストテレス、ヴォルテール、カイン、さまよえるユダヤ人（原文ママ）などの有名な故人たちと交信していた。

呼び出した霊は、神とサタンの歴史を書き直すというユゴーの野心的な試みにおいて、彼を大いに刺激した。一八五四年一〇月、「死霊」が「大の詩人」（霊は好んでユゴーをそう呼んだ）に、「神への忠告」、つまり、愛による普遍的な贖罪に関するその説明において、神自身に感銘を与えられるほど説得力のある神話を書くように促した。ユゴーはこうしたメッセージを、新たに書き始めた『サタンの終わり』に言及しているのだとして解釈した。これは、一八五五年三月八日に、〔降霊術で呼び出された〕イエス・キリストが「新しい福音」、すなわち、やがて到来し、古い福音を消し去り、人間にとっての最後の救済を明示する「新しい福音」について褒め称えながら語り始めた際に、ユゴーが出した結論でもあった。このように、ユゴーはあの世からのメッセージを単に伝えるだけでなく、彼自身の想像的で創造的な仕事が、天と地のバランスを崩壊させ、変化させることであることは明らかだった。この点において、霊は助言を求められた際には、ユゴーの洞察の多くを裏づけ、時には新たな洞察を付け加えることもあった。「地獄は存在しない」と死霊たちは満場一致で報告した。一八五三年一二月八日、悪人のこれからの運命について尋ねられた後、モーセはすでに、次のように言明していた。「こうした悪人はみな、徐々に変えられ、義《ただ》しい人となります……。彼らの罪は、神の慈悲という深淵になだれのように流れ込んでいくのです」。イエス・キリスト自身、一八五五年二月一一日に「地獄の名の下に」憎しみを説くキリスト教を責め、二月一八日には「永遠の炎」の教義に対する非難をくり返していた。同じ年の三月一五日と二二日に、イエスは戻り、サタンに関しては長々と説明したが、その多くの特徴は『サタンの終わり』に出てくる堕天使に反映されていった。「彼は、薄明かりを旅し、影を歩き、深淵を探検する……彼は、神の偉大な審問者であり、真理を否定する語り手であり、質問者であり、反逆者であり、闘士であった。天の障壁で負傷し、輝き、血まみれの、疑いと観念という傷跡の崇高な担い手……は恐るべき華麗なグリフォンであり、ダントンを翼とし、ロベスピエールを鉤爪としていた」。

そのようなわけで、ユゴーの計画がその性格において宗教的であったことは疑いようがない。事実、それはおおよそ新しい宗教を立ち上げる宣言として意図されていたように思われる。この宗教とは一体何を指し、そこでサタンはどのような役割を果たしたのか。『サタンの終わり』はその完成形において、完全な宇宙創成《コスモゴニー》の輪郭を描くことになっていた。この詩は、サタンが天を通り抜けて、最後の星さえも見えなくなるほどの暗闇の中へと深く深く落ちていく長い落下の場面の描写から始まる。ここでユゴーは早くも古い神話に新たな象徴的な意味を与え始めている。バイロンのルシファーとはまったく対照的であるユゴーのサタンは、物、すなわち物質を象徴する。物が悪の原因であるというのは、それが神や神の愛とは別々に存在するからである。したがって、悪の根源および神が隠れた原因は、物質世界の創造である。堕落の物語は、創造物を存在させるために、神が世界《コスモス》から離脱する話としても語ることができる。サタンはこのことの最も絶対的な現れなのである。

　神は私を除外する。彼は私で終わる。私は彼の境界
なのだ。
もし私が存在しなければ、神は無限となるだろう
〔ユゴー『サタンの終わり』〕。

ある時、サタンは自らの孤独や神への愛を自覚するようになり、慈悲を乞うのであるが、神のもとに戻ることはできない。しかし天国では、サタンが残していった羽からリベルテという天使が生まれ、神はその天使に生命を吹き込み気性の激しいおとめを創った。彼女は、ヴィニーの描くエロアのように、サタンを救うために地上に降りていく。その出現によって、イシスとリリスの亡霊が消滅し、「人間が運命と呼ぶ」ベールが消える。神とサタン、霊的な愛と霊から極端に離れた物質という、この両者の娘であるリベルテを介して、双方のあいだに和解がもたらされる。神は「あの忌まわしい夜をぬぐい去り」、サタンは聖別されたルシファーとして生まれ変わる。

　こうした世界の退化と進化は、人間の歴史的展開と平行、あるいはむしろその中で実現している。このように、サタンの最初の孤独の苦悩と慈悲を乞う叫びは、全人類の苦しみの象徴である十字架に架けられたイエスの苦しみと一致するのである。だが、イエスは人類の救世主ではない。それはリベルテの革命の精神であり、ユゴーにとってはフランスで顕現する。

　この異色の民は単なる民ではない、魂である。

この民は人間そのものであり、さげすみの心をもって
地獄に立ち向かう。そして夜中にエデンを手探りする。
この民とは、アダムのことだが、それは復讐するアダムであり、
天使から燃える剣を盗み、
夜と死を自分の前から追い払うアダムである〔ユゴー『サタンの終わり』〕。

ユゴーによれば、リベルテの勝利を確かなものにし、人間に自由を与え愛において団結することを可能にしたのはフランス革命である。この詩の最後で神がサタンに言うように、「お前が鎖につないだ〈人間〉は、彼女〔リベルテ〕によって解放される……。さあ、地下牢を破壊すれば、地獄が壊滅するのだ！」一七八九年の出来事によって始まった幸福と神との一体感という新しい時代は、ユゴーが「神」という仮タイトルをつけた別の叙事詩において記述されることになっていた。大海の詩人が、この作品については断片的にしか完成させられなかったのは、それほど驚くにはあたらないと言わざるをえない。

ロマン派サタニストはどのくらいサタニストだったか？

こうした新しい、あるいは作り変えられたサタンの神話を踏まえて、いよいよ肝心な問題に取り組むことにしよう。ロマン派サタニストを「本物の」サタニストと見做すことはできるのだろうか、すなわち、宗教的なサタニズムの初期の支持者だと、宗教的なサタン崇拝を行っていたと言うことはできるのだろうか。もしそうであれば、彼らは、知りうる限りでは最初の近代の宗教的サタニストということになる。したがって、このことについてここでより詳細な検討を行う必要があるのは明らかである。

だが、この問いに対する有意義な回答を示す前に、用語に関していくつかの点を明確化しておかなければならない。文学史学者のあいだでは、「ロマン派サタニズム」や「文学サタニスト」の用語が指す作家は、非常に多岐にわたることがある。悪魔を怪談に出てくる伝統的な意味でのお化けとして用いるだけの作家もいれば、「邪悪なもの」（「サタニズム」の語がかつて意味したことの一つ。序論の語源に関する考察を参照せよ）に対する著しい好み

を示すだけの作家もいる。そこで本研究の目的を踏まえ、筆者はこの途方もなく多様な作家たちの中から、多少なりともその作品においてサタンとの明確な〈同一化〉を示しているロマン派作家たちを絞り込んだ。しかし、このように絞り込んでも、ロマン派サタニズムは一つの主張を掲げるまとまった運動とは言えず、むしろ、時として大きく異なるところはあっても、同じようなテーマが見出される作家たちの、作家のグループに対する事後的な呼称と言える。そのようなわけで、この用語は、本書の目的にあるとおり、とりわけサタンに対する態度の変遷のもとをたどり分析していく上で、なおも役立つ言葉なのである。さらに、本書で取り上げている作家たちには、サタンの扱い方を特徴づけるある明確な共通の基準がある。それはたとえば、政治的・宗教的事柄における「革命的」あるいは「急進的」な態度や、意味の発見や創造に向けた新しいロマン派のアプローチなどである。

　本書でロマン派サタニストとして取り上げてきた作家たちは、宗教的サタニストでもあったのだろうか。このシンプルな問いには、複雑な答えが必要となる。まず想起しておかなければならないのは、ロマン派サタニストとは文学史の用語であって、宗教学の用語ではないことである。時折見かける根強い噂とは裏腹に、ロマン派サタニストたちがサタンを崇拝する宗教的な儀式を一度でも行ったことを指し示すものは何もない。バイロンが、毎晩修道士の格好で浮かれ騒ぎ、頭蓋骨で赤ワインを飲むと書いたことは事実であり、サー・フランシス・ダッシュウッドのいわゆる〈地獄の業火クラブ〉で行われていたことがそこにほのめかされているというのも等しく事実であろう。けれども、そのことをもって堕天使の意図的で明示的な崇拝をしていたとは言えないし、ましてやバイロンが時折非難される黒ミサ——このことに関しては、本書の資料においても、バイロンのより落ち着いた伝記においても、裏づけられていない——などは言うまでもない。同じように、ヴィクトル・ユゴーの降霊術《スピリティズム》への没頭は、サタニズムと等しいものではない。たしかに、ユゴーがサタンに関する詩を書く上で、降霊術に部分的に着想を得たことは事実だが、そうするように彼に指示したのは、主にイエスとモーセの霊であった。一度だけサタンとされる霊的存在が、ジャージー島での降霊会で現れたことがあった。けれども、ユゴーと仲間たちは、綿密に調べた結果、この訪問者の正体が何かはるかに悪いもの、すなわち、皇帝ナポレオン三世の霊であることを突き止めた。

ほかの主要なロマン派サタニストたちの中で宗教的儀式の実践と呼べるような事例が見出されるのはシェリーだけである。シェリーはある手紙の中で、イタリアの自宅の裏山に登り、「花冠を吊り下げ、小さな芝生の祭壇を作った」と書いていた。だが、こうした「本当の宗教の儀式」は「山を歩くパン神」の崇拝を意図するもので、それ自体が極めて重要な出来事であったかもしれないが、サタニズムとはほど遠いものである。

したがって、本書では、ロマン派サタニストたちが、彼らに先立って何世紀にもわたるラベリングによって考え出され、この用語が今もなお彷彿とさせる固定観念的な方法で――つまり、悪魔を崇拝するための、好んで夜間に行われる卑猥な内容の不吉な儀式を催すことで――サタニズムを実践していたという可能性を、問題なく除外することができるのである。しかし、われわれの探求の可能性がこれで尽きるわけでは決してない。序論および第1章ですでに述べてあるように、筆者の考えでは、宗教的なものを儀式や集団行動だけに限定する必要はない。ベラーによる定義をわずかに調整したものをロマン派サタニズムに当てはめるとするなら――宗教とは、人間を自らの存在の究極的条件と考えるものに結びつける一連の象徴的な形式と行為である――、これまで論じてきた神話に基づく詩作活動を宗教的実践と見做すのは十分妥当であるように思われる。ここまでにおいて、ロマン派サタニストたちが、その主要な「サタニスト的」作品の中で、究極的な存在理由や存在の一般的秩序についての考えを表現しようと励んでいたことを、かなり明白に示すことができたのではないかと思う。彼らはまた、時にはかなり意識的に、以前は教会の領域と見做されていた事柄に関する権利を主張していた。たしかに、ロマン派サタニストは、自分たちの神話や意味の創造的な構築物を、自分たちでは、必ずしも宗教的と呼んでいたわけではなかったかもしれない――バイロンとシェリーに至っては、そうしようとは考えもしなかったであろう。しかし、本書における「宗教」の用語の理解を当てはめるのであれば、それを適用することが妥当であると見做す理由は十分にある。これまで分析してきた神話的作品において、サタン、あるいは伝統的にサタンと関連があるかサタンと同一化されている神話上の人物は、明らかに、人間と、人間の存在の究極的条件とされるものとの関係を表す支配的な、あるいは少なくとも重要な象徴としての役割を果たしている。こうしたサタンの登場が単に文学上のことであったと論じるのは適当ではない。ロマン派サタニストにとって、文学とは宗教の問題であり、彼らの深い信念に象徴的な形を与えた場だったのである。したがって、これらの言説を本物の宗教的サタニズムの諸形態であると記しても差し支えないように見える。

　とはいえ、ことはそう単純ではない。前述の結論は妥当であると考えてはいるものの、筆者からすれば、やはりロマン派サタニストを宗教的サタニストとして語ることはできない。ベラーが宗教を「人間を自らの存在の究極的条件と考えるものに結びつける一連の象徴的な形式と行為である」と定義するのにはある理由があった。これは、習慣や見方における、すなわち、人の一生を大きく特徴づける生き方の姿勢における、ある種の一貫性を意味する。このような一貫した生き方の姿勢は、ロマン派サタニストたちのあいだにたしかに存在していたかもしれないが、そこに必ずしもサタンが関係していたわけではなかった。彼らの作品において、ロマン派のサタンの比喩的な意味は、さまよえるユダヤ人、プロメテウス、フランケンシュタインの怪物といった、ほかの神話的存在によって表象されることがありえたし、またそのように表されていたのだった。そして、サタンが登場する際には、同じ作家でも別の作品においてはその風采は大きく異なり、矛盾していることも多い。

　個々に考えてみれば、ロマン派サタニズムの象徴でさえ、それほどサタニスト的ではないことが多い。これはバイロンにおいて顕著であるが、彼のルシファーはこれまで見てきたように、さまざまな解釈の余地があり、それもあまり肯定的なものではない。さらに、バイロンは、サタンは『カイン』において一定の抽象的な人間の傾向を象徴してはいるものの、彼の主要な〈同一化〉の対象ではなかったことを、かなり明確にしていた。すでにバイロンの初期の戯曲『マンフレッド』において、主人公であるマンフレッドは、組織化された宗教による仲介をすべて見事に退けるが、「アーリマン」（ゲーテの『ファウスト』によってキリスト教のサタンの化身であることが明らかである）、あるいはその人間の、または霊的な下僕の前に屈することも拒否する（「私の過去の権力は、汝の仲間との契約によって得たものではない」）。カインも同様に、神や悪魔の前にひざまずくことを拒否する。マンフレッドとカインはどちらも作者の分身であるという可能性と、バイロンが『カイン』を執筆したのは、彼が二元論のうちの「悪い方」に肩入れしているという疑惑を払拭するためだったことを踏まえれば、こうした作品のくだりは、サタニストという呼称を明確に拒絶するものとして捉えることができる。

同じように明白に一貫性のないサタニズムは、ヴィクトル・ユゴーにも見出すことができる。『サタンの終わり』において、堕天使はすでに両面的な象徴となっていた。ほかの作品において、ユゴーは悪魔を自分の思うように用い、悪の表象、あるいは人間の奮闘の表象として描いた。また、シェリーに関してはサタンの比喩ばかりを使っていたというわけではない。『クイーン・マブ』において、伝説的人物であるさまよえるユダヤ人はロマン派のサタンとほとんど同じ役割を担っている。『鎖を解かれたプロメテウス』でシェリーは堕天使ではなく、プロメテウスという道徳的により明確なキャラクターを登場させた。シェリーはプロメテウスを、次のように捉えていた。プロメテウスは「サタンよりずっと詩的な性格だ。なぜなら、彼は、その勇気や威厳、全能の力に対する断固とした忍耐強い反抗心に加えて、『失楽園』の主人公においては興味を妨げるものであった、野心、羨望、復讐、自己栄達への欲求といった汚点がないものとして描くことができるからである」。

ブレイクに至っては、さらに曖昧な点を見て取ることができる。『天国と地獄の結婚』には神学的な転換が示され、その大胆さには今でも驚かされるものがある。しかし、ブレイクのその後の作品は、一見すると、『天国と地獄の結婚』の悪魔的なものに関する逆説的な言明の多くを撤回しているように思われる。注意深い読者であれば、この作品においては悪魔と地獄についてのみ語られ、サタンは一度も言及されないことに気がつくだろう。ブレイクのほかの詩や予言では、サタンは、悪や災いを表象するほぼ伝統的な役割の中で登場する。しかし、ブレイクは、この悪を根本的に定義し直さなければ、ブレイクではなくなる。たとえば、『ミルトン』の中で、サタンは最初、「ロックの基本的要素が織り込まれた、ニュートンの全能の支配者《パントクラトール》」と同一視される。そして、彼が「永遠の死」とも呼ばれていることは、『天国と地獄の結婚』の「むさぼり食う者」とも同一視されている可能性を示唆している。このサタンは、より霊的である力によって非難されたことを受けて、自らを神と主張し、「その地上への入り口で神の声を悪用するために、エホバの雲の上で、道徳律と残酷な懲罰の地獄の巻物を抜き出す」、と『ミルトン』は物語っている。その結果、サタンは「闇」を育て、その暗闇によって視界から無限と永遠を遮るのである。

悪魔はここで、『天国と地獄の結婚』においてミルトンのエホバが象徴していたのと同じものを表している。一つ目は「ニュートンの」哲学であり、二つ目は既成教会の「杓子定規の聖性」と「残酷な善良さ」であり、その教会の信奉者は「彼のシナゴーグで〈口にできない名〉のもとでサタンを崇拝する」。さらに、詩の最後の図版において、このサタンは亡霊と見做され、「人間の論理力」である〈否定〉と同一視される。エホバが『ミルトン』の中でいまだに曖昧な下級の神（ある時には癩《らい》病《びょう》患者として描かれる）である一方、『アベルの亡霊 *The Ghost of Abel*』では、エホバが〈想像力〉、〈永遠〉、〈超自然〉を表象し、サタンが人間の血を求める告発者として現れることで、その転換（あるいは再転換）が完了したように思われる。この短い劇の最後に、「サタンが己に打ち勝って、サタンの意欲をくじかせさえしても」、サタンは神によって永遠の死へと追いやられてしまう。ブレイクが晩年に自宅の階段で会ったと伝えていたのはこのサタンのことかもしれない。ブレイクはその生き物を、燃える石炭のような大きな目と、長い歯と長い鉤爪をした、「われわれの伝説のゴシック風の悪霊——本物の悪魔」であると描写した。

筆者の見解では、彼らの作品の中や、作品以外のところで、サタンの象徴が一貫性のある使われ方をしていないことは、ロマン派サタニストを宗教的サタニストと分類するのを妨げる最も重要な理由である。彼らは単に「それほど（宗教的サタニストと言えるほど）ではなかった」のだ。先ほどの論点に戻ると、筆者の考えではむしろ、ロマン派サタニストたちの作品の一部に、宗教的サタニズムの要素が示されている。バイロンの『カイン』とユゴーの『サタンの終わり』においては両面性をまだ多く残しながら、シェリーの『レイオンとシスナ』とバイロンの『天国と地獄の結婚』ではかなり明白に、そして、これらの作家、あるいはそれほど知られていないロマン派サタニストたちのほかのサタニスト的作品においては程度の差はあれ、サタンは、人間と究極的なものとの関係を表す象徴として、そして、〈同一化〉、模倣、崇拝の対象として、機能している。資料に示されている限りにおいて、ここに挙げた作家たちの誰一人として、こうした宗教的創造性の例を本格的なサタニストの宗教として実現することはなかったが、それでもなお、これらの作品は、萌芽期の宗教的サタニズムの新しい近代的な形態をわれわれに突きつけていると言える。その意味において、そして、その意味においてのみ、ロマン派サタニズムはまさに宗教的サタニズムと呼ぶことができるのである。

第1章で取り上げた近世のサタニズムと同様に、この萌芽期のサタニズムの出現は〈同一化〉のプロセスとして記述できるかもしれない。しかし、それは、サタニストに関する中世や近世の古いステレオタイプとの〈同一化〉というほどのものではない。こうした方向におけるかすかな傾向が表れているロマン派の言葉をいくつか後述するが、どれもロマン派サタニズムの出現にとって決定的な意味合いを持つものではなかった。それよりも重要なのは、同時代の人々がロマン派サタニストたち自身に対して、悪魔への忠誠を誓っていると誹謗していたことである。保守的な批評家による一部のロマン派サタニストへのサタニズムのラベリング（ショックが詳細に記録している）が、いかに彼らを、ある種のパロディのつもりで自らサタニズムに〈同一化〉するよう促したかについては、すでに見てきたとおりである。（バイロンがその好例である。）実際、これもすでに指摘してあるように、ロマン派サタニズムというこの解釈学的カテゴリーの創造は、保守的な批評家のこうした誹謗に起因している。しかし、フランス革命をきっかけに発生し、一九世紀を通して続いていくことになる、急進的な変化の支持者および西洋革命の価値観に対するかなり幅広い悪魔化も、視野に入れておくことができる。こうしたラベリングの歪みや反映はたしかに、ロマン派サタニズムという大火の重要かつ創造的な火種となり、社会と世界の秩序に関する古い考えに対する不満を表現するための、適切で挑発的な象徴としてのサタンの作家側での発見と連携し、相互に高め合っていた。キリスト教の支配的形態の過去から現在にかけての圧政的な存在は、このことにおける重要な動機づけの要因であった。

要するに、ここで〈同一化〉について語ることができるとすれば、それはサタニストに関するこれ以前のステレオタイプとの同一化ではなく、むしろサタンそのものの象徴的性格との同一化についてである。ロマン派サタニズムの主要な作品が示す考えの違いはあるものの、これは明らかな共通点である。この事実は無意味な一致ではないかもしれない。筆者はむしろ、ロマン派サタニズムがそれより前の世紀の周縁的なサタニズムから別れ、何か根本的に新しい異なるものの現れ、および出発点となる極めて重要な点をそれが示しているのだと仮定してみたい。チャールズ・テイラーは、西洋におけるポストキリスト教的な世界観を特徴づけるようになった生き方の姿勢を「排他的人間主義」——人間性が世界を理解するための究極的な地平と基準点となる生き方の姿勢——と呼び、ノースロップ・フライは、ロマン派の神話を「ロマン派詩人が、以前は神々や英雄、あるいは自然の力によるとされていたものの回復を、人間のために表現する形態」として捉えた。このような広範な歴史的な性格づけは、本書で考察してきたロマン派神話や、それがサタンに帰する役割ともぴったり合致する。本質的に、堕天使はたいてい、人間、人類全体、解放を求め尽力する一部の人類、あるいは全人類に共通する一定の能力を表現するものとして機能している。このように、ブレイクは『天国と地獄の結婚』において、悪魔的なものを、〈欲望〉、〈詩才〉、〈想像力〉という、すべて本質的に「人間の心の中に住んでいる」ものを特徴づけるものの表現として用いる。シェリーはゴドウィンの伝統を受け継いで、サタンを政治的・イデオロギー的な抑圧から人間を解放するための人類の苦闘の象徴とした。バイロンにおいては、ルシファーは知識への人間の欲求だけでなく、理想と超越的なものへの人間の志向の顕現となるが、それは、少なくともロマン派の作家たちが使っていた意味における、想像力という言葉でも指し示すことができるかもしれない。ユゴーのサタンも、結論としては、やはり人類の縮図であり、物質的な抑圧という闇から自由と愛の領域に至る人間の（投影された）歴史を表している。

しかし、ロマン派サタニストたちの神話や世界観は、常に人間的なものだけに限られていたわけではない。ブレイクの想像力についての考えは、自然界のあらゆるものにはそれぞれ独自の「精霊＝天分」があるとするもので、真に世界的《コスミック》な側面が備わっている。だが、一八〇九年に記した文章でブレイクがかなり明確に説明しているように、「この神々は、永遠の属性、あるいは神々の名前の幻影であるが、それが〔本当の〕神々になってしまうと、人間にとって有害な存在となる。彼らは下僕であるべきで、人間や社会の主人であってはならないのだ」。これとほぼ同じことが、『レイオンとシスナ』におけるシェリーの〈蛇霊〉や、『サタンの終わり』におけるユゴーのサタンにも言えるかもしれない。彼らが描写する世界《コスモス》に関する戯曲は、基本的には人間の歴史、あるいは人間精神の中で展開される。「神が行動し存在するのは、生きているもの、すなわち人間の中だけである」。ブレイクは『天国と地獄の結婚』で、すでにこのように述べていた。それゆえ、彼は、神を崇拝することを、「神が人に与えた贈り物を、彼ら一人ひとりの才能に応じて、尊敬すること」であると結論づけることができたのである。あるいは、後の作品でより簡潔に述べているように、「汝は人間である、神はもう存在しない、汝自身の人間性を敬愛することを学ぶのだ」。ほぼ確実に言えるのは、ブレイクはここでほかのロマン派サタニストたちの代弁もしていたということだ。

これら新しいものは、すべて、サタンであった。いかなる進歩もサタンが犯した罪でなかったものはない。

——ジュール・ミシュレ『魔女 *La sorcière*』〔篠田浩一郎訳、岩波文庫、一九八三〕

第3章

一九世紀の対抗文化におけるサタン

ロマン派サタニストたちは宗教的な意味でのサタニストではなかったかもしれないが、そのことで彼らのサタン復活の歴史的意義が損なわれることはない。筆者が論じたいのは、その個人的な信念や目的が何であれ、彼らの作品に対する後世の認識や受容は、西洋文化（の特定層）の中のサタンに対する新たな態度が出現する決め手となったということである。この影響がどのようなものであったかについては、これまでの考察を通じて、より正確に見極めることができるようになった。ロマン派サタニズムは、その後の近代の宗教的サタニズムの出現において、次の三つの点で重要な貢献をしたと筆者は考えている。

一、ロマン派サタニズムは、西洋文明においてサタンを肯定的に再評価した、有力な文化的潮流の最初の歴史的な現れとなっている。その堕天使の根本的な再評価は、ロマン派サタニストたちの作品を通じて、後世にとって潜在的なインスピレーションの源であり続けたが――バイロンとシェリーの作品は早くから広く読まれ、ユゴーの『サタンの終わり』とブレイクの作品は一九世紀末に再発見された――、西洋文化を通じても影響の波紋を広げ、それは二〇世紀に伝わっていった。

二、ロマン派サタニズムは、神話と意味に関するポストキリスト教的・ポスト啓蒙思想的な新たな論じ方を示し、それは宗教的真理の源としての人間の創造性と想像力に関する革命的な再考に根差すものである。このことにより、近代の人間が共感し、〈同一化〉さえしうる世界《コスミック》の象徴としてのサタンを復活させ再現することができた。

三、ロマン派サタニズムは、復活したサタンの姿に決定的な影響を与えたが、そのサタン像は一九世紀の対抗文化に常につきまとい、最終的には近代の宗教的サタニズムの中に現れることになる。キリスト教のサタンの伝統的な特徴を再評価することで、ロマン派サタニストたちは、悪魔に関する後世の考え方に受け継がれることになる多くの要素を寄せ集めた。

性愛・学知・自由

最初の二つの点については、第2章で十分に（十分すぎたかもしれないが）論じてきた。本章を紹介する上では、三つ目の点を簡単に論じることにする。筆者の考えでは、一九世紀の新しいサタン像に結びつけられる三つの最も重要な要素は、性愛・学知・自由としてまとめることができる。

ロマン派サタニズムが結びつけたサタンと自由とのつながりの重要性については改めて指摘するまでもないだろう。この自由の要素はすべてのロマン派サタニストに見られる。伝統的なキリスト教の神話学において、サタンの堕落は神の権威に対する尊大で背徳的な反乱と結びつけられてきた。ロマン派サタニストは、こうした旧来のテーマに新しい意味を与えることで、堕天使を独裁的権力に対抗する、政治的・個人的自由の高潔な擁護者へと変化させたのである。政治的観点からすると、これまでも見てきたように、サタンを礼賛する詩を詠った一九世紀の詩人たちは、ほぼ例外なく「左派」あるいは「急進派」であり、社会・政治改革への進歩的な信念と激しい反キリスト教・反教権的な態度とが結びついていた。詩人たちの新しい神話の中で何より重要な存在である悪魔は、西洋革命の解放と自由の風潮と強く関連づけられていった。

　二つ目の、ロマン派サタニズムが描くサタン像のさらに驚くべき特徴は、学知とのつながりであろう。この文脈における「学」はさまざまな意味にとることができ、たとえば、科学的・技術的な進歩、「近代の」批判的思考、「理性」などであるが、魔術に関する神秘的・秘教的な知識や、これらの要素がいくつか組み合わさったものとしても解釈されうる。サタンが創世記の蛇と同一視されて以来、禁じられた知識の誘惑は、キリスト教のコスモロジーにおけるサタンの古典的な属性の一つであった。一九世紀という、時に明確に宗教的な含みを帯びた科学万能主義が誕生した時代に、知識の探求が悪と見做されることはほとんどなくなった。このようにして、サタンは、光をもたらす者であるルシファーの姿において、信仰や伝統の枠を超えて科学的な問いや批判的思考を追求する人々の鑑となった。「〈学〉その妹たる〈詩〉が／自由なる者たちの野と街を光で包み込むだろう！」シェリーは『レイオンとシスナ』で、蛇／ルシファー／自由の来るべき支配について、このように描写した。バイロンの『カイン』はこうした傾向を最も雄弁に物語るものである。「知識が善であり、生命が善であるならば、どうしてこの二つが悪となりえようか？」と、カインは不思議に思う。しかも、彼に星や別の世界の過去と現在についての知識を示したのはルシファーなのである。（バイロンの作品を丁寧に読むと、ルシファーの探求の精神についてはかなり断定的に書かれていることがわかるが、このことは、彼の戯曲の受容では見落とされがちな点であった。）

　最後に、三つ目の意味は、サタンを現世、自然、そして「肉体」と結びつけた。特に情熱的な愛と性愛として現れる肉体である。〈見張り役の天使〉に関する聖書外典の物語の時代からすでに、堕天使たちは肉欲、誘惑、「肉の業」と結びつけられてきた。こうしたサタンの「ポルノ化」は、後のキリスト教の伝承に十分受け継がれ、おそらく近世の悪魔をめぐる幻想でその頂点に達した。この点でも、ロマン派サタニズムは評価を逆転させた。ロマン派は人間や神の掟を超越する情熱的な愛を神聖化し、さらに、ロマン派サタニストの多くは自由恋愛や女性解放に関する何らかの考えを支持していた。もしこうしたものがすべてサタンの領域であるとすれば、暗黒の天使は、厳格で掟を与えるキリスト教の神よりも望ましい存在になったのだろう。

このような共感の逆転は、ほぼすべてのロマン派サタニズムにおいて見られ、ブレイクの『天国と地獄の結婚』、シェリーの作品、すでに引用してあるアルフレッド・ド・ヴィニーの『エロア』、バイロンの『天国と地獄』などをはじめとする多くの作家たちの作品に見出される。しかし、「肉欲」に対する現代の態度を、一九世紀初期のロマン派サタニストたちのような作家に短絡的に投影することには注意する必要がある。というのも、新プラトン主義の特徴がロマン主義に強く浸透していたからである。ブレイクは「罪」を「杓子定規の道徳」の発明と見做していたが、自然や身体に対する彼の態度は両面的なものであった。すなわち、一方で自然や身体は、永遠の想像力がそれ自体を表現する手段であり、もう一方では、想像されるものが真に現実化するのを妨げもするとブレイクは考えた。ユゴーの『サタンの終わり』は、人間の物質性への堕落と、その後、人間がそこから生まれた愛という精神的な本質に人間が戻っていく物語として解釈することができる。バイロンのルシファーは、『カイン』において肉体的なものをあからさまに軽蔑すらし、人間を仲間の動物から際立たせているのは、人間の精神と理想を想像する力だけであると示唆する。この両面性が作家たちのあいだで身体の完全な再評価へと変わるのは、後世になってからのことである。

このような両面性があるのは確かだが、サタンを自然と肉欲により深く同一化させる明らかな前触れを、これまで取り上げてきた作家たちの中に見ることができる。たとえば、ヴィニーのサタンは『エロア』で自然界の声として現れる。

自然は、私の帝国の掟に従い、
私を優しく受け入れ、聞き入れ、その息吹とする。
私は再びその魂となり、私の甘美な計画のために、
その原理の奥深くから私の従臣たちを呼び出す。

その数年前にシェリーは『レイオンとシスナ』で、〈蛇霊〉の存在についてほぼ同様の表現をしていた。

大嵐に揺さぶられた森、
水、泉、そして夜の静けさ——
それは彼の声であった
凪いだ海が静かな星で輝き、天国が歓喜で静まり返ったとき、
私は彼の微笑みが神授のものであることをよく理解した。

サタンと性愛や肉欲とのつながりは、サタンが異教の神々や自然界の霊と歴史的に結びついていたことにより、さらに複雑なものとなった。こうしたテーマは、すでにシェリーが『悪魔と悪魔たちについて *On the Devil, and the Devils*』（一八二〇年頃）の中で予め示していたものだった。この機知に富んだ作品は彼の手帳に収められており、死後数十年が経ってから初めて出版された。悪魔と「古代の森の神々」との歴史的な結びつきに触れながら、このイギリスの詩人はさらに、異教の信者の罪のない歓楽とキリスト教徒の偽善との明確な対比を示した。

森の精と牧神はその指導者であるパンの大神とともに、最も詩的な存在であり、異教の信者の想像の中では、活気と喜びをもたらしうるあらゆるものと結びつけられていた。彼らは無垢の存在とされ、彼らが守護聖人である羊飼いや牛飼いたちとは、習慣や風習においてそれほど違わないと考えられていた。けれどもキリスト教徒は、ギリシア神話の残骸と自分たちがわずかに理解していた森の精と牧神の哲学を、真実を歪め偽るために利用しようと企んだのだ。

暗黒の天使と性愛・学知・自由との関連づけは、すでにロマン派サタニストたちのあいだで少しずつなされていたが、後世の作家たちのあいだではより頻繁に表されるようになった。ジョズエ・カルドゥッチの『サタンへの讃歌 *Inno a Satana*』（一八六三）——後述にて詳しく論じる——やアナトール・フランスの『天使たちの反乱 *La Révolte des anges*』（一九一四）を読めば、これらの要素がくり返し出てくることがわかる。もしかすると、サタンはこのようにして、否定的に理解されたキリスト教伝統の神の肯定的な鏡像として機能する、普遍的な現世の神となったのかもしれない。したがって、ロマン派サタニストは自ら宗教的サタニストになることはなかったものの、宗教的サタニズムが登場する素地をすでに整えて

いたのである。こうして初めて、サタンは悪の権化ではなく、身体と心を解放する肯定的な力として捉えられた。この根本的な逆転の後に唯一必要なことは、誰かがその考えに宗教的な土台を与えることだった。

次の節からは、ロマン派サタニストが残した遺産を一九世紀の〈対抗〉文化を通じてたどっていく。さらなる検討を行っていく上で、特に興味深い三つの文化的領域として、政治的イデオロギー、古代・中世の「サタニズム」の歴史的関心、オカルティズムなどの代替的宗教性が挙げられる。これらの研究領域は、既存の学術文献に目を通した際に浮かび上がってくるだけでなく、本書でこれまでに示してきた問いや答えからも、多かれ少なかれ論理的に導き出されるものである。先述したように、サタニズムの概念の起源は、キリスト教において作り出されたサタニストに関するステレオタイプだった。したがって、サタンへのロマン派の〈同一化〉が、いかにして初期の「サタニスト」に対する見方に影響を与えたかを見ていくことは興味深いことであるかもしれない。ロマン派サタニズムの出現の政治的背景の重要性は、この領域のさらなる探求を十分に正当化するものである。そして何よりも重要なのは、本物の宗教的サタニズムだと言えそうな事例を探す上で、それが見つかる可能性が最も高いのは、急成長する一九世紀の代替宗教の中であることがはっきりしていることだ。

アナーキストとしてのサタン

これまで見てきたように、政治は一九世紀のサタンの復活の基盤であり、自由や解放といった西洋革命の価値の象徴的表象としてのサタンの役割は、このプロセスにおいて不可欠であった。こうしたサタンと革命のつながりを最も雄弁に物語っているのは、パリのバスティーユ広場であろう。そこには一八三〇年の七月革命の後に建てられた巨大な真鍮の円柱があり、フランス革命の躍進が称えられている。円柱の先端にはオギュスト・デュモンがデザインした高さ四メートルの金色の像が立ち、正式には「自由の精」と呼ばれている。しかし、一九世紀のサタンの図像学に詳しい者であれば、この頭上に星を輝かせ、燃えるトーチを掲げる翼のある裸の若者の像に、ルシファーのもう一つの姿である光と自由の天使の姿をすぐに認めることだろう。

このように、サタンが革命の長として広く称えられていたことを踏まえれば、実際の革命家たちの中にもロマン派サタニストがいたとしても不思議ではない。ロマン派のサタン像への興味が何より鮮明に反映されているものとして、左派の政治哲学の中でも最も急進的で個人主義的な思想であるアナーキズムに注目する必要がある。この点に関して最も興味深い人物の一人は、フランスのアナーキズムの父ピエール＝ジョゼフ・プルードン（一八〇九〜一八六五）である。プルードンという人物を一言で説明することはできないが、一九世紀が抱える矛盾の大半を、彼という一人の人間が体現していたように思われる。プルードンは貧しい農村の出身で、学校に木靴で通わなければならないほど家庭は困窮し、子どもながらに恥ずかしさを覚えていたという。しかし、そのような現実にもかかわらず、母親の純粋な敬虔さと決然とした共和主義が組み合わさった姿勢は、プルードンにとっての理想であり続けた。青年期にはカトリックの護教論者にすらなろうとし、印刷工見習いをしていた頃には、自ら編集し膨大な注釈がつけられた豪華な四折版の聖書を作った。

こうした姿勢は、プルードンがアナーキズムの大義を支持するようになってから根本的に変化した。一八三二年に王政復古の熱気が七月革命を導き入れた際、彼は自身のメモ帳に、次のように書き記した。

聖職者の勢力
人間の尊厳
市民的自由 ｝とは相容れない
経済

カルタゴは滅ぼさねばならぬ。

この簡潔なメモには、プルードンが革命家として生涯追い続けることになるテーマがすでに示されている。彼は『貧困の哲学 *Système des contradictions économiques, ou philosophie de la misère*』を出版したことにより、一八四六年に一〇年の実刑判決を受けた。この著作は経済学に関するものとされてはいるものの、奇妙なことに神の存在についての論説も兼ねていた。ここでは、シェリーやユゴーなどのロマン派サタニストの作品ですでに馴染みのある主題の多くに出会うことができる。たとえばプルードンは、次のように記している。「そして私が言わんとしているのは、知的で自由な人間に与えられた第一の義務は、神の観念を理性と良心から常に追い払うことである。なぜなら、神が存在するあいだは、神はその本質においてわれわれの本性に敵対的であり、そこでは神の権威からのわれわれの進歩はとうてい見込めないからである。われわれは、神とは関係なく知識と学知を獲得し、神とは関係なく幸福を手に入れ、神とは関係なく社会を築く。われわれの進歩はその一つ一つが勝利であり、神性を打ち砕くものである」。このような、「偽りの霊」や「プロメテウスの暴君」に対する痛烈な批判は、プルードンに名声を与えた過激な発言、すなわち、神は悪であるとの有名な発言とともに続けられることになる。「われわれが許しを請うている過ちは、お前が犯すよう仕向けたものだ。誘惑から解放してほしいとわれわれは願ったが、その誘惑を押し付けたのはお前だ。そしてわれわれを悩ませるサタン、そのサタンとはお前のことだ……。神とは偽善であり欺瞞である。神とは暴政であり貧困である。神、それは悪である……。神よ、退散せよ！　恐怖から解放され賢明になった今、私は天に向かって手を広げ断言する、お前が私の理性の絞首刑執行人、私の良心の亡霊にすぎないことを」〔斉藤悦則訳、平凡社ライブラリー、二〇一四〕。古《いにしえ》の神を暴君であると宣言したからには、サタンはそう遠くないはずだ。この大天使は、一八五八年に出版されたプルードンの代表作『革命の正義と教会の正義 *De la justice dans la Révolution et dans l'Église*』に華々しく登場することになる。ブザンソンの司教であるモンシニョール・マチューに捧げられたこの浩瀚《こうかん》な著作において、プルードンは当時のほぼすべての社会的・政治的問題を取り上げ、少年時代のノスタルジックな回想とともに、その政治的思索をちりばめている。とはいえ、この著作は、彼にとって最も重要な主題を中心に展開される。すなわち、「聖職者の問題」、宗教と教会全般に関する問題である。プルードンは、教会が革命を「裏切ったこと」、そして（極めて近代的な言い方をすれば）人間が本来持っていたであろう環境との健全な関係が破壊されたことを強調する――「キリスト教の熱風《シロッコ》がわれわれの魂を通り抜け、その生気を奪っていった」。しかし何より、アナーキストであるプルードンを怒らせたのは、歴史的キリスト教によってもたらされた自由の束縛である。プルードンは第二巻の終わりで（これもブザンソンの司教に向けた言葉であるが）、次のように主張する。「ああ！　モンシニョール、あなたが自由を愛しておらず、これまでも愛したことがないのはもっともだと思います」。

自由とは、あなた自身で滅ぼさないことには、それを否定することも肯定することもできないものであり、スフィンクスがオイディプスを恐れたように、あなたは自由を恐れています。つまり、自由がやって来れば教会は暴かれ、キリスト教が人類の神話の単なる一コマにすぎないことが明かされます。原罪の歴史の中で象徴化された自由は、あなたにとってのアンチキリストであり、自由とはあなたにとっては悪魔なのです。

来るのだ、サタンよ、来るのだ。聖職者や王たちに中傷されているお前を、私は抱擁しよう、私の胸にしっかり抱きとめよう！　お前のことは昔から知っているし、お前も私のことを知っている。お前の業《わざ》は、私の心の幸いなる方よ、常に美しいわけでも優れているわけでもない。だが、それだけが世界に意味を与え、世界が不条理なものとならないようにしてくれるのだ。お前なくして、正義は何になるのだろう？　本能になる。では理性は？　習慣になる。では人間は？　けだものになる。お前だけが、私たちの労働に生命を吹き込んで豊かなものとし、富を気高いものとし、権威への弁明の役目を果たし、徳に確証を与える。まだ望みを捨てるな、偉大な無法者よ！　私はペンを持つことでしかお前に仕えることはできない。ただし、私が書き記すものには一〇〇万票の価値がある。

プルードンはすでに『貧困の哲学』では、旧来のキリスト教の神をサタン（小文字のsatan）として退けていたが、一方ここでは逆に、サタン（大文字のSatan）が人間に究極的な存在意義を与えている。

指摘するまでもないかもしれないが、多くの批評家が述べているように、プルードンの叫びは宗教的サタニズムへの信仰の表明として解釈すべきではない。ここまでにおいて、このフランスのアナーキストが、冷静な哲学よりも世の中を騒がすことに熱心だったのは明らかであろう。それはマルクスの嘲笑を買い、そして『貧困の哲学』への応酬として、マルクスならではの皮肉なユーモアが込められた『哲学の貧困 *The Misery of Philosophy*』が出版された。本文の文脈からも十分明確であるように、

すなわち、人間の解放である。人間は「不服従の行為と知識によって――つまり反逆と思考によって、そのきわめて人間的な歴史と展開へと歩を進めたのである」。人間を人間たらしめるのは、「思考する力と反逆への欲求」なのである。あるいは、バクーニンの言葉を借りれば、「野獣であり、ゴリラの親類も同然であった人間は……動物のような奴隷状態を脱し、神の奴隷を経て、動物性とも人間性ともつかない状態から、人間の自由を獲得し実現させるべく前進しているのである」。ここでもサタンは、自由の守護天使であり、自由になろうともがく人間を象徴的に示す存在である。

　こうしたアナーキストの思想家に、サタンというテーマがどのような過程を経て受容されたのかを、正確にたどることはほぼ不可能である。理屈の上では、プルードンがサタンに関する考えを受容したのはウィリアム・ゴドウィンからであるとも考えられるが、それよりは、プルードンが明らかに慣れ親しんでいたサタン派の作品の影響を受けていたと考える方が自然である。バクーニンはたしかに（心底嫌っていた）プルードンの著作を読んではいたが、バクーニンもまたいろいろな形でこのまったく新しいサタン像に行き当たっていたはずである。というのも、この時点でサタンは確実に世間に広まっていたように思われるからである。世紀の半ばには、サタンは、急進的あるいは自由思想の作家の書棚から自由に取り出すことのできるおなじみのトポスとなっていた。ロマン派サタニズムは、彼らが発する言葉の最も重要な源泉となるのである。しかし、文学とイデオロギーは互いに影響し合っていた。先述のように、アナーキストのイデオロギーをゴドウィンが公然と示したことは、ロマン派サタニズムを生じさせたテキスト上の影響や個人的な影響の連鎖における鎖の一つとなった。ある意味では、これはきれいな円をなしている。すなわち、アナーキストである哲学者が残した単発的な未完の遺稿が文学のきっかけを生み、そして次に文学が後のアナーキストの伝統の著作にサタンの爪痕を残すといった円を描いてきたと言える。

　一九世紀には、エリゼ・ルクリュやポール・ラファルグといったそれほど知られていないアナーキストの著述家たちが、プルードンやバクーニンを真似て修辞的意図で悪魔を持ち出すことがあった。また、おそらく同様の理由から、急進的なパリ・コミューン支持者であり女性解放論者であるポール・マンク（一八三九～一九〇一）

は自分の子どもを「ルシファー゠ブランキ゠ヴェルサンジェトリクス゠レヴォリュシオン」と名づけ、アメリカの女性権活動家モーゼス・ハーマン(一八三〇〜一九一〇)は自身が刊行する雑誌に『ルシファー光をたずさえる者 *Lucifer the Light-Bearer*』というタイトルをつけた。一九世紀末から二〇世紀初頭にかけては、スウェーデンの社会主義者のあいだでも左派のサタンが登場した。こうしたマイナーな左派の伝統は、二〇世紀や今日のポスト・イデオロギー的な世界ではあまり残っていないように思われる。そのかすかな痕跡は、ソヴィエトの文学研究でお決まりの、ミルトンのサタンを「世界の革命家」とする独断的な解釈や、後のアメリカ大統領バラク・オバマにインスピレーションを与えたアメリカの左翼活動の古典であるソウル・アリンスキーの『過激派のルール *Rules for Radicals*』(一九七一)の冒頭を飾る、「世間に知られた最初の過激派」としてのルシファーへの「肩越しの謝辞」の中に認められるかもしれない。

歴史上のサタニズムの(再)構成

逆説的ではあるが、ロマン派サタニズムが西洋宗教史の見方に与えた影響は、その後もさらに根強く残っていた。近代以前のサタニズムのラベリングのイメージとの〈同一化〉がロマン派サタニズムの出現に著しく影響したのではないことは事実かもしれないが、その逆の影響関係はたしかにあったのだ。善と悪が入れ替わると、とりわけ近代以前にサタニズムにラベリングされるとされていた歴史上の集団の描き方に、自ずと影響が及ぶこととなった。この点でも、純文学は先を行っていた。シェリーは未完の小説『暗殺者 *The Assassins*』で、すでに蛇を崇拝するグノーシス主義者の異端グループを理想社会として描写しようと考え、また、フランスのロマン派アルフォンス・エスキロスはその独創的な小説『魔術師 *Le Magicien*』(一八三七)の中で、中世と近世初期の魔術をフランス革命の先駆として描いた。一八四二年には、フランスの作家ジョルジュ・サンド(一八〇四〜一八七六)が、絶大な人気を博した自らの小説『歌姫コンシュエロ *Consuelo*』で、中世のルキフェル派を同様に描いた。

サンドは、今日では若き日のショパンの愛人（の一人）として主に記憶されているが、彼女はフランスの哲学者ピエール・ルルーの社会主義的人道主義を熱烈に支持し、『歌姫コンシュエロ』にはそのルルーの思想の影響が明白に表されている。一九世紀の典型的な文芸欄のスタイルで書かれ、話の筋がころころと変わるこの作品を要約するのはそれほど簡単ではない。物語は架空の人物である一八世紀のオペラ歌手コンシュエロを中心に展開する。音楽教師としてボヘミアの城に到着したコンシュエロは、その城に住む謎めいた貴族の若き跡取りアルベールに紹介される。アルベールは自分のことを昔のフス派の異端者だと思っているため、親戚からは気が触れているか取り憑かれていると思われているのだが、そこから話は面白くなっていく。サンドは明らかに、フス派の反乱を故国フランスの革命と重ね合わせ、また、フス派をまた別の中世の異端者であるロラード派——悪魔崇拝者として告発された集団の一派——と混ぜ合わせているのである。さらには、城周辺の農村部にはフス派の残党がまだわずかに残っていて、「不当に扱われた者（もちろんサタンのことである）に敬意を」という、サタニスト流の挨拶を交わしているというのである。

アルベールもこの集団に属している。しかし、コンシュエロは、アルベールの地下の隠れ家に入り込んだことで、サタニストのフス派が闇に潜む悪霊とはかけ離れた存在であることを知る。アルベールはフス派について、「神秘的で類稀な集団は、多くの人々とともに肉体の名誉を回復させることを夢に見ていたのです」とコンシュエロに説明する。「愛と平等と普遍的連帯という幸福のあらゆる要素を容認したいと思っていました。これは、どんな悪用や行き過ぎた行為があったとしても、高潔で尊い考えでした」。それからほどなくしてサタン本人がコンシュエロの幻視に、「壮麗で青白く美しい」姿を現し、自分は人々に悲しいほど誤解されてきたのだと伝える。「私は悪霊ではない、私は正統な反抗をなした大天使なのだし、大いなる戦いを守護する者なのだ。キリストのように、私は貧しい者、弱い者、虐げられた者の神だ。……おお、民衆よ！　おまえたちが存在するようになってからというもの、心の奥底に語りかけてきた者のことが分からないのか？　苦しみにあるときはいつも慰め、こうして語りかけてきた者のことが分からないのか？　幸福を求めよ、あきらめるな！　幸福を手にする権利がおまえたちにはある、求めよ、そうすれば与えられよう！」

サンドは『歌姫コンシュエロ』を、左派の視点から、意図的に描いた新しい歴史として構想した。この作品は特に、一七八九年の事変以来、保守派のサークルで広まっていた反革命的な陰謀説に反対する目的で書かれた。そのような陰謀説は、革命が、異端集団や秘密結社、そしてマニ教徒にまで遡る、反キリスト教勢力による邪悪な陰謀の帰結であることを意味していた。（こうした陰謀説については後の章で取り上げる。）『ルドルシュタット伯爵夫人 *La Comtesse de Rudolstadt*』（『歌姫コンシュエロ』の続編で、さらにひねった途方もない筋書きとなっている）では、この陰謀が実際に存在することが判明する。それはコンシュエロが「インビジブル」という秘密結社に紹介されたからであるが、浅識な読者でもその秘密結社が実在のイルミナティであることはすぐにわかる。しかし、サンドにあっては、この結社の秘密裏の行動は、もっぱら正義を果たすことのみを目的とする。「自由、友愛、平等、それこそが〈見えざる存在〉のなせる業の神秘的かつ深遠な信条である」。彼らの歴史的道のりは、フランス革命まで続き、読者は革命をサンドの物語の真の頂点として理解するようになる。

『歌姫コンシュエロ』のような作品が提唱するヨーロッパの宗教史に関する新しい解釈は、専門の歴史学者の研究にも浸透していった。その刻印は魔術史の記述に最も深く刻まれることになる。一般的に、一八世紀の啓蒙思想は、近世初期の魔術を教会と異端審問がでっち上げたものとし、現実にはいかなる根拠もないものだと見做していた。このような見方とは対照的に、一八世紀末から一九世紀初頭における歴史学者の中には、残存する古代の異教集団が魔女とされていったのではないかという興味深い仮説を立てた者もいた。ほとんどの場合、そのようなことを言う歴史学者の意図は反動的だった。結局のところ、もし魔女が実在したのであれば、当局による取り締まりはその危険から社会を守る上で、正しかったことになる。しかし、彼らの仮説はフランスの歴史学者ジュール・ミシュレの革新的な著作『魔女 *La Sorcière*』に取り入れられ、まったく新しいひねりが加えられた。一八六二年に初版されたこの著作は、一九世紀の歴史記述における革命後の新しいサタン像を最も顕著に表すものと見做すことができる。

ミシュレは、友人のヴィクトル・ユゴーと同様、もともと中世に憧れを抱く王党派であったが、同じくユゴーのように、次第に急進的な共和党陣営へと惹かれていった。ミシュレの歴史観の変遷をたどる上で特に重要な二つの点は、彼が歴史をロマン主義的手法で捉えることに目覚めたことと、一八三〇年の七月革命を経験したことである。一つ目の点によってミシュレは、歴史を革命的・神話的に描写するという理論的枠組みを手にし、それ以来ミシュレの広義の歴史学者としての活動は、「人類は自らを創造する」という考えによって特徴づけられてきた。二つ目の点は、ミシュレの政治的姿勢の分岐点となるものである。ミシュレは次のように回顧する。「この忘れられない日々に崇高な光が現れ、私はフランスというものを理解した」。ミシュレは一八三〇年の夏に「パリの焼けつくような歩道の上で」書いた『世界史入門 *Introduction à l'histoire universelle*』の中で、文明の歴史を進行中の人間の解放のプロセスとして記述した。「世界の始まりとともに、世界の終わりまで絶えることがない戦争が始まった。自然に対する人間の戦い、物質に対する精神の戦い、宿命に対する自由の戦い。歴史とはこうした果てしない争いの記録以外の何物でもない」。

このような新しい見方は、ミシュレのキリスト教に対する認識も変化させた。王党派だった頃のミシュレは、中世の教会を人民を何よりもよくまとめるものとして、キリスト教信仰を理想に向かう人間の進歩における最も重要なステップとして描いた。その後、彼はキリスト教に対し徐々に批判的となっていき、初めは人道主義的な路線に沿ってキリスト教を変えることを構想したが、結局は完全に除去することが必要であると考えるようになった。すると、それに応じてサタンの表情も変化していった。ミシュレの日記には、早くも一八二五年には、彼が堕天使を自由やプロメテウスと同一視していたことが示されている。ミシュレは『世界史入門』で、次のように述べる。「世界の英雄的な原理である自由は、長らくサタンの名の下で運命と混同されてきたが、ついにその真の名の下に姿を現した」。ほかの大半のロマン派たちと同様、こうした考えによって、ミシュレが、イエスを肯定的に評価しなくなることはなかった。イエスの受難は現実には虐げられた者たちの窮状を表していたからだ。(『サタンの終わり』におけるヴィクトル・ユゴーの考えとの類似点をここに多数見出すことができるのは、単なる偶然ではないだろう。)

急進主義に深く傾倒していったミシュレは、やがて既成の学術組織から遠ざかっていった。ナポレオン三世に忠誠を誓う宣言に署名することを拒否したため、ミシュレはコレージュ・ド・フランスとフランス国立公文書館での職を失った。解雇された後は在野の歴史学者として研究を続け、自著の『フランス史』を書き直して、フランスの民衆を主役とする進歩と革命を称賛する膨大な一冊の本にまとめた。さらに一八四九年には二人目の妻アテナイス・ミアラレと結婚し、そのことがミシュレをやがて『魔女』へつながる道に向かわせることとなる。最初の結婚はあまり幸せなものではなかったが、自分よりずっと年下のアテナイスとの結婚で、この老練な歴史学者はようやく結婚の喜びを味わった。それからミシュレは、自然、人間の生理機能（とりわけ女性の身体の）、女性の社会的地位、愛と消化機能の身体的プロセスに興味を持つようになった。このように新しく湧いてきた興味が原動力となって、ミシュレは新たな著作を執筆したが、そのうちの何冊かは六〇歳の歴史学者としてはやや珍しい内容のものだった。たとえば、ミシュレは一八六〇年にレズビアンの官能小説『シルヴィーヌ ある女中の回想録 *Sylvine, mémoires d'une femme de chambre*』と、結婚するまでの妻の伝記『ある誠実な少女の回想録 *Mémoires d'une jeune fille honnête*』の執筆を始めた——どちらの作品も年下の妻に出版を止められたのではあるが。

魔術の歴史の中に、ミシュレは彼の人生における新たな発見を歴史の上に位置づけることができる題材を見出した。ミシュレは、一八三七年にはまだ魔術を「打ち負かされた古い宗教の忌々しい出来そこない」と記述していた。それが一八四〇年には、より中立的な「打ち負かされた古い宗教の名残り」〔『フランス史〈中世〉*』桐村泰次訳、論創社、二〇一七〕という表現に変化した。『魔女』ではそこからさらに一歩踏み出し、歴史上の魔術の起源に関するまったく新しい理論を説いた。当初、ミシュレはこの著作の中で、魔女のサバトに関して、「反自然的な」キリスト教が到来した後も消えずに残った「古代異教のささやかな名残り……農奴たちの無邪気なカーニヴァル」にすぎなかったと述べていた。中世後期に農奴がかつてないほどの窮状に陥り、それが農村での大規模な反逆に至って、サバトは表舞台に現れた。このサバトは、教会と封建制度による抑圧に対抗する決起の場となり、明確に反キリスト教的な性格を帯びていった。「人間的な同胞愛、キリスト教の説く天国への挑戦、自然という神への不自然な礼拝、——それこそ黒ミサの意味である」。

この新たな展開を先導したのは女性であるとミシュレ

は論じる。中世の困窮する女性が家の守護霊に慰めを見出す様子を、ミシュレは明らかにフェミニスト的視点から描いた。この守護霊は古の親切な異教の神々の生き残りで、女性の仕事を手伝い、昔ながらの知恵を伝授した。家に宿るこうした精霊は、一三世紀の動乱期になって初めて「〈反抗者〉という名の偉大な農奴、不当に扱われた者、古の無法者」といった革命を象徴するサタンへと展開していった。

サタンの崇拝に関するミシュレの描写には類を見ない重要性がある。『魔女』では、サバトの祭を執り行うのは、女司祭にして「悪魔の許婚」であり、苦悩の美貌と、溢れかえる蛇のように渦巻く黒い髪、「すなわち、乱れてやまない激しくうねる黒髪」の持ち主である。サバトが最高潮に達した時、男根像のヴェールが取り払われ、黒い巻き毛の女司祭がそれにまたがる。「木でできたその神は、かつてパン神やプリアポス神がそうしたように、女司祭を喜んで迎える。異教の習わしそのままに、女司祭はその神に己の体を与え、デルフォイの巫女がアポロンの三脚台の上でそうしたように、しばらく神の上に腰を下ろす。このようにして女司祭は、息吹き、精気、生命、偽りの受胎を受け入れる」。以後、「女自身」が祭壇となり、供物が捧げられる。「彼女の腰の上で、悪魔が司式し、信条《クレド》を唱え、供物を捧げた。……大地の精霊に小麦が差し出され、その精霊はその小麦を育てる。鳥たちが（おそらく女性の胸元から）飛び立ち、自由の神のもとに農奴たちの嘆息と願いを運んでいった」。ミシュレは注釈で、こうした「愛すべき捧げもの」はフランス特有のものと思われるとつけ加えているが、彼はその思想的放浪を終えるまで、フランスの熱烈な愛国主義者であり続けた。

現代の歴史学者のほとんどは『魔女』が事実に基づいた真面目な歴史であるとは言い難いと冷ややかに見ている。この著作は（当時としては珍しく）かなり広範な文献一覧を含んでいるが、意図的な対抗神話として、すなわち何世紀にもわたって隠されたままの、もしくは気づかれることのなかった反歴史を明かそうとする試みとして見る方がよいかもしれない。また、一部にはあからさまな官能小説である部分もある。ある批判的な批評家は、ミシュレの著作は肉体を神格化し、「背徳への誘発とさえ言えるもの」であると評し、ミシュレの弟子の一人までもが彼の作品を媚薬にたとえた。当然、『魔女』はすぐさま禁書目録に入れられた。また同じ頃、ナポレオン三世の検閲官も介入し、ヴィクトル・ユゴーとジョルジュ・サンドからの支持を取り付けてこの本の販売を禁止したのだった。

当局は、単なる不道徳以上のものが問題となっていることを強く認識しており、そのことはミシュレの出版物に関する政府の内部報告書の説明にも示されている。「何らかの形で神を悪、悪魔を生命の蘇生者として描き、中世の男女の道徳的・物質的な苦悩を近代文明の主な根源の一つであるキリスト教に帰している。それはすでにそれ自体の反証が含まれている考えである」。言うまでもなく、これはまさに『魔女』が強調したかった点である。この本には参考文献が豊富に記載されているが、この点で、ミシュレの著作がそれらの資料を冷静に見直した結果、着想を得たものではないことは明らかである。実際に、『魔女』をロマン派サタニズムの一例として見做すことは完全に妥当である。少なくとも、ミシュレはそこからインスピレーションを得たに違いないのである。彼の著作の中で明確な言及のある数少ない同時代の作品の一つはジョルジュ・サンドの『歌姫コンシュエロ』である。ミシュレは、サンドのキリストとサタンの和解に関する考え（ちなみにミシュレのその伝え方は若干間違っている）には反対したものの、彼の視点がサンドの「不当に扱われた者」の描き方に負うところが大きいのは明白である。

サンドの明らかな影響以外にも、ロマン派サタニズムのあらゆる古典的主題が『魔女』に再び登場していることが窺える。まず、ミシュレの中世の「〈反抗者〉という名の偉大な農奴」の崇拝に関する政治的意義を見逃すことはできない。「サタンのおぼろげな影に隠れて、民衆が崇拝したのは民衆にほかならなかった」とミシュレは述べる。彼のここでの試みは、一九世紀の革命的なサタンを中世の歴史に読み込んだにすぎない。またミシュレにおいて極めて顕著なのは、サタンと自然の再評価との、特にその性的な側面におけるつながりである。ミシュレにとって、中世のサタン崇拝の最も目立った特徴の一つは、「子宮の復権」である。すなわち、「人間が永遠に生まれ、生まれ変わるという、きわめて神聖な子宮を崇拝すること」である。彼からすると、中世のサタニズムは、キリスト教の「反自然」性に対抗する一つの偉大な反乱であった。ロマン派サタニズムとの共通点の最後のものとしては、科学とのサタンの関連も登場する。ミシュレは巧みに、魔女の民間療法を、医療専門家の出現や近代科学の経験主義と結びつけている。科学は常に反逆者であり続けた、とミシュレは論じ、魔術、医学、占星術、生物学は、「すべて、サタンであった」と述べる。こうした政治的・イデオロギー的・精神的な課題を認識して初めて、『魔女』がなぜ、来る世界《コスモス》の統一という壮大なヴィジョンで終わるのかを理解できる。この本の中でミシュレは、最終的な科学の勝利と、そして、サタンと神との、「妖精の女」と「医師の男」との、人間と自然との和解を思い描いているのである。「反自然的なものは消えてなくなり、その幸運な陰りが世界に新たな時代をもたらす日はもうそう遠くはない」。

　ミシュレの文学的先駆者からの影響は明らかではあるが、彼を単なる模倣者として切り捨ててしまわないよう気をつける必要がある。ミシュレが、霧がかった中世の昔に存在した（かもしれない）ものとしてサタン崇拝を実際に描き出した初めての近代の著述家であることは間違いないのだから。彼がまとめたサタニストの儀式に関する描写は、さまざまな時代のさまざまな資料に基づいて構成されている。まず、ミシュレがサタニストによる魔術についての近世のイメージを取り上げ、再解釈したことは言うまでもない。また、男根像にまたがるという行為が古代の同様な儀式に基づく一方、女性の身体を祭壇として用いる発想が宮廷毒殺事件のラ・ヴォワザンと仲間による儀式に由来するものであることは明白である。『魔女』の執筆時にはまだ毒殺事件に関するもとの記録は出版されていなかったが、おそらくミシュレは、バスティーユ古文書の貴重な記録集に、毒殺事件の記録を記載するところであったラヴェッソンと連絡を取り合っていたのだろう。だが、ミシュレは自身が中世盛期に存在したとした儀式が、突如一七世紀末のパリに再び登場した経緯についてはかなり曖昧なままにしている。また、ミシュレの中世の儀式の描写ではうつ伏せの女性が祭壇に、その腰部分が供物台になったのに対して、ラ・ヴォワザン事件〔毒殺事件〕における彼女らの秘密の聖餐式では、仰向けになった女性の「非常に神聖な」子宮の上で供物が捧げられたが、その理由についてもミシュレは説明をしていない。この著しい体位の変化については、ミシュレは別の資料を参照していたに違いなく、その資料というのも学術的な資料とは言えないものであり、すなわち、本書の「間奏曲　二」で引用したサドの作品に出てくる猥褻な場面に由来していると考えられるのである。（もちろん、マルキ・ド・サドには、この逆転を好む彼なりのかなり現実的な理由があった。）

ミシュレによる中世サタニズムの再発明に関する興味深い要素がもう一つある。それは、それがもたらした影響の点で特筆に値する。『魔女』の末尾に書かれた注釈において、ミシュレは、魔女崇拝が中世の終わり以降も完全には消滅することなく、田舎の奥地では現在も残っている可能性が十分にあることを示唆した。このような示唆は、早くも一八九九年に、アメリカの民俗学者チャールズ・ゴッドフリー・リーランドが出版した『アラディア、あるいは魔女の福音 *Aradia, or the Gospel of the Witches*』の中で取り上げられた。リーランドによれば、この著書には「有史以前から現在に至るまで独自の信仰を保ってきた奇妙な対抗宗教の信仰を具現する、明らかに太古の昔の本物の魔女の福音」が示されている。リーランドは、この「福音」はマッダレーナという放浪中の聡明なイタリアの女性から原稿で自分のもとに届けられたのだと語った。「福音」には、光の神ルシファーと闇の女神ディアナの娘であるアラディア（ヘロデヤ）が、貧しい者や虐げられた者に魔術を教え、それを使って人々が自分たちの迫害者に反撃できるようになるのを助けるために、人間の姿で地上に送られた経緯が記されていた。アラディアは再び出発する前に、信奉者たちに、満月のたびに人気のない森で集まり、主の晩餐の代わりの儀式を行い、さらなる魔術の教えを受けるよう伝えた。

そうすればあなた方はみな奴隷から解放され、
すべてにおいて自由になるだろう。
あなた方が真に自由である印として、
儀式では男も女も裸になるように
これを最後の迫害者が死に絶えるまで続けるように。

この祭というのは、もちろん魔女のサバトのことであり、次のような指示が与えられる。「男も女もみな裸で晩餐の席につき、宴が終わると、歌って踊って音楽を奏で、そして光をすべて消した暗闇の中で愛を交わす。というのも光を消すのはディアナの霊であるため、人々は彼女を称えて踊り、音楽を奏でる」。

このような描き方が、ミシュレによる中世の魔術に関する描写に酷似していることは見落としようがない。この点はリーランド自身も文中で指摘しており、彼は皮肉にもその「福音」が魔術の歴史的現実と一致していることの証拠として示している。リーランドによれば、新しい点は、彼が魔女崇拝の聖典の原本を発見したことだけである。彼が受け取った聖典は、一部は（支離滅裂な）イタリア語の原文で、一部は英語訳となっていて、補足としてリーランド自身の民俗学的調査で得た資料が使われていたという。さらに、リーランドは、イタリアの農村部にはまだ「古の宗教」が残っていて、村全体が「完全な異教の信者」であり「散在する秘密結社または宗派」を形成しているのだと主張した。しかし、そのライバルであるカトリック信仰と同様に、古代の信仰は近代の容赦ない攻撃によってすぐに忘れ去られてしまうだろう。「あと数年もすれば、新聞と自転車（空飛ぶ機械が登場した暁にはどうなるか、神のみぞ知る！）がすべてを消滅させるだろう」。リーランドはさらに、伝統的なアラディアの裸の宴は、「たとえあったとしても、今や数少ない老いた魔女や若い魔女によって催されることはほとんどない」ことを明らかにした。また、リーランドは皮肉たっぷりに、それでもこのような儀式が、「フィレンツェやミラノの放蕩者や道楽者、身持ちの悪い女性たち」のあいだではまるきり珍しいことではなかったと付け加える。「世界中の大きな都市で彼らのことを知らない者はほとんどいない。数年前に、とあるアメリカの都市の日曜新聞が、町の〈ダンスホール〉に頻繁に現れる彼らに関する詳細な記事を掲載したが、筆者〔リーランド〕はこのことを、彼らと親しい男たちを通じてさらに確かめた」。

一九世紀のオカルトにおけるサタン

左翼の観念論者にとって、サタンは主に彼らの反宗教的な扇動をより刺激的にするための修辞的な道具であったが、サンド、ミシュレ、リーランドらのサタニスト的な空想は、遠い過去や、色彩豊かな農村部にあるとされるサタニズムの名残りに投影されたものだった。悪魔に対するロマン派の新たな態度によって引き起こされた、実際のサタニズムらしき事例については、一九世紀社会で影響力を増した代替的な宗教性の多彩な状況に踏み込んでいく必要がある。この新しい宗教的表現として一九世紀に最も人気を集めたのが、霊媒を用いた降霊会や回転テーブルを介して死者との交信を図る心霊主義《スピリティズム》であったことは間違いない。もちろん、死者に助言を求める行為——ネクロマンシーの原形——は一九世紀に発祥したものではなく大昔から存在するものであった。この行為は、アメリカに住む一〇代のフォックス三姉妹が、一八四八年にノック音を通じて死者の霊と交信を始めたことをきっかけに、大衆のあいだで再び見出されるようになった。フォックス姉妹が有名になり噂が広まると、人々のあいだで叩音《こうおん》によって死者との交信を図る降霊術が流行し、やがて海を渡ってヨーロッパのサロンを席巻した。すでに述べたように、ヴィクトル・ユゴーと彼の仲間たちは、ヨーロッパでこの降霊術を最初に実践した人々であった。死者を呼び出すことは突如として、田舎の占い師の裏庭ではなく文明社会において人々が行うものとなった。

　心霊主義の突然の広まりは決して偶然ではない。それは、多くの人が、キリスト教からは離れても、神霊からの慰めや死後も魂は残るという見込み抜きには生きていけないと思っていたところにやってきた、いわば天の恵みだった。心霊主義自体は、必ずしも反キリスト教的なものではなかった。日常の実践は教義上の一貫性と無関係であるため、霊たちはあらゆる政治色・宗教色を帯びることができた。たとえば、ある男は霊の働きかけで三位一体の神への信仰に改宗し、ヴィクトル・ユゴーはモーセとイエスからサタンに関する長編詩を書くようお告げを受けた。しかし、心霊主義を意図的に広めようとする者たちは、それをキリスト教に代わる、より民主的で科学的な選択肢として、さらに重要なことには、より人道的な選択肢として提示した。心霊主義においては地獄もなければ、裁きを下す神もいなかった。愛する故人は、漠然としてはいるものの不快ではない霊界で生き続け、神は主に友好的で汎神論（万有在神論）的な存在として理解された。

　したがって、そこではサタンもほとんど必要とされなかった。心霊主義者の神学では、マイナーな悪霊の存在（たいていは悪事を働いた者の霊がさまよっている場合であり、後悔するために交霊の場に呼び出されるのだった）が認められることはあっても、キリスト教の悪魔の存在が受け入れられることはなかった。フォックス姉妹は初期のセッションでは「ミスター・スプリットフット〔フォックス姉妹がつけた悪魔のあだ名〕」と叩音で交信していないかどうかを心配して尋ねたが、姉妹の対話者はそのようなことはないと断言した。もちろん、このことで保守的キリスト教徒が、この新しい信仰にはサタンが関わっていると非難することを止めたわけではない。むしろ何世紀も前にネクロマンシーにおいて起きていたのと同じように、降霊術を使う者は悪霊と交信しているのだと批判した。けれども心霊主義者たちの主な関心は、伝統的な宗教の魔物との交信ではなく、墓の下で眠る死者と交流することにあった。

心霊主義の大流行に続いて、新たな洗練されたオカルティズムが起こった。心霊主義と共通して、オカルティズムは、超越的世界についての知識を得る方法を広め、そのような知識を経験的・科学的発見として示した。キリスト教会の外側で、あるいはそれと並行して、霊的な力に接近できるようにしたのである。しかし、心霊主義との重要な違いは、オカルティズムでは「古代の伝承」(実在のものでも想像上のものでも)がその教えの土台として強調されていたことである。

こうした新たな宗教性の最も重要な草分けとなったのは、オカルティズムの著名なフランスの理論家エリファス・レヴィである。レヴィは「オカルティズム」という用語を実際に考案したのではないにしても、その言葉を普及させた人物であることは確かである。レヴィは本名をアルフォンス＝ルイ・コンスタンと言い、当初はカトリックの司祭を志していた。規律の厳しい神学校に入学し、その後、助祭の誓いを立てたレヴィだったが、自分が受け持った洗礼志願者で「まだほとんど子ども」の若い娘に恋をしてしまった。このことをきっかけに、レヴィは自分は聖職にはふさわしくなく、さらに、聖職は人間にふさわしい職業ではないと考えるようになった。その後数年間、彼は教会の領域を出たり入ったりしながら、ある時はベネディクト会のソレム大修道院の客人として滞在し、またある時はパリのみすぼらしい地区の安宿に住みながら、時事評論家やエッチング画家、聖書の場面を描く画家として、わずかな生活費をかき集めていた。ジョルジュ・サンドと一七世紀の神秘家ジャンヌ・ギュイヨンの作品に影響を受けて、極めて万有在神論的に再定義されたキリスト教に傾倒するようになり、それを社会改革に関する急進的な左派の見解と組み合わせた。このような活動により、レヴィは二度投獄された。またこの時期に、自らが教鞭を執っていた寄宿学校の女性教師と恋仲になったが、同時に彼女の教え子のノエミ・カデという一八歳の女学生とも甘い手紙のやり取りをしていた。この女性教師は妊娠し、コンスタンの息子を生んだが、一方の教え子は、ある夜コンスタンの部屋に行って一夜を明かし、自分の思い通りに事を運ぼうとした。激怒した女学生の父親はスキャンダルを避けるために結婚を要求し、一八四六年七月一三日にコンスタンはその娘と結婚した。

コンスタンが急進的なサークルに出入りしていたことを考えれば、新しい革命的なサタンの概念の痕跡がコンスタンに見出されたとしても不思議ではない。カデに宛てて書いた私的な詩にはすでに、ロマン派サタニズム的な雰囲気が如実に表れている。

> 私のものになりたいのなら、死んで、身を滅ぼすのです、
> 両親も、神も、法も、過去の記憶も捨てて。
> 私があなたに、「さあ、あなたの自尊心を立ち向かわせるのです
> 飢えや死などといった些細なものではなく、羞恥心に！」と言えば、
> 鋼の心を持つ見事な子であるあなたが、われわれの地獄の底から
> 神に向かって顔を上げるために、姿を現すでしょう。

だが、コンスタンにロマン派のサタンのことを伝えたのは、おそらく別の女性であったと考えられる。一八三八年にコンスタンは、フランスとイングランドで社会主義者およびフェミニスト論者として活動していたペルー系のフローラ・トリスタンという女性と知り合った。その頃にコンスタンが出版物を通じて普及させた、極めて独特な社会主義風の神学の多くは、サタンに関する独特な考えの一部も含めて、ほぼ確実にトリスタンの影響によるものだった。しかし、コンスタンが彼女からどれほどの影響を受けていたかは分かっていない。レヴィの伝記の著者のほとんどは、トリスタンがこの時期のコンスタンに欠かすことのできない着想の源であったことを認める一方で、彼がこの派手な女性に対してかなり優位な立場にあり、彼女の精神的な助言者となっていたことにも触れている。したがって、二人の傾倒していた神学が類似しているのは、両者が互いに影響を与え合っていたことによるものと考えられる。もう一つの問題は、トリスタンの神学的思想は、彼女の死後にコンスタンが完成させて出版した一冊の著書を通じてしか知りえない点である。トリスタンの思想を忠実に再現したとするコンスタンの主張とは裏腹に、彼が少なくとも文体に関しては、原文を変えて発展させたことは疑いようがない。本書ではこのように複雑に絡み合った結び目をほどくことはで

きないため、コンスタンとトリスタンによるこの難解な著作は一つの作品として扱い、二人の関連のある出版物やサタンに関する彼らの見解を年代順に簡単に概説していくことにする。

作り変えられた悪魔がコンスタンの著作に最初に登場したのは、一八四一年の『自由の聖書 *Bible de la Liberté*』においてであり、聖書をエソテリシズム的・社会主義的に読み直したこの作品によってコンスタンは一一か月の懲役刑を科された。同じ年に、彼は『自由の聖書』の教えを『宗教的教義と社会的教義 *Doctrines religieuses et sociales*』と『女の昇天あるいは愛の書 *L'assomption de la femme ou le Livre de l'amour*』という二つの作品に発展させた。この三作はどれも、社会と霊性に関する似たような急進的な見解に特徴づけられ、宗教的人道主義、共産主義、フェミニズム、汎神論、性の解放、フランスのメシア信仰、普遍救済説など、本書では初期のロマン派サタニストの作品を通じて断片的に言及してきたおなじみの主義主張を取り上げている。しかし、何より注目すべきなのは、これらの著作に根強く浸透している千年王国説である。少なくとも中世の異端者であり神秘主義思想家であるフィオーレのヨアキムに遡るローマ・カトリックの思想を参考に、コンスタンは人間が解放され、神と直接接触しながら生きていく聖霊の時代の到来を予言した。また、この聖霊の時代は、女性の時代となるものでもあった。コンスタンによれば、

> われわれの世界がこれまで続いてきた六〇〇〇年という年月は、神が創造を行った偉大な週である。キリストは、神が六日目に、自らに似せてお造りになった天のアダムであった。
>
> この時、この男は一人でいることに疲れ、無気力状態に陥ってしまった。
>
> すると神は槍で開けられた男の脇腹から女を抜き出すことにした。この女性は命あるものの母となり、天地は彼女を崇めるだろう。
>
> 彼女はキリストの脇腹から現れるが、すでにキリストの母であり、そして花嫁となり、この二人の最初の口づけは、もはや終わりのない幸福を実らせることになるだろう。

このフィオーレのヨアキムの思想のやや近親相姦的なヴァリエーションでは、ヨアキムの説は常に人道主義や

キリスト教共産主義の観点から再解釈され、キリストは次のように民衆と同一化された。「人の姿をしたキリストの二度目の到来を見よ、人間・民衆でもある神が姿を現すのを見よ」。『自由の聖書』には、ほかにも極めてロマン派的なルシファーが登場する。闇の支配者は自由、光、学知の天使、「反乱という寛大な精神と崇高な矜持」として表され、神に対するルシファーの反乱は、自由と愛のために必要な行為だったとされている。ほかの箇所では、この作り変えられたルシファーはサタンと対比される。このサタンは別の存在として扱われ悪の表象としての役割を保っているが、この悪は新たなイデオロギー的な詩句に沿って定義されている。


悪霊は栄誉ある反逆者ルシファーではなく、支配と隷属の天使サタンである。

人類を誘惑するのはサタンであり、そのサタンに人類を立ち向かわせ救うのはルシファーなのだ！

サタンは律法の父であり、ルシファーは恩寵の父である。

独裁は死であり、自由は生命である。

独裁は肉体であり、自由は精神である。

独裁は地獄であり、自由は天国である。


この著作を特徴づけているさまざまな神話の要素は、最後の章でさらに複雑なものとなっている。コンスタンはそこでイスラム教徒に向けて、この世の終わりが近づくとキリストは「最も美しい天女《フーリー》〔イスラム教の天国で、信仰深い信者に与えられる美しい処女〕、すなわち聖なる自由《リベルテ》」と結婚することになると告げているが、一方でコンスタンはそれまでに、まさにその自由《リベルテ》を、今は眠っているがやがて目覚める神と同一視していた。

一八四四年に出版された『神の母、宗教的人道主義的叙事詩 *La Mère de Dieu épopée religieuse et humanitaire*』〔以下、『神の母』と記す〕では、同じテーマが再び登場するが、強調される神話は異なる。そのタイトルが示すように、この作品の主役は聖母マリアである。それまでの作品よりさらに独特なのは、コンスタンが一八四一年に獄中で見た天使の幻視について語っている点である。コンスタンは、この幻視によって教会に戻る気になったと記す。この意図に従って、コンスタンは作品の冒頭で「神聖なカトリック教会に全面的に服従」し、自らの作品を教会の判断に委ねると述べている。『神の母』ではそれまでの作品とほぼ同様の見解が述べられているが、サタンの神話は違う形で書き直されている。コンスタンは幻視において、「反逆者サタン」が最後の審判でキリストの前に現れる様子を目撃する。悪魔は、自分は愛することができないため、神に身を委ねることはできないと言い放ち、それから天使たちとの戦いを始めるが、悪魔の放つ一撃にはどれも反逆や絶望の思いの丈《たけ》が込められている。結局、悪魔は天使たちを下し、マリアとイエスの玉座に近づくが、彼らが放つ愛の光が悪魔を無力化する。悪魔はマリアにひざまずき、蛇に姿を変え、「生まれ変わったイヴ」の足元に頭を横たえる。「その繊細な足が額に触れるやいなや、悪魔は目を閉じ、息絶えたようだった。最後の火の吐息が少し開いた口の隙間から逃げていくと、その炎が星の形となって昇っていき、キリストの右手に落ち着いた。それから天からの声が、次のように告げた。その死において悪は光をもたらした、サタンは死に、そしてルシファーは解放された」。

生まれ変わった明けの明星はマリアの額に付され、マリアと「人の姿の神」（キリスト）は神聖な夫婦となり、そばには新たな三位一体を成すための新たな子の姿がある（少なくともそう見える）。次に、聖母は人間の進歩が形を変えて永遠に続いていくことを明かし、そして新たな女家長制の社会という理想郷を示した。そこでは何より、女性はすべて処女であると同時に母親であり、男性が同じ家に住んでいる場合、その男は「人類の目からすれば女性たちにとってのヨセフや子どもたちの守護者以外の何者でもない」。（教会の権威がこの内容について何を思ったかという疑問は当然湧くが、残念なことに、教会の公式の反応は残されていないようである。）

同様の神学的な創造性が、一八四六年に出版されたフローラ・トリスタンの遺稿である『女性解放、あるいはパリアの遺言 *L'Emancipation de la Femme, ou le testament de la paria*』〔以下『女性解放』と記す〕にも見出すことができる。この大作は「彼女の覚書をもとにコンスタンが完成させ出版した」ものである。トリスタンは冒頭で女性と貧困層、とりわけ貧困女性の社会的地位について苦情を述べた上で、次第にエソテリシズム的な言説へと広げていった。男性は知性では優れているかもしれないが、女性は感情、信仰、愛情では男性にまさり、それゆえ来る聖霊の時代は、女性の母としての「霊」によって支配されることになるとトリスタンは主張する。この幸せな状態を実現させるためには、男性と女性の原理を一体化させる必要があり、知性は愛情と、自由は生命と、融合させなければならない。この新時代にふさわしい象徴となるのは、意外にも伝統的な鳩ではなく、光をもたらす（運ぶ）天使ルシファーである。トリスタンの言葉では、

創造的才能と学知の天使ルシファーは、中世の迷信によって地獄の玉座に追いやられたが、今やついに人間の良心とともに解放されて天に凱旋し、額に自らの星を輝かせ、右手に消えることのないトーチを掲げている。

聖霊も、今や父と子のように、人が呼びかけることのできる人間の姿を与えられ、象徴の鳩は、再びその白い翼を折りたたんだ。知性の霊と愛の霊は、今その姿をルシファーの若く晴れやかな姿に乗せて世界に示さなければならない！

ちなみに、トリスタンが堕天使をバスティーユ広場の〈自由の精〉に似せて描いたのは意図的である。つまり、フランスの民衆は「聖なる本能」に従って、「若く栄光に満ちたルシファー」に向けてこの記念塔を建てたのだ。トリスタンの描く終末では、サタンだけでなく、キリストも役割を担っている。だがそれは、十字架に打ちつけられた無力なキリストではない。この急進的なフェミニストは、勝利を得て堂々としたキリストを必要としていた。「私はキリストと雅歌の花嫁との結婚を願う。……光と自由の精である美しい天使ルシファーを解放するために、古代のタルタロスの門を破壊し、天に凱旋するキリストの姿を見届けたい。再生したマリアは両手を広げ、二人を温かく迎え入れるだろう。新しいイヴは天のアベルであるイエスが勇敢に勝利したことを誇りに思い、次に自分の番になって悔悛し再生したカインの天使であるルシファーの甘美さを見て涙を流すことだろう！」

コンスタンは、意味の曖昧な象徴をちりばめたこの文章に対するあとがきの中で、かつての師であり、自身を「女救世主」と見做していたトリスタンとは距離をおいていると示唆する。トリスタンとはもはや信念を異にし、自分は変わったのだとコンスタンは述べる。けれども、さらに変わったのはトリスタンである、なぜなら彼女は死んでしまったから。コンスタンにとってこの事実は、この世で理想を実現させることを夢見る人々のユートピア思想に対する、最も説得力のある反論だった。人間の唯一の希望は、「人の姿をした神」であるキリストであ

り、そして、キリストの遺産の真の守護者は階層制の教会であり、その教会はやがて「フランスの考え」を受け入れるだろう、とコンスタンは予見する。

しかし、ユートピア思想に対するこうした躊躇が、コンスタンの著作ですぐに表面化したわけではないことは指摘しておく必要がある。というのも、その後出版されたコンスタンの『最後の化肉、一九世紀の福音主義的伝説 *La dernière incarnation: Légendes évangéliques du XIXe siècle*』は、千年王国説に関する夢想であふれているのだ。コンスタンは、一八四六年に出版されたこの魅力的な物語集の中で、「ガリラヤからのプロレタリア」の一九世紀への再臨について語ることで福音を「補完」しようとした。本書にとって最も興味深いのは最後から二番目の伝説である。この伝説では、母マリアに付き添われたイエスが、カルヴァリー〔キリスト磔の地〕の近くにある岩の上に座っているサタンに遭遇する。自らの些末な悪巧みに飽きたこの堕天使は、イエスをもう一度誘惑しようと安易に考え、『カイン』におけるバイロンのルシファーによる辛辣な独白によく似た台詞で、神を批判する。しかし、イエスは、サタンの言葉が神を単に人間のレベルに貶めるものにすぎないことを暴き、サタンに再びルシファーとなって「額に星を輝かせ、トーチを掲げる」よう言い返す。イエスとマリアの愛に心を動かされたサタンは一筋の涙を流し、再び光の天使へと姿を変える。こうして偶然、「知性と愛情」、「自由と生命」という一つの霊となったイエス、マリア、そしてサタンは、共に天国へと昇っていく。その途中で、ハゲワシから解放された巨人姿のプロメテウスも加わり、共に昇っていく。「このようにして、崇高な神と人間の象徴が集まって同じ天の下で挨拶を交わし、その後、永遠に人間のあいだで暮らすようになった神の場所を作るために、姿を消した」。

トリスタンの考えにさらによく似た文章が、一八四八年の『自由の遺言 *Le Testament de la Liberté*』に記されている。コンスタンは一頁目にすぐ、新しいサタンの堕落の場面を書き始めるが、それは『女性解放』の話に多少手を入れ、新たな題材をいくつか加えたものだった。この新しい神話の中で、ルシファーは、創造主の「光あれ」の言葉の息づかいから生じた原始の知性として描かれる。神の言葉が自らを表し可視化するために創り出したのである。新しく生まれた光の天使とその創造主は、次のような対話をする。

――私は奴隷にはならない！
――それならお前は悲嘆というものになるだろう、
そう神の声が彼に語りかける。
――私は自由になる！　と光は答えた。
――うぬぼれがお前を誘惑し、お前は死を生むだろう、と神は続けた。
――私は生命を勝ち取るために死と戦わねばなりません、光は答えた。

その後、ルシファーは地上に降りるが、コンスタンはここに明らかに独自のひねりを加え、ルシファーを二人の娘の母親（原文ママ）にした。〈自由〉はルシファーの額から生まれ、〈詩〉はルシファーの心の吐息とともに漏れ出る。〈自由〉はルシファーに隠されてしまうが、〈詩〉は自由に歩き回ることを許される。だが、〈詩〉は姉のそばにとどまり、「若々しい〈詩〉は……知性の天使から与えられた聖なる宝庫「たとえば、自由」を未来に伝える者にとっての導き手であり続けた」。最後は、自由をもたらす〈愛〉が現れルシファーと結婚し、〈自由〉は解放されて妹の〈詩〉と再会することになる。「それから二人は地球を横断し、その美貌とその声の抗し難い魅力の魔法によって世界を従わせるようになる」。

この一連の流れは一般の読者には滑稽な印象を与えてしまうかもしれないが、コンスタンの初期の作品に関する以上の概観からは、彼のサタンの扱い方がいかにロマン派サタニズムの伝統――とりわけ、神と悪魔の和解の筋書きをこよなく愛すフランス風のその現れ――にそのまま根差したものであるかを窺い知ることができる。ルシファーと自由（「偉大で神聖かつ崇高なフランス革命」に暗示的にも明示的にも結びついている）の同一化、そしてルシファーと知性・学知・詩との強いつながりを指摘しさえすればよい。正規の助祭であるコンスタンが自分をカトリックだと思い続けていたからといって、この基本的な事実が変わることはない。さらに、彼のキリスト教信仰に関しては、ブレイクのそれと同様に、伝統的な教義とは必ずしも合致しない、極めて私的な信仰心として捉えるべきなのは明白である。また、コンスタンはロマン派サタニズムを単に受容しただけだと見做すべきでもない。というのも、コンスタンの作品に明らかに精通していたヴィクトル・ユゴーが、『サタンの終わり』を書くにあたって彼の創作から着想を得ていた可能性があるからだ。

さらに複雑なのは、コンスタンの著作は信仰の書なのか、意図的な創作物なのかという問題である。主なロマン派サタニストたちと神話との曖昧で複雑な関係については、すでに見てきたとおりである。そうした曖昧さがコンスタンの作品でも、さらに曖昧なものとなって示されている。彼の作品の語調から、それが教義を説くもののような印象を受けるのは確かである。それは特に、天使から直接与えられた啓示とされる『神の母』に当てはまるが、この時期に出版されたコンスタンのほかの著作にも同様に当てはまる。それらの著作は、読み手を想像上の心理的な航海へと引き込む感情移入を可能にする神話ではなく、神学や教義の解説として提示されている。しかしそれと同時に、コンスタンには、神話を人間の創造物として捉える相対主義的な意識も窺える。こうした葛藤による緊張が最もよく示されているのは、「新しい福音主義の伝説」としての『最後の化肉、一九世紀の福音主義的伝説』である。この書は、コンスタンのフィクションとして発表されながらも、その著述スタイルは彼の幻視的な作品とそれほど変わらない。イエス、マリア、サタンはここでは明らかに「象徴」として描写され、天国は「理想の領域」であり「詩と幻視の霊的世界」であり、そして、アイスキュロス、モーセ、福音記者ヨハネはみなそこから霊感を得ていたのだとされる。『自由の遺言』では、ヨハネの黙示録も同様に「思考と詩の抽象的な領域」をのぞき見ることのできるものとして描写されている。また、以上を踏まえると、『神の母』におけるコンスタン自身の終末の幻視は、次のように解釈できる。すなわち、彼が本の冒頭で述べるには、このような終末の時には「欲求のある人間」が「容易に幻視者」になるのである。

このように、宗教的なお告げを自らの想像力で表現しているのだという自覚のあるロマン派作家としてのコンスタンの姿が窺える。このことを理解する助けとなる、（ほかの）ロマン派サタニストとの橋渡しとなるもう一つの思想は、神と人間の調和である。この考えはコンスタンのほぼすべての作品に示され、またトリスタンの作品においても同様である。実際、コンスタンにとって神とは「人間性を総合したもの」なのである。人類が進歩するその段階に応じて、神性に関する考えも変化し、完全な神の「化肉」へとさらに近づいていく。キリスト教社会主義者であるこの詩人は、社会的・政治的問題に対する宗教概念の大きな重要性を強く認識していた。たとえば、『宗教的教養と社会的教養』の中で彼は、超越的な神観念は、独裁的・圧制的な政治形態に必ず映し出されると論じる。こうした主題は読者にとって耳なじみのあるものとなっているだろう。コンスタンはブレイクやシェリーらイギリス詩人の作品は知らなかったと思われるが、この時期の彼が考えていたことは基本的にはブレイクたちと同じであり、すなわち、社会の宗教的・イデオロギー的見解を、その古い神話を創造的に書き直すことによって変化させようとしていたのである。

コンスタンの人生に大きな転機が訪れたのは一八五〇年代のことであった。コンスタンは、一八四〇年代にはすでに「オカルト科学」に傾倒し始め、そのきっかけとなったのは、本(特にクノール・フォン・ローゼンロートの『明かされたカバラ *Kabbala Denudata*』〔一六四八〕)や、数学者であり幻視者、神秘家でもあったヨゼフ・ヘーネ＝ウロンスキー(一七七六〜一八五三)との親交だった。典型的な「マッド・サイエンティスト」であったウロンスキーはオカルト研究者のあいだでは、「プログノメートル」という未来を予知できる複雑な機械を作ろうとしたことで有名である。だがコンスタンを何より夢中にさせたのは、秘教的かつ数学的な「万物の理論」を発見したとするウロンスキーの主張であった。科学と信仰の総合に関する同様のプロジェクトは、コンスタンが一八四〇年代に書いた著作のうち最後の二冊に著され、さらに、コンスタンが後に出版するオカルト本を方向づけた。

同じ頃、コンスタンは、次第にもとの政治的信条から離れていき、私生活では若妻のノエミが進歩的な出版者であった友人と駆け落ちしてしまった。見捨てられ、悲嘆にくれた貧しい急進論者のアルフォンス＝ルイ・コンスタンは、こうして魔術師エリファス・レヴィとなった。このペンネームで出版した『高等魔術の教理と祭儀 *Dogme et Rituel de la Haute Magie*』(一八五四〜一八五六)は、近代の儀式的な魔術の基礎となり、オカルティズム全般に永久的な痕跡を残すこととなる。魔術やカバラに関するそのほかの著作も続けて出版されたが、特に『魔術の歴史 *Histoire de la magie*』(一八六〇)と『大いなる神秘の鍵 *La Clef des grands mystères*』(一八六一)には触れておく必要がある。

これらの著書には、異なる思想世界と語調が認められる。一つには、社会主義または共産主義という「宗教」への言及が著しく欠けている。レヴィは生涯にわたり、未来の「千年王国」への信仰を持ち続けていたと考えられるが（最後に記録された彼の言葉には、助け主の到来への期待が表されている）、来るべき聖霊の時代への言及もかなり弱まっている。この点については後述することとする。さらに根本的なのはコンスタン（これより先は、コンスタンではなく広く知られているレヴィというペンネームで記す）が、自身の哲学的・神学的な主張をまったく異なる方法で正当化し始めたことであろう。それ以前の著作では、レヴィは幻視、詩、啓示や、（彼が一時試みた）降霊術により得られた霊界の情報源を論拠として用いたが、今や自分の発見は科学を基礎とするものであると主張するようになった。この場合の科学というのは、物理学や数学ではなく、世界の古の宗教的・エソテリシズム的伝統に関する体系的な考察や解釈のことであり、その伝統の隠された意味――すなわち、大いなる謎を解く「鍵」――を再発見するためのものであった。『高等魔術の教理と祭儀』やレヴィのそのほかの著作には、儀式を準備し執り行うための指示が記されていることもあるが、それは明らかに実用的なマニュアルとして書かれたものではなかった。むしろ、それは新たな代替的な世界観についての説明であり、その世界観の中では、レヴィの急進派としての過去、新保守主義、人間中心のロマン派の万有在神論の要素が、古のエソテリシズム的伝統の要素と複雑に融合している。このことは、レヴィが描くサタン像に最も明白に表れている。

レヴィによるサタンの表象には、三つか四つの別々の構成要素を認めることができる。まず、ロマン派のサタンは『高等魔術の教理と祭儀』やその続編の中にその痕跡をとどめている。レヴィは自身の文章を何度も使い回しており、その一例として、先述で『自由の遺言』から引用したルシファーの起源に関する神話を、『高等魔術の教理と祭儀』に再び登場させていることが挙げられる。ありがちなことだが、レヴィは今回は「友人の一人で学識ある旅人」がその頃オリエントで発見した「グノーシス主義の福音」がこの神話だと記した。レヴィはこの時はこの神話を「最初の数世紀における異端派の指導者たち」の誤りの一つに分類していたが、後の著書では、自分がそれ以前に持っていた、自由と知性の天使としてのロマン派的ルシファー像を改めて踏襲している。けれども、そこではこれらの言葉は以前とまったく同じ意味合いで用いられることはなくなっている。それについて見てみよう。

悪の超自然的表象としての悪魔という伝統的な考えに

対しては、レヴィは「サタンは、超自然的な人格や力という形では存在しない」という異なる考えを明確に示している。絶対悪は否定と非実在としてのみ存在することができる。そのような非実在が、一人の人格神の形をとるという考えを、レヴィは「現代のキリスト教徒のあいだに今日でもまだ尾を引いているマニ教の名残り」（『高等魔術の教理と祭儀　祭儀篇』生田耕作訳、人文書院、一九八二）の一部として退けている。しかし面白いことに、だからといってこのサタンが現実にはまったく存在感がないわけではない。レヴィはほかの場所で、「あらゆる言葉はその働きの中で、それが肯定するものを創造する」と主張する。したがって、「悪魔の存在を肯定する者が、悪魔を創造、あるいは構築するのである」。このようにして、伝承上の悪魔は「実在」となるが、それは悪魔を信仰する人々の想像の中で悪魔が現実のものとなっているからである。「その翼を東から西に広げ世界から光を隠す暗黒の巨人であり、魂を呑み込む怪物であり、無知と恐怖の恐ろしい神である存在、すなわち悪魔は、いつの時代も大勢の子どもたちにとって依然として恐ろしい現実なのである」。

　ここに、明らかに害を及ぼすものとしてではあるものの、人間の想像力を創造者と見做すロマン派の考え方が再び登場する。レヴィはこの考え方を聖書に当てはめることもいとわなかった。『大いなる神秘の鍵』において、彼は大胆にも創世記を「オカルト的」に解釈するが、そこでは創造神話が、人間が神を創造する話として語り直されている。

> 天国の広大さと地上の広がりによって、人間に神という観念が永遠にもたらされた。
>
> 　しかし、その観念は不確かで曖昧なままであり、それは巨大な幻影を覆う闇の仮面であった。人間の霊が水面を動くように、その概念の上を漂っていた。
>
> 　そして人間は言った。至高の知性あれ！　こうして、至高の知性があった。人間はその観念を見て、良しとした。人間は光の霊と闇の霊を分け、光の霊を神と呼び、闇の霊を悪魔と呼んだ。そして、人間は自らの善の王国と悪の王国を創造した。これが第一の夜である。

したがって、「悪魔は神という幻の影にすぎない」という結論は、レヴィにとっては理にかなっている。そして、サタンのイメージは昔の「退けられた神々」のあらゆる残骸からなっているため、「野蛮な父親たちの神が、より啓蒙された子どもたちの悪魔となるのを見る」のは当然であるとレヴィは記している。

これら二つのサタンのタイプと並んで、三つ目のまったく新しい悪魔の定義が、『高等魔術の教理と祭儀』をはじめとするレヴィの著作に登場する。ほぼ三頁ごとにサタンは、非人格的な宇宙の力《エージェンシー》や、多様な現実を維持するために欠かせない、道徳的に中立な「盲目の力」として描かれている。「自然界には、滅びることのない力が存在する」とレヴィは主張する。「そしてその力は絶え間なく万物を変化させることでその存在を保存するのである」。この「盲目の力」を「星の光」と同一視することで、レヴィはルシファーを第一の日に創造された光の天使とする自身の以前の説と、サタンを生命という道徳的に中立な宇宙の力とする自らの新たな発想を結びつけることができた。

サタンに関するこうした新しい理解は、レヴィのオリジナルの発想だったようである。このレヴィのサタン観にとってインスピレーションとなりえたものをすべてここで掘り下げることはできないが、一つ触れておくとすれば、一九世紀初頭に出版されたさまざまな著作の中で提唱された、フランスの神秘家ファーブル・ドリヴェ（一七六七～一八二五）による創世記のヘブライ語テキストの従来とは異なる解釈が挙げられる。彼は自らの洞察によってバイロンの『カイン』を翻訳し（フランス語に翻訳されたのは実はこれが最初である）、このイギリス詩人による有害な示唆を否定するための膨大な注釈を添えた。ドリヴェの反論の一つは、エデンの園の蛇の本性に関するバイロンの解釈についてである。ドリヴェは、もとのヘブライ語に対する無知で不正確な翻訳が原因で、創世記の最初の部分に蛇が登場することになったと主張する。彼が言うには、聖書の著者たちが用いたヘブライ語の言葉は、実際には、「内なる魅力」といったような意味だったのだろう。したがって、蛇は、「あなた［バイロン］が、マニがカルデア人やペルシア人から借りた宗教思想に沿ってルシファーを描いたような明確な独立した存在ではなく、むしろ、物質に与えられた中心的な原動力であり、隠されたエネルギーであり、物事の奥深いところで作用し、要素を動かすために神が人間の身体に備えつけた力のもとである」。

レヴィはドリヴェの著書を熟知し、その理論を『高等魔術の教理と祭儀』で引用するが、レヴィは次第にそれを批判するようになる。その批判から、レヴィが強調したい点を明確に把握することができる。「カバラの大いなる鍵」や「タロットの象徴文字」によれば、創世記で使われた蛇に対応するヘブライ語は、実際は二つの語幹からなっている、とレヴィは主張する――一つは「形を受け取る者と生み出す者」を、もう一つは「混合物を生み出す力」を意味するという。とりわけ、後者の要素は重要であるが、それは、神が世界を創造するために使う宇宙の力は、レヴィにとっては創造的であるだけでなく破壊的でもあるからである。「[生命の]でき損ないを永久に破壊するその恐るべき公正な力を、ヘブライ人はサムエル、東洋人はサタン、ラテン人はルシファーと名づけた」。こうした破壊性によってサタンが悪となることはない。「燃やすことによる」復活のプロセスは神の御業であり、サタンに結びつけられた二つの対立する力はわれわれが知っている世界が存在するために必須の条件である。「サタン」と「ミカエル」は互いを必要としており、彼らの永遠に決着することのない進行中の戦いが、世界を構成しているのである。レヴィはここで起源神話を展開するが、それは『自由の遺言』で記し、また、『高等魔術の教理と祭儀』でも「グノーシス主義の福音」として引用していたものである。この神話の中で、レヴィはすでにサタンをある種の弁証法的必然として、つまり、それなしでは宇宙がいかなる形態においても存在しえない不可欠な対抗力として描いていた。「もし光が影によって退けられていなかったら、目に見える形は存在していなかっただろう。……誕生した時に奴隷となることを拒否したこの天使を否定したことによって、世界の均衡が確立し、天が動き始めた」。

こうした考えはレヴィの魔術書でひときわ大きく展開される。「均衡」、すなわちバランスに関する考えは、『高等魔術の教理と祭儀』や続編の『魔術の歴史』の中にくり返し登場するのである。レヴィは、自ら描いた『高等魔術の教理と祭儀』の挿絵の中でこの観念についてより詳しく説明し、とりわけ第二巻の口絵の図版では明確な描写がなされている。そこに描かれているのは、よく知られた「サバトの雄山羊」であり、テンプル騎士団のバフォメット[*7]であり、「絶対的存在に対する汎神論や魔術のイメージ」でもある。この一見不吉な図は、実は相反するもののまとまりを表す複雑な象徴であり、レヴィがあっさり認めたように「あからさまに、そして無邪気に〈悪魔〉」と呼ばれるタロットの表象に着想を得て描かれたものである。しかし、彼はすぐさま、それが実際には悪魔などではなく偉大なパン神であり、「哲学の近代学派の神であり、アレクサンドリア学派の魔術師と今日の新プラトン主義神秘家の神であり、ラマルティーヌやヴィクトル・クザン氏の神であり、スピノザとプラトンの神であり、原初グノーシス派の神であり、異端指導者にとってのキリスト自身である」と続ける。これは、レヴィが描いているのはすべてのものを包み込む絶対的なものの表象であり、サタンはその一部にすぎないことを示唆している。だがレヴィはほかの箇所では、この「バフォメットを表す象形文字」を彼のいう宇宙の「普遍的力」——『高等魔術の教理と祭儀』ではサタンとも呼ばれる——と同一視する。ここでレヴィは、サタンを汎神論者の神であるとほぼ断言しており、実際、自らのバフォメットを「パン神」と呼ぶこともある。

　こうした複雑な言葉の用法を踏まえれば、レヴィの著作に邪悪なものを読み取った読者がいたとしても不思議ではない。とはいえ、レヴィの文章から、彼は宗教的サタニズムまであと一歩のところにいたと結論づけることができるにしても、彼を宗教的サタニストとするのは早急である。彼の文章には矛盾する軽率さが時折認められはするものの、著作全体を見れば、彼の信仰が汎神論者のバフォメットにまさる上位の神に対し示されていることとは明らかである。ただし、その神は曖昧で抽象的な存在にとどまることが多い。もちろん、これはカバラ主義者の魔術の体系においては当然のことである、というのも、この至高の神はカバラの無限《アイン・ソフ》、すなわち、言葉では言い表すことのできない完全に超越的な原初の神に対応するもので、ほかのあらゆる神（レヴィのバフォメット／ルシファーなど）の顕現はその神からの流出だからである。

　その上、レヴィは自らをカトリックの魔術師と捉えていた。生涯を通じてカトリック教会との曖昧な関係を保っていたこのフランス人のエソテリシストは、キリスト教を知恵のカバラ的神殿の二本の柱のうちの一つと見做していた。彼の著書の重要な部分は、神学校時代の指導者のような、すべての魔術を悪魔の仕業と決めつけるキリスト教の論客に対する弁明だった。この点におけるレヴィの弁明が大胆なものであったことは間違いない。彼は、魔術はまさにサタンに服従することによってのみ可能であると主張した。しかし、レヴィはその後このサタンを再解釈し、この主張の意味を根本的に変化させた。

実際には、レヴィが述べるには、彼の「高等魔術」はキリスト教信仰に対立するものでは決してなく、「それどころか、それを説明し完成させることを願って」著したのだという。

また、コンスタンであった頃と同様、レヴィは、カトリシズム、またはキリスト教の本質が何であるかに関する、かなり特殊な考えを抱いていたことを付け加えておく必要がある。「キリスト教＝カトリックの祭儀は高等魔術の一形態であり、象徴主義と階層制によって組織され秩序立てられる」。レヴィは弟子の一人にこのように書き送ったことがある。レヴィの真の宗教はほぼ確実に「魔術《マジズム》」という宗教であり、彼自身はそれを、キリスト教などすべての「尊敬すべき」偉大な諸宗教の核心を具現する古来の哲学・宗教システムとして理解していた。レヴィによれば、この宗教システムは、宗教、哲学、科学の経験主義と実践的魔術を結びつけ、包含するものであった。「われわれの魔術は科学であると同時に一種の絶対的宗教であり、またあらゆる学説、あらゆる宗派を破壊・併呑せんと企てるものではなく、秘法伝授者の集団を再建することによって、つまり盲目の大衆に慧眼・賢明な指導者の一団を授けることによって、既存の諸学説・諸宗派を刷新し先導せんとするものである」。こうした考えを背景に、レヴィはあらゆる宗教の陰や内側に隠された象徴となる鍵を見つけ出そうとする、少なくとも一八世紀に遡る長い伝統を引き継いだ。レヴィは自分がキリスト教とその象徴が本当は何を表すのか解く鍵を発見したと考えていたため、自らをカトリックと称することにためらいはなかったのではないかと考える者もいる。

しかし、レヴィのキリスト教はキリスト教と言えるのかという問題は措くとしても、彼は自身の魔術儀式は、彼がサタンと同一視する「盲目の力」への崇拝とは無関係であると断固として主張しただろう。少なくとも、レヴィが広めた善き「白」魔術は、魔術師がこのルシファー的な「魔術の力」を服従させることにほかならず、この魔術師は、聖書の預言〔創世記三：一五〕に出てくる女性のように、自らの意志と知性をもって蛇の頭を踏みつけるに違いない。レヴィはここで中世や近世の魔術書の一部にすでに記されている、魔術師は実際には霊を服従させているのであって、その逆ではない（第1章を参照）という弁明をくり返している。だが、こうした初期の儀式とレヴィが広めた儀式との顕著な違いを指摘するのは有益なことである。中世や近世のネクロマンサーが神の助けを得て、たとえば断食をしたり、神の名を口にしたり、聖体の力を用いたりすることで悪霊をコントロールすることができたと主張していた一方、レヴィの魔術師は自分自身の意志と知性の力のみを用いて「魔術の力」を支配する。儀式は、たとえ最も華やかなものであっても、魔術師の意志を集中させるための手段でしかない。したがって、古代の魔術の秘儀は、科学の一形態にほかならなかった。このことによって、彼が古書で見つけたり自分で考えたりした「キリスト教」の教理や「古代の」儀式の一切にかかわらず、レヴィの「魔術《マジズム》」は極めて近代的なものとなった。しかし、だからといって、レヴィが自身のルシファーの「宇宙の力」に対する関係を、崇拝ではなく支配の一つとして示していた事実は変わらないのである。

一方でレヴィは、真に邪悪な、伝統的な意味における「サタニスト」のある種の魔術が存在することを否定しなかった。彼は何度も自身の「高等魔術」の「白い教会」と、この「ネグロマンサー」と「ゴエティアの魔術師」の「黒い教会」を対比させる。この黒魔術に関するレヴィの描写に、表現の曖昧さや取り違えがないとは言えないことは指摘しておく必要がある。こうした黒魔術に人が陥るのには、三つの道筋があるとレヴィは考えたようだ。第一に、もし魔術師が生命力を支配し続けることができなければ、魔術師は生命力に支配され、肉欲に溺れ、発狂し、破滅へと導かれることになる。これは、霊媒師と黒魔術師の両方に当てはまる。それゆえ、レヴィは「悪魔は魔術師に身を捧げ、魔術師は悪魔に身を捧げる」と記すことができる。第二に、邪悪な目的のために行われる魔術がすべて黒魔術であるのは言うまでもない。「魔術の力」は道徳的に中立であり、「ある意味では本質的に偏りがない」ことから、それは、善のために創造されたとしても、悪のために利用されることもありうる。第三に、最も興味深いのは、実在しない悪神の姿をしたサタンの「ありうべくもない偶像」を堂々と呼び出す者たちがいることである。レヴィは、これが意味するのは、彼らが「創造者であり神の対抗者である悪魔の存在を認める宗教に属」していることであると、保守的なローマ・カトリックに対する痛烈な皮肉を込めて主張する。魔術の力においては、魔術師の意志が儀式の効果を確実なものとするため、これまでも見てきたように、悪魔を召喚することでこの「偽の神」を召喚者にとっては現実のものとすることができる。このように、悪魔を召喚しようとする「黒」魔術師および、悪魔の存在を認めるキリスト教の論客は、どちらも悪魔を現実のものとして創造する魔術と関係しているのである。

この邪悪な悪魔を崇拝する「罪人と狂人の集団」について、レヴィは何世紀にもわたるラベリングによって広められてきた悪魔崇拝を告発する描写の多くをそのままくり返している。レヴィは自分でも悪魔崇拝の新しい要素を付け加え、その内容の一部は俗信や疑似科学でその後も長らく受け継がれていくこととなった。たとえば、「逆さ」五芒星を悪魔の象徴とする考えは、エリファス・レヴィが最初に思いついたものである。彼が言うには、この黒魔術の五芒星の上の二つの点は天を突いている山羊の角を表す一方、「白」魔術の五芒星の下の二つの点はキリストのしるしであるという。レヴィはこのことをためらうことなく平然と議論に用いた。レヴィによれば、その著書に描かれたバフォメットが「サタンの荒唐無稽な姿の一つ」ではありえないのは、バフォメットの額にある五芒星が上向きになっているからだそうである！（事実、これは二重に大胆な説であった、というのも、『高等魔術の教理と祭儀』におけるバフォメットの図もまたレヴィが作ったものだったからである。）

こうした白魔術と黒魔術に関する二重の伝統は、レヴィにとっては単なる理論上の問題ではなかった。サンドの『歌姫コンシュエロ』をほのめかしながら、レヴィは、自らの魔術信仰には常に密かな熱烈な信奉者がいて、隠れた友愛団体が組織されているのだと主張した。これが魔女のサバトの背景であり、それが出現したのは、さまざまな異教の秘儀集団がキリスト教の迫害によって地下に追いやられ、その後、魔術という一つの普遍的な伝統に融合した時であったとレヴィは言う（レヴィ自身による大いなる魔術の統合にどこか似ているように思われる）。「このようにして、イシスの秘儀、エレウシスのケレースの秘儀、バッカスの秘儀は、善の女神や古代のドルイド教と融合したのである」とレヴィは説明する。しかし、それと同時に、レヴィは黒魔術の対抗陰謀が実際に続いているとも認識していた。ただの「愚者と狂人を食い物にする悪人の集まり」にすぎないが、こうした本来のサバトを堕落させる悪意ある陰謀も古代に起源があった。レヴィははっきりとは説明していないが、このような隠された二種の魔術の系譜は過去のものではないとの見解を示している。「今なお、秘密の夜会は存在し、太古の儀式が昔も今も行われ、宗教性や社会的目的のある集会がある一方で、陰謀や狂宴からなる集会もある」。

魔術師としてのエリファス・レヴィとロマン派サタニストとしてのアルフォンス・コンスタンは、どのようにつながっていたのだろうか。この問いは本研究にとって極めて重要であり、アプローチの仕方としては、一つは、このフランスの神秘家の二つの人格のあいだの連続性を強調する方法、もう一つは、その違いを強調する方法の二通りがある。まず、コンスタンとその後現れる彼の分身〔レヴィ〕との連続性から論じるならば、魔術の話やエソテリシズムの専門語などの飾りは上辺だけで、その下にはレヴィの初期の考えの多くが残っていたことは明らかである。このことはとりわけ、神性に関する彼の見解において明白である。『高等魔術の教理と祭儀』とその続編は、基本的に魔術以前の彼の著作と同様、万有在神論や、（ほかに適当な表現がないのだが）ユマニズム的な神を保持している。『高等魔術の教理と祭儀』の冒頭で、レヴィは伝統的神学用語を「エソテリシズム」的に使い、彼の魔術《マジズム》によって可能となる「決まった言い方の伝達」について論じている。「それはまた、人が、人間の苦しみを神に帰し、神の栄光を人に帰すことにつながる。一言で言えば、決まった言い方の伝達はイエス・キリストにおける神性と人間性の結合であり、結合という名において、神が人間で、人間が神であると言うことが可能なのである」。こうした考えが完全に「正統派」のものであることは指摘しておかねばならない。しかし、レヴィの著作全体の文脈においては、そこに示されている見解は伝統的なものとはかけ離れている。神と人間の同一性というロマン派の考えは、『大いなる神秘の鍵』ではさらにあからさまに示されており、そこではローマ・カトリックのキリスト論を装うことなく著されている。

人間は神の思考によって形づくられ、神は人間の思考の理想的な総合体である。
ゆえに、神の言葉は人間を啓示するものであり、人間の言葉は神を啓示するものである。
人間はこの世の神であり、神は天上の人間である。

神に関するこうした理解は、魔術に関するレヴィの理論の基礎にもなっている。ここでは、少なくとも、詩や幻視についての彼の初期の考えと密接な関係にある考え方が再び示されている。これまでも見てきたように、レヴィにとって魔術は基本的には、意志と知性の力によるものであった。つまりそれは、主に自己の支配を主張していることになる――というのも、世界を支える活力は、人間自身の活力でもあるからである。「何よりもまず、大作業とは人間自身による創造である。それは言わば、人がその能力と未来から作り出す完全かつ十全な征服なのである。それは何より、人の意志を完全に解放することであり、このことは人が水銀と磁気の領域を完全に支配すること、すなわち魔術の普遍的力に対する完全な支配を確実なものとする」。だが、レヴィによれば、それを可能とするのは人の意志や知性だけではない。

> 意志と知性には、それを助けその手段となるものとしては十分に知られていない能力があり、その力はもっぱら魔術の領域に属している。すなわち私が意図しているのは、カバラ主義者たちが透き通ったものあるいは透明のものと呼ぶ想像力のことである。
>
> 想像力とは、実際、魂の目のようなものであり、その中であらゆる形態がその姿を現し、その形態を保っている。そしてそれを通じてわれわれは目に見えない世界の投影を目にすることができる。想像力とは、幻影の鏡であり、魔術の仕掛けである。それによってわれわれは病を癒し、季節に作用し、生者から死を追い払って死者を蘇らせることができるのであるが、それは、想像力こそがわれわれの意志を高め、われわれの意志に普遍的力についての理解を与えるものだからである。

ここに見慣れた言葉が再び登場しているのがわかるが、そこからレヴィの魔術が、特に想像性に富んだ芸術家や一般的な人間の創造力に関するロマン派の考えとどのように結びついているのかを、把握できるようになる。とはいえ、想像力と意志についてのレヴィの考えは、必ずしもロマン主義から直接取り入れられたわけではない。よく知られる古い資料にその一部が由来している可能性は十分にある――特に浮かんでくるのはパラケルススであるが、実際、レヴィは彼について後述している。しかしここで、レヴィにとってロマン派詩人から近代の魔術師への転換がそれほど極端なものではなかったかもしれない理由を示す、明らかな観念の類似性が見出される。レヴィの魔術師は、基本的にはロマン派詩人であり、新しい、少しエキゾチックな姿をしている。こうした類似はたしかにそれほど突飛なものではないかもしれない。魔術の「普遍的力」とは、神が世界を創造し再生させる「媒介となる力」としての役割を果たす同様の「自然と神性の力」（またの名を、ルシファー、バフォメットなどとも言う）であるため、魔術師は自らの想像力を用いることで、実際に創造者の役割を担うことができるのである。レヴィが書き記したことを論理的に組み合わせると（彼がそこまで論理的に考えていなかった可能性はあるとはいえ）、魔術師は自らの「言葉」を表すことで、神を創造、あるいは形づくることさえできるとレヴィは考えたのではないかと思われる。この点からすると、レヴィが別の場所で、自分の「内部の発光体」よりも「至高の帝国」を重んじる魔術師は、自身の不死性を手に入れるかもしれないと述べているのは不思議なことではない。これにはブレイクも同意したことだろう。

ここにコンスタンとレヴィの明白な連続性を確認することができるが、ほかの点では、魔術師としてのレヴィは、コンスタンであった頃の自身とはまったく考えを異にしている。レヴィの魔術書の明らかに異なる政治的・イデオロギー的特徴についてはこれまでに言及してきたとおりである。このことが明らかとなるのは、『高等魔術の教理と祭儀』でレヴィが詩について論じている箇所である。レヴィはこう記す。詩人であることは創造することであり、神が世界を創造した時、神自身は詩人であった。しかし、詩人であるからといって偽りや幻想を示すわけではない。「世界を神が創ったものとして受け入れず、別の世界を創り出そうとする詩は、邪悪な霊のうわごとにすぎない。この詩は、神秘を愛し、人間の知性の進歩を否定するものなのである」。これは、アナーキズムの詩であり、「権威なき理想主義の擬人化」であり、「プロメテウスのやり場のない怒り」である。他方、「秩序に従う詩」というのは、権威や理性の枠を超えることはない。すなわちそれは、「時に学知の先を進み、時にその跡をたどるだろうが、いつも学知の近くにある」のだ。

これは、初期のコンスタンに見出された主題、すなわちブレイク、シェリー、バイロンに嫌悪感を抱かせたであろうそれとは異なる。同時に、こうした変化を誇張したり誤解したりしてはならない。レヴィはその言葉の本来の意味での反動主義者になったのではなかった。彼の魔術書には、革命的でロマン派的な以前のコンスタンの考えの多くが受け継がれていることを示唆する言葉が豊富に表されている。具体的には、自由や「攻撃的で無謀な」知性、「すべてのシナゴーグのパリサイ人と教会」に対する反教権的な言説、学知的問いという自由の主張、迫害に加担していた過去の教会への反論（「ありがたいことに、われわれはもはや異端審問や火あぶりの時代には生きていない」）、メシアまたは千年王国説の概念が再び現れることなどへの言及である。しかし、これらの用語の背景や意味は変化した。たとえば、「自由」は今や「義務の守護者」と呼びうるのであって、ルシファーによる自由の征服が実を結ぶのは、彼がそれを「自発的な服従」によって「永遠の秩序に従うこと」に用いる時だけである。レヴィはそれでも千年王国説の調和の時代が近づいていると予言しているが、今やこの調和は自由と権威（および科学や宗教）を包摂することから成り、その共産主義の意味合いははぎ取られている。

一九世紀のイデオロギー上の立場を判断する確かな試金石であるフランス革命をレヴィがどう評価しているかを見れば、彼の新たな姿勢が極めて明確となる。たしかに、レヴィは『高等魔術の教理と祭儀』の中で、革命は「神授の経験」であったと述べている。しかし、それは新たな均衡につながる必要な過剰、すなわち「放蕩息子の堕落」であったという意味においてのみであった。「放蕩息子の唯一の行く末は、最終的な帰還と、父親の家で盛大な祝宴で迎えられること」である。このカバラ主義者の新たな見解は、彼が『大いなる神秘の鍵』に掲載した短い教理問答書で要約することができる。

問：善とは何か。
答：秩序である。
問：悪とは何か。
答：無秩序である。
問：許される快楽とは何か。
答：秩序の享受である。

何がこのような著しい姿勢の変化のきっかけとなったのだろう。彼の伝記の著者たちは、妻の駆け落ちが新たなコンスタンの出現に大きく関わっていたことを示唆してきた。その可能性は十分にありうる。私生活での挫折が原因で人生観が根本的に覆された人物はレヴィに限ったものではないだろう。その経験によって、トリスタンやレヴィが自身の初期の著作を通じて広めたフェミニスト的なメシア信仰に対する彼の情熱が大きく削がれたであろうことは想像に難くない。彼がエリファス・レヴィとして執筆した著書にはたしかに、女性や愛に対する大きく異なる姿勢が示されている。たとえば、「星気光」へのアダムの危険な降伏は「性愛の酩酊」という観点で描かれ、性愛は「すべての破滅的な情欲の中で最も倒錯したもの」として、また「典型的なアナーキスト」として描写され、『高等魔術の教理と祭儀』の最後でレヴィは、女性の心を射止めるには、要するに、悪魔か無関心な人間のふりをしなければならないという、かなり面白い求愛術をいくつか紹介している。

しかし、こうした事実はあるものの、筆者は、レヴィのイデオロギー的枠組みの転換が、彼の結婚生活の不幸な結末によって引き起こされたとは思わない。というのも、妻のノエミが去ったのは一八五三年の後半であるにもかかわらず、一八五四年の初めには『高等魔術の教理と祭儀』が印刷され始めていたのであり、さらに言えば、レヴィの伝記を最初に表した作家は、妻が彼のもとを去った時、レヴィはすでに『高等魔術の教理と祭儀』の執筆に取り掛かっていたと明言しているのである。筆者の考えでは、政治的展開、とりわけ一八四八年革命やその後の数年間に関連する政治的展開についてのレヴィの態度の変化をたどる必要がある。

フランスでの一八四八年革命には二つの段階があった。まず二月に、ブルジョワ階級と労働者階級のパリ市民の蜂起によってフランス国王が逃亡し、臨時政府が樹立されることになった（二月革命）。だが、失業者に雇用を提供する計画が放棄されたことをきっかけに六月蜂起が起こり、パリの労働者が再び通りを占拠したものの、この蜂起は政府軍によって容赦なく打ち砕かれた。レヴィの伝記作家たちが示すわずかな事実からは、レヴィが一八四八年革命の初期段階に強い関心を抱いていたことをはっきり読み取ることができる。一八四八年二月というのは、コンスタンが刑務所から出て六か月が経った頃だった。労働者階級の劣悪な生活環境に注目した『飢饉の声 *La Voix de la Famine*』という小冊子を出版した罪で収監されていたのである。革命によってもたらされた新しい政治情勢は、彼に合っていたようであった。コンスタンは編集者のガロワと幼馴染みのアルフォンス・エスキロス（『魔術師 *Le Magicien*』の著者）とともに、主に労働者を支持基盤とする政治団体を立ち上げた。さらに、議会の候補者として自らをアピールしようとし、「最も急進的な社会主義の」綱領を掲げ、経済的搾取の終焉と、思想の自由、および「宗教、愛、そのほかの正当な誘惑」の自由を求めた。

　だが、六月蜂起の血なまぐさい出来事によってそのすべてに終止符が打たれた。そうした中、コンスタンはかろうじて死を免れたと思われる。というのも、政府軍がとあるワイン商人を社会主義活動家と間違えて取り押さえたのだが、その男は哀れにも街角で即座に処刑されてしまったのである。しかし、この話が本当だったとして、当局が実際にこの将来魔術師となる男が労働者の暴動に関わっていたと考えていたとしても、それは事実としては間違いであると思われる。なぜなら、常に暴力的行為を非難していたコンスタンは、事態の展開に恐怖していたようだからである。彼の政治的態度の転換は、これらの出来事がきっかけとなっている可能性が高い。このことを証明するコンスタンによる直接の記述はないが、一八五一年に出版された『キリスト教文学辞典 *Dictionnaire de littérature chrétienne*』の詩の中に強力な手掛かりを見出すことができる。これは彼が実名で出版した最後の著書であり、超《ウルトラ》カトリックである編集者ジャック＝ポール・ミーニュからの依頼で執筆したものであった。ミーニュは教父の著作集や神学書の著名な編集者であったが、そうした人物からの依頼ということ自体に意義があったとも言えるかもしれない。例によって、コンスタンはこれを好機と捉え、自分が書いた文学作品を匿名のキリスト教文学の例として著書に大量に掲載した。その中の一つが、「ルシファーの堕落 La chute de Lucifer」という詩であり、神が天使たちに自身の美しい娘自由《リベルテ》を花嫁として差し出す様子が語られている。ルシファーはすぐさま自由《リベルテ》を誘拐し、地獄の自分の住処に連れて行くが、そこで彼女が死んでしまったことに気づく。怒りに駆られたルシファーは、その後、彼女の亡骸を地上に連れて行き、そこで彼女の輝きは、亡骸であるにもかかわらず民衆を革命へと駆り立てる。この短い詩は、その最後の連で明白な政治的色彩を帯びている。

ああ、民衆よ、ああ、ルシファーよ！　お前の腕は
無力だ、
憎しみで方向を失い、血で汚れている！
お前の花嫁は生きるだろう、
お前が武器を捨て、その和らいだ目に涙があふれて
くるのを感じるならば。
お前の花嫁は生きるだろう、

お前がすべての場所で自由となり、神に服従するほど崇高な存在となるならば！

神話的な体裁の整ったこの詩は、コンスタンの秩序に対する執着の高まりを示唆している。秩序というこの言葉は、彼がその後執筆した魔術書に頻繁に登場するようになり、ついでに言えば、一八四八年の革命の際には保守的な反対派のスローガンとなっていた。レヴィの最初の魔術本にはナポレオン一世とルイ・ナポレオンへの賛辞がいくつか見られるが、両者に対するレヴィの熱烈な賛辞は、この展開にぴったり当てはまっている。『宗教的教義と社会的教義』の中でコンスタンはすでに、悲劇的な歴史的人物として多くのロマン派作家たちを魅了してきたナポレオン一世を称賛していた。だが、コンスタンはこのコルシカ人を「革命の救世主」として称えていたのである。彼がその後、ルイ・ナポレオンのこともメシア的救世主と称賛するようになったのは、両者とも、自由と権威との完璧なバランスを確立させたという理由からだった。自由と権威という「互いに相反するこの二つは、一方をなくして他方は存在し得ないために、本質的には同じである」。こうした考えは、見かけほど不条理なものではなかった。というのも、ルイ・ナポレオンはその権威主義にもかかわらず、ユートピア社会主義やポピュリズムの考え方も取り入れ、国民投票による直接民主制を支持していたからである。また、コンスタンの態度も当時例外的であったわけではない。ルイ・ナポレオンが自ら皇帝を名乗った後、九〇パーセントのフランスの有権者がその新たな君主制を承認したのだ。

レヴィによるサタンの再定義は、一見すると、曖昧な神学的・エソテリシズム的な理論の問題のように見えるかもしれないが、実はこうした政治的背景とかなり一致する。レヴィは急進的な変革をもたらす媒体としてのサタンをもはや必要とはしておらず、彼の描く新しいルシファーは、本質的には体制の象徴となった。光と闇、自由と権威、精神と物質、破壊と創造、そのすべてが普遍的な力を活性化させる上でなくてはならない要素であり、それらは互いに取って代わるのではなく、バランスを保っていなければならない。このことは、レヴィのバフォメットを、初期のフランスロマン派サタニズムの罪を贖われたルシファーと対照をなすものとして位置づけることになる。ロマン派的ルシファーはその後も『高等魔術の教理と祭儀』やその続編に時折登場し、このフランスの魔術師の新たな創作であるバフォメットにむりやり結びつけられた。以前のルシファーは一時的な対抗勢力であり、敵対的ではあるが解放を目指す存在であり、神と再結合して理想世界に到達する存在だった。レヴィのサタンに関する新たな考えにおいては、このルシファーはいわばバフォメットの片腕にすぎないのであり、すなわち、バフォメットをその内面的な対立から解放すれば、世界を静止させ、自滅へと導くことになるのである。それはロマン派のサタンの特徴——その汎神論的性質や、知性（その頭上のトーチに象徴される）、物質、性（女性の胸や彼の膝のあいだに描かれた使者の杖に象徴される）との関連など——をとどめてはいるものの、この新しいサタン像はまったく異なるイデオロギー上の指針を表している。

　この新たなイデオロギー的指針が単なるカトリックの反動主義でないことは、『高等魔術の教理と祭儀』に時折垣間見える、明らかな非キリスト教的な精神によって示されている。自らのナポレオン支持《ボナパルティズム》や意志力の強調をきっかけとして、このフランス人の魔術師は注目に値する倫理観をいくつか組み立て、それは特に両ナポレオンへの称賛の中で表されている。レヴィは『高等魔術の教理と祭儀』の第二版に寄せた「前書き」の中で、次のように記している。「文学においてであれ、道徳においてであれ、政治においてであれ、成功しない者は常に間違っている。……もしわれわれが教理の永遠の領域に達するなら、そこには昔、二つの霊が存在し、それぞれが神性を独占したがっていた。一方は成功し、その成功した者は神であり、もう一方は失敗し、悪霊となってしまった！」レヴィの著作では、確実に、こうした蛇のささやきは、神の愛《アガペー》、義務、献身を讃美する聖歌隊の歌でかき消されていた。しかし、こうしたほのめかしにとどまっていた脈絡は後に回収されることになる。

　その後、レヴィの影が、西洋のオカルティズムとエソテリシズムに大きく浮かび上がることとなった。ただし、これはレヴィが何らかの組織を残したということではない。レヴィは、「魔術の教師」として弟子を何人かとり、（報酬を受け取って）個人指導をしてはいたものの（主に、オーダーメイドの文通講座であった）、自らの「魔術《マジズム》」体系を広めるための組織化された信奉者の団体を設立することはなかった。もしかすると、レヴィはローマ・カトリック教会を自身の普遍的宗教の儀式を行うのにふさわしい場所と見做していたのかもしれない。どちらかと言えば、後世のオカルティストたちのあいだにおける彼の名声は、その著作によって確立することになる。彼の著作の影響は、たとえば、一九世紀後半の代替宗教界における重要組織の一つである神智学協会の教義に明確に見て取ることができる。

このエソテリシズム運動の草創期における主要人物は間違いなくH・P・ブラヴァツキー夫人であった。ブラヴァツキーはロシア系で、各国を渡り歩いた後ニューヨークに落ち着き、新しい「普遍的」宗教を打ち立てた。彼女は自身の悟りは神秘的なチベットの導師たちに負っていると主張していたが、彼女の著作におけるレヴィの影響は明白である。それがとりわけ明らかとなるのは、彼女のサタン観においてである。一八七七年の『ベールをとったイシス *Isis Unveiled*』は、ブラヴァツキーの最初の代表作であるが、その中の「悪魔神話」と題された長い章は、神話の堕天使に捧げられている。キリスト教のサタンを「聖職者支配の擁護者であり、要である」として退けた後、ブラヴァツキーはレヴィに倣って悪魔の真の本性を、次のように表現する。すなわち、悪魔の本性とは、「敵対する盲目の力――すなわち、自然の闇の側面」であり、「それ自体としては悪ではないが、いわば光の影にすぎない」ある種の原始のエネルギーである。このような考え方は、ブラヴァツキーの二冊目の秘教書である『シークレット・ドクトリン *The Secret Doctrine*』（一八八八）の中で、さらに明確なレヴィ的な言い回しで語られている。彼女はここで、すべてを包む神性の外側に悪の源が存在すると仮定するのは誤りであると述べ、「哲学的で論理的な汎神論を捨てたことによる最初のカルマの影響」を論じる。しかし、「「対抗者」、つまり、自然界における物事の均衡と調和に必要な対立する力として――影がさらに明るい光を放つように、夜がより大きな安心感を昼にもたらすように、冷たさが暖かさというさらなる安らぎのありがたみを感じさせるように――サタンは常に存在してきた」。ブラヴァツキーは、レヴィの考えの複雑さをはっきりと認識していることを示していた、というのも、サタンの「星気光《アイン・ソフ》」が絶対神から発せられているとしても、それを無限あるいは「父なる神‐エーテル（Father-Æther）」と同一視することはできないからであると彼女は主張する。「地の霊」として、その魂は神聖であるが、その身体はより下にある「地獄」に属し、物質の暗い波模様にいわば神性の「陰画」

として映し出されている——すなわち、「悪魔は逆さの神である」。

　また、神智学では、光をもたらす者としてのルシファー像が取り入れられたが、そのルシファーはすでにロマン派サタニストたちとともにうっすらとその姿を現し、レヴィの初期と後期の著作で詳しく説かれていた。ブラヴァツキーによる創世記の解釈では、ルシファーと堕天使の神話は、神的存在を物質世界へと「実体化させること」により、合理性と知識をもたらし、人間を人間たらしめることを実際には示していた。こうした背景から、なぜ最初期の神智学の雑誌の一つに『ルシファー *Lucifer*』という誌名がついていたのかが明らかとなる。そのフロントページには、啓蒙の輝く星を掲げる半裸の少年の姿をした暁の天使が描かれ、ルシファーとは、「冒瀆的あるいは悪魔的名称ではなく」、「純粋で淡い夜明けの光の使者の名前」であるとの短い説明書きが添えられていた。

　ブラヴァツキーや仲間の神智学者の多くにとって、本物の悪とはサタンではなく、嫌われ者の「P.G.」、すなわち一神教の人格神《パーソナル・ゴッド》であった。もっと厳密に言えば、こうした神自体が現実には根拠のないものであるため、人格神という観念が本物の悪であった。ここでブラヴァツキーはキリスト教徒である魔術師レヴィから枝分かれした。レヴィが主張する強力な万有在神論を踏まえれば、彼は、ことによるとブラヴァツキーの考えの本質的な部分には同意していたと思われるが、レヴィが「カトリック教」の教義に対してそうした敵対的な言葉で考えを述べることはなかった。しかし、ブラヴァツキーの言葉は、シェリーやユゴーといったロマン派サタニストのあいだに流れていた、それ以前の反キリスト教的風潮と完全に調和していた。『ベールをとったイシス』の第二巻はすでに「特に、自由思想に対する主要な敵対者である神学的なキリスト教に向けられたもの」であったが、「イエスの純粋な教えに対する反論は一切」含まれていなかった。『シークレット・ドクトリン』では、サタンと「いわゆる創造主」の役割は完全に逆転した。「本当は誰が偉大な「詐欺師」なのかは、両目を見開き偏見のない精神で、あらゆる古い宇宙創成譚や聖書の中を探せば、突き止めることができる。それは、人間の姿をとったデミウルゴスである。すなわち、仲間の創造主たちの集合的聖体から分離した天地の創造主である。デミウルゴスは創造主たちを表しかつ総合する。……昔、哲学の象徴がひねくれた人間の想像力に委ねられ、その後、そこから悪魔のような欺瞞的で狡猾な嫉妬深い神が創り出された」。

ついに、ブラヴァツキーは自らが探し求めていた「哲学的で論理的な汎神論」を東洋の諸宗教の中に見出したと主張するようになった。神智学の教義には、次第に複雑なインドの宇宙創成譚が混ざり、ブラヴァツキーは一八七八年には仲間たちとインドに向けて船出し、マドラス（現・チェンナイ）のアッドヤーに移住した。精神的かつ物理的な東洋へのこうした移動は、神智学協会のメンバー全員から熱狂的に歓迎されたわけではなかった。東洋化に反対していた人物の中でも目立っていたのはルドルフ・シュタイナー（一八六一～一九二五）である。彼は、神智学協会のドイツ支部長であり、同じく『ルツィフェル *Luzifer*』という誌名のついたドイツ語の神智学雑誌の編集者であった（この雑誌は、一九〇三年以降にウィーンの神智学の紀要と合併され、より適した『ルシファー・グノーシス *Lucifer Gnosis*』という誌名がつけられた）。独学者のブラヴァツキーとは対照的に、シュタイナーは哲学の博士号を持ち、その饒舌さで西洋のエソテリシズム的・霊的な遺産の本質的価値を強調した。アッドヤーのブラヴァツキーたちがジッドゥ・クリシュナムルティというインドの少年を来るべき偉大な世界の導師として推薦した際、シュタイナーは神智学のメンバーの中で分派を起こしてライバル組織を設立し、それを人智学協会と称した。

人智学協会はヨーロッパに向かったことにより、キリストやキリスト教との親縁性を取り戻すことになったが、それは極めて特殊な人智学の枠組みにおいてであった。また、キリスト教のもう一つの重要な神話的表象であるサタンも忘れられてはいなかった。シュタイナーのコスモロジーでは、二つの別々の傾向が示される。一つは霊的・知性的知識に向かうルシファー的傾向と、もう一つは物質的・身体的・機械的なもの、さらには経済的なものまでをも表すアーリマン的傾向である。（シュタイナーはここで、アーリマンを物質を統括する存在と捉えるマニ教の見方を取り入れるが、そうした見方はもとのゾロアスター教にはないものであった。以前には、彼は「ルシファー的原理」を多少物質的な「エホバ的原理」と対比させていた。）どちらの傾向もそれ自体では悪ではないが、抑制されなければ、どちらかが突出することで均衡が崩れ、災難がもたらされるだろう。その中で、これら二つの原理のあいだにあり、それらを統合もする均衡を作る力が「キリスト」である。キリストは利他と犠牲という神聖な原理を体現する存在である。

シュタイナーのコスモロジーにおけるルシファー的な原理とアーリマン的な原理が、人間の知識探求の守護天使と、物質的・肉体的・性的なものの比喩的な表象という二つの古典的役割において一九世紀のサタン像に対応していることは容易に理解することができる。しかし、ロマン派サタニストとは対照的に、シュタイナーはこの二つの原理は客観的に存在するとした。二つとも人間の心の中にも、その外の世界にも、さらに霊界にも実在すると考えたのである。やや差別的な類型論志向なのだが、シュタイナーは彼の二つの主要原理はまた地球上のさまざまな国々において表れていると見做していた。このように、東洋の国々は主にルシファー的で、一方、西ヨーロッパ人やアメリカ人はアーリマン的な傾向にあった。この図式の中で、中央ヨーロッパやドイツは、シュタイナーがこれらの地域のために取っておいたその特別な使命と地位に従って、ある種中間の立場にあった。

シュタイナーの世界《コスモス》のヒエラルキーは、ドルナッハの協会施設にある巨大な木製の彫刻群で明確に表されている。シュタイナーは一九一四年に、彫刻家のイーディス・マリオンの助けを得てその制作に取り掛かった。最も重要な部分は、地面から立ち上がっている人間の彫像であり、右手は下方に伸ばされ、左手は空に突き上げられ、その両手は何かに捕まっているように握られている。シュタイナーは当初それをキリストの彫像とするつもりだったが、その後考えを変えて「人類の代表者」と呼び、それがそのまま彫刻のタイトルともなった。その向かって左側には、アーリマンとルシファーが彫られており、それは、人間の進歩において彼らが果たす重要な役割と、どちらかが優位に立つことに成功すると、適切な人間の発展に彼らがもたらす脅威との両方を象徴している。下にある地下の洞窟のようなところには、地面に木の根で縛り付けられているアーリマンが再び彫られ、その上に浮かぶもう一つの彫像が表すのはルシファーであろう。シュタイナーの弟子の一人によれば、シュタイナーは、ルシファーとアーリマンが自らポーズをとって、その像を彫らせてくれたのだと話していたという。ルシファーはそれなりに快く応じてくれた一方、アーリマンはシュタイナーの霊能力によって強引に服従させなければならなかった。（この荒々しい精霊は、その後、礼拝室のステンドグラスの窓をたたき割って復讐してきたという。）

ルシファーの子どもたち

なんと悲しげで、なんと美しいことか
おお、わが守護神、わが神、わがルシファーよ！

この崇敬の感嘆文は、エドゥアール・シュレによる戯曲『ルシファーの子どもたち *Les Enfants de Lucifer*』の中に出てくる。この作品は一九〇〇年という、まさに世紀の変わり目に出版された。当時、シュレは無名ではなかった。それ以前に彼が出版した『偉大な秘儀参入者たち *Les Grands Initiés*』（一八八九）は熱狂的流行を巻き起こし、一九世紀版（少々時代錯誤な表現が許されるなら）ニューエイジのベストセラーとなった。この作品は、ラーマ、クリシュナ、プラトン、イエスを通じて秘教的叡智に関する歴史的道筋をたどるものであった。戯曲の方はこの著作ほどの名声を得ることはなかったが、一読の価値は十分にある、というのも、一九世紀に展開したサタンの代替神話が見事に要約されているからである。

『ルシファーの子どもたち』は、西暦の初め頃、ディオニュソスの町出身のギリシア人の青年テオクレスが、謎に包まれた「知られざる神の神殿」での旅の途中に庇護を求めるところから始まる。呼びかけに応じた知られざる神は、ほかならぬルシファーだった。彼はテオクレスに暁の明星《フォスファラス》という新しい名前を与えた（重要なことは、その名前がこの天使自身の名前のギリシア語の別称であることだ）。あなたさまのようになるには、何をしなければならないでしょうか、とこの信奉者が尋ねると、知られざる神はこう答えた。「自分を信じ、全身全霊をかけて永遠なるものと闘いなさい」。

この忠告をたずさえて、テオクレス／暁の明星は子どもの頃好きだったクレオニスを取り戻しに行く。クレオニスはキリスト教修道院の修道女になっていた。初めのうちはいくらか抵抗したが、少女はやがて、長らく会うことのなかった友の「悪魔的な」魅力に屈する。二人は共に故郷の町ディオニュソスへと戻り、そこで皇帝と司祭の権力を覆す。人々が通りを埋め尽くし、「解放者ルシファー」と喝采すると、テオクレス／暁の明星は人々に向かって感動的な演説を行った。「何のために神々の末子があなた方に与えられたのだろうか」。彼は群集にこう尋ね、次のように答える。「皇帝や十字架に向かってひざまずくことのない自由の民でいるためであり、〈美〉と〈真理〉と〈正義〉が自分自身の中にあることに気づくためであり、あなた方を自身と他者の支配者にする契約をそれらと結ばせるためである。もしあなた方一人ひとりが自らをルシファーと感じず皇帝にも教会にも抗わないのなら、私とともに英雄たちの母であり自由な魂の町であるディオニュソスのために死ぬには値しない！」

しかし、すべては悲劇に終わる。追放された司祭が、圧倒的な武力を誇る帝国軍を率いて戻って来たのだ。テオクレスは知られざる神の神殿で再び庇護を求め、クレオニスと再びルシファーを呼び出す。堕天使は姿を現すが、彼らを助けることはできないと言う。試練の時が来た、服従のキリスト教精神が地上を支配することになる。ルシファーは二人に告げる。「だが、私は闇から必ずまた立ち上がる。鎖を断ち切り、光をもたらそう。共に地上を支配する時がいつか必ず来るだろう」。この言葉の後、ルシファーは「耐え…るの…だ！…」と言い残しながら姿を消す。そうしている間に、「ルシファーの子らに死を！」と叫びながら入ってきた司祭に率いられた兵士たちが到着する。テオクレスと恋人は、司祭の手に落ちるよりローマの死《モルス・ローマナ》、すなわち自害することを選び、ルシファーの祭壇の前で息絶える。

ルシファーが再び現れる時期をシュレがいつ頃と考えていたかについて、疑問を抱く必要はない。当然、それは彼自身の時代であり、そう考えたのにはもっともな理由があった。これまで見てきたように、一九世紀には西洋文明においてサタンを復権させるためのかつてない試みがなされた。こうした復権の背景には、キリスト教やその教会組織に対する根深い不満があった。啓蒙思想によるキリスト教批判を端緒とするキリスト教に対するこうした反発はフランス革命によって促進され、著名なロマン派詩人たちの作品においては、サタンがその神話的表現となった。サタンが新たな役割を担うことができたのは、王座と祭壇（シュレの戯曲では、ローマ皇帝とキリスト教司祭として擬人化され、印象的に描かれている）に対する闘いという枠組みにおいてであった。世界に災いをもたらす超自然的なものの権化であったサタンは、自由と解放の象徴となった。すなわち、政治的・宗教的抑圧からの解放、抑圧的な性道徳や身体に対する「キリスト教的」蔑視からの解放、科学的・エソテリシズム的知識の輝かしい進歩を妨げる宗教による精神の束縛からの解放である。高慢、反抗、欲望、知識への誘惑といった古い神話におけるサタン像に対して、その時から異なる見方がなされるようになった。シュレがサタンに関して『ルシファーの子どもたち』の序文で記しているように、突如として、この堕天使は「学知、自由、人間の個性の守護神」として捉えられるようになった。

一九世紀においてこうした見方が少数であり、文化的エリートのごく一部のものであったことは再度強調しておく必要がある。社会のほかの人々は、古い昔ながらのサタン観やサタニズム観を持ち続け、次の二つの章ではそうしたサタン観の中でも代表的なものをいくつか取り上げることとする。とはいえ、肯定的なサタン観を持つこうした新たな少数派は重要な存在であった。一九世紀の代表的な文化人たちがこの章や前章で次々と登場したのは印象的である。一方には、サタンとキリスト教、あるいは神、あるいはキリストとの究極の和解を思い描いた者たちがいた。キリスト教やキリストをいかに根本的に再解釈しようとも、結局はサタンと和解するとしたのである。これはフランスのサタニスト詩人たちの大半が抱いていたテーマであり、新しい宗教運動である人智学の顕著な特徴となるものであった。エドゥアール・シュレもまたこうした確信をもっていた。シュレは「学知、自由、人間の個性の守護神であるルシファーは、その現行の教会のあり方に対する不屈の敵ではあるが、キリストの敵ではないのであって、逆方向に進みはするものの、キリストが彼を完成させるのである」と述べた。戯曲の最後の場面で、テオクレスは「ルシファーの星がキリストの十字架を通って輝きを放つところで」真理を見出すことができると告げられる。実のところ、シュレとシュタイナーは個人的な友人であり、シュタイナーは『ルシファーの子どもたち』の一九〇九年と一九一〇年における協会施設での公演を監督したのだった。

サタンのほかの支持者たちは、キリスト教に敵対的な態度を取った。彼らにとって、キリスト教は西洋文明の悪夢であり、すぐにでも破壊されるべき巨大な抑圧組織であった。それは栄光の健全なる古典世界（しばしばシュレの戯曲の町、ディオニュソスの拡大版と見做された）を終わらせ、火刑で大勢の無辜《むこ》の民を死に至らしめ、ガリレオをはじめとする天才に屈辱を与えた。パーシー・ビッシュ・シェリー、ピエール＝ジョゼフ・プルードン、ジュール・ミシュレ、H・P・ブラヴァツキーのような人物にとって、エホバとサタンは実質的には立場を交代しており、前者は聖書の残酷さを表す「悪神」となり、後者はあらゆる善を表象する神話における神のような存在となった。

こうしたサタンが一九世紀の（対抗）文化の重要な領域にどのように浸透していたかは、これまで論じてきたとおりである。サタンは革命運動の一部の急進派のあいだで政治的アイコンとなった。悪の天使の復権を受けて、作家の中には過去に悪魔崇拝で告発された諸集団を同様に復権させようとした者もいた。ロマン派サタンのヴァリエーションは、人智学や神智学といった新しい宗教運動の中では存在論的・形而上学的なものとすらなり、それなりに崇拝される存在となった。ロマン派サタニストとして出発したフランスのオカルティスト、エリファス・レヴィは、この新しいサタン像を新しい政治的・社会的課題に合うよう大きく変化させた――次世紀の宗教的サタニズムでのサタンの認識における根本的変化を予示し、その前段階を整えたのである。

しかし、これらの宗教運動をはじめ、これまで本書で論じてきた中に独立した宗教的サタニズムのようなものは一つも見られない――それでも、本章の冒頭で示したように、このようなサタニズムの基礎となるものは、一九世紀初頭の数十年間にすでに築かれ始めていた。プルードンやバクーニンのようなアナーキズムの理論家は、サタンを自分たちの反教権的・反宗教的な傾向を示すための挑発的な言葉の道具として使っただけだった。サンド、ミシュレ、リーランドといった歴史家や歴史小説家は、宗教的サタニズムを過去のもの、または急速にそうなりつつあるものとして記述した。彼らは宗教的サタニズムを西洋革命を予示する貴重なものと考え、極めて重要であり続けた革命思想のテーマを具現するものと見做した。それでも、彼らが描いたつもりの歴史上の崇拝を実際に復活させることを提案した者は一人もいなかった。さらに言えば、この章で論じた一九世紀の代替宗教の先駆者たちを宗教的サタニストと呼ぶことも正確ではない。レヴィは自らをカトリックのカバラ主義者と見做し、ブラヴァツキーは東洋の宗教に真理を見出し、シュタイナーはキリストを神の原理の権化として捉えていた。サタンは彼らの教義の一部にすぎず、主な崇拝対象ではなかった。宗教的サタニズムの諸要素が彼らに表れていると述べることはできても、本格的な宗教的サタニズムの出現を目撃していないことは確かである。

最後に、これまで描写してきた歴史的人物・グループとロマン派サタニストたちに共通する重要な側面を指摘して本章を締め括ることにする。その宗教的・イデオロギー的見解はすべて、本質的に参照基準としての人間性あるいは人間を中心に展開している。このことはたとえばブラヴァツキーの神智学に当てはまるが、このロシアのエソテリシズム作家は『シークレット・ドクトリン』で、このように記した。「いわゆる「堕天使たち」とは、人間そのものであり」、古い神話の「その堕天使たちはみな」、実際には「人間性の種」にすぎず、その周りに「われわれの身体が形成され、いまの人間ができあがった」。しかし、それはまた、キリスト教にそれほど批判的ではないシュタイナーの人智学やレヴィの「魔術《マジズム》の書」についても、また論じてきたさまざまなアナーキストや歴史著述家についても当てはまる。彼ら全員にとって、サタンは本質的に人間らしさ、あるいは人間そのものを表していた——ただし、サタンはこれとは別に、レヴィ、ブラヴァツキー、シュタイナーのルシファーがそうであったように、独自の形でも存在したかもしれないのだが。シュレが言うように、「神になりたい人間が、人間になった神と出会うことがある」。シュレが実際にここで指していたのはキリストのことだったが、同様の和解が彼の「魂の劇場」においては、ルシファーと人間のあいだに起こると描かれている半神的な登場人物のルシファーは実際には人間であり、一方、人間は反逆の天使のように自らの運命を切り開くことを模索する——「人は誰しもルシファーなのである」。

サタンに身を委ねるとは、如何なることか？
——ボードレール『火箭』一四、一

間奏曲　二
〈シャルル・ボードレール——サタンへの連禱〉

　本書のテーマに詳しい読者は、ここまでの議論においてある人物が登場していないことに寂しさを覚えているかもしれない。その人物とは、シャルル・ボードレール（一八二一〜一八六七）である。ボードレールは、不道徳な詩集とされる『悪の華 *Les Fleurs du Mal*』（一八五七）によって文学的な名声を博すと同時に、悪評も受けた。彼を登場させてこなかったのにはそれなりの理由がある。筆者は、ボードレールをロマン派サタニズムから、それまでとはやや異なる、世紀末に流行したサタン像に至るまでの過渡期の人物として位置づける方が、彼に関するより深い理解につながると考える。この間奏曲で論じていくように、デカダン運動のこの偉大な詩人は、その生涯においても作品においても、この過渡期を体現し、開始させた人物とすら言えるかもしれない。
　ボードレールがサタニズムの議論によく登場するのは、『悪の華』で発表された「サタンへの連禱《れんとう》 Litanies de Satan」という詩が主な原因である。詩はこう始まる。

おお御身、天使の中の最も博識にして最も美しい者よ、
運命に裏切られ、頌《ほ》め歌を奪われた神よ、〔阿部良雄訳『ボードレール全集』全6巻、筑摩書房、一九八三―一九九三による〕

「不当に扱われた」大天使へのこの讃歌は、サタニズム

の歴史においてその後象徴的な地位を得ることになる。ローマ・カトリックの『ミゼレーレ *Miserere*』に倣って、この詩ではサタンが、飲んだくれと罪人の庇護者、発明家と革命家の後援者、愛と希望の扇動者、「地下に埋もれた万物の偉大なる王者」として讃美され、「おお〈サタン〉よ、私の長い悲惨を憐れみたまえ！」という句がくり返し織り交ぜられている。この長い連禱の最後は、サタンの楽園で永遠の安らぎを見出せますようにという「祈願」で締め括られる。

願わくは　栄光と称讃と　爾の上にあれ、魔王《サタン》よ、
昔　爾の統治せし天国の高座《たかくら》に在りし時も、
敗残の今　黙々と夢想する地獄の底に在る時も。
願わくは　わが魂を、智恵の樹の木陰に、いつの日
か
爾の傍にて憩わしめよ、爾の額の上を覆うて
新しき神殿の如く、智恵の瑞枝《みずえ》の繁らむ時に〔ボオドレール『悪の華』鈴木信太郎訳、岩波文庫、二〇一七。新字新仮名に変更〕。

ひと通り目を通しただけでも、この詩がなぜサタン贔《び》屓《き》の衝撃的な内容として受け止められたかが理解できる。「古典的」なロマン派サタニストは、サタンをおおよそ称賛に値する神話的なキャラクターとして描いてきたが、ボードレールのように、サタンに直接呼びかけ、祈禱という明確に宗教的な形式でサタンに直接呼びかけた者は誰一人いなかった。彼らはたしかに悪魔を褒め称えることはあったが、ボードレールの連禱には明白な崇敬の念が表されていることが、すぐ見て取ることができる。このように、この詩が、先行するロマン派サタニズムを根本的に新しく展開させたものとして理解されうることは確かであり、また、その恩恵を受けていることも明らかである――「サタンへの連禱」が『悪の華』における「反逆 Révolt」という章に収められているという事実だけでも、多くを物語っている。その詩句にはサンド、ヴィニー、そしてバイロンをも想起させる表現がある。たとえば、典型的なロマン派のサタン像である、はねつけられた者・周縁に追いやられた者・反抗的な者の盾と支えというイメージに加え、性愛・学知・自由というサタンの古典的な三つの属性が再び復活していることが窺える。それゆえ、ボードレールの覚書の中に、彼にとっての悲劇的な美の真髄が、「ミルトンの作風に倣って」サタンによって具体化されている、との記述があるのは驚

くにはあたらない。しかしそれと同時に、「サタンへの連禱」は、多くの「古典的」なロマン派サタニズムとは著しく異なる雰囲気を感じさせる。適当な言葉が見つからないが、強いて言うなら、より「陰鬱」で曖昧に感じられ、この連禱の中では、英雄のごとく人類を解放し、自由にするために、光の中に足を踏み入れるようなサタンに出会うことはない。

　ボードレールの表現におけるこのような転換のきっかけとなりえたものについては、後で掘り下げることとする。しかし、まずは、先行する文学史における展開について論じ、このより過激で陰鬱とした曖昧なサタン像を部分的に明らかにすることとする。というのも、ボードレールの作品はその先駆者の上に成り立つものだからである。一八三〇年の七月革命の前後数年間に、ブーザンゴ〈騒ぎ立てる者たち〉と呼ばれ、「プチ・セナークル」あるいは〈若きフランス〉として知られるフランスの若き芸術家たちの緩い結びつきのグループが、より激しく悲観的なロマン派としての抗議を行った。数人の建築家や画家（ドラクロワをはじめとする）を除けば、このグループはマイナーな詩人ばかりで構成され、その中で、ペトリュス・ボレル、フィロテ・オネディ（テオフィル・ドンデ・ド・サントゥニのペンネーム）、ジェラール・ド・ネルヴァル、テオフィル・ゴーティエらだけが、文学史の中で周縁的ではあるものの不朽の地位を保ってきた。極めてバイロン的で明確に反体制的な、明らかに若い芸術家の荒くれ集団は、ロマン主義を新たな熱狂的な段階へと押し上げた。政治的にはほとんどが急進的な傾向にあったが、彼らは社会的・政治的な根本的変化の展望を悲観し、広い社会に変化をもたらすための芸術や文学の力に幻滅していた。教会、貴族、君主に支配され、一八三〇年の七月革命の後にはさらなる嫌悪の対象となったブルジョワジーによって支配されたフランスに背を向けた彼らは、芸術家を社会的のけ者として詠い、芸術と想像の世界を、人が真に自由になることのできる、したがってある意味では本来の自分になれる唯一の空間として称賛した。「神よりも創造的であること」としたオネディの詩の一節は、こうした彼らの意図を的確に言い表したものだった。

　この点でブーザンゴらは、後の「芸術のための芸術《ラール・プール・ラール》」や芸術分野の自律に関する考えの先駆けとなった。彼らはまた、初期のボヘミアン〔芸術家など社会の習俗に逆らい自由奔放な生活をしている人〕とも考えられる。たとえば、彼らはいっ時、モンマルトルに即席で作ったコミューンで、社会から離れて暮らしていた。ただその生活も、彼らが飲み騒ぎ裸体で動き回っていたため、近隣住民からの苦情が相次いで、長くは続かなかった。さらに、その反体制的・反ブルジョワ的態度は、詩論や、（キリスト教の）神に対する修辞的な暴力といった特別な行為における、ゴシック芸術の破壊を好む姿勢へとつながった。ここでの神とは、それ自身の権利において、真の宗教的存在としての神であり、また、その能力において、変わることのなさそうな政治的・社会的現状の象徴的表象としての神である。それに伴い彼らがサタンに抱いた共感は、同じくらい強烈な言葉で表現された。たとえば、オネディは『火と炎 *Feu et Flamme*』（一八三三）の中で天に向けて拳をふり上げ、次のように訴えた。

夜、私はけがれた場所へ行く、
そこで私は主を嘲笑い、
忌まわしい魔術に自らを溺れさせる、
私は悪魔を呼び出し……己の魂を売り渡す、
数千年の幸福が訪れるかもしれない僅かな可能性にかけて！

ボードレールは、ブーザンゴたちの最初の（かなり短期間の）全盛期に加わるには生まれるのが遅すぎた。ボードレールがその文芸界に登場する頃には、オネディはすでに世間から忘れ去られ、生涯を（こともあろうに）役人として過ごしていた。ボレルは地方の道具小屋に住んでから間もなくしてアルジェリアに亡命し、一方、極貧であったネルヴァルは絶望のうちにパリの陰鬱とした裏通りで首を吊った。しかし、ボードレールは貪欲にブーザンゴたちの散らばった事績をくまなく調べ、主要メンバーの何人かと直接会った。その中で『悪の華』を捧げたテオフィル・ゴーティエとはとりわけ親しくなった。〈若きフランス〉はいくつかの点でボードレールに影響を与えた。ある意味では、「反逆」の章に収められた「サタンへの連禱」とそれに付随する二つの不信心な詩は、一部のブーザンゴたちの急進的なロマン派サタニズムの後期の成果と見做すことができる。

「サタンへの連禱」の典礼文のような特性を踏まえれば、ボードレールがブーザンゴ的な挑発表現にとどまらず、実際の悪魔崇拝にまで踏み込んでいた、とする多くの著述家の主張はもっともである。そうした考えは、数枚の写真に映るボードレールの陰鬱な表情や、『パリの憂鬱』に六六篇の詩を収めるという彼の最初の意図を受けて、いっそう強められることとなった――彼は、66という数字は「カバラ的な666、あるいは6666にまで」持ってゆくことができると宣言していたのである。研究者の中には、一八四六年頃に全盛を極めたとされるロマン派詩人たちのサークル「サタン礼拝堂」にボードレールが所属していたとさらに詳しく論じる者もいる。彼らの所説によれば、このサークルは毎週日曜日の朝に集会を行い、考えうる限り最も「反ブルジョワ的」かつ「悪魔的な」詩を唱えて「悪魔を召喚」した。たとえば、一八四六年二月に彼らは七つの大罪を詩編で称賛し、ある現代の歴史学者が「語られない方がよかったかもしれない」とするその作品をサタンに捧げた。

サタン、美しき堕天使よ
危険に満ちた名声にふさわしき者
不当な力と戦うために
私は私のすべてを変わらず捧げよう
私の精神を、感性を、心を、愛を、
そして失意の美しさからなる私の陰鬱とした詩を

しかし、この説には多くの問題がある。この「サタン礼拝堂」の存在を示す唯一の現存する資料はルイ・メグロンの『ロマン主義と道徳』という奇妙な本であり、その中でメグロンは、六〇年以上も経っているにもかかわらず、ロマン主義がフランスの道徳に及ぼした極悪な影響を証明しようとしている。メグロンはこの「サタン教団」の説明にも、彼が引用する詩の抜粋にも、出典を一つも示していない。つまり、すべて彼のでっち上げということもありうるのである。筆者はこの可能性については否定的ではあるが、このサークルが実際のサタニストの儀式を行ったかどうかという点は大いに疑問である。メグロンは「サタニズム」という言葉を用いる際に、さまざまな意味を込めているようである。意味としては、悪魔に捧げる邪悪な詩を書くというような単なる悪ふざけから本格的な降霊術の儀式まで幅広くはあるものの、その記述からは、この悪魔の「礼拝堂」サークルが、型破りな詩人たちの集まりで、「失意の美しさからなる陰鬱とした詩」を共有するグループ以外の何者でもないことが推測される。これらはすべて、むしろ後期のブーザンゴたちの分派のように思われ、ボードレールがメンバーであったなら、このグループはボードレールと〈若きフランス〉とのさらなる橋渡し役となっていた可能性がある。しかし、実際のところ、メグロンはボードレールを参加者として挙げることはなく、彼らのいくつかの詩の「ボードレール的な香り」について述べるだけである。簡単に言えば、ボードレールがこのサークルのメンバーであったことを示すものは何もなく、サークルの詩人たちが挑発的な詩を書く以外のことをした形跡もなく、それどころか、メグロンのかなり曖昧な研究における七頁余りの記述を除いては、そのサークルがそもそも存在していたかどうかを示すものは何もないのである。

　さらに度を超すでっち上げとして、ドイツの学者カール・フリックによる、メグロンの言う「サタニスト」グループは「大麻《ハシーシュ》クラブ」と同一だという説がある。「大麻クラブ」とは、一九世紀のパリの紳士が集まって軽い麻薬《ソフトドラッグ》を試していた非公式のグループである。ボードレールが大麻クラブのメンバーであったことから、彼がサタニズムの儀式に関与したことはもっともらしいとフリックはほのめかす。大麻クラブは間違いなく存在した。大麻クラブはジャック＝ジョゼフ・モロー・ド・トゥール（一八〇四～一八八四）という内科医兼精神科医によって設立された。彼は診療の際に、砂糖、オレンジジュース、大麻、それにさまざまなスパイスを混ぜ合わせた自家製の飲み物を配っていた。だがこれを除けば、クラブは普通のオランダのコーヒーショップと同じくらい無害であり、いわば一九世紀のその唯一の先駆けのような存在であった。クラブのサタン的性格についての噂が突如として飛び交ったのは、ゴーティエがクラブを訪れた際に書いた、機知に富んだ報告に由来していたのかもしれない。その報告でゴーティエは、麻薬でせん妄状態にあるあいだ、小鬼みたいな悪魔の影に苦しめられたと記している。大麻クラブとサタニズムとの結びつきを感じさせたのは、このような麻薬による幻想だったのだろう。

　とはいえ、ボードレールをサタニストと断言する著述家がみな、サタニストという言葉を不気味な悪魔崇拝の儀式の担い手として捉えているわけではない。ロマン派サタニズムに関するここまでの議論で明らかにしてきたように、文学はそのものが宗教的なものの展開の場と十分なりうるのである。では、ボードレールはそうしたサタニストだったのだろうか。この問いに答えるには、まず、どのボードレールについて論じるかを定める必要がある。時が経つにつれて、ボードレールには複数のペルソナが現れた。最初のボードレールは、そのダンディズムにもかかわらず、政治的な急進派であった。当時の知人たちは彼を「プルードンの新しい門弟」として記憶していた。一八四八年の二月革命の際には、バリケードの上で銃を手に持ち、頭にバンダナを巻いたボードレールの姿が目撃されたであろう。コンスタンと同様、ボードレールは反逆の影響で政治雑誌まで創刊したが、『公共福祉 *Le Salut public*』というその雑誌は二度刊行されたのみで廃刊となった。複数の伝記作家が、「サタンへの連禱」をはじめとする反逆に関するボードレールの詩はこの時期に書かれたものとし、強いプルードン主義的な影響を受けて書かれた詩であることを前提としている。

しかし、「サタンへの連禱」を詩作した一八四八年の革命児のボードレールと、一八五七年に『悪の華』でその詩を出版したボードレールは別人だった。コンスタンと同様、一八四八年の革命の後、ボードレールはそれまでの革命の熱狂から遠ざかっていった。一八五一年と一八五二年に行われた国民投票では、独裁政治が圧倒的な国民の支持を得たが、その結果を受けて、「民衆」の福祉を追求してきたボードレールは、「民衆」に対し嫌悪感を抱くようになった。彼はフランスの反動作家ジョゼフ・ド・メーストル（一七五三～一八二一）を範とすべき思想家の一人として仰いだ。ボードレールの考えは、ド・メーストルから受けたインスピレーションと、プラトンの『国家 *Republic*』の遠い残響の中で、次第に反動的な傾向を帯びていったように思われる。彼は個人的な覚書に「貴族政体のほかに、道理にかなった確固たる政体はない」と記し、後日、次のように付け加えた。「人間の中で偉大なるものは、詩人と、司祭と、軍人しかいない、／つまり、詠う人間、祝福する人間、他者とわが身を犠牲に捧げる人間である。その他の者は鞭を受けるべくつくられている」。

しかし、この新しい政治志向が新しい政治活動に向かうことはなく、むしろ政治色のない芸術へと結びついた。芸術のための芸術や、個人の美学という自律的な領域の創造は、ボードレールが社会に対峙するための唯一の手段となった。彼は次のように綴った。「ダンディは何もしない。／民衆を嘲弄する以外の目的で彼らに話かけるダンディをあなたは思い描けるだろうか？」。一八六四年に、ボードレールはフランスからベルギーに追われたが、それはナポレオン三世に対する強い反感とは関係なく、やかましい債権者から必死に逃れていたのである。

ヨーロッパ大陸でおそらく最初に産業化された大衆社会であるベルギーにおいて、民衆《デーモス》と民主主義に対するボードレールの嫌悪感は一層深まり、一方で、彼のキリスト教に対する共感はより頻繁に表現されるようになっていった。「私はローマ・カトリック教徒だが、そのことについて私は大いに考えを巡らせてきた」とボードレールは述べる。晩年の作品の一つである『哀れなベルギー！ *Pauvre Belgique!*』の中で、彼は自らの新たな反平等主義と再燃したローマ・カトリック教とを結びつけ、ベルギー人が浅薄で無粋な快楽と楽天的な物質主義という哲学的な低俗さ（ボードレールはそれを「愚者の異教信仰」と呼んだ）に夢中になっていると激しく非難した。「キリスト教の観念（目に見えず、創造主であり、全知であり、意識をにない、万事を先見する、神）は、ベルギー人の脳みそには入りようがない」と、ボードレールは嫌悪感も露わに書き記した。

　このような言葉から、ボードレールはサタニストではなく悩める敬虔なローマ・カトリック教徒であった、とするもう一方の極論に至る批評家もいる。しかし、はたして『悪の華』を出版したボードレールを、ローマ・カトリックの反動思想家と見做してよいのだろうか。ボードレール自身が、その作品のカトリック的要素を冗談めかして擁護していたとはいえ——たとえ悪魔的なものであっても、悪魔以上にカトリック的なものは存在しないはずだ、と彼は手紙に書いた——、このような描写は正確ではないだろう。実際、ボードレールよりも先にブーザンゴたちが西洋革命を部分的に否定していたし、そのブーザンゴたちにとってのインスピレーションは、一部バイロンに由来していたのである。見かけは共和主義であるといっても、それは必ずしも彼らにとって民主主義を意味するものではなく、嫌悪されたブルジョワジーや気難しい大衆による統治は、国王や教会による支配と同じくらい悪しきものであった。ボレルは「私の共和主義は、狼化妄想のそれである」という有名な言葉を残し、自身が共和主義者であるのは、「この言葉が私にとって、社会と文明がもたらしうる最大限の自立を意味するからだ」と説明した。彼と仲間たちが何よりもまず夢に見ていたのは漠然と定義された「芸術の支配」であった。ボードレールが詩人を、自らが理想とする支配階級の中で何よりも重要な存在として——プラトンが『国家』で哲学者を位置づけた位置に——挙げていたことは注目に値するだろう。その上、ボードレールは一八六一年においても、自身が常に「熱心なカトリック」であるだけでなく共和主義者だったことを主張し続けていた。

　このようにボードレールは、こうした政治的立場と彼の精神的態度によって、ロマン主義の道をさらに進み、その最も極端な形を表した。言うまでもなく、根っからの反教権主義者であったブーザンゴたちは、ボードレールのますます強まるカトリシズムとの戯れを問題視していたであろう。しかし、この明白な亀裂の下で基本的な考え方の一致が認められる。ロマン主義の重要なキーワードが、ボードレールにおいて再び登場し、中でも「〔人間〕の能力の女王」とされる「想像力」は、その最たる例である。ボードレールは「一八五九年のサロン Salon de 1859」の評論で、次のように記した。「想像力とは真に現実なものの女王であり、可能なるものは、現実の一領域である。彼女〔想像力〕はほぼ確実に無限なるものの起源にあたる。……彼女〔想像力〕が世界を創ったのだから（宗教的な意味においてすらそう言ってよいと私は考える）、彼女のみがそれを述べることに正当性をもつ」。フローベールがロマン主義の復活として迎えた『悪の華』においても同様のテーマが登場する。この詩集は、サブテーマや文学的なモチーフ――きわどいエロティシズム、受難と罪への（見せかけの）キリスト教的な固執、ダンディ的な憂鬱など――に富んではいるものの、その最も重要な要素の一つは間違いなく、人間、とりわけ詩人が行うべき理想の追求である。理想という領域、「夢」や想像の領域においてのみ、人は自らの本質と自由――とりわけ、七〇年前にブレイクがすでに言っていた、「複雑な歯車でできた粉挽き機のにぶい回転」の中でしかくり返されない物質世界によってもたらされる「倦怠《アンニュイ》」からの自由――を見出すことができる。『悪の華』に収められた「声 La Voix」という有名な詩の中で、語り手である詩人は幼少期に二つの声から語りかけられる。一つの声は世界ほどの大きさの物質欲を与えようと言い、もう一つの声はそこで立ち止まらずに「おいで！　夢また夢の中を旅しにおいで、／可能なるものの彼方、既知なるものの彼方へと！」と呼びかける。幼児は後者を選び、したがって、詩人としての使命を選んだ。

　少なくとも『悪の華』が出版された時期におけるボードレールのカトリシズムは、こうした文脈――理想を追い求める傾向の宗教的表現として――の中で理解する必要がある。ボードレールは自らの手記の中で、信仰は「バブーフ派の共産主義者におけると同じくキリスト教信者にも見られる、純然たる観念の優位」であるとする一方で、司祭は「想像力に仕える者でありその信者である」としている。簡単に言えば、ボードレールの宗教は、本質的にはロマン主義のそれなのである。このことは、一八六一年版の『悪の華』の補遺の冒頭に収められた「ロマン主義の落日 Le Coucher du Soleil Romantique」という詩に明確に著されている。ここで、ロマン主義の衰退（詩のタイトルにある落日）は、詩人が経験する神的存在の消失と同一視されている。

　ボードレールの宗教観のロマン派的本質は、悪魔と神に関する彼の考えにおいてとりわけ明らかである。これらのことは、『赤裸の心 *Mon cœur mis à nu*』から読み取ることができる。この作品は、ルソーの『告白』に対抗して書かれたもので、ボードレールが哲学的で個人的な「告白」本を著すために概要やキーワードを書き留めた手記である。ボードレールは、「神学」の項目で次のように記した。「堕落とは何か？／統一体が二元性を帯びることだとすれば、堕落したのは神だ。／言いかえれば、／天地創造は神の堕落ということにならないだろうか？」自然界や物質世界を、不完全さの現れと結びつけて考えるこの似非《えせ》マニ教〔二元論〕的な傾向は、彼のサタンに対する見方にもつながっている。「いかなる人間にも、絶えず、二つの要求があり、一つは神に向けられ、一つはサタンに向けられている。神あるいは霊性へのこうした祈りは、気高く向上しようとする欲求であり、サタンあるいは獣性への祈りは堕落することの歓びである。女性に対する愛情や、犬や猫などの動物たちとのくつろいだ会話は、後者に帰するべきものである」。すでにボードレールがここで明確に示しているように、人間を獣に貶めるこの「堕落することの歓び」は、性愛の領域において特に明らかとなる。さらに、「堕落した」（すなわち「二元化された」）人間においては、特に女性にその傾向が表れている。「女は腹がへれば食べたがる。喉が渇けば飲みたがる。／さかりがつけばされたがる。／大した美点ではないか！／女は自然なるものであり、つまり、厭うべき存在なのである。」

　ボードレールはここで、一九世紀末に大流行する「魔性の女」というミソジニスト的な考えのあらましを述べているが、この点については後述することにする。ひとまず、ここで大まかに示されている神学が、少しもサタニストとは呼べないことは見て取ることができる。さらに言えば、それはいかなる意味においても、「ローマ・

カトリック」でも「クリスチャン」でもない。ボードレールに時折見られる、紛らわしい表現法にもかかわらず、ここにおいては、道徳的善や贖罪についてのキリスト教の考えはそれほど重要ではない。ボードレールの興味を引いたのは道徳的な意味における「善悪」ではなく、むしろ、自然の法則に支配されている「獣性」に向かう人間の傾向に対して、「精神的なもの」・「理想的なもの」を求める人間の能力、字義通りの意味での「超自然的なもの」を求める人間の能力である。人間の精神性は、理想を「思い描き」、「想像する」ことでその「獣性」を超越することができるとは言うものの、この点において、人はみな、「堕落した」物質的な人間として必然的に罪に縛り付けられているのである。死をもってのみ人間は獣の姿から解放されるのであり、すなわち、ボードレールの逆説的な結論によれば、生きている人間にできる最善の努力は、善と悪を意識的に行っていくことであるという。しばしば引用される、悪魔の最も巧妙な計略は、彼が存在しないと人々に信じ込ませることにある、というボードレールの主張の背景には、そうした理解があるのかもしれない。また、この理解によって、この主張をはじめとする現世における「サタニズム」の支配に関するボードレールのそのほかの逆説的な主張も理解しやすくなる。「現実に、サタニズムが勝利し、サタンは自らを無垢な存在に仕立て上げた。自らを知る悪は、自らを知らぬ忌まわしいものでなく、癒しに近い存在である。G・サンドはド・サドに劣る」。ボードレールによれば、ジョルジュ・サンドは自分が悪を行っていることをわかっていない「大きな獣」以外の何者でもなく、一方サドは、承知の上で悪を行うことで、人間発達のより高い段階に達した。

ボードレールの哲学に関するこの要約が妥当とされれば、ロマン派サタニズムの考えとの類似点が明らかとなる。ユゴーは、ほぼ同時期に『サタンの終わり』で同様の問題に取り組んでいたが、バイロンはそれより三〇年前に同じような考えを『カイン』で論じていた。しかし、ボードレールとバイロンの違いを指摘することもまた啓発的である。本書でのバイロンの解釈が正しければ、バイロンはルシファーを精神的なものと結びつけ、神を自然と結びつけた。バイロンの『カイン』は、「精神」世界を強調し、「平凡な」「肉体的」存在である人間性を軽蔑しがちな、（彼自身の）ロマン主義に対する批判として読むことができる。一方、ボードレールは（少なくとも『赤裸の心』の手記では)、サタンを自然と結びつけ、「神」と霊的かつ理想的なものを結びつける。彼はさらに、霊性と、人々の人間性の本質としての想像的創造というロマン派的概念をまるごと受容した(この前提から独創性を示す結論を引き出しながらであることに留意しなければならない)。

こうした背景を踏まえて、『悪の華』と「サタンへの連禱」に再度取り組み、ボードレールの「サタニスト的」表現を適切に捉えることができるかどうかを検証する。まず、『悪の華』が長年書き溜められた詩の作品集であることに留意しておく必要がある。実のところ、ボードレールは金銭的な利益を得るために、自身の優れた詩的作品を集めた。さらに実質的な意味においては、『悪の華』はボードレールの生まれた時から死ぬまでの、知的・芸術的・精神的な人生の道のりを反映させたものを形にするために編纂された。本書の目的は必ずしも、一部のボードレール研究者がしてきたようにボードレールの手記と初期の詩作品を完全に対応させることではない。「サタンへの連禱」は、人間存在の一定の状態や段階を表したものであり、おそらくは、ボードレールの実存における一定の段階も表している。ボードレールが『悪の華』の第二版で終章よりも前の位置にこの詩を置いたのはこのためであり、それを信仰に関する最後の主張として解釈するのは、不正確であるだけでなく、あまりに軽率であろう。

しかし、ボードレールは「サタンへの連禱」や、その初期のヴァージョンを投げやりな姿勢で書いていたわけではない。プルードン主義を信奉していた一八四八年頃のボードレールが、このような急進的なロマン派サタニズムの作品を生み出したことは容易に想像できる。それに、もし「サタンへの連禱」にそれより以前のボードレールの純粋な信念が反映されていなくても、彼が経験し得た純粋な感情は詩に映し出されることになる。ボードレールが「一八五九年のサロン」の評論に書いたように、「真の画家であり真の詩人である芸術家は、己が見て感じた以外のものを描写すべきではない。芸術家は自己の本性に真に忠実でいなければならない」。とはいえ、くり返しになるが、「サタンへの連禱」をボードレールが(かつて)抱いていた神学的教義を実際に表明したものとして解釈できるわけではない——ボードレールが評論の中で反論していたのは、まさにそうした「写実的な」リアリズムという狭い考え方に対してなのである。ただ、それはボードレールが「サタンへの連禱」に表現されている心情に共感できていたことを示すものではある。ほぼ同様のことが、「聖ペトロの否認 Le reniement de saint Pierre」という、ブーザンゴたちの反抗的な態度やロマン派サタニズムを感じさせる「反逆」の章に収められている詩編にも、おそらく当てはまる。この詩の中で、ペトロはイエスのことを二度目に否定するが、それはイエスがより良い世界をもたらすために行動を起こすのではなく、父――「肉と葡萄酒で腹いっぱいになった暴君」――に従っておとなしく処刑されることを選んだからだった。語り手はペトロの決断を称賛し、「行動が夢の同《はら》胞《から》でないような」世界には自身も喜んで別れを告げるだろう、それが剣を使うことになり、剣によって滅びることになったとしても、と告白する。この詩が反逆をテーマとする章にあることを踏まえると、革命に熱狂するかつてのボードレールの姿を思い浮かべずにはいられない。同様に、「サタンへの連禱」ではさらに若々しいボードレールの作品の傾向が映し出されているかもしれないが、同時に魂の精神的な成長における漠然とした不完全な空間も描かれている。

さらに、「サタンへの連禱」に関しては、詩文をより細かく読むと、それが見かけ上表現している立場から、一定の距離が取られていることがわかるだろう。この詩を、たとえば、シェリーやボードレールに影響を与えたとされるプルードンによる「サタニスト的」表現と比較すると、それが時としていかに両義的でほとんど皮肉ともいえるものであるかがよくわかる。サタンが金鉱山を支持し、若い娘に暴力的で悲しげな愛の幻影を示すことは、多少なりとも条件を満たしていたのかもしれない。けれども、夢遊病者や大酒飲みを特別に保護する行為は、気高く古典的な英雄として捉えられていたサタン像からすればほとんど滑稽ともいえ、少なくとも独特なものであるように思われる。堕天使が火薬の製造法を教えることで「苦しむ弱き人間を慰める」という表現は、革命の戦いのことを言っているのかもしれないが、同時にかなり皮肉な言い回しにも聞こえる。また、「情け容赦のない卑劣なクロイソス《富める者》の額に、自分の印をつける、なんと巧みな共犯者よ」という叫びは、具体的には何を意味しているのか。この印は、富める者を（たとえば、撃ち殺すために）指し示す、あるいは、その者が本当の「サタンの子」であることを示すためのものなのだろうか。

さらに興味深いのは、こうした両義性が手記に示されている、獣性や潜在意識に傾くサタン像の機能と比較された場合に出てくる解釈の可能性である。ボードレールが連禱の中でサタンと関連づける行動の多くは、何らかの形で「潜在意識」（酩酊、夢遊病、性欲）、あるいは、物質的で「低次の」利益（金鉱山がまさにそれに当てはまる）と結びつけられている。詩を締め括る注目すべき「祈り」は、さまざまな解釈もまた可能とする。知恵の木の「下」でサタンと「休息」をしたいと頼むのは、一体どのような意味なのか。この「下」を字義どおりだけでなく、何かの象徴として読み取るべきなのだろうか。たとえば、サタンとともに潜在意識の獣性に落ちていきたいという願望が、その祈りに表れているだろうか。というのも、ボードレールの構想では、失われた人間の統一性を回復させる方法がもう一つあるからである。それは、悪をこれまで以上に意識することで、上に昇り、苦しみながら理想に近づくという方法ではなく、獣になるために下に降り、尊厳を捨てるという方法である。ボードレールは、この下降が喜ばしいものとなりうることを否定しなかった。『悪の華』に収められた詩の多くが、この喜びを雄弁に物語っている。言うまでもなく、「サタンへの連禱」がその仲間に加えられたとしても、一貫性が失われることにはならないだろう。

　意味の特異な両義性と複雑さは、ボードレールが悪魔崇拝をはっきりと記述していると思われる、また別の、それほど悪名高くない詩を特徴づけている。「妖魔に憑かれた男 Le Possédé」と題されたその詩は、一八六一年に出版された『悪の華』の第二版に初めて登場した。その詩をここに引用する。

妖魔に憑かれた男

太陽は　紗《しゃ》の布《きれ》で蔽われていた。おお　わが生命《いのち》を照らす「月」よ、お前も同じく、暗闇に暖かく身を包《くる》まれて、
眠るなり　煙草を吸うなり　勝手にしろ、口をきくな、
陰気な顔で、倦怠の深淵に　全身を浸《ひた》し入れろ。
そんな風情《ふぜい》のお前が好きだ。だが然し、今日《きょう》若しお前が、
月蝕の　暗がりから抜け出して来る月のように、
狂気の溢れている舞台を　意気揚々と歩こうという

なら
それも亦よろしい。美しい短剣よ、鞘から抜けて出
ろ。

お前の瞳《ひとみ》を　華やかな燭台の焔で　光輝やかせろ。
無作法者の視線の中に　欲情の火を燃え上らせろ。
病的であろうと潑剌過ぎようと、お前の全ては俺の
快楽だ。

なりたいものになるが好い、真黒な夜《よる》とも、真赤な
暁《あかつき》とも。
俺の戦《おのの》く全身の中の神経一筋でも　叫んでいないも
のはない、
『おお　わが妖魔ベルゼブブよ、お前を愛する』と
〔鈴木信太郎訳、岩波文庫、一九六一、一二一～一二二頁。新字新仮名に変更〕。

この詩には、幾重にも折り重なった意味を見出すことができる。最後の、「おおわが妖魔ベルゼブブよ、お前を愛する」という叫びは、ボードレール自身の言葉によるものではなく、ジャック・カゾットの『悪魔の恋 *Le Diable amoureux*』（一七七二）からの引用である。この作品は、降霊術の儀式の間に若い男がふざけて悪魔を召喚し、悪魔が陰鬱としたおぞましい姿で現れたため、男がその場から逃げ出してしまうという、ピカレスク小説である。悪魔はそれから両性具有の乙女の姿となって、若い男が彼／彼女と恋に落ちると、彼／彼女はその正体を明かし、「君への私の気持ちと同じくらい優しく」、次のような愛の言葉を口にするよう求める、「わが妖魔ベルゼブブよ、お前を愛する」と。さらに、彼女は婚約者が自分の真の姿を知っておくことが不可欠だと言って、奇怪なラクダの頭をした悪霊に姿を変え、ぞっとするような笑い声を上げてから、若い男に向かって巨大な舌を突き出す。すると男は恐怖のあまりベッドの下に逃げ込む。

　しかし、ボードレールの詩の語り手は、恐怖で逃げ出すことなく、「身体を震わせながら全身全霊で」、その姿が愛らしい乙女であろうと、ラクダ頭の悪霊であろうと、ベルゼブブを愛していると叫ぶ。そして、詩の中では、この二つの顔を持つ悪霊こそが悪魔であるという印が実際にいくつか示されている。たとえば、粗野な者たちの眼差しの中に悪魔がもたらす燃え上がる表情、夜と暗闇との悪魔のつながり、「倦怠の深淵」などがそれにあた

る。これは、「サタンへの連禱」のような詩なのだろうか、そして、タイトルの妖魔に憑かれた男は、より低次の獣としての生命の段階に降りていきたいと渇望することによって、サタンに取り憑かれているのだろうか。しかし、他方では、『悪の華』において太陽が常に神の象徴として用いられている一方（たとえば、「太陽 Le Soleil」、あるいは前述の「ロマン主義の落日」などにおいて）、この詩の中で、月は詩人の魂や神の反映である。さらにこの詩では、神、より正確に言えば、自らの内面的な「悪霊」に対する詩人の究極的な完成した愛が描かれている（と筆者は考える）。この内面的な「悪霊」は、太陽神の出現と消滅に伴って揺れ動き、それから〈神の蝕〉の暗闇に浸り、そして神の恍惚という霊的な太陽光線の中で、再び歓喜する存在なのである。ここでベルゼブブという名前で敬慕されるのは、人間の中のこうした悪霊／神のひらめき、つまりこの詩的才能なのである。しかし、ブレイク風に少しひねって言えば、このように呼ばれているのは、内なる光そのものとその不在の両方の本源である神とも言える。それが、『悪の華』のほかの詩の中で、詩人を抑圧すると同時に、彼をイエスのように聖別する苦しみを詩人に与える神なのである（例として「祝禱 Bénédiction」を参照せよ）。したがって、ここで悪霊と呼ばれると同時に崇敬に値しているのは、サタンではなくこうした神である可能性が高い。

ボードレールの作品に関するこの簡潔な概説を行った上で、どのような結論を導き出すことができるだろうか。第一に、ボードレールの「サタニスト的」な言い回しの中で最も印象的なのは、おそらくそこに示されている徹底した曖昧さであろう。より詳しく見ていけば、これまで以上に深いさまざまな解釈ができ、その中のどれが最良の、あるいは最も正当な解釈かは確かではない。ボードレールの作品、彼の文学的・個人的な展開、そしてその歴史的背景の、特にロマン主義という背景を含む全体像を踏まえると、彼の言い回しのしばしば矛盾する表層を超える仮説を立てることができる。しかし、ボードレールの作品の意味は、ロマン派の先人たちよりもはるかに大きい範囲で、彼の言葉の独特な持ち味、つまり彼が選んだ表現が伝える色彩に依存している。言い換えれば、ボードレールに関しては、厳密な歴史的解釈からより個人的で想像的な読解へと移行せざるをえない。筆者が歴史学者として有力視するものと、一人の人間として彼の言い回しから推測するものとの境界は厳密には分けられなくなる一方である。また、このことと関連して、ここでは彼の言葉を、単に個人的な信念を述べたものとして解釈することはできない。ボードレールは、詩が真実であるべきだと強調したが（すなわち、個人的に経験した心理的現実を正確に反映したものとして）、このことは必ずしも詩が世界《コスモス》に関する作者の信念となることを意味するものではない。これはすべての文学者にとっては自明かもしれないが、ここでは実際に、ブレイク、シェリー、ユゴー、さらにはバイロンといったそれ以前のロマン派サタニストとの顕著な違いが窺える。彼らの作品は、その解釈がどれほど複雑で難解なものであっても、執筆時に彼らが抱いていた個人的見解を表すものとして、ある程度の確信を持って読むことができる。

だからといって、ボードレールが何を考えていたのかについて手掛かりがまったくないわけではない。彼によるサタンとサタンのライバルである神の扱い方には、独特な傾向がいくつか見られる。まず、ボードレールは性的なものとサタン的なものとを明確に結びつけているが、それは決して良い意味で結びつけられているわけではない。これまで論じてきたように、ロマン派サタニストやその後進たちがサタンを肯定的な解放の象徴として用いながら、性的・肉体的・自然的なものをためらいがちに再評価し始めていた一方で、ボードレールは、同じロマン派のルーツを持つにもかかわらず、そうした論評を完全に覆している。ボードレールにとって、「自然的なもの」は否定的なものであり、性的なものは究極的には堕落なのである。したがってサタンは、少なくともボードレールの個人的な手記においては、人間の堕落する傾向の象徴となっている。ボードレールはここで、世紀末の作家の多くに見られる態度を予示しているが、これについては次の章で取り上げることとする。同時に、ボードレールは少なくとも表面的には、「伝統的な」キリスト教においてそうだったようにサタンと欲望を結びつけた。彼のその連想は、ヨーロッパ文化史・文学史上の彼の位置に照らすと、かなり特殊な回路で生まれたものだったが。

しかし、ボードレールの両義性はここにも現れる、というのも、そのより優れた詩の一部で彼はエロティシズムを讃美しており、読み手はそれらの作品が嫌悪感を抱きながら詩作されたものという印象をそれほど受けることがないからである。実際、『悪の華』の出版に法的な影響を及ぼす原因となったのは、まさにこれらの詩だったのだろう。そうした作品の意味に関するより広い枠組みが何であれ、ボードレールは「堕落することの歓び」をあからさまに臆面もなく描き出した。

ここまでで明らかとなったもう一つの傾向は、ボードレールの宗教的な登場人物の名前や属性の用い方には、それほど深い意味はないようだということである。神は、ある詩では、人間の理想主義や精神性の起源や最終目的として描写されるが、別の詩の中では、自分の息子が十字架に打ちつけられている時に笑う残酷な暴君として描かれ、そしてまた別の詩では、二つの顔を持つベルゼブブとして崇められている。これらの矛盾のいくつかは、より厳密に読み解いていくことで解決する。「聖ペトロの否認」では、人間の苦しみに抵抗する風潮が描かれている一方、「妖魔に憑かれた男」の語り手は、神のどちらの面も崇拝に値することを理解している――苦しみはただ、その犠牲者を選ばれた者として区別し、それが示す物質と理想とのあいだの鋭い緊張によって、彼あるいは彼女がその獣性を超越できるようにするだけなのである。しかし、これらの作品における意図がどれほど似非カトリック的なものであろうと、こうしたさまざまな例は、ボードレールが伝統的な宗教の神聖化された名前を極めて自由に活用していることを雄弁に物語っている。同じように、「サタニック」という言葉も、悪と見做されうる現実の「下層」部分を表すものとして用いられる一方、別の箇所では、サタンは「ミルトンの作風に倣って」美の完璧な権化とされている。

ロマン派サタニズムの中にこそ、このような伝統的な神話を創造的に書き直した先立つ例を探す必要がある。ボードレールは、ロマン派サタニストの計画を引き継ぐと同時に、それに対する反発も示した。それができたのは、彼がロマン派の基本的な見解を――少なくとも『悪の華』の執筆時には――共有していたからである。ロマン派と同様、ボードレールは悪霊や古の神々の実在を文字通りには信じておらず、また、彼にとって、神の真の顕現と源泉は人間の内側、すなわち人間の意識や想像の中にある一方、神に反抗するサタン的なものもまた、主に人間の内側に求められなければならなかった。ボードレールが手帳に「たとえ神が存在しないとしても、宗教はやはり神聖かつ神々しいものであり続けるだろう」と書きえたのは、これが理由かもしれない。宗教においても芸術においても本質的なことは、単なる「自然」や「物質」から意識の尊厳へと上昇するための人間の努力と力なのである。

ボードレールの著書のタイトルにある「悪の華」の意味の一つは、まさにこのことかもしれない。花は、物質的存在である「悪の」腐植土から芽を出しながらも、神聖な太陽の光の方に向かって生長するが、それは己を超越しようとする人間の傾向を表している。ボードレールの関心が、伝統的な道徳観における「悪」ではなく、このことに注がれていたかもしれないことは、『悪の華』の第二版を締め括る「旅 Le voyage」という詩の最後の一節に示されている。その詩では、どれほど旅をしても、この世の世界は基本的には変わらず、死と船出する時だけ、この世の存在の「退屈な光景」を超えて行く何かを見つけ出す可能性があるのだと詠われる。

俺たちは、その火炎に脳髄を激しく焼かれて、
地獄であろうと天国であろうと構わぬ、
深淵の底に飛込み、
未知の世界のどん底に、新しさを探し出そうと欲するのだ〔鈴木信太郎訳、岩波文庫、一九六一〕。

第4章　ユイスマンスと仲間たち

聖人になることは非常な困難だから、
悪魔礼讃に走るほかはないというわけだね。
――J＝K・ユイスマンス『彼方』

一八九三年一月のある昼下がり、六人の若い紳士がパリのプレ・カタランに集まった。冬の太陽が芝生を照らし、馬に乗った婦人たちが馬を止めて見物する中、二人の紳士がチョッキを脱いで剣で闘い始めた。公園の緑の静けさの中で、剣と剣が交差し火花を散らした。決闘が行われているのは明らかだった。当時のフランスで決闘は決して珍しい光景ではなかったが、二人が決闘するに至った大義名分は、当時の一般的な感覚からしても特異なものだった。この決闘者二人は、パピュスという名で知られるジェラール・アンコースとジュール・ボワという人物で、どちらもオカルトの専門家を自称していた。二人が剣を交えることになった原因は、魔術を使ってサタニズムと殺人を行ったという疑惑にあった。

サタニズムをめぐる二人のフランス紳士の決闘は、たしかに注目すべき出来事と言えるかもしれない。本章では、この一風変わった決闘の背景にある物語を繙いていく。しかし、そのためにかなりの回り道をすることになる――その道のりでは、紳士魔術師、異端的なカトリック指導者、怪しげな婦人たち、堕天使の末裔を自称する者などが登場する。本章では、その過程で、ある本質的な問いに対する答えを見つけていきたいと考えている。一九世紀末に「本物の」宗教的サタニストが実在したのか。実際に行われていたサタニズムがこの決闘の背景となっていると考える根拠はあるのだろうか。もし根拠があるというなら、それはどのようなサタニズムだったのだろうか。もしないのであれば、サタニズムに見えているものは実際には何なのだろうか。これらの問いや本書の議論に重要なのは、一九世紀のサタニズムを語る上で欠かすことのできない人物と著作、すなわち、ジョリス＝カルル・ユイスマンス（一八四八〜一九〇七）と彼の小説『彼方 *Là-Bas*』である。

『彼方』

一八九一年二月一七日、パピュスとボワがプレ・カタランで剣を交える約二年前、ユイスマンス「彼方」の連載第一回が『エコー・ド・パリ *Écho de Paris*』という日刊紙の文芸欄に掲載された。この作品は『エコー・ド・パリ』紙で「事実の目撃と、信頼に足る文書に基づく現代のサタニズムに関する初の調査結果」として予告されていた。「この話がいかに奇妙に思えたとしても、ユイスマンス氏はそれが確かな真実であると保証する。また、ユイスマンス氏からの要望で、今日のサタニズム結社、夢魔の秘儀や式文、まじないや黒ミサの実践に関する氏の情報源は、現代の最も博学な司祭の一人、かつ最も神秘的な治療師である、ある教団の前代表者だったことを明記しておく」。

　これは驚くべき著作に関する、驚くべき告知であった。近代サタニズムの歴史におけるこの重要な資料を短く要約して紹介しよう。『彼方』では、中世の連続殺人犯でサタン崇拝者であったとされるジル・ド・レ（一四〇四〜一四四〇）の小説を書こうとする作家デュルタルが描かれるが、彼は次第にサタニズムが自分の時代にもまだ健在であることを突き止めていく。小説の大半は、デュルタル、博識な医者デ・ゼルミ、占星学者ジュヴァンジェ、敬虔なローマ・カトリック教徒で鐘撞のカレーらの座談で占められている。まったく異なる四人の登場人物が共有していたのは、当時の「俗物化」と「アメリカ化」に対する深い嫌悪に加え、信心深さがまだ真実のものであり、職人技が損なわれておらず、拷問者すら高度な技を持ち、悪人さえももっと面白味があった中世への懐古趣味であった。

　ある夜、ド・レに関するデュルタルの計画について話し合っている際、デ・ゼルミが突然デュルタルに、現代世界におけるサタニズムと黒魔術について何を知っているかと尋ねる。

「つまり今の世界ということか？」

「そう、サタニズムが至るところに広まり、その直接の起源が中世にある現代社会において」

　デュルタルの疑うような反応に対し、デ・ゼルミは悪魔を召喚し黒ミサを執り行う人々がいまだに存在していると主張し、彼らやその組織、その活動内容について説明を始めた。デ・ゼルミによれば、組織化されたサタニズムの最大の結社は、一八五五年にアメリカで創設された「更新幻術者協会」であり、創設者で詩人のヘンリー・ワーズワース・ロングフェロー（一八〇七〜一八八二）は、自身を召喚魔術の大祭司と呼ぶのだという。「この協会は表面は固く団結しているように見えるが、実際は二派に分かれていて、一つは世界を壊滅させて、その混乱に乗じて支配権を握ろうと主張し、他は、単に悪魔崇拝を世界に強制して、その大祭司になろうと夢見ている」。しかし、今この結社は、「すっかり姿を消した。おそらく死滅してしまったのだろう」。後継団体が「生まれつつあるようだが」。

　このような消滅したかもしれない結社は別として、ほかのサタニズムのサークルの多くは今なお活動中で、大小問わずどのサークルも、サタニズムの三つの中核的な要素、すなわち（一）呪文の詠唱、（二）夢魔の儀式、（三）黒ミサ、を実践する。そしてその唯一の目的は、聖体を聖別し、「汚らわしい用途に向ける」ことである。これらのサタニスト・サークルの信奉者は、富裕層から勧誘されていた（「そういう醜行が警察の手に暴かれても、闇から闇へ葬られてしまうことは明らかだろう」）。冒瀆的な儀式に必要な聖変化を行うことができるのは、適切に任命された司祭だけであるため、儀式を執り行う司祭は必然的に聖職者、それも主に上層階級から選ばれる。すなわち、「伝道者の上級のものや、信仰団の懺悔僧や司教や尼僧院長などだ。現在の魔教の中心はローマだが、それも高位高官の人たちばかり」といった人物たちである。

　デュルタルは、この不信心な聖職者たちの中で最も恐るべき存在は、間違いなく謎に包まれた修道士ドークルであることをデ・ゼルミとジュヴァンジェから聞く。ドークルは、サタニズムの長で、聖別された聖体を白ネズミに与え、「つねに救い主を踏みつけて歩くことができるように」、自分の足の裏に十字架に架けられたイエスの像の入れ墨をしていた。「ドークルは［黒ミサを］卑劣な男女たちと執り行い、また、陰湿な手口で遺産を手に入れ、不審死を引き起こしたとして公然と非難されている」。ジュヴァンジェは、ドークルが所有する部屋で過ごしたその日の様子や、真昼間にどのように淫夢女精に「襲われた」かを語る。ジュヴァンジェは「解放の呪文」で危険を回避することはできたものの、激しい後遺症に苦しみ、教会から不当に破門された博学な祓魔師で、フランスでただ一人霊的にドークルに対処できる「ジョアネス博士」に頼らなければならないほどであった。

物語は、デュルタルが最後に修道士ドークルと当時のサタニズムに遭遇したところでクライマックスを迎える。デュルタルはある女性との情事を通じて、サタン崇拝者たちと接触するようになる。サタニズムについて探り始めてから、彼は見知らぬ女性から手紙を受け取るようになった。最初は（女性は「不幸と倦怠の温床」だとして）気が進まなかったが、最終的には女性の誘惑に負けてしまう。その見知らぬ女性はシャントルーヴ夫人といって、有名なカトリックの歴史家の妻であることが分かり、一見したところ愛と優しさを求めているだけの、平凡で孤独な女性であるように見えるが、デュルタルはすぐに女性の不可解な点に気づき始める。たとえば、初めて会った時、シャントルーヴ夫人はすでに何度も彼と愛を交わしている――思うままに召喚できる、デュルタルのような外見をした夢魔を通じて――と告白する。その後シャントルーヴ夫人に大いに興味をそそられ、彼女が修道士ドークルと接触していることを偶然知ったデュルタルは、自分を黒ミサに連れて行ってくれるよう頼む。シャントルーヴ夫人は迷った末に承諾する。デュルタルは、黒ミサについて彼が言ったり書いたりすることは、すべて「まったくの作り話」で、彼の想像の産物であるという宣誓書にサインする必要があった。こうした事前の注意を受け、デュルタルはサタニストのミサに立ち会うことを許される。

儀式は古いウルスラ会の修道院の礼拝堂で行われる。頬紅と口紅をつけた小柄な男が扉を開け、それを見たデュルタルは、その男が「男色の巣窟」に囚われているのかどうかいぶかった。薄暗く照らされた背後の礼拝堂では、教会の祭壇の上に勃起した男根を馬の毛の房から突き出す姿の卑猥なキリスト像が置かれていること以外は、特に変わった出来事が起こっている様子はない。参列する男女は暗がりに身を潜め、低い声でささやき合っている。それから、黒い小蠟燭に火が灯され、修道士ドークルが部屋に入場する。ドークルは、頭部に二本のバイソンの角のついた緋色のかぶり物を身につけ、赤い三角形の中央に「角を見せている」黒い牡羊が描かれた赤い上祭服を纏っている。香炉を振って、ヘンルーダ、ヒヨス、サンザシ、ギンバイカ、乾燥したイヌホウズキを混ぜ合わせた「サタンのお気に召す香り」を撒く。女性たちはその煙に身を包み、香りを吸い込むと衣服を脱ぎ始め、「みだらな溜息を吐く」。

　その時、祭服の下は何も身につけていない修道士ドークルがひざまずき、サタンに長い祈りを捧げ始めた。


醜怪なる紛擾《ふんじょう》の主、罪悪という恩恵の分配者、また、豪奢なる罪行および大なる悪徳の監督者たる魔王サタンよ。われらの崇拝おくあたわざる御身なり。純理にかなう、正しき神よ。

　よこしまなる危惧の絶賛すべき総督よ。御身はわれらが哀切なる祈願を嘉納せらる。御身は妙齢の興奮にすべてを忘却せるあいだにみごもれる腹を堕胎せしめて、一家の名誉を救い、また、母たるものに早期の流産を教唆せらる。御身の産科学は生まるる前に死する胎児らのために、成長に伴う困窮を除き、子宮脱出の苦痛を免れしむ。

　憤激する貧者の支柱、失敗せしものの活力素よ。彼らに、偽善、忘恩、我執の素質を付与して、もって神の子なる富者に敵対するを得さしむるも御身なり。

　侮辱の宗主、屈従の出納吏、宿怨の領主よ、不正不義に圧倒せらるるものの頭脳に、奸策を与うるは御身あるのみ。御身は復讐の謀《はかりごと》を講ぜしめ、確実なる害毒を暗示し、憤激のあまり殺人の挙に出でしむ。また、報復を遂げたるものに無限の歓喜を与え、刑罰を成就し、涙の因となり得たることに恍惚たる陶酔を味わわしむ。

　壮年の希望にして、空しき子宮の懊悩なる魔王よ。御身は純潔なる女陰に無用の忍耐を求めず。断食や午睡のごとき痴愚の振る舞いを謳歌せず。御身のみは欲望の請願を納受し、貧困にして貪欲なる家族に関する弁疏《べんそ》〔言い訳の言葉〕を聴許せらる。御身は母たるものをして娘を売り息子を譲る決心をなさしめ、結実することなき、堕落せる恋愛をも扶《たす》く。激越なる神経官能症の後見人よ、ヒステリーの鉛の塔、血にまみれたる姦淫の器よ。〔田辺貞之助訳、桃源社、一九七六〕

闇の神を召喚した後、ドークルはキリストに対して「明瞭な、憎々しげな声で」怒号した。「お前にその意志があろうとなかろうと、私の司祭としての力でお前をこの聖体に落とし込み、このパンに、イエスに、ペテン師に、讃仰の盗人に、愛情の強奪者にその姿を変えさせよう、聞け！　おとめマリアの預言された子宮から現われ出たその日から、お前は約束をすべて破り、契約を偽ってきた。何世紀ものあいだ、お前を待ちわびて嘆き悲しんでいるのだ、逃亡の神、愚かな神よ。……お前は自ら説いた貧困の誓いを忘れ、銀行に魅せられた奴隷となった。利益の追求により弱者が搾り取られるのをお前は目撃し、飢饉で衰弱した臆病者や、一切れのパンのために腹を裂かれた女たちの断末魔を聞き、聖職売買者の官房、商売のごとき代理人、歴代の教皇らを通じて返答したのだ、聖具室のいかさま師よ、財閥の神よ！　……お前に釘を打ち込み、いばらの冠を額に押しつけ、乾いた傷口からさらに苦しみの血を流させよう。お前の身体の平穏を乱すこと、その力が我らにはあり、必ずや実行する。美しき悪の冒瀆者、ばかげた純潔の権化、呪われたナザレ人《びと》、無能なる王よ、卑怯未練なる神よ！」

そして、儀式がその頂点に近づいていることを知らせるために祭壇の鐘が鳴らされると、女性たちはヒステリー状態に陥る。「侍者の一人が、祭壇に背を向けて彼［ドークル］の前にひざまずくと、司祭［ドークル］の背に戦慄が走った。彼は厳かな口調で、しかし震える声で、「これはわが肉体である《ホク・エスト・エニム・コルプス・メウム》」と唱えた。それから、聖別の式を終えると聖体の前にひざまずくのが定法であるのに、ドークルは会衆の方へ向きなおり、その痩せ衰え、完全に勃起し、汗だくになった肉体を露わにした」。司祭が濡れた聖体のかけらを部屋に投げ入れると、部屋では女性たちが聖体に飛びつき、それを冒瀆しようとその濡れたかけらを引きちぎり、互いに重なり合いながらのたうち回った。その間、怒り狂うドークルは聖体をばらまき続け、咀嚼して吐き出し、それを自分の体にこすりつけ、一方、侍者たちは「大司祭の裸体を礼拝」し続けた。「その有様は、精神病院の一室に監禁された患者が、いっせいに騒ぎ出したか、娼婦や正気を失った女たちが蒸し風呂に入ったかのようなすさまじさであった。そのかたわら、侍者らが男たちと交わっているかと思うと、この家の女主人がスカートをたくし上げて、祭壇に上がり、片手でキリストの陽物をつかみ、もう片方の手で聖餐杯を露出した腿の下へ押し込んだ。また、礼拝堂の奥の暗がりでは、それまで身動きもしなかった一人の少女が、突然四つん這いになって、発情期の雌犬のようなうなり声をあげた」。

この時点で、デュルタルは我慢できなくなり、その場から逃げ出す。そして、司祭の近くで性欲とサタンの香の匂いを嗅いでいたシャントルーヴ夫人を見つけ、通りに引きずり出す。しかし、シャントルーヴ夫人は、水が一杯欲しいという理由をつけて、デュルタルを近くのカフェにある汚らしい貸し部屋に誘惑することに成功し、そこで「巧みに隙を狙って、彼の情欲をあおりたてた」。二人が交わりを終えた後、デュルタルはシーツの上にあの聖体のパンの切れ端を発見する。聖変化の教義のことはまったく分からなかったが、最後に彼は、自分もまた聖体を汚すことに加担していたことに気づく。嫌悪感を抱いたデュルタルは、この「サタン化している」愛人との関係を永遠に断とうと固く決心し、その場を立ち去った。

ユイスマンスがサタニズムを発見する

つまるところ、以上がサタニズムについて『彼方』が語った話であった。その予告の仕方が一因となって、現在に至るまでこの小説は事実上の真正な自伝として広く受け入れられてきた。デュルタルをユイスマンス自身の分身として解釈することはたしかに妥当だ。そこまではっきりしている。では、ユイスマンスの本のどこまでがフィクションでどこからが事実だったのか。『彼方』では、一九世紀の宗教的サタニズムが本当に描き出されているのだろうか。このテーマに関するユイスマンスの情報はどこからきていたのだろうか。これらの問いに答えていくことは、一九世紀サタニズムについて多くのことを教えてくれるだろう——さらには、パリの公園でオカルティストの紳士二人が、悪魔崇拝に関する問題をめぐって剣闘を行うに至った状況も明らかになるだろう。『彼方』は当時の文学に関する広範な議論で始まる。本章もそこを起点にすることとする。ロマン派がサタンを再発見して以降、文学界は大きく変化していった。ロマン主義やその分派は評判を落とし、エミール・ゾラ（一八四〇〜一九〇二）を代表とする新たな文学に取って代わられた。それは自然主義、あるいは写実主義と呼ばれることもあり、広大なコスモロジーに迷い込んだり、神秘と理想の螺旋《らせん》階段を上ったりすることなく、普通の、主に下層階級の人々の生活を描写し、彼らの行動が遺伝や環境といった科学的に検証可能な事実によっていかに決定されるかを表そうとした。この点において、文学は社会全体の状況を反映していたにすぎなかった。一九世紀後半になると、科学の成果に対するほとんど宗教的信仰とも言える考え方を説く実証主義が台頭してきた。これには心理的・精神的な領域も含まれていた。ドクター・シャルコーらの実験では、生理学的因子が精神病理学的・超心理学的な状態の最大の要因であることが指摘されていなかったか。人間は本能に支配された動物で、原野の獣よりわずかに複雑なだけであった。

　ジョルジュ＝シャルル・ユイスマンスがジョリス＝カルル・ユイスマンスのペンネームを自身に（自らのオランダのルーツをとどめておくために）つけ、小説を書き始めた頃、彼はゾラの弟子として広く知られていた。小説家としての処女作『マルト、一娼婦の物語 *Marthe, histoire d'une fille*』（一八七六）ではある娼婦の物語を語り、その後の作品では独身男性や働く女性の生活を詳しく描いた。加えて、ユイスマンスはゾラの門下グループの創造性がふんだんに発揮された最も有名な作品集『メダンの夕べ *Les soirées de Médan*』に短編小説を寄稿し、個の空間という平和と安らぎを必死に探し求める、赤痢にかかった一人の兵士の視点から普仏戦争を描いた。

　しかし、自然主義という強い還元主義に対するユイスマンスの隠れた不満が、一八八四年に出版された『さかしま *À Rebours*』によって露わになった。同時代の作家によって「想像力の自慰の手引書」と評されたこの著作は、一九世紀末の文学におけるデカダンス運動の草分け的作品の一つとなり、ユイスマンスは一定の国際的名声を得ることとなった。この小説の主人公ジャン・デ・ゼサントは、あらゆる面で一般的な自然主義的な主人公とは逆さまな人物であった。彼は、肉屋の見習いや工場労働者ではなく裕福な貴族で、遺伝的性質や動物社会の法則に則って自らの本能にそのまま従うだけでなく、例外的なもの、人工的なもの、珍しいもの——つまり文化的なもの——を意識的に求めていた。近代社会のあらゆる側面に嫌気がさしたデ・ゼサントは、自分の屋敷に一人で引きこもり、身の回りには厳選した美術品や貴重な書物（ゾラの作品は一つもない）、自然に咲きつつ造花に見える花々を揃えた。だが、結局その華麗な隠遁生活の試みは失敗に終わる。デ・ゼサントは病気になり、医者からは彼にとって恐怖でしかない都会で社会生活を送って気を紛らわすよう勧められる。しかし、例外的なものの価値を重視し、人間の生活は本質的に、自然主義的なものはもちろん、「自然なもの」に限定されるわけではないことを強調するユイスマンスの主張は、『さかしま』において明確に示された。

　ユイスマンスにとって、これは明らかに単なる文学だけの問題ではなかった。自然主義と物質主義は万事を「下半身の」動物的な衝動の帰結として説明する傾向があったが、ユイスマンスはその文学様式だけでなく人生哲学としてのあり方に不満を抱いていた。偶然の一致という神秘、愛情という神秘、さらにはお金という神秘について、誰が本当に説明できるだろうか。ドクター・シャルコーの診療所で何が女性のヒステリー発作を引き起こしたか、誰が示すことができるだろうか。女性たちはヒステリーを起こすから取り憑かれるのだろうか、それとも取り憑かれているからヒステリーを起こすのだろうか。このような問いを投げかけることがすでに自然主義と実証主義の欠陥を示していた。では、答えはどこにあるのか。ユイスマンスが求めていたのは、新しい文学の形式だけでなく、自らが経験したような人生の神秘を正当に評価する新しい形而上学的な見解だった。彼はスピリチュアリズム〔心霊主義〕をかじりはしたものの、その信奉者たちの似非宗教理論や彼らの俗悪さは好みに合わなかった。しかし、心霊体験を目撃したことで、ユイスマンスは超自然的なものの実在性に対する自らの信念を強めたのだった。

　また、ユイスマンスは華やかなベル・エポック文化を浅はかで卑しい憂鬱な時代と捉え、自分のいるそうした時代から抜け出すための道を模索していた。それまでのロマン派の多くがそうであったように、ユイスマンスが慰めを求めたのは中世だった。フランスでは、中世に対するこうした偏好は、反革命的な王党派のロマン派作家たちに由来していた。ロマン派作家にとって、中世は啓蒙思想とともに生じた革命と世俗化の傾向によって汚されていない、聖なる王権と民衆の信仰の時代を象徴するものだった。このような中世趣味は、その後ほかのロマン派たちによって取り入れられ、ロマン派ナショナリズムの手段として、また、（啓蒙思想の）合理主義や「打算的能力」によって支配された社会に対する自分たちの不満を表現するための、ある種逆さの鏡像として用いられるようになった。産業化・世俗化・政治的解放による影響が増すばかりであったユイスマンスの時代に、この「近代性に対する不快感」の激しさが収まることはなかった。理想化された中世は、こうした状況の中で、当時の荒涼とした現実に対する神話的な対応物としての役割を果たし続けた。『さかしま』の中でデ・ゼサントは、すでに自分がローマ・カトリックやその芸術や古楽の中世的な趣に、抗し難い魅力を感じていたことに気づいていた。さらに、この作品の最後には、「信じたいと願う不信仰者」に対する哀れみを請う、皮肉とも言い切れない祈りまで記されていたのである。しかし、『さかしま』によれば、ローマ・カトリックのばかげた教義を信じ、厳しい道徳律に従うには、子どものように素朴な信仰が必要であり、それはデ・ゼサントもユイスマンスも持ち合わせていなかった。それとは別に、当時の教会は、その前身である輝かしい中世の教会の、薄く堕落した影でしかなかった。『さかしま』でユイスマンスが変わった

余談の中で述べるように、聖体のパンでさえ、もはや同じものではなかった――ほぼ至るところで、昔ながらのトウモロコシの粉はジャガイモ粉に取って代わられた。このように、神聖なものの中で最も神聖なものですら、文字通り、当時の「アメリカ化」の犠牲となった。

　しかし、『さかしま』には、代わりの道に関する最初のぼやけた輪郭が示されていた。その道は「教会と同じくらい古く」、説明のつかないものの存在を認めもするが、「処女であることに関する無駄な証拠」を要求することはない。デ・ゼサントの白昼夢の中で代わりの道はサディズムとして描かれ、彼にとってそれは「神に向けられるはずの敬意と祈りをサタンに捧げる禁断の喜び」という非常に明確な意味を持っていた。それはローマ・カトリックの教えを意図的にひっくり返すことであり、とりわけ、邪悪さの極みである二つの罪、すなわち典礼の冒瀆と性的狂宴を犯すことを意味する。こうしたデ・ゼサントの「さかしま」の傾向が最も完全に描かれているのがミシュレの魔女のサバトのシーンであり、そこでは「サディズムのあらゆる卑猥な行いとあらゆる冒瀆」が描写されている。

　ユイスマンスが中世の「サタニズム」に魅せられてい

たことは、同時期に出版された彼のエロティック・アートについて書いた長編エッセイでも裏づけられている。この作品では、主にユイスマンスが新しく見出したベルギーの画家フェリシアン・ロップス（一八三三〜一八九八）が取り上げられ、特にロップスの「サタン的なもの Les Sataniques」と題された一連のポルノ版画作品に焦点が当てられている。ユイスマンスはロップスが「未開の価値を転倒させる者」であり、彼がその版画作品において完全に「サタニズムを把握し要約している」と述べた。エッセイでは、数頁にわたってロップスによる黒ミサの描写が取り上げられ、ジャン・ボダン、マルティン・デルリオ、ヤーコプ・シュプレンガー、ヨーゼフ・ゲレスといった古典的な悪魔学者の名前がちりばめられている。しかし、ユイスマンスは、「ゴルゴダの丘 Le Calvaire」という、森の精サテュロスのような姿をした、十字架に架けられ大きく勃起しているサタンの前で恍惚状態となっているマグダラのマリアが描かれた版画作品を叙情的に描写した。「唯物主義的芸術がもはや、自分の卵巣にさいなまれているヒステリックな女、あるいは胎内で脳が脈打つ色情症の女しか見ない時代であるこの世紀から遠く離れて、彼［ロップス］が称賛したのは、現代の女性でもパリの女性でもなかった。彼女たちは、機嫌取りの愛嬌やうさんくさい装いで彼をうんざりさせたからだ。彼らが称賛したのは、本質的で時代を超えた〈女性〉、つまり裸の〈獣〉であり、〈闇〉の傭兵であり、〈悪魔〉の絶対的な奴隷であった。／要するに、サタニズムという好色の精神を称賛し、何枚にもわたって倒錯の超自然的存在や悪の冥界を描いたのである」。

サタニズムに徐々に魅了されていく一方で、ユイスマンスは文学に関する新しいヴィジョンも展開し始め、その概要を『彼方』の冒頭で説明している。自然主義はたしかに廃れたが、「自然主義者が芸術にも果たした忘れ難い貢献を否定」し、「ロマン派の大袈裟な戯言」に戻るのでは意味がないだろう。ユイスマンスによれば、必要なのは「資料に基づく真実性、細部の正確さ、豊かで力強い写実主義の言葉」を維持しつつも、それを「魂の底に深く入り込む」ために利用し、「超自然的なもの」、神秘的なもの、「つまり、高尚でより完全で恐るべきスピリチュアルな自然主義」を詠唱することであるという。

これがユイスマンスが『彼方』で実現しようとした計画であった。小説のテーマとして最初に候補として挙げられていたのは、ナウンドルフィズムだった。[*8] これはルイ一六世の末裔と名乗る人物が起こした、カトリック右派とオカルトを感じさせる非公式の運動であるが、ユイスマンスはそれをやめ、サタニズムを取り上げることにした。小説の主人公であるデュルタルと同じように、ユイスマンスは自身が生きる時代に存在する中世サタニズムの名残りを見つけ出そうとしたのである。

当時のオカルト実践者たち
――ペラダン、ガイタ、パピュス

サタニズムがありそうな場所として、論理的に考えてまず思いつくのはオカルトと「近代」魔術の世界であったが、ユイスマンスもそこにまず着目した。初めは、次に執筆する本のために自分で「立証する」ことが目的ではあったものの、ユイスマンスの関心がそれだけではなかったことは明らかである。その証拠に、彼が友人のギュスターヴ・ギッシュに宛てた手紙には、彼の探求が個人的なものでもあった可能性が記されている。「あんな自然主義の豚小屋にはもううんざりです！　それで？　残されたものとは？　おそらくオカルトでしょう、降霊術などではなく！　霊媒師たちの道化や、回転テーブルを回すおばさんたちの奇行などではなく！　オカルトなのです！　現実の「上」ではなく、その「裏」や「脇」や「向こう側」にあるオカルトです！　私が求める原始の信仰や最初の信者は欠けていても、私を「必要とする」謎や私の思考を占める謎は、いまだに存在しているのです」。

世紀末のパリではオカルトが盛んに行われていた。オカルトを信じる新しい世代が現れ、当時のある評者によれば、若い男性たちが「かのエリファス・レヴィ直筆の原稿の断片からヘルメス・トリスメギストスについて研究し、公衆トイレに五芒星を描いて回る」ことに精を出していたという。本章では、その中で最も重要な人物であるジョゼファン・ペラダン、スタニスラス・ド・ガイタ、そしてパピュスの名で知られるジェラール・アンコースという三人の人物に焦点を絞り論じていく。

ジョゼファン・ペラダン（一八五八～一九一八）はフランスの地方都市リヨンで生まれ、家庭は超カトリックの熱心な王党派であった。父親はカトリックの神秘家に関する記事を書き、キリストの七つ目の傷を崇拝する信仰を広め（これは教会当局がこの信仰が正統でないとの宣言を出すまで続けられた）、兄はホメオパシーの治療士として開業し、精液の自発的・非自発的喪失による悪影響に関する論文で博士号を取得しようとしたがうまくいかなかった。こうしたかなり変わった家庭環境にいたペラダンもまた風変わりな発想を身につけ、父や兄以上に独特な道を歩んでいった。若きペラダンはやがてパリに移り、そこで処女作となる『至高の悪徳 *La Vice suprême*』を執筆した。一八八四年に出版されたこの作品は（同じ年に『さかしま』が刊行された）、レヴィの教義を小説の形で解説したものとして位置づけられる。主人公はメロダックという魔術師で、時に奇妙な意志の試練（「彼は苦労しながらも喫煙さえやめた」）をひと通り経て、流体の力を操ることができるようになった。超人的能力を持つこのカバリストの英雄の脇には一分の隙もない魅惑的な司祭が立ち、両者とも時代の不道徳と退廃に立ち向かうため、一体となって対抗した。この本はオカルト、世紀末のエロティシズム、同時代への痛烈な批判という刺激的なテーマ――これらのテーマを、ペラダンはその後くり返し使い回し続ける――の組み合わせが功を奏し、かなりの成功を収めた。

『至高の悪徳』で名声を得た後、エソテリシズムはペラダンにとって生涯追求するテーマとなった。ペラダンは自分の名前が聖書の中でアッシリアの王バラダンとして登場していることを指摘されると、自分がアッシリアの王族の末裔であるとすぐさま宣言し、王族を意識した「サール・メロダック」という名前を名乗り始め、服装もゆったりとしたローブを纏い、王のような髭を蓄えるようになった。このような装いによってペラダンは有名となり、そのおかげでパリの街角で注目を浴びるようになった。しかし、この芝居がかった装いの裏で、ペラダンは野心的な計画を抱いていた。ワーグナーのオペラや「総合芸術」の探求に触発されて、ペラダンは、腐敗したベル・エポック文化に対しスピリチュアルな解毒剤をもたらすために、あらゆる分野の芸術家が協力して活動するローマ・カトリックのエソテリック教団を結成することを目指した。ペラダンはまだ、芸術家は新しい、よりスピリチュアルな社会の作り手であるとする偉大なロマン主義の考えに純粋な妥当性を見出していた。自らの芸術計画を正当化する刊行物に、彼は次のように記している。「芸術家よ、君は〈司祭〉だ。芸術は偉大な〈神秘〉であり……芸術家よ、君は〈王〉だ。芸術は現実の〈帝国〉であり……芸術家よ、君は〈魔術師〉だ。言うなれば、芸術は偉大な〈奇跡〉であり、それだけがわれわれが不滅であることを証明してくれる」。一八九二年から一八九七年にかけて、ペラダンは「美術サロン」をいくつか組織することに成功した。サロンにはルドン、ロップス、ドラクロワ、オジエといった影響力のある象徴主義者やデカダン派の芸術家たちが参加し、また、サロンの第一回展に際しては、若かりし頃のエリック・サティが特別な曲を作った。

　ペラダンはアッシリアの王族の末裔を名乗ってはいたが「教会の忠実な息子」を自称することもやめなかった。彼の生まれたリヨンの社会環境において、カトリシズムとエソテリシズムは容易に混ざり合い、その相互補完的な性質についてペラダンは何の疑問も抱かなかった。彼は『魔術師になる方法 *Comment on devient Mage*』（一八九二）のプロローグで、聖ペトロがそれを不適切、あるいは異端と見做すのであれば自らの手でその作品を焼き捨てる心積もりが十分にあると述べた。カトリシズムの擁護は生涯を通じてペラダンの表立った目標であり続けたが、カトリック教会側がこの一風変わった信徒をどれほど快く思っていたかについては疑問が残る。というのも、非凡な枢機卿の威厳を自らが纏っていると自負していたペラダンは、ロトシルドの妻を、バルザックが住んでいた家を取り壊したとして破門し、さらに教会当局に闘牛禁止の措置をただちに講じるよう要請するなどしていたのだ（彼の主張では、その残酷な光景を見ている最中に、観客のスペイン人の女性が「続けざまに何度も極度の興奮状態に陥った」ことは以前からよく知られていた）。ペラダンは女性オカルティストのための手引書の中で、上流社会の女性に向けて、その性的魅力を使って芸術とカトリシズムを促進するよう説く一方、また別の本では、強固な意志を持ったレズビアンの人々にエイブラハム・ヴァン・ヘルシングの「媚薬」をふりかけて「治療」し、大掛かりだが「健全な」異性愛の狂宴を催すことを構想していた。サール〔ペラダン〕にとってこの二つは矛盾するものではなかった。彼は厳格な道徳を支える教会の役割に疑義を挟むのではなく、聖職者の手の届かない、〔カトリック教徒とは〕異なる「退廃的な」読み手を対象としているのだと主張したにすぎなかった。さらにペラダンは、散文における上品ぶった表現はプロテスタントのピューリタンのためのものであって、カトリシズムでは常に引き締まった表現の仕方が好まれていたと述べた。

　このような敬虔な確信をペラダンが抱いていたとはいえ、『至高の悪徳』がカトリシズムよりオカルトに対する人々の興味を刺激したことは間違いない。少なくとも、スタニスラス・ド・ガイタ侯爵（一八六一～一八九七）はそうした影響を受けた一人だった。ガイタはロレーヌ地方の裕福なフランス貴族の家に生まれ、化学を学ぶ名目でパリにやってきた。ガイタは当初、詩を仕事にするつもりでおり、ボードレールの新ロマン派の伝統を受け継ぐ『黒のミューズ *La muse noire*』（一八八三）と『奇《くす》しき薔薇 *Rosa Mystica*』（一八八五）という二つの詩集を出版した。「優れているわけでも、平凡すぎるわけでもない」と評された彼の詩には、ユイスマンスも感じていたような実証主義やスピリチュアルな物質主義の風潮に対する嫌悪が明確に表れている。しかし、その行間からは、芸術というロマン派の福音に対するガイタの信念が揺れ動いていたことも窺える。たとえば、『奇しき薔薇』のタイトルにもなっている冒頭の詩の中で、ガイタは詩という「奇しき薔薇」を「華麗な幻想」と呼び、〈理想〉をまやかしと呼んだ。彼はさらに、「私の神秘的な夢という偽りの魅力」に熱意を注ぎ続けることは、人生を価値あるものとするための唯一の方法であると主張する一方で、このようなレトリックによって確信に関する、ある種の弱々しさが隠されているような印象を読み手は明確に感じ取る。

　こうした状況の中、ガイタは『至高の悪徳』から雷に打たれたような衝撃を受けた。『奇しき薔薇』に記したような、「目をつぶった」まま生きることを強いられない道がそこに示されていた。また、この作品の序文で、彼が詩に結びつけた神秘主義や魔術――すなわち、「未知のものを予見し、不可解なものを理解し、空虚を満たす」能力――は、今や突然、現実的で具体的な形を与えられた。ペラダンの小説を読んだことをきっかけに、ガイタはエリファス・レヴィを読み直し、以降、レヴィの作品はガイタの思想を引きつけるものとなった。また、それがきっかけでガイタはペラダンに個人的に連絡を取り、頻繁な手紙のやりとりを通じて親交を深めていった。侯爵〔ガイタ〕は著述家としての道を捨て――それまでの時点で見込みもなさそうだったのもあり――、オカルトの研究に専念するようになった。ロレーヌにある先祖代々の城には、目を見張るような高価なオカルトの珍品の数々が積み上げられ、その中で夜は本に没頭し、カフェイン、コカイン、モルヒネ、そして何より、自身の見事なワインセラーに依存しながら自らの活動を維持していた。こうした夜間に行われた研究は、世界の悪に関する謎を解くことを意図して書かれた代表作『創世記の蛇 *Le Serpent de la Genèse*』にまとめられた。

パリを訪れた際、ガイタは複数のエソテリシズムのサークルの中で広く交流した。その中で出会ったのがジェラール・アンコース（一八六五〜一九一六）であった。アンコースは医学生で、当時のあまりに傲慢な実証主義に対し同じような苛立ちを募らせ、エリファス・レヴィを見出し、その後「パピュス」（魔術書『ヌクテメロン *Nuctemeron*』に登場する医学の精霊の名前。この魔術書はティアナのアポロニウスによって書かれたとされ、それをレヴィがフランス語で編集した）というペンネームでオカルトに関する本を出版していった。ガイタとパピュスは、その頃設立されたブラヴァツキーの神智学協会のフランス支部である〈イシス〉の集会で知り合った。しかし、やがて二人とも、ブラヴァツキー夫人がそれまで以上に「東洋」色を強めていったことをきっかけに、〈イシス〉では絶対条件《ド・リグール》であったエソテリシズムに不満を募らせるようになった。二人は、後のルドルフ・シュタイナーのように、西洋キリスト教における著しいエソテリシズム的な展開を称賛し、純粋にレヴィ的なオカルトの伝統を継承したかったのだ。レヴィを信奉していたこの二人の若者は、当時まだ学生だったが、パピュスは生来、組織力に優れていた。〈イシス〉や神智学協会と決別し、トレヴィス通り二九番地に、同級生のルシアン・シャムエルとオカルト研究のための施設を創った。この施設には書店、図書室、講義室、魔術実験のための実習室が備えられていた。さらにパピュスは、ほとんど消滅しかけていたマルティニスト会というカトリック・エソテリシズムの神秘主義を説き、混乱状態であった組織を復活させた。パピュスはその名称を活かし、本質的には完全に近代のものであったこの組織に古風な雰囲気を与え、メンバーに「世俗的な」科学と同等とも言えるエソテリシズムの確かな教育を施すことを目指した。この組織はやがてフランス中に支部を立ち上げ、世界各地にも広まっていった。また重要な点として、ガイタとパピュスは、伝説的な薔薇十字団まで蘇らせた。一八八八年、二人は「薔薇十字カバラ団」を結成した。パピュス、ガイタ、シャムエルの三名は、この新しい教団の「最高評議会」の席に着き、ほどなくして、薔薇十字団員の何らかの入会儀式を受けた（おそらくは、いくらかの正当性をもって）と主張するペラダンもそこに加わった。

明らかに、パリではオカルトが盛んであった。ユイスマンスはこの新しい勢い盛んなサブカルチャーの中心人物たちを、まったく知らなかったわけではなかった。彼はペラダンにサロンの巡回展で会い、『至高の悪徳』を読んで彼に好意的な手紙を送っていた。さらに、ユイスマンスは、ペラダンの元愛人アンリエット・マイヤと不倫関係にあった――ユイスマンスが『彼方』で描いたのは、このマイヤとの情事であり、彼女からのラブレターがそのまま引用された。トレヴィス通りの書店に出入りするうちに、ユイスマンスはパリのオカルト界のほぼすべての中心人物たちと知り合いになった。しかし、サタニズム、「典礼の冒瀆」、中世の魔女のサバトの再現については、期待したものは得られなかった。サタンの名で示される複雑な神話上の存在に関しては、新生薔薇十字団員たちは、エリファス・レヴィの三つの構想に厳格に従った。ガイタは、『創世記の蛇』の中で、悪魔について、レヴィの思想を踏襲した古典的解釈を三層――すなわち、通俗的な意味における悪の象徴、エソテリックな意味におけるアストラル・ライト（宇宙に満ちるエネルギー）あるいは生命力、そして、また別のエソテリシズムのレベルにおける「〈自己〉への〈自己〉の神秘的な吸引」――に区別し提唱しているが、それは薔薇十字団員たちの総意と見做すことができる。どちらかと言えば、侯爵〔ガイタ〕はサタンをやや「悪の側」に位置づけていた。サタンの役割について「最初に生命を世界に分与する者」と空世辞を言うことはあっても、サタン＝パンテオスについてはほとんど否定的にしか語らず、「あらゆる祭壇を冒瀆するために千の顔で現れる」ような「恐るべき種々の力」であるとする。重要な点は、レヴィのバフォメットが、ガイタにあっては突然「ゴエティア（黒魔術）の雄山羊」となったことである。

意外にも、この三者の中でサタニスト寄りの兆候をいくらか示していたのは、カトリシズムの勇敢な擁護者であるペラダンだけだった。後にパレスチナを訪問した際、ペラダンはフランシスコ会の宿泊施設で、サタンは「霊的な次元で最も完璧な被造物」であり「イエス的プロメテウス」であるとしてサタンへの愛を誓い、周りの宿泊客を憤慨させたことがあった。また『芸術家になる方法 *Comment on devient artiste*』（一八九四）においてサール〔ペラダン〕は、自分が創世記の第六章二節に登場する、人間の娘たちを愛したがために神の恩寵を失った天使たちの子孫であるとまで述べた。彼はこの後者については、どうやら、理想を目指すべての芸術家や神秘家の象徴的な祖先としてのサタンという比喩的な意味だけでなく、真の芸術家（artist）は「貴族（arist）」であり、堕天使から生まれ出た超人の一族の子孫であり、特別な霊感を持った人間として今もわれわれの中にいる、というかなり文字通りの意味も意図していたようである。ここから、ペラダンも例に漏れず明らかにロマン派サタニストたちからの影響を受けていたことが窺える。それゆえ、彼の小説に「サタン的プロメテウス」が、ジョルジュ・サンドの小説からそのまま出てきたかのような「岩山に鎖でつながれた美しき両性具有者」として登場していても当然と言えよう。

とはいうものの、超カトリックであり、自らが著した魔術入門書を教皇の精査にかけていたサール〔ペラダン〕がサタニストであったとは考えにくい。ユイスマンスがこうした世紀末のオカルティストたちに見出したものはサタン崇拝ではなかった。ましてや、このエソテリシズム的サブカルチャーの中にサバト風の性的な狂宴を発見する可能性はさらに低かった。ペラダンは自身の小説で、さまざまな倒錯を明らかに楽しみながら描写していたかもしれないが、彼の描く主人公の魔術師たちは、常にその性の修羅場を揺るぎない精神をもって素通りした。『魔術師になる方法』で、ペラダンは何よりもまず自制心が大切であると助言し、ガイタもまた『創世記の蛇』で同様の教えを説いている。魔術師にとって禁欲が（ある特定の儀式の目的を除いて）不自然かつ望ましくない状態である一方、肉体に命じられるのではなく肉体に命じることが不可欠でもあった。そうすれば、魔術師が「性のくびきから自らを解放」できるかもしれないからである。ガイタはその膨大な著作の短い脚注でのみ、儀式で性行為を扱う可能性を認めているが、一方でこれらの「アルカナ」をエソテリシズムの秘密という「三層のベール」の内側に慎重に残している。ペラダン、パピュス、ガイタにとって最も重要なのは、レヴィに倣って意志をコントロールすることだった。そうすることで、オカルティストは、魔術の本質である宇宙の根本的エネルギーをコントロールできるようになる。フロイトやユングを予示し、ボードレールやレヴィを彷彿とさせる言葉を使って、ガイタは、「サタン＝パンテオス」が最終的には「無意識の神格化」につながる「本能への後退」に絶えず引き込もうとしているのだと述べた。その最たる例が魔女のサバトであり、これは明らかに黒魔術に分類される、すなわち、蛇の生命力を悪のために働かせることによる「オカルトの倒錯」である。これがサタンの真の宗教であり、放縦と「アストラル界の酒乱」の宗教であった。こうした闇の儀式に関する説明の中で、この三人のオカルティストたちはレヴィの例に忠実に従い、サタニズムの象徴と見られる有名な逆五芒星を含むレヴィによる描写の大部分をくり返した。

こうした豊富な理論づけに、ユイスマンスは特によい印象は抱かなかったようである。一八九〇年二月六日にユイスマンスは、アーライ・プリンスというオランダの友人に、次のように書き送った。「私は今、黒ミサを行う悪魔的でソドミーをする司祭を探しています。本を書くのに必要で、そのためには、オカルティストたちの世界に入り込む必要がありました――馬鹿と詐欺師だらけの世界にね！」彼は『彼方』の文中でも、レヴィ派は「完全に無学」で「箸にも棒にもかからない愚か者」たちだとして、彼らに対する軽蔑の念をためらうことなくぶちまけていた。ユイスマンスは、なぜ、自分と多くの問題関心を共有している人々の集団に対して、こうも激しくいら立っていたのだろうか。たしかに、ペラダンのような人物をまともに受けとるのは難しいかもしれないが、ユイスマンスのいら立ちの原因はそうしたことではなかったのかもしれない。結局のところ、問題はまさに、近代の魔術師たちが自分自身にあまりにも似ていて、「実証主義にうんざりしている大衆の気まぐれを利用しようとしている卑しい若者」である彼らのことを理解できすぎた点にあったのかもしれない。彼らはユイスマンスの期待に添うような役目を果たしてはいなかった。ユイスマンスが探し求めていたのは、もっと過激で得体の知れない、別の時代から来たような雰囲気を纏う人物だった。しかし、プリンスにオカルティストたちに対する失望を書き送っていたのとほぼ同時期に、ユイスマンスは思い描いていたとおりの人物にたどり着こうとしていた。まさにサタン的であり、悪魔的であり、中世の香りを大いに漂わせていたその人物とは、ジョゼフ＝アントワーヌ・ブーラン（一八二四～一八九三）という元司祭で、以下で彼について掘り下げていくこととする。

ジョゼフ・ブーラン

ユイスマンスは、パリのオカルトのサブカルチャーを調査するうちに、リヨンで黒魔術を行って破門された司祭の噂を幾度となく耳にした。主要なオカルティストは誰一人としてユイスマンスをこの人物に接触させることはできなかったが、ユイスマンスはまた別のルートで彼の住所を手に入れることができた。一八九〇年二月六日（ユイスマンスがアーライ・プリンスにオカルティストに対する軽蔑の言葉を書き立てたその日）に、ユイスマンスはリヨンに長い手紙を出した。手紙には、パリのオカルティストたちを相手にサタニズムに関する自らの主張を立証しようとしたが徒労に終わったことが書き綴られていた。ユイスマンスは、「箸にも棒にもかからない愚か者たち」に、「この上なくおぞましい言葉遣いにくるまれたばかばかしい理論」でうんざりさせられたとして、次のように続けた。

あなたの名前が畏怖の念をもって語られるのを何度か耳にしたのですが、それを聞いて私はあなたに好感を持ちました。そして、あなたが古代の密儀から実践的かつ理論的成果を引き出した唯一の現代の実践者であるという噂を聞き、打ち消し難い超常現象を生じさせられる人物がいるとすれば、それはあなたであり、あなたただ一人だと言われました。……ぜひともこれを私は信じたい、というのも、この単調な時代に稀に見る逸材を発見したことになるからです――必要であれば、あなたについてすばらしい宣伝もいたしましょう。あなたをオカルティストの幼稚な心霊主義とはかけ離れた存在としての超人、存在する唯一のサタニストとして位置づけることもできます。そこで、ムッシュー、あなたに次の質問をさせてください――ぶしつけながら、私は単刀直入なアプローチが好きなものでご容赦ください。あなたはサタニストですか。夢魔について何かご存じであれば教えていただけませんか？――デルリオ、ボダン、シニストラリ、ゲレスは夢魔に関してはまったく不適切でしょうか。ただし、私は秘法の手ほどきや奥義は求めていないことはご承知おきくださいますよう――信頼性のある資料とあなたの実験で得られた成果のみをお願いします。

リヨンから返事がすぐに届いた。手紙には、ユイスマンスの宣伝の申し出を丁重に断り、自分がサタニストであることを正式に否定し、それどころか、「あらゆる悪魔の教団に宣戦布告をした猛者」であることが記されていた。彼は、自分はたしかに夢魔の専門家だが、ユイスマンスが質問の意図をより明確にしない限り、どんな詳細な情報も教えるつもりはないと書いてきた。手紙には「ジョアネス博士」の署名と、結びに「誰が神のようであろうか《クィス・ウト・デウス》？」――サタンを服従させる大天使ミカエルの名前のラテン語訳――の標語が記されていた。

ユイスマンスは翌日返事を書き、巧妙に語調を変えて、サタニズムを讃美するつもりはなく、それが存続していることを証明したいだけだと主張した。

> 友人のゾラの理論にはうんざりしています。彼の絶対的な実証主義には嫌悪感を覚えます。それに劣らずシャルコーの学説にもうんざりします。彼は、悪魔主義やサタニズムは、サルペトリエール病院で治療した女性たちの卵巣を押さえることで確かめたり発現させたりすることのできる単なる隔世遺伝であると、私を説得しようとしたのです。オカルティストや心霊主義者たちにはますますうんざりします――それ以上にうんざりすることが可能ならですが――、彼らの不思議な術は、非常に現実味はあるのですが、あまりにも似すぎているのです。こうした人々をすべて一新し、超自然的現実主義や霊的自然主義の芸術作品を私は創り出したいのです。

この返答にリヨンにいる司祭は満足したようだった。司祭は全面的な協力を約束し、悪魔崇拝はまだ存在するというユイスマンスの推測を追認した――それどころか、かつてないほど盛り上がっていると書き送った。「あなたの本を確実に面白くする事実をお教えできます。サタニズムが現代も盛んであることを証明できる資料をあなたが自由に使えるようにいたしましょう、［資料には］どんな形式で、どんな状況下で活動しているかが記してあります。あなたの著作は、一九世紀のサタニズムに関する記念碑的な歴史書として読み継がれていくことでしょう」。その後数週間のうちに、その「資料」がユイスマンスのもとに次々と送られてきた。ユイスマンスは感激し、友人のアーライ・プリンスに宛てて、次のように書いた。「夢魔を呼び出せる冒瀆的なリヨンの司祭とずっと文通しています。司祭は現代のサタニズムに関する最も興味深い資料を送ってくれるのです。……この資料をまとめて、現代の豚顔どもを揺さぶるようなちょっとした本を書くつもりです――この確かな資料には、黒ミサが中世以降も今に至るまでずっと行われてきたと記されているのですから。一七世紀には、ギブールという神父が裸のモンテスパンの子宮の上でミサを執り行い、そして、現在もそれは続いています。ヨーロッパ中に熱烈な信者がいて、アメリカでさえも、詩人のロングフェローがリーダーである冒瀆行為に専心する宗派があるのです」。明らかに、ユイスマンスは自分が金鉱を掘り当てたと信じた。当時のサタニズムの隠された世界を、自由に、そして広く教えてくれる人物を見つけ出したのだ。

この元司祭であるブーランとは何者なのか。ジョゼフ＝アントワーヌ・ブーランは一八二四年に生まれ、一八四八年の革命の年に司祭に叙階された。卓越した知的才能に恵まれたブーランは、多作な著述家となって霊的な本や小冊子を執筆し、ローマで神学の博士号を取得したようだ（が、定かではない）。設立されて間もない〈尊い血の会〉の宣教師としてしばらく過ごした後、当時フランスで盛んだった修復主義や終末論的な信心の世界と関わるようになった。ある特定のローマ・カトリックの諸団体のあいだでは、革命がきっかけとなって、精神的な修復が必要だとする考えが大きな支持を得るようになった。信者は、国民が国王を打倒し、教会を迫害し、聖日や神の名を冒瀆したことに対する罪を代わりに償うよう求められた。そうすることで、フランスはキリスト教国としてのかつての栄光を取り戻し、革命と世俗化の潮流を後退させられるかもしれないというのである。こうした考えは、教会周辺では、聖母マリアの新たな出現、ナウンドルフィズム、差し迫った聖霊の時代の到来に対する中世における信仰の復活など、ほかの周辺的な信仰の要素と結びつくことが多かった。

ブーランはこのような環境に惹かれ、そこに自分の居場所を見出したようである。彼はラ・サレット（一八四六年に二人の子どもの前に、聖母マリアが出現した村）に巡礼している時に、ソワソンから来たアデル・シュヴァリエという日常的に幻視体験をするベルギー人修道女と出会った。ブーランはアデルの聴罪師となり、その後、二人でヴェルサイユ近郊にあるセーヴルで、「神への不敬や安息日破りに対する償い」に身を捧げる志を持った男女の信者に向けた教団を設立した。

この頃すでに、ブーランとアデルは恋人同士になっていた。一八六〇年にアデルは妊娠したが、ブーランが後に記した私的な告白（有名な「カイエ・ローズ Cahier rose」のこと）によれば、彼はこの新生児もしくは死産児に

「用心のために」まず洗礼を施した後、その子どもを「破壊」しなければならないと考えていたという。ブーランはどうやらその子どもが悪霊から生まれた「怪物」だと思っていた——あるいはそう主張するつもりだった——ようだ。彼はまた、ほとんどが女性だった教団のメンバーたちとも性的関係を持ち、時には、その敬虔な女性たちに陰部に聖体を入れるよう命じることもあった。このような奇妙な祈禱行為は、極端に拡大解釈させた霊的修復の教義によって正当化され、教義によれば、信者は他人の罪を代わりに贖うだけでなく、自らの贖罪さえも時には可能であるという。

ブーランは、憑依された修道女たちに悪魔祓いを行ったことで注目を集めた。一部の資料によれば、ブーランは彼女たちの口の中に唾を吐き、自分の糞便かアデルの尿を混ぜた聖体を与え、どのようにすればイエスや聖人たちと霊的な性的関係を結ぶことができるのかを教えた。これを受けて、ヴェルサイユの司教はブーランを聖職停止処分とし、教団は警察によって解散させられた。ブーランは詐欺の罪で裁判にかけられ、三年間投獄されたが、その後ローマへ向かい、検邪聖省で告解を行った後、司祭職に復帰したようである。しかし、ブーランが本当に自らの道を悔い改めたとは考えにくい。このことは、前述の「カイエ・ローズ」からも読み取ることができる。この覚書には、悪魔祓いと降霊術の中間的な位置にある悪霊縛りの儀式に関するものと思しき、かなり特徴的な草稿が含まれていた。悪霊縛りの儀式で、ブーランは彼を裁く、司祭や高位聖職者についている「角のある者《コルヌス》」に、自分に危害を加えないよう命じ、その命令にまったく従わなかった場合は「永遠の地獄」送りに、あまり従わなかった場合には地獄に九九年間、または「バベルの塔に五〇年間」閉じ込めることになると述べた。一八六七年六月一六日に行った儀式で、ブーランは「異端審問官に送られ、審問官のそばにいる角のある者」をすべて新しい角のある者と入れ替えようとまでしていた。これらの記述が、儀式用に書かれた文章の下書きであったことは明らかである。ブーランは何度か、その清書した紙をある特定の日に、おそらくは何らかの儀式で、燃やしたと記している。ある時には、「角のある者」はその（貼り出された？）文書を「それに愛着を持つことなく」持ち去るよう言われた——これは、その文書に悪霊を寄せつけないようにするための予防的な手段であった。

ブーランは、フランスに戻った後、『聖徳年代記 *Les*

Annales de la Sainteté』という聖人の顕現やカトリックの神秘家の幻視を扱う雑誌の編集者となった。ブーランは、雑誌を通じて再び修復主義者や復古主義者の考え方を普及させようとしたのである。たとえば、一八七四年七月発行の記事では、処刑されたルイ一六世をカトリックの殉教者として聖別し、革命による「社会的犯罪」に対する償いをするようヴァチカンに訴えた。しかし、雑誌でこうした教義的見解を主張し、また、悪魔祓い師として再び活動を始めたことで、ブーランは再び聖職停止処分となり、その後、正式に破門されることとなった。

聖職位を剝奪されたブーランであったが、仕事を探し回る必要はなかった。彼は破門される前からすでに、「慈悲の御業」という教団を中心とする新カトリック宗教運動の指導者ウジェーヌ・ヴァントラ（一八〇七～一八七五）と連絡を取り合っていた。一八三九年に、ヴァントラは大天使ミカエルの訪問を受けるようになり、聖霊の支配する「第三の王国」がじきに到来すると告げられた。ヴァントラは、その時はまだティイという小さい町で工場長をしていたが、やがてかなり多くの宗教運動の正式な予言者となり、フランス、スペイン、イタリア、そしてイングランドにまで散らばる信者組織、あるいは「七人組《セプテーヌ》」を抱えていた。おなじみの千年王国説やナウンドルフィズムが入り混じっていることを除けば、ヴァントラ主義の特徴はいくつかの特定の教義に見出される。そのうちのいくつかは後ほど詳しく説明するが、中でも際立っていたのは、信者にとって聖霊の支配がすでに始まっているとする、つまり、信者は肉体的にも精神的にもすでに完徳の域の達しているとする考えであった。このことをはっきり示すために、ヴァントラの信奉者には全員、神によって啓示された天使の名前が授けられていた。もう一つは、ヴァントラの教えでは女性も儀式を執り行うことができたという点である。〈マリアの犠牲のミサ〉という特別な典礼が女性信者のために設けられた一方、ヴァントラをはじめとするヴァントラ主義の男性司祭は〈メルキゼデクの典礼〉を行っていた。伝統的なミサはキリストの受難を再現するものだが、そのミサは過ぎゆくキリストの時代のものであるため、いずれ廃れる運命にある。それを象徴していたのがヴァントラの祭服であり、そのストールには、受難の時代が終わったことを示す逆十字が刺繡されていた。このような教えは、明らかにローマ・カトリックの公式の教義とは相容れないものであった。一八五一年、ヴァントラの一派は教皇書簡で、「犯罪結社」や「忌まわしき異端」と断じられた。

ヴァントラが一八七五年に亡くなると、同年に破門されていたブーランがすぐにリヨンへと向かい、ヴァントラの正式な後継者を名乗った。信者の大半はブーランを後継者とは認めなかったが、ごく一部の信者はなんとか集めることができた。リヨンでブーランが住んでいたのは、建築家のパスカル・ミスムと彼の家族が住む家だった。近所にはゲー家の若い二人姉妹が住んでいて、姉妹はお針子の仕事で生計を立て、それぞれシャアエルとアナンダエルという天使の名を授けられていた。ほかにも、霊媒師であった「夢遊病者」の女性や、ジュリー・ティボーという五〇歳くらいの独立した神秘家的存在の女性の力もブーランは借りていた。ティボーは若い頃に夫を捨てて巡礼者として旅をし、日常的に幻視や予知夢を得ていた。ブーランはティボーに「女メルキゼデク」という名誉の肩書きを与えた。自分のことは、ヴァントラが「新エリヤ」を自称したのを真似て、「洗礼者ヨハネ」と称した。

その頃、ブーランは、パリのエソテリシズムやオカルトのサークルとの接触を試みていた。レヴィやペラダンの例にもあったように、当時、カトリシズムとオカルトは必ずしも対立するものとしては見られておらず、ブーランが長年抱き続けていたオカルトに対する関心は、どうやら本物だったようである。その後の手紙でも、ブーランはカバラやタロットについてくり返し触れ、ある人物の証言によれば、彼の左まぶたには五芒星の入れ墨があったという。パリのオカルティストたちといくらか文通を重ねるうちに、ロカという司祭がブーランを訪ねてリヨンにやってきた。この司祭は、そのエソテリシズム的・社会主義的な傾倒が原因で破門され、その後、薔薇十字団の最高評議会のメンバーとなった。彼は、次に、スタニスラス・ド・ガイタをリヨンに来るよう招待した。ペラダンはガイタに、年老いた悪魔祓い師には気をつけるよう忠告したが、ガイタは招待に応じた。リヨンでガイタは二人の元神父から大歓迎を受け、ヴァントラ主義の典礼に自由に参加した。さらには、ある種の聖別のようなものをされたが、その儀式はブーランによって行われたらしい。しかし、ガイタはほどなくして、ロカを連れて大急ぎで出て行ってしまった。

ガイタとこのブーラン率いる異端カルメル会との決別については二通りの説がある。ブーランは、後に、その時のことをユイスマンスにこう書き送っている。「パリのオカルティスト、特にガイタがここに来て、私の力の秘密を奪おうと企んだのです。彼はマダム・ティボーの前にひざまずき、祝福を自分に授けるよう彼女を騙そうとまでしました。彼は、「私は教えを請う子どもにすぎません」と言ったのです。一二日間、私どもは彼に家族のように接していました」。ガイタが荒々しく立ち去ってから間もなくして、その裏切りの侯爵が夜に魔術で攻撃を仕掛けてきた、とブーランは知らせている。ブーランは、〈栄光の犠牲〉の典礼を行い、聖体拝領することで、かろうじて死を免れた。一方ガイタは、リヨンを離れた後にブーランから霊的な攻撃を受けたとしている。友人のペラダンに宛てた日付不明の手紙には、「この前の夜、とんでもなく大きな力を持った流体に襲われました。私はその毒された流体をその中心に戻すか、元ある場所に戻すかしたのですが、これを仕掛けてきた魔術師は攻撃したことを心底後悔しているに違いありません。――ネルガル神は自分の寝床で動けなくなり、身動きが取れないまま夢魔の暴力に屈しかけていました。「ジョデヴォエ Jodhévauhé」という名で、なんとか自分を救うことができたのです。――けれども、カイエは夢魔に屈してしまいました」。ペラダンに宛てた別の手紙の中で、ガイタは、ブーランとの関係を絶った理由にそれとなく触れている。「あのB神父は、学識があり一流の神学者ですが、聖霊と暮らしすぎて、〈霊的な結婚〉に関して致命的な誤りを犯しているのです。このこと直接お会いして詳しくお伝えします」。

ガイタが手紙に書かなかった、この「致命的な誤り」とは何だったのか。ブーランは、ヴァントラから引き継いだ教義を若干練り直したと考えられる。彼は、「浄化された」信者に関するヴァントラ派の考えに、信者同士の「浄化された」結婚という概念を付け加えたのである。ブーランによれば、こうした「生命の交わり」は、霊的次元で極めて有益な「生命の興奮」をもたらし、祈りを強化し、そして、その教義の名のもとにその交わりが行われた場合は、下位の階層でさまよっている死者が天界に入り、最終的な霊体になることができるよう助けるのだという。自分の霊的なレベルを高めるために、霊的に優れた相手と結婚することがある一方、功徳のある者が未熟な霊のような下位の存在と霊的な結婚をして、その存在論的な成長を助けることもある。ガイタが発見したのは、これらの「浄化された」結婚には信者の魂だけでなく、彼らの身体も関係しているということだ。ブーランは彼の小さな教団のほぼすべての女性信者と「霊的」な関係を持ち、特にお針子のゲー姉妹とは敬虔な母親の祝福のもと、二人一緒に、あるいは別々にベッドを共にしていた。実際に、ブーランが姉妹の一人と結んだ「生命の交わり」については、彼の個人的な書庫にあった日付のない原稿に記されている。この老いた神父は神秘家らしい崇高な語調で次のように語る。「祈りの後、〈選ばれし者〉の心臓が〈純粋な愛〉の炎で燃え上がった。後はエデンに昇るのみである。……彼女は私に言った。「洗礼者ヨハネさま、私を連れて、あなたの炎で包み込み、エデンへと、霊的な夫婦のためのあの婚礼部屋へと翔んで行かせてください」と。これはなされた。……花婿がやってきて、生命の交わりが至福に満ちた恍惚の中で行われた。この天上の婚約者はこう叫んだ。「ああ！わが心臓が生命そのものと語り合っている！」」

ブーランの書庫にあったほかの資料には、こうした儀式がかなり前から続いていたことが示されている。一八八一年二月六日に行われた自らの教団に対する「総告白」で、ブーランはすでにこの「生命の交わり」について言及していた。「解決すべき問題とは、すなわち、ある者は特権をもたらす［生命の］状態には達していないが、その状態に達するには特権を行使し始めなければならないことである。……カルメル会の選ばれし者たちは、再生し姿が変わった神の子らの自由に加わるべく、死にゆく支配の法を踏み潰すことに自由に、そして自発的に同意する。最初の難局の後には、生命の神聖な交わりを実践するためのさらなる難局が続くことだろう」。一八八四年の原稿にブーランは「モーセとアロンの使命」を次のように記した。この原稿によれば「エノク語《エノキアン》（天使語）のタロットの第三段階への最初の入門」は、按手を含む「愛の器官」の祝福からなる。「堕落によって愛の器官は〈獣性の門〉となった。つまり、この器官が身を隠すのは、地上で降格させられた自らの地位を恥じているからである。だが、エリヤは、その器官が変容と栄光の門でもあるという［知らせ］を天からもたらした、ゆえに、われわれは愛の器官に喜びの目を向け、それを祝福する、したがって、われわれが恥じることはもはやないのである」。第一段階への最初の入門はさらに深遠なものだった。「選ばれし者は、彼女の愛を証明するよう求める。彼女が自らの形のきれいな愛の器官を開くのは、愛を与えたいと望む女性とでなければならないからだ。

彼女は持てる力をふり絞り、喜んでその愛の器官を受け入れ、この上なく優しく撫でて磨く。彼女は自身は労力を費やすことなく、それを取り囲む流動体のみでそれを興奮させる」。ブーランは、「ゾハールに学ぶ〈処女の花嫁〉と〈常に童貞の花婿〉の生命を与える交わりという神聖な法に関する〈生命の教義〉」というタイトルの文書で、次のように書き加えた。「彼に愛の器である最も神聖な場所を貫かせ、花嫁に生命の交わりを受け入れさせ、最も神聖な場所であるその器官に生命の流体の祝福を授けさせよ、シオンと呼ばれるその場所で。……そして、この生命の流体は、器の中で合わさり、最も神聖な器によって天上と地上の形で伝達されるが、そうした流体は光のように白く、それゆえに生命［と］呼ばれている」。この原稿がほのめかしているのは、「生命の興奮」は男女の性的な臭気の混合物でできていたのかもしれないということだ。

ガイタをあきれさせたのは、これらの性的な神秘主義の実践だった。結局、ブーランも魔術師として知られたため、ガイタをはじめとする聖なるカバラの熱烈な信者たちも評判を落とすこととなった。ガイタはブーランに対し行動を起こすことにした。偶然にもガイタは、ブーランとたまたま文通をしていたオズヴァルト・ヴィルトというオカルティストの若者と知り合ったばかりだった。ガイタとヴィルトは、ブーランを騙して「生命の交わり」の本質に関する供述書を書かせようと計画した。数か月間、この元司祭ははっきりしたことは言わず、神秘主義的な言い回しでその謎を覆い隠していた。そこでヴィルトは、神聖な霊感を受けてその儀式の全容を見たとブーランに書き送ることにした。ブーランは、神の特別な厚意で真実の答えがヴィルトに明かされたのだと答えた。その後間もなく、ゲー姉妹からヴィルトのもとに手紙（明らかにブーランが口述し、それを書き取って書かれた手紙）が届き、リヨンに来て自分たちの生命の交わりに加わることを強く願っていると言ってきた。

これらの手紙による告白は、それだけで十分な証拠となったはずである。だが、このオカルティスト二人は、特にブーランの性的秘儀に関するより致命的な証言を元教団メンバーから得るためにさらに時間をかけた。その後、ガイタは「黒魔術と遭遇した際は必ず闘うこと」との薔薇十字団の任務を果たすべく最高評議会を招集した。ガイタ、パピュス、ペラダン、そしてガイタのオカルティスト仲間数名からなるこの即席の名誉会議は、一八八七年にブーランに有罪判決を下した。五月二四日付の手紙でヴィルトはこのリヨンの予言者にこの判決を通知し、「初級法廷」はカバラが冒瀆され続けるのを容認しないため、その「瀆聖的なはかりごと」をやめるよう要請した。「貴殿には有罪判決が下された。しかし、厳格な正義よりキリストの愛で打ち勝つ者の方が多いため、初級法廷は貴殿に猶予を与えることとしたい。すなわち、慈悲深い方法が尽きるまで、この判決は保留とする」。

話をユイスマンスに戻そう。ユイスマンスはもちろん、ブーランとパリのオカルティストたちとの争いは知っていた。ユイスマンスはブーランと初めて手紙のやりとりをした数日後にオズヴァルド・ヴィルトにインタビューをしており、その際ヴィルトからブーランには気をつけるよう、はっきり警告されていたのである。後日、オカルティストたちは内務省にいるユイスマンスを訪ね、ブーランについて知っていることを彼に伝えた。しかし、このデカダン作家はただ苦笑いを浮かべ、こう言った。その老人が「ちょっとした性欲を満たすのに神秘的なやり方を見つけた」のなら結構なことではないか、と。ユイスマンスのこのような無関心は、彼がこの時まだブーランは本質的にはサタニストなのだと見做していたこと——ブーラン自身がサタニストであることを完全に否定し、ヴィルトもブーランが、キリスト教の最も神聖な儀式を冒瀆してはいたが、文字通りの意味におけるサタン崇拝はしていなかったと適切に述べていたにもかかわらず——と関係があるかもしれない。

ブーランはというと、この前途有望なパリの新参者を自身の大義に参加させようと必死だった。手紙の中でブーランは、ローマ・カトリック教会当局との確執に関する個人的な話（その後、ほぼそのままの内容が『彼方』に記載される）や、オカルティストとのいざこざについて語り、また新薔薇十字団との半永久的に続く魔術合戦にユイスマンスを巻き込もうと盛んに働きかけた。ブーランは二度目の返信時には、すでに次のような「警告の言葉」をユイスマンスに書き送っていた。すなわち、オカルティストたちは魔術の奥義を表面的に授けられたにすぎないが、「小さな成果」を上げることはできた。「あなたは自分の身を守るために武装していることでしょう。手紙であなたがすると言ったことを実行に移す時、あなたは必ずや彼らの怒りを買うことになります」。一八九〇年七月二四日、ユイスマンスは自分が「フランスで最近結成されたサタニズムの一派」である薔薇十字団から死刑を宣告されたことをプリンスに知らせた。「魔術においては、暴かれた秘密は失われた秘密であり、したがって彼らの目的は、私の本の完成を阻止することなのです」。この死刑宣告に関する情報やそもそもの宣告自体の出どころが、薔薇十字団の紳士たちでなくリヨンであったことはまず間違いない。

ユイスマンスがどちらの側につくかをはっきり決めたのは、一八九〇年九月にブーランと彼の教団を訪問した後のことのようである。パリのオカルティストたちとの一件で慎重になっていたブーランは、まず信頼できる助手のジュリー・ティボーをデカダン作家のもとへ送り、彼の様子を窺った。ユイスマンスは、この非凡な女性と彼女のほぼ中世に近い暮らし、すなわち、聖母マリアの聖地を巡礼し、ミルクと蜂蜜と聖体のパンだけを食べて暮らしていることに深く感銘を受けた。しかしそれでも、ユイスマンスは彼女の神聖さを信じきってはいなかったようだ。その晩彼女が帰った後、ユイスマンスは自身の手帳に、夢魔が訪ねてきて、現実ではありえないような官能的な体験を次々とさせられ、へとへとであるとのメモを残した。ユイスマンスは、あの老婆が性欲の悪霊に自分を襲わせたと確信していた。(敬虔なティボーが『彼方』の作者にこのような欲望を抱いていたかもしれないというのは、それほどおかしな考えではない。ジュリーはその後何年間もユイスマンスと個別に文通を続け、ブーランはユイスマンスへの手紙の中で、ジュリーがブーランの霊的な変容を助けるために彼に「生命の興奮」を施すべく「計画を練った」のだと知らせてきた。「ああ、親愛なる友よ、これは嫌悪すべきことではない、人の力を若返らせ、活力を与えてくれるのだから」)。

正式にリヨンに招待された時、ユイスマンスはプリンスへの手紙に、きっと忘れられない光景を目にするだろうと興奮気味に書いた。「あの人たちは間違いなく悪魔的な人々です。……あと残り三章を書くだけですが、その最初の章を書き始めるには、どうしてもそこへ行って、特別なミサをいくつか見てこなければなりません」。ユイスマンスが言っているのは「モサラベ」のヴァントラのミサのことだろうか、それともリヨンの黒ミサのことだろうか。どちらであったかは定かでないが、この時点では彼がまだブーランとその仲間たちをサタニストの候補と見做していたことは明らかだ。結局のところ、ユイスマンスがブーランのカルメル会で実際に何を見たのかもはっきりしない。リヨンへの最初の訪問について、彼は何一つ書き残していないようだ。彼が「黒ミサ」を一つも見ていないことは確かだが、おそらく「メルキゼデクの犠牲」は目にしたであろうし、また、ブーランがガイタ、ペラダン、パピュスらの魔術攻撃に対抗するために行った儀式も目撃したはずだ。その約一年後に二度目の訪問をした際、ユイスマンスは「空中の戦場」について受けた印象について説明している。「私は自分が精神病院に来てしまったのではないかと少し心配です。ブーランは自分の聖体を持ちながらタイガーキャットのように跳び回り、それから聖ミカエルと〈永遠の正義を司る永遠の裁判官たち〉に呼びかけ、祭壇で三度叫ぶのです。ペラダンをやっつけろ、ペラダンをやっつけろ、ペラダンをやっつけろ！　と。するとマダム・ティボーが、それはなされたいい、いい、いい、なされました、と両手を膝に置いたまま言うのです」。つまるところ、ユイスマンスは、期待していた黒ミサではなく、悪魔祓いの遠隔儀式に参加したのだった。

ことの詳細から、パリ薔薇十字団を震撼させた「天使の」結婚の儀式については、ブーランがその秘密をユイスマンスに打ち明けることはなかったと考えられる。実際、一九〇〇年の時点でも、ユイスマンスは、その元神父を中心に教団内で起こっているとされたことが事実だとは信じていなかった――ブーランがかなり変わった人物だと判断する機会は、それまでにも十分あったのだが。いずれにせよ、ユイスマンスが、ブーランと彼の対「サタニズム」の闘いを事実上支持するきっかけとなったのは、一八九〇年の最初のリヨン訪問だった。ブーランはジョアネス博士として『彼方』に華々しく登場し、一方、薔薇十字団はぎこちないながらも熱心なサタニストとして描かれることになる。ブーランと彼の教団の華やかな雰囲気が、このくたびれたデカダン作家を魅了するのに役立ったのは確実である。ユイスマンスはリヨンを訪れる直前、プリンスにこう書き送った。「何もかもが完全に中世なのです。今の時代にあって夢が叶ったようです」。

話を進める前に、ユイスマンスがブーランから大量に受け取ったとされるサタニズムに関する謎の「文書」について少し触れておこう。留意すべきは、サタニズムはブーランの神学において重要な役割を果たしていた、ということである。ブーランが初期に結成したグループは、「瀆聖と安息日破りに対する修復の業」を実践することが目的だった。一般的な「修復主義」の考え方に従えば、ここで意味する「冒瀆」はおそらく、革命中になされたか、あるいは世俗化したフランス政府によって、あるいは当時最も非キリスト教化した存在であったフランス国民によってなされたものであろう。けれども、ブーランは次第に、この冒瀆に関する見方に、より具体的な意味を与えていった。ヨーロッパ中で、悪魔崇拝をする司祭やその信奉者たちの小集団が、サタンと手下の悪霊たちを喜ばせるために、組織的に聖体を冒瀆しているとブーランは主張した。適切に叙階された司祭が必須であるのは、ユイスマンスへの手紙にブーランが記したように、司祭だけが聖体におけるキリストの存在を保証するために必要な聖別を行うことができるからである。「黒ミサ、つまりサタンのミサを執り行うためには、単なる瀆聖以上のものが必要です。黒ミサの司祭は、魔術で言うところの神秘の境界線を超えていなければなりません。つまり、強いて言うなら、その司祭はサタンに捧げられている必要があるのです」。司祭が不在のままサタニズムを実践するグループは、教会から聖別されたホスチアを盗むほかなく、その瀆聖する対象を得るために、主に敬虔さをよそおってミサに参加する女性からなる犯罪ネットワークが存在していた。

　これらの考えは、おそらくブーランがヴァントラ主義に見出したもので、ヴァントラ主義においても同様に重要な教義だった。次章で見るように、この点で彼らはローマ・カトリックという基盤のより大きな流れの一部であった。ヴァントラ主義において、サタニズムの概念は、ただ時代の重大な問題を指摘するためのレトリックではなく、実際に行われた宗教儀式であった。ブーランが行った「空中の戦場」とよく似た極めて劇的な儀式において、ヴァントラはサタニストに対して「霊的な」戦いをし、彼らの儀式を妨げ、脅かされていた聖体を救出した。サタニストたちからひどい扱いを受けていた聖体は、新エリヤの手の中で奇跡的に生身の肉体と化し、受けた傷口からよく血が流れていた。その血は、時にエソテリシズムの象徴である不思議な模様を描くこともあった。

　これらの壮絶な戦いに関するヴァントラ自身の報告が残されている。この驚くべき文書の中で、ヴァントラは、自分を滅ぼすために「パリ近郊の小さい町」で開かれたオカルトの秘密会議がいかにして行われたかを記している。ヴァントラの手紙は、「政治家、ドミニコ会士、聖職者」が多くいるサタニストの集まりに、彼の霊を送り届けるために描かれたものだった。彼らが「全能の知的存在」を呼び出すと、その存在は自らが「偉大なるエジプト神アメン・ラー」であると明かす。アメン・ラーは、キリスト教の「最後の預言者」を滅ぼすには、「キリスト教徒の偉大なる神」の犠牲と、隣の部屋にいる処女の犠牲が必要だと述べる。処女は裸で連れて来られるが、奇妙にも金属線につながれ、サタニストたちが強硬症の彼女をコントロールできるようにしていた。老神父が聖体を聖別するために呼ばれる。老神父は法衣を脱ぎ、用意されていた祭壇を上っていく。だが、必要な言葉を口にする前に彼は突然体を硬直させ、夢遊病の少女は蛇のように体をよじらせる。サタニストたちから聖別を行うよう促された老神父は、部屋の中に、目に見えないよそ者の気配があり、それに邪魔をされミサができないでいると言う。この目に見えない侵入者とは、もちろんヴァントラであり、亡命先のロンドンから霊的に妨害していたのだった。サタニストたちはヴァントラと戦おうと力を合わせ、一人の青年を自分たちの霊媒として連れてくるが、青年は「大いなる正義に先立つ」予言者であるヴァントラに敬意を表してひざまずき、「新たなバラム」のようにサタニストたちと対峙し、彼らの魔術が失敗したことを告げる。「聞け、ローマ・カトリック教会の諸侯および受託者たちよ、そして彼らと手を組んでいる悪意に満ちた獣たちよ、ベッドから起きた瞬間から眠りにつくまで哀れみと祈りと信仰を説き、その間売春の圧搾油と腐敗した死体を自らの名誉の法衣の下に隠している偽善者たちよ――恥を知れ、そして、あなた方の敵、偉大なる予言者に栄光あれ！」

ヴァントラ的な反サタニズムは、ほぼ確実にブーランのこの点に関する思想に影響を与えた。ブーランがユイスマンスに送った「文書」は、主にヴァントラの古い記録文書にある記述や、自分が以前編集していた『聖徳年代記』で自ら執筆した記事だった。この糸をさらに過去に遡って解きほぐすと、サタニストの聖体乱用ネットワークに関するヴァントラ自身の説のもととなった資料もたどることができる。一八三五年にアジャンというフランスの小さな町で、「ヴィルジニー」という三五歳の女性が悪魔に取り憑かれたと訴えた。女性が明かすところによれば、ある司祭に虐待された後、一五歳の時にアジャンの「最も著名な住民」からなるサタニストの集会で、自分の魂を悪魔に売ったという。少なくともその頃から、サタニストの結社はアジャンで継続的にその冒瀆的な実践を行い、ボルドーでも別のグループが活動していた。神聖な聖体が大量に冒瀆されているこうした集会に、悪魔は定期的に姿を現していた。

司祭がヴィルジニーの悪魔祓いを始めると、彼女はサタニストが冒瀆した聖体を嘔吐し始めた。やがて、ヴィルジニーの周りには敬虔な女性たちの輪ができ、彼女は延々と聖体を嘔吐し続けたが、その数は三〇〇〇にも上り、そのうちの一四〇からは血が流れていた。一八四〇年頃、この敬虔な女性たちのグループとヴァントラが接触し（この時はまだ、ヴァントラは正式には破門されていなかった）、そこから、最終的に、ヴァントラ派の信者組織である「七人組《セプテーヌ》」が結成された。ヴァントラは血を流す聖体に強く興味を示し、その後すぐ、サタニストが略奪してきた聖体をヴァントラ自ら「受け取り」始め、信奉者の信心のために特別な箱に入れておくようになった。ある意味では、この一件がヴァントラがサタニズムを語り始めるきっかけとなり、それが大量の文書としてブーランからユイスマンスへ送られ、最後は『彼方』につながったのだとも言える。

一八四〇年代には教会もアジャンでの騒動に注目し、アジャンの司教はその件についての調査を命じた。その後の報告書によれば、ヴィルジニーは「悪霊の聖堂」があった具体的な場所や、そこに出入りしていた「著名な住民」の名前を聞かれても、曖昧な態度を取りがちだったという。その上、霊的現象とされていたものは、どれも「最も害のない検証にも五分ともたなかった」。司教は、一八四六年七月六日の条例でヴィルジニーを正式に断罪し、サタニストの集会の一件に終止符を打った。しかし、ヴァントラ派の信奉者はアジャンでの出来事に関する独自の説明を堅持し、教団の刊行物『七人組の声 *La Voix de la Septaine*』誌の中ではっきり示していった。ブーランは、その中から関連のある記事をユイスマンスに送り、その話が最終的に『彼方』に収められた。ユイスマンスは『七人組の声』誌を参照しながら、サタニストの結社がアジャンで一五年間絶えることなく黒ミサを行い、殺人を犯し、聖体を汚していたと『彼方』で語った。「アジャンの司教殿は、善良で真面目な高位聖職者であられるお方だが、自分の教区でこのような奇怪な出来事があったことを否定しようとさえされなかった！」

ファン・ハエク司祭とドークル司祭

あるサタニストに関するユイスマンスの記述は、ブーランの資料に基づいたものではなかった。そのサタニストは、現実世界における悪名高いドークル司祭のような人物であった。ユイスマンスにこの重要な登場人物に関する情報をもたらしたのは、リヨンの予言者ではなく、ベルト・ド・クリエール（一八五二〜一九一六）という女性だった。ユイスマンスがこの派手な女性と出会ったのは、彼女の恋人で、狼瘡によって顔がひどくただれていたレミ・ド・グルモン（一八五八〜一九一五）という年下の象徴主義の作家の自宅だった。ユイスマンスはこの二人のもとをよく訪ね、その中でクリエールが主催する降霊会に強く印象づけられた。クリエール自身がどのようにブーランと知り合ったかは不明だが、ユイスマンスをブーランと引き合わせたのは彼女だった。

　このクリエールについてわかっていることは、それほど多くない。クリエールはフランス北部のリール出身で、パリには著名な彫刻家であるオギュスト・クレサンジェのモデルとなるためにやってきた。名前にある、貴族的な響きのする「de」はその時につけたものだ。このわずかな生い立ちの情報のほかに、いくつか重要な事実が噂として存在する。噂によればクリエールは「司祭たちに夢中」で（そして、司祭にも自分に夢中になって欲しかった）、彼女の部屋には聖職者関連の物だけが置かれていたという——本物の説教壇があり、その上には聖書のように装丁されたサドの本が置いてあった。また、いつも手提げ鞄に神聖な聖体を一つか、あるいは複数入れて持ち歩き、機会があれば犬に与えた。クリエールがオカルトに魅せられていたことは間違いなく、ユイスマンスが探求する実在するサタニズムに強い関心を抱いていた。ユイスマンスは、リヨンでのブーランのカルメル会訪問の様子を彼女に逐一知らせた。「再生した性器」を持つ信者による儀式を見た驚きについてユイスマンスが書き送った際、クリエールはいたずらっぽく、「浄化された女性器の近くにいる」機会を利用するよう促した。「あなたが霊的な結婚の教義に関する繊細な問題を知ることなく戻って来るのであれば残念です」。

　おそらく、クリエールの司祭好きが、彼女をローデヴァイク・ファン・ハエクに引き合わせたのだろう。ハエクは、ベルギーのブルージュにある聖血礼拝堂の司祭であった。一説によれば、クリエールはパリのショーウィンドーでハエクの写真を見かけてから彼を探し出したというが、より信憑性のある資料によれば、二人は一八八九年のパリ万国博覧会で会ったという。万国博覧会では、とりわけ、完成したばかりのエッフェル塔が注目を集めていた。一八九〇年にクリエールはハエクのいるブルージュを訪ねるが、それが自発的なものか、招待されてのことかは定かではない。同伴者には、モルヒネ中毒者として有名なデカダン詩人のエドゥアール・デュビュ（一八六四〜一八九五）を連れて行った。

この運命的な訪問中に何があったかは不明である。一八九〇年九月二三日、グルモンがユイスマンスに、ブルージュにいるマダム・クリエールに関する「悪い知らせ」を受け取ったと短いメッセージを送った。その二日後のグルモンからの知らせでは、クリエールが「非常に暴力的な危機」に見舞われていたがすでに回復し、これから帰路につく予定であり、自分は恋人を迎えにブルージュへ行くことにしたため、旅の荷造りに忙しくしているとのことだった。グルモンは「司祭はこの一件に関してとても良くしてくれました」と記した。一〇月二日には、ファン・ハエクから事の詳細が書かれた手紙を受け取った、とユイスマンスに報告した。

クリエールは、どうやらある種の神経衰弱になったようである。クリエールは司祭の家から逃げ出したが、近くで二人の警察官に発見された。噂では裸に近い状態だったらしいが、この出来事に関する唯一の当時の報告書には、彼女は「精神障害の兆候」があり、「ありとあらゆる狂態を演じていた」としか記されていない。クリエールは地元の精神科病棟に収容され、そこでの記録には、彼女が「せん妄状態」で捕まり、「重度のヒステリー発作」と診断されたことが書かれている。診断書には、クリエールが精神崩壊をきたし、司祭の家を完全に取り乱した状態で逃げ出した原因は明記されていない。だがこのことに関して、クリエールは後にとても奇妙な体験談を語った。一〇月九日、グルモンはブルージュに到着すると、「この甘く廃れた町から」ユイスマンスに手紙を出し、「パリやシャロン以外にも悪評高い司祭たちがいるのです！」と記し、自分たちが戻ったら「奇妙な話を聞かせることになる」と伝えた。グルモンが語ると約束したこの「奇妙な話」の具体的な内容は現存していないが、どうやらユイスマンスは、ファン・ハエクが恐るべきサタニストであり、自らの悪の巣窟に悪意を持ってクリエールを誘い込み、そして恐れ慄《おのの》いたクリエールがそこからなんとか逃げ出すことができた、という二人の話を完全に信じたようである。

ユイスマンスは、ブーランにファン・ハエクのことを知らせ、今度は逆にユイスマンスからブーランにサタニズムに関する情報を伝えた。ブーランは最初こそ躊躇していたが、奇しくも彼も初めの方の手紙ですでに、ヨーロッパのサタニズムの中心地の一つとしてブルージュを挙げていたのだった。一〇月一五日の手紙で、ブーランは「そのファン・エイク司祭」は魔術の加害者ではなく、被害者かもしれないと言い、またそれとは別に、それが単なる性の過ちであった可能性を示した。だが情報がさらに得られると、彼はすぐに考えを変えた。一一月初旬に、ブーランはファン・ハエクのサタニズムを完全に確信したようであり、さらに、このベルギーの司祭がなぜクリエールを自宅に誘い込んだかについて持論を展開した。「ある晩、この男は震えながら言いました、恐ろしい、恐ろしい、と。男は自分が悪行の限りをほとんど尽くしていることを自覚していたのです。……潔白な人間を共犯者にすることで、彼は自分のための避雷針を作りました。そのご婦人の潔白さによって、この倒錯者の罪が隠されたのです」。この震えるファン・ハエクについて記した同じ手紙の中で、ブーランは魔術合戦の最中に遭遇した新しい邪悪な力についても語った。ある夜、ブーランは二つの魔術集団から同時に攻撃を受けた。それぞれガイタとパピュスが率いる集団だった。そこへ突然、別の方角からやってくる邪悪な霊の存在に、マダム・ティボーが気づいた。「それはブルージュからの使いでした。それでサタンのような司祭のことを思い出しました」。その後、ペラダンも戦いに加わり、二時間が過ぎた。一八九〇年一二月一〇日、ブーランは再び、ファン・ハエクが黒ミサを行うのを阻止したと主張した。

ユイスマンスは後に、ファン・ハエクがドークル司祭のモデルだったと述べる。けれども、『彼方』のドークル司祭とこのブルージュの司祭は、完全な同一人物ではなさそうである。たとえば、ドークルは亡命中のスペイン女王の聴罪司祭として描かれるが、ファン・ハエクはそうした役を担ったことはない。また、前述のとおり、ユイスマンスはすでに一八九〇年二月には「悪魔的でソドミーをする司祭」を探していたし、ファン・ハエクについてユイスマンスが収集したわずかな情報と、小説の中のドークルの行動の詳細は一致していない。おそらく、ユイスマンスはファン・ハエクの一件が起こった時には、すでにドークルの主な輪郭部分は描き終えており、ドークルの属性をこのベルギー人司祭に逆に当てはめたのだろう。しかし、ユイスマンスはある雑誌に宛てて『彼方』出版直後に送った手紙の中で、「ゲントからそう遠くないベルギーの町で、今もなお聖職者としての威厳を見せつけている司祭」をドークルの主要なモデルの一人としてはっきりと言及している。

一八九五年にユイスマンスは、ジュール・ボワのサタニズムに関する本に寄せたはしがきの中でさらに詳しく述べている。ユイスマンスは、黒ミサを行うための悪魔崇拝のグループを作った「ある特定の司祭たち」がいる、という「新たな、絶え間のない、明白な確証」を得ていると主張した。「それがドークル司祭という、セーヴル通りとクロワ・ルージュ広場が交差する角にある写真家の店のショーウィンドーに時々飾られている写真の人物である。この男は、ベルギーで悪魔崇拝をする若者の一派を結成した。彼は、若者たちの「自然における未知なる力」を見つけ出したいという好奇心——それがサタニズムの儀式の現行犯として捉えられた者たちがくり返す口実なのだ——に働きかけて呼び込み、その後、催眠術にかけた女性たちの魅力や豪華な食事で彼らを引き止め、そして、木の実のジャムのような媚薬を食べさせ、少しずつ堕落させ動揺させていく。最後に、この新人たちの準備が整うと、男は彼らをサバトに投げ込み、恐ろしい羊の群れに加わらせるのだ」。ユイスマンスはさらに、ドークルの「被害者の一人」が夜中に震えて泣きながら「恐ろしい、恐ろしい」と言っていた様子を語っていたことにも触れている——ブーランがユイスマンスに宛てた手紙に記した内容である。

一方、ブルージュでは、サタニストの狂宴が自分たちの町で、しかも町で最も有名な神聖な礼拝堂を守る司祭によって行われていたことに、誰も気づいていないようだった。ファン・ハエクは町の人から愛されており、清廉さがありつつも、いたずら好きな面もあると評判だった。彼の数々の陽気ないたずらについて書いた冊子が、生前にも没後にも何冊か出版されたほどだ。フランドルの雑誌に掲載された司祭の追悼記事には、「彼は大勢の偉そうな人間たちが地獄の門ですでにうめいていたのを、ジョークで天国へと連れて行った」と記されている。ユイスマンスは、一八九七年にブルージュで、ファン・ハエクに関する情報を集めて回っていた際、司祭の優れた評判を目の当たりにした。ユイスマンスは自身の旅行記に、次のように書き残した。「ファン・ハエクのことを話すとみな笑顔になる。髪にリボンをつけた書店員は、彼はとても面白い人だと言う。彼は時々ミサをしてるよ、とサン・ジャック教会の聖具室係は言う。ひどく気前が良く、おどけていて、楽しさの権化と呼ばれているそうである」。ユイスマンスはその強敵に会うことはできなかったが、ファン・ハエクの住居を少し覗いて満足した。「マレカージュ通り三一番地——サン・ジャック教会の小さな広場の近く——その閉め切られた家には、中世には忌避された色である黄色の窓ガラスがはめ込まれていた」。

その頃までには、ユイスマンスは、ファン・ハエクに正式なルートからも働きかけていた。ユイスマンスは数年前から、ベルギーの貴族フィルミン・ファンデン・ボシュ男爵とフランドルの司祭ヘンリー・ムラーと連絡を取り合っていた。ファンデン・ボシュ男爵によれば、ユイスマンスは、ファン・ハエクが黒ミサを行っているのを一度見た時の様子を男爵に教えてくれたという。その時は、ユイスマンスはまだファン・ハエクのことを知らず、その後パリの書店で彼の写真を偶然見つけた。ユイスマンスは、書店の女性がその写真を売ってくれなかったので、後で店に戻って盗んだらしい。このようにして、ユイスマンスは黒ミサの司祭がファン・ハエクであることを突き止めた。ユイスマンスによれば、彼は後日、冒瀆的な儀式に参加するファン・ハエクと対峙した。ファン・ハエクはユイスマンスに「不信感を抱いている様子」でしばらくはぐらかしていたが、ついに言い返してきた。「私には好奇心を持つ権利はないのですか。それに、私がスパイとしてそこにいたのではないと誰が言えるのです？」

フィルミン・ファンデン・ボシュは、その一件について調査した上で、ユイスマンスの主張は「少なくとも信憑性がある」とし、それを否定するものは何もなかったと結論づけた。けれども、ファンデン・ボシュは、この件については当分のあいだは黙っているようユイスマンスに忠告した。一八九六年一月に、彼は「現時点では立証されたものとして正式に告発できないため、批判を控えるのは残念です」と記している。ファンデン・ボシュの依頼でユイスマンスはファン・ハエクに関する一二頁にわたる覚書を編集し、それをファンデン・ボシュがベルギーの教会当局に渡した。一人のベルギーの高位聖職者からファンデン・ボシュに内容に関する問い合わせはあったものの、それ以上の連絡はなかった。その覚書自体が完全に消えたのだ。ユイスマンスによれば、ファン・ハエクの二重生活が公に知れ渡ることを望まない、腐敗した、あるいは臆病な高位聖職団によって隠蔽されたという。

暫定的結論

　ユイスマンスによるサタニズムの発見は事実だろうか、それともフィクションだろうか。このエピソードに関する歴史的見解についてはいまだに議論が続いている。ユイスマンスは実際のサタニズムとは何の関係もなかったときっぱり否定する歴史学者もいれば（必ずしも十分な証拠があるわけではないが）、彼の描写にはわずかな真実が含まれていると考える歴史学者もいる。これは単なる些細な問題ではない。世紀末に実際にサタニズムが行われていたと主張したい学者のほとんどは、ユイスマンスの描写を参考に、自分たちの説明に肉づけをしていった。この点だけでも、ユイスマンスが描いたサタニズムをより詳しく検討する十分な理由となる。すでに多くのことを示してきたが、ここで明確な結論をいくつか出すこととする。

　ユイスマンス自身は、自分がサタニストの儀式を直接見たことがあるかについては曖昧な態度を取っていた。それについて訊かれると、ユイスマンスは、『出発 *En Route*』でデュルタルが告白している、と答えたりもした——『出発』は『彼方』の続編であり、『彼方』ではデュルタルがカトリックに回心し、かつて黒ミサに参加し、その後シャントルーヴ夫人とともに聖体を冒瀆したことを打ち明ける。友人や知り合いが残した記録からは、ユイスマンスがさまざまに異なる主張をしていたことが窺える。たとえば、黒ミサに参加し、そこで目にした光景に恐れ慄いたことを語る彼の様子を、友人のレオン・エニックは四〇年経った後も覚えていた。また、フィルミン・ファンデン・ボシュの回想はすでに示したとおりだが、やはり四〇年後にベルギー人記者のエルマン・ボシエがそれを記録に残した。その際、ファンデン・ボシュの話に驚くべき詳細が付け加えられたのだが、たとえば、サタニストの集会は二列に分かれて行われ、一方には女性、もう一方には男性が集まっていたという。しかし一方で、ユイスマンスが最終的にカトリックに回心した際に大きな役割を果たしたアルチュール・ミュニエという司祭は、ユイスマンス自ら、黒ミサに参加したことはないと明確に否定していたと主張した。すなわち、『彼方』での描写はすべてブーランから渡された文書に基づいているのだという。

おそらくユイスマンスは、『彼方』の売りの一つである神秘性を保つと同時に、そうした事実に関する背景が欠如していることを隠すために、その真相をわざと曖昧にしていたのだろう。現存する『彼方』執筆当時の証拠を見ていくと、彼がサタニズムをどんな形であれ、直接の体験として知っていたことを示すものは何一つなかった。「サタニストの司祭」であるブーランの存在を知った時、ユイスマンスは数名の文通相手に興奮してそのことを知らせた——彼は結局のところ、サタニストというほどのものではなかったのだが。だが、サタニストの集会に行った時のことは誰にも報告しておらず、アーライ・プリンスに宛てた手紙の中でさえ、一言も触れていなかった。しかし、ユイスマンスはこのオランダの友人には、『彼方』の執筆の全段階を知らせ、自らの暮らしの中の出来事を、性感染症に罹ったことや売春宿での体験談に至るまで、ほぼすべて書き送っていたのである。したがって、ユイスマンスが黒ミサを目撃したにもかかわらず、プリンスにすぐ伝えなかったとは考えにくい。

ユイスマンスが実際に依拠した資料については、すでに多くのことを述べてきた。ここで今一度、より体系的に要点をまとめてみよう。ユイスマンスが利用した「文書」についてまず指摘すべきなのは、やはり文学資料の優位性についてである。あまり深く読み込んでいない読者であっても、ドークル司祭が黒ミサで語っている内容が、ボードレールの有名な「サタンへの連禱」からきていることに気づくだろう——ただし、ボードレールが実際のサタニストたちにとってのインスピレーションの源であった可能性も否定できないが。さらに重要なのは、ユイスマンスのプロジェクト全体に大きな影を落としているミシュレの存在である。ユイスマンスは『彼方』を書き始める少し前に『魔女』を読み直し、歴史家であるミシュレに対し（とりわけその「感傷的」で民主的な傾向に対して）批判的な見方をしていたが、ユイスマンスがこの大家の作品から影響を受けたことは明白である。『彼方』に描かれた黒ミサは、「女司祭」が、パン神の男根像の代わりに、フェリシアン・ロップスの版画にあるたくましいイエスにまたがっている描写などをはじめ、多くの点で、ミシュレが描く魔女のサバトを近代的に再現したものなのだ。より大まかに言えば、肉体の熱狂的な邪教というコンセプト全体が、ミシュレからそのままユイスマンスによって取り出され、現代に移植されたのである。

二次文献を除けば、ユイスマンスはフランス国立図書館にある、より専門的な著作に豊富に触れることができた。友人のレミ・ド・グルモンが国立図書館で事務仕事をしていたため、関連する参考資料をユイスマンスに提供することができたのである。たとえば、『彼方』には、ユイスマンスがよく知る毒殺事件に関する著作と同様、悪魔学の専門書も長々と引用されている。ただし、これらのことに関してユイスマンスが博識であることを、それほど大袈裟に捉える必要はない。というのも、悪魔学に関する引用のほとんどは、大衆向けの要約本から引くことができるのだが、それは「蔵書家《ビブリオフィール》ジャコブ」[*9]に尋ねるのと同じくらい簡単なことなのである。概して言えば、ユイスマンス自身の文学的・歴史的資料だけでも、サタニズムと黒ミサに関する伝奇小説を構築する上で、十分な材料となりえたはずだった。グルモンは後にこう述べた。「あの怪奇な儀式の詳しいことは私が調べたんです。そんな資料はどこにもないから、見つかりませんでした。結局、ユイスマンスは、有名なまじないの場面を黒ミサにアレンジしたのです……モンテスパン夫人が悪名高い魔術師に体を差し出して卑猥な役を演じる場面をね」。

しかし、グルモンの言葉には修正が必要である。これまで見てきたように、ユイスマンスにとって重要なもう一つの情報源はジョゼフ・ブーランであり、この元司祭がやや仰々しく「書庫」と呼ぶところから引っ張り出してきた文書なのである。『彼方』の第一刷が出版された際に、ユイスマンスがサタニズムを描く上での主要な情報源として言及した「極めて神秘的な神霊治療家」がブーランであることは、容易に認めることができる。グルモンからの情報が、その性質上、過去に注目するものであるのに対し、リヨンの予言者は、現在のサタニズムに関する資料を提供し、それが『彼方』の計画に不可欠であった。

ブーランはユイスマンスに送った文書を三つのカテゴリーに分類した。初めに、ブーランは「第一群の文書」として、(ヴァントラという)「先達から」受け継いだテキストを区別した。それはほとんど、「新エリヤ」の幻視の話だけで構成されていた。第二群の文書は、やはり幻視内容を綴ったものが多かったが、ブーラン自身に由来する情報を含んでおり、第三群の文書は、第三者による情報が資料となっていた。これらのオリジナルの資料の一部は今も残っており、ユイスマンスのサタニズムの描写を特徴づける要素の多くを、ブーランやヴァントラの一次資料にまで遡って調べることができる。「更新幻術者協会《レテウルジスト・オプティマット》」と称され、アメリカの詩人ロングフェロー率いるある国際組織という奇妙な考えを、ユイスマンスは一八九〇年二月のブーランからの手紙の中からそのまま書き写した。一方のブーランは、その考えをヴァントラの一八五五年六月二六日の幻視の記録から拾ってきた。ヴァントラはすでにそこで、フランス、イタリア、ドイツ、トルコ、オーストリア、ロシアに波及し、その中心を「アメリカの中心」に据える「絶対的更新幻術《レテウルジー・アブソリュ》」に関する構想を練っていた（『ハイアワサの歌 *The Song of Hiawatha*』の作者ロングフェローがその教団の代表者だったというおかしな考えは、ブーランが独自に付け加えたようだ）。その幻視の中で、ヴァントラは二つの相反する団体についても語った。「一つは、無限の破壊によって世界を支配しようとし、もう一つは、その普遍的な力を、まじない師や大司祭からなる純粋に哲学的な集団に世界を連れ戻すことで維持しようと考え」、また、特別な儀式、すなわち、ヴァントラが「翌月の一〇日」、つまり一八五五年七月一〇日に行われることを予言した儀式での、アンチキリストの母親として、ある少女を自分たちが選んだという事実も維持したいと考える団体である。これらの要素はすべて、ブーランの仲介によって『彼方』の一部となっていった。この元司祭の解釈は実際には驚くほど忠実ではあったが、彼はヴァントラの語りに時折新しい脚色や情報を加えることもためらわなかった。ヴァントラの語りではサタンやサタニストも取り上げられることはあるが、彼が戦っている秘密組織は、どちらかと言えば、アメン・ラーやユノといった古代の神々を呼び出す降霊術やネオペイガニズム[*10]などの奇妙な集まりのように見える。「更新幻術者協会《レテウルジスト・オプティマット》」という耳慣れない名称は、おそらく、「ラーの大魔術師」といったような意味合いなのだろう。ブーランは、その集団を少しばかり「サタニスト」化し、また、ユイスマンスに彼らの現在の活動に関する最新情報を提供した。たとえば、一八九〇年七月一六日に、ブーランはユイスマンスに、オランダが更新幻術者協会のもう一つの主要な力の中心地であると知らせた。だが、七月二三日には、意外なことに、その秘密結社が一八八二年にロングフェローが亡くなって以降、ほとんど離散状態であり、「協会長たちの拠点」は今はローマにあると付け加えた。ブーランは、ヴァントラのそのほかの資料にも自らの解釈を加え、主に性的なものに関する詳細を追加していった。

ヴァントラの（若干手を加えられた）話に加え、ユイスマンスにとってブーランによるサタニストの儀式に関する描写は非常に重要な資料だった。一八九〇年九月四日、ブーランはこのフランス人作家に「現代の黒ミサに関する記録 Documents on the Black Mass of Our Days」との表題をつけた手紙を送った。この手紙にはユイスマンスがドークルの黒ミサを描く際に用いた要素をすべて見出すことができる。すなわち「サタンのお気に召す香」、長々とした冒瀆によるサタンの礼賛、法衣の下は裸の司祭、ソドミーや近親相姦の実践、精液と月経血をワインと混ぜる、「不浄な接触のたびに」聖体を冒瀆するなどの描写である。ブーランが最初の方の手紙で明らかにしたところによれば、彼がこれらの密かな事実について知るようになったのは、何年も前に（一八六三年のルーアンで）、サタンに捧げられた羊皮紙に記され、洗礼を受けていない赤ん坊の皮で装丁され、最初の頁には汚された聖体が貼りつけてある「サタンの魔術における会長の儀式書 Ritual of the Grand Masters in Satanic Magic」を目にしたためだという。ユイスマンスは、ブーランの黒ミサの儀式の詳細を自身の小説に忠実に再現しただけでなく、このありそうもない話も盛り込んだのである。これらはユイスマンスが『彼方』に書き入れたブーランの数ある言葉の中のほんの一部であり、時にはほぼ文字通りに書き写したものもあった。

ブーランの第三のカテゴリーが示すとおり、彼がユイスマンスに渡した資料はほかにもあった。その一部もまた、ブーラン自身の執筆物である。彼が頻繁に言及したのは、『一九世紀における聖徳年代記 *Les Annales de la Sainteté au XIXe siècle*』に載せた自分の記事で、魔術攻撃やサタニストの聖体泥棒に関する情報である。とはいえ、ほかの著述家の資料もブーランは挙げており、その多くは自らのルーツでもあるフランスローマ・カトリックの、隔絶された辺鄙な土地にいる著述家たちが書いたものだった。興味深い一例としてM・J・C・トレの『マダム・カンティアニーユ・Bと超自然的世界との不思議な関係 *Rapports merveilleux de Mme Cantianille B… avec le monde surnaturel*』（一八六六）が挙げられ、ブーランはこれを「現代のサバトのミサに該当するもの」について知る上で、信頼できる記述として勧めた。この上下二巻の著作には、若い信徒カンティアニーユ・Bが聴罪司祭のシャルル・トレに語った苦難について記されていた。カンティアニーユは幼い頃、「憑依協会」の魔の手に落ちてしまった。その協会の設立はフランス革命の頃に遡り、正確には一七九三年で、ルイ一六世がギロチンにかけられた日であった。初代会長をロベスピエールが務め、メンバーにはマラーやダントンをはじめ著名な革命家が名を連ねていた。意外にも、協会が政治とつながることはなかった。なぜなら、神がそれを許さず、彼らの透明人間になる力によって、協会メンバーは不死身の陰謀者となることができたからだ、とカンティアニーユは断言した。その代わりに彼らは、極悪非道な文学や「不敬な小説」を通じて社会に影響を与えた。さらに彼らは、盗んできたか、あるいは密かに収集した聖体を用いて瀆聖の儀式を行った。儀式は、洞窟、廃墟となった城や教会、ひと気のない山奥のほか、ローマのコロッセウム（殉教者を嘲るため）やベツレヘム（キリストの降誕を嘲るため）などの場所で行われた。

カンティアニーユが言うには、この隠された世界での彼女のキャリアは、腐敗したずる賢い司祭が、彼女をオシアンという悪霊に会わせた時から始まった。一六歳になると彼女はルシファーと直接契約を交わした。その後、カンティアニーユは地獄へ降りて行き、ルシファーから秘密結社の新しい会長に指名され、「数千人」いる結社の信奉者を指揮した。シャルル・トレは追記で、自身の活動に関する印象的な事実をいくつか付け足した。最も注目すべきは、トレの働きかけで悪霊ベルゼブブが見事回心し、クリスチャンの名であるシャルルに改名したことだ。この描写は、派手さはあるものの、『彼方』の中の少なくとも一要素として取り入れられている。すなわち、ドークルの足の裏に彫られた十字架の入れ墨はもともとカンティアニーユ／トレに着想を得たものであるが、トレの記述においてはその入れ墨が「憑依協会」の信奉者のものとされている。

この種の資料の信憑性については、ほとんど注釈の必要がないと思われる。ブーランが提供した「文書」の性質に関する重要な点は、これまでに論じたとおりである。この資料の中心となっているのは、「幻視」を起源とする情報、すなわち、ヴァントラとブーランによる「霊的な」観察と出会いである。読み手はそれぞれに、超常的な証拠にどのくらい重みを持たせるか自ら判断しなければならないが、ブーランらが描いたサタニズムが現実に根拠があるものであるかを示す資料はこれ以上ない。にもかかわらず、ユイスマンスはどうやらブーランの情報を重要かつ信頼できると見做し、ゆえに、ユイスマンスの小説にはブーランの手紙から取り入れた内容が二〇か所ほどある。さらに、作家と霊的指導者が交わした書簡には、書き終えた章をチェックしてもらうためにユイスマンスが原稿をブーランに送っていたことが明確に示されている。ブーランは、とりわけユイスマンスのジョアネス博士の描写を称賛し、小説に出てくる会話の台詞をまるまる提案したことすらあった。

ユイスマンスは、『彼方』執筆のための材料の大部分をブーランと本から得た。一八九〇年五月一七日、ユイスマンスはプリンスへの手紙に、次のように記した。「司祭さんはこちらが戸惑うくらい熱心に資料を送り続けてくれます。その一方で、国立図書館は激怒しながらも私のために隅々まで調べ上げてくれます」。これとは別に、ベルギーのサタニストの司祭ファン・ハエクの件があった。しかし、ファン・ハエクのサタニズムに関する証拠はわずかしかなく、その証拠というのもベルト・ド・クリエールの証言に完全に依存していた。この人物の奇行は精神障害の域に達していたと言えるかもしれない。彼女は一九〇六年に再び精神病院に収容され、また、フランスの作家ギヨーム・アポリネールは、クリエールとバスに乗った際に、彼女が超能力で周囲の人を操ることができると言い張り、たいそう驚かされたことを記憶していた。要するに、クリエールはおそらく精神がやや錯乱状態にあったのだろう。

ファン・ハエクの話が、大衆文学的にも学術文献的にも揺るぎないものとなったのには、二つの要因があった。すなわち、ユイスマンスが抱いていたその件に対する執着心と、彼のファン・ハエクに関する申し立てに対するベルギーのローマ・カトリック教会からの反応、あるいは反応のなさからであった。ユイスマンスがファン・ハエクを非難する姿勢を生涯崩すことがなかったのはよく知られている。ユイスマンスが熱心なカトリックとなり、第一次世界大戦直前までの数十年間にカトリック復興で重要な役割を果たすようになった後も、ファン・ハエクに対する態度は変わらなかった。こうした状況とこの回心した作家がカトリックの一部でほとんど聖人的な位置づけにあったことから、多くの著述家（そのほとんどがカトリック）が、ユイスマンスの主張には真実が含まれていると確信したのだった。カトリック教徒は非カトリック教徒よりも嘘をつきにくいのか、あるいはその逆なのか、という疑問はあるかもしれないが、そうしたジレンマがほとんど生じなかったのは、ユイスマンスが完全に、クリエールは真実を語っていると確信していたからだった。彼はほかに証拠を持っていなかったようである――フィルミン・ファンデン・ボシュでさえ、ユイスマンスが、自身のかの有名な失われた覚書にあった直接の体験に基づく事実を一つも示さなかったことを認めていた。そうであれば、なぜ教会当局がファン・ハエクの行動に対して何の措置も取らなかったのかも理解できる。有名な巡礼教会の司祭が、世間の注目を浴びることなく、催眠術をかけた女性たちと木の実のジャムの媚薬によって、定期的に狂宴を催していたとはとても考えにくい。どちらかと言えば、ファン・ハエクとクリエールのあいだに何か――司祭の積極的な関与の有無にかかわらず――性的な出来事が起こり、後にクリエールがファン・ハエクを隠れサタニストに仕立て上げ、話に尾ひれを付けた可能性の方が高い。

ユイスマンスが利用した資料の一覧に、ジュール・ボワ（一八六八～一九四三）を載せる歴史学者もいる。ボワは、本章の冒頭で――剣を片手に――登場した、オカルティズムやサタニズムの著述家である。ユイスマンスが『彼方』を執筆していた時、ボワはサタニズムと魔術に関する本を書いており、二人はこのテーマについて集中的に意見を交わした。二人がどのような協力関係だったかと言えば、ボワの本が一八九五年に完成した時に、ユイスマンスがはしがきを寄せるほどの間柄だった。ボワは一八九四年に『パリの小宗教 *Les petites religions de Paris*』を出版し、この本の中でもサタニズムとルシフェリアニズムに二章割いていた。これらの本の注目すべき点は、テーマに対し示される両面的な姿勢である。実のところ、ボワは『サタンの婚礼 *Les Noces de Sathan*』という戯曲作品で文筆家としてのキャリアをスタートさせたのだが、この作品には、ロマン派サタニズムに出てくるほぼすべてのテーマと登場人物が――おまけにボードレールの作品の要素まで――、たった一四頁の文章の中に効率よく盛り込まれている。ボワの場合も、『魔女』から受けた影響は明らかで、特にサタニズムと、彼が温かく支持した女性解放の関連づけにそのことが表れていた。しかし、当時のサタニズムに関して、彼が新しい事実を発見することはなかった。たとえば、イントロヴィニエは、ボワがパリの宗教的地下組織の巣窟に潜り込んでサタニズムについて新聞記者が行うような調査を行い、最終的には『彼方』の一部となった情報を発見したと述べるが、実際はまったく逆だった。ボワがある自著の脚注で快く認めたように、必要としていた情報を彼に提供したのはユイスマンスの方で、ユイスマンスがブーランから受け取った関連性のある手紙をボワに転送することがほとんどだった。このようにして、ボワの本にウジェーヌ・ヴァントラとアメン・ラーの戦いの描写が組み込まれ、また、『彼方』自体からも大量の引用がなされたのである。ボワはたしかに、ほかの「小宗教」について何人かにインタビューはしたが（そして、自ら書いたイシスへの祈りの言葉をためらうことなく付け加えたりもしたが）、サタニズムとルシフェリアニズムに関する彼の記述は、完全に二次資料に基づいて書かれたものだった。

　ここまでの説明から、『彼方』に登場するサタニストたちは、その起源がどれほど複雑なものであったとしても、もっぱら文学的な創作物として結論づけることができるのではないだろうか。ユイスマンスはサタンを崇拝する集団を見つけ出すことはできなかった。彼がサタニストの儀式を一度でも目撃したことを示す証拠はなく、実際はむしろその逆であったことがさまざまな資料から窺える。ユイスマンスが使用したことが確かな資料はそれほど信頼できるものではなく、自らの幻視を語る二人の新カトリックの指導者と、若干正気を失っている風変わりな女性がユイスマンスの情報源であった。サタニズムの「本質を求める」描写は、フィクションであって事実ではないのである。

　ただし、ユイスマンス自身がこのフィクションを完全に信じていたことは指摘しておかねばならない。言うまでもなく、彼はどう自分の小説を作り上げたかを自覚していたに違いない。しかし、ユイスマンスにとって、『彼方』には、彼が密かに行われていると考えた、本物の、あるいは少なくとも本物らしい儀式の光景が描かれていた。ユイスマンスは自らの情報源を信頼し、何より重要なことに、自分が描いたのは「典型的な」人々であると考えていた、つまり、自然主義小説に描かれる「典型的な」娼婦や工場労働者が、必ずしも事実に基づく、正確な伝記のように描かれることを必要としないのと同様に。このように、ユイスマンスは自らの本を、当時のサタニズムの「記録」として示した。ただし、「記録」といっても、ユイスマンスはプロの歴史家が求められるように、得られた資料を批判的に比較していたわけではない。ユイスマンスはただその言葉が示すとおり、文学の世界ではなく、リアルな世界で書き記されたものや聞き取ったものの記録を用いたのである。この点で、ユイスマンスが『彼方』でデュルタルの考えごととして、フランスの歴史家ミシュレについて、「よぼよぼのやかまし屋」ではあるが、「最も深い知識を持ち、最も芸術的」な歴史家である、と述べた意図は明らかである。デュルタルは考える。「歴史上の出来事は、あらゆる事実が、その時々の状況に従って、もしくは、それを扱う著述家の気質によって、誇張されるか軽く扱われる以上は、才能ある人間にとっては思想をまとめ文体を飾る単なる踏み台にすぎない。また、事実を裏書きする資料というのは、どれも反駁の余地があり、訂正されることが前提であるから、なおさらたちが悪い」。これがユイスマンス自身の著書にも当てはまる結論であることは間違いない。

サタニズムの競合する概念

ユイスマンスが描いたサタニストたちが本当にいたかどうか、という問いには（明らかに「ノー」という）答えが出たのだが、ここでユイスマンスがサタニズムの概念を自らの「踏み台」として使うきっかけとなった考えに目を向けてみよう。何がユイスマンス（や読み手）をサタニズムの概念に引きつけたのか。なぜこうも悪魔の崇拝に取り憑かれていたのか。前述のように、ユイスマンスはすでに『彼方』執筆のために行った調査の中で、サタニズムに関する二つの異なる概念に接していた。一つは新レヴィ派のオカルティストたちが提唱した概念である。ガイタ、パピュス、ペラダンにとって、本物のサタン信奉者というのは「黒魔術」の実践者たちだった。すなわち、邪悪な目的のためにアストラル界の力を使い、それに陶酔するようになった者たちである。この点で、彼らはエリファス・レヴィを踏襲していた。この場合のサタニズムの概念は、暗黙のうちに、もしくは明示的に他者に対してラベリングされるものであり、主にエソテリシズムの領域における自分たちのライバルに対するものだった。その中で「魔術師の現代的具現」であるジョゼフ・ブーランは目立つ存在であった。

なぜパリ薔薇十字団が、ライバルに対するこのステレオタイプを広めることに積極的だったかは容易に想像がつく。当時、オカルトは一般的には、まだかなりいかがわしいものと捉えられていたため、自分たちの探求がきちんとした科学・宗教と同等であると考えていた薔薇十字団のメンバーは、その地位向上のため腐心していたのである。その手段として、自分たちを良い魔術師と位置づけ、黒魔術を行う悪の手先と対比させるのが最も効果的だったのだろう。しかし、彼らのサタニズムの概念が、純粋に「神学的」だったことは重要な点である。彼らは必ずしも、ライバルが意図的にサタンを崇拝しているとは主張せず、むしろ、その実践が暗に悪魔の崇拝を意味していると非難した——この構図は、初期キリスト教徒が、異教のローマ人が本当は神ではなく悪霊を崇拝していたと言っていたのとよく似ている。本物の、好戦的な、「公然の」サタニズムは、ありがたいことに「例外的な悪だ」とスタニスラス・ド・ガイタは述べた。

　ブーランと彼の信奉者たちは、ヴァントラ主義に由来するまた別のサタニズムの概念を示した。ブーランにとっても、サタニズムは黒魔術を意味していたが、最も重要な要素は意図的な反キリスト教的態度であり、それは特に聖体を儀式で冒瀆することに表されていった。これは多くの点で、本書第1章で見た異端者、魔女、ユダヤ人に関する古い近代以前のラベリングの伝統を単に引き継いでいるにすぎなかった。ヴァントラとブーランは、未来派的な仕掛けをサタニストたちに施すこともあったが（アメン・ラーを召喚した際に、奇妙な金属線が使われていたことは前述のとおりである）、基本的には古い悪魔学の基礎体系を保っていた。しかし、彼らはこのラベリングを新たな敵に当てはめていった。とりわけ、この二人の異端の指導者は、ローマ・カトリック教会をサタニズムの巣窟として描いた。ブーランは何度も、ローマがサタニストの中心地であり、彼らが歴代のローマ教皇や高位聖職者を支配していると強調した。「ピウス九世とレオ一三世はどちらも奴隷であり、二人ともその鎖を断ち切ることはできなかった」。叙階された司祭が魔術の儀式に不可欠という考えは古くからあるものだが、ヴァントラとブーランが司祭や高位聖職者におけるサタニズムの存在を大いに強調することで、自分たちを破門した教会に対する人々の反発を煽ることができたのは明らかである。とりわけブーランは、このサタニズムの概念をあらゆる敵対する組織に当てはめ、自身の小さな教団が孤立していくにつれて、ますます頻繁にその仕組みを利用していった。サタニズムの実践者たちとの激しい劇的な攻防は、ブーランに対する信奉者たちの信望を高め、現実には取るに足らないように見える小さな教会分離派の教団に、壮大な使命感を与えたに違いない。

　ユイスマンス自身のサタニズムに関する考えは、より複雑で曖昧だった。これまで見てきたように、ユイスマンスがサタニズムの探求を始めたのは、現存する中世の名残りを見つけることが目的だった。自分のいる時代より華麗でもあり恐ろしくもある時代の残存物を探していたのだ。一般的な好奇心や専門的な興味とは別に、ユイスマンスをこの道に向かわせたのは、その「善し悪し」に関係なく、超自然的なものや霊的なものの本物の顕現に対する個人的な渇望だった。こうした背景で、「サタニズム」はユイスマンスにとってさまざまな意味を持ちえた言葉であり、本書で適用されている定義とは必ずしも一致していなかった。ユイスマンスは、たとえば、悪霊に憑依されている状態を指す時も、無意識に憑依されている状態であっても、度々「サタニズム」の言葉を使った。

　おそらく、ユイスマンスは初めのうちは、ある程度サタニズムに肯定的だったのだろう。ボードレールの描く旅人のように、ユイスマンスは、その深みの中で真に新しく、真にリアルな何かを見つけ出すことができるのであれば、天国あるいは地獄の深淵に飛び込む覚悟でいた。このことを裏づける言葉をユイスマンスは残してはいないが、おそらく彼はそれほど執拗にサタニストのグループを探していたのであり、頭の片隅ではぼんやりとグループに加わることも考えていたのだろう。この初期の姿勢の手掛かりが、『彼方』の、とりわけ黒ミサでドークル司祭がサタンを呼び出すために唱える驚くべき呪文の中に見つかるかもしれない。大袈裟で皮肉に満ちているかもしれないが、呪文の言葉に社会批判的な要素が含まれているのは明らかで、教会の高官や裕福な名士たちからなるとされる教団メンバーには、奇妙なほどふさわしくない内容だ。当時の評論家が述べるように、「アナーキストや過激な社会主義者の出版物の既刊号の隅々まで目を通せば、同じようなスピーチはいくらでも見つかるだろう」。ここに、「旧来の」左翼ロマン派サタニズムのかすかな名残りが浮かび上がる。ユイスマンスの反民主主義的な傾向は、この時期の同じくらい激しい反資本主義と一致しており、むしろ全体的に見れば、彼の政治的所属は左派と言えるだろう。『彼方』からの抜粋は、アナーキストの定期刊行物に、作者であるユイスマンスの全面協力のもとたしかに掲載されていた。

　しかし、政治的な側面があるだけではない。すでに

『さかしま』において、デ・ゼサントはほぼ無意識のうちにキリスト教に引かれていたが、それと同じくらい、暗黒で冒瀆的な精神性にも強く引かれていた。これは明らかに、ユイスマンス自身の心境を反映したものだった。しばらくのあいだ、ユイスマンスは初期のロマン派サタニストとおおよそ同じ苦境に立たされていた。すなわち、先人や同時代の人々の過度に合理主義的な態度を否定しながらも、伝統的キリスト教への無条件の信仰に「戻る」ことができないでいた。一八八〇年代、ユイスマンスは自然主義の束縛からの抜け道として、オカルトに可能性を見出していた。しかし、一八九〇年の初頭にユイスマンスは、オカルティストを無能な目立ちたがり屋と否定し、より「リアル」で、より強力で、より中世的な反体制派の精神性を求めて、サタニズムを探し始めた。この一連の出来事からは、彼が単なる「記録」以上のものを求めていたことがはっきりと窺われる。

けれども一八九〇年以降、ブーランとの手紙のやり取りや交流を通じて、ユイスマンスは次第に激しい反サタニズムの立場を取るようになり、サタニズムに対する態度は、一時的な〈同一化〉から辛辣なラベリングへと変化していった。一八九一年四月、ユイスマンスは友人で芸術家のジャン・ロランに、次のように書き送った。「個人的にサタニズムとの関係を一切絶つことにしました。……入浴をして、身だしなみを整えてきます——自分自身を清め、身体の汚れを洗い流し、罪を告白するのです——その後、私はこうした、『彼方』の裏返しであるほどよいヒステリーのような、ありのままの状態になることでしょう！」しかしそれでも、サタニズムの概念は、ユイスマンスの霊的世界観の中で不可欠な要素であり続けた。サタニズム概念の存在と、サタニストとキリスト教徒との衝突の中で超自然的な現実が生み出されたという事実は、自然主義や実証主義だけでは世界は語れないことを示す確たる証拠だった。世界には、日常の陳腐さと、自然やその法則の平凡さをはるかに超えるドラマと神秘があった。一九世紀の「世慣れた人」であり、先駆的な前衛作家であるユイスマンスが、なぜ完全に前近代的に見える信念を持ちえたのか、その理由の一端がここにある。ユイスマンスは、自らが求めていた世界の再魔術化のためにサタニズムを必要としていた。サタニズム概念の存在は、再魔術化を目指すユイスマンスの計画に必須の要素となったのである。したがって、一旦サタニズムを探し始めたら、見つけるしかなかった。

この解釈はあたっていると思うが、ユイスマンスの思いがけない方向転換は、非常に興味深い問いを喚起する。洞察力に富んだ読者は、この作者の思想の傾向が多くの点で、一九世紀初頭のロマン派サタニストのそれをそのまま映し出していることにお気づきだろう。ユイスマンスは、ロマン派サタニストたちと、彼らが直面した還元主義的な合理主義への不満と、組織化した宗教の支配形態に対する嫌悪感を共有していた。ではなぜ、ユイスマンスは「悪魔や派手な儀式をすべて」捨てて、ローマ・カトリックに、それも教皇よりさらに保守的と思われるタイプのカトリックに回心したのか。

ユイスマンスの精神遍歴を歴史的文脈の産物に還元するつもりはないが、何らかの歴史的展開に注目することは、彼のこの決断を理解するのに役立つだろう。まず覚えておきたいのは、ロマン派のすべてが革命的な変化を支持したりサタンへの共感を示したりしていたわけではないという点である。ロマン派の中には常に、特にフランスでは、「昔の」宗教性や「伝統的キリスト教」を支持する者がいた。こうした姿勢は、一九世紀初頭には保守主義の覇権や伝統的な道徳観を支持する多数派に従うことを意味すると解釈された——その解釈はあたっていることもあれば、そうでないこともあった。しかし、その後の数十年間に、世俗化と民主化の傾向が、特にフランスの文化的エリートのあいだで次第に優勢になっていった。このような状況において伝統的キリスト教を奉ずることは、対抗文化的な主張となりえた。『彼方』の登場人物の一人がロマン派サタニズムが好む考え方を裏返してこう述べたように。「現代では、明らかに善の神が衰えて、悪の神が君臨している。まあ……ぼくはと言えば、敗北者の味方なのです。寛大な考えに思えますし、まっとうな意見だと思いますから」。

振り返ってみれば、そのバランスがいつ崩れ始めたのかをかなり正確に指摘することができる。すなわち、フランス第二帝政下における一八五〇年代のどこかで、ダンディズムへの鋭い直感を失っていなかったボードレールが、より保守的なローマ・カトリックに傾倒し始めた頃である。だからといって、アナーキズムやサタニズムといった極端な政治的・宗教的抵抗のあり方から、その衝撃的な要素がはぎ取られてしまったわけではない。それは単に、新しい逆説的な選択肢が、対抗文化的異議申し立ての手段として、文化的前衛家たちに示されたということを意味する。その選択肢とは急進的反動主義であった。ボードレールが私的な覚書の中で、王座と祭壇に関する超保守派の教義を「革命的な行動原理」と記したのには、このような態度を予期してのことだったのかもしれない。

この点やそのほかの点でも、ユイスマンスは彼の三〇年ほど前にこのフランスの詩人が示していた道を踏襲したにすぎなかった。ユイスマンスにおけるこの対抗文化的な要素の重要性は、当時のオカルトに対する彼の反応から明確に読み取ることができる。ユイスマンスは驚くほどあっさりとオカルトを否定した。その教義に欠陥があったからではなく、それがあまりにも時代の流れに乗っていて、近代的なもののように思えたからだった。このフランス人作家は、自国の文化に本当の意味で逆らうようなものを求めていた。こうした姿勢に、ユイスマンスが比較的容易に、近代性の前衛的な主導者から復古的なローマ・カトリックに転向し、前近代的な信仰の世界や、(新)中世的な修道院生活、身体的な禁欲主義に喜んで身を投じた理由の一端が表れているかもしれない。

その一方で、前近代的なものに対するユイスマンスの流されやすさには、少なくとも『彼方』執筆時にはまだ歯止めがかかっていた。ブーランから得た情報をすべてそのまま自分の小説に書き入れたりはしていなかった。ユイスマンスがブーランの説をそのまま受け入れなかった点のいくつかは些細なものだった——たとえば、オランダを更新幻術者協会の本拠地とするのに気が進まなかったのは、おそらく自身が持つオランダのルーツを敬ってのことであり、また、薔薇十字団がアストラル界の波動を使って性病(しかしながら、この年老いた魔術師はそれを自分で治癒したと自慢していた)を送ってきたとのブーランの主張をくり返すのは不謹慎とも思ったのだろう。しかし重要な点としては、ユイスマンスとブーランのサタニズムの描き方には、儀式に悪魔がどう登場するかについて違いがある。ブーランは手紙で、サタンが黒ミサに姿を現すことを何度も強調した。これはまた、ユイスマンスが「悪魔の」香をその細部に至るまで詳しく描写することにした理由でもあった。ブーランは次のように明記した。「立ち込める香の煙は、サタンの君が自然界において姿を現す手段を提供するためのものです。黒ミサは、サタン、あるいはベルゼブブ、アスタロト、アスモデウス、ベリアル、モレク、バアル゠シェゴールたちがその姿を現さない限り始まりません」。

ユイスマンスはどうやら、小説で描くサタニズムの儀式で実際の悪魔を登場させることに納得のいく理由を見出せなかったようである。ユイスマンスは超自然的な存在の関与はためらうことなく示唆したものの、物語の展開は、宮廷毒殺事件ですでに示されていた設定に沿って進めた。すなわち、ユイスマンスの描くサタニズムは、基本的には人間による、サタンについての行為であって、サタンによるものではないのだ。これが『彼方』成功の鍵だったのかもしれない。前近代的な宗教的要素を織り交ぜたにもかかわらず、ユイスマンスのサタニズムは、「未開人の信仰」を失った大衆にとって大いに適したものであり続けた。異界の存在はほのめかされはしたが、それはさまざまな解釈の余地のある精神的なものと物理的なものの境界にある現象に限られていた。もしこれがユイスマンス自身の態度を適切に反映しているのだとすれば、彼は自身が思っていた以上に、時代の申し子であり続けた。

ユイスマンスがサタニズムに引かれた動機に関する分析は、もう一つの要素、すなわち性行動の要素を十分に考慮しなければ、かなり的外れなものとなってしまう。ユイスマンスから見て、サタニズムには明らかに多くの性的要素が含まれていた。『彼方』において、歴史的サタニズムに関する逸話は必ずと言っていいほどこのテーマに分類される。ドークル司祭のスピーチは主に性的放縦を讃美し、黒ミサでの聖体はその上にドークルが射精をすることによって聖別され、また、女性たちがその後、神聖化されたパンを体の下に「隠す」様子は性的虐待を示唆する。

ここにユイスマンスがサタニズムに感じた魅力と嫌悪の核心を見出すことができるかもしれない。ユイスマンスは、異性との関係にも、自分自身のセクシュアリティにも問題を抱えていた。執筆作品において、ユイスマンスは概して、性的な行為を低俗で結局は満たされないものとして描いた。性行動とは男性の本能を道具として巧みに操る女性に屈することを意味し、結局のところ、女性は依然として人類の、より原始的で卑しい部分であり続けた。このような感情においても、ユイスマンスは時代の申し子であった。当時はちょうど、魔性の女《ファム・ファタール》——自らの性的魅力を使って男性を誘惑し支配する女性——が、詩や小説にそれまでになく頻繁に描かれていた時代だった。デカダン派、自然主義者、象徴主義者は作品の中でエロティシズムの描写に多くの頁を割き、その中でもよりエロティシズムを好んで描いた。だが、り逸脱した形のエロティシズムを好んで描いた。だが、彼らが性的経験を喜ばしい、満足のいく体験として表すことはほとんどなかった。こうした世紀末の態度が、前述のパリのオカルティストたちの作品にも現れており、魔術師が自分と相手の性的な行為を――いわば、女性性や女性による誘惑の呪文に仕返しするかのように――コントロールすることが、くり返し強調された。同時に、魔女、「黒魔術師」、降霊術者たちのらんちき騒ぎも詳細に描写された。『悪の華』が人々を魅了し続けていたのは間違いない――ボードレールが世紀末のデカダン派から、先駆者として称賛されていたのもただの偶然ではなかった。

ユイスマンスにとって、サタニズムに対し感じた魅力が嫌悪に変わったのは彼の実際の経験だった。娼館の常連だった彼は、キリスト教の厳格な道徳基準に従うことはできないと感じ、気が進まなかった。性的な力と折り合いをつけようとするユイスマンスの葛藤は、サタニズムとローマ・カトリックとのあいだで揺れる彼の隠れた、あるいは明示的なサブテキストとなっている。彼はキリスト教とサタニズムを並べることによって、自身の内的葛藤を霊的次元のものに転換した。一八八六年以前にユイスマンスはすでに、ワーグナーのオペラ『タンホイザー *Tannhäuser*』の批評において、ヴィーナスとサタンを同一視し、そして両者を「ソドミー的性欲」という小声でしか言えない名前と結びつけた。キリスト教は純潔・「無垢」・禁欲の宗教であり、サタニズムは「好色の霊性」であり、潜在意識と本能の赴くままにさせ、すなわち、「処女であることの証明を無駄に」要求することのない精神的な代替物であった。「聖人となるのは極めて難しい、……だからサタニストとなるしかなかったのだ」。ユイスマンスは『彼方』でジル・ド・レについてこのように記したが、彼はおそらく、ここで自身の一面についても語っているのだろう。

しかしそれと同時に、ユイスマンスがサタニズムの性的な側面を強調したことで、彼にとってサタニズムは、至極平凡な価値のないものとなってしまった。ここで今一度、ユイスマンスとボードレールの顕著な類似点に注目することにするが、今回は特に二人の「サタン的なもの」の描き方を見ていく。ボードレールはすでに、悪魔的なものを女性的・性的・物質的なものと結びつけており、それはどれも人間に超越的なものを知覚し受容することをできなくするものだった。ユイスマンスも悪魔的なものをそのように特徴づけていた。性的なものに対するユイスマンスの嫌悪感は、「自然なもの」へのボードレール的な蔑みからもきており、それは、文学的自然主義、科学的物質主義、低俗な世俗的なものにうんざりしたユイスマンスの中で強まるばかりだった。こうした伝統からすれば、彼が『彼方』でサタニズムを性的な宗教としたのはそれをよく見せようとしたからではまったくなかった。キリスト教が肉体的なものを霊的なものに向上させた一方——たとえば、聖体拝領において、あるいは肉体の苦しみの神聖化において——、サタニズムは霊的なものを獣性へと堕落させた——その最たる手段が、聖体を性的乱用の対象とするものだ。『彼方』というタイトルは何よりもまず、「下方」、つまり下半身へと[*11]、もっぱら衝動に身を任せて楽しんでいる時代や人々に対する呪いの言葉であった。すなわち、そうでないふりをして、実は寝ることにしか興味がない女性たちや、いつも同じ不倫の話を書く「写実主義」の作家たち、この小説の有名な最後の一節にあるような、「臓腑のはりさけるほど食って、下腹から霊魂をきりだ」したいだけの民衆である。この点で、サタニズムは完全にその時代に合ったものだった。そして、それゆえにまた退けられたのだ。

サタニズムと逸脱した性行動のつながりは、これまでの章で述べてきたように、少なくとも中世にまで遡る。『彼方』はそのサタニズム観に新たな辛辣さを付け加え、近代的に言い換えた。『彼方』はまた、ユイスマンスのサタニズムの描写に基本的な両面性、すなわち、彼の内面的な二元性を反映する両面性を与えた。サタニズムは、一方では「ゴシック風」の神秘性と激しい倒錯の宗教であり、他方では、下劣なものとされ、ゆえに最もありふれたもの、人間の「より下等な」本能を単に称賛するものにすぎなかった。

この両面性は、デュルタルの黒ミサ訪問のクライマックスにおける出来事、つまり、シャントルーヴ夫人が酒場の上にあるみすぼらしい部屋でデュルタルを誘惑した時のことを理解するのに役立つ。この場面は、時に期待はずれの結末に思われ、ある作家は下手な「ソフトポルノ」として批判したが、実際にそれは、サタンの性的欲望という「彼方」へとデュルタルが最終的に落ちていくことを示している。また、デュルタル自身が瀆聖とされる黒ミサを行う場面でもある。シャントルーヴ夫人と交わった後にデュルタルがベッドの上に見つけた聖体のかけらは、あからさまに冒瀆的な方法でそうなったことを明白に示唆している。『彼方』の続編である『出発』には、そのことがはっきりと書かれ、その場面でデュルタルは、自分が黒ミサに参加したことと、シャントルーヴが「彼女の中に」――「彼女の身体の内部に」――隠していた聖体を汚したこととを告白する。このエピソードは、『彼方』前半部分にある（ヨーゼフ・ゲレスからの引用で、もともとマドレーヌ・バヴァンの話に由来する）、冒瀆的な司祭たちが、犠牲となる女性たちを虐待する前に、自らの性器に聖体を巻きつける描写との衝撃的な対となっている。「言い換えれば神聖なソドミーということだね」この話の後、デュルタルは冗談めかして言う。この冗談は、非カトリック教徒にさえ明らかに不適切な響きを持つ。

　この極めて重要な場面で、具体的に何が起こっているのかについて詳しく述べる論者は少ない。エリス・ハンソンが唯一、シャントルーヴは陰部に聖体を隠したのだと率直に述べている。だが、ハンソンが本当に正しいかどうかは疑問の余地が残るだろう。ユイスマンスがサタンを「ソドミー的性欲」と結びつけていることは前述のとおりである。彼らの最後の幕の冒頭では、シャントルーヴがデュルタルに「囚われもののなすべき仕方を教え、思ってもみなかったような、猥りがわしい嬌態を」見せたと読むこともできる。ユイスマンスのような作家にとって、単なる性器への虐待はむしろ退屈なものだったのではないか。ユイスマンスは確実にサドを読んでいたことから、おそらく不敬な修道士によって哀れなジュリエットに課された恐ろしい苦難が、ここでもまたカモフラージュされながら描かれているのかもしれない。

余波

　性的描写とサタニズムは、世紀末のパリでヒットする組み合わせであったことが明らかとなった。『彼方』は商業的に大成功を収めたが、特に、国鉄が小説の内容が不道徳だという理由で駅の売店での販売を禁止してから、その売り上げはさらに伸びた。プリンスに宛てた手紙の中で、ユイスマンスは好調な売れ行きと中世以来廃れていたサタニズムに光が当てられ、流行にまでなったことに大喜びしている様子を記し、またこうも添えた。「たくさんの人が黒ミサに連れて行ってほしいと頼んでくるのです」。

　この時ばかりは、ユイスマンスもいたずらに自慢していたのではなかった。『彼方』はまさに、サタニズムが今も存在し盛んであるという認識を、一九世紀の大衆にもたらした作品であると言える。当世風のパリの住民は、ファン・ハエクが行う黒ミサや、足の裏に十字架像の入れ墨のある不敬な司祭を見にブルージュに観光に行ったり、本にある黒ミサが行われる場所として噂される使われなくなった礼拝堂に小旅行に出かけたりした。フランスのみならずヨーロッパ中の作家やジャーナリストがユイスマンスの型を真似て、サタニズムを「発見した」――事実とフィクションの区別も同じように、たいてい無視された。英仏海峡の反対側にいるアーサー・ウェイトというイングランドの有名なオカルティストは、ユイスマンスのことを、当時のサタニズム熱の火付け役であると述べていたことからも、状況をよく理解していたと言える。「かの名高い文人であるユイスマンス氏は、ゾラ主義を超越的な宗教の方向へと押し広げ、ある意味では現代のサタニズムの発見者と言える。彼は、フィクションという非常に薄い仮面を被せた『彼方』という伝奇小説において、パリで密かに行われていた魔術、瀆聖、黒魔術、口にするのも憚られる醜行といった信じ難い翻訳不可能な有様を描写した。輝かしい評判があり、幅広い読者の心をつかみ、彼個人の魅力に人々が関心を抱いたことで、ユイスマンス氏は〈ルシファー問題〉を流布させ、ルシファーを無名から注目される存在へと押し上げ、現在の流行にした」。一九世紀末に一部の歴史学者が認めたサタニズムの「隆盛」はJ＝K・ユイスマンスによるところが大きいと言ってよいだろう。

誰もが『彼方』を快く思ったわけではない。パピュス、ガイタ、ペラダンは当然ながらユイスマンスの小説での自分たちの描かれ方に不快感を覚えた。パピュスは自ら発行する『入門儀式 *L'Initiation*』誌において、ユイスマンスが古い悪魔学の出版物リストをラルース社の事典から入手しており、呪文、夢魔、黒ミサに関する彼の知識がひどく時代遅れである（つまり、最新のレヴィ派の見識に沿っていない）と述べた。そして、ユイスマンスはリヨンの元神父による「神秘化の被害者」だと結論づけた。さらに、本来の黒ミサには「流血」と、逆十字や逆五芒星などの逆さの聖なる象徴が必要であると主張した。いずれもユイスマンスの黒ミサには描写されていないが、「錯乱者」ウジェーヌ・ヴァントラが同時代に行った「血のミサ」にはどの要素も含まれていた。ここでもまた、ヴァントラの「後継者」とされるブーランがほのめかされていた。

ペラダンも同様に、ブーランによる有害な影響について述べ、その悪事はすでに大ペラダンが見透かしていたと反論した。また、もしユイスマンスが本当に黒ミサを目撃したのであれば、そのような儀式では常に新生児が犠牲となるため、すぐ警察に行くはずだったが、ユイスマンスが警察に行っていないところを見れば、彼は嘘つきか、殺人の共犯者であるかのどちらかということになるだろうとも主張した。さらに、ペラダンは後に「ジョアネス博士」を登場させた小説を書いて反撃に出た。その小説では、リヨンに住む「音楽教師」が、「実際の冒瀆を伴わない」不適切な儀式を自宅で催し、鞭打ちの儀式や、若い女性がハルモニウムの凡庸な調子に合わせて「男根像《ファロミーム》の役」を演じる様子が描かれた。

『彼方』を受けて、スタニスラス・ド・ガイタもまた長年計画していたブーランに関する暴露話を、予定を早めて発表した。一八九一年にガイタは代表作である『創世記の蛇』の第一巻を出版した。その内容のほとんどは「現代の魔術師の権化」に関する長い一つの章で占められ、ヴァントラとブーランのことを指す「バプティスト博士」を中心に描かれていた。その中でガイタは、ヴィルトと集めたこの予言者の性行動に関するネタを書き入れ、最も猥褻な箇所は慎ましやかにラテン語で表した。ガイタによれば、ブーランは「毎夜、シャアエル、アナンダエルら光の天使たちに抱かれて自らを浄化する」ほか、定期的に黒魔術も行った。ガイタはさらに、（ブーランの元信者の一人から聞いただけの情報ではあるが）バプティスト博士は神聖化された聖体を、魔術実験のために飼っていた白ネズミに与える――『彼方』のドークル司祭と同様の――習慣があったことも指摘した。

ガイタの主張や、パピュス、ペラダンによる同様の主張は、多くの歴史学者が、ジョゼフ・ブーランこそがこの話全体における本物のサタニストであり、自分が行っていた黒魔術をドークル／ファン・ハエクや薔薇十字団のものだと偽ったのだとする所以であった。この説はシンプルで心引かれはするが、とうてい事実とは思えない。頻繁に性的な宗教儀式に興じていたからといって、ブーランがサタニストであるとは言えず、また、あらゆる資料が、彼が、自らの実践を（より例外的なものも含めて）最も高尚なものと見做し、毎日のように魔術合戦をしている敵のサタニストたちの悪行と同列などではないと考えていたことを示している。当然、ブーランの「カイエ・ローズ」に記された悪名高い「子どもの生贄」はこの文脈でも頻繁に言及される。だがここでも、ブーランがいかに不健全なことをしていようとも、サタニズムの要素があったことは少しも見出せない。

ガイタは『創世記の蛇』の補註でユイスマンスを扱い、ユイスマンスが第三者、つまり彼が「バプティスト博士」として描いた「恐ろしいジョーカー」によって惑わされたのだとするパピュスの意見をくり返した。ガイタは「極めて正確な情報筋から」、ユイスマンスがそのペテン師から提供された文書を軽率にも信頼し、元神父のその覚書を確かめることもせずにそのまま書き写したことを知っていた。けれども、ガイタは、ユイスマンスが『創世記の蛇』を読めばすぐに自分の間違いを認めるだろうと信じて疑わなかった。

これほど真実と乖離している主張もない。実のところ、ユイスマンスがブーランと彼のグループにさらに関わるようになったのは、『彼方』を出版した後のことと思われる。サタニズムに対するユイスマンスの潜在的な共感はもはや過去のもので、洗礼者ヨハネの再来を名乗るブーランの一風変わった神秘主義や芝居がかった魔術に対し当初抱いていた控えめな疑念も次第に消えていった。

ブーランはすでに『彼方』の準備段階で、ユイスマンスにその小説が悪霊の大群を引きつけるだろうと警告し、超自然的な災いを回避するための物を色々とこのデカダン作家に送った。ヴァントラ本人の血液が染み込んだ聖体の入った護符や、「テフィリン」（祝禱が記された羊皮紙を収めた青い紐のついたもの）などが、ユイスマンスが夜に自分の枕にピンで留めておくようにと送られてきた。ユイスマンスは当初、それらを面白半分で使っていたようだが、時間が経つにつれ、この霊的な戦いに対する彼の真剣な態度が徐々に表面化していった。一八九〇年末に、ユイスマンスは訪ねてきたジャーナリストに「没薬、芳香、樟脳、乾燥チョウジ、オトギリソウ」でできた悪魔祓い用の練り物を見せて驚かせた。

やがて、『彼方』への反響が大きくなってくると、ブーランはユイスマンスに長文の手紙を送って小説の成功を祝い、リヨンのカルメル会全体でその成功を熱心に祈っていたと伝えた。ブーランはまた、敵からの攻撃も激しくなるだろうとも警告した。その言葉どおり、その後数か月間にわたって奇妙な出来事が起こるようになり、ユイスマンスは夜の静けさの中で不思議な苦痛を感じ始めた。目に見えない生き物に拳で胸を何度も強く叩かれるような不思議な感覚だった。一八九一年の夏、ユイスマンスは列車でリヨンへ行き、ブーランがユイスマンスを守るために行った前述の「ペラダンをやっつけろ、ペラダンをやっつけろ、ペラダンをやっつけろ！」と三度叫ぶ儀式に参加した。同様の予防措置がガイタに対しても取られ、その後のマダム・ティボーの報告では、ガイタはブーランの強力な反撃を受けてから病に罹り、ベッドに臥せっているとのことだった。（ペラダンは噂でこの成り行きを耳にしたようだが、『魔術師になる方法』で記した儀式に関するコメントにあるように、高等魔術師である自分は、このような低俗な魔術に影響されることはないと述べた。「魔法をかけることができるのは自分より劣っている相手に対してだけであり、公正な人々や魔術師には効かないのである。失敗した呪文は唱えた者にはね返るため、ヴァントラ二世〔ブーラン〕やユイスマンス氏が私のためにひどい頭痛に苦しんだりしていないか、大いに懸念している。ヴァントラは、私を驚かせて信じさせようとしたが失敗した。ユイスマンスは、うっかり秘密の法則に踏み込んだために自滅した。ある有名な作家〔ペラダン自身のこと〕をオカルト詐欺師呼ばわりしたために。実際には、その作家はメロダックの姿をした光の魔術師という高尚なピタゴラスの理想を、一八八二年に文学の形で復活させたのだ」）。

　ユイスマンスはリヨンに行くことによって、オカルティストたちからの魔術攻撃だけでなく、自身の内なる悪霊からも逃れていた。その最たるものは、やはり「好色の霊」だった。このデカダン作家は友人や知り合いに、「自らの魂の汚れを落としたい」という願望を頻繁に述べていた。ブーランは自分が禁欲生活を送る修道士であるかのようにユイスマンスを諭し、「サタニズムを根絶する騎士」にふさわしい、純潔な肉体を保つよう勧めるイエスからの特別なメッセージを伝えた。元神父は、自身の教義の伝導者たる可能性を秘めたユイスマンスの新たな卓越性に独自の構想を抱いていた。ブーランは、ユイスマンスにこの「黒い書」の次は「白い書」、つまり『上方 *Là-Haut*』を書くべきだと言い、その中でその後のデュルタルの回心について語れば、善の奇跡的な力が絶賛されるだろうと述べた。ブーランは、かつてのデカダン作家を引き込むために、「ありとあらゆる悪魔的な猥褻行為に身を任せながらも、同時に神聖な生命の啓示を受ける」人々の「光景」と、「生殖行為の聖化」に関する驚くべき啓示を示す約束した。

　ユイスマンスがこの申し出に少しでも反応したかどう

かはわかっていない。いずれにせよ、事はブーランの計画どおりには進まなかった。ユイスマンスはブーランに同行して行ったラ・サレットの巡礼にはたいそう感銘は受けたものの、次第に標準的なローマ・カトリックになびいていった。一八九一年に、ユイスマンスはアルチュール・ミュニエという司祭に紹介され（これもまたベルト・ド・クリエールを通じてであった）、徐々に彼がユイスマンスの霊的助言者としての役割を担うようになっていった。ユイスマンスは、一八九二年にトラピスト修道院を訪れ、そこでようやく、それまで見つけ出すことのできなかった「中世の」カトリック信仰に出会うことができた。ユイスマンスがその後書き上げた「白い書」（一八九三年出版の『出発』）には、彼のローマ・カトリックへの回心について記されており、〈カトリック復興〉、すなわち、一九世紀末のフランス文学界におけるカトリシズムの復興を表す代表的作品となるに至った。

とはいえ、ユイスマンスはその後も長年にわたりブーランの信奉者たちと連絡を取り続けた。一八九五年には、セーヴル通りの一一番地にあるユイスマンスの住居にジュリー・ティボーが引っ越してきて、彼の家政婦をしながら霊的守護者としての役目も担った。ティボーは、持ってきた自作の小さい祭壇で毎朝〈マリアの犠牲のミサ〉を行ってから仕事に取り掛かった。ユイスマンスが彼女を追い出したのは一八九九年になってからのことで、その年にユイスマンスはベネディクト会の修道院があるリギュジェに移り住み、後に献身者となった。「新しいわが家に魔術はもういらないのです！」ユイスマンスは引っ越した際に、長年の友人にこう書き送った。

この頃すでに、ブーランが死んでからしばらくが経っていた。この老いた元神父は一八九三年に亡くなった。ブーランの突然の死によって、薔薇十字団と「ブーランの信奉者」との戦いも頂点に達した。一月二日にブーランはユイスマンスに「不吉な予感」で年が明けたと手紙を送っていた。続けて一月三日には、夜中に起こった「恐ろしい出来事」についてユイスマンスに報告した。「朝の三時に私は息苦しさとともに目覚め、「マダム・ティボー、苦しい！」と二度言って助けを求めると、それを聞きつけた彼女が部屋にやってきて、意識を失って倒れている私を見つけました。三時から三時半までのあいだ、私は生死の境をさまよっていました。以前、マダム・ティボーがサン・マクシマンにいた時、彼女の夢にガイタが出てきて、その翌朝、死の鳥が彼女に呼びかけてこの攻撃を予言していたのです」。危険は四時に過ぎ去ったとブーランは書いたが、まだ危険は去っていなかった。翌日、ジョアネス博士は死んだのだった。

死因は心不全とされたが、ブーランの信奉者は、その予期せぬ死の背後には邪悪な陰謀があるのではないかと疑った。「一八九三年が黒魔術の勝利で始まったのだとすれば、恐ろしい年となることでしょう」とユイスマンスは、マダム・ティボーに宛てたお悔やみの手紙に記した。ユイスマンスは、この予言者のための墓をリヨンの墓地に購入し、墓碑銘には「ジョゼフ・ブーラン（ジョアネス博士）、気高き犠牲者」と刻んだ。また、ユイスマンスはジュール・ボワに宛てて、自分の疑念や、ブーランから届いた妙に予言めいた手紙について書き送った。ボワは（後の回想によれば）「帰依したばかりの者としての自然な熱意」から、パリの『ジル・ブラス』紙に、ブーランの死の責任は薔薇十字団にあるとする、遠回しではあるが明白に非難する記事を載せた。

次に挙げる事実について説明することは私の務めであると考えます。すなわち、ジョゼフ・ブーランの奇妙な予感、マダム・ティボーとミスム氏の予言的な幻視、そして、薔薇十字団のヴィルト、ペラダン、ガイタが、亡くなったブーランに対し行った、見たところ明らかな攻撃についてです。聞くところによれば、ガイタ侯爵殿は孤独な隠遁生活を送り、毒薬を巧みに、かつ驚くべき確かさを持って扱うことができるとのこと。毒薬を蒸発させて空間へと導き、自宅の食器棚には――ポール・アダム氏、デュビュ氏、ギャリ・ド・ラクローズ氏の目撃情報によれば――使い魔まで閉じ込めており、侯爵が命令すれば姿を現すというのです。……今、私がお願いしたいのは、誰のことも一切非難することなく、ブーランの死の原因について何らかの説明が欲しいということです。なぜなら、肝臓と心臓――ブーランの死因となった臓器――は、まさに霊的な力が通常貫く場所なのですから。

ボワは二日後も『ジル・ブラス』紙で同じ主張をくり返し、また『フィガロ』紙はユイスマンスのインタビュー記事を掲載し、その中で、「ガイタとペラダンが毎日、黒魔術を行っていることは間違いない」とする『彼方』の作者の発言を引用した。「哀れなブーランは、パリから二年ものあいだ、ひっきりなしに送られてくる悪霊と戦い続けました。このような魔術の問題ほど曖昧であやふやなものはありませんが、私のかわいそうな友人であるブーランが、この上なく強力な魔力に屈した可能性は十分にあります」。

この頃、パリ薔薇十字団は分裂状態にあった。一八九一年にパピュスとガイタは組織からペラダンを追放していた。表面的には、サールを自負したペラダンの普通ではない行動によって魔術学が滑稽に見えるためとしていたが、ペラダンが教皇権至上主義を積極的に支持していたことも、同じくらい大きな要因であった可能性がある。サール〔ペラダン〕は、カトリック薔薇十字団というエソテリシズムの結社を自ら設立し、それを本来の薔薇十字団だと主張した。それが二つの派閥間の長々と続く争いへと発展し、エソテリシズムの歴史学者たちのあいだで「薔薇戦争」として知られるエピソードとなった。けれども、ガイタもパピュスもペラダンも、自分たちがブードゥー教まがいの怪しいまじないで人を呪い殺しているとパリ中の大衆紙から告発されるのは快く思わなかった。パピュスは冊子を、ペラダンは記事をまとめ、それぞれ近年の魔術の見識に照らして、それらの告発の不合理さを主張した。ガイタはいかにも彼らしく、より強い反発を見せた。ガイタは、一八九三年一月一五日の『ジル・ブラス』紙に公開書簡を掲載して反論した。彼は皮肉めいた調子でこう記した。「私が最も忌まわしい魔術に手を染め、闇の精霊を召喚するのに時間を費やす熱狂的なサタニストたちをまとめる薔薇十字団の会長であることは、みなさんご存じのとおりです。……私は世紀の境目にあってジル・ド・レを演じ、また、ユイスマンス氏が敬愛する高名なドークルとは（ピプロとカブリオンのように）友好的かつ諸々の関係性を保っております。最後に、私はいかにも、食器棚に、私の命令で姿を表す使い魔を閉じ込めております！」ガイタは、この誹謗中傷の主謀者はユイスマンスであり、彼がボワに——故意に——文書を渡し、自らの主張を公にするよう仕向けたのだと糾弾した。侯爵〔ガイタ〕は、貴族の生まれゆえにこう締め括った。「私は声を大にして説明するよう求められています。……このような場合、最適な説明は決闘の場で示されるものです。少なくともこれが私の意見です」。

ブーランの死をめぐる一連の騒動で、薔薇十字団が名誉会議で何年も前に彼について下した判決が、突如として、まったく別の角度から取り上げられた。ガイタ、パピュス、ヴィルトは、判決にある「処刑」はブーランの性的な魔術儀式を公に暴露することを意味し、実際に、ガイタの『創世記の蛇』の出版でそれが実行されたのだと主張した。この説明を裏づけるガイタの文章が、作品中にいくつか見出される。しかし、大衆の中にはその判決にさらに明確な意味を読み取ろうとした者もおり、その考えもあながち間違ってはいなかった。パリ薔薇十字団は全体として、魔術をテーマとする会議を行ったり、出版物を発行したりする討論グループとして位置づけられる一方、自分たちが説く内容をまったく実践していなかったわけではなかった。パピュスが所長を務める「エソテリシズム研究センター」では、聖剣で武装し、菜食の断食をした恐れ知らずの実験者たちが、定期的に「原初の存在」や「流体の悪霊」の領域に足を踏み入れ、時には、奇妙な冷気を感じたり、目の前に灰色の蒸気の柱が立ち昇るのを見たりしていた。もちろん、ペラダンやガイタも、若い頃はより実践的な実験を行い、その内容は主にファン・ヘルモントの有名な「魔法の植物《プラント・アトラクティヴ》」に関するものだった。また、後年、ペラダンは軽率にもアルチュール・ミュニエ師に向かって、パリの司教がなぜ与えられた霊力を使い、霊的手段を使って教会の敵を排除しないのか理解できない、と言ったことすらあった。

互いに意見が異なっていたり、敵対していたりするにもかかわらず、より一般的には、ガイタ、ペラダン、パピュス、ブーラン、ユイスマンス、ボワを結びつけていた世界観の大きな共通点には際立つものがある。全員が、共通の脱物質主義的な世界に生き、そこでは夢魔が定期的に現れ、霊力によって遠隔地に死と破壊がもたらされ、呪文や派手な儀式によって大きな力が行使された。薔薇十字団が過去二年間にわたり、「絶え間なく」ブーランを殺そうと儀式をしていたとはとうてい信じ難いが、度重なる「衝突」や「反撃」で、そのうち回数がわからなくなったというのはありうる。それがブーランの死につながったのかのどうか、その答えは読者の判断に委ねたい。

霊的な世界について語るにあたって、もう一つ、色々と話の種が出てきそうな、面白い脇役的存在について追求してみてもよいだろう。すなわち、スタニスラス・ド・ガイタの「使い魔」のことである。オズヴァルド・ヴィルト――彼は師匠であるガイタを常に擁護した――によれば、「使い魔」の噂が広まったのは、ガイタが、危険な薬物を保管している戸棚に家政婦を近づけないよう、怖がらせるためにした作り話が原因だという。（その「危険な薬物」がコカインやモルヒネであったであろうことにはヴィルトは触れなかったが。）しかし、ガイタは、そうした噂が立つのは、パリの自宅に実際に亡霊が出るからだと考えていた。時々、白い女性の姿が住まいに現れたが、おそらく、家の中で昔悲惨な死に方をした見知らぬ少女だろうとガイタは考えた。ユイスマンスは、その話を固く信じたと思われる。侯爵〔ガイタ〕が一八九八年に突然死した際、ユイスマンスは、このオカルティストは、自分の使い魔によって真にファウスト的な方法で絞め殺されたに違いないと述べた。冷静な論者は、ガイタが長年のモルヒネの過剰摂取により死んだのかもしれないと言い、一方、ガイタの信奉者の一部はさらに異なる説明をした。すなわち、『創世記の蛇』の最終巻である第三巻では、善と悪に関する世界《コスモス》の最後の謎が解き明かされるはずだったが、ガイタはそれを書き上げる前に、高次の力によって抹殺された、というものだ。

　話を本筋に戻そう。ガイタからの公の挑戦を受けてユイスマンスは、意図してか意図せずしてか懐柔的な書簡を出した。書簡の中でユイスマンスは、ガイタがブーランを魔術を使って殺そうとした物的証拠はないものの、このオカルティストが『創世記の蛇』で公開した判決はほかに解釈の余地はなく、また、ブーランの死がその企てによるものかどうかはさておき、少なくとも薔薇十字団がサタニズムを実践していたことは明らかとなったと述べた。もちろん、この書簡でガイタの態度が和らぐことはなかった。「ユイスマンス氏はしつこく、私がサタニズムを実践しているとの、忌々しいばかげた告発をしてきます。私はそれを重大な侮辱と見做し、したがって、氏には決闘に応じてもらわねばなりません」。ガイタは決闘の介添人をユイスマンスとボワに正式に送った。パピュスもそれに倣ったが、一方、ペラダンは「それまでどおり何も知らないふりをした」――サール〔ペラダン〕が決闘を申し入れることがなかったのは、（彼の言い分としては）強大な魔力を持っている自分が戦えば、決闘が単なる殺人の機会となってしまうと考えたためであった。

　しかし、ユイスマンスはこの件のために自らの命や立場を危険に晒すつもりはなく、助手たちが彼を仕事場で見つけた際、ユイスマンスは、ガイタの「真の紳士としての品位」を疑う意図は決してなかったとする協定に署名した。ボワも初めは逃げていたが、南フランス出身で、若く、激しやすかった彼は、すぐに間違いをくり返した。

ボワは辛辣な記事を再び掲載し、ガイタが極めて不適切な自己弁護に走ったと挑戦的に書き立てた。「このサタニズム疑惑に対する自らの弁明が問題となっている時、彼は引きこもって、関心を逸らそうとしています。彼は事を有利に運び、議論からは手を引き、さらには、ペンを捨ててより自信のある剣を手に取るというのです」。ボワはあつかましくも、イエス、仏陀、ピタゴラス、プラトンを「貴方の師でありわれわれの師である」として挙げた上で、こう続けた。「私は、必ずや同じ穏やかな勇気を持って、スタニスラス・ド・ガイタと直接対峙する所存です」。

決闘という、紳士的な勇気の示し合いによる解決は、避けることのできないものとなった。武器にはピストルが選ばれ、決闘の日程は一月一四日で、ヴィルボン塔の近くで行われることとなった。驚くほどのことでもないが、この果たし合いの前に不吉な出来事が起こった。ボワはすでに自分の介添人の一人に、「何かとんでもないことが起こるだろう」と告げていた。「二つの方角から、人々が私たちのために祈りを捧げ、懸命に呪文を唱えてくれている」。彼らがヴェルサイユに向かう途中、馬車を引く馬の一頭が突然立ち止まり、「悪霊を直接目にしたかのように」全身を震わせた。この不可解な現象は二〇分間続き、ボワの一行は決闘にあやうく遅れそうになり、かなり動揺することとなった。対決者二人がそれぞれの位置につき、互いに発砲したが、硝煙が消えた後も両者とも無傷でその場に立っていた。正式に協定が結ばれ、ボワの介添人たちによる弁明として、友人のボワは「ド・ガイタ氏の哲学的でエソテリックな教団に関する見解を述べたかっただけで、その批判によってド・ガイタ氏の真の紳士としての品位を貶めるつもりはなく、このような事態になろうとは考えもしていなかった」とする内容が、協定に盛り込まれた。その後しばらくして、ガイタは、対決相手が「決闘の場で一歩も引かない」様子を見て、彼に対する評価が元に戻ったと述べた。この話には、さらなる謎の続きがあった。目撃者によれば、ピストルが武具師のもとに戻されると、その武具師はそのうちの一丁が不発で、弾丸が銃身から発射されていなかったことに気づいたという。

数日後、パピュスとボワが同じ理由で決闘をするために、プレ・カタランにいた。ボワの一行がそこに向かう道中で、再び不思議な出来事が起こった。馬が二度つまずいて馬車が横転し、その結果、決闘の場にボワは怪我を負った状態で到着した。パピュスは剣の名手であっただけに、自信満々にこの対決を心待ちにしていた。それでも、心配した母親はパピュスのために、上着というよりむしろ胴鎧のような防具を特注していた。だが、パピュスは経験の浅いボワが敵《かな》うような相手ではなかったため、このような予防策もパピュスには不要であった。「エレガントなアマゾン族の女戦士たち」が驚いて見物する中、ボワは二か所を負傷し、一か所は左腕の肘から上の部分、二度目は同じく左腕の肘から下の部分であった。幸運にも傷は浅かった。それでも流血はあったため、関係者の気も落ち着き、お互いの敵意も収まった。木陰で適当な書類が作成され、署名と副署名がされた。その後、両者は握手を交わし、それぞれの帰途に就いた。こうして、サタニズムの歴史の中で、最も奇妙なエピソードが終わった。あまりにも信じ込みやすい小説家、カリスマ的な教会分離論者、風変わりなオカルティスト、そして、怪しげな女性が少なくとも一人――だが、誰一人として本物のサタニストではなかった。

第5章 サタンのシナゴーグの暴露

社会の革命、それはフリーメイソンによるサタンの仕業《ゲスター・サタナエ・ペル・マソネース》である。
——ポール・ロゼンヌ『社会の敵 *L'Ennemie Sociale*』

世紀末のサタニズムは、ボワとパピュスの決闘で締め括られたわけではなかった。大論争を巻き起こしたブーランの死からわずか二年後、パリではサタニズムの歴史のもう一つの幕開けがあった。〇〇〇八九五年パレムウデ〔古代エジプトに起源を持つコプト暦における八月〕の第一日、すなわち一般人にとっての（西暦紀元）一八九五年三月二一日、『自由・再生パラディウム団 *Le Palladium régénéré et libre*』という雑誌が世に出た。副題には「独立したルシファー主義諸集団の関係 *Lien des groupes lucifériens indépendants*」と付けられ、サタニズム——というより、ルシファー崇拝——をテーマとする、隠れたフリーメイソン組織の公式機関誌とされていた。サタニズムとルシファー崇拝のこうした区別は、この雑誌を刊行した組織にとっては重要な意味があったようである。その理由については次節で論じる。ここでは、それがまったく新しい事象であると指摘するにとどめておく。近代史上初めて、神の恩寵を失った天使に与する宗教集団が公の場に堂々と現れたのである。

この先例のない刊行物の背後にある組織は、「独立パラディウム団協議会」を名乗っていた。この組織は、パラディズムという母体組織の分派であり、堕天使を崇拝するフリーメイソンの謎めいた内部組織のようだった。〇〇〇八九四年メシル〔コプト暦の六月〕の第二日（西暦一八九五年一月二一日）、協議会は「ルシファーの原理を公に宣伝する試み」に、試しに一年間の予定で取り組むことを決定した。その第一歩として、『自由・再生パラディウム団』誌が、伝道手段として、およびルシファー崇拝を行う独立した既存集団や「同志集団」を結びつける目的で創刊された。担当編集者はミス・ダイアナ・ヴォーンという独立パラディズム団のグランド・ミストレスで、「アドナイ派」（雑誌はキリスト教徒をこう呼ぶのを常としていた）や既存のパラディウム団のかつての同胞に対し、強く反論する多くの記事を掲載した。伝道への熱意と反抗的態度とを示す意味で、雑誌の第一版の見本が、フランスのローマ・カトリックの主要な修道院に送られた。

フリーメイソンのベールを取る

フリーメイソンに関する文献を注意深く追っていた当時の読者からすれば、ルシファーの崇拝者組織がパリで活動しているらしいという事実は、それほど驚くようなことではなかっただろう。何年ものあいだ、主にローマ・カトリックの一部の著述家たちが、フリーメイソンの秘密の地下墓所で行われていることに警鐘を鳴らしていた。彼らの疑念は、それまでの一〇年間に、主に元会員からの内部情報が度々もたらされたことにより、確実なものとなっていた。たとえば、有名な自由思想家で元フリーメイソン会員であり、フランスで最も悪名高い反教権の出版社を創設したレオ・タクシルが、一八八五年に突然、それまでの生き方を捨て、先祖代々の信仰であるローマ・カトリックに戻った。タクシルはほどなくして、フリーメイソンの内部事情に関する暴露本を出版し始めた。その一作目『三点の兄弟 *Les Frères Trois-Points*』〔フランスの反フリーメイソン派は、フリーメイソンをその紋章の図柄からこう呼んだ〕は、フリーメイソンの真の哲学は「下卑た汎神論にすぎず、そこでは、物質的なものの讃美に始まりサタンの崇拝に終わる一連の滑稽な仮装大会を通じて、熱烈な信者が次第にその汎神論に染まっていく」ことを示そうとしていた。

一般的なフリーメイソン会員はこのことを知らず、真理は上位位階の加入者にのみ段階的に明かされた。タクシルはその過程を詳細に説明した。タクシルによれば、フリーメイソンの第二〇位階で、新加入者は明けの明星のように輝くよう言われ、「ルシファーの聖なる名の下に蒙昧主義を根絶せよ！」と促された。第二五位階では、聖書の歴史を読むための真実の鍵が示された。人類を時代を超えて助けてきたのは、不当な創造主アドナイではなく、その敵の光の天使、歴史の中ではオルムズド、オシリス、ルシファーなどさまざまな名前で知られてきた存在の方だったと。第二八位階で、加入者はバフォメットを崇拝するよう導かれた。バフォメットは、フリーメイソンが自分たちの先駆であるテンプル騎士団に倣って「絶対的存在の汎神論的・魔術的象徴」として崇めていた存在である。フリーメイソンにおける真の神は、ルシファーにほかならないことが加入者に少しずつ明かされていった。この秘密の全容は、最終位階である第三三位階、すなわち〈カドシュの騎士〉位階でのみ明かされた。〈カドシュの騎士〉は、真の「大建築師の教会の聖なる信徒団」とも見做された。下位位階のフリーメイソンには知られていなかったが、彼らは自分たちの決議によってロッジを支配していた。タクシルは次のように問いかけた。「では、その決議をもたらすのは、悪霊やルシファーでないのなら誰なのか。フリーメイソンが光の天使と偽り、……自分たちの忌まわしいオカルト実践をすることにより直接交信しているこのイブリスとは、いったい何者なのか」。

二作目の『大建築師の崇拝 *Le culte du Grand Architecte*』で、タクシルはフリーメイソンの大量の資料を引用し、自身の中心的見解の論拠をさらに示した。三部作あるうちの三作目である『フリーメイソンの女性団体 *Les sœur maçonnes*』は、女性フリーメイソンの秘密のロッジの存在に焦点を絞ったものだった。フリーメイソンが昔も今も、公式には男性に限定された組織であることを考えると、これは間違いなく驚くべき情報であった。タクシルは著作の中で、男根像を崇拝の対象とする、組織の極秘ネットワークである女性ロッジの存在を示した。これは煽情的なフリーメイソンの祭礼で上位位階の男性会員の性行為の相手を提供するものだとされた。「フランスの母親よ、娘を隠せ！　フリーメイソンが来るぞ！」とタクシルは記した。本にはこれらの重要な事実のほか、フリーメイソンの儀式のサタニスト的な側面に関する詳細が書かれていた。フリーメイソンでは何もかもが見かけとは異なる、とタクシルは述べる。たとえば、儀式で聖書の詩編をはじめとするキリスト教的要素が頻繁に用いられていることから、キリスト教の信仰のようなものが窺える。けれども、フリーメイソンがこうして呼びかける神とはいわゆる〈偉大な建築師〉のことであり、その実、ルシファーにほかならなかった。「このように、その結社は、中世の魔術を彷彿とさせる冒瀆的なパロディ的儀式の至るところで、この一九世紀にサタンを召喚するのに、カトリック教会の祈りの言葉をそのまま使っていたのである！」

この最初の暴露の後、騒ぎは比較的収まっていたが、一八九一年にユイスマンスの小説『彼方』が出版されると、ありとあらゆるサタン的なものに人々の新たな関心が向けられていった。タクシルはその動きに呼応して、『フリーメイソンの女性団体』のタイトルを『フリーメイソンに女性はいるのか？ *Y a-t-il des Femmes dans la Franc-Maçonnerie?*』に変更し、再出版した。再出版にあたってタクシルは、本のタイトルを改めただけでなく、フリーメイソンに関して最近明かされた事実も新たに示した。その中で最も重要なのは、パラディウム団と呼ばれるフリーメイソン内部の秘密結社に関するものだった。たしかに『フリーメイソンの女性団体』にはすでに「パラディウム団の儀式」に関する記述があり、そこでは、パラディウム団は自分たちが一六三七年に結成されたように装っているが、実際に結成されたのは一七三七年で、秘密の合言葉として「メガパン」という言葉を使っていたとされている。パラディウム団に関する記述は、昔のフリーメイソンの手引書のうち何冊かに見出される。ほとんどの専門家はその結社は現存しないと考えていたが、タクシルは、「新たな改革されたパラディウム団」がアメリカで結成されていたことを一八九一年に明らかにした。この新しいパラディウム団は、完全に「ルシファー主義」に傾倒し、密かにフランスへの進出を果たしていた。タクシルは次のように説明した。「一八九一年五月に出版され、大きな注目を集めた作品において」、ユイスマンス氏は、一般的なフリーメイソンの集まりよりもさらに謎に包まれたその集会について何度も言及した。だが、氏はその集会について語っている時に、（理由はわからないが）「フリーメイソン」という言葉を発しないよう気をつけている。氏は、こうした類のサタニズムを実践する加入者に言及する際は、必ず「薔薇十字団」と記す。しかしながら、薔薇十字団員はみなフリーメイソンなのだ。その一方で、ユイスマンス氏が使う用語はそれほど正確ではない、なぜなら、氏が薔薇十字団によるものと見做す冒瀆行為は、実際には、薔薇十字団ではなく、むしろカドシュの騎士たちの例のアレオパゴス会議によるものなのである。たしかに、薔薇十字団員でなければカドシュにはなれない。とはいえ、薔薇十字団員が全員カドシュというわけでも、さらには、カドシュが全員パラディズムに興じているわけでもない。ただし、ルシファーを崇めるフリーメイソンについて記述する上でのユイスマンス氏の不適切な言葉の選択には、それ以上の重要性はないのである。

タクシルは、新しく発見されたこの結社は、パリの廃墟となった修道院でユイスマンスが目撃した「ヒステリー」たちの儀式とはまったく関係がないことを慎重に指摘した。むしろ、新パラディウム団のフリーメイソン会員は、極めて冷静に活動しており、その上、彼らはルシファーを悪として崇拝するのではなく、「善の原理と見倣し、自分たちが悪の原理とするキリスト教の神と同等の存在であると考えていた」。フランスには、この秘密結社のロッジがすでに三つあり、その中で最も重要だったのがマザー＝ロッジの「ロテュス（Lotus）」だった。「ロテュス」とは、「祖国と宗教を忘れさせる」ロテュスの美味しい実を食べたロートパゴス族（Lotus-Eaters）にちなんで付けられた名称である。このロッジは、もともと一八五〇年代に、黒魔術を行っていたカドシュの騎士によって設立された。黒魔術の指導をしていたのは、ブラザー・C＊＊＊という、「ユダヤ人の筆名で文学においてよく知られた」人物である。彼の死後、このロッジは混乱状態に陥ったが、一八八一年に新しいアメリカのパラディウム団の使者によって復活を遂げた。パラディウム団の新しい儀礼は今やヨーロッパ中に広まり、〈古き者たち〉の少し昔の儀礼を上回る勢いだった。古き者たちとは、彼らもまた完全なルシファー主義者であり、また、ユイスマンスの言う衰退していった更新幻術者協会とも同一視されうる者たちのことである。

この新たな結社の儀式は、午後の茶会というわけではなかった。近代的な寛容の真の精神において、パラディウム団は男性にも女性にも開かれていた。後者は、五位階を経るだけでルシファーの崇拝に導かれ、「テンプラー・ミストレス（テンプル騎士団の情婦）」への加入儀礼に至った。タクシルは、加入儀礼の際に志願者の女性会員たちが挑戦しなければならない試練について鮮明に描写した。たとえば、「ラザロの試練」では、女性志願者は「パスト」という高台に連れて行かれる。そこでは、男性が横たわって身動きせずに待っていた。儀礼を授ける者は「目の前に死んだ男がいます」と説明する。「この人を見よ！《エッケ・ホモ》 彼を生ける神に変えるのはあなたにかかっています」。バフォメットの巨大な肖像が満足げに見守る中、そして、集まった会衆が「カイン、カイン！」と歓声を上げる中、志願者はその「死んだ男」と性的な行為を行うことで、その男を生き返らせるよう求められた。この儀式の後、志願者である「テンプラー・ミストレス」は聖体を与えられ、それを儀式用の短剣で突き刺し、「復讐を、アドナイに復讐を！」と叫ぶ必要があった。その後、ルシファーへの祈りが捧げられ、テンプラー・ミストレスは自らの新たな役目を教えられた。その役目とは、すなわち、「イエスを罵り、アドナイを侮辱し、ルシファーを崇拝すること」であった。「自由の精よ、あなたに誓いましょう、自分の意志でどのような手段であろうともあらゆる方法で必ずや、専制政治や聖職者の暴政を壊滅させるべく、この身を捧げることを。さあ、おおルシファーよ、私は永遠にあなたの娘となりましょう」。

『フリーメイソンに女性はいるのか？』は世間からかなり注目を浴びたものの、フリーメイソン系の新聞・雑誌の反応はむしろ軽蔑的で、「フリーメイソンのハーレム」など皮肉な見出しを付けたりした。グルノーブルの司教アマン＝ジョゼフ・ファヴァは、タクシルに賛同の手紙を送り、モーリシャスのポートルイスの司教レオン・ムランは、執筆中だった自著『フリーメイソン、サタンのシナゴーグ *La Franc-Maçonnerie, Synagogue de Satan*』に関する助言を求めてタクシルを訪ねた。その本は一八九三年に出版され、そこではタクシルが示した新事実の大部分を肯定していた。タクシルの主張には信じられないようなものもあったが、一八九一年に出版されたアドルフ・リクーという無名の作家の本でも、さらに裏づけがなされていた。この本の主な特徴は、一八九〇年にアルバート・パイクがチャールストンでまとめた「最高評議会、グランド・ロッジ、グラントリアンへの密使の編纂物」を全文引用したことにある。アルバート・パイク（一八〇九～一八九一）は、アメリカ合衆国の南部諸州におけるスコティッシュ・ライト（メイソンの系列団体）のグランド・コマンダーを務め、タクシルからすでにパラディウム団の主要人物として指摘されていた人物である。タクシルも、この秘密の文書から数行引用していたが、リクーはどういうわけか、フリーメイソンの隠された計画が面白いほどよくわかる全文を入手することができた。パイクは、フリーメイソンの使命は、ローマ・カトリックという不寛容の殿堂とどこまでも闘うことだと明記した。ローマにあるパラディウム団の政治部は、ヴァチカンの動きを監視し、あらゆる手段を講じてその動きを封じるよう、特別な指示を受けていた。

　さらに興味深いのは、パラディズム団の強力な組織内でくすぶっている反対意見に関するパイクの書から集められた手掛かりだった。このグランド・マスター〔パイク〕は、多くはイタリアに位置する一部のパラディウム団のロッジで、崇拝がルシファーではなくサタンに向けられたことに対して、厳粛な怒りをにじませて熱弁をふるった。「ジェノヴァのロッジが、公に「サタンに栄光あれ！」を旗印に掲げるほど無知であることにわれわれは注目した。ミラノでは、フリーメイソンの会員が饗宴のあいだ、サタンに向けて朗読を行い讃美歌を歌った」。それに対し、文書では厳格なルシファー主義の正統派の教義が強調された。サタンとはアドナイ派〔キリスト教〕の司祭が作り出した名であり、善神を侮辱するものだという教義だ。

　世界的なルシファー主義の広がりは、ドクター・バタイユが示した驚愕の新事実が発表されるようになって初めて、その全貌が明らかとなった。この作家は、脱会したフリーメイソンでもパラディストでもなく、一風変わった経歴の持ち主だった。バタイユはペンネームで、フランスの海運会社メサジュリ・マリティムの船医だった。ある日、彼は瀕死のイタリア人を看ることになったが、そのイタリア人は自分が呪われていると言った。彼はバタイユに自らがフリーメイソンであり、さらに悪いことに、新たな改革されたパラディウム団の会員であることを告げた。死の床にある今、彼はルシファー主義に関わったことを後悔し、バタイユにパラディウム団の秘密の集会に入るための極秘の合言葉と合図を教えた。この告白者の話を聴いた後、バタイユはその暗号を利用して、パラディズムという危険な悪の世界を調査することにした。「私は現代のサタニズムの探検家であって、共犯者にはならない」。その後、バタイユはフリーメイソンの知られざる深淵に入り込み、時にはほとんどありそうもない事実を明るみに出し、フリーメイソンに最も精通した専門家さえも当惑させた。

　オカルトへのこのヴェルヌ的な作風の「驚異の旅」のルポルタージュが、一八九二年から別冊として発行され始めた。別冊には、『一九世紀における悪魔　ルシファーを崇拝するフリーメイソンあるいは降霊術の神秘　パラディズム、魔術、呪文、そして現代サタニズム全体を暴く完全な新事実　ある目撃者の話 *Le Diable au XIXe siècle. La Franc-Maçonnerie luciférienne ou les mystères du spiritisme. Révélations complètes sur le Palladisme, la théurgie, la goétie et tout le satanisme moderne. Récits d'un témoin*』（以下『一九世紀における悪魔』と記す）と、とんでもなく長いタイトルが付けられている。膨大な数のトピックと二〇〇〇頁以上もある『一九世紀における悪魔』をわずかな段落で正当に評価することは不可能である。バタイユは暗号を使って、世界中のルシファー崇拝の施設に自由に出入りすることができた。驚くべきことに、ルシファー崇拝はキリスト教以外のほぼすべての宗教伝統における秘密の中核をなしていたことが明らかとなった。バタイユは、インドの寺院のヒンドゥー教の苦行僧を訪ね、そこで「ルシフ」に向けられた典礼の詠唱や死体を使った陰惨な儀式などが組み込まれたカトリックのミサのパロディを目撃した。中国では、宣教師の虐殺を専門とする秘密結社のアジトに潜入した。ジブラルタルでは、地下洞窟を紹介され、そこでは、悪魔のような顔つきをした小人ほどの背丈の社会から見捨てられた者たちが、パラディウム団のための化学・生物兵器を製造していた。これらの旅の冒険譚の合間には、降霊術、催眠術、アナーキズム、フェミニズム、オカルト、近代資本主義の陰に潜む、ルシファー崇拝者の陰謀に関する長いドキュメンタリー調の余談が語られた。

しかし、本書にとって最も重要なのは、バタイユがパラディズムについて「善神ルシファーの組織化された教団」として示した大量の新情報である。バタイユは、タクシルとリクーによって明かされた事実を大きく拡大した。彼の言葉は目撃者としての証言であり、より価値が高かった。宗教としては、パラディズムは完全にルシファー崇拝であり、純然たるサタニズムと混同してはならない、とバタイユはくり返し強調した。パラディズムには独自の秘蹟（その中で際立っていたのは、「永遠の契約」と、打ち捨てられた修道院など「アドナイが充満する」キリスト教の礼拝所を清めるためのキリスト教祓いであった）、信条、教団があった。教団の中で特に言及に値するのは、「神のような魔女」というルシファーを崇拝する修道女たちで、彼女たちは、バタイユによれば、「言語を絶する狂宴の場面」がくり広げられる「ヌプトリウム」で悪霊と交わることに身を捧げていた。また、カトリック修道院に潜入していたパラディスト団の精鋭集団「薔薇の蛇」は特に興味深い。バタイユは、「更新幻術者協会のリーダーたちは何事も恐れず、現実離れした企てを考え実行していった」と指摘した。「数年前、彼らの悪意に満ちた企てにより、カトリックのシスターが運営する寄宿学校に、少女たちからなるパラディウム・ロッジが設立されるまでに至った。悪に染まった親に促された哀れな子どもたちは、一緒になって聖別された聖体を盗み、それらを地中に埋めたりミミズやアリに与えたりすることに悪魔的な喜びを味わった」。

パラディウム団の政治部がローマ（ヴァチカンの正面）にあった一方、経営部はベルリンにあり、その「最高教義執行部」は「ルシファー崇拝者にとってのローマ」であるサウスカロライナ州チャールストンに設置された。テンプル騎士団の最初のバフォメット像は、ここに保管されていた――ただ、バタイユは調査の結果、その真正性を疑問視していた。像の周りには壮麗な至聖所が建てられていた。バタイユの報告によれば、この至聖所の中心には、毎週金曜日に時計が三時を打つと同時にルシファーが現れ、パラディウム団の最高位位階者たちに直接教えを授けていたという。

この実態調査の過程で、バタイユは多くの上位位階のルシファー主義者たちと個人的に知り合うことができた。中でも一番の大物は「サタニズムの教皇」、探検家の医師が「生きている謎」と呼んだアルバート・パイク本人だった。このルシファー主義者の教皇〔パイク〕は、熱心に鳥の飼育をしていた一方、オカルトの恐るべき実践者でもあり、世界中のオカルトのフリーメイソンをまとめ上げた立役者であった。彼の「黙示録」の原稿、各頁に悪魔の署名がされた真の「サタンの聖書」は、チャールストンで細心の注意を払って保管されていた。悪霊によってつながれていた「悪魔の電話」によって、パイクは世界中の上位位階のフリーメイソンの最高指揮官たちと密接に連絡を取り合うことができた。これはある意味、後世の政府首脳間のホットラインを予示するものだった。バタイユはまた、本書で重要な役割を果たすことになる二人のルシファーの女高僧、ソフィア・「サッフォー」・ワルデールとダイアナ・ヴォーンとも会った。ミス・ワルデールはソフィア・W＊＊＊としてすでにタクシルの『フリーメイソンに女性はいるのか？』の中で紹介されており、そこでは、「情熱的なレズビアン」（そのニックネームからして驚くにはあたらない）であり、神聖を冒瀆することだけに情熱を注いでいた人物と記されていた。「聖体に唾を吐きかけたり、他人に唾を吐かせるだけでは飽き足らず、最近迎えたパラディウム団の女性騎士に、通常の加入儀礼とは別に、自分をパストの上に横たわらせ、陰部に聖体を入れたまま性交するようにと何度か要求した」。バタイユがチャールストン滞在中にこの熱情的な女性と午後の散歩をした際、彼女は自分が悪魔の予言でアンチキリストの曾祖母となる運命にあると打ち明けた。それから突然、彼女はサタンへの讃美歌を朗唱し始めた。前述のとおり、「善なる神」を「サタン」と呼ぶことは、パイクが厳しく禁じていたのではあるが。

さらに奇妙なのは、少なくともバタイユがパラディウム団のさまざまなメンバーから聞いたダイアナ・ヴォーンの人生譚だった。彼女は、有名なオカルティストのトーマス・ヴォーンとウェヌス＝アスタルトとの不倫関係から生まれた子孫である長老派の牧師の娘と言われていた。ダイアナ自身は悪霊アスモデウスと婚約し、アスモデウスは未来の伴侶を大切に守っていた。ダイアナはこのように十分な庇護を受けていたため、テンプラー・ミストレスの位階に通常は必要な性的な加入儀礼の儀式を免除された。この時、彼女は聖体を突き刺すこともしなかった。というのも、敬虔なプロテスタントとして育った彼女は、聖餅一枚が神聖な存在を具現化しているなどという考えは、まったくばかげたものと思っていたからだ。こうしたダイアナの主張は、彼女のテンプラー・ミストレスへの進級を妨げようとしていたソフィア・ワルデールの反感を買った。しかしここでも、アスモデウスによる神聖な悪魔の介入により、ヴォーンは確実に勝つことができた。

当然ながら、どちらかと言えば伝奇的な『一九世紀における悪魔』の暴露に、一部の批評家は懐疑的だった。しかし、そうした見方も、本の主要な登場人物が実際に表舞台に出てくると変化した。一八九三年、ソフィア・ワルデールはペンを手に取り、複数の新聞の編集者たちに挨拶文を書き送った。また、彼女のパラディウム団内部の書簡が途中で奪われるようなこともあった。ライバルのダイアナ・ヴォーンは、さらにメディアに好意的であったことが窺え、複数の反フリーメイソンの著述家たちと定期的に手紙のやり取りをしていたと思われる。

一部のパラディストが世間の注目を浴びるようになった背景として、一八九一年のアルバート・パイクの死後に勃発したパラディウム団における内部抗争が挙げられる。短い空位期間の後、イタリアのグランド・マスター、アドリアーノ・レッミがパラディウム団の国際組織の支配権を握った。パイクはイタリアのパラディウム団における「サタニスト」の要素に反対し続けていたが、レッミが権力を握るとパラディウム団は、ルシファー主義から厳密な意味でのサタニズムへと移行した。徹底した正統派ルシファー主義者であったヴォーンは、その教義の変化に強く反対した。彼女はまた、レッミが選挙で賄賂を渡すなどして不正を働き、有罪判決を受けた窃盗犯でもあり、その職務にふさわしくない人物だと主張した。一八九三年にヴォーンは「独立ルシファー主義」を名乗り、「自由・再生パラディウム団」という彼女独自のルシファー主義の組織を設立した。この新たなパラディウム団は、「善神」ルシファーの正統な崇拝に回帰することを支持し、タクシルが記述した性的な加入儀礼などの、時代錯誤で非合理的な嫌悪すべき側面を取り除く態度を示した。ルシファー主義は立派な公共宗教となる必要があった。そのために、ヴォーンは、ロンドンを拠点とする独立パラディスト教団から大衆への布教活動を行うよう指示された。彼女は、（慎重にまとめられた）ルシファー崇拝の儀式や祈禱の概説を正式に刊行し、公式の機関誌を創刊した。それが、前述の『自由・再生パラディウム団』誌である。本章の冒頭のミス・ダイアナ・ヴォーンが登場したのは、この活動を進める中でのことだった。彼女が雑誌で編集したものは、本書で用いる定義によるところの宗教的サタニズムに確実に当てはまるものに関する、最初の公の主張であった。

自らの主義主張を頑なに守り続ける人々が悲しい運命をたどるのはよくあることだが、ミス・ヴォーンも例に漏れずやがてルシファー主義の仲間と対立した。仲間たちは、以前の卑猥な儀式に異常なほど執着していた。だがそれ以上に重要なのは、ダイアナ自身が霊的志向に急激な変化を感じ始めていたことだった。ルシファー主義者側は、その年の初めにドメーニコ・マルジョッタがアドナイ派に改宗することを発表したことで、すでに重大な痛手を被っていた。マルジョッタは称号をいくつも持ち、少し挙げるだけでも、「スコティッシュ・ライト第三三位階の元最高大総監、メンフィスおよびミスライム儀礼団の元最高君主（第三三代、第九〇代、第九五代）、カラブリアおよびシチリアのミスライム・ロッジの元総監、ナショナル・グラントリアン・ナショナル・オブ・

ハイチの元名誉会員」などがある。彼はほどなくして、イタリアのグランド・マスター、レッミを三〇〇頁にわたって非難した『第三三位階の思い出——フリーメイソン最高指導者アドリアーノ・レッミ *Souvenirs d'un Trente-Troisième: Adriano Lemmi, chef suprême des Franc-Maçons*』を出版し、その翌年にも元同胞について書いた本を出版した。一八九五年七月、ダイアナ・ヴォーンがローマ・カトリックに回心した。一〇年ほど前にレオ・タクシルがそうであったように、彼女がルシファー主義の信条に疑問を抱くようになったのは、ジャンヌ・ダルクに関する研究がきっかけだった。パラディズムにおいて、ジャンヌ・ダルクはルシファー主義の祖のような存在と捉えられ、彼女がルシファーの霊的使者と交信したために火あぶりにされたと考えられていたが、資料をよく読んでみるとこうした解釈は成り立たなかったのだ。ヴォーンはさらに、〈オルレアンの乙女〉〔ジャンヌ・ダルク〕の個人的な幻視を見始め、婚約者のアスモデウスと彼の仲間の悪霊が、彼女の名前を聞いただけで散り散りになって逃げ出したことを知った。ヴォーンは、七月一四日の日記に「ルシファーはサタンである」と記した。「主よ、たしかに神は唯一の存在であり、あなたはその神なのです」。

その後、ヴォーンはジャンヌ＝ラファエルを名乗り、敬虔なカトリック教徒として生きることを宣言し、反フリーメイソンの著述家たちに加わった。『自由・再生パラディウム団』誌は刊行されなくなり、代わりに『独立の真の入門者たる元パラディストの回想録 *Mémoires d'une ex-Palladiste Parfaite Initiée, Indépendante*』（以下、『元パラディストの回想録』と記す）という雑誌が新しく発行された。彼女はさらに『償いのための聖餐の九日間の祈り *La Neuvaine Eucharistique pour réparer*』を出版し、その中にフリーメイソン諸派によって冒瀆された聖餐式をはじめとする瀆聖行為を償うための祈りを掲載し、ほかにもジャンヌ・ダルクへの讃歌や、フリーメイソンへのさらなる洞察、特に、パラディウム団の手先で活発な会員であったことを暴かれたイタリアの首相クリスピに関する洞察などを記した本を出した。

おそらく読者も同様と思うが、フリーメイソンの動きを追っていた一部の人々は、この次々と起こる一連の劇的な出来事にかなり驚いていた。やがて、この話全体の信憑性に疑問が投げかけられた。あるフランスやドイツのカトリック系の新聞・雑誌は、伝統的には反フリーメイソンの立場ではあったが、ルシファーの謎めいた元グランド・ミストレスはまったく存在しないとする見解を示した。ヴォーン自身はこれらの疑惑に反論できなかった。というのも、彼女は、秘密を漏らした者に対する伝統的な報復をするために放たれたフリーメイソンの暗殺者の格好の標的であったため、しばらくのあいだ修道院に身を隠していたのだ。だがヴォーンは、彼女の存在を否定し、その声を抑え込むことこそがフリーメイソンの狙いなのだと潜伏先から断言した。さらに、ヴォーンは、レオ・タクシル、ドメーニコ・マルジョッタ、彼女の編集者アルフレッド・ピエレをはじめとする大勢の証人が直接彼女に話をしていると指摘した。ヴォーンは『自由・再生パラディウム団』の出版の打ち合わせのために、ピエレのオフィスを訪れたことがあった。（ピエレは後に、「彼女は素敵な方でした。かなり背が高く、ほっそりとしていて服装は飾り気がなく、そして、彼女が着ていた黒いウールの外套は周囲をざわつかせましたが、彼女自身はくつろいだ様子で腰を下ろしていました」と回想している。）さらには、ヴォーンがまだキリスト教徒でなかった頃、彼女はサン・ピエトロ信徒団の会長である名士ピエール・ロティエとパリのホテルで会い、フリーメイソンの状況について長時間談話したことがあった。ロティエがとりわけ驚いたのは、ヴォーンがグラス一杯のシャルトリューズを飲むことを拒否したことだった。シャルトリューズと言えば、信心深いルシファー主義者によると、それがローマ・カトリックの修道院で製造されていたことから、「アドナイ派の飲み物」と呼ばれたものである。これらの目撃証言に加え、ヴォーンの写真が出回っており、彼女がロンドンやニューヨークなどのさまざまな場所から送った手紙もあった。

一八九六年九月、フリーメイソンに詳しい世界中のローマ・カトリック教会側の専門家たちが、第一回国際反フリーメイソン会議のためにトレントに集まった。会議の特別会合では、フリーメイソン研究でその頃熱く議論されていたダイアナ・ヴォーン問題が取り上げられた。会合は一八九六年九月二九日、火曜日、午後三時に開かれた。レオ・タクシルは、フリーメイソンの殺し屋から逃れるべくまだ修道院に隠れているとされるミス・ヴォーンの大義を弁護するために、このイタリアの町に来ていた。タクシルはここでも、ダイアナ・ヴォーンの暴露に疑問を投げかけることは、まさに高位のフリーメイソンの思うつぼであることを強調した。二人のドイツ人聴衆ベルヒマン司祭とバウムガルテン師はタクシルを非難し、ミス・ヴォーンの出生証明書や、彼女の告白を聴いた司祭の名前、最初に聖体拝領をした場所など、執拗に質問を投げかけた。タクシルは虚勢を張って、それらの文書は「自分のポケットの中に」あるが、ダイアナの身の安全を考えるとそれらの情報を明かすわけにはいかないと答えた。だがタクシルは、求められている情報については翌日のラザレスキ枢機卿との面談で明かす用意があるとしていた。特別会合は、教会の重鎮の特別委員会にミス・ヴォーンの存在の有無の判断を委ねる決議が採択されてようやく閉会した。この特別委員会での審議は延々と続き、ダイアナ・ヴォーンが存在するかしないかはどちらも十分な証明ができない、との評決が一八九七年一月に下された。

ヴォーンはその間も活動を続けていた。『元パラディストの回想録』誌で暴露（アスモデウスにエデンの園やオーリス星に連れて行かれた時の様子や、ソフィア・ワルデールがエルサレムでアンチキリストの祖母にあたる人物を最近出産したという不穏な知らせなど）を続ける一方で、自らの存在の有無をめぐる論争を終わらせたいとする意志を示した。ヴォーンはそのために、大規模な読書会の巡行計画を発表し、春にパリを出発して、シェルブール、ロッテルダム、ロンドン、エディンバラ、フランス各地、そして、ブリュッセルからトリノ、ジェノヴァを経由してローマに至る旅程を計画した。ヴォーンは一八九七年三月三一日付の号で、読書会のプログラムも参加者向けに提示した。主に諸々の証明書の写しを幻灯機で投影するほか、自分と悪魔の恋人アスモデウスとの婚約写真も公開するとのことだった。「何が起ころうと、私は必ず行きます」。ルシファー主義の元グランド・ミストレスはそう断言した。

ヴォーンの存在の最終的な暴露は、実に大々的なイベントとなった。一八九七年四月一九日、会場となったフランス地理学会の建物のホールに大勢の大衆が集まった。このミス・ヴォーンのヨーロッパ巡行第一回は、招待者と記者だけに開かれ、反フリーメイソン系雑誌と一般誌のどちらの代表者も出席した。まず、新品のアメリカ製タイプライターが出席した記者に抽選で渡された。その当たりくじを引いたのは、アリ・ケマルというイスタンブールに本社を置く『イクダム *Ikdam*』紙の記者だった。その後、技術者が幻灯機を用意し、聖カタリナとジャンヌ・ダルクの複製画を壁に映し出した。だが、ステージ上に現れたのはダイアナ・ヴォーンではなくレオ・タクシルであった。彼は聴衆に挨拶をしてから、ダイアナ・ヴォーンとパラディウム団に関する衝撃的な事実を明かした。すべては壮大なジョークだった、と。タクシルは、ダイアナ・ヴォーンが自身の創作であっただけでなく、ドクター・バタイユとマルジョッタの暴露も自分が口述したものだと述べた。ルシファー主義者とサタニストからなるフリーメイソンの秘密組織は実在せず、存在したこともなかったというのである。

　喝采や怒号が飛び交う中、タクシルは自らが仕掛けたこの驚異的ないたずらのあらましを語った。一二年以上前の自分のカトリックへの回心からすでにでっち上げで、彼にしてみれば実験的な意味もあったが、単なる悪ふざけでもあり、その頃にはすでにパラディズムやそのグランド・ミストレスに関する壮大な作り話は思いついていたという。ドクター・ハックス（詳細は後述する）とマルジョッタ氏はどちらもこの計画の協力者で、ダイアナ・ヴォーンの役はタクシルの個人秘書で、「かなり自由思想の考えを持つプロテスタントのフランス人で、タイピストとして働き、アメリカのタイプライター会社の販売員でもあった」。ミス・ヴォーンとパラディズムの舞台の幕はこうして下りた。タクシルはここで、「嬰児殺しをした」と告白した。「パラディウム団はもう死んだ、完全に死んでしまった。父親が殺しに来たのだ」。

　この衝撃的な事実が明らかになった後、大きな波紋が広がった。会場にいた自由思想家は風刺の効いた反宗教的な歌を唱え始め、信心深い聴衆はタクシルに罵声を浴びせかけた。その場は殴り合いの喧嘩が始まりそうな雰囲気となり——幸いにも、会場に入る際に全員が杖を預けるよう言われていた——、タクシルは警察に警護されながら、建物を後にしなければならなかった。彼は少数の支持者の一団（その中には、黒衣を纏った謎めいた女性の姿も目撃された）とともに、近くのレストランの二階に避難し、その規模と大胆さにおいて世紀の悪ふざけと呼ぶにふさわしい自分たちの偉業を称えた。怒鳴り声を挙げる暴徒は突然の土砂降りの雨で通りから一気にいなくなったが、ほかの聴衆はまだ地理学会の会場にとどまっていた。彼らは発表の続きがあるのだと思い、幻灯上映が始まるのを待っていたのだ。

パラディズム以前のタクシル

こうして、サタニズムの歴史から生じた壮大なおとぎ話が終わりを告げた。サタニズムの歴史に関して多少とも知識のある読者なら、引っかからなかっただろうと思うが、前節ではあえてパラディズムの話を事実であるかのように書いてみた。おそらくバタイユの二作品を除いて、タクシルの作り話は、一見かなり真面目な刊行物の体で世に出された。具体的には、やや学術的な注釈や、カトリックおよび外部の、主にフリーメイソンの内部資料（とされる）を中心としたおびただしい数の参考文献が含まれていた。この巧妙なやり口は、タクシルの時代の知識のない読み手にとっては、かなり説得力があるように感じられたのだろう。

この節以降は、このように回りくどい書き方をして読者が疑いを持つかどうかを試すようなことはしないと約束し、歴史的事実のありのままの現実を語ることにする。とはいえ、これまでの書き方が間違っていたとは思わない。タクシルの実際の人生とその大掛かりな悪ふざけの真実は、少なくとも、彼の瞞着の物語と同じくらい伝奇的であったのかもしれない。以下では、タクシルの作り話の裏側に注目する。すなわち、彼がパラディストの欺瞞の館を築くまでの道筋を調査し、彼が使用した可能性のある資料や、彼が抱いていたかもしれない個人的な動機を探り出し、そして、このありそうもない作りごとが、なぜこうも幅広い読者層にこれほどまでに長く信じられていたのかを論じる。これらの問いに答えようとする中で、新しい問いも浮かび上がってくるであろうし、その中には思いもよらない領域にわれわれを導いていくものもあるだろう。

パラディズムの考案者となるレオ・タクシルは、一八五四年にマリー＝ジョゼフ＝アントワーヌ＝ガブリエル・ジョガン＝パジェスとして、マルセイユの裕福な商人の家に生まれた。敬虔なカトリック教徒で君主制支持者の両親は、マルセイユで一番のカトリックの私立学校に彼を通わせた。しかし、両親の期待とは裏腹に、ガブリエル・ジョガンは驚くほど早い時期から、激しい反教権主義に傾倒した政治的な急進主義者および自由思想家となっていった。一八六八年、まだ一四歳だったジョガンは、亡命中の政治活動家アンリ・ロシュフォールのもとへ行くためベルギーに向かう途中、フランスの警察に逮捕された。その後、彼はトゥール近郊にあるメトレの少年院に送られた。後年、タクシルは自分が反教権主義になったのは、拘留中に面会したローマ・カトリックの司祭に叱責されたことが原因であるとする、明らかに完全に美化された説明を行った。すなわち、彼の説明によれば、司祭は「唯物論者」を公言するジョガンを、ミサに行くことを頑なに拒んだとして厳しく咎めたのだという。この出来事の後、ジョガンは独房にいる自分をばかにしたこの男や、「信念と信仰をふりかざして子どもを不当に罰し、父親を威圧者に変える」すべての聖職者に対し復讐することを厳粛に誓った。父親が拘留中の彼を取り戻し、別の学校に行かせたが、彼の革命的な政治的姿勢や規律の完全な欠如が原因で、すぐにまた退学となった。

ほどなくして、ジョガンのジャーナリズムや宣伝力に長《た》けた見事な才能が発揮されるようになった。彼は、わずか一六歳で、かなり反教権的な内容の風刺雑誌『道化杖 *La Marotte*』を創刊した。レオ・タクシルというペンネームを使い出したのはこの時だった。『道化杖』誌は一八七二年に発禁となったが、すぐに『若き共和国 *La Jeune République*』誌を代わりに創刊した。以後、タクシルは「裁判沙汰、決闘、罰金、あらゆる方便」を取り上げる「へぼ《プチ》ジャーナリスト」としての人生を歩むこととなった。彼の雑誌は当局によって次々と刊行を禁止され、一八七六年、タクシルは八年の実刑判決を免れるためにジュネーヴに逃亡した。このスイスの都市で、彼はガリバルディアンの革命組織を設立しようとした。また、その間、彼は、すでに複数の男性とのあいだに何人も子どものいる労働者階級の女性と結婚した。

人を惑わせることに強い快感を覚えるタクシルの行動はこの頃からすでに目立っており、中には明らかな詐欺行為も含まれていた。一八九七年四月一九日の長いスピーチで、タクシルはそれまでしてきたいたずらの数々をすべて披露したが、マルセイユ出身の人間は嘘つきでいたずら好きになりやすい、というフランスの諺がまさに当てはまった。タクシルが言うには、彼は、一八七三年に、マルセイユで、巨大なサメの群れが町のすぐそばの海を泳ぎ回っていると人々に信じ込ませ、スイスでは、レマン湖の底で古代ローマの町の遺跡が発見されたとの噂を広めた。けれども、このような派手ないたずらばかりではなかった。タクシルは、「ハーレム・キャンディー」という——無害な媚薬の錠剤だが、おそらく何の効果もない——商品の「不道徳な宣伝」をしたとして、スイスから追い出されてしまった。

タクシルは、新たな共和国政府が発表した政治犯に対する大赦を受け、一八七八年にフランスへ戻ってパリに居を構え、反教権のプロパガンダに専念することを決意した。タクシルは妻とともに「反教権の書店」を開き、『反教権の叢書 *Librairie Anti-Cléricale*』を発刊した。これは、「盲信や宗徒に精力的に対抗する」一連の安価な大衆本・チラシで、ほとんどがタクシルの執筆によるものだった。口絵を飾るヴォルテール（「忌まわしきものを打ち砕け！」）や、ガンベッタ（「教権主義、それこそが敵である！」）などの引用は、この叢書の趣旨を正確に反映していた。内容紹介のタイトルからもこのシリーズの特徴がよくわかり、単に不敬なもの（『イエスの生涯 *La Vie de Jésus*』、「福音書の風刺的かつ啓発的なパロディ」）から、露骨なもの（『ゴキブリはうんざりだ！ *Plus de Cafards!*』『聖職者を打ち倒せ！ *À bas la calotte!*』など、聖職者による未成年者への性的虐待を痛烈に非難する内容）、あからさまなポルノ（たとえば、『ピウス九世の秘密の情事、教皇の元侍従による証言 *Les amours secrètes de Pie IX, par un ancien camérier du Pape*』では、取り巻きたちが聖下を喜ばせるために無垢なおとめたちを拉致していたことや、一方で、聖下は経験豊かなユダヤ人娼婦の手によってしか性的満足を得られなかったことが記されている）まで多岐にわたった。タクシルはまた、「反教権のラ・マルセイエーズ La Marseillaise anticléricale」を作詞したり、雑誌『反教権 *Anti-cléricale*』を刊行したり、反カトリックの風刺画が描かれた「反教権の封筒」などの小物を売ったりした。さらに彼は、「教権による圧制」と闘おうとする自由思想家の独立組織である反教権連盟の扇動者の一人でもあった。

ここまでは、一九世紀の最も悪名高いサタニストの組織をほぼ単独ででっち上げた男に関する話である。次に記すのは、少しだがより物議を醸す内容となっている。一八八五年四月二三日、タクシルは自身がローマ・カトリックに回心したことを公表した。タクシルは、さらなる反カトリックの作品を書くためにジャンヌ・ダルクの生涯を研究したこと、そして、敬虔な親戚が祈り続けてくれていたことで、恩寵を受けたのだと述べた。彼は、自身が書いた反宗教的な執筆物をすべて撤回し、出版社も廃業した。教会側は始め、この予想外の回心をかなり疑っていた。クシルにとってのダマスコのアナニヤとして彼が最初に選んだ地方の老いた司教代理は、経験豊富なイエズス会の神父に代えられ、元自由思想家のタクシルはその神父に従って徹底的な内省を行った。タクシルは、架空の殺人を告白したことで、自らの誠意を神父にようやく納得してもらえたと後の回想で語った。

タクシルの教会への復帰は、フランスのカトリック信者の多くからそれ自体が奇跡的な出来事として歓迎され、この元パンフレット作者兼ポルノ作家は、一八八七年に教皇レオ一三世に謁見まで許された。一方、タクシルのかつての仲間たちは、彼が信仰に身を落としたことにすっかり動揺した。一八八五年七月二七日の反教権連盟の会議は大いに荒れ、タクシルの「自由思想の大義および同胞への裏切り」が強く非難された。困惑したメンバーの中には、タクシルはヴァチカンに買収されたに違いないと主張した者もいた。ほかにも、彼はずっと聖職者の回し者だったのだという仮説を唱える者や、タクシルは正気を失ってしまったのだと本気で思った友人も、わずかながらいた。驚くことに、タクシルは会議に姿を現し、自分はまったくもって正気を失ってはいない、「今は理解できなくても、君たちにもいつかこのことがわかる日がくることを願っている」と訴えるように語りかけた。言うまでもなく、連盟はタクシルを裏切り者、反逆者として追放した。タクシルが抗議したのは裏切り者という非難に対してのみで、今はまだ自分のしていることを理解してもらえないかもしれないが、いずれ理解できるようになるとだけ述べた。

一部には、彼の回心は最初は心からのものだったと考える者もいたが、タクシルのこのような発言からは、ローマ・カトリックへの入信も、初めから彼の計略の一部だったことが窺える。タクシルがこのように大掛かりな悪ふざけを仕掛けた動機については、さまざまな推測がなされた。その中でも顕著だったのは、金銭的な利益を動機として唱える説である。フランスの警察は、彼が革命的な模索をしていた初期の頃から監視していたが、一八八四年五月一九日の警察の報告では、タクシルが深刻な金銭トラブルを抱えていたことが指摘されていた。反教権雑誌の発行部数は六万七〇〇〇部から一万部に落ち込み、さらに一連の訴訟問題によってタクシルは資金面でも大きな負担を強いられた。これらの疑惑についてタクシルは、一八八七年にはすでに流布していたことだとして、「カトリック信者」としての自伝『元自由思想家の告白 *Confessions d'un ex-libre-penseur*』の中で否定した。だが、ここでタクシルは、自身の回心の証として〈反教権の書店〉を閉めたとしているが、一方ほかの資料にはタクシルが単に破産しただけである旨が記されている。いずれにせよ、カトリックの出版市場は当時かなりの利益を上げていた――ユイスマンスも晩年に執筆したカトリック小説で自己最多の読者数を得た。タクシルがルシファー崇拝に関する出版物で実際にどれほど儲けたかについては定かでないが、『一九世紀における悪魔』が飛ぶように売れ、その編集者に三〇万フランもの利益をもたらしたのは事実である。タクシルの仲間のカール（シャルル）・ハックスは、収益の自らの分配分でモンマルトルにレストランを買い、一方、タクシルはそれと同時期に、妻と家族のために質素な館を手に入れたと思われる。

しかし、金銭的な必要性や金欲しさだけに駆られて、タクシルが一二年間も、時に非常なストレスもかかったであろうこの二重生活を耐え続けていたとは考え難い。タクシルはそのおどけたふりの裏で、反宗教的な熱意を抱き続けていたのだろう。この二つの動機は、言うまでもなく、互いに相反するものではなかった。また、三つ目の動機も考慮に入れておく必要があることも重要である。すなわち、すべてをやり遂げることへの純粋な快楽である。四月一九日の演説で、タクシルは、「気晴らしとちょっとした笑いのためだけに、悪意なく相手をうまく欺き味わう秘めやかな喜び」にしばしば言及した。

タクシルが当初から妨害活動をするつもりであったことはまず間違いないが、彼が予め、ルシファーを崇拝するフリーメイソンの組織を念入りに計画していたと考えるのは誤りであろう。少なくとも、資料からそうしたことは読み取れない。タクシルは、四月一九日に聴衆に向かって、自分が「やや運任せの」冒険に出たこと、「その経験ができたらすぐに」引き返すつもりでいたことを語った。「けれどもそれから、その悪ふざけの甘い快楽に負け、すべてを完全に支配されてしまったのです。カトリック教会側に長くいるにつれ、愉快な上、教えるふりをして人をかつぐ計画がどんどん広がってゆき、さまざまな出来事をきっかけに計画がますます大掛かりなものとなっていきました」。フリーメイソンの主題すらも、目立ちさえしたものの、最初から主要な位置づけにあったわけではなかった。タクシルは、ほかの問題にも手を出し、フランス共和国の腐敗や進歩主義の政治家たちの隠された目的に関する本を出版した。新たに創刊した雑誌『小さな戦争 *La petite Guerre*』は、当初、フリーメイソンと同じくらいアナーキストや自由思想家についても紙面を割き、「フリーメイソンと闘う大衆組織 *Organe populaire de la lutte contre la franc-maçonnerie*」という副題が付けられたのは一八八八年七月になってからだった。また、フリーメイソンのサタニスト（あるいはルシファー主義者）的な性質も、最初から誌面でそれほど支配的だったわけではなかった。フリーメイソンでの正式なルシファー崇拝に関しては、タクシルの最初のフリーメイソンに関する著書ですでに言及されてはいたが、その中で強調されていたのは、主に、組織の政治的陰謀や道徳的腐敗の傾向についてだった。

タクシル自身、教皇に謁見したことで、サタニズムの痕跡を実際に追求することを決意したと語った。タクシルによれば、教皇に謁見した際、レオ一三世の国務長官であるランポッラ枢機卿はフリーメイソンを取り上げたタクシルの最初の三冊の著作を称賛するとともに、そこに記されている事実は、その最も信じ難いものでさえも、ヴァチカンでは以前からよく知られていたと述べた。パロッキ枢機卿も同様のことを述べたが、彼はとりわけ、女性のフリーメイソンに関する問いに関心を示した。レオ一三世は、特に悪魔に関わる事柄すべてに強く反応し、フリーメイソンの悪魔的な性質を主張し、「悪魔はそこにいる」という不吉な言葉を小声で発した際には、「悪魔」に独特な抑揚をつけていたという。この描写には明らかに風刺画的な特徴が垣間見えるが、以下で見ていくように、多少の真実も含まれていたのかもしれない。しかし、タクシルが謁見の後、ルシファー崇拝のパラディズム団に関する最初の著書『フリーメイソンに女性はいるのか？』を出版するまでに三年もかかったのは不思議に思える。というのも、この本は、彼の以前の著書『フリーメイソンの姉妹』を少し修正したものにすぎないのだ。見たところ、パラディズム団について書く直接のきっかけは、その年の初めに出版され、「サタニズム」が多くの読者を引きつけるテーマだという可能性を示したユイスマンスの小説にあったようだ。

詳しくは後述するが、タクシルがこのルシファー主義の背後にある組織をフリーメイソンとしたのは、教皇が公私問わずつぶやいていた言葉に負うところが大きい。だが一方で、タクシル自身にもフリーメイソンとの個人的なつながりがあった。回心する以前、タクシルの反教権活動は、フランスのフリーメイソンのより急進的な会員たちのあいだで支持されていた。一八七八年にタクシルはベジエにあるロッジに主賓として招かれ、一八八〇年にはパリのロッジ「フランスの名誉の友」に加入した。徒弟の位階への加入儀礼は一八八一年二月七日に行われた。タクシルの後の回想によれば、このような時でさえ、彼はその不遜な冷やかしの精神を依然として発揮し続けていたという。彼は、〈内省の部屋〉に刻まれた文章にスペルミスを見つけた際、入会志願者が内省のために渡された頭蓋骨に、鉛筆で次のように書き留めた。「〈宇宙の偉大な建築師〉殿に、左から三番目のパネルにある誤字を直していただきたい」。案の定、タクシルはすぐにロッジのメンバーと揉めるようになった。四月二八日には、ロッジの大会で会議を開くことを禁止され、一八八二年一月には、「侮辱行為により除名」された。除名は、いかにもタクシルらしいお騒がせエピソードが積み重なってのことだった。たとえば、ヴィクトル・ユゴーやルイ・ブランからの手紙をでっち上げたとして告発された捏造事件や、地元の選挙でフリーメイソンの公認候補者の対抗馬として立候補したなどの出来事だ。一方、タクシルの「カトリック信者」としての回想録には、自身の言い分として、反教権連盟をフランスのフリーメイソンの傘下に入れることを断り続けたことで、グラントリアンの反感を買ったのだと記されている。

一八九七年の最終的な暴露の際、タクシルはこれらの論争は「空騒ぎ」であったとし、フリーメイソンの元兄弟たちに復讐する意図は一切なかったと述べた。また、自身が流したデマがフリーメイソンに及ぼした影響への言及についてもかなり簡単なものだった。その作り話が、カトリックの反フリーメイソン主義を完全に嘲笑するものであったことは別にして、タクシルは自著がロッジの内部事情に健全な影響をもたらしたとし、「時代遅れの儀式」を廃止する改革に寄与したと主張した。しかし、この（あるいはすべての）件に関するタクシルの言葉は鵜呑みにしない方が賢明であろう。というのも、タクシルにとって教会が主なターゲットであったことは間違いないが、フリーメイソンは、それに次ぐ第二のターゲットであった可能性があるのだ。結局のところ、フランスにおいてさえ、フリーメイソンは本質的にはさまざまな宗教的・似非宗教的な「時代遅れの儀式」を行う、半ばエソテリシズム的な集団であった。タクシルが熱心な反宗教家だったことは確実であり、フリーメイソンを自身の壮大なジョークに利用し尽くしたことを悪びれる様子はまったくない。実際、彼の最初の反フリーメイソンの著作は、明確なカトリック的内容の一切ない滑稽な小説だったが、それは後のいわゆる「回心」の伏線となっていたのだろう。そうでなければ、彼がロッジの内部刊行物から根気強く収集したフリーメイソンの会員リストを出版したことの説明がつかない。フリーメイソンにとって不利益となるこのような行為を単なる冗談と見るのは難しい。タクシルが始めたと思われる会員リストの無断出版は、その後、別のカトリック系出版社が引き継いだ。動機が個人的なものであろうと、イデオロギー的なものであろうと、これらの事実は、タクシルが古の兄弟団《フリーメイソン》に対し抱いていた恨みを晴らす機会を逃さなかったことを示している。

補説　タクシルの情報源

　タクシルはパラディウム団の世界を構築するために、さまざまな文献に載っているアイデアをそのまま利用した。まず使ったのは、秘密というわけではないが入手がかなり困難な、本物のフリーメイソンの出版物や問答書だった。タクシルはそれを長々と引用し、曲解できそうな奇妙な文章をいくつか強調し、自身のコメントや、念入りに選んだ歴史的事実を文脈から完全に切り離して付け足した。彼はまた、すでにある反フリーメイソンの文献や、自分と同じような目的を追求する同時代の著述家の作品も大いに参考にした。その中でもタクシルが特に注目したのはポール・ロゼンヌという謎めいた人物だった。はっきりしたことはほとんど分かっていないが、彼はワルシャワで生まれ、パリに来る前はイスタンブールに暮らし、カトリックに回心する以前は、ユダヤ教のラビであり、第三三位階のフリーメイソン会員でもあったらしい。アルバート・パイクをサタニズムの暗黒の教皇として描く発想は、ほぼ確実にロゼンヌの本から得たもので、さらに、タクシルはこの元ラビから珍しいフリーメイソンの著作物を何冊か購入したと思われる。

　これまでのところ、タクシルの手法は、やや偏った歴史学者のそれとほとんど変わらず、そのためか、フリーメイソンに関する最初の三作は読み物としては退屈だった。一八九一年以降、タクシルは次第に多彩な資料を用いるようになっていった。しかしここでも、彼が自らの独創性にこだわることはほとんどなかった。新時代を開いたJ＝K・ユイスマンスの小説の重要性は前述したとおりである。タクシルは『彼方』からサタニズムのテーマに再び取り組むきっかけを得ただけでなく、そこから多くの要素を抜き取った。たとえば、『フリーメイソンに女性はいるのか？』に出てくるオッドフェロー共済組合〔フリーメイソンに倣って一八世紀にイギリスで創立された秘密共済組合〕や、『一九世紀における悪魔』に出てくるパラディウム団を指す名称として、有名な更新幻術者協会《レテウルジスト・オプティマット》が使われている。その風変わりな名称は、数十年前にトランス状態のヴァントラが幻視の中で口にしたのが最初で、それがヴァントラの信奉者によって非公式に配布されていた会報に記され、その後ブーランを通じてユイスマンスに伝わり、彼の小説に書き込まれることとなった。タクシルがその名称を見つけることができた場所は、『彼方』以外には考えられないのである。もっと細かい点では、『フリーメイソンに女性はいるのか？』に登場し、冒瀆行為に喜びを見出す「情熱的なレズビアン」のソフィア・「サッフォー」・ワルデールは、明らかにイヤサント・シャントルーヴをもとにしたキャラクターであり、聖体を陰部に入れるソフィアの癖などは、『彼方』を明確に連想させる（ユイスマンスが控えめに描写した肛門のくだりは、タクシルは見落としたか、あるいは不適切と見做して取り入れなかった）。『一九世紀における悪魔』には、ユイスマンス自身も少しだけ登場し、「組織に属さないサタニストたち」の章で、「オカルト実践者というより、オカルトの研究者や調査員」として描写される。その章では、ユイスマンスがバタイユのように悪魔崇拝者を間近で研究するために、「また別の場所ではあるが」潜入捜査をしたと書かれ、挿絵には、ユイスマンスが敵対関係にあるパピュスと並んで描かれている。タクシルの書簡を見る限り、版画家が挿絵を作成する際にユイスマンスに写真を依頼すると、ユイスマンス本人から写真が送られてきたようだ。

タクシルにヒントとネタを与えたのはユイスマンスだけではなかった。アルフォンス・コンスタン（別名エリファス・レヴィ）もまたタクシルの盗用リストの上位に上がる人物である。このオカルトの父レヴィはタクシルの作品では実在の人物として描かれ、まず『フリーメイソンに女性はいるのか？』の中でユダヤ人の筆名で知られる「ブラザー・C＊＊＊」として登場し、次に『一九世紀における悪魔』ではフルネームで登場する。どちらの作品においても、レヴィはフランス初のサタニスト・ロッジの創立者として描かれている。しかしそれ以上に、レヴィの著作はタクシルにとって儀式用具類やオカルト用語の宝庫であった。フリーメイソンに関するタクシルの最初の三部作では、レヴィのエソテリシズムのハンドジェスチャーがパラディストたちの秘密の合図として再現され、逆五芒星（「悪魔の署名」）も当然のことながら登場し、パラディズムの用語にあっては、タクシルは少しばかり独創性を発揮してフリーメイソンの三点を逆三角形に置き換えたが、それはレヴィを起源とする「サタン的な」傾向をさらに象徴するものだった。タクシルが描くルシファー主義者とサタニストは、話の中で頻繁にレヴィの言葉をそのまま引用し、その後、レヴィのオリジナルの版画から直接複製したバフォメットの偶像を崇めるために身をかがめる。また、レヴィの本に載っていると思われる昔の悪魔学の伝承が、タクシルの作品に多く見出される。たとえば、『自由・再生パラディウム団』の頁を飾る異様な悪魔の署名があるが、突き詰めるとそれはユルバン・グランディエの悪魔の契約とされるものに由来する。

タクシルが若い頃からエソテリシズムに個人的な関心を寄せていたことを考えると、ほかにどんなオカルティストたちから彼がヒントを得ていたか、その全員を特定することは難しく、また、ほかの情報源を突き止めることも必ずしも容易ではない。一九世紀フランスにおけるほぼすべての進歩的な知識人と同様、タクシルがロマン派サタニズムの伝統に精通していたことは明らかだ。「自由の精」を頻繁に召喚し、「迷信の神」に対する「創造的な原理」を説く彼のルシファー主義の言葉遣いや描写は、ロマン主義という温室から生じるサタンの言説をからかったものとして読むことができる。事実、『一九世紀における悪魔』やマルジョッタの『パラディズム *Le Palladisme*』などの作品はまさに、一九世紀の対抗文化におけるサタンへの曖昧な言及の宝庫である。フリーメイソンの最高位階では、たとえば、フリーメイソン会員がルシファーを召喚する際に唱える祈りは、第3章で登場した急進的なアナーキストであるプルードンの悪名高い一節を編集したものである。これに関しては、祈りの文言の作者としてプルードンが明記されている。それは、プルードンが著名なルシファー主義のフリーメイソンであったからにほかならないが、読者にはおそらく予想がついていたことだろう。

模倣することがタクシルにとって架空のルシファー主義の世界観を構築する上で、最も重要な手段であったことには違いないが、一方で、素材を脚色し、追加の要素を創作することにタクシルがかなり長けていたことも明らかである。そうでなかったら、善神とされる霊と対立する悪の超自然的力であり、欺かれたアドナイ派が崇拝する聖人や天使であるマリークについてはどう考えればよいのだろうか。あるいは、明らかにタクシルか彼の協力者が考案した儀式用語で書かれたジナイト・メンゴグという、パラディウム団の集会で唱えられる悪霊に捧げる連禱についてはどうなのだろうか。自らの作り話に人々が騙されていくのを見たタクシルの行動は次第にエスカレートし、アルバート・パイクが述べたとする教義上の声明をまるまる捏造したり、チャールストンにある結社の本部やほかのパラディウム団の組織の計画、パラディウム団独自の暦、実在の人物と架空のキャラクターを自由に混ぜ合わせた複雑な国際パラディウム階層などの詳細を付け加えたりした。現存する資料は数千頁にもわたるが、おそらくタクシルが捏造した事柄のすべてがそこに表されているわけではないだろう。ダイアナ・ヴォーンの出版者アルフレッド・ピエレは、パラディウム団の聖典「アパドノ書」の分厚い原稿を受け取ったことを覚えていた。その謎の書は彼の手元に六週間あったが、いわゆる回心をした直後のダイアナからの手紙を受けて返送され、以後、その書については誰も見聞きしていない。

サタニズムの伝承にタクシルが付け加えた内容の中で最も重要なのは、おそらく彼が作り出したルシファー主義者とサタニストの教義上の違いであろう。ユイスマンスは『彼方』でサタニズムの二つの陣営に関するヴァントラの漠然とした話、つまり、「一方は、世界を破壊し、廃墟に君臨することを切望する陣営であり、もう一方は、世界に悪魔崇拝を強いて大祭司となることだけを夢見る陣営である」とする話、をくり返したにすぎなかった。それに比べ、タクシルが描いたルシファー主義者とサタニストの違いはずっと巧妙に作り込まれ、真実味があった。タクシルはその着想を、ルシファーとサタンの違いを強調する核となる考えをすでに示していた当時のエソテリシズムを通して得たのかもしれない。悪魔に関するレヴィの多面的な記述はタクシルのような解釈も可能であり、また、神智学は明確にキリスト教のサタンに対立する存在としてのルシファーの特別な位置づけを強調していた。タクシルはこれらの考えを、完全に架空の、しかし国際的に、そして文学的にまで影響を及ぼす教義的・合理的な分裂に書き換えたが、それがあまりにまことしやかだったため、最終的にタクシルが自ら暴露した後も数十年にわたって、サタニズムに関する文献につきまとうことになった。

パラディズムの盛衰

タクシルがルシファー主義者とサタニストを対立させたのには明確な目的があった。両者を対立させることで、タクシルは悪い悪魔崇拝者と良い悪魔崇拝者を区別することができたのだ。タクシルの冒険的試みの始まりがどれほどでたらめなものだったとしても、後になってみると、計画された工程のあらましが彼の策略の中に明白に表れている。数々の愉快な挿話や細々とした論争がちりばめられているといっても、計画全体は、本質的にはタクシルの計略の傑作であるパラディズムの架空のグランド・ミストレス、ダイアナ・ヴォーンを登場させるためのものだった。ダイアナの人物像——ルシファー主義者だが高潔で、魅力的だが処女であり、彼女なりに敬虔ではあるが不幸にも道を誤っている——は明らかにカトリックの読者の同情を誘うように作り込まれており、後の離脱や回心を含む彼女の経歴の一つ一つが、入念に計画されたものである印象を与える。この計画を実行するにあたっては、すぐ廃刊となるルシファー主義の雑誌を、タクシル自身の関与を隠してヴォーンが創刊するなどの最も危険なステップを踏む必要があった。タクシルは小さいカトリック系出版社のアルフレッド・ピエレに仲介者を通じて探りを入れ、その後タクシル自身が出版社を訪れて、ミス・ヴォーンの名前で出版する段取りをつけた。回心したカトリック教徒で猛烈な反フリーメイソン論者であったタクシルがルシファー主義の雑誌を出版するために助けを求めてきたことにピエレが困惑すると、タクシルは、すべては二万人のルシファー主義者を教会の信徒に戻し、自分を清浄化することにもなるより大きな計画の一部なのだと述べた。ピエレは驚いたものの、口外しないことを約束した。しかし、タクシルが一〇〇〇フランを差し出し、店先を燃えるような赤色に塗り、小さな金色の三角形で飾ってほしいと伝えると、ピエレは憤慨して断った。

またこの頃、タクシルはこの壮大なはかりごとの協力者も見つけていた。その一人目はカール・ハックスというドイツ系の軍医で、パリに長く暮らし、フランス語で執筆することを趣味としていた。このような取り組みの成果として、素人宗教人類学の小本『ジェスチャー *Le Geste*』が世に出ていた。ハックスは徹底した自由思想家ではあったが、フリーメイソン内部で活動する悪魔崇拝の中心組織という考え自体には、受け入れ難さというものは何も感じなかった——というのが、少なくともタクシルの説明で、タクシルは後に、未来のドクター・バタイユを仲間に引き入れた時の、少し信じられないような話をすることとなる。タクシルの話は、ルシファー派に関する信じ難い話を広めることで、キリスト教徒の騙されやすさとフリーメイソンのルシファー主義の迷信の両方を貶めようとしているのだとハックスに語ったというものだった。タクシルはハックスに、ソフィア・ワルデールの署名入りの手紙を送りさえした。その手紙には、グランド・ミストレスが、『一九世紀における悪魔』に示されたパラディズムの歪められた描写に対し憤然と抗議する内容が書かれていた。この人の良い医師は、邪悪なルシファー主義者に会うことをとても楽しみにしていたが、ミス・ワルデールは実在しないとタクシルから最終的に告げられると、大いに落胆した。言うまでもなく、この話は少し出来すぎているように思える。いずれにせよ、タクシルの計画にとってハックスの重要性は限られていた。ハックスは主に『一九世紀における悪魔』の話の核となる紀行文を提供した。そして、それにタクシルがパラディズムの話をつけて脚色していったのである。

少なくとも、彼自身のその後の主張を信じるならば、彼の共著者としての役目は、一作目で事実上終わっていたようだ。

タクシルが引き入れたもう一人の協力者は、ダイアナ・ヴォーン本人だった。タクシルは常に、アシスタントの名前がダイアナ・ヴォーンであり、彼女の名前がグランド・ミストレスの由来となっていると述べていた——一部には、タクシルはサー・ウォルター・スコットの小説から名前を取ったのだと主張する者もいたが。いずれにせよ、タクシルが女性アシスタントに時折ミス・ヴォーンの役を演じさせていたことは確かであり、彼女の正体を歴史家たちがいまだに明らかにできていない、あるいはそれには関心がないために、彼女が一体誰で何をした人物だったのかについては、タクシルが後に記した告白の覚書に頼るしかない。タクシルが言うには、彼がヴォーンと出会ったのは仕事を通じてであったという。ヴォーンはタイピストで、アメリカのタイプライター会社のヨーロッパの販売員だった。彼女の英語系の名前はアメリカ人の曾祖父に由来し、両親はフランスのプロテスタントだったが、彼女自身は「どちらかというと自由思想家より」であった。タクシルが自らの「悪魔論」に彼女を徐々に引きつけた結果、彼女も大いにそれを面白がり、月一五〇フランと経費でこの作り話の中で自分自身の役を自ら演じることに同意した。この給料で、彼女はタクシルの原稿をタイプライター（当時はまだ比較的目新しかった）で打ち出し、グランド・ミストレスの手紙を手書きした。手紙は「アリバイ・オフィス」という代行業者に届けられた。その業者は、顧客の手紙を世界中さまざまな場所から投函するサービスを提供していた。彼女はまた、タクシルの指示でおそらく一度か二度、グランド・ミストレスに扮したと思われるが、一部には、タクシルは高級娼婦を雇ったのではないかと言う者もいた。もしそうなら、その人物は、タクシルが計画の中心人物として広めた写真に写っている女性ということになるだろう。しかし一方、もしタクシルの話が本当なら、彼のタイピストは作り話の中の自分の役をそれまで以上に楽しむようになっていたのであろう。「司教や枢機卿と書簡をやり取りしたり、教皇の個人秘書から手紙を受け取ったり、彼らに信じられないような奇妙な話をしたり、ヴァチカンにルシファー主義者の邪悪な陰謀を知らせたりなど、すべてが彼女を言いようのないほど楽しい気持ちにさせた」。ダイアナ・ヴォーンの人物像に関するわずかな情報は、これがすべてである。

さらに謎に包まれているのは、後にタクシルの仲間に加わった三番目の協力者であるイタリア人の「元最高大総監」ドメーニコ・マルジョッタである。マルジョッタは『一九世紀における悪魔』の中の挿絵に描かれ、その挿絵の説明文ではフィレンツェのロッジの創設者として短く触れられていたが、おそらく彼は特別な意図を持って紹介されたわけではないだろう。むしろ、もじゃもじゃの髭を蓄えたこのイタリア紳士は、パラディズムの情報提供者として自ら名乗り出てきて、グルノーブルのファヴァ司教に自分自身についてそのような人物として伝えた。マルジョッタはフリーメイソンではあったかもしれないが、最初の著作に挙げられていた地位や称号をすべて持っていたわけではもちろんなく、本業は冒険家とされ、たまに副業として文筆業に手を出すこともあったが、彼の本当の職業については後述するように、さらに突飛な憶測がなされてきた。タクシルの計略に彼がどのように利用されたかについては完全にはわかっていない。タクシルの回想によれば、マルジョッタは当初パラディズムの存在を信じており、素朴に信じてしまったことへの恥ずかしさから、なかば脅迫されて協力するようになったという。マルジョッタは、タクシルが暴露する少し前にパラディズムについて告発をしたが、その時彼が語ったのは、タクシルが彼を縛り付けた「不当な契約」についてのみだった。その真偽はさておき、タクシルはこのイタリア人を、ダイアナ・ヴォーンに関する暴露のための第三者の声としても、イタリアのフリーメイソンの「内部の専門家」としても効果的に活用した。マルジョッタが一八九六年にカトリックの記者に見せたタクシルからの手紙には、タクシルがイタリア人冒険家にテーマを指図し、彼の校正刷りを修正し、新聞社のどの人物にどんな資料を持って近づくかを指示する内容が記されていた。これが、イタリア人であるマルジョッタの本がなぜかフランスで先に出版され、その後イタリア語に翻訳されるという妙な状況が起こった主な原因であり、それはまた、タクシルがほかの暴露本を出版するペースと完全に一致していた理由でもあった。

しかし、タクシルにとって一番不可欠だった貢献者たちは、そのほとんどが自分たちの信念に誠実で、タクシルの計略の中で自分たちが果たした役割にはまったく気づいていなかった。その貢献者とは、タクシルの作り話を信じたカトリック系の広報係・ジャーナリスト・反フリーメイソン活動家たちであった。パラディウム団が存在するという話は、特にフランス国内のカトリック系メディアの大部分によって熱狂的に支持されていなかったなら、もっと早くに静かな終わりを迎えていただろう。タクシルが捏造したルシファー主義が広まるにあたっては、中心的な役割を果たした人物が何人かいた。グルノーブルでは、「フリーメイソンの災難」とうまいあだ名をつけられたファヴァ司教が、フリーメイソンに関するタクシルの所説を一部始終伝え広めた。ファヴァは雑誌『暴かれたフリーメイソン *La Franc-Maçonnerie démasquée*』を創刊してタクシルの後に続き、その編集者であるガブリエル・ベソニーはダイアナ・ヴォーンとタクシルの最も熱心な擁護者であった。また、ここで重要なのは、アベル・クララン・ド・ラ・リーヴというジャーナリストである。彼は、奇妙なことに、カトリック教会内でフリーメイソンに関する学識ある信頼の置ける専門家として厚い信望を集めていた。彼が膨大な脚注をつけた自著『世界的フリーメイソンにおける女性と子ども *La Femme et l'Enfant dans la Franc-Maçonnerie Universelle*』の中で、性的な儀式や悪魔崇拝やパラディズムに関するタクシルの話を取り入れたことで、フリーメイソンを論じる、より堅実なカトリックの著述家たちのあいだでそれらの見方が広く受容されていった。また、ムラン司教も前述のようにタクシルの計画に寄与した。この偽の回心者〔タクシル〕は、ムラン司教が『フリーメイソン、サタンのシナゴーグ』をまとめている際に何度も相談に乗った。『彼方』の出版後に大衆紙がこぞって「サタニズムの専門家」と呼んだJ＝K・ユイスマンスは、ムラン司教の後に続いた。ユイスマンスは、ジュール・ボワの『サタニズムと魔術 *La Satanisme et la magie*』のはしがきの中で、パラディウム団に関して数頁にわたり記述し、ヴォーンの『自由・再生パラディウム団』を何度も引用して、このような冒瀆的な活動の犯罪捜査を怠った司法当局を再び厳しく非難した。タクシルは自身の主張を裏づけるようなこうした作品を注意深く煽り利用した。彼は自分の著書を司教やほかの高位聖職者たちに送るのを常とし、それに対し送られてきた礼状や推薦状の手紙を自らの著作の冒頭に引用した。

専門家や聖職者らからのこのような支持を得たことで、タクシルの話は教区の雑誌やカトリック系の大衆紙でも受け入れられていった。マレツ修道院の『ベネディクト会誌 *Revue Bénédictine*』は、バタイユの滑稽な『一九世紀における悪魔』を称賛し、その書には「人騒がせな空想」を超えない部分があり、その著者が明らかに「空想癖がある人」だと述べるものの、しかし何より、その二作品が大衆向けの廉価版で出版されなかったことを非難していた。「そうすることも宣教活動の一環なのだから」と。アウグスティノ聖母被昇天会の日刊紙『ラ・クロワ *La Croix*』、L＝M・ミュステルの『クタンス・カトリック誌 *Revue Catholique de Coutances*』、J・P・タルディヴェルが創刊したケベックの新聞『ラ・ヴェリテ *La Vérité*』の各紙が、パラディズムやダイアナ・ヴォーンについて大々的に、疑うことなく報じている。タクシルは宣伝のためにこれらのルートを大いに活用した。自分の名前や、バタイユ、ヴォーン、マルジョッタらの名前で、各媒体に近く刊行予定の興味深い新しい記事と校正刷りを提供した。これによって書かれた新聞記事はタクシルのその後の著書に引用され、その結果、一見信憑性のある参考文献を積み重ねてもっともらしく見せることができ、さらに、タクシル自身の捏造が実際には、用心深いカトリック系の記者たちの独自の発見であるというような入念に作り上げられた幻想を生み出した。

だが、カトリック教徒全員が簡単に騙されたと考えるべきではない。カトリック教会全体が、タクシルの作り話を信じたわけではなかった。ドイツでは、『ケルン民衆新聞 *Kölnische Volkszeitung*』の記者で、いくらか名の知れた反フリーメイソンの著述家であるイエズス会士のヘルマン・グルーバーが、当初はタクシルの話を信じていたものの、その後懐疑的になり、タクシルの作り話を丹念に覆す記事を発表し始めた。これに際して、グルーバーはケルンの司教の支持を得ていたようである。フランスでも、一部の主流のカトリック系メディアはパラディウム団の話を無視した。超保守的な『リュニヴェール *L'Univers*』誌はタクシルの作り話はほとんど無視し、さらに保守的な『ラ・ヴェリテ』紙ではジョルジュ・ボワが、自身もその新聞も過激な反フリーメイソン派であったにもかかわらず、タクシルと彼の主張を酷評した。

しかしそれでも、タクシルのその大胆な作り話に、多くのカトリック教徒が驚くほどの信頼を寄せていたという点は特筆に値する。タクシルの作り話には、ほかの惑星への旅、エデンの園への訪問、悪霊によって（あるいは、悪霊とともに）危険に晒される子ども、悪魔の軍勢による有翼の獅子マルコの尻尾の捕獲、エルサレムのアンチキリストの祖母の誕生、壁を通り抜けるルシファー主義者、サウスカロライナ州チャールストンの「聖なる王国」で定例会議を開くサタンなど、現実離れした描写が含まれていた。中には、タクシルと仲間たちが人々をどの程度まで信じ込ませることができるのかを試して楽しんでいるようにさえ感じられる記述もある。たとえば、降霊術師の降霊会に、突然モレクが翼のあるワニの姿で現れたという楽しげな話がある。その悪霊は、テーブルの上にある酒をすべて飲み干し、ピアノで「この上なく奇妙な音色の」短い調べを奏で、それ以上に危害を加えることなく姿を消したが、それで済んだのも、悪霊の「残酷な気を起こしている日」にあたっていなかったためであろうという。

タクシルの捏造の中で最も成功した例は、間違いなくダイアナ・ヴォーンであった。この若い女性に関するカトリック系の新聞・雑誌の記事を読むと、記事の書き手たちは、この「不遇な生まれによってパラディズムという地獄の中で生きる天使のような女性」（とタクシルが適切に表現した）に本気で惚れ込んでいたようだった。二一世紀の読者にしてみれば、たとえば、アベル・ド・ラ・リーヴのような人物が、タクシルたちと組んだからではなく、話を真に受けてしまって、自著の終盤で突如としてミス・ヴォーンを称賛した、とは信じ難い。リーヴは、「この不思議な人柄の女性が、パラディウム団のほかの会員、そして世界中にいる二七五万五五五六人のフリーメイソンの姉妹たちよりいかに勝っているか」を主張し、コルネイユの戯曲『ポリュークト Polyeucte』から の祈りを引用する。その場面では、主人公が神に、自分が好意を寄せる美しい異教の娘ポーリーヌを改宗させるよう頼み、「彼女は、非キリスト教徒にしてはありあまるほどの徳を備えているのです」と祈りを捧げる。

ミス・ヴォーンの「回心」の後、カトリック教徒によるこうした称賛は増すばかりだった。ヴォーンの出版者であるピエレは、彼女が宗教的転換を公表した後、このルシファー主義者の元グランド・ミストレス宛ての手紙が六〇〇〇通届いたと述べた。すでに引用した『ベネディクト会誌』では、この驚くべき出来事で示された神の慈悲を称賛した。一八九六年一二月一六日、レオ一三世の教皇代理であるパロッキ枢機卿はヴォーンに手紙を送り、その中で聖下からの「最も特別な祝福」を伝え、また、聖下は祈りの中で、特にミサにおいては、彼女のことを常に覚えて祈ることだろうと述べた。枢機卿は次のようにも記した。「貴女にはずっと以前から同情をしていました。貴女の回心は私の知りうる限り、最も崇高な恩寵の勝利の一つなのです」。女性たちもまた、タクシルの描く幻想の魅惑的な力に抗えなかった。カルメル会の修道女リジューのテレーズは、回心したヴォーンと手紙を交わし、仲間の修道女たちのために、アスモデウス、ルシファー、ベルゼブブが自分たちの地獄の大義のためにダイアナを失ったことをひどく嘆くという短い劇作品を書いた。後に聖人となるこの修道女は、元グランド・ミストレスが実在しないことを知ると非常に落胆し、彼女から受け取った手紙を自ら燃やしてしまった。

一方、タクシルが見せる空想を熱心に受容するカトリック教徒とは対照的に、カトリック以外の新聞や雑誌は、最後の最後までパラディズムには目もくれないか、あるいは、報じる場合は楽しみながらも冷静だった。世紀末のオカルティズムとエソテリシズムの広報担当は、一部にはタクシルの罠にはまった者もいたが、全体としてはより批判的な洞察力も示していた。神智学者たちは『ルシファー』という神智学協会の雑誌を出版していたため、遅かれ早かれタクシルの主張に反応することを余儀なくされた。一八九六年一月、故ブラヴァツキーの個人秘書で影響力のあるジョージ・ロバート・ストウ・ミードが、パラディズムに関する暴露について『ルシファー』の論説で、神智学のルシファーは善良な霊で、人間の知的進化を助ける存在であり、パラディズムやサタニズムとは何の関わりもないとコメントした。しかし、彼はルシファーを崇拝するフリーメイソン内の巨大組織の存在は疑っていなかったようで、この明白なサタニズムの流行は、ローマ帝国の末期に狂宴にふけり堕落した者たちの魂が突然集団で生まれ変わったことによるものかもしれないと推測した。

心霊主義の雑誌『ライト――心霊・オカルト・神秘研究誌 *Light: A Journal of Psychical, Occult, and Mystical Research*』には一八九五年の秋以降、『一九世紀における悪魔』からの抜粋が英語訳されて載るようになった。この訳者は（C・C・Mとだけ名乗り）バタイユの「この国に対する乱暴な偏見、ばかばかしいほど間違っているといってもだから放置してよいというものではない、言いたい放題の偏見」を強く批判したが、一方で、その著書がオカルティズムを学ぶ者にとっては無視できないものであるとも述べた。「近年さまざまな方面から、「ルシファー主義」教団の実在と拡大、その教団とフリーメイソンの最高位階との結びつき、政治的・革命的組織における実際の影響に関する噂が、ますます明確で確実なものとなっている。物質主義に対する明らかかつ不可避の反動は自然崇拝（「自然神」）であり、そこでは霊的なものが感覚的な自発性を神聖化したものとして復活する」。次号以降では、その後の新たな暴露に関する活発な論争がくり広げられた。ある記者は、バタイユの著作の背後に闇のアストラル界の力があることを見抜き、「バタイユはおそらく、彼らが自称するところの「暗黒」集団の活動的なメンバーであり、愛と慈悲ではなく、畏怖と畏敬という土台の上に築かれた世俗的な権力を回復させるという目的しか視野にない、頑なな人物であろう」とした。ある手紙代書人の女性は、サタニズムの再燃を「カリ・ユガの時代」の善と悪の終末論的な戦いの典型例であると見做し、ジョルジュ・サンドへの言及を加えた（「フス派の古い合言葉「不当に扱われし者、御身に敬礼せんことを」が生き続けていることは確かである」）。三人目の寄稿者は、「〈前会長〉と〈聖大石工〉」と名乗り、すべては「カトリックの聖職者とイエズス会士」の陰謀で、ダイアナ・ヴォーンはドクター・ハックスの「催眠術にかかっている」か、あるいは「悪賢いイエズス会の一員」である可能性もあるとする考えを示した。専門家としての意見を求められたフランス人オカルティスト、パピュスの見解が二度掲載された後も、白熱した論争は収まらなかった。

フランスでは、ジュール・ボワがパラディウム団の暴露に関して若干さらに懐疑的な姿勢を見せた。ジャーナリスト兼エソテリシストであるボワは、ハックス／バタイユに『ル・フィガロ *Le Figaro*』紙のためのインタビューを行い、自著『パリの小宗教』で「ルシファー主義」という短い章を書いた。その中でボワは、すべてが実は「幻の夢」である可能性もあるとの疑念を示した。だが、真偽はさておき、この話全体は時勢を表すものであった。「堕ちた大天使を崇拝するこのような一派を想像、あるいは再興するために、今世紀のあらゆる労苦が必要となってくるのは間違いない」。

代替宗教やエソテリシズム団体の内情を知る者たちはタクシルの茶番劇を軽くあしらった。『一九世紀における悪魔』で案の定、食器棚に使い魔を隠しているリアルなサタニストとして描かれたガイタは、本物の悪魔崇拝は極めて稀な事象であると改めて主張した。パピュス（バタイユは、パピュスはこの名前を与えた悪霊に取り憑かれているのだと述べた）は別の冊子で見解を示し、バタイユたちがエリファス・レヴィの著作からいかに多くを盗み取っているかを指摘した。また、彼のオカルト仲間の一人は、どうやらどのカトリック系の出版社も行っていなかったことをした。馬車を走らせ、『自由・再生パラディウム団』の出版社があるパリの所在地に行ってみたのだ。そこで見つけたのは、赤く塗られたり悪魔のシンボルがちりばめられたりなどしていない完全にカトリックの店構えの建物で、店内にはロザリオやカトリックの本などが並ぶ中、ルシファー主義の雑誌がややぎこちなく展示されていた。英仏海峡の向こう側では、イギリスのフリーメイソン会員でレヴィの信奉者だったアーサー・エドワード・ウェイトも亡き霊的指導者を擁護して、パラディズムの著作に対する鋭く批判的な見解を出版し、そこに書かれている内容がすべてナンセンスであることを明確にした。しかしいずれのオカルティストも、その嘘の全容をすぐに把握していたわけでなかったことは指摘しておかねばならない。『ライト』誌での議論に対する当初の寄稿では、ウェイトはタクシルが作った偽情報の一部については完全に否定的ではなく、また、パピュスは同誌に投書した中で、『一九世紀における悪魔』についてそのカトリック系の出版社が「金儲けのための作り話」として批判してはいたものの、意外にも、ハックスについては彼がパラディウム団内部事情を知っていると付け加えていた。「ドクター・ハックスがほとんど無名のイタリアのロッジの会員で、パラディウム団の加入儀礼を手伝うよう招かれたことは事実であり、その加入儀礼にオカルト的な儀式の要素はなく、今はもうなくなった重要でない小さなロッジで行われたものだった（また、実際には、描写されているような暗黒の霊の儀式ではなく、明けの明星ルシファーの祭式を行っていた）」。また、ダイアナ・ヴォーンに関しては、パピュス自身も、彼と親交のあるフランスの加入者グループをまとめる「約一五〇人」の指導者や幹部も誰一人として、彼女を見たことがないと主張した――が、彼女がパラディウム団のほとんどの会員がいたともされる「無神論者のフリーメイソン・ロッジ」に出入りしていた可能性も指摘した。

一方のタクシルは、まったく表に出てこなかったわけではなかった。彼は最新の幻灯機をたずさえ、地方で講演をして回った。ドクター・バタイユ、ダイアナ・ヴォーン、マルジョッタと同様、タクシルは『宗教・政治・学術の月刊誌 *Revue mensuelle religieuse, politique, scientifique*』の主要な寄稿者だった。この月刊誌は『一九世紀における悪魔』の文芸欄に付随し、それを継承したものである。またタクシルは商売の機会も大いに活かしていたようだった。パピュスによれば、タクシルの出版社の建物には医院や歯科医院が併設され、「聖職者の紳士には特別に割引した価格で」施術していたという。タクシルが行った最も奇妙なカトリック教徒向けの事業は、おそらく反フリーメイソンの信者組織「反フリーメイソンの旗団」を創設したことだろう。この「好戦的なカトリック教団」は教皇レオ一三世の影響を受けたとしており、教皇に倣って、「悪魔の教団に対し、宗教が最後に勝利する日まで終わることのない、すなわち、社会を支配するイエス・キリストの王国を築き、キリストがフランスの王として公的権威によって認められるその日まで終わることのない、防衛も攻撃もしない戦い」を行った。

タクシルはこの驚くべき冒険的試みのための、驚くべき協力者を見つけた。その協力者はジュール・ドワネル（一八四二～一九〇三）と言い、パピュス、ガイタ、ペラダンらと密接な協力関係にあった人物である。ドワネルは、カタリ派を復活させることを目的とするエソテリシズムのグループ〈グノーシス教団〉の創設者であり、教団の最初の「アルコーン」であった。一八九五年、ドワネルは突然カトリックに回心し、『仮面をはがされたルシファー *Lucifer démasqué*』を出版した。その中で、ドワネルは、あらゆるエソテリシズム的・オカルト的なものの背後にはルシファーの働きがあると指摘し、自ら経験したフリーメイソンとエソテリシズムの教団での出来事をその裏づけとして語った。（主に述べられていたのは、集会や儀式のあいだに彼が感じた悪の王子の「霊的顕現」のことだった。）ドワネルは後年、グノーシス主義に戻ったようだが、この時の回心はおそらく本心からのものだったのだろう。一八九五年一一月一九日、ドワネルはミサを終えてから、〈反フリーメイソンの旗団〉を結成するためタクシルほか六名の過激派とともにパリのサクレ・クール寺院に集まり、ドワネルはブラザー・コストカ・ド・ボルジア（『仮面をはがされたサタン』を出版する際に使用した筆名ジャン・コストカに似せて）という「宗教的な」名前を名乗り、タクシルはブラザー・ポール・ド・レジス（その敬虔さで知られる遠い親戚の名を取って）を名乗った。

この新たな結社は、フリーメイソンに匹敵するカトリックの組織を設立し、独自の色とりどりの制服や飾り帯、旗印や儀式、そして、女性は一つの位階（すなわち「ジャンヌ・ダルクの姉妹」）、男性は三つの位階（コンスタンティヌスの軍団兵・ミカエルの戦士・聖心の騎士）から成る位階システムを確立しようとする大胆な試みだった。また、〈反フリーメイソンの旗団〉には、青年会、独自の雑誌（『反フリーメイソン *L'Anti-Maçon*』『反フリーメイソン運動専門誌、〈旗団〉連盟公式機関誌 *Revue spéciale du mouvement anti-maçonnique organe officiel de la ligue de Labarum*』）、儀式用の装いをして行進するために時折集まる部門の全国ネットワークがあった。最高位の男女は、フリーメイソンが犯した冒瀆を償うための自発的な犠牲において自らの命をキリストに捧げることを許された。この運動は、ある程度の成功を収めたようである。一八九六年には、すでに一一の「組合」がフランス中で設立の過程にあり、カナダとスコットランドでも外国部隊が活動していた。一八九六年二月二二日には、パリ管区の年に一度の「グランド・ギャルド」に数百もの人々が集まった。

一八九六年の国際反フリーメイソン会合は、反フリーメイソンを掲げるローマ・カトリック信徒としてのタクシルの歩みの頂点であると同時に転機ともなった。この会合の開催はタクシルの発案によるものではなかったが、タクシルはその準備の初期段階に深く関わっており、彼の演出や個性が会合の関心の中心となっていた。開会の行進でタクシルは、自らを〈旗団〉の名誉グランド・マスターの赤い飾り帯や儀式用の記章で飾り立て、記章旗と紋章旗を掲げる自作の反フリーメイソン騎士団に囲まれながら、征服の英雄として登場した。彼はしばしば告解し聖体を拝領した。公式の宗教儀式には、いつも決まって教会が満員になってから入場し、最大限の謙遜さを装ってゆっくりと通路を歩いていくと、参列者たちのあいだから自然と「偉大なる回心者万歳！　聖人よ、聖人よ！」と称える声が湧き上がった。会合でダイアナ・ヴォーンのための言葉をタクシルが発すると、熱狂的な喝采が起こった。

大衆からの尊敬を集めたという点では、タクシルはトレントで間違いなく成功を収めた。しかし、「政治的な」面では失敗したと言えよう。会合に先立って、タクシルは自分がフランスの反フリーメイソニストの正式な代表として指名されるよう会議で働きかけていたが、イタリアの組織委員会からは、タクシルの指名は認められないとする通知が届いた。タクシルはトレントで、やや巧妙な手を使って創設されたばかりの国際反フリーメイソン同盟の規約の策定を任される委員に選出されるよう試みた。そうすることで、出現しつつある世界的な反フリーメイソン運動のまさに中心に自らを据えようとしたのである。けれども、もう少しのところで、彼の選出は委員会の著名なメンバーの内密の指示によって阻止されてしまった。さらには、ダイアナ・ヴォーンが実在する証拠をはっきり示そうとしないタクシルの態度が、教会の上層部に良い印象を与えるはずもなかった。タクシルは、ミス・ヴォーンの安全を守るためには、聴罪司祭の名前など、彼女が回心した証拠を司教に内密に示し、それを司教から教皇に伝えてもらう方法しかないと主張した。だが、彼はラザレスキ司教との約束に姿を現さなかった。その夜遅くに司教と会った際、タクシルはたとえわずかな暴露でさえも回心したグランド・ミストレスの身を危険に晒すことになると断言し、司教の前でポケットから拳銃を取り出して、常に危険が迫っているため武器なしで外出することはないのだと述べた。

上層部では、タクシルに対する疑念が持ち上がったようだった。実際、反フリーメイソン会合の以前から、タクシルのパラディウム団の作り話には亀裂が生じ始めていた。すでに一八九四年四月二二日には、ロゼンヌがタクシルを「まやかしの鍵 La clef de la mystification」という記事の中で非難し、主にフリーメイソンの百科事典を参照して、バタイユの親友を自称する人物たちのほとんどはすでに他界していると示した。一八九六年一月にオランダのローマ・カトリックの施設を回っていた際には、ユダヤ教の元ラビ〔ロゼンヌ〕が再びタクシルは詐欺師であると断じ、ダイアナ・ヴォーンはただの捏造で、タクシルの妻がヴォーンを演じているのだと主張した。タクシルは、ロゼンヌはアドリアーノ・レッミの秘密工作員で、〈ナザレの蓋モーセ〉のコードネームで活動しているという噂を広め、効果的にライバルの口を封じた。しかし、その箱の蓋をずっと閉じておくことはできなかった。パリの『レクレール *L'Éclair*』紙が一八九六年一二月にアリバイ・オフィスの存在を暴露し、タクシルに自らの詐欺行為を「嘲笑の渦の中で」告白するよう忠告した。タクシルの協力者が寝返り始めると、彼の計画に生じていた小さな亀裂は大きな裂け目となった。カール・ハックス、別名ドクター・バタイユは、反フリーメイソン会合の直前にイングランドの記者にほぼすべてを打ち明け、一八九六年一一月に『リュニヴェール』誌のインタビューに答え、『ラ・ヴェリテ』紙、『ケルン民衆新聞』、『ラ・リーブル・パロール *La Libre Parole*』紙にも手紙を送り、『一九世紀における悪魔』の背景にある本当の話を暴露した。「カトリック信者には何を話しても大丈夫なのさ、やつらはただの間抜けだからな」というハックスの言葉を、『ラ・ヴェリテ』紙の記者がショックを受けた様子で記録している。一八九六年一二月には、マルジョッタも自らの仮面を外し、『ラ・リーブル・パロール』紙に自分がいかにタクシルの指示に合わせて動いていたかを話した。マルジョッタはまた、もちろん勘違いではあったのだが、ダイアナ・ヴォーンは本当はタクシルの妻だという情報も伝えた。

タクシルの壮大な作り話が限界に近づいていることは明らかだった。タクシル自身もまた、その頃には、仮面をかぶり続けることの重圧に耐えきれなくなっていたようだ。匿名の目撃情報によれば、彼はパリのキャバレーで泥酔し、昔に自作した反教権的な歌を大声で歌い、そのことを誇らしげに自慢していたという。四月一九日に行ったスピーチの中で、タクシルは再び、最後の種明かしはずっと以前から計画していたもので、自称潜入捜査員としてのほぼ一二年にわたる活動をあえて終わらせたのだという印象を与えようとした。またタクシルは、ハックスの離反は「大手の新聞雑誌」の注意をヴォーンの話に向けさせるために、自分との綿密な打ち合わせの上で行われたものであるとすら述べた。タクシルが編んだ複雑な捏造の網の中には、彼の主張の真偽を確かめるのがほとんど不可能なものもあるが、特に次の件に関しては、彼が単にでたらめを言っていたのではない可能性を、多くの状況が示している。たとえば、ダイアナ・ヴォーンの存在と彼女の正体に関してハックスが意図的に取ったように見える曖昧な態度である。それが計画的なものであろうとなかろうと、タクシル自身による茶番劇の終幕は、彼が最後のスピーチで明確に認めたように、他人が終わらせていなかったとしても、それ以上先延ばしにはできなかった。

四月一九日の記者会見は、タクシルがしてきた信じられないような潜入と妨害行為の功績を飾るにふさわしい最終幕となった。タクシルは自らの物質的利益をおろそかにしていたわけではもちろんなかったが、ある意味において自らの目的のために自己を犠牲にしたことは確かであり、その奇妙な実験に人生の一二年間を費やし、タクシル自身も記すように、その後の公の場での活躍の機会を事実上失ってしまった。アイスランドの新聞であろうと、パタゴニアの新聞であろうと、タクシルによる新しい記事が新聞に掲載されることは、それ以降一切なくなった。タクシルはその後の余生を、昔書いた反教権的な著作を再出版したり、ポルノ本や料理本を出版したりしながら過ごしたのだった。一九〇七年、彼は事実上忘れ去られたまま、この世を去った。

大いなるフリーメイソンの陰謀

このタクシルの物語をサタニズムの歴史の中に位置づけるのは難しいことではない。パラディズムはラベリングの極めて明快な例である。このラベリングの例は、当初から、ラベリングの仕組みそのものを明らかにするという明確な目的で意識的に作り出されたために、普通のラベリングとは異なるものとなった。前述したように、まともな歴史学者はみな、パラディズムの話はまったく創作だというタクシルの説明を受け入れている。これよりさらに興味深く、説明が難しいのは、タクシルの作り話が、当時のカトリック教徒のあいだで大いに受け入れられたことだ。彼のありそうもない嘘が、なぜローマ・カトリックの最上層部を含む、それほど多くの人々にまで信じられたのか。というのも、タクシルの嘘は、僻地にいる敬虔なカトリック教徒のみならず、明らかに知的能力の高いカトリックの指導者たちのあいだでも信頼を得たのである。

その答えとして、歴史学者の中には単に、何でも安易に信じるという一九世紀のカトリック信者の気質のせいにする者もいた。だが、これはせいぜい半分の説明にしかなっておらず、ローマ・カトリック教徒に関するある疑わしい思い込みが前提となっている。人間は一般に、自ら進んで騙されるものだというのは、たしかに印象的な事実ではある。しかし、タクシルの企てにはそれを可能にした歴史的背景があり、それなくして、なぜヨーロッパのかなりの数のカトリック教徒が、異端的なルシファー崇拝者の世界的ネットワークに関するダーク・フィクションを熱心に受容したのかを理解することはできない。まず一つは、タクシルの嘘は何もないところに築かれたわけではない。タクシルの創作の基盤には、主に保守的なキリスト教から生じた反フリーメイソン文書の長い伝統があった。

この長い伝統は、一八世紀や一七世紀にまで遡るが、そのテーマは西洋革命、とりわけその象徴的な頂点であるフランス革命によって大きく広まり、新たな政治的重要性を与えられた。フランス革命は、旧体制を不滅のものと考えていた人々に、徹底的かつ完全に予期せぬ衝撃を与えた。突然（そう思えたのだろう）、〈教会の長女〉たるフランスの民衆が、神に選ばれし国王を退位させ、最後にはその首を切り落としたのだ。彼らは自分たちが生まれ持った知能に従って、神、伝統、前例に頼ることなく自ら統治することを宣言した。その後、彼らはキリスト教の神の代わりに〈理性の女神〉を崇拝し始め、教会とは縁を切り、聖職者たちを暴力で迫害した。最終的には旧体制の連合軍が暴動を鎮圧し、フランスに王政を復活させることに成功したものの、革命の亡霊が消える様子はなかった。それどころか、新しい亡霊をヨーロッパ中に生み出した。自由主義、社会主義、共産主義、無政府主義が、次々と激しく急進的な変化を求めるようになり、キリスト教会に威嚇的な拳をふり上げた。革命が失敗した国でも、政府は社会への宗教的影響を抑制する措置を講じ、一方、議会統治性や普通選挙権といった革命の信条は、次第に多くの西ヨーロッパ諸国における政治的現実となっていった。と同時に、かつては一握りの不信心者の啓蒙思想家だけが説いていた形而上学的観念を取り入れるために、多くのヨーロッパ人やアメリカ人がキリスト教を棄てるようになっていった。人間による支配がいよいよ始まったのである。

「憤慨した伝統」を体現する人々からすれば、このような変化は理解し難いものであり、邪悪な陰謀の一部であるように見えた。すでに革命期から、フリーメイソンが当時の政治的混乱の影の原動力であると主張する出版物は現れ始めていた。かの有名な「自由、平等、友愛」のスローガンはフリーメイソンが考えたのではなかったか？　宗教的寛容はロッジで密かに何世紀にもわたって伝えられてきたものなのではないか？　最も著名な革命家たちの中にフリーメイソンがいたのではないか？　一七九七年には、これらの噂を編纂したものが、オギュスタン・バリュエル神父著の全四巻からなる『ジャコバン主義の歴史のための回想録 *Memoire pour servir à l'histoire du jacobinisme*』に掲載された。バリュエル神父は、革命政権が宗教迫害を始めた際にイングランドに逃れたフランス人司祭である。バリュエルがこの『回想録』で描いた壮大な歴史的概観は、フリーメイソンに関する言説をその後一世紀以上にわたって支配することとなる。バリュエルが主張するには、フランス革命は、明らかにフリーメイソンの仕業であり、その急進的な先駆けであったイルミナティにより先導され、「哲学者たちの陰謀」と結託して仕掛けられたものであった。しかし、この出来事は、「十字架にかけられた神と王冠を授けられた王」に対する長きにわたる反対運動の、最も新しく最も劇的に爆発したものにすぎなかった。中世において、フリーメイソンの陰謀の先駆者であったのは、一部のフリーメイソンが述べるように、テンプル騎士団であり、テンプル騎士団は、異端的主張とフランス国王に対する陰謀の告発により解散させられた軍事的な修道会だった。テンプル騎士団の異端信仰は、まず、アルビジョワ派をはじめとする「南フランスの異端派」に由来するが、結局のところそれらはすべてカタリ派の分派であった。バリュエルは次のように述べる。「すべてはつながっている。カタリ派からアルビジョワ派、そしてテンプル騎士団へ、そして彼らからジャコバン派のフリーメイソンへと。すべてが共通の父を示唆している」。バリュエルによれば、この共通の父とは、教父たちの厳しい批判に晒されてきたマニ教のことだという。したがって、完全に近代の所産と思われていたものは、実は、キリスト教の黎明期から綿々と追求されてきた反キリスト教、反権威主義の目的を掲げる古くからの陰謀であり、それが近年になって急激な盛り上がりを見せたものなのだという。「人類の平等と自由を確立するために破壊されなければならないのは常に王権とキリスト教であり、転覆させられなければならないのは常に帝国と祭壇なのである」。

　バリュエルの本はその分野の古典となり、ヨーロッパのほぼすべての言語に翻訳され、その後数十年にわたって盛んになった大量の反フリーメイソン文書の雛形となった。その人気の主な理由は、理解できないものを理解可能なものとしたことにあった。そうして、一七八九年の未曾有の出来事と、多くのヨーロッパ人が一見自然発生的に、明白な真理であった信仰を棄てたことは、既存の歴史的枠組みの中に位置づけられるようになった。まず、新しく起こったことなど何もないということははっきりしていた。革命は、時代ごとに姿を変えて表に現れた反キリスト教の秘密のネットワークによって計画されたのであり、そこには自然発生的なものは一つもなかった。このネットワークは曖昧な目に見えないものではなく、ほとんどすべての町や都市に目に見える形で存在した。バリュエルは、フリーメイソンの一般会員は結社の邪悪な計画を知らず、そのアングロ＝サクソンの諸支部は除外されていたとしたが、キリスト教信仰とキリスト教社会に対する陰謀は、ロッジの深奥で企てられたのだとする。この単純明快な説明は、田舎者や偏屈者のあいだだけでなく、多くの人々に受け入れられた。ローマ・カトリックの聡明な知識人であるジョゼフ・ド・メーストルは、エソテリシズムの分派の活動に熱心に取り組み、当初はバリュエルの説に反論していたが、後にバリュエリズムに「転向」した。そして、奇妙なことに、バリュエルに感銘を受けたフェルディナン・ド・ベルティエ伯爵（一七八二〜一八六四）は、そのオカルトの陰謀を明るみに出すために、ロッジ〈完全なる尊敬〉にわざわざ加入し、その後、フリーメイソンの邪悪な働きを秘密裏に妨害すべく〈信仰の騎士〉を設立した。

　バリュエルが有名な例であるが、反フリーメイソン文書の著作目録を見れば誰でも、その著者たちの多くがカトリックかプロテスタントの聖職者であることに気づくだろう。これは偶然ではない。フランス革命によってもたらされた二分法の中で、ローマ・カトリック教会はこれまでも見てきたように、最初は多少のためらいはあったものの反動勢力の側につき、また、有力なプロテスタントの一部、その中でも「原理主義」寄りの諸派も、この反革命的な立場に加わった。これはフランス革命のある局面――教会の財産没収や、共和国に忠誠を誓わなかった司祭たちに対する迫害――によって理解しやすいものとなり、これらの出来事が呼び起こした嫌悪感はやがて一つのイデオロギーとなった。バリュエルの著作は、多くの反革命家たちのあいだで瞬く間に広がっていった信条、すなわち、王座と祭壇との「伝統的な」同盟に関する信念をくり返し証言した。実際には、旧体制の絶対君主の教会や高位聖職者に対する扱いは、寛大でも擁護的でもないことがほとんどであったが、勢いを増す革命の潮流に対抗する「憤慨した伝統」という共通の大義の中で、近い過去におけるそうした部分はすぐに忘れ去られていった。カトリック教会は一九世紀の大半において、「キリスト教」の君主制と国の正式なキリスト教的特徴を復活させようともくろみ、言論の自由、信教の自由、政教分離など、西洋革命がもたらした最も重要な法的な影響には頑なに反対し続けた。

その性質上、教皇権はまさにそれ自体が、王座と祭壇との同盟を最も顕著に体現していた。教皇は、キリスト教教会の最も有力な霊的指導者であったが、それと同時に、遠い昔の暗黒時代にカロリング朝の初代当主からローマ教皇に寄進された領土である教皇領の、事実上の君主的統治者でもあった。敵味方を問わず、この領土は両者にとって、急進的な世俗化の段階に入りつつあった世界における霊的・世俗どちらの領域も支配するという教会の主張の象徴となった。当然ながら、教会領のあり方は、フランス革命の余波における絶え間ない論争の火種となった。一七九九年に、ローマはフランス革命軍により「解放」され、町は共和国を宣言し、「市民教皇」は捕虜として連行された。ナポレオン率いるフランス軍が敗れると、ヨーロッパの君主たちは教皇の支配を一時的に復活させた。しかし、今度は、イタリアの急進派が民主・立憲政治とイタリア統一を要求するようになり、おひざ元からの反発が教皇権を脅かし始めた。一八四八年にヨーロッパ中に新たな革命の波が広がると、イタリアの革命家ジュゼッペ・マッツィーニ率いる反乱軍がローマを占領し、共和国を復活させた。教皇ピウス九世は一般の司祭と同様に、永遠の都から逃れなければならなかった。マッツィーニの共和国が短命に終わったため、ピウス九世は（皮肉にも）ナポレオン三世が派遣したフランス軍によって守られ、教皇の座に返り咲いた。しかし、教皇の独裁政治は今や、ヨーロッパの政治情勢の中では例外的なものとなりつつあった。一八七〇年に普仏戦争が勃発し、フランス兵がローマから撤退すると、それまでに成立していた統一国家としてのイタリア王国は即座に行動に出た。一八七〇年九月にイタリア軍がローマに進軍すると、ピウス九世は自らの衛兵隊に、侵略軍に対し象徴的な抵抗を示すよう命じ、自身はヴァチカン宮殿に立てこもり、以降「ヴァチカンの囚人」として生涯を過ごした。

これらの経験によって教皇たちの態度が形成され、ヨーロッパ中を吹きぬけた新しいイデオロギーに対する疑念が強まった。彼らはヴァチカンにおける近代化の始まりを徹底的に拒絶した。一八二〇年代に西ヨーロッパ諸国のほとんどが反動の抑圧に喘いでいた時、教皇領はその超反動主義体制によって自分たちを差別化した。一八一四年にフランス軍が去ると、異端審問所がすぐに復活し、一八二三年に教皇に選出されたレオ一二世は、非カトリックの「異端派」に対する迫害を強化し（その結果、七人が死刑となった）、フランス王ルイ一八世の、「誰でも自分が最もふさわしいと思うように考え、信じることを認める」とする寛容な宗教法を厳しく非難する機会を見出した。レオ一二世はまた、劇場等におけるアンコールや拍手すらも政治的不満のはけ口になりうるとして禁じた。これらの行き過ぎは、後の教皇のもとではいくらか和らいだものの、確固たる反近代主義の根本的な姿勢は受け継がれていった。一八三二年、グレゴリウス一六世は回勅『ミラリ・ヴォス *Mirari Vos*』を発し、その中で、正統な支配者に対し反旗を翻そうとするあらゆる試みを非難し、良心の自由の考えを「精神錯乱」と呼んだ。ピウス九世は、一八六四年一二月に、近代の信条やイデオロギーに対する非難をまとめた真の『誤謬表 *Syllabus Errorum*』を厳かに発表し、汎神論、合理主義、社会主義、自由主義など、「〜主義」とつく数多くの主張を批判した。

言うまでもなく、この誤謬表にはフリーメイソンも挙げられていた。一九世紀の教皇たちは、フリーメイソンに関する前例を一八世紀の先任者たちに見出した。一七三八年にはすでに、教皇クレメンス一二世が、大陸ヨーロッパで大流行し始めた「メイソンまたはフリーメイソンの子どもたち」という新しい結社を非難していた。クレメンス一二世は、中世と近世の異端学からお気に入りの定型表現を引き出し、ロッジで秘密裏に行われていることは邪悪なことに違いないと断言し、「もし彼らが悪業を働いていないのであれば、こうも光を嫌ったりすることはあるまい」と述べた。けれども、フリーメイソンに関してクレメンス一二世が主に申し立てた内容は、フリーメイソンにはさまざまな宗教の信者が加入できるために社会の宗教的相対主義が助長され、彼らが正統な王たちに対する反乱を扇動する可能性がある、というものであった。教皇クレメンスの大勅書の趣旨は、ありふれた神学の体をなしてはいたが、おそらくその大部分は実務的で局地的なものだったのだろう。ほかのヨーロッパ諸国の支配者は、フリーメイソンが臣民に対する絶対主義的な支配を弱体化させるのではないかと考え、フリーメイソンをすでに不法なものとしていたが、教皇は彼らに倣ったにすぎなかった。ほかのヨーロッパの支配者たちと同様、クレメンス一二世によるフリーメイソンへの対抗策は失敗に終わった。ローマやスペインの異端審問では数名のフリーメイソンが逮捕、処刑されたが、クレメンス一二世のフリーメイソン非難を一八世紀の教皇たちがさまざまな形でくり返していること自体、そうした非難の効果のなさを物語っている。一八世紀において、聖職者がロッジのメンバーであることは決して珍しいことではなく、修道院に修道院独自のフリーメイソン・ロッジがある事例すらあった。

一九世紀に教皇たちがフリーメイソンに行った痛烈な批判は、まったく異なる雰囲気を感じさせるものであった。その新しい雰囲気を生み出したのがバリュエル神父である。フリーメイソンの背後には、革命の亡霊とキリスト教を破壊しようとする反キリスト教の陰謀家たちの昔からあるネットワークが潜んでいた。ここでもまた、ローカルな経験がこの態度の形成に影響した。フリーメイソンはイタリアの解放運動の組織の中で一定の役割を担い、さらに大きな役割を果たしたのが、フリーメイソンとの類似性を示し、一八二〇年代以降、人気のゲリラ組織へと成長した炭焼き職人の秘密結社、いわゆるカルボナリであった。マッツィーニは、フリーメイソンとカルボナリどちらにも所属し、彼が創設した革命的組織〈青年ヨーロッパ〉はこれらの秘密結社をモデルとしていた。歴代の教皇がこうした結社を快く思っていなかったことは、彼らが教皇領において二度も反乱を起こし、一八四八年に教皇をヴァチカンから追い出したことを考えれば当然とも言える。しかし、そのローカルな政治的災いの背後には、さらに大きな勢力があると教皇庁は見ていた。ピウス七世、レオ一二世、ピウス八世、グレゴリウス一六世はみな、バリュエルが唱える陰謀論にますます染まっていることを露呈したフリーメイソンやほかの秘密結社の会員に破門を言い渡した。フリーメイソンは、今やただの騒々しいライバルとしての可能性を秘めているだけでなく、西洋革命の隠れた役者であり象徴となったのである。

　ピウス九世の『誤謬表』はしばらくのあいだ、この展開における頂点にあった。一見すると、「秘密結社」は誤謬表において、社会主義、共産主義、「聖書協会」、自由主義的聖職者協会の並びでついでに言及されただけのように見える（第四題目）。一連の誤りのある教義を除けば、表に記された誤謬のほとんどは、政治的な問題に関するものだった。たとえば、「人はみな、理性の光に導かれて自らが真理と見做した宗教を自由に奉ずることができる」という信念（誤謬一五）、教会は「武力を行使する権力を持たない」とする考え（誤謬二四）、教育は教会の権威から自由であるべきとする考え（誤謬四七）、「正統な君主」に服従することを拒否する権利（誤謬六三）、民事結婚の制度（誤謬七四）、国教としてのローマ・カトリック教会の廃止（誤謬七七）、また、「教会は国家から、国家は教会から分離されなければならない」（誤謬五五）という究極の誤りとまとめられるような数多くの誤謬などである。多くの点でその表は不完全ではあったが、西洋革命によってもたらされた政治的・社会的変化に関する広範な目録となっていた。そして、ヨーロッパの精神的転換に対する教皇たちの継続的な抵抗は、「教皇は、進歩、自由主義、現代文明と和解し、それを受け入れることができ、またそうしなければならない」という命題をピウス九世が最後の八〇番目の誤謬としたことで、挑戦的に世界の前に投じられた。だが、フリーメイソンに関する真の棘は、この文書の末尾にあった。ピウス九世はここで、教会の「現在の不運」は、「主に」フリーメイソンやそれと似た「結社」による「詐欺や陰謀」に帰することができる、とほとんど思いつきのように述べた。

> 尊者たる兄弟たちよ、われわれの時代に、カトリック教会に対するこのように大きな戦いが行われていることは驚くべきことである。けれども、フリーメイソンと呼ばれていようとほかの名称で呼ばれていようと、それらの結社の本質、願望、目的を知り、それらと教会が至るところで攻撃されてきた制度の

本質と妨害のおびただしさとを比較すれば、現在の災いは主にそれらの結社が働いた詐欺と陰謀によってもたらされたものであることは疑いようがない。キリスト教会への対抗勢力を集めているサタンのシナゴーグは、その力を彼らから手に入れているのである。かつて、われわれの先達は、初めからイスラエルにおいて彼らを警戒し、国王や国々に告発し、幾度となく糾弾してきたが、われわれですらこの務めを怠ったことはない。このような極めて有害な災いを避けられたであろう人々が、教会の最高位の牧者にもっと信頼を置いてさえいれば！　しかし、この災いは曲がりくねった洞窟を進み、……巧妙な詐欺で多くの人を欺きながら、隠れ家から突然姿を現し、強力な支配者として勝ち誇るところまできてしまった。それを伝道する者の数が大きく膨らんだため、これらの邪悪な集団はすでに自分たちが世界の支配者となり、予め設定していた目的をほとんど達成したと考えている。一部の国々で自分たちが望むもの、すなわち権力を手に入れた彼らは、その権力と権威の助けを大胆に利用して、神の教会を最も残酷な隷属状態に置き、その土台を弱体化させ、その優れた性質を汚そうとし、さらには、頻繁に打撃を与え、揺さぶりをかけ、それを転覆させ、また、可能であれば、地上からそれを完全に消し去ろうとしているのだ。

ピウス九世によれば、フリーメイソンが支配権を得た「一部の国々」というのは明らかに、多くのヨーロッパ諸国で政権を握った反教権主義の政府のことを指す。これが、レオ・タクシルの出現に直接結びつく序曲の始まりである。このイタリア統一運動《リソルジメント》の歴史を通じて、イタリアの有権者のあいだには反教権的な風潮が広まっていた。ドイツとスイスでは、文化闘争によりローマ・カトリック教会の立場を弱めようとし、オランダとベルギーでは、宗派教育に関する争いが政治議論の大半を占め、スペインでは、一八六八年以降、自由主義政権が政教分離の措置を慎重に提案するようになった。宗教と国家の対立が西ヨーロッパの政治課題の大部分を占めていた。極端派のキリスト教徒は教会が国家を支配すべきと要求し、リベラル派は公的領域と宗教的領域を厳格に分離するよう求め、世俗的なナショナリストは国家安全保障の名目で国家が教会を支配するよう主張した。その後に続いた政治闘争では、子どもの教育、結婚式の挙行、病人の看護、死者の埋葬など、教会の働きが伝統的に不可欠であった側面が焦点となることが多かった。

革命の中心地であるフランスは、このヨーロッパの意識の闘争の典型となる舞台であった。一部のフランス人にとって、革命はナショナル・アイデンティティの不可欠な要素となり、革命が象徴する解放への闘いが自分たちの国の誇りとなった。一方、フランスのカトリック教徒の大半にとって、革命は宗教迫害の記憶や、「教会の長女」の誇り高きカトリックの歴史の中で鋭い不協和音を奏でる反キリスト教の悪夢の絶頂を象徴するものであった。ナポレオン失脚後のブルボン復古王政期の一五年間に、傷ついた好戦的な反革命家や王党派の聖職者が亡命先から戻ってきた。その後の数十年間に政治情勢が変化しても、フランスのカトリックの反近代的な基本的な態度は何も変わらなかった。フランスには二つの国が存在し、どちらも自らが真のフランスを体現していると主張した。一方はマラーとヴォルテールの像を、一方はジャンヌ・ダルクの像を建て、また、一方はバスティーユの破壊を称える記念碑を建立し、一方はキリストのための町を取り戻すべく、パリを見下ろす丘の上にイエスの聖心に敬意を表して挑発的に大聖堂を築いた。

実利的に教皇を支持していたナポレオン三世の政権が一八七〇年に崩壊した後、マラーの像を建てた側の人々が次第に選挙で優位に立つようになった。フランスの議会では、教会の影響を抑えることを目的とした法案が次々と出されるようになった。宗教教団の法的地位に関する法、世俗教育と病人への世俗的な看護の導入に関する法、カトリックの行列の規制に関する法などである。自意識過剰となっていった大勢のカトリック教徒は、自分たちが迫害されている少数派であるようにますます感じるようになり、政教分離論者が唱える論理を理解できず、裏で仕組まれた策略の犠牲者に自分たちがなっているのではないかと疑った。

こうした背景の中、バリュエルの説が復活する時が来たのだった。フリーメイソンの陰謀説がそれまでに消えていたわけではない。むしろ、カトリックと保守派のあいだでは、ジョゼフ・ド・メーストルが「バリュエリズム」を受け入れていた時と同じくらい信じられ続けていた。バリュエルから派生したさまざまな考えは、司教のルイ・ギャストン・アドリアン・ド・セギュールによって一八六二年に刊行された小冊子（『革命 *La Révolution*』

は「フリーカトリック運動」という、強力なフリーメイソンと同様の仕方で機能するカトリックの組織を立ち上げた。この熱心な司教は、一八八七年にグルノーブルに出現した反フリーメイソン派のためのハンドブックを企画した人物でもあり、署名には「フリーカトリック」と記していた。

この相次ぐ組織的活動はさらに広範囲に及んだ。『フーマーヌム・ゲヌス』では、フランチェスコ会第三会が、対フリーメイソンの闘いを率いるのにふさわしい組織として提案されていたが、この修道会が教皇の任務を果たすことに消極的であることがわかると、平信徒が主導してその隙間はすぐに埋められた。一八八五年、教皇は反フリーメイソン連盟を創設するためのベルギーの計画に賛同した。この計画の特徴は、その起源が〈不正改正のための全国組合〉というベルギーのカトリックの信者組織であることで、この組織の目的はベルギーで法的な政教分離により教会が被った損失を回復させることであった。その運動の管理はやがてヴァチカンの影武者のイタリア人たちによって引き継がれた。その頃、北フランスに大天使ミカエルの庇護のもとで諸々のローカルな組織が設立され、一八九三年には、フランスのカトリック記者団の代表たちによって全国的な反フリーメイソン委員会が創設された。この委員会は、最終的には反フリーメイソン連盟と合併して世界反フリーメイソン同盟となり、南アメリカはエクアドルに至るまで、世界各地に支部を設けた。

ヨーロッパ諸国は、政教分離を推し進める政府と、要求をますます声高に主張してくるカトリック信徒とが対峙する「冷たい」内戦状態にあったが、これらの組織にはそうしたヨーロッパの国々の雰囲気が反映されていた。フランスでは、ある滑稽な事件によって、フランスのカトリックと共和主義者とが根本的に過激に反目し合っていることが明らかとなり、また、その中でフリーメイソンが担っていた役割も明確になった。ある若いローマ・カトリック巡礼者のグループが、ローマの万神殿《パンテオン》のゲストブックに「教皇万歳」と書いたことに対し、イタリア政府がフランス政府に正式に苦情を申し立てた。その後、フランス人のローマ巡礼が一定期間禁止されると、カトリック信者による激しい抗議が起こり、一八九二年にはエクサン・プロヴァンスの大司教グート＝スラールが、フランスの宗教大臣に宛てて怒りの抗議文を送った。その中で、大司教は多くのカトリックが抱いていた感情をある悪名高い一文に簡潔に書き表した。「われわれは共和制ではなく、フリーメイソンの下で生きている」。この「虚偽の言葉」が原因で、大司教は厳格な罰則を受け、三〇〇〇フランの罰金と一時的な無給処分が科された。けれども、このことにより大司教は多くのカトリック信者から英雄視され、むしろ、カトリック信者のあいだで、自分たちがフリーメイソンの陰謀によって支配された国で迫害を受けている少数派であるとの認識を高める結果となった。一八九五年に第一回十字軍を記念して祝祭が催された時、フランスのカトリックは世俗的共和制に対し、事実上の宣戦布告を行った。数千人の強硬派のカトリックがクレルモン・フェランに集まり、ドミニコ会の著名な演説者モンサブレ神父（その名前は明らかに予言的であった〔Monsabréは「わが軍隊」の意〕）が「トルコ人を利用し、イエス・キリストの神聖な支配を破壊すると脅迫している敵に対し」新たな聖戦を宣言するのを聴いた。その敵とはサタンのことであり、このサタンは「卑劣にも、不敬で憎むべき組織の命令を受けた」政治指導者を通じて公権力を掌握している、とモンサブレ神父は述べた。神父がその「組織」を名指しすることはなかったが、聴衆はみな、神父が何について述べているかわかっていた。

フリーメイソンがサタニストとなった経緯

タクシルの瞞着の受け皿となりそれが広まる原因となったのはこうした被害妄想と迫害の空気であり、また、反フリーメイソン文書の長い系譜が、タクシルの読者がフリーメイソンに関するほぼすべての邪悪な事柄を信じ込む下地となった。ロッジに関するタクシルの「暴露」の大部分は、この伝承や文書の長い伝統の中から単に拾い集められただけのものだった。ただ、そこにはタクシルによる付け加えもあった。彼が果たした最も重要な働き――本書のテーマにとって決定的なもの――は、フリーメイソンにサタニズムを導入したことである。

だが、このタクシルの主張も完全なオリジナルではなかった。イングランドでロッジが注目されるようになった直後の一六九八年には、フリーメイソンをアンチキリストの先駆けであり悪魔崇拝の巣窟として非難する作者不明の小冊子がロンドンで出回っていた。しかしながら、これは宗教戦争直後の、魔女狩りの最後の残り火が燃えている中でのことだった。それ以来、サタニズムに対する告発は時代遅れなものとなり、一八世紀の反フリーメイソン文書では、主に、フリーメイソンはその寛容な入会方針を通じて宗教的無関心を広め、また秘密の会合において国家に対する陰謀を企てたとして非難された。わずかな変更はあったものの、これらのテーマは一九世紀まで中心的なものだった。『フーマーヌム・ゲヌス』では、「サタンの王国」についてあれこれと論じられてはいるものの、フリーメイソンは汎神論者、合理主義者、自然主義者として非難され、サタニストとしては非難されていない。また、本のタイトルからすればフリーメイソンとサタンとのつながりを示唆しているようなものもあるが、タクシル以前のカトリックの著述家の著作には、フリーメイソンが悪魔を自覚的に崇拝しているとする記述はほとんど見られない。たとえば、一八二五年に『サタンからフリーメイソンへの書簡 *Lettre de Satan aux Francs-Maçons*』という作者不明の本がフランスで出版された。この作品は明らかにフィクションで、その中では「哲学者の統治」、「啓蒙思想の進歩」、「理性の勝利と栄光」を促進するフリーメイソンを称賛するサタン本人の言葉が引用されていた。この本を書いたカトリック教徒の作者は、悪魔にわざわざ返事を書き、いかにもカトリック教徒らしく、法的な宗教的寛容はフランスの国民に「無神論を植え付ける」ための装置であると主張した（これにより、この作者は「市民的寛容」と「信教の自由」を攻撃したとして禁錮一か月と一〇〇フランの罰金を科された）。しかし作者は、フリーメイソンがサタンを召喚している、あるいはサタンを称賛しているとは一言も述べていない。

この時代に、フリーメイソンとのつながりで「サタン」や「サタン的」あるいは「サタニズム」が言及される場合は、その言葉のある「古い」意味合いで使われていることがほとんどであった。すなわち、単に組織とその陰謀の極めて極悪な性質を示す方法であったか、あるいは、反キリストの（革命を企て、無神論、「自然主義」、アナーキズムを広めることにより）到来を早めるためにロッジが果たすとされた役割を指していたかのどちらかであった。もしくは、「サタニズム」という言葉は、フリーメイソンが気づいていないフリーメイソンのイデオロギーの悪魔的な本質を示すものでもあった。しばしば、これらの意味は同時に使われ、そこに激しい警告調のレトリックも混ぜ合わされた。しかし、ポール・ロゼンヌの本でさえも、『サタン会社 *Satan & Cie*』といった派手なタイトルがつけられ、悪魔絡みの比喩がふんだんに使われてはいるが、フリーメイソンが意図的に悪魔崇拝に関わっているとは記されていない。フリーメイソンを真の〈サタンの会社〉としたのは、反キリスト教的なイデオロギーや世界的な反キリスト教的な政治運動の密かな指針であった。ロゼンヌは「社会の革命、それはフリーメイソンによるサタンの仕業である」とまとめた。この元ラビは、もっと何かあるのではないかと考えはしたが、自分たちの「サタンの血筋」を公然と讃美したイタリアのフリーメイソンにしか、真の「地獄の教団」の存在を示す十分なしるしを確認することはできなかった。

とはいえ、反フリーメイソン主義者が一貫して用いるサタンのレトリックが文字通りの解釈を招いたことは想像に難くない。ピウス九世は、すでにある教皇文書の中でフリーメイソンを「悪霊の子どもたち」と呼んでおり、また、レオ一三世は『フーマーヌム・ゲヌス』においてロッジを「サタンのシナゴーグ」と完全に同一のものとしては扱わないようにしていたが、カトリックの二流の評論家たちはこうした微妙なニュアンスの違いをそのうち忘れてしまった。そこから、フリーメイソンが正式な悪魔崇拝に参加していると言われるようになるまでは、比較的短い道のりだった。また、当時フリーメイソンに関してどのような理解が「一般民衆」のあいだに広まっていたのかについては推測するほかない。たとえば、前章で言及した、悪魔に憑依され聖体を嘔吐したアジャンの女性ヴィルジニーの主張の背後にロッジの存在があることはほぼ明白である。ヴィルジニーの件に関する報告書ではフリーメイソンの名称は挙げられてはいないが、町の名士たちが聖体を冒瀆し悪魔を崇めるために集まった悪霊の聖堂に関するヴィルジニーの話は、後にタクシルが主張するフリーメイソンに対する疑惑と酷似していると同時に、近代以前や近世には異端者や非キリスト教徒にラベリングされることの多かった行為を忠実に反映している。このように、一八世紀には昔のラベリングのパターンが多くの地域で存在し続けていた。「教育を受けていない階級」のあいだでは、おそらくそうしたパターンを支える考え方が一九世紀まで残っており、とりわけ、近代性に表面的にしか触れていなかった地域において顕著であった。

タクシル以前は、こうした古い偏見や新しい風聞が反フリーメイソン文書の書籍に登場することは稀であった。その中で極めて例外だったのは、前述したセギュール司教による人気の小冊子『フリーメイソン　その正体・所業・狙い』である。司教は、バリュエルのよく知られた考えをくり返し、フリーメイソンの「信徒」は名誉毀損にも瀆聖にも怯むことがなかったと主張した上で、一八四八年の革命の年に、ローマで夜会が開かれているのをどのように発見したかを詳しく語った。そこではフリーメイソンの男女が、彼らが「悪魔のミサと呼ぶもの」を行っていたという。この儀式のあいだ、参加者は十字架像に唾を吐きかけたり踏みつけたりし、また、教会から持ち込まれたか、「あるいは、ユダのような、邪悪で貧しい老婆がお金のために彼らに売った」聖体を冒瀆したりした。フリーメイソンたちは、キリストの肉体的な顕現を短剣で刺して儀式を終わらせ、その後すべての光が消えた（セギュール司教は賢明にも次に何が起こったかを書くことは控えた）。危機感を募らせた司教は、これらの行いがイタリアからフランスに広まったと主張し、「ごく最近、すでに完全に組織化され、信仰を破壊するための最も確実かつ効率的な方法に関して同じ大義名分を持った、ある種のフリーメイソンの秘密組織の存在が明らかとなった」と述べた。この結社は、一二人から一五人の小さな下部組織から成り、主に教養のある人物か、少なくとも有力者の中からメンバーを募っていた。その中心はパリにあり、フランスの多くの町に支部があった。「ある人物が絶対的な確信を持ってその町の名前がパリ、マルセイユ、エクス、アヴィニョン、シャロン゠シュル゠マルヌ、ラヴァルであることを教えてくれた」。

これらのでたらめな憶測の裏にどのような事実が隠されているかは推測の域を出ない。サタニストの入信儀式とまではいかなくとも、邪悪なイメージがいくらかあったカルボナリと混同していたのかもしれない。タクシルの作り話の重要な要素が、ここですでにその芽を出していた。バリュエルがすでに提示していた隠れた「秘密のロッジ」の存在、聖体への冒瀆などの瀆聖的な入信の儀、狂宴のほのめかしなどである。また、ヴァントラやブーランが考えたサタニストの秘密の小組織のネットワークは、間違いなくセギュールのような出版物やフリーメイソンの陰謀全般に関するカトリックの憶測に着想を得たものだ。しかし、セギュールが語った都市伝説は、当時のカトリックの反フリーメイソン文書の状況の中では例外的だった。そういった文書ではキリスト教に対するフリーメイソンの陰謀の政治性を強調していたからだ。その後、ドクター・バタイユとダイアナ・ヴォーンの興味深い話が登場するまでは、フリーメイソンのサタン崇拝に関する途方もない考えは周辺的な事象であり続けた。

第6章 サタンのシナゴーグの暴露――続きと結論

タクシルがサタニズムのテーマについて書く時に参照した文献の中で、より重要だった可能性があるのは、カトリックの文献におけるもう一つの大きな流れ、すなわち、オカルトとエソテリシズムに反論する出版物だ。この分野においても、一九世紀の特殊な状況によって、古きものが新しい外観を纏うようになった。一八世紀が進んでいくにつれ、ローマ・カトリックの神学者たちでさえ古い悪魔学に眉をひそめるようになっていった。ラベリングという従来の慣行を続けた出版物は少ししかなくなり、あるとすれば啓蒙思想家の嘲笑に対し魔術の実在性を巧みに訴え、武力によってこの害虫と戦う国家の義務を主張するフィアール神父のような変わり者に代表される著作くらいだった。フィアールは自らの信念を揺るがすことなくフランス革命を生き延び、革命の嵐が鎮まると、おそろしい革命のせいで、魔術師、腹話術師、悪魔崇拝者の存在が許されてしまっていると非難する著書を出版した。出版されたばかりのバリュエルの著書に明らかに着想を得て書かれた一節で、フィアールは、「イルミナティ、ジャコバン派、裏ロッジのフリーメイソン」の政治的陰謀は、宗教的・世俗的秩序に対する彼らの呪いが大成功を収めたことの十分な説明にはなっていないと主張した。革命という大変動が起きたのは、超自然的な力が関わっていたからにほかならないという。「もしジャコバン派、フリーメイソン、イルミナティが本当は悪霊と通じておらず、その破滅の秘儀に参加していないのなら、彼らがどれだけの大人数でいようとも、その憤怒は全人類に対し無力であろう。だがもし彼らがこの霊的交渉に加わり、先駆者たちに伝えている契約を地獄と実際に結んでいるのであれば（実のところ、これが彼らの秘策なのである）、われわれはここに本物の陰謀家を見つけたことになり、ここにわれわれの殺戮者がいることになる」。

　フィアールは当時にあってさえ、彼の最も共感的な読者以外からは「頭のおかしな文筆家」と見做され、彼の超自然的な陰謀論はタクシルが現れるまではほとんど忘れ去られていた。しかしそれ以前にも、サタンはカトリックの著述家によるオカルトに関する記述に登場していた。ロマン主義の高まりはローマ・カトリックにも影響を与え、民衆の信仰実践、中世の「純粋な」宗教表現、神あるいは悪霊を起源とする超自然的・奇跡的なものに対する人々の興味をさらに刺激した。さらに、世紀の半ば以降は、心霊主義の広まりによって教養人たちの雑談にオカルトの話題が再び登場するようになった。ジュール・ウード・ド・ミルヴィル（一八〇二～一八七三）や、特にアンリ＝ロジェ・グジュノ・デ・ムソー（一八〇五～一八七六）などのカトリックの著述家たちはこの傾向に機敏に反応した。彼らは、「心霊叩音《テーブル・ラッピング》」やオカルト人気の高まりの背景にある超自然的なものを求める人々の新たな欲求や、広く行き渡った「唯物論」の原理に対しオカルティストの著述家たちがしばしば示していた嫌悪感を称賛した。彼らの主張によれば、カトリック教会はあらゆるイデオロギーの逆風を受けながらも、何世紀にもわたって超自然的なものの実在性を支持し続けてきたという。しかし、教会はまた、第三の種との遭遇は必ずしも有益なものばかりではないことも示してきた。グジュノ・デ・ムソーは、オカルトに関する最初の著書『一九世紀における魔術 *La magie au dix-neuvième siècle*』の中で、魔術において作用する「流体」は魔術師が意のままに操ることのできる中立的・半自然的な力であると説くエリファス・レヴィ（レヴィはこの著書で数多く引用されている）をはじめとするオカルティストたちが広めた考えへの反論に多くの頁を割いた。グジュノ・デ・ムソーは、あらゆる超自然的な顕れの究極的な起源は神か悪魔かのどちらかであり、どちらの超人間的な力がいつ働いていたかを確実に見極めることができるのは教会だけだと主張し、異常な出来事があるたびに躍起になってそれを堕天使の仕業だとすることに対し、賢明にも警告を発した。しかし、その賢明さが彼自身の著書に反映されることは特になく、狼人間、吸血鬼、夢魔などの近世の悪魔学に出てくる超自然的な存在を躊躇なく本に登場させた。

フィアールとは対照的に、グジュノ・デ・ムソーは一人孤独の中で執筆するような変人ではなかった。カトリック教会内ではオカルト専門家として彼の話が真剣に聞き入れられた。たとえば、一八六三年にはマリーヌで開かれた重要なカトリック教会の会議に招かれ、非公開の会合で自らの考えを説明した。教養のあるカトリック教徒のあいだでは、超自然的なものの介入は、それが悪霊であろうと神聖なものであろうと、次第にもっともらしいこととして考えられるようになっていった。一八四六年にラ・サレットで起きた聖母マリアの出現は、人々のそうした意識を反映した出来事である。それは、ペラダンが編纂した『一九世紀における超自然的なものの記録 *Annales du surnaturel au 19ᵉ siècle*』にも表れており、カトリック世界からは外れた位置にあったウジェーヌ・ヴァントラやジョゼフ・ブーランの活動も、こうした一般的な傾向の表れだった。このような事例はいくらでも挙げることができる。一八八八年に『ブラックウッズ・マガジン *Blackwood's Magazine*』誌に、パリで行われた降霊会で悪魔がどのように姿を現したかを描写した架空の話が掲載されると、フランス人読者の多くはその話を文字通りに受け取った。その悪魔の正体について多くの憶測がなされ、その後何年にもわたって、計り知れない憂いを纏いながらも流行の衣装に身を包んだ青年の姿をしたサタンの出現が、オカルトに関するカトリック系のかなり真面目な出版物でくり返し語られることとなった。

ルシファーがサウスカロライナ州チャールストンに毎週出現する、と語ったタクシルの話が既存の風潮をただ反映させただけものであることは明らかだ。ただし、一貫性のある世界観を作るには、カトリック教会のオカルト批判により高まった、悪魔が実在するという主張と、フリーメイソンの世界的陰謀に関するバリュエル的見解とを何らかの形で融合させる必要があった。反フリーメイソン文書にはそうした融合を可能にするものがあった。バリュエルはすでに、薔薇十字団内のフリーメイソンの「カバラ」派について、彼らが霊と定期的に交信し、「俗にいう悪霊の中でも最悪の存在とつるむことを、人間にとって悪いことだと見做すべきでない」という確信を称賛していることを非難していた。このような申し立ては、その後の文献でも時折くり返され、真に迫った詳細な記述がなされた。フリーメイソンの真にサタン的性格は、やはりその邪悪な政治的策略と悪魔的な無神論的イデオロギーを通じて世界征服をもくろむサタンの計画の中で担った役割にあった。政治的側面の強いバリュエル派のフリーメイソン批判と悪魔学的な反心霊主義を融合させたのは――いささか議論の余地はあるものの――タクシルの功績と言えよう。『一九世紀における悪魔』の副題に「ルシファーを崇拝するフリーメイソンあるいは降霊術の神秘」と付けられていたのは偶然ではなかったのだ。タクシルのパラディズムは、バリュエルとフィアールから始まった軌跡の終局を飾る必然の結果であり、カトリックの論争における二つの伝統を最終的に融合させたものだった。

このことは、タクシルの話がカトリック教徒のあいだで驚くほどの信用を集めた一因として挙げられる。一八九二年頃からタクシルの最終的な種明かしまでの期間、サタニズム説はフリーメイソンに関するカトリックの言説に影響を及ぼし、秘密のサタン崇拝や隠されたルシファー主義者の巨大ロッジの存在は、世紀末の政治的・宗教的現実を解釈する上での公式の共通認識であった。パラディズムは敬虔な信者の子どもを教える時に使われる教理問答集にも浸透し、また、モンサブレ神父がクレルモン・フェランで聖戦を説いた際、彼はただ「不敬な憎むべき異端」について述べたのではなく、「サタンを至上のグランド・マスターとし闇の偶像神とする不敬な憎むべき異端」について語った。トレントでは一八九六年に、カトリックの反フリーメイソン派のトップが、フリーメイソン内部にサタン崇拝があるという説を正式に承認した。このことに関して、彼らの最終的な結論は単刀直入に述べられており、最初の四つの点については詳細に引用するに値する。

第一回国際反フリーメイソン会議は、次の確信に至ったことを宣言する。

一、フリーメイソンは宗教的、マニ教的な異端的組織であり、その秘密と秘儀への最後の鍵は、カトリック教徒の神に対抗して裏ロッジで崇められているルシファーまたはサタンの崇拝である。

二、悪霊（フリーメイソンの諸組織に霊感を与える存在）は、全人類から直接崇敬されることは決してないと理解しながら、フリーメイソンを通じて、自然主義の種を人類の魂に植え付けようとするが、それは人間を解放し神に並ばせることにほかならない。

三、この不敬な自然主義を世界に植え付けるため、フリーメイソンはすべての宗教、すなわち唯一の真の宗教と偽りの宗教は平等であるとの考えを人類に親しませ、神なき出版物と神なき学校を通じて、カトリックの領域をフリーメイソンの領域に置き換えようと躍起になっている。

四、超自然的なものに飢えていながら、ルシファー崇拝のマニ教にはまだ行き着いていない人々を地獄へ導くため、フリーメイソンは、人々が降霊術の邪悪な実践に身を任せるようううまく促すという手法を使う。

一世紀以上にわたって蓄積されたローマ・カトリックの陰謀論からなるこの信じられないような作り話に、「裏ロッジで崇められているサタンの崇拝」の要素が加わったのは、もっぱらタクシルの働きによるものと見做すことができる。これはなかなかの偉業と言えよう。

民主的手法で民主主義と戦う

タクシルの話が、無知で教養のないカトリック教徒だけでなく、『ベネディクト会誌』の評論家やグルノーブルの司教のような学識あるカトリック教徒にも信じられた理由をこれで理解することができる。数十年ものあいだカトリック系の出版物ですでに取り上げられていた疑念や、世紀末のフランスの偏向した雰囲気の中でさらに切迫感の高まった疑念が、タクシルの暴露話によって裏づけられたのだ。「誰かにこのことを言って欲しかったのでしょう。だから、とてもうまくいったと思います」。タクシルは一八九七年四月の記者会見の後で非難してきたカトリックの記者にこう皮肉を言った。事実、タクシルのカトリック系の出版物は、教皇権至上主義を唱えるフランスのカトリック教会の数々の懸念が記された滑稽な目録のようだった。サタニズムは、フランスのカトリックにとってのあらゆる他者にラベリングされた。すなわち、ユイスマンスが厳しく非難していた「アメリカ化」(パラディズムはそれ自体が、サタニズムにまみれたアメリカから取り入れられたものとして捉えられた)、大敵ドイツ（サタニズムの国際本部の一つが置かれ、首相オットー・ビスマルクがサタンから直接命令を受けていた）、イギリス（ここでもサタニズムがはびこり、その帝国の要塞ジブラルタルにはパラディストの地下武器工場を備えている）、あらゆる教派のプロテスタント信者（プロテスタント信者と接触することは、犯罪者と接触することであり、「その犯罪者はサタニストであることが多い」）、非キリスト教や非西方教会（サタニズムの単なる隠れ蓑）、社会主義者、フェミニスト、進化論を唱える生物学者などである。攻撃的な資本主義の銀行家と急進的なアナーキズムのテロリストはどちらもサタニズムを信奉するフリーメイソンに奉仕していた。このありそうもないサタニストの一覧は、今日の視点からするとやや滑稽に見えそうだ。けれども、カトリック教徒の読者にとって、タクシルの作品の魅力の一部はまさにその幅広さにあった。「現代的なものはすべて、悪魔に由来するものである」。世紀末の作家レオン・ブロワは、多くのカトリック教徒が抱いていた感覚をこう的確に言い表した。タクシルはその感覚を極めてシンプルかつ文字通りに言い換えた。現代的なものはすべて、サタンを崇拝していた。

しかしながら、カトリックの反近代性は、タクシルの膨大な似非暴露話の成功の原因の一つでしかなかった。同時に、逆説的ではあるが、タクシルの壮大な作り話は、世紀末のカトリック信者が具体的な方法の面では極めて近代的になっていたからこそ可能であった。譲歩しないカトリック教徒が出版の自由に制限を加えるよう求める際、彼らはたいてい自分たちで開発した出版ネットワークの紙面を通じて行った。これらの定期刊行物の中には、「公共善」や「自由」など――厳密には、世俗的な「迫害」に対しカトリック教会が要求する自由を意味するものではあったが――妙にリベラルな響きのするタイトルものもあった。また、カトリックの信者組織は、社会主義運動に匹敵すると同時にそれとよく似た方法で、カトリック教徒の世論を動かし方向づけた。ヨーロッパのいくつかの国ではカトリックは自分たちが忌み嫌う「革命的な」民主主義的システムによって政治的影響力を高め、カトリック政党が議会で議席を獲得するに至った。意外にも、このカトリックの大衆運動を率先して形づくっていたのは、リベラル寄りのカトリック教徒ではなく、教皇権至上主義者や超保守派のカトリック教徒であることがほとんどだった。こうした国内外のカトリック系の組織や機関紙・誌のネットワークがあったからこそ、タクシルはこのように幅広い読者を獲得し、その本が飛ぶように売れ、遠く離れた地方の村に住むカトリックの農民にもパラディズムのほら話を流すことができたのである。振り返ってみれば、タクシルの反フリーメイソン活動家としての行動が、反教権的なジャーナリストとして活動していた頃の彼の手法と――たまに猥褻な挿話に走ることも含めて――いかに酷似していたかは注目すべき点である。反動的なローマ・カトリック教徒は、急進的な敵対者と同様の近代的な大衆動員の方法を用いて、自分たちの目標を追求していたと思われる。

そうした動きの最初のきっかけは自然発生的なものだったが、このローマ・カトリックの組織的活動の裏には意図的な方針があった。一八七〇年の教皇領の消滅は、この方針を形づくる上で極めて重要な節目であった。イタリア軍が永遠の都に進軍する以前は、教皇たちはその政治的目標を追求するために外交に頼ることがほとんどで、国家元首として他の国家元首たちに働きかけて欧州列強と交渉していたが、一八七〇年の出来事によりこれは事実上終わりを告げたのだった。教皇たちは地上の支配者でもあることに固執し続けたが、彼らのもとには、ヨーロッパおよび世界中の何百万人ものカトリック教徒に対する教皇という職位の霊的権威だけが、唯一効力を持つ権力基盤として残された。これらのカトリック教徒が自分たちの国の政府にかけることのできた圧力は、教皇がヨーロッパの政治的指導者たちに対して持つ武器となった。

西洋革命を激しく非難していたピウス九世も、この点では草分け的存在だった。ピウス九世はカトリック系の新聞・雑誌を活気づけ、カトリックの大衆の前に精力的に姿を見せ、また、ヨーロッパ各地で急激に増加したカトリックの民間の信心運動に対しても好意的な態度を示した。一八七〇年に受けた衝撃により、ローマ教皇庁はこの路線をさらに突き進むこととなった。ヨーロッパを席巻していた反キリスト教運動は、ペトロの後継者たる教皇の牙城にも押し寄せてきた。キリスト教世界の支配者たちは、教皇を見捨てたのだ。世界との戦いの雰囲気の中、教皇庁は急進的な選択肢を検討した。保守的なゼランティ派の枢機卿フィリッポ・デ・アンジェリスは、次のような見解を述べた。「君主たちはわれわれを見捨てた、ならばカトリックの民主主義を形にしようではないか。闇の子らの学校に行き、……われわれは、われわれのマッツィーニ主義を行うのだ」。教皇権至上主義を掲げる急進的なカトリック信者は、ヨーロッパを麻痺させ、教会との衝突コースを断念させるべく「カトリック・ストライキ」を呼びかけることまで視野に入れていた。この過激派の考えが採用されることはなかったが、ヨーロッパのカトリック教徒による政治的扇動は次第に教皇にとっての切り札となり、意識的に用いる武器の一つとなっていった。

レオ一三世はピウス九世に倣って報道機関との緊密な関係を続けたが、カトリック信者の信心運動との関係については、初めは躊躇していた。信心運動によって必然的に信者が影響力を持つようになったが、レオ一三世は強い聖職制主義を好み、神は信者を監督するために司祭や司教を任命したのだとする立場を取っていた。しかし、レオ一三世は教皇に就任してから数年のうちに、その考えを改めた。カトリックの信心運動はヴァチカンの政策にとって何よりも重要な位置を占めるようになり、敬虔な信者を統制し、政治的抵抗運動を組織し、世俗化した政府が教会から簒奪した社会の領域を取り戻すための道具として機能するようになった。実際、レオ一三世は、最終的には先代よりさらに積極的に、近代的大衆政治のカードを使うようになった。一八九一年に発した回勅『レールム・ノヴァールム *Rerum Novarum*』において、レオ一三世は、「労働貧民」の状況に関する懸念を、ほとんど社会主義ともとれるような言葉で表明し、彼らの苦境を「奴隷よりわずかにましなだけのくびき」と言い表した。レオ一三世はまた、一八九二年には、フランスの司教たちにフランス共和国を正当な政治形態と認め、その統治者たちと協力するよう命じ、フランスのカトリック教会をその根底から揺るがした。このいわゆるラリマン〔カトリック王党派の第三共和政加担〕によって、一世紀近くのあいだカトリック教会の政治的思考の土台であり続け、多くのフランスのカトリック教徒にとっては信仰告白の一部も同然であった、王座と祭壇の神聖な同盟は破棄された。そうしてヴァチカンが、カトリック教会は教会の権利とキリスト教の原理が尊重される限り、いかなる政治形態であろうとかまわない、と主張するに至った。

これだけ聞くと、教皇がリベラルに転じたと思うかもしれない。しかし、事実はまったく異なる。レオ一三世は教皇になる以前から『誤謬表』の推進者だった。微笑みを浮かべるか弱い老人の仮面の下で、レオ一三世はピウス九世と同様、ヨーロッパに広がるイデオロギーの傾向の本質は、完全に反キリスト教的なものであると強く確信していた。だが、レオ一三世は根本的に政治的な教皇でもあった。労働者の要求に対する教皇の提案は、間違いなく――彼らの苦境に対する懸念がいかに純粋なものであったとしても――社会の下層にいるカトリック教徒をカトリック教会の政治的綱領につなぎとめておくことが目的だった。それはヨーロッパ諸国で広まりつつあった普通選挙によってますます差し迫った問題となっていた。（そしてこの点に関して、レオ一三世の一連の行動は予言的であり、多くのヨーロッパ諸国で政治を左右するファクターとしてカトリック政党が立ち上がるのを後押しした。）また、政治的リアリズムはラリマン政策においても広く考慮された。一八七〇年にフランスがプロイセンに敗れた後、ヴァチカンはブルボン王政がフランスで復活することを一時期待した。しかし、パリで成立した臨時政府であった第三共和政は長く続き、一八七三年以降、フランスの王政復古は急速に政治的な幻想となっていった。王座と祭壇の同盟は、神聖同盟によりほとんどのヨーロッパ諸国で君主制が復活した反動主義の時代には多くの実を結んだが、今や教皇がその政治的目標を追求することを妨げるだけの行き詰まったイデオロギーとなった。

　これらの政治的目標は、短期的なものと長期的なものの二つから成っていた。短期的な目標は、ピウス九世の時代と同様、教皇の地上での支配権と自治権を確保するために教皇領を回復させることだった。ヴァチカンはそのために欧州列強を促し、イタリアにペトロ世襲領を返還させることをもくろんでいた。レオ一三世は一時期、その望みをドイツにかけていた。ドイツではビスマルクが自身の攻撃的な世俗化政策がカトリックの政治的抵抗を強化しただけであることが明らかとなったことを受け、文化闘争から手を引き始めていたのである。ドイツへの望みが潰えると、レオ一三世はフランスに目を向けた。ラリマンの主目的は、フランスのカトリック教徒を共和国の政治に参加できるようにすることで、その影響力を使って、可能であればほかの保守派とも協力して、フランスを再び教皇の同盟国にすることにあった。レオ一三世は懐疑的なモンペリエの司教に、次のように伝えた。「私の忠告に従えば、四〇〇名のカトリックの議員を擁立することができ、君主制を復活させることができます。私は君主制主義者ですから」。ヴァチカンは、世俗権力の回復を確かなものとするためのその外交上の権力闘争において、カトリック教徒の意見を文字通りの意味における道具として用いた。すなわち、君主の恐ろしさを地方政府に知らしめる上で、自由に使うことができ、国際政治の予測不可能な展開によっては再び黙らせておくことのできる道具である（実際には、カトリック教徒の憤りは簡単には鎮められないことが多かったのだが）。

その長期的目標では、ピウス九世の政策がレオ一三世の時代のヴァチカンにも引き継がれた。激しさを増す非キリスト教化の流れを止めることが、その壮大な取り組みの目的だった。ここでいう非キリスト教化とは、信仰から離れる者の数が欧米で増大していることのみならず、公的領域において教会という伝統的な存在が破壊されていることも意味していた。これは西洋革命を実質的に逆転させることに等しく、教皇は、回勅でくり返し明確にしていたように、この事実を十分すぎるほど承知していた。一見進歩的な教皇の発言には、この完全に反近代的な底意が表れている。たとえば、『レールム・ノヴァールム』は確かに社会的不公正に注意を促したが、その原因は主に「キリスト教とキリスト教教会」を放棄したことにあると非難した。教皇は労働者組織を支援はしたものの、こうした組織は何よりもまずカトリックの組織でなければならないことを強調した。実際に、近代の社会状況に対するカトリックの批判は、その大部分が急進的な教皇権至上主義者からくるものであり、そうした批判は新しい政治秩序と社会秩序に対する彼らの幅広い拒絶の一部であった。彼らは近代社会の害悪を解決するために、理想化された中世のギルド制に回帰し、それに対応する理想化された階層社会の復活を構想する協調組合主義を提唱した。

同様に、教皇はフランス共和国を事実上容認したとはいえ、共和国が象徴するものを認めたわけではなかった。カトリック教会はブルボン王政の復活ではなく、「キリストの社会的支配」の認知を求めるようになり、そのことを説教や当時の出版物でしばしば示していた。これは一見進歩的に聞こえるが、この構想が実際に意味していたのは社会全体に及ぶキリストの支配であった。「フランス国王としてのキリスト」の復権は、教会からの指示を容認する政治秩序を確立させることになり、それに伴う出版の自由、信教の自由、非宗派的な公教育などの革命が生んだ功績の撤回も意味する。しかし、ラリマン政策が実際に決定づけたのは、社会を教会が再度支配するための方法の見かけだけの変更だった。カトリックの政治的努力の主な推進力は、それ以降、公的領域の再カトリック化に向けられ、民主主義という手段を用いて政治的影響力を獲得するためにカトリックの大衆を利用した。つまり、レオ一三世は民主主義を民主的手段によって破壊し、西洋革命で用いられた方法を使って革命以前の状態に戻すことを願ったのである。(結局のところ、彼の思い通りに事は進まなかった。近代政治の構造にカトリック教徒が次第に巻き込まれていくことで、西洋民主主義の信条に傾倒するカトリックの政治運動が徐々に生み出されていくこととなった。だが、それはまた別の話である。)

フリーメイソンはこのすべてにおいて、あらゆる形態の世俗化を表す、西洋革命の代表的象徴という、もはや言い古された感のある役割をあてがわれた。その役割は、大衆動員とマスコミュニケーションの新時代の中で廃れることはなく、むしろ、それまで以上に重要なものとなった。ある歴史学者が適切に言い表しているように、世俗化をめぐる争いは多くの点で「象徴の戦い」であり、複雑な社会学的・文化的プロセスを含むほぼ抽象的な長期的展開を大衆が理解できる言葉に置き換えたものである。フリーメイソンの「侵略」に対する言葉による集中砲火は、このような象徴の戦いの最たる例だった。敵を特定することで、物事を単純明快なものとしたのだ。他方、反教権的な敵もキリスト教会のイメージを同じように用い、それによって高められたイデオロギー的圧力が、後のヨーロッパ革命において聖職者と信者の両者に歯止めなく向けられることとなった。

当時のカトリックの出版物において、フリーメイソンとの闘いが、近代的な大衆動員組織を築き上げる試みといかに結びついていたかは、注目すべき点である。祈りと前述したフランチェスコ会第三会の展開は別として、『フーマーヌム・ゲヌス』が勧めるフリーメイソンとの闘い方は、カトリック組織の主要な特徴をすべて網羅している。すなわち、特に「良い新聞」によるプロパガンダ(「宗教と国を愛する心が、学びと良き人生につながっている信者たち」に、フリーメイソンの正体を暴くために司教を手助けするようにという教皇の訴えに暗黙のうちに含められていた)、労働者のための企業組織(「宗教の導きのもと、労働者の世俗的な利益と彼らの倫理性の双方を守るため」)、そして最後に、若者へのカトリック教育である。モンサブレ神父は、これらの言葉を一〇年後のクレルモン・フエランのスピーチでそのまま使い、特に、あらゆる場所で絶え間なく「偽善的な教派や大衆の情熱を搾取する卑劣な輩」を暴露する機会を窺っていたカトリック系の出版社の働きを強調した。キリスト教の真理に対し全面戦争を仕掛けてくる、ほとんど見えない敵からカトリック教会を守るためには、カトリックの序列的・組織的枠組みの中にいるあらゆる年齢層や社会階層の敬虔なカトリック教徒を取り込むしかなかった。

後世の歴史学者の観点からすると、実際にはその逆だったであろうことは想像に難くない。フリーメイソンに対する危機感は、カトリック教会の組織的取り組みに緊急性と正当性を与え、カトリック教徒の世論を絶えず動員状態にしておくことに役立った。それはまた、敬虔な信者たちを囲い込んでおくための便利な口実ともなった。これは、なぜカトリックの反フリーメイソンの扇動がラリマン政策導入後、和らぐことなくむしろ激しくなるばかりだったか、という問いに対する答えでもある。どうしようもないほどに分裂し、また一つには、教会組織の指導者たちの突然の方向転換に深く失望していたフランスのカトリック教徒を再統合するために共通の敵が必要だったのだ。この特定の事例において、フリーメイソンの欺瞞を統合要因として用いる試みは失敗し、後述するように、タクシルはここで（おそらくは無意識のうちに）一役買っていた。しかし一般的に、フリーメイソンに対する冷戦は、戦闘の教会《エクレシア・ミリタンス》の信徒たちに結束感と目的を与える上で極めて有効な手段であることが明らかとなった。この要因の重要性は、公式声明の文書から時折かすかに読み取ることができる。たとえば、一八九二年一二月八日に出された回勅『敵勢力 *Inimica vis*』で、レオ一三世はイタリアの司教たちにフリーメイソンとの戦いを貫くよう熱心に説き、宗教への攻撃を撃退するために戦う者にとって「中道の立場はありえない」と明言した。「ゆえに、弱者や怠惰な者の場合は、あなた方の努力によって勇気を奮い立たせる必要があり、強者の場合は、その活発さを保つ必要がある。あなた方の指導と指揮のもと異議をすべて一掃し、精神を団結させ共通の規律に従えば、みな同じように霊的な方法で戦いに挑むことができる」。

隠された神殿、秘密の洞窟、謎に包まれた国際人

思い返してみれば、タクシルと彼の協力者たちの働きの中で目を引くもう一つの特徴は、その作り話が示す広い国際的な視野である。ここでいう「国際的な視野」とは、サウスカロライナ州にあるパラディウム団の本部や

インドでのサタン崇拝の儀式などの明らかな創作上の記述ではなく、タクシルの著書に記された実在のヨーロッパの政治家に対する批判や、タクシルが情報を提供し、主にカトリック系の新聞・雑誌でしばしば展開された大規模な論争のことを指している。ドイツでは、前述のとおり、文化闘争はパラディズムの策略であり、ビスマルクは悪霊勢力の手先だとして非難された。ベルギーでは、著名なリベラルな政治家でフリーメイソンのグランド・マスターであるゴブレ・ダルヴィエラが、ドメーニコ・マルジョッタの著書や記事で、信仰篤いパラディストのレッテルを貼られた。ダルヴィエラがベルギーの国会議員に再選されなかった一因に反フリーメイソン運動があったことは確かである。

しかし、ヨーロッパ政治へのこうした進出において主導的な役割を果たしたのはイタリアだった。バタイユの『一九世紀における悪魔』では、パラディウム団の創立日が、イタリア軍がローマのピア門の裂け目から侵入した一八七〇年九月二〇日と完全に一致しており、教皇制度の破壊が、アルバート・パイクから国際フリーメイソンへの秘密の（そして偽の）指示の中で主要な目的として挙げられていた。また、イタリアのグランド・マスターであるアドリアーノ・レッミがパイクの後継者として指名されたことも偶然とは思えない。実際、一八九〇年代に出版されたタクシルの著書の多くは、レッミを主な標的としていたと考えられる。『一九世紀における悪魔』において、レッミはすでにユダヤ教への改宗者として描かれ、さらに驚くべきことに、レッミには第二のアイデンティティがあるとされ、一八七〇年のコミューンの蜂起の後に処刑されたと思われるマルセイユ出身の革命家ガストン・クレミュとしても描かれていた。マルジョッタの最初の著書にはこの話こそ出てこないが、イタリアのグランド・マスターを全面的に扱うこの著書では、レッミへの激しい批判がくり広げられていた。マルジョッタはレッミの言葉を（偽って）、次のように引用した。「もしイタリア人に生まれていなかったら、プロイセン人になりたかった。私が心底嫌うものが二つある、神とフランスだ」。マルジョッタのフランスのカトリック教徒の読者にとって、これほどひどい憤りを感じるものはなかった。しかし、マルジョッタが撒き散らした主張は滑稽な創作ばかりではなく、一五年前にレッミがマルセイユで窃盗と詐欺の容疑で逮捕されたという情報――裁判記録の写真による複写を含む――の暴露や、ちょうどその時にイタリアの政界でちょっとしたスキャンダルとなっていた煙草の不法輸入に彼が関わっていたことに関する詳細な議論なども含んでいた。新生イタリアの著名な代表的人物に、タクシルたちの出版物の中で酷評された者はほかにもいた。マッツィーニとガリバルディは、言うまでもなくイタリアのフリーメイソンのサタニズムの創始者として大々的に扱われ、イタリアのメンフィス・ミスライム儀礼のグランド・ハイエロファントであるジャンバッティスタ・ペッシーナは、ベファブクという奇妙な名前の使い魔をもてあそぶ魔術師として描かれ、イタリアの首相クリスピもまたパラディウム団のサタニズム信奉者のメンバーとして挙げられている。

レッミへの反対運動は、ボルゲーゼ宮殿にあるパラディウム団の秘密の神殿に関する話で一番の盛り上がりを見せた。この話は、ほとんど伝説とも呼べるほどにその後も長く語り継がれた。その直接の誘因となったのは、イタリア大東社がローマにあるボルゲーゼ家の壮麗な宮殿の一階部分に移転したことにあった。レッミに関する最初の本の中で、マルジョッタはすでにこのグランド・マスターが宮殿の室内装飾に加えた変更についての具体的な詳細を記していた。「レッミは最高評議会のトイレを個人礼拝堂の真上に造り、排泄物が祭壇に直接排出されるよう指示した。このことはレッミの忌まわしい魂のありようを十分に示し、この醜悪な行為を実行するために、彼はその空間を悪臭で満たさざるをえなかった。すると抗議が起こり、衛生上の理由で、建築師はまた別の場所にトイレを配置し直さなければならなかった。それでも、レッミはまた別のことを思いついた。トイレに十字架を逆さの状態で取りつけるよう命じ、その上には次のような指示が貼られた。出て行く前に、裏切り者に唾を吐きかけよ。サタンに栄光あれ！」

一八九五年にボルゲーゼ家はイタリアのフリーメイソンへの宮殿の賃貸を停止した。イタリア大東社が立ち退いてから間もなくしてデマが流れ始めた。一八九五年五月一五日、マルジョッタはカトリック系の日刊紙『ドーフィネの十字架 *Croix du Dauphiné*』に次のような電報を送った。ボルゲーゼ家の代理人たちは「彼らには決して公開されることのなかった部屋を発見し、その部屋はパラディウム団の神殿となっていて、サタンの恐ろしい像が祭壇の上に鎮座し、その周りには恐ろしい身の毛もよだつような置物やシンボルが置かれていた」。この特報は、「印刷ミスにより」紙面のあまり目立たない欄に掲載されたが、その翌日には「サタンの神殿」という大見出しで一面に再掲された。五月一八日、マルジョッタはさらなる詳細を持ってきた。その頃には、ほかのカトリック系新聞も「レッミのサタンの神殿」の発見に関する記事をイタリアの情報源を引用して掲載していた。当然、タクシルの『宗教・政治・学術の月刊誌 *Revue mensuelle religieuse, politique, scientifique*』（『一九世紀における悪魔』の補冊。以下『月刊誌』と記す）の五月号は、それに続き、五月一五日付のボローニャのイタリア・カトリック系新聞『ウニオーネ *Unione*』の記事を引用したが、その『ウニオーネ』の記事は情報源として、トリノのカトリック系の新聞『コッリエーレ・ナツィオナーレ *Corriere Nazionale*』の「ローマにいる特派員」を挙げていた。その記事の要点は、マルジョッタが示したものとまったく同じで、また、ボルゲーゼ公の代理人たちが宮殿を調査し、一部屋を除いて自由に出入りすることを許され、その一部屋も警察に協力を求めると脅して初めて公開されたという経緯なども合わせて報じられた。記事は次のように続いた。

> この大広間には、パラディウム神殿と称される神殿があった。ここにその詳細を記す。壁には赤と黒のシルクのダマスク織が張られ、部屋の奥にはルシファーの肖像が大きく浮かび上がる巨大なタペストリーがかけられていた。すぐそばには、祭壇もしくは香炉のようなものが置かれていた。そこらじゅうに書物や儀式書のほか、コンパスや直角定規をはじめサタン崇拝教団のシンボルが散らばっていた。そこかしこに金色の豪華な椅子が置かれ、椅子の背もたれの上には、電気で光る大きな透明の目のようなものが付いていた。最後に、この邪悪な神殿の中心には玉座のようなものがあった。この思いがけない光景に恐れ慄いた訪問者たちは、忌まわしい教団が明らかに悪魔崇拝を行っていたその場所にそれ以上とどまらないようにした。そのため、彼らは内部を詳しく調べたりはしなかった。彼らはできるだけ急いでその部屋を出た。

この記事はおおよそ同じ文面でカトリック系の新聞・雑誌のあいだで出回った。ということは、情報源は一つであり、それはイタリア人らしいということを示していた。マルジョッタは遠回しにほのめかすようなことはせず、部屋の中央にある玉座は「サタニストの大司教」であるアドリアーノ・レッミのものだとし、したがって、彼は実質的にはペトロの前でサタンの大祭司を務めていたことになると付け加えた。

ボルゲーゼ宮殿内のルシファーの神殿は、パラディズムの壮大な作り話に付随する数ある小さなデマの一つにすぎなかった。そうしたデマの一つで語らずにはいられないもう一つの例は、スイスのフリブールにいるルシファーの高位女司祭ルシー・クララ嬢に関するものだ。フリブールがこの話の舞台となったのはおそらくまったくの偶然ではないだろう。この町はスイスのフランス語圏のカトリック教会の中心地だった。それゆえに、世俗化の闘いやスイスにおける文化闘争の影響を最も強く感じさせる場所でもあった。地方のカトリックのこの中心地におけるフリーメイソンの存在は偽りのものだった。一八四八年に、「ラ・レジェネレ〔再生したの意〕」というロッジが設立されたが、そのロッジは数十年後には崩壊し、ほとんど忘れ去られていった。一八六〇年代にエルネスト・ストークリーヌという弁護士兼ジャーナリスト兼新聞編集者がその地方のロッジの復活に向け着手した際には、ばらばらになったフリーメイソン会員が数名残されていただけだった。ストークリーヌは一八四八年革命に参加し、しばらく保守派に転向し、その後再び急進派となった。ストークリーヌのロッジ再建に、スイスの文化闘争やフリブール地域で拡大するカトリックの影響による反動を背景とする、反教権的な動機があったことは確かである。その上、ストークリーヌはかなり独特な感覚の持ち主だったようで、復活させたロッジの場所としてペルチュイの洞窟を選んだが、その洞窟はフリブール郊外にある花崗岩の崖の中に位置し、中世には公衆浴場として使われていた場所だった。フリーメイソンの儀式を行うのにふさわしい場所とするための作業は一八七七年に始まった。

この頃のイデオロギーの対立は、時に家族内部に及ぶこともあった。少なくともエルネスト・ストークリーヌの家の場合はそうだった。ストークリーヌの姉妹ジュリーは、超カトリックのパウロ修道会の修道女で、妻のマリー・クララも敬虔なカトリック教徒だった。妻の弟はフリーメイソンと表面的に関わっていたが、妻の妹のルシー・クララは家族の誰よりも熱心にカトリックの活動に携わっていた。義兄弟の非キリスト教的な素行を正すため、あるいは自身の若かりし頃に犯した過ちを正すため、ルシーは、カトリックの「任務」を打ち立て、ペルチュイの洞窟を手に入れ、「聖家族のしもべたちのイエス＝マリアにおける同盟友愛会」のための贖罪の礼拝堂に変えようとした。この家族内での宗教戦争に勝利するチャンスがルシーに訪れたのは、ストークリーヌのフリーメイソンの同胞たちが途方もない建造計画への資金提供を渋り、彼が金銭トラブルに陥った時だった。ルシーは、国際的に著名なジュネーヴの伝道の司教であるモンシニョール・メルミヨの支援を得て、カトリックのフランス、ベルギー、イタリアで資金援助を求めるビラを大量に配った。一八八五年三月一六日、パリに拠点を置くカトリック系雑誌『巡礼者 *Le Pèlerin*』は、神の恵みにより、神殿が「悪霊の手から救い出され」、聖家族修道会に売却されたと報じた。洞窟は礼拝堂となり、入り口にはドラゴンを打ち倒して勝ち誇った聖ミカエルの像が建てられた。

フリブールの話にサタニズムがいつ入り込んだのか定かではない。『フーマーヌム・ゲヌス』が出されたわずか半年後に、『巡礼者』誌が「悪霊の手から救い出された神殿」と報じた中にサタニズムはすでに存在していたのだろうか。それとも、それはただの比喩だったのだろうか。一部には、解体直後にロッジを訪れたカトリック教徒は、すでに「その場所の異様さ」を克明に感じ取っていたと述べる者もいる。ロッジを訪れた中に、カリスマ的な司祭で、フリブールやそのほかの地域のカトリック系組織で活躍していたジョゼフ・ショルドレ（一八四五〜一八九三）という人物がいた。ショルドレはルシー・クララと知り合いで、特にフリーメイソン叩きに傾倒していたわけではなく、レオ・タクシルと文通をしていたことがわかっている。タクシルは、一八九七年四月一二日の最後の発表の中で、「フリブールの善良な司祭」についてかなり風刺的な描写をしたが、その司祭がショルドレであることは間違いない。タクシルによれば、ある晴れた日にこのスイス人聖職者がタクシルの部屋に「爆弾のように」飛び込んできて、彼を聖人と称え、奇跡を起こすように求めた。タクシルが丁重に断ると、司祭はフリブールに戻り、偉大な回心者は謙虚さゆえに奇跡を見せなかったのだと信じて疑わなかった。ショルドレはスイスからタクシルに、敬虔な文言を刻んだ巨大なグリュイエールチーズを送った。また、フランス反フリーメイソン委員会——フリーメイソンが最悪な集団であると見做す構えでいた人々の、また新たなグループ——

が洞窟の件に積極的に関わっていたことを示す資料もある。黒ミサがフリブールのフリーメイソンの洞窟で執り行われていたとの噂が何らかの形で起こった。それらの噂が、実際には何の根拠もなかったことはほとんど言うまでもない。その場所の奇抜さを除けば、フリブールのロッジに何か特別な点は見られない。ストークリーヌが一八八二年に出版したフリーメイソンの儀式に関する短い書物は、彼がフリーメイソンの本質と見做していた一九世紀の「人間崇拝」の熱心な信奉者であることを示したにすぎなかった。また、ストークリーヌはＩＮＲＩの頭文字（フリーメイソンの儀式や図像にも使われた）について、一部のロッジが「自然は火により完全に再生される」（Igne natura renovatur integra）という新たな意味を付け加えたことを残念に思いさえした。代わりにストークリーヌは、「ユダヤの王、ナザレのイエス」（Iesus nazarenus rex Iudaeorum）という昔からある意味を主張した――何しろ、イエスは人類全体への献身を実現した最初の存在ではなかったか？

一八九三年にショルドレが亡くなった後、サタニストの洞窟に関する話は意外な展開を見せた。敬虔なルシー・クララに突然疑いの目が向けられたのだ。彼女の信仰心篤い活動は、義兄弟が行うサタン崇拝の儀式に自分が秘密裏に参加していたことを隠すための単なる隠蔽工作だとされた。この噂の発端はおそらく、近くのグリュイエールの助任司祭が彼女に対して聖体拝領を拒んだことにあったのだろう――そうなった原因は、クララ嬢が信仰から遠のいていた頃に自宅の庭でらんちき騒ぎを起こしたことにあったと思われるが。さらに、彼女がフリーメイソンの洞窟を買い取ったというのは偽りで、自身の信心団体とともに集めた資金は実は義理の兄弟の借金の返済に充てられたのだとも噂された。

そこに登場したのは、当時オカルトの専門家として広く知られ、回心して間もない頃のＪ＝Ｋ・ユイスマンスその人だった。聖体拝領の拒否事件とルシー・クララがサタニストの女司祭として行っていたと目された事柄とを最初に結びつけたのはユイスマンスだったと思われる。ユイスマンスは、『ラ・スメンヌ・ド・フリブール *La Semaine de Fribourg*』と『ル・マタン *Le Matin*』の両誌に掲載されたインタビュー記事でそのことを述べ、それが目撃証言に基づいた情報であることを主張した。この件で多くがそうだったように、元デカダン派の作家がどのようにしてこの話に関わるようになったのかは定かでなく、ユイスマンスに関する文献にもルシー・クララに関する史料にも、その点について説明している箇所は見当たらない。

ユイスマンスの後には、カトリックのジャーナリスト、アベル・クララン・ド・ラ・リーヴが登場した。この人物については、すでに前章でタクシルの忠実な賛同者として言及したが、レオ・タクシルが彼にクララについて知らせた可能性は高い。しかし、どうやらクララン・ド・ラ・リーヴは、その話を自分の記事として発表したようだ。一八九四年二月に彼はタクシルの『月刊誌』に「フリブールの黒ミサ La Messe Noire au Fribourg」というタイトルの記事を掲載した。記事によれば、洞窟で闇の儀式が行われ、その前に広がる果樹園では前段の儀式が行われ、裸のフリーメイソンの女性メンバーたちも参加していた。実際の黒ミサは洞窟の中で執り行われ、特別に用意された黒い聖体が使用されたが、同時に聖別された聖体は冒瀆され、「ルシファーの讃美歌」がハルモニウムの伴奏に合わせて歌われた。クララン・ド・ラ・リーヴはルシー・クララの名前を挙げ、彼女がこの悪魔の教団のグランド・ミストレスであると言及した。彼は反対意見に対し、言葉巧みに反論した。なぜフリーメイソンが立ち退いた際に、祭壇やバフォメット像が洞窟の中になかったのか。彼らはどうやら自分たちの秘密の礼拝の痕跡を最初に消していたようである。近隣住民はそこに女性が入っていくのを見たことがないようだが。十分にありうる。女性たちは、「道徳的に見ていかがわしい」場所とされていた近くの酒場から秘密のトンネルを通って入っていったのではないだろうか。

クララン・ド・ラ・リーヴの記事は注目を集め、好戦的なモンシニョール・ボグランが代表を務める教皇レオ一三世の国際的な機関紙『ヌヴォー・モニトゥール・ド・ローム *Nouveau Moniteur de Rome*』(以下『モニトゥール』と記す)がその内容を引き続き取り上げた。その機関紙は社説で、地方のこの助任司祭の毅然とした態度を称賛した。彼は、聖体を神殺しの儀式で冒瀆するつもりでいた女性に聖体を授けることを断固として拒否し、彼女が世俗の法廷に訴えて聖体拝領を要求した時ですらそれを拒んだ。実際には、『モニトゥール』紙によれば、このことに関する彼女の密かな思惑は、「冒瀆的な聖体拝領を行う権利を判例によって合法化する」ことにあった。

もう一人警戒していた人物は、ド・ラ・リーヴの記事で名指しされたルシー・クララ本人だった。彼女は『月刊誌』に怒りの手紙を送り、即座に記事を訂正するよう要求した。それはより強い確信をクララン・ド・ラ・リーヴに抱かせただけだった。憤慨した女性が手紙に署名した「ルシー」を見て、彼はルシファーの高位女司祭としての彼女の修道名デオダタ＝ルシフを短くしたものと解釈した。それを受けて、ルシー・クララは『月刊誌』の発行者を名誉毀損で訴えることにした。フランスや諸外国のタブロイド紙はすでにユイスマンスのインタビュー記事で盛り上がっており、この話にもすぐに飛びついた。フリブールの洞窟とジョルジュ・サンドの『歌姫コンシュエロ』に出てくるアルベール・ド・ルドルシュタットの地下神殿とをくり返し比較し、裁判の過程で明らかになるであろうルシファー主義者とサタニストに関する「興味深い詳細」や「宗教的感情の異常な逸脱」の話題を心待ちにしていた。カトリックの町フリブールは、ルシファー主義の儀式が行われた舞台だったのか。ルシー・クララは、「助任司祭の召使でいる方がふさわしい」ようには見えても、本当はルシファーの女司祭で、「喜びと満足の神」の狂宴の儀式を司っていたのだろうか。

パリの法廷は一八九六年一月一五日に開廷した。ルシー・クララは聖墳墓騎士団の正装に身を包んで出廷し、彼女の弁護士が五〇〇〇フランの賠償金を要求した。被告側弁護人は、驚くべきことに、悪魔崇拝が実際に行われていたと認めることは明らかな不合理であり、そうしたありもしない罪で人を告発することを名誉毀損とすることはとうていできないと主張した。しかし、裁判官はそうは考えず、『月刊誌』側に一〇〇フランの罰金を申し渡し、原告の女性としての、そしてカトリック教徒としての名誉を汚したことに関する公式の訂正を掲載するよう求めた。クララはボグランと『モニトゥール』紙も告発したが、彼らにはより厳しい判決が下された。ヴァチカンはそれまでにすでにボグランを厄介払いしていた。ボグランは本人欠席のまま二年間の懲役刑と八〇〇〇フランの賠償金を言い渡されたが、ヴァチカンはその機会を利用して彼を永久に遠ざけた。その間に洞窟は、マリアの宣教者フランシスコ修道会の女子修道院となり、その後一九七三年まで修道院として使われることとなった。現在は、展示会や音楽のコンサートが行われるカルチャーセンターとなっている。

タクシルの著述全体の広範かつ膨大さから、タクシルの背後で大きな力が働いていたのではないかと考える歴史学者もいた。サタニズムの専門家のイタリア人マッシモ・イントロヴィニエは、自由思想家の小さなグループやフリーメイソンが密かにタクシルの活動を支援していた可能性はあると見ている。イントロヴィニエはまた、イタリアのフリーメイソンの歴史の著名な専門家である同僚のイタリア人アルド・モラを支持し、タクシルの企みにおけるフランスの諜報部の働き、特にイタリア人「グランド・マスター」ドメーニコ・マルジョッタが関わった組織の働きがあったとするモラの説を「ありえないことではない」としている。そこでの彼らの目的は、イタリアの世論に影響を与え、最終的にはイタリアの首相クリスピを失脚させ、イタリア、ドイツ、ハプスブルク帝国の三国同盟を崩壊させることにあった。悪魔崇拝の奇怪な幻想と組み合わさった、政治的に衝撃的な内容の文書がマルジョッタの本に載っていたことは確かである。たとえば、若きアドリアーノ・レッミがマルセイユで働いた窃盗や公金横領に対する有罪判決の写真が掲載されたことはどう捉えるべきだろうか。それをタクシル、もしくはマルジョッタが入手するに至った経緯は不明である——実際は、マルジョッタはなんとそれをダイアナ・ヴォーンから受け取ったと主張していた！　その上、タクシルは、自身が自由思想に傾倒していた頃に、フランスの警察に革命の仲間を密告していたことでも知られている。

　タクシルの詐欺に政府機関が関与していたとされる確かな証拠、あるいはその証拠の一部は、これまで公開されていなかった文書が明るみに出て初めて示されうるものである。だが、筆者としてはこうした仮説は信憑性に欠けると考える。実際に、ユージーン・ウェーバーは警察の公文書を使ってタクシル研究を行ったが、これらのことを指し示すような記録には行き当たらなかったようである。さらに、レッミに関するマルジョッタの本は、もともとイタリア人読者に向けられたものではなかった——イタリア語版はフランス語版の後に出版されたが、その目的は主にフランスの大衆に対しマルジョッタの話の妥当性を高めることだったのだろう（また、イタリア市場からの追加収入を得ることにもなった）。マルジョッタが実際にはタクシルに利用された駒のような存在であったことはすでに論じてきたが（少なくとも、そのように両者が述べた）、マルジョッタの背後に諜報部による操作があったと見做すことは、レオ・タクシルの背後にも同様の操作があったと考えることになる。フランスの警察庁が一二年間にわたって潜入活動を計画し、それによって国の政治的な結束に深刻な影響を与えたというのは考えにくい。つまりこの説は、タクシルの活動へのフリーメイソンの関与の可能性がある場合に、二重の影響力がある。最後に、タクシルの著述の多さはそれほど驚くべきことではない。タクシルはもともと多作な著述家で、すでに五年ほど前からフリーメイソンに関する出版をし始め、前述のようにその著作のほとんどは、フリーメイソンの手引書や、昔の反フリーメイソン文書などから抜き出してきた古い話を作り替えたものだった。タクシルはまた、文章を使い回す名人で、まず雑誌や新聞の記事として出版した後に、それらを本として編集し、その後、別のペンネームを使った本の中でその本を引用するなどした。タクシルの著述活動にはたしかに目を見張るものがあるが、ドクター・ハックスやマルジョッタの助けを時折、そして最新のタイプライターをたずさえた有能なタイピストの手を借りることができれば、タクシルがほぼ一人でそれを成し遂げることは事実上不可能ではない。

　もしタクシルの反フリーメイソン活動を背後で操る隠れた存在を見つけ出そうとするなら、まったく別の方向から探る方がずっと有益だろう。タクシルの反フリーメイソン活動にローマ・カトリック教会が組織的に関与していた可能性に関するさまざまな示唆はあるものの、本格的な研究はなされていない。この組織的な関与とは、単にカトリック教会の反フリーメイソン組織との明らかな協力関係だけでなく、タクシルが教皇権至上主義者の組織や、ことによるとヴァチカンから密かに受け取った資金、情報、指示のことを指している。

　この話に信憑性を与えるために、ヴァチカンの歴史の裏側を少し探索してみるのも役立つかもしれない。前述のように、一八七〇年における地上の支配権の喪失によりヴァチカンの政策は変化し、それ以降は次第にヴァチカンの国際的な政治活動を支持するよう、カトリック教徒の世論操作を行うようになっていった。近年の歴史研究により、教皇がカトリックの世論を不正に誘導するための秘密のルートをためらうことなく使っていたことが明らかとなった。ローマの占領直後に、教皇権至上主義の貴族や名士たちの国際的なグループが自然発生的に現れ、この危機に対して有効に働くカトリックの反動組織となった。そのグループは「ブラック・インターナショナル」（共産主義インターナショナル〔コミンテルン〕に倣って）と名乗り、教皇の指示に無条件に従う組織となった。そして、ピウス九世と「インノミナート〔匿名の人物〕」を通じて秘密裏に連絡を取れるようにした。インノミナートは、教皇と直接的つながりのある高位聖職者で、その正体が明かされることはなかった。グループは当初、武力抵抗に備えていた（武器を秘密裏に備蓄し、元ズアーヴ兵[12]の極秘ネットワークを組織した）が、教皇は組織を主にカトリック系の新聞・雑誌を操作するための道具として使った。一八七二年、ヴァチカンは組織の資金提供を引き継ぎ、その活動に対する管理を確かなものとした。ピウス九世が承認、あるいは執筆までした記事や記事の原稿が、インノミナートを通じてジュネーヴにあるブラック・インターナショナルの中央事務局に送られた。そこから、それらの記事は「コンフェランス・ド・ジュネーヴ」という要旨報告書に手書きでまとめられ、カトリック諸国にあるブラック・インターナショナルの常任理事たちに送られ、そして、それを彼らがカトリック系の出版組織やカトリックの世論形成者に配布した。このようにして、特に〈ローマ問題〉[13]に関して、非公式の教皇の指示が出版社に伝えられた。同時に、常任理事たちは教皇の諜報員のような役割を果たし、各々自国の政治情勢や教会の状況を報告していた。秘密主義は、この活動全体の必須事項だった。そのため、その否認権は保証されており、したがって、ブラック・インターナショナルは、プロパガンダのためだけでなく外交の手段としての役割も担っていたのである。教皇はヨーロッパ諸国の政府を脅すために、このジュネーヴのルートを通じてカトリック系の新聞・雑誌の憤りをあおりたてた。期待した譲歩が得られると、カトリック系の新聞・雑誌は同様の方法で、今度は落ち着くように指示された。

　レオ一三世は、ピウス九世以上に新聞・雑誌に熱心で、『オッセルヴァトーレ・ロマーノ *Osservatore Romano*』紙[14]に教皇自身が時折寄稿していたとまで噂された。だが、レオ一三世は、新聞・雑誌に関する方針を自身と側近たちだけで決めることを好み、さまざまなヴァチカンの新聞を使い、それぞれにカトリック世論の機関紙としての役割を担わせた。ヴァチカンにいる彼らの連絡係ミスターX（ポーランドの高位聖職者であるウラジミール・チャツキ）が教皇庁の異なる地位に昇格した際、ブラック・インターナショナルはかなり唐突に解散した。しかし、これで教皇の密かな情報操作活動が終わったわけではなかった。一八七八年六月、秘密の広報局が設置され、ブラック・インターナショナルの活動と人員をほぼそのまま引き継ぎ、実質的にブラック・インターナショナルの元常任理事の全員が通信員としての役割を果たした。広報局は秘密裏に活動し、枢機卿ですらほとんどがその存在を把握していなかった。存在を知る者たちのあいだでは、その組織が使っていた偽の住所の一つである「サルミーニ邸」と呼ばれることが多かった。一八八一年以降、広報局は国務長官のランポッラ枢機卿の管轄となり、名称は「広報室」に変わり、活動としては主にイタリアの新聞社や新聞記者たちに情報を提供するなど、それまでより控えめな役割を担った。と同時に、レオ一三世は、ヨーロッパのカトリック系出版社を誘導する上で、地方の司教や教皇大使に頼るところが大きくなった。

タクシルがフリーメイソンに関する新事実を暴露し始めたのは、ちょうどこの頃だった。この状況にタクシルはどう収まるだろうか。仮説の大筋を描くのに役立つかもしれない示唆的な事実がいくつかある。

まず、タクシルがいわゆる回心をした直後、タクシルを反フリーメイソンの著述家に仕立て上げる上で大きな影響を与えうる人物が数名関わっていた。パリの教皇大使はそのうちの一人だったが、彼はこの元自由思想家を正式に招待することはなかった。重要人物たちの中にはジョゼフ・ショルドレもいた。ペルチュイの洞窟のくだりで登場した「フリブールの善良な司祭」である。タクシルはショルドレを自伝の中でこき下ろしていたが、実際には、ショルドレは国際的な教皇権至上主義カトリシズムにおける重要人物だった。彼は、ブラック・インターナショナルの一員であり、あるいは、少なくとも組織と密接な親交を結び、その常任理事の数名と書簡のやり取りをしていた。また、スイスの世俗化対抗運動を組織した重要人物で、スイスで最初のカトリック系大学設立の立役者だったが、その大学はいわゆるフリブール同盟における重要な役割を果たした。この同盟は、教皇権至上主義の頭脳集団で、レオ一三世の回勅『レールム・ノヴァールム』の反資本主義的協調組合主義を組み立てる手助けをした。けれども、ショルドレが最も重要な働きをしたのは、新聞・雑誌の分野だった。彼は若い司祭だった頃に『リベルテ *Liberté*』という新聞を創刊したが、『リベルテ』紙はやがて、フランス語圏のスイスにおける最有力のカトリック新聞に成長し、ショルドレはさらに、全国的なカトリック系新聞・雑誌のネットワークを築いた。また、聖パウロ信心会も設立し、そのメンバーにはジュリー・ストークリーヌもいた。この信心会の正式名称は「記者団の使徒たちのための聖パウロ信心会」と言い、単に信仰心が篤いだけの団体であるどころか、ショルドレの新聞・雑誌面での活動における強力な手段であった。この信心会は、ショルドレの印刷所の従業員がストライキをすると脅かしてきたことをきっかけに、代わりの人材として信心会から、信頼できかつ安く雇える若い女性労働者をカトリック出版業界に提供していったことで活気づいていった。これは大きな成果を上げ、聖パウロ信心会の取り組みはスイスからフランスへと次第に拡大していった。タクシルとショルドレが出会ったのは、おそらくその流れの中であったと思われる。タクシルは高揚した司祭がスイスチーズを送ってきたと回想に記したが、この二人の関係は、回想に表されているよりはるかに複雑なものだった。タクシルは、「回心」の直後で、まだ多額の借金を抱えている中、ショルドレの信心会が運営するパリのサン・ポール書店で働き始めた。ある意味では、タクシルの最初の反フリーメイソンの本は、ショルドレの記者団の使徒たちがお金を出して書かれたものだと言っても、あながち間違いではないかもしれない。

　次に、タクシルのパラディズム計画の受容に注目すると、あるパターンが見えてくる。タクシルの誇張された暴露話は、すべての保守的なカトリック系の機関紙・誌に受け入れられたわけではなかった。タクシルの最も辛辣な批判者の一部——ヴイヨの『リュニヴェール』誌、ジョルジュ・ボワの『ラ・ヴェリテ』紙、グルーバーの『ケルン民衆新聞』——は、「哲学的」・バリュエル的なフリーメイソンの陰謀の存在を強く確信していた。これらのカトリック系新聞・雑誌に共通しているのは、いずれもヴァチカンの影響下になかった刊行物という点だ。フランスの場合、それらの刊行物は反ラリマンの立場を表明しているケースが多かった——『ラ・ヴェリテ』紙は、明らかにカトリック教会の反ラリマン感情を発信するために創刊された新聞である。一方、タクシルの著述を肯定的に取り上げたカトリック系の記事を見てみると、ヴァチカンに密接な関連のある新聞や雑誌が大きい割合を占めていることが窺える。これはファヴァ司教（彼は意外にもラリマンの忠実な支持者だった）とつながりがある機関紙・誌や、イエズス会の『ラ・チビルタ・カットリカ *La Civiltà Cattolica*』誌、また、ランポッラ枢機卿によりヴァチカンの半公式の国際機関誌として創刊されたモンシニョール・ボグランの『モニトゥール』誌にも当てはまる。ヴァチカンの新聞・雑誌に関する方針についてこれまでに把握したことを踏まえれば、少なくとも、教皇がカトリック系の機関紙・誌を情報操作するために自ら有していたさまざまな極秘ルートを通じて、タクシルに対する非難をまったく流すことがなかったのは極めて明白である。むしろ、どこかの誰かがそっとうなずいて、タクシルを後押ししていたのではないかと考えたくなるほどだ。

　最後に、タクシルのパラディウム団に関する出版物の内容がある。ピアノを弾くワニや悪霊の電話回線について掘り下げて見てみると、ヴァチカンの政策の基本方針に完全に沿った実態が浮かび上がってくる。振り返ってみれば、ラリマンの目的は、〈ローマ問題〉への教皇を支持するフランスの介入を促進することにあった。そのことを、ラリマン政策は、ヴァチカンと当時のフランス政府とのより良い外交関係を築くとともに、フランスのカトリシズムを共和政の枠組みの中で機能させ、それを適切な政治勢力として取り入れることによって実現しようとしたのである。これらの複雑な妙計はタクシルのパラディズムの話に反映されていた可能性がある。たしかに、世俗的な共和政は、その政治的エリートの重要な部分が、悪魔の教団の手先として隠れて行動していたのではないかと遠回しに批判されている。しかし、バタイユとヴォーンによる膨大な著作において、外国、とりわけイタリアの政治家に対する痛烈な批判がなされていたのとは対照的に、フランスの著名な政治家に対する個人的な批判は一切なかった。これらの批判の背景に〈ローマ問題〉があることは明らかである。この点で、ヴァチカンが一八八七年以降に〈ローマ問題〉に対する新たな「総攻撃」を開始したのは単なる偶然だったのだろうか。あるいは、『一九世紀における悪魔』が刊行され始めた時点で、ラリマン政策は本当に二年間しか実施されていなかったのだろうか。

　これをわかりにくく感じた読者は、タクシルが出版した最後のカトリック信者向けの作品を概観するだけで十分だろう。その作品というのは『第三三位階のクリスピ——あるパラディスト政治家の正体 *Le 33*^{e} *∴ Crispi: Un Palladiste Homme d'état démasqué*』と言い、一八九六年六月に出版された。この本がマルジョッタの名前で出版された「イタリア人の本」のシリーズ三作目として書かれたものであることは間違いない（マルジョッタが起用されるきっかけとなった作品でもあるかもしれない）。しかし、この元「グランド・マスター」はすでにタクシルのもとを去っていたため、代わりに、実在せず自由に使えるダイアナ・ヴォーンの名前が表紙に載せられた。案の定、その本にはパラディズムの不誠実性に関する新たな暴露話が多く記されていた。見逃せないのは、たとえば、ソフィア・「サッフォー」・ワルデールをアンチキリストの祖母とすることを悪霊ビトルが厳かに断言し、ビトル自身が署名し、クリスピと随所に登場するアドリアーノ・レッミが連署した公式のフリーメイソンの憲章である。

だが、サタニズムに関する本の中でさらに驚くべきことは、「レッミとクリスピの二人」が描く「フリーメイソン的」なイタリアの帝国主義的な野心が二頁に広がる地図の中で詳細に記されていたことだ。実際に、五〇〇頁にわたる本の大半は、イタリアの政治に関するものであった。『第三三位階のクリスピ』の結論では、本の意図と思われるものがはっきりと示されている。すなわち、「サンピエトロ大聖堂のドームの下に、サタンの巨大な金の像を立てるであろう悪魔のイタリア共和国」を攻撃するよう扇動し、中央に復活した教皇領を伴うイタリア連邦国家と大統領としての教皇を立てることを支持することである！「教皇王、イタリア共和国大統領に敬意を！」ダイアナ・ヴォーン、別名レオ・タクシルは最後の頁でこのように喝采し、歴史学者たちを若干困惑させた。これもまたタクシルの壮大な悪ふざけの一部だったのだろうか。あるいは、すべては真剣に考えられたもので、タクシルが拒絶するわけにいかない人々から、このように書くように勧められ、資料すら提供されていたのだろうか。

筆者が論じた三つの点から一つの仮説が浮かび上がってくる。教皇と新聞・雑誌との秘密の連絡係を担っていた二人の聖職者とタクシルが連絡を取り合っていたこと、教皇とつながりのあるカトリック系の機関紙・誌は、タクシルの反フリーメイソン的な恐ろしい話を広めた刊行物の中で上位に位置づけられていたこと、それらの話の内容が教皇の政治課題と密接に対応し、時にはそれがカトリック教会の純粋なプロパガンダとなっていたことである。イタリア共和国の大統領になりたい教皇レオ一三世は、レオ・タクシルの陰の雇い主だったのだろうか。教皇はフランスにおけるカトリック世論を操るために、かつての自由思想家を義勇兵として利用したのだろうか。ヴァチカンが世論に影響を与えようとして、怪しい傭兵を使ったのはこれが初めてではないだろう。教皇はドイツでプロテスタント系の新聞・雑誌における反イタリア感情を煽るため、ヴァルグレン・シューマンというプロテスタントのいかがわしい評論家を雇った。実際に、タクシルはフランスでこれと同じ役割を果たしていた。これは偶然だろうか。それともタクシルもまた、まだ確認されていない仲介者を通じて教皇から資金提供と指示を受けていたのだろうか。

この点に関して、タクシルや彼のパラディウム団の作り話に対する教皇の態度をよく見てみると面白いかもしれない。このことについては、当時の学者のあいだでも、現代の歴史学者のあいだでも解釈が異なっている。ここで重要なのは主に、教皇とその取り巻きはタクシルの作り話に騙されていたのか、という点である。レオ一三世がフリーメイソンの何らかの陰謀を信じていたことは明らかである。彼の回勅がそのことを証明しており、以下にさらなる証拠を挙げることとする。ジョゼフ・ド・メーストルやベンジャミン・ディズレーリのような偉大な政治家でさえもフリーメイソンの秘密結社をめぐる陰謀説を受け入れた時代に、これはさほど驚くべきことでもない。ローマ・カトリック教会の階層組織内部では、フリーメイソンの壮大な陰謀に対する見方はいっそう敵意に満ちたものだったに違いない。ショルドレは、フリーメイソンの刺客が自分の命を狙っているという確信を抱きながら死に、ウラジミール・チャツキ――ブラック・インターナショナルのインノミナート――のような正真正銘の現実主義者でさえ、フリーメイソンの秘密の陰謀に支配された世界における最後の神権政治の旗印として教皇が支持されなければならないとする考えが、その秘密の活動を行う上での動機となっていた。

したがって、教皇がフリーメイソンの陰謀を本物と信じていたのは、ほとんど疑う余地がない。しかし、秘密の性的な儀式、ルシファー崇拝をするパラディウム団の内部組織、悪魔の出現、秘密の地下神殿など、フリーメイソンの陰謀説をもとにタクシルが自作した設定も、教皇は支持していたのだろうか。まったく信じられないようなことだ。だが、教皇がほかのカトリック教徒よりも賢明であったとの思い込みは捨てるべきである。カトリックの聖職者たちの多くは、程度の差はあれ、タクシルの言うことを信じ、中でもムラン司教とファヴァ司教は顕著な例として挙げられるだろう。レオ一三世は公式の回勅において、タクシルの著述によって広められた明確な悪魔の陰謀説を取り入れることはなかった。その悪魔批判的なレトリックにもかかわらず、『フーマーヌム・ゲヌス』ではフリーメイソンのことをサタニズムではなく「自然主義」と合理主義の信奉者として語っている。しかし、神の国と悪魔の王国とのあいだの地上の戦いに、サタンが積極的に介入する可能性があると教皇が認めていたことは確かである。たとえば、教皇は公式の悪魔祓いの儀式にサタンを祓うための特別な儀式を復活させ、ミサ通常文にミカエルへの祈りを加えて悪の力から守護してくれるよう大天使に嘆願した。これらの刷新には、ある種の内なる信念が反映されていたに違いなく、レオ一三世のことを、悪魔について嫌悪をにじませてつぶやく老人、とするタクシルの描写には核心となる真実が描かれていたのかもしれない。それらには、パラディウム団の作り話がうまく当てはまるであろう考え方が示されている。

タクシルに関するヴァチカンの公式、半公式の言葉からは、ヴァチカンの立場ははっきりとしない。前述したように、タクシルが一八八七年にローマ教皇に謁見したことは事実だ。だが、タクシルがフランスの司教たちが書いた一九通の推薦状のリストを一八九一年刊行の女性フリーメイソンに関する自身の本に掲載したにもかかわらず、ヴァチカンは何の反応も示さなかった。これと対照的なのは謎に包まれたポール・ロゼンヌその人で、ロゼンヌは教皇レオ一三世からの長文の私信を二作目の著書の扉に引用していた。ダイアナ・ヴォーンは、実際にさまざまな聖職者たちと手紙をやりとりしていた。タクシルは、ミス・ヴォーンの出版物や一八九七年の自身の最終宣言の中で、それらの手紙から広く引用した。すでに引用してあるとおり、教皇代理のパロッキ枢機卿による手紙は、教皇からの「最も特別な祝福」を伝えるもので、パロッキはこれにさらに、レオ一三世がヴォーンの自伝を読み、「打ち震えるほどの興味深さ」を感じていたと書き添えた。ダイアナ・ヴォーンがクリスピについて書いた本を教皇に送ると、レオ一三世の個人秘書の一人、モンシニョール・ヴィンチェンツォ・サルディが書いた短い返事が送られてきた。手紙には本に対する謝辞と、今後も良い仕事をしていくようにとの言葉が記されていた。「さあ、その調子で書き続け、邪悪な教団の正体を暴いてください。天はそのために貴女をこのように長きにわたってその一部とすることを許したのですから」。この言葉は重要な証拠ではあるが、教皇は決してタクシルからの打診に直接応じようとはしなかった。

「グランド・マスター」のドメーニコ・マルジョッタが唯一、教皇自身から短い手紙を受け取ったと自慢することができたが、その簡潔で三行にまとめられた文章は、華々しい教皇の支持表明とはとても言い難いものだった。

　教皇は、ダイアナが実在するかどうかの議論からも距離を置いていた。さらに、このグランド・ミストレスの実在性を認めるにあたっては、いくらか慎重になっている様子も窺える。ローマの世界反フリーメイソン同盟の秘書であるロドルフォ・ヴェルツィキは、一八九六年五月二七日に、次のような公式書簡を、回心したグランド・ミストレスに宛てて送った。

ヴォーン殿

聖下ご自身の命により、教皇の個人秘書であるモンシニョール・ヴィンチェンツォ・サルディより、貴女に手紙を送る任を賜りました。

　聖下が貴女の『償いのための聖体の九日間の祈り』をお読みになり、大変お喜びのご様子であったこともお伝えしておきます。

　会長のアリアータ氏［反フリーメイソン同盟の会長］が、教皇代理枢機卿［パロッキ］と面談し、貴女の回心の真実性について話し合いをしました。猊《げい》下《か》は貴女の回心を確信しておられます。ですが、猊下は私どもの会長に、公に証言することはできないとはっきりと述べられました。「検邪聖省の秘密を漏らすことはできません」。猊下は、指揮官のアリアータ氏にそう返答されました。

私たちの主において、敬具。

　この手紙やそのほかの資料から、ヴァチカンがダイアナ・ヴォーン問題に積極的に関わっていたことを読み取ることができる。たとえば、トレントの会議がこの件に関する判断をヴァチカンの特別委員会に委ねた際、そうした特別委員会がすでに存在していたことが明らかとなった。また別の資料では、検邪聖省の記録の中に「ヴォーン、タクシル、およびその一団」と呼ばれる調査資料（サタニズムの歴史研究者が読みたがるものであることは間違いない）が存在することが暗に示されている。トレントの会議の前後数か月のあいだ、この問題に関する真実を突き止めようと、ローマから書簡が立て続けに送られた。反フリーメイソン会議の会長であるラザレスキ司教と、世界反フリーメイソン委員会会長のアリアータ会長は、フランスの反フリーメイソン委員会会長のベソニー神父に、「ドクター・バタイユ、ドメーニコ・マルジョッタ、ダイアナ・ヴォーンの著作で明かされたパラディズムが実在することを証明できる文書」を要求した。それに倣って一八九六年一一月一五日には、パロッキ枢機卿の秘書であるモンシニョール・A・ヴィラールが、パロッキが議長を務める特別調査委員会を代表して、手紙を送った。ヴィラールは書簡の中で、ダイアナ・ヴォーンの存在に関する問題はローマ（教皇庁）の権限をもってしか判断できないと断言した。「くり返しますが、ローマはさらなる情報を必要としています。ローマが彼女に関する情報をすべて把握していると考えるのは間違いです」。また、ヴィラールは「ごく内密に」、タクシルはヴォーンの大義を大幅に曲げてしまっていると付け加え、彼女がその「偽りの擁護者」から離れることが「極めて重要」だと強調した。ヴィラールはこの要求を、その後数か月間にわたって複数の人物に書き送り、ヴォーン本人にも呼びかけた。また一八九六年には、フリーメイソンの活動に関する鋭敏な専門家アベル・クララン・ド・ラ・リーヴがパロッキ枢機卿により正式に聖化されてからジブラルタルに派遣された。フリーメイソンがタリクの山で本当に秘密の活動を行っているのかどうかを調べるためだった。アメリカでは、教皇権至上主義者のケベック出身のジャーナリスト、タルディヴェルが同様の任を命じられた。

もし、これらの動きが教皇の姿勢を適切に反映しているとすれば、タクシルは信頼できない人物だとヴァチカンがすでに知っていた、あるいはそう見做しており、一方でタクシルが作り出したダイアナ・ヴォーンの正体に関しては完全に途方にくれていたことは明らかだ。そうした中で、教皇庁はどこにも与《くみ》していないという公式の姿勢を注意深くも崩さなかった。前述のような果てしない審議がなされた後、特別委員会はヴォーン問題に関する中立の判断を下し、それと同時に、過度の批判を行ったとしてドイツの厄介な新聞・雑誌を厳しく非難した。そこから受ける印象としては、二つのうちの一つであった。一つは、ルシファーを熱心に崇拝するフリーメイソンの秘密の内部組織の高位女司祭であったヴォーンが実際に組織を離脱し、カトリック教会へと逃れてきたという話にヴァチカンは純粋に疑念を持っていただけで、それが事実である可能性を捨てたくなかったという見方。もう一つは、それがでっち上げであることを疑っているか、あるいは分かっていながらも、ヴァチカンはそれを有用と見做し、あえて計画に乗っていた——計画を継続させるのに十分な激励はするが、自ら歩み寄ることまではしない姿勢——という見方である。

例として、レオ・タクシルはこの後者を強く確信しており、最後の記者会見の際に教皇のそうしたやり方を真っ向から非難した。「あらゆる兆候が集まる」ローマでは、性的な加入儀礼に身を委ねる女性のフリーメイソンなど存在しないことはよく知られていたに違いない。さらには、タクシルの暴露話を否定した地方の高位聖職者がヴァチカンに黙らされたケースがいくつもあった。とはいえ、タクシルの発言は極めて慎重に扱う必要があった。タクシルが自らこの点で陰謀を企てていたからだ。タクシルは明らかに、教皇をペテンにかけることで自らの計画を完成させようとしていた。これがタクシルが一二年ものあいだカトリックの著述家のふりをし続けた最大の目的であり、ヴァチカンに何度も自らの本を送った理由だったのかもしれない。返信の手紙は十分ヴァチカンの信用を損ねる内容だったが、タクシルはより正式な賛同のしるしを引き出そうとしていた。タクシルのクリスピに関する最後の本は、レオ一三世に媚びを売って引き込み、自分の口車に乗せて承認してもらうための最後の手段だったともいえる。本の中で〈ローマ問題〉に関する教皇のプロパガンダが露骨に示され、また、巻頭を飾るレオ一三世に関する詩がどこかわざとらしいものであったのは、そのためだったのかもしれない。けれども、教皇が実際に罠にかかることはなく、結局タクシルが得ることができたのは、すでに引用したモンシニョール・サルディによる短い激励のメッセージだけだった。

タクシルは、ヴァチカンをどうしようもない混乱のえじきとして描きたがったが、ヴァチカンが行使していた権力の大きさをよく理解し、おそらく過大評価していたことは明らかである。ある意味、タクシルが世間に知れ渡るよう最初に煽ったのは教皇だったともいえる。トレントの会議は、フリーメイソンについて本質的にサタニスト的な集団であると決議したが、と同時に、会議の主な主催者であったイタリア人たちは、タクシルを重要な公的な地位に就けることはしなかった。その背後にはヴァチカンの力が働いていたと見てよいだろう。タクシルは明らかにそのことを理解しており、教皇がささやく言葉の影響を恐れていた。「脅威となる危険は沈黙であり、ローマの委員会に秘密裏に瞞着を抑え込まれることであり、カトリック系の新聞がそれについて取り上げなくなることだった」。

　この最後の一文からは、教皇が裏でカトリック系の新聞に指示を出す上で、どう動いていたかについてタクシルが何かしら把握していたことが窺われる。だが、もしヴァチカンがタクシルのことも密かに雇っていた、あるいは利用していたのだとすれば、タクシル自身がこのことを知らずにいたのは明らかである。そうでなければ、タクシルはカトリック教徒の仮面を外すことにした際に、このヴァチカンにとっては不名誉な情報を明るみに出していたに違いない。しかしその代わりにタクシルは、自分の持っている櫂で波風を立てて騒ぎを起こし、とにかく記者会見ではできるだけ教皇に歩み寄ろうとした。とはいえ、タクシルは自分で思っていた以上に核心をついていたのかもしれないが、タクシルが当時の大部分の人々を実際には納得させられなかったことは明白である。彼は、レオ一三世を明示する劇的な証拠を示すことができなかった。結局のところ、教皇は、その曖昧な態度を取る手法が功を奏して、パラディウム団崩壊による評判の下落をなんとか免れた。

　この辺りでこの節のまとめに入るとしよう。これらの歴史的な示唆の残骸から何を回収することができるだろうか。ヴァチカンはタクシルの作り話に与していたのだろうか。あるいは、われわれ自身が陰謀論的思考の誘惑の虜になってしまったのだろうか。真実がどのようなものであれ、単純な選択肢が当てはまらないことは明らかだ。聖座はタクシルをある種の志願した諜報員として扱っていたわけではなかった。これは、この出来事全体の結果を見れば極めて明白であり、タクシルの発言はすべて、彼がほとんど単独で動いていたことを示唆している。さらにヴァチカンは、多くのカトリック教徒と同様、ダイアナ・ヴォーンに関する話に困惑していたようである。しかし少なくとも、ヴァチカンがタクシルの話に便乗することを嫌ってはいなかったことを示すものは多い。また、ヴァチカンがタクシルを反フリーメイソンの著述家に仕立て上げることに積極的に関与し、その後も、少なくとも暗黙のうちにタクシルに支援を与え続けていたことを示しうる、興味深い情報もある。これにより、ヴァチカンの新聞・雑誌政策の歴史上、タクシルは最大の汚点となるだろう。タクシルが教皇に熱心に媚びていたことは忘れてはならないが、タクシルが時折、ヴァチカンの国際政策の断層線を驚くほど正確に描いていることを、ありふれた著述家一人の鋭い政治的直感によるものと見做すのは無理がある。

唯一確実な結論は、さらなる研究が必要ということだ。本節の前半で詳しく述べた、一見、周辺的な話はよい出発点となるかもしれない。たとえば、ローマ教皇使節やショルドレとのタクシルの関係に関するさらに綿密な調査によって興味深い事実が浮かび上がってくるかもしれない。後者に関しては、フリブールの洞窟の奇妙な話が面白い切り口になるだろう。また、ボルゲーゼ宮殿にあるパラディウムの神殿に関するいつまでも消えない噂の発端を突き止めることによっても、何らかの面白い洞察を得ることができるだろう。本書が推測した証拠によれば、この話はフランスで出版される前にイタリアですでに広まっていたと思われ、そしてそのことは、少なくともこの特定の誤情報に関しては、タクシルに責任がなかったことを示唆している可能性がある。では、それを広めた「ローマの公認の通信員」は誰だったのか。タクシルにその情報を提供したのはヴァチカンの広報室だったのだろうか。このことは、ヴァチカンがタクシルの詐欺行為にかなり積極的に加担していたこととの明らかな証拠であり、ヴァチカンが隠したいことなのだろう。その一方で、レオ・タクシルとレオ一三世が、互いの知らぬ間にある種の奇妙な決闘における膠着《こうちゃく》状態にあり、それぞれが自分の思惑に従って互いを操ろうとし、そして、まさに重大な局面で双方ともが利用されている状態から抜け出していたのかもしれないと考えるのもまた面白い。

フリーメイソンのサタンとネオ・パラディズムについて

ここで読者に少し謝らねばならないことがある。筆者はここまで、サタニズムに関する歴史的記述の中で、ローマ・カトリシズムについて多くの頁を費やし論じてきた。J＝K・ユイスマンスの場合と同様に、サタニズムの実在性はタクシルの話やパラディズムの作り話においては小さな役割を果たしたにすぎなかった。人間の空想が作り出したものであることを除けば、カトリックの反対論者やタクシルが描写したフリーメイソンにおける宗教的サタニズムは存在しなかったのだ。しかしそれでもやはり、全体像を把握する上では、フリーメイソンの実態にも目を向けることが妥当だと思われる。こうすることで、まだ筆者がきちんとは取り組んでいない、また現代の歴史学でもほとんど研究されていない問いにも行き着くかもしれない。すなわち、明らかな空想の部分は論外としても、フリーメイソンがやはり実際にサタンに関わっていた、というようなことはあるのだろうか？

フリーメイソンの初期の歴史についてははっきりしない点が多い。最新の研究は、現在のフリーメイソン友愛会の発祥の地はスコットランドであるとの見解を示している。一六世紀末から一七世紀初頭にかけて、中世の石工のギルドが、石工職人ではない者も受け入れる半ばエソテリックなロッジに姿を変えた。イングランドに広まると、この新たな組合はアイザック・ニュートンと彼の仲間たちの広教会派の理神論の影響を受け、やがてジェントルマンのあいだで人気の娯楽となった。フリーメイソンはイギリスからアメリカ大陸、大陸ヨーロッパへと広まっていった。これらの地域で、フリーメイソンは次第に、宗教的寛容や合理主義などの啓蒙思想の価値観に共鳴するようになっていった。アメリカ独立戦争で活躍した建国の父のほとんどは活発なロッジ会員だった。

啓蒙主義とのこうした〈同一化〉が完全になされることはなかった。一八世紀には、フリーメイソン内でさまざまな儀式や規律が生まれたが、そのほとんどはエソテリックな性質を強く帯びたものだった。当時の流行によれば、フリーメイソンの起源はテンプル騎士団、ドルイド、エッセネ派、カバラにあるなどとする突飛な説が唱えられた――その多くは、後の反フリーメイソンの陰謀論者によって大いに再利用されることになる。ドイツでは、実際の陰謀家たちが各々の政治的目的のためにフリーメイソンを支配しようとした。有名なイルミナティはその急進的な啓蒙思想の目標のため、薔薇十字団は伝統的価値観を守るために。フランスにおける最初のロッジはカトリック教徒に限定され、フランスに亡命したカトリック教徒のジェイムズ二世についてきたイングランド人たちで構成されていた。やがて、土着のロッジが次々と誕生し、啓蒙思想家たちが考えを発信する主要拠点となった。しかし、フランス革命が起こると、フリーメイソンのメンバーは分断された。というのも、いわば全員がフリーメイソンの同胞であり、多くのフリーメイソンが革命派ではあったものの、一方でそれと反対側の立場にいるフリーメイソンも少なくなかったからである。

フランス（やベルギー、イタリア、スペインなどのほかのカトリック教国）のフリーメイソンが西洋革命の価値観に完全に共鳴するようになったのは、フランス革命が終わって間もない頃だった。革命前であれば、司祭や聖職者がロッジのメンバーであることはそれほど珍しくはなかったが、革命後にはそうしたことは考えられないことだった――ローマ・カトリックの聖務禁止令がその頃に厳格に守られるようになったためだけでなく、フランスのフリーメイソンが明確に反教権的な態度を取り、次第に聖職者がフリーメイソンであることに難色を示すようになったからでもあった。その後数十年のあいだに、フランスのフリーメイソンはある種、非公式の「共和国の教会」のようなものとなり、独自の世俗化のプロセスを開始した。神に対する信仰という修練者に課された従来の必須条件は一八七七年に取り下げられ、一八七九年には、グラントリアンでは「宇宙の偉大な建築師」に言及することをやめ、一八八七年には、宗教色の薄い儀式が取り入れられた。一八九五年以降、高位階のフリーメイソンは無宗教式で埋葬されることが義務づけられた。

これらの措置は、世俗化闘争が続いていくにつれて、いかに双方が不利な状況に陥っていったかを示している。それらはまた、フリーメイソン内部におけるある種の世俗化闘争も引き起こした。フランスのグラントリアンが一八七七年に神を信仰する必須条件を取り除いた際には、伝統を重んじるアングロ＝サクソン世界のロッジはそれに強く反対し、最終的にフランスのフリーメイソンとの友好関係を絶った。このフランスのフリーメイソンはしばしば、大陸系、もしくはリベラル系フリーメイソンと呼ばれるようになり、ヨーロッパと南アメリカのラテン系諸国におけるフリーメイソンの主要なスタイルとなった。フランス国内では、一八九四年に「グラン・ロッジ・ド・フランス」がグラントリアンから分離し、後者の不可知論的・反教権的な姿勢に異議を唱えた。

不思議なことに、ルシファー主義の教皇的存在とされるアルバート・パイク（一八〇九～一八九一）はとりわけ、ユナイテッド・グランド・ロッジ・オブ・イングランドとその関連の各グランド・ロッジに、伝統的なフリーメイソンから不信心者のフランス人を追放するよう説得することに力を注いでいた。元南軍准将であったパイクは、八一歳で亡くなるまで「フリーメイソン古代公認スコットランド・ライトの南部管轄区のソヴリン・グランド・コマンダー」だった。彼はアメリカのフリーメイソンの大物ではあったが、国際的なフリーメイソンの正当な権利を有するトップではなかった。いずれにせよ、それぞれに独立した組織を持つ連邦型のフリーメイソンに、そのような人物は存在していなかった。パイクは生涯にわたってオカルトに大きな関心を寄せ、世俗的なフリーメイソンに対する彼の反感は、そのキリスト教的つながりによるものではなく、フリーメイソンの中の、今でいうスピリチュアリティにあたる部分を擁護したいとする意識に基づくものだった。この点で、パイクは明らかにオカルトの父であるエリファス・レヴィに影響を受けていた。レヴィの影響は、パイクのフリーメイソンの著作にちりばめられた堕天使に関するいくつかの節にも明確に表れている。たとえば、『フリーメイソンの道徳と教理 *Morals and Dogmas of Freemasonry*』における第三位階に関する説明の中で、パイクはいかにもレヴィ的な曖昧な書き方でこう記した。「サタンの本当の名前は、ヤハウェを逆さにしたものだとカバラ主義者は言う。サタンは暗黒の神ではなく、神の否定だからだ。悪魔は無神論の人格化、もしくは偶像である。志願者にとってサタンは人格的存在ではなく力であり、善のために創られたが、悪に仕える可能性もある。それは自由、もしくは自由意志の媒介者である。カバラ主義者は物質的存在を取り仕切るこの力を、パン神という神話的な角のある姿で表している。それから、サバトの雄山羊、古の蛇、光をたずさえる者もしくは明けの明星が現れ、詩人たちはそれらを伝説上の偽りのルシファーに作り上げたのである」。

　しかし、これらの記述が原因で、パイクが地上におけるサタンの代理人であるとの疑わしい評判が立ったわけではない。このアメリカ人のソヴリン・コマンダー〔パイク〕にその権限を最初に与えたのはポール・ロゼンヌだった。ロゼンヌは、教皇レオ一三世の回勅『フーマーヌム・ゲヌス』に対するパイクの反応に着想を得た。パイクは、「人類を代表するフリーメイソンから教皇レオ一三世の回勅『フーマーヌム・ゲヌス』に対する返答」やその「前文」で教皇に対する報復《クイド・プロ・クオ》を雄弁に書き表し、ローマ・カトリック教会は合法政府に対立する本物の陰謀者であると指摘し、回勅は「人類に対する宣戦布告」であり、この返答がなるべく多くの地域で出版されることがフリーメイソンにできる最大の貢献だと主張した。「ローマ教会のような過去がある以上、他者が犯した架空の犯罪を非難することで、実際の犯罪に目を向けさせないようにするのは賢明であろう」と、ソヴリン・グランド・コマンダーは辛辣に締め括った。意図的であるかどうかはさておき、ロゼンヌは、パイクのこれらの言葉はフリーメイソン全体のトップとしての発言であるとの間違った解釈をした。ひとたびサタンの援軍の指揮官《コマンダー》としてのパイクの地位が確立すると、パイクのエソテリシズム的な著作の中に闇への言及を見つけ出すのは簡単だった。ロゼンヌはパイクの『言葉の書 *Sephir H'Debarim*』という小本を偶然見つけた。この本では、一八世紀的な作風で「創造的な原理」があらゆる神の起源として提唱され、ロゼンヌが言うには、「悪魔だけが彼に命じ得たおぞましい行為」について記されていたという。パイクを反教皇論者とするロゼンヌの見方を取り入れたタクシルは、この点でさらなる創造性を発揮した。タクシルは、古い『ブラックウッズ・マガジン』誌でパイクが若い頃に書いた詩（「神々への讃歌」という一連の詩）をいくつか見つけ、それをダイアナ・ヴォーンの名前で、パイクが復活させようとした異教の正式な讃美歌として再び世に出したのだ。

では、フリーメイソンに対する非難はすべて単なるでたらめにすぎなかったのだろうか。こう述べてしまうのはあまりに短絡的であろう。歴史的事実は、遠くからは白か黒に見えるかもしれないが、近くから見るとグレーがかった色合いとなっていることがほとんどであり、それは世紀末のフリーメイソンにも当てはまる。とりわけ、フランス、ベルギー、そして（おそらく）イタリアのフリーメイソンでは、明確に政治的な方向を促進する内部の傾向が支配的となり、フリーメイソンの影響力を使って「リベラルな」政治的目的を追求した。ローマ・カトリック教会の「蒙昧主義」に対する異議申し立ては、この計画の重要な目的であり動機だった。フランス政府はフリーメイソンに「誘導された」わけではなかったが、共和国のエリート層にフリーメイソンの会員が目立ったことは確かである。カトリック組織の政治活動と同様に、ロッジは自分たちが選んだ候補者を選挙で擁立、あるいは支持し、彼らに投票するようメンバーに呼びかけた。（記憶に新しいと思うが、タクシルは、自身が「公式の」フリーメイソンの候補者の対立候補として選挙に立候補した際にロッジから追放された原因はロッジのこのような動きにあったと考えていた。）一八九二年、カトリックや右翼の活動家の挑戦的な論調を受けて、グラントリアンは議員に立候補したフリーメイソンに、政教分離への賛成票とヴァチカンによるフランス大使館の弾圧への賛成票を投じることを強いる協定に署名させた。タクシル事件とドレフュス事件をきっかけに、グラントリアンはそのリベラルな主義とはさらに相容れない行動に出た。フランス軍から反動分子を「取り除く」必要性を確信した彼らは、フランス軍将校の宗教的な忠誠を膨大な人物調書で監視し始めた。極めて反教権的なコンブ内閣（一九〇二～一九〇五）はその調書を利用し、カトリックの将校を昇進させないよう手を回した。この「調書事件」は一九〇四年に明るみに出たが、それはそれより一二年以上前に自由思想に「改宗した」と表明し、グラントリアンの副書記官になることに成功したカトリックの潜入者の働きによるものだった。

　また、反フリーメイソンの活動家がサタンに関して表面化させた資料の中には、真実味のあるものも、時折含まれていた。文脈からは完全に切り離されてはいたものの、フリーメイソン雑誌を引用した一部は明らかに本物だった。ポール・ロゼンヌが示していたように、「驚くべき従順さでサタンとの友好関係を讃美することで」目立っていたのは主にイタリアのフリーメイソンだった。イタリア統一運動《リソルジメント》に傾倒していた彼らは、ローマ・カトリック教会と教皇に真っ向から対立する立場にフリーメイソンを位置づけた。彼らは統一運動を通じて激しい反教権主義に染まり、それが堕天使に関する過激な発言につながることもあった。たとえば、G＝G・セラフィーニという会員は、一八八〇年にイタリアの公式のフリーメイソンの会報誌にサタンを「未来の精霊」として称賛する記事を書いた。「苦しむ者たちよ、再生の精を褒め称えよ。わが兄弟たちよ、顔を上げよ。あの方がやって来るのだ、かの偉大なるサタンが！」。この種の、たとえばジェノヴァのフリーメイソンが、「サタンに栄光あれ」と記された旗を掲げて通りを厳かに行進していた、とする、ありえないとも言い切れない主張の真相は謎に包まれている。後にナチスの強制収容所の犠牲者となったマキシミリアノ・コルベは、一九一七年にローマで「ヴァチカンに君臨せしはサタンなり、その奴隷となりしは教皇なり」との標語とともに、ミカエルを従えたルシファーが描かれた旗を掲げているイタリアのフリーメイソンの姿を見て司祭になることを決意したと詳細に語った。

　これらの発言は、イタリアのフリーメイソンの中にサタンの隠された教団が存在していたことの証明にはならない。しかし、ロマン派サタニストたちの例に倣った比喩的な「サタニズム」の言葉が存在していたことを示してはいる。このことを最も明確に表しているのは、イタリアのフリーメイソンによる有名なサタンを称賛する宣言、ジョズエ・カルドゥッチ作「サタンへの讃歌 Inno a Satana」である。カルドゥッチはノーベル賞を受賞（一九〇六年）した唯一のロマン派サタニストであり、彼の讃歌は五〇連からなる古典的なロマン派サタニズムの要約・凝縮と言える。その中でサタンは自然の化身、エロスの起源、詩の活力、古の神々の姿をした神的存在として表されている。キリスト教によって地下に追いやられはしたものの、以来サタンは、まずルネサンスと宗教改革時代（カルドゥッチの詩によれば、マルティン・ルターでさえ悪魔に触発されたという）に、そして、近年の科学の勝利と革命の動乱の中でより明確に、その勢力圏を徐々に回復させていった。実証主義と進歩への絶対的な信仰を示しながら、詩は楽観主義を讃美する雰囲気に包まれて終わる。蒸気機関がすでにサタンの支配の到来を告げている中、サタンの勝利は間近に迫り、「強欲な教皇と残酷な王の神」の最終的な消滅をもたらすだろう。

迎え入れよ、サタンを、
理性による
あるいは反乱を
あるいは報復の力を！
聖なる香と誓いを
汝に捧げよう！
汝　祭司のエホバに
勝利し者よ

カルドゥッチはすでにフリーメイソンのメンバーではあったが、この詩を書いた一八六三年の時点ではまだ無名の文人だった。この詩は、第一ヴァチカン公会議が開会した一八六九年一二月八日付の『イル・ポーポロ *Il Popolo*』紙で「公式」に発表される前に、カルドゥッチに無断でイタリアの複数のフリーメイソンの雑誌にペンネームで掲載された。この事実だけとっても、タクシルや彼の仲間のような反フリーメイソン主義者にとっては恰好のネタであったことは言うまでもない。カルドゥッチと彼の讃歌はパラディズムの語りの中にほぼ毎回登場する。この「サタンの讃歌」こそ、パイクがでっち上げた〈秘密の教え〉の中で使用することを批判し、ソフィア・「サッフォー」・ワルデールがドクター・バタイユの面前で暗唱した詩である。また、レッミは自分がパラディウム団のグランド・マスターになると、「サタンの讃歌」を一八九三年九月二一日付の回勅によって公式の団歌として位置づけた。タクシルはこの時、それがイタリアのグランド・マスター〔レッミ〕の指示で特別に書かれた詩であるとさえ主張した。また、このイタリアの詩人〔カルドゥッチ〕はタクシルの作品の中でも実在の人物として重要な役割を果たした。タクシルはマルジョッタの著述を通じて、フリーメイソン内部で「Br∴六七五」として知られていたカルドゥッチは、一八九三年九月二〇日にローマで新しいサタニストのリーダーを選ぶ際にアドリアーノ・レッミの対立候補だったが、レッミの四六票に対し一三票しか得られなかったため、自ら立候補を辞退したと述べた。この主張に関して、カルドゥッチがレッミに宛てた手紙の中で「せん妄とペテンの真ん中」としたのはまさにそのとおりであった。しかし、このまったくのナンセンスの背後には、「サタンの讃歌」がイタリアのフリーメイソンたちにとっては、どうやらローマ・カトリック教会に対する一種の戦いの讃歌として機能していたらしい、というあからさまな事実があった。反フリーメイソンの著述家数名と、少なくとも近代の歴史学者一名の主張によれば、この讃歌はフリーメイソンの公式の晩餐会で定期的に歌われており、それがおそらく、これまでの中でフリーメイソンが宗教的サタニズムと呼べるものに最も近づいた時であった。

　フリーメイソンとパラディズムにタクシルが結びつけたもう一つのイタリアの詩作品は、自由思想家の詩人マリオ・ラピサルディ（一八四四～一九一二）によって書かれた叙事詩『ルチフェロ *Lucifero*』（一八七七）である。今ではほとんど忘れ去られているこの作品は、初期のロマン派サタニズムの再現と見做すことができるが、〈ルシファー〉、〈リバティ〉、〈理性〉、〈キリスト〉、〈プロメテウス〉といった神話的象徴が、さまざまな歴史的人物とともに登場する。この本は、ルシファーがプロメテウスに語りかける壮大な詩的独白劇として描かれ、最後にはプロメテウスに光の天使が「立ち上がれ、大いなる暴君はいまあらず！」と呼びかける場面がある。この暴君とは、もちろんキリスト教の神のことであり、ルシファーの戦いとは怠惰、蒙昧主義、抑圧の力に対する思想、理性、自由の戦いであり、その物語が、解放を求める長い苦闘における人類の歴史を映し出す一連の絵画的描写の中で詳しく語られている。ルシファーは愛を探し、怒れる神に虐げられ、ジャガーと戦い、そして歴史上のさまざまな場面で力を貸すが、その中で顕著なのはやはりフランス革命だった。また、近年のイタリア史のエピソード、たとえば、ローマ占領時の一八七〇年に起こったピア門の破壊（「イタリア国民の最高の功績」）や、教皇ピウス九世が死ぬ間際にルシファーに許しを請うたことなどにそれとなく触れている。この叙事詩は、ルシファーが天を征服し、天使と聖者の大部分がルシファーの側に寝返り、イグナチオ・デ・ロヨラ、ドメニコ・ディ・グスマン、トルケマダ、教皇数名だけが神を守る立場にとどまるという、ルシファーを極端に神聖視する描写で終わる。ラピサルディがフリーメイソンだったことを示す記述を筆者は見たことはないが、タクシルはこの詩的な好奇心を大いに利用し、その詩がカルドゥッチの「サタンの讃歌」に詩で対抗するために、アルバート・パイクから個人的に頼まれて書かれたものだと主張した。

以上が、タクシルが彼の一連の作品において、フリーメイソンが「サタニスト」だったと指摘した箇所のうち、多少とも歴史的事実に基づいているかもしれないものをまとめた結果である。フリーメイソンの資料を詳しく調査すれば、さらに多くの例が出てくるかもしれないが、それで全体像が変わることはないだろう。一九世紀の熱心な反フリーメイソンの著述家集団がなんとか見つけ出したわずかな例は、彼らが秘密のサタン崇拝の手掛かりを求めてフリーメイソンの出版物を細かく調べていたことを考えると明らかに少ないように思われる。フリーメイソンで本当の意味での「サタン崇拝」が行われたことはなかったと考えて、まず間違いないだろう。フリーメーソンと聖職者の激しい対立から生じた、以上のような稀でしばしば疑わしい例は、堕天使がもっぱら比喩的に用いられていることを指し示し、それはロマン派サタニストたちがすでに行っていたことだった。

ある歴史学者が適切に指摘したように、このサタンの象徴的な使われ方の背後で、反教権のフリーメイソンと反フリーメイソンのローマ・カトリックとでは、連想が真逆であることがわかる。ロマン派サタニズムの影響で、一部のフリーメイソンはサタンを肯定的なメタファーとして捉えたが、一方、ローマ・カトリック教徒の大半にとっては、そのような比喩的な使われ方はおぞましさの極みでしかなかった。それに続くカトリック教徒による悪魔崇拝のラベリングは、特にイタリアのフリーメイソンによる〈同一化〉への傾向を強めただけだった。「結局のところ、みなが同意した。なぜなら、ある者にとっての罪は、別の者にとっては自尊心の動機となるものであったから」。本物の宗教的サタニズムになったことを示すものは何もないが、これらのたまに起こる〈同一化〉の事例は、一九世紀を通じていかにロマン派のサタン像の復権がイデオロギー的価値を保っていたかを雄弁に物語っている。

これはまた、一九世紀の枠には収まりきらない、パラディズムに関連するもう一つのテーマについて論じるちょうどよい機会かもしれない。つまり、その存在を噂されるネオ・パラディズムである。パラディズムが実態のない完全なでっち上げだったことは明らかにもかかわらず、パラディズムの話が一部の人々の興味を引いたのは確かだった。アルフレッド・ピエレは、ルシファー主義の雑誌『自由・再生パラディウム団』を出版した際に、あらゆる階級と外観の人々が彼の印刷所にやってきた時のことを書き記している。聖水をふりかけてきた伯爵夫人は別として、彼のもとを訪れたほとんどの人はその新たなルシファー主義の一派に入信したがっている様子だった。さらに、タクシルは最後の回想録で、一部のフリーメイソンたちが自分の暴露話をいかに真に受けていたかを嬉々として語った。タクシルによれば、中でもイタリア南部のフリーメイソンは、自分たちに断りなくレッミが密かに世界的なパラディズムを支配していたことをタクシルの著作を通じて知り、腹を立てていた。彼らはパレルモで抗議集会を開き、さらにシチリア、ナポリ、フィレンツェで三つの独立した最高評議会を設立し、その後、援者兼名誉会員としてダイアナ・ヴォーンを指名した。無論、タクシルの言うことはそれなりの疑念をもって扱う必要がある。同様のことが、マッシモ・イントロヴィニエがもっともらしく語る真偽の疑わしい話にも当てはまる。イントロヴィニエによれば、イタリアのフリーメイソンは一八九四年九月二〇日に「ルシファーのティアラ」をレッミに送り、前年に彼がパラディウム団の会長の座に就いたことを称えたという。

イントロヴィニエはまた、戦間期のパリで活動していたネオ・パラディストの二つのグループについても語り、彼らがパラディズムの儀式を「可能な限り再現」しようとしていたとする。このイタリア人歴史学者は、ピエール・ジェロ（「元聖職者」のラウル・ギヤデルのペンネーム）の記事に基づいて論を展開する。ジェロは、ジュール・ボワ的な作風で、一九三〇年代のパリで見つけた多彩な諸宗教集団に関するルポタージュを書いたフランス人ジャーナリストである。ネオ・パラディストについては、そのルポタージュの第三巻に初めて記述された。ジェロは、ルシファー主義について簡単な紹介（タクシルの一連の作り話を無批判にくり返しただけの内容だったが）をした後に、「パラディズムの加入儀礼」を鮮明に描写した。彼は、この儀式を自分が目撃したわけではなく、自分の「長年の知り合い」の加入者による手記を著書に書き起こしたものであることを手短に付け加えた。

　この無名の加入者は手記の中で、耳慣れない儀式への奇妙な招待状を受け取った時のことを記している。彼はその時所定の時間にノートル・ダムにほど近い岸壁で待つよう指示された。岸壁を歩いていると一台の高級車が横に止まり、車に乗せられると、目隠しをするよう言われたという。目的地に到着し、階段を降りた後、指示に従って目隠しを外すと、黒いベロア、逆さの五芒星、「儀式用の短剣」で飾られた楕円形の部屋にいた。彼は白い衣装を着せられ、四〇人余りのパラディストたちの前で、偽のフリーメイソンの試練に晒された。彼が自らの価値を証明すると、その場にいた全員が彼の尻に平和のキスをし、そして黒い衣装と血紅色の帽子を纏った「黒の教皇」と呼ばれるマスターなる男が、彼の唇にキスをして「教団の息吹」を伝えた。

　その後、かなり強烈な儀式が始まり、半獣半人の像が現れた。「二本の見事な銀の角のあいだに、鮮やかな緑色の小さな輪を輝かせた半分雄山羊、半分雄牛、半分男、半分女」の姿をした像である。それが、バフォメットであることは言うまでもない。そばには、逆さの十字架が取りつけられていた。すると、一人の女性が現れ、左の胸を露わにしながら踊り始めた。グランド・マスターが女性にラテン語で「何が望みか？《クイド・ウェリース》」と尋ねると、「私の身体を生贄として捧げたいのです《アド・サクリフィキウム・オッフェルレ・コルプス・メーウム》」とラテン語で女性は答えた。女性はそれから祭壇の上に横たわり、グランド・マスターは両手に黒い聖体を持ちながら奉献歌のようなものを歌い、聴衆は「サタンに栄光あれ！」とくり返し叫んで応じた。グランド・マスターが女性の外陰部の上に汚れた聖体をいくつも置き、「発情とヒヨスの葉とダチュラのむっとする息の詰まるような匂い」によって「古の狂宴の極致に興奮した」パラディストたちが、待ち望んでいた「生きた祭壇」に身を投げ出していった。このお決まりの狂宴が展開する中、黒の教皇は乱交の精神エネルギーを吸収しようとしていた。天井からランタン代わりにぶら下がっていたコウモリたちが突如として「爆発」し始め、この儀式は唐突に終了した。加入者はこの狂宴に参加を許されなかったが、儀式が終わると部屋の隅に連れて行かれ、そこには「北欧人種で最も完璧な月の化身」の美しい女性の姿をした、彼のための「シャクティ」が待ち受けていた。

ジェロはこれらの儀式に参加した人物を数人知っていると主張していたが、彼の説明は控えめに言っても、かなり現実離れしたものに聞こえる。だがその中で、ジェロ、もしくはその匿名の情報提供者によって考えられた部分はほんの一部である。実際、少なくとも、そのルポタージュの内容の半分はセルジュ・バセが書いた記事を写したもので、フランスの『ル・マタン』紙に一八九九年五月に掲載され、フレデリック・ブテという人物のオカルト本に一九二七年に再掲載されていたものだった。バセはその記事の中で、パリで黒ミサが今でも行われているかどうか疑問を呈したところ、「あること」を見せてくれるという一人の謎めいた女性から二通の手紙を受け取り、その女性が一度実際に訪ねてきたと記している。このおなじみの前置きの後には、目隠し、見張り、ラテン語の質問などジェロによる話とほぼ同じ内容が展開し、違いとしては、バセがサタニストの集団の狂宴が始まったところで逃げ出したため、爆発するコウモリや個人的なシャクティの描写ができなかった点である。さらにバセは、その集団を「ネオ・パラディスト」とはせず、彼らが「悪魔の儀式の兄弟姉妹」を自称していたと主張した。

バセの話は、少しJ＝K・ユイスマンスに対する冷やかしがすぎるように思えなくもない。これはジェロも最終的に思ったようで、一九五四年に彼が出版したルポタージュの選集ではルシファー主義やパラディズムに関する紹介は残されていたが、コウモリが爆発する地下墓地での狂宴についての描写は省かれていた。その代わり、T.H.L.（「至高のルナリー」）に関するジェロが以前まとめていた記事が挿入された。ジェロによれば、真夏のある夜、パリ近郊の森を歩いていると、男女六〇人のグループが古代の巨石群を囲んで踊っていたところに遭遇した。この真夏の夜の踊り手たちは、パリのシャポン通りに拠点のあるT.H.L.というオカルト結社であることがわかった。しかし、このグループとパラディズムの共通点と言えば、両者ともバフォメットを崇拝し（これはエリファス・レヴィの本でも同様である）、リーダーが（ジェロによって）「黒の教皇」と呼ばれていたことだけだった。

彼らが本当に存在していたとするなら、ジェロの記述から推測する限り、このグループはある種のクロウリヤンの初期のウィッカ信者であったと思われる。[*15]ジェロのネオ・パラディズムはそうして、元となったバセの記事と同様、神話と作り話の霧の中に消えていった。

ユダヤ問題

世紀末フランス史を専門とするある歴史学者は、「一九世紀の反セム主義[*16]はバゲットと同じくらいフランス的なものだった」と述べている。反ユダヤ主義の姿勢が第三共和政の時代に蔓延し、また、タクシルの作り話が一番盛り上がっていた時期は、フランスの世論を二分したドレフュス事件が明るみに出た時期と重なっていた。この節ではタクシルの瞞着と「ユダヤ問題」との関係について掘り下げていくことにする。このテーマが唐突に持ち込まれたように思う読者もいるかもしれないが、実は大いに関係している。かなり早い時期から、反フリーメイソン主義と反ユダヤ主義は双子の兄弟のような関係にあり、前者が現れれば、たいてい後者はそう遠くない位置にいた。具体的には、バリュエルが全四巻の反フリーメイソンの古典となる著作を出版した後、彼のもとにジャン＝バプティスト・シモニーニというフィレンツェ出身のイタリア人を名乗る人物から一通の奇妙な手紙が届き、なぜ大いなるフリーメイソンの陰謀へのユダヤ人の関与に関する言及が一言もなされていないのかを尋ねてきた。手紙にはマニと山の老人はどちらもユダヤ人で、ユダヤ人がフリーメイソンとイルミナティを設立したのだと記されていた。また、これに関連してその手紙の書き手が経験したという驚くべき冒険についても書かれていた。彼がユダヤ人のふりをしていると、あるピエモンテのユダヤ人が近づいてきて、フリーメイソンになったら大金と陸軍大将の地位を与えようと言ってきたというのである。バリュエルはこの手紙を一八〇六年にヴァチカンに送り、この件についての公式見解を求めたという。それに対し、教皇の秘書官であるテスタは、その書簡の内容はたしかに信頼のおけるものであると返答したと伝えられている。その手紙は一八七九年まで本として出版されていなかったものの、それまでに原稿が出回り、ジョゼフ・ド・メーストルらに影響を与えた。

バリュエルが五作目でフリーメイソンの陰謀に関する

ユダヤ人の側面を扱う事を計画していたことは確かだが、彼は反キリスト教的陰謀へのユダヤ人の関与についてはあえて「完全な沈黙」を守ることにした。「もし人々が私の言うことを信じれば、ユダヤ人の虐殺が起こるかもしれない」と彼は私的なメモに書き留めている。だが、バリュエルが書かなかった部分は、その後補われることになる。カトリックで反フリーメイソンの著名な著述家のほぼ全員――グジュノ・デ・ムソー、ファヴァ、ムラン、コストカ、ド・ラ・リーヴ――が、国際的なユダヤ人の非道な策略について書いた著作を出版したのだ。これらの著作ではいくつかの一般的な要素によって、ユダヤ教とフリーメイソンが結びつけられていた。その一つ目は、宗教的要素である。フリーメイソンのサタン崇拝や反キリスト教のイデオロギーは、もとをたどればユダヤ教に行き着く、というのが著述家たちの主張だった。ユダヤ人を「黒魔術の王子」とする古い偏見に影響されていたことは明らかだ。この点でよく言及されるのは、ユダヤ教に由来するエソテリシズムであるカバラである。カバラは一九世紀のオカルト界の想像力の源流の一つだった。また、カトリック反動主義の著述家には、逆の意味において影響を与えていた。彼らにとってカバラは「ルシファーの形而上学」であり、すなわちカナン人かハム族からユダヤ教に入り込み、今日のユダヤ教におけるタルムードやキリストの否定を生み出す要因となったものだった。フリーメイソンがこの悪魔の宗教にどのように汚染されていったかに関するさまざまな見解が示された。フリーメイソン自体の起源神話に従って、フリーメイソンはソロモンの神殿建設者によって、その設立当初からユダヤ教に染まっていたとする著述家もいれば、テンプル騎士団が聖地に遠征した際にカバラを取り入れたのではないか、あるいは、ユダヤ人とその極悪非道な組織は、革命後に初めてフリーメイソンに浸透していったのではないかとする著述家もいた。

ユダヤ教とフリーメイソンを結びつけた二つ目のテーマは、政治的要素である。これまでに挙げてきた著述家たちにとって、フリーメイソンはユダヤ人が世界征服のために利用する道具、あるいは道具の一つであり、「好戦的なユダヤ教」の「秘密組織」であった。一八世紀に啓蒙思想家たちの呪文を活気づけたのはユダヤ人であり、フリーメイソンの地上部隊によってフランス革命を組織したのも彼らであり、ヨーロッパ中にリベラリズムと世俗化を広め続けていたのも彼らだった。彼らの目的は、ユダヤ人を法的に解放することだったとする者もいる。ヨーロッパ中のユダヤ人に自由と平等をもたらしたのは、フランス革命とナポレオンの軍隊ではなかったか。しかし、ほとんどの著述家は、ユダヤ人の陰謀の究極の目的はこんなに限られたものではないと考えていた。むしろ、その究極の目的はヨーロッパを完全に非キリスト教化し、ヨーロッパのキリスト教文明を崩壊させることだった。「憤慨した伝統」を擁護する人々にとって、ユダヤ人はこのように、西洋革命の典型的な代表者としてのフリーメイソンと手を結ぶようになったと見えた。

　これらの要素を最初に提示した著述家の一人はグジュノ・デ・ムソーである。前述では、心霊主義やオカルトに敵対する著名なカトリック論者として登場した。彼は一八六九年に『ユダヤ人、ユダヤ教、キリスト教国民のユダヤ化 *Le Juif, le judaïsme et la judaïsation des peuple chrétiens*』という、「近代の反ユダヤ主義の聖書」とされる本を出版した。その六〇〇頁に及ぶ本の中でグジュノ・デ・ムソーは、ユダヤ人を「地上における暗黒の霊の代理人」、「フリーメイソンの真のグランド・マスター」として、そして、その秘密最高評議会では九席中六席がユダヤ人のために確保されていたとして非難した。この主張を裏づけるためにここでも、「ユダヤ人の偽名」を持つ「教会に敵対する不誠実なカバラ主義者」であったエリファス・レヴィがしばしば引用された。ユダヤ人は、自分たちの道を切り開くために啓蒙思想家を利用し、そしてフリーメイソンを駒として使うことで、フランス革命を組織し、さらにユダヤ教の救世主、アンチキリストの到来に備えるべく、新たな革命を組織し続けた。「それゆえ、多くの教会の敵の重要な告白によれば、エリファス［・レヴィ］が学知におけるわれらの父と呼び、キリストが悪魔の子（あなた方は、悪魔である父から出た者《ヴォス・エクス・パトレ・ディアボロー》）と呼んだ古代のユダヤ人たち——すなわち、悪魔の教会の父親たち——の子孫にはユダの選ばれた者たちがおり、われわれはその中に哲学者、学識ある博士、そして「ヨーロッパではフリーメイソンとして知られる偉大なるカバリスト協会」の謎に包まれた先人たちがいることを認識せざるをえないのであり、そしてそのカバリスト協会はキリスト教会とキリスト教文明を破壊することを目標としている」。

　ほかの点においても、グジュノ・デ・ムソーは反ユダヤ主義における画期的な存在だった。彼は一九世紀の反ユダヤ主義に、人身供犠やカニバリズムといった大昔からの告発を残しつつも、ユダヤ人禍に近代化・産業化に関する不安を煽る新たな現実を結びつけ、内容を時勢に合わせてアップデートした。たとえば、ムソーは新しい蒸気船・蒸気鉄道が世界征服に向けたユダヤ教の計画の一部であり、ユダヤ人の移動速度を速めたのだとした。しかし、支配するための道具の中で、ユダヤ人が特に扱いに長けていたのは金銭、銀行業、出版業だった。このアマルガムはヨーロッパ大陸に悲しく暗い未来をもたらすことになる。ユダヤ人は次第に、資本主義、グローバル化、近代性の象徴と言われるようになっていった。

フリーメイソンの陰謀論自体がそうであったように、その壮大な陰謀にユダヤ人の要素を加えたのも、主にローマ・カトリック教徒の著述家による捏造だった。グジュノ・デ・ムソーの本の出版以降、ユダヤ人の要素は、カトリックの反フリーメイソン主義においてほぼ永続する特徴となった。ファヴァ司教は、フリーメイソンをはじめとする秘密結社はおそらく「半ダースの人間」に管理されていると主張し、また、ユダヤ人に関する仮説にも軽く触れ、それが「もっともらしい」見方であると述べた。クララン・ド・ラ・リーヴは飽くことなく、本を丸々一冊費やしてこの問題を論じた。「ユダヤ人とフリーメイソンとの親密で世俗的な関係を示し、前者が後者にどのように巧みに働きかけ、カバリスト的でもありサタニスト的でもある彼らの土台となる物語を完成させたかを証明した」。この本の全体的な雰囲気は、ポートルイスの司教レオン・ムランが書いた『フリーメイソン、サタンのシナゴーグ』を読めばつかむことができるだろう。ムランはタクシルに師事しながらフリーメイソンの正体に関する情報を収集し、本にまとめた。著書のタイトル――『フリーメイソン、サタンのシナゴーグ』――は文字通りの意味だった。この著作は、フリーメイソンのユダヤ的・反社会的・悪魔崇拝的な特徴に関する記述にあふれ、図表や図解による説明を挟んだ冷静な学問を装い、「ユダヤ教のカバラ」がフリーメイソンの真の哲学的土台だとする司教の信念をテーマとしてまとめられた。ムランは、自分たちが「パリサイ人」に隷属していることを暴露するならば、非ユダヤ人のフリーメイソンが目を覚まし、フリーメイソン組織への忠誠を捨ててくれるのではないかと淡い期待を示した。終盤に近づくにつれ、ムランの語調は次第に終末論的で悲観的になっていく。彼は未来を見据え、次のように記した。

あまりにも長きにわたって抑制されていた人々の怒りが爆発し、ユダヤ人に対する痛ましい暴力行為が行われるのをいずれ目にするだろう。だがそれは初めてのことではない。まだ完全にこの教団の人質になっていない政府は、この恐ろしい脅威に対し予防策を講じるべきである。必要とされるあらゆる先見性をもってこのことを予測しないのはおかしい。

だが、どうすれば？

ある国からユダヤ人を追放することは、その近隣諸国に対する思いやりと公正さに欠けていることを意味する。それらの国々にこの貪欲な害虫を解き放つことになるのだから。それはまた、ユダヤ人の中でも、フリーメイソンを通じて国民を搾取する大胆な一握りの人々の犯罪には加担していないユダヤ人にとっては厳しすぎる措置でもある。われわれが思うに、銀行家、商人、ジャーナリスト、教師、医者、薬剤師の職業にユダヤ人が就くことを禁止するだけで十分であろう。さらに、ある種の銀行家たちが持つ巨万の富を国の財産として宣言するのは正当であるように思える。なぜなら、一人の人間が財政上の策略によって、国王の財産、すなわち国の真の資金の額を超えるような財産を短期間で築き、その人物に居場所を与えている国や国民から搾り取るようなことはあってはならないからである。

ムランは最後にユダヤ人に直接語りかけ、キリスト教の明白な真理を見ようとしないこの強情な民族に向けて、明らかに善意に基づく忠告をした。「ユダヤ人よ、あなた方を脅かす災いから再び逃れられると期待してはならない！　あなた方神殺しの民族は今、その歴史の中でしばしばくり返される権力と繁栄の頂点に立ってはいるが、それはこれまでと同様、大きな民族的悲劇の中で終わらせられなければならない。あなた方が打ち砕かれる日には、あなた方の犠牲となった教会の、歴史上かつて見たこともないような、極めて重要な展開の幕開けを見ることになるだろう」。

こうした感情は、単に無名の著述家が書いた難解な本の域にとどまらず、次第に、世紀末のヨーロッパにおける大衆政治の問題となっていった。反ユダヤ主義のイデオロギー支持者の一部には、生物学や進化論における最新の洞察を使って（というより誤用して）、ユダヤ人は優れた西洋の諸民族の純粋さと優位性を密かに脅かした異人種の代表だと主張した者もいた。彼らはそれぞれさまざまな陰謀論を唱え、ヨーロッパあるいは世界の政治の舞台裏の隠れた役者としての重要かつ巧妙な役割を「ユダヤ人」（あるいは彼らの中から選ばれた中核の人物）に帰した。フランスでは、エドゥアール・ドリュモン（一八四四〜一九一七）という辛口の評論家がこの点で重要な役割を果たし、フランスがユダヤ人によって密かに支配されているとの見方を根気強く雄弁に擁護した。ドリュモンはカトリック教徒ではあったが、政治的・イデオロギー的にはナショナリストと見做す方が適切である。

　ローマ・カトリック教会は、人種差別的な反セム主義は公式の教義とは相容れないとして頑なに認めなかったが、教皇権至上主義者で非妥協的なカトリック教徒は、自分たち独自の大いなる反ユダヤ主義の歌を歌うことにためらいがなかったことは確かである。フランス最大のカトリック系新聞である『ラ・クロワ *La Croix*』紙は、自紙が「最も反ユダヤ主義のフランスの新聞であり、ユダヤ人にとっては恐怖のしるしである十字《ラ・クロワ》を冠した定期刊行物である」と誇らしげに掲げた。また、同紙は一面の見出しに「ユダヤ人から買うことなかれ」との文言をでかでかと載せることに何の躊躇もなかった。本書で引用したカトリックの著述家たちと同様、ユダヤ人を警戒する陰謀論は、必ずと言っていいほど、もう一つの強敵であるフリーメイソンに対する疑惑と連動していた。別のカトリックのジャーナリストの言葉を引用すると、両者は合わさり「フリーメイソン的ユダヤ、あるいはユダヤ的フリーメイソン（随意に）の」一つの巨大な陰謀となった。

　反ユダヤ主義における反近代・反資本主義という新たな形は、カトリックの社会運動や協調組合主義運動に全面的に受け入れられた。これは『レールム・ノヴァールム』やカトリック労働者組織などに表れた社会問題に対する、カトリックの新たな取り組みのもう一つの側面だった。カトリック労働者の動員を図る上で、カトリックの大衆組織は、一方では社会正義を約束し、他方では敵を指し示し、ユダヤ人に対し下層階級の人々が昔から抱いていた偏見に訴えた。この現象はフランスに限ったことではなかった。オーストリア（この国も反ユダヤ主義の発祥地として知られる）では、下層・中流階級の票を得るために、カール・ルエーガー（一八四四〜一九一〇）率いる「キリスト教社会党」が反ユダヤ感情を意図的に利用して成功を収めた。イタリアでは、イエズス会の

『ラ・チビルタ・カットリカ』誌がユダヤ＝フリーメイソン陰謀論やユダヤの見えざる世界政府に関する考えを広める先導的な役割を担っていた。

世紀末の西ヨーロッパに蔓延していた反ユダヤ主義の緊張を示す有名な事件がいくつかある。ドイツのラインラントでは、一八九一年と一八九二年にクサンテンで儀式殺人の疑いで裁判が行われた。フランスでは、世紀末の反ユダヤ主義が表出した最も悪名高いドレフュス事件がきかっけで、事実上の内戦勃発の寸前までいった。アルフレッド・ドレフュス（一八五九〜一九三五）はユダヤ系として初めてフランスで将校となった人物で、一八九四年にスパイ罪と反逆罪で逮捕され、捏造された証拠に基づいて断罪され、悪評高い悪魔島に連れて行かれた。この有名な事件は大きな波紋を呼び、とりわけ自然主義作家のエミール・ゾラが一八九八年にドレフュスを擁護してペンを執り、「私は弾劾するJ'accuse」という有名な公開書簡をフランス大統領に宛てて書くと、さらなる注目を集めた。共和主義者と左派の政治家がこの追放された将校を支持して結束した一方、王党派、聖職者、右派のナショナリストはドレフュスを非難することで結びついた。また、ドレフュスがユダヤ系であるだけでなくフリーメイソンであったことも手伝って、反ユダヤ主義と反フリーメイソン主義はここでも切り離せない関係となった。

この中で、レオ・タクシルはどのような位置づけにあったのだろうか。ローマ・カトリックに「回心」する前のタクシルが反ユダヤ主義者でなかったことは確かだ。タクシルは、少年院にいた頃に書いた宗教に関する文章の中で、何らかの信仰なしにはいられない人々にとってユダヤ教は最善の選択肢かもしれないと結論づけ、「真理に最も近づくことになるだろう」と記している。カトリックに移った後も、タクシルが自著で標的とした集団にユダヤ人を含めることがなかったのは明らかである。このようなタクシルの態度は、フランスの反ユダヤ主義の激しい論客エドゥアール・ドリュモンとの対立によって強まった可能性がある。一八九〇年にパリのグロ・カイユ地区の市議会議員に、ドリュモンは反ユダヤ主義の候補者として、タクシルは聖職者の政党の代表として立候補した。当然ながら、タクシルは絶大な人気を誇る相手から一蹴され、その仕返しにドリュモンに関する「心理学的研究」という侮辱的な記事を書き出版した。これに対しドリュモンは同じように侮辱的な長文の記事で応酬し、タクシルの半ポルノ小説『ピウス九世の秘密の情事』から大量に引用しながら、どうすれば教会がタクシルのような元冒瀆者のポルノ小説家と組むことができるのかと大袈裟に書き立てた。彼はさらに皮肉を込めて、「このような擁護者を雇う羽目になったユダヤ人が、この恥知らずに支払うべきものを払っていることを願う」と付け加えた。

また、ドリュモンはタクシルを偽善だと非難し、この「カトリック」の評論家が選挙前にはそれほどユダヤ人贔屓ではなかったことがわかっていると主張した。彼は『キリスト教のフランス *La France chrétienne*』誌からタクシルが「フリーメイソンのユダヤ人」について述べている記事を引用したり、タクシルが創刊した雑誌『小さな戦争』に掲載された、ウィーンのユダヤ人に関する軽蔑的な表現をいくつか引用したりした。これらの引用が本物であることは間違いなく、また、『小さな戦争』誌にはほかの著者による、やや反ユダヤ主義的な記述も掲載されていた。しかし、それらはどちらかと言えば例外的で、タクシルは概してユダヤ人問題に関しては不思議なほどにほとんど何も語っていなかった。少なくとも、彼の読者の大半はそう思っていた。ドリュモンとタクシルは犬猿の仲だったかもしれないが、両者の読者層は大体同じだった。現存するタクシルの書簡には、反キリスト教の大いなる陰謀におけるユダヤ人の関与について説明するように求める、主任司祭をはじめとするカトリック教徒からの手紙が多く含まれている。タクシルの友人のR・フェッシュ神父は、これらの手紙とはまた異なる語り口で、ドリュモンへの攻撃を抑えるよう促した。神父の手紙にはこう書かれている。「ドリュモンに関してだが、彼に反論するような記事は書かぬこと。彼のことを高く評価しているフランスの聖職者たちは、君に背を向けるだろうから。このことは真面目によく考えておいた方がいい。君の記事について誤解したままの人間がまだ大勢いる。反論しないことで彼らを納得させることができるのではないだろうか。もう一度言うが、これは友としての忠告であり、この件について熟考を重ねた上で書き送った次第である」。

この懇願からは、タクシルがユダヤ人問題に関して断固とした意見を持っていたことが窺える。ドリュモンに反論する記事の中で、タクシルは教会の最大の敵（ルター、ヴォルテール）は、最大の反ユダヤ主義者でもあったと述べ、また、帝政ロシアによるユダヤ人大虐殺の犠牲者への同情を示したが、その言葉の真剣さに打たれた歴史学者が少なくとも一人いる。それでもやはり、タクシルは一八九二年頃に圧力に屈したようだった。すでに十分滑稽な歴史の最も滑稽な展開の中で、「ドクター・バタイユ」はユダヤ人の問題に関して『一九世紀における悪魔』でタクシルを厳しく戒める文章を掲載した。

> レオ・タクシル氏に同意できない点はいくつかあるが、彼の犯した大きな過ちは、フリーメイソンのユダヤ人についての調査を一度も行っていないことである。もし調査をしていたなら、レッミ家、ブライヒレーダー家、コルネリウス・エルツ家をはじめとする、組織指導者の重要な役割を担っていたユダヤ系のフリーメイソンに関する重要な事実に気づいていただろう。一方、ドリュモン氏は明敏で、見せかけの偽兄弟に紛れているユダヤ人をすぐに見分けてしまうため、ドリュモン氏が彼らに騙されるようなことはないだろう。
>
> 後は、レッミの秘密諜報員は簡単に見抜くことができる。くり返し言うが、どの国にいようと、少し注意を払ったり常に情報を把握していたりする者であればすぐわかるような、ある特徴的なしるしを彼らは備えている。すなわち、彼らはみなユダヤ人なのである。

『一九世紀における悪魔』の第二巻には、一〇〇頁近くにも及ぶ「フリーメイソンにおけるユダヤ人」に関する章が掲載されている。また、タクシルが後にマルジョッタとヴォーンの名前で書いた記事でも、主にレッミに焦点を絞り、ユダヤ人が集中的に取り上げられることが時々あった。その中でタクシルは、レッミがユダヤ教への改宗者であることを最大の侮辱で褒め称えた。ポール・ロゼンヌがタクシルの記事を非難し始めると、タクシルは怯むことなくその非難をかわし、相手がユダヤ系であることに一貫して注意を向けた。

この方向転換の説明として最も有力なのは、タクシルが、フリーメイソンの陰謀へのユダヤ人の関与について読者の期待に応えなければ、読者が離れていってしまうのではないか、と恐れていたためというものだ。しかし、タクシルの奇妙な世界の中では、すべての語句に逆の解釈の余地があるため、ほかの説明も成り立つかもしれない。もしかするとタクシルは、この状況をうまく利用して、ドリュモンら反ユダヤ主義の主唱者たちを自らの瞞着に巻き込み、最後にすべてを暴露する際に嘲笑される立場に彼らを追いやろうとしていたのかもしれない。マルジョッタがタクシルと縁を切った後に一人のジャーナリストに見せた手紙からは、タクシルのそうした意図が窺える。その手紙には、マルジョッタをおとりにしてドリュモンをタクシルの作り話の罠にいかにおびき寄せるかに関する指示が詳細に記されていた。タクシルはマルジョッタに宛てた一八九五年九月一九日の手紙にこのように書いている。「昨日、[『パラディズム』の]きれいに印刷された一六一頁から二二四頁の抜刷を受け取りました。それを早速ブリュッセルにいるドリュモンに速達で送りましたが、送り主の欄には「パリの出版社デローム・エ・ブリゲより発送」と記しておきました。そうすれば、彼に抜刷を送ったのは君だと言うことができるし、フリーメイソンにおけるユダヤ人の役割に関する問題に、彼の目を向けさせることができるからです。彼が今日受け取る抜刷には、この問題に関する最初の説明が一部記されています」。ドリュモンをはめるこの計画は失敗したが、手紙からは、この問題に対するタクシルの個人的な姿勢が窺えるかもしれない。結局、この熟練の詐欺師は反ユダヤ主義のライバルに復讐したいと思っていたようで、正面からでなく背後から近づこうとしたのではないかと思われる。

ユダヤ人問題に関して危ない橋を渡っていたのはレオ・タクシルだけではなかった。やり方は異なるが、教皇も同様のことを試み、躍起になっていた。ピウス九世は折に触れて憚ることなくユダヤ人を公然と侮辱した。レオ一三世は道徳の力と世界的調停者としての教皇の地位を確立することを目指していたため、公の場ではかなり慎重な態度を見せていた。レオ一三世はこれまで見てきたとおり前任者のフリーメイソンに対する強硬姿勢を引き継いだが、ユダヤ人を批判する公式・半公式の声明を出すことは一度もなかった。それどころか、レオ一三世が「ユダヤ人問題」について公の場で珍しく発言した内容は、前任者の姿勢との決別を示唆するものだった。一八九二年八月三日にセヴェリーヌという社会主義者でフェミニストのジャーナリストのインタビューに教皇は応じ、そのインタビュー記事が翌日のフランスの大衆紙『ル・フィガロ』に「教皇と反ユダヤ主義 Le pape et l'antisémitisme」というタイトルで掲載された。教皇はインタビュー（後に「一ペニーの回勅」として知られるようになる）の中で「宗教戦争」や「民族間の戦い」の一切を強く非難した。レオ一三世は、人々はその民族を問わず、みながアダムの子孫であり、神の恩寵を受けるにふさわしいと主張した。教皇は暴徒がユダヤ人を襲うようなことがあれば、教皇の庇護をユダヤ人たちに与えると厳粛に誓った。しかしその一方で、教会は、頑なまでに不信心を貫く子どもより、自分の子どもを好まざるをえず、また教会の無防備な羊たちを（特に「金銭問題」を通じて）抑圧しようとする者たちから守る義務を負っていた。レオ一三世は次のように厳しく批判した。「彼らは教会を打ち倒し、金銭で教会の信徒を支配しようとしている！　教会も信徒もそのようなことは許さない！」この発言について記者が「尊大なユダヤ人」のことかと尋ねると、教皇は巧みに質問をかわした。

　そこにはムランとグジュノ・デ・ムソーのかすかな痕跡以上のものがあった。レオ一三世の個人的な見解はわからず、また、教会の正式な代理人はこの件に関して公式には慎重な姿勢で沈黙を守っていたにもかかわらず、その裏側におけるヴァチカンの発言からはある実態が浮かび上がってくる。彼らは、特にフリーメイソンの陰謀とのつながりにおけるユダヤ人の件に関しては、ピウス九世の方針を引き継いだことを明らかにしている――また、教皇は一九世紀最後の一〇年間に、カトリック大衆運動に賭けることを堅く決意したことも公表したが、その運動の中には常に反セム主義が含まれていた。また、中にはそれによって多くの迷える羊たちが教会に戻ってくることを確信し、そして、「カトリック運動、ひいては教会が社会における失われた覇権を取り戻すことを願うなら」、それは最高の切り札だと考える者までいた。オーストリアではそうして、ヴァチカンが反ユダヤ主義のキリスト教社会党の支持を表明し、そしてその党首であったカール・ルエーガーが最終的にウィーン市長となることができたのは、レオ一三世の個人的な介入があったからにほかならなかった。

　人々の内に秘められた信念について歴史学者が論じることはできないが、反ユダヤの民衆扇動を支持する静かな賛同が、冷血な政治的駆け引きの問題だけでなかったことは確かである。それは、教会の高位聖職者においても見受けられる心からの信念を表してもいた。パリの教皇大使であるモンシニョール・ロレンゼッリは、ローマに送った書状の中でキリスト教に対する「ユダヤ＝フリーメイソンの戦い」について頻繁に触れ、ランポッラ枢機卿の返答は、その存在を暗黙のうちに認めていることを示していた。ヴァチカンの態度が特に明確になったのは、オーストリア＝ハンガリー帝国で起こったスキャンダルに対する反応を通じてだった。すなわち、教皇大使がカトリック労働者のユダヤ系の後援者を称賛したことで、反ユダヤ主義者のカトリック教徒のあいだで大騒動が起こったのだ。ヴァチカンは、レオ一三世の秘書官のモンシニョール・ボッカーリ教皇大使を通じて公式のけん責を教皇大使に課すことで事態に対応した。ボッカーリは次のように記している。「フリーメイソンの組織が、今日、ユダヤ教徒と密接につながり、カトリック教会に不利益をもたらしていることはあまりに有名な話である。そのことがわかっていたのであれば、教皇庁の正式な代理人としてはこれらの称賛の言葉は控えるのが賢明であっただろう」。また、一九〇〇年にユダヤ人にかけられた儀式殺人の容疑に対し公式に反証するようウェストミンスターの枢機卿が教皇に求めた時ですら、ヴァチカンは断固として拒否した。これらの事実の存在は「歴史的に見て確実」と考えられ、さらには教皇がユダヤ人を、つまりヨーロッパの支配者を擁護していたと考えるのはまったくばかげている。

類推によって、反ユダヤ主義に関するヴァチカンの政治は、タクシルの反フリーメイソンの活動に教皇庁が関与している可能性について多くのことを教えてくれるかもしれない。どちらの場合も、その公式表明では距離を置きながらも、その背後で反ユダヤ・反フリーメイソン感情の「自発的な」噴出から利益を得ることに強い関心を抱いていたと思われる教皇が現れる。カトリックの反ユダヤ主義において最も明確であり、おそらくタクシルにおいても同様なのは、ヴァチカンは聖職者団や信者組織の主要人物に時々控えめな助言をして、正しい方向に向かわせることを厭わなかったことである。どちらにおいても、ヴァチカンの内なる信念がその信徒集団のそれと大きくずれていることを示すものは何もない。しかし、いずれの場合も政治的目的が大きく関係していた。ラベリングと排斥のメカニズムが、カトリック運動の士気、まとまり、大衆動員力を高めるのに役立った。

特にフランスでは、フリーメイソンとユダヤ人に対する挑発的なレトリックを、ラリマンに関する教皇の政策の結果として長期にわたり分裂していたカトリックコミュニティをつなぎ合わせる、大きな取り組みの中に位置づけることができる。ここで少数派の敵を指し示すことは、国の政治的領域におけるほかの保守勢力への橋渡しとしても機能し、ヴァチカンが望んでいたカトリックと保守派との同盟関係をもたらし、その結果としてフランスは教皇庁の政治的盟友となる可能性があった。これらの最後に述べた目的に関しては、ヴァチカンが一対のトロイの木馬に賭けていたことがわかっている。タクシルはまず、フリーメイソンに対するカトリックの主張を急進的にした。それがばかばかしい内容になるまで続けると、今度は攻撃対象をカトリックに変え、カトリックに対する世間の評価に深刻なダメージを与えた。ドレフュス事件は——当初は、フランスにユダヤ人の陰謀の実態を明確にする、神から与えられた機会としてローマ教皇大使に歓迎されたが——最終的にはヴァチカンにとっては、さらに著しく裏目に出た。一八九八年におけるドレフュスの最終的な無罪判決はフランスの共和派と左派の勝利であり、このスキャンダルがもたらした動乱のおかげで、極めて反教権的なコンブ内閣が誕生し、この内閣のもとヴァチカンとの関係は絶たれ、フランスの世俗化がそれまでよりさらに強く推し進められていった。

結論に代えて

タクシルの詐欺行為の結果は最終的にはどのようなものだったのか。この問いに対する明確な答えを出すのは難しい。だが、タクシルの大胆な企てが一八九七年に終わった後、水面に広がる波紋のように反動がいくつか起こっていたことは一応認めることができる。最初の波紋はおそらく、まさにカトリックの権限を崩壊させようとするタクシルが意図していたことだった。国際的な新聞・雑誌は大いに騒ぎ立て、カトリシズムの騙されやすさや妄想癖について長々と論じた。ドイツ帝国議会のリベラル派の議員は、この事件を引き合いに出して宗派教育の危険性を改めて指摘した。教皇権至上主義の反フリーメイソンそのものが、タクシルの種明かしの直後に発生した大混乱のえじきとなった。グルノーブルの司教であったアマン＝ジョゼフ・ファヴァは自らが深く関わりすぎていたことを考慮し、辞職願をローマに提出した(これは拒否された)。また、一八九八年に予定されていた、カトリック教会の第二回国際反フリーメイソン会議は開催されることはなかった。

しかし、この最初の混乱による影響は極めて一時的なものだったことが明らかとなっている。タクシルは最後の記者会見の終わりに、自信たっぷりにパラディズムという自身の創作物を事実上殺害したと述べていたものの、この発言をするにはまだ早すぎたことがすぐに判明した。反フリーメイソンを掲げる多くのカトリック教徒が、回心したルシファー主義のグランド・ミストレスであった愛すべきダイアナ・ヴォーンが実在しないことを受け入れられなかったのだ。彼らは陰謀論を信じる者であれば誰しもが最初に取る行動に出た。すなわち、受け入れられない事態を説明するために、また別の陰謀論の存在を主張したのである。彼らは、ミス・ヴォーンはたしかに存在していたが、タクシルによって——物理的に——暗殺されたのだと示唆した。ダイアナの元出版者アルフレッド・ピエレはこの見解を示し、この悪事の裏側には『自由・再生パラディウム団』の過去の購読者の働きがあったのではないかと考え、彼らが自分たちの過去の秘密の活動に関してさらに不利な事実を暴露してほしくなかったのだと主張した。ほかには、ミス・ヴォーンはまだ生きているが、祖先の宗教に戻り、国際的なルシファー主義の謎に満ちた冥府へと再び消えていったのだと述べる者もいた。アベル・クララン・ド・ラ・リーヴ——タクシルの作り話の崩壊によりすっかり途方にくれた彼は、透視者に導きを求めた——は、最終的にこの説を信じた。彼はヴォーンが一八九七年一〇月にイングランドで目撃されたという報告すらしている。一部の反フリーメイソン主義のカトリック団体は、一九三〇年代に至るまでこの捉えどころのないグランド・ミストレスの存在の可能性について論じ続けていた。

さらに多くの人は、この事件全体の背後にはまたしてもフリーメイソンの陰謀があったとの確信を抱いていた。すでにタクシルの記者会見の直後には、カトリックのジャーナリストたちがこの瞞着の最終話に漂っていた「ロッジと秘密警察の強烈な雰囲気」について、次のように語っている。なぜ警察は、タクシルが建物を後にする際、彼を守るために即座に現れたのだろうか？　すべては最初からフリーメイソンによって仕組まれたもので、カトリシズムを嘲笑するという明確な目的があった。こう考えれば、タクシルのカトリックが持つ陰謀論をタクシルが解体したことさえも、フリーメイソンの大きな陰謀に組み込むことができた。だがそれだけではない。フリーメイソンもタクシルを利用し、友愛会内で行われていた本物の悪魔の儀式から世間の注目を逸らしたかったのだとの憶測もあった。本当の事実と明らかな不合理を混ぜ合わせることで、タクシルは煙幕を張って前者を覆い隠し、本当の真実について真面目な議論が始まると必ず笑いが起こって話が止まるように仕向けた。この策略に騙されなかったカトリックの調査員にとって、これはサタニズムに関するたくさんの事実をタクシルの作り話の残骸からまだ回収できる可能性を意味した。

この説を支持する人物の中にはJ＝K・ユイスマンスもいた。タクシル事件による大混乱の直後のインタビューでユイスマンスは、「南フランスからきた詐欺師」は、決してサタニズムやルシファー主義が存在しないことを証明したのではないと主張し、ムラン司教の著作に言及した（ムランの情報源について知らなかったのは言うまでもない）。ユイスマンスは、一九〇一年に出版され、自身の実質的に最後の作品となったスヒーダムのリドヴィナに関する偽の聖人伝の中で、自分が住むヨーロッパの不吉な状況を描き、そのほとんどの国が「ユダヤ系の害虫」や「ロッジのワニ」によって支配されているとした。ユイスマンスによればそれが「ルシファーの教団」の指揮下に入るのだが、その教団の存在は「関係者による否定にもかかわらず」、「明白で、絶対的な、確かな事実」なのであった。この見方において、弟子のジュール・ボワは影のようにユイスマンスに付き従った。ボワはオカルトの専門家を自称したもう一人の人物だったが、彼もまた数年後にはローマ・カトリックに回心した。ボワは『見えない世界 *Le monde invisible*』の中で、「タクシルとドクター・ハックス、別名バタイユ」の計画を初めから見抜いていたが、この二人組の「信じられないような、見たところばかげた伝説的な物語」の中に本当の事実も含まれていたと自慢げに語った。そうした事実には、サタニズムとルシファー主義の存在が明らかに含まれていた。ルシファー主義の信奉者によるバフォメット崇拝、また、「信憑性ではより劣る文書によると」、君主制と教皇権のワニを征服した有翼の青年の姿をしたルシファーの像の存在、ルシファーの最も重要な聖域としてのチャールストンの地、ルシファー主義の教団の「直近の改革者」としてのアルバート・パイクの立場なども含まれていた。

ユイスマンスとボワの両者が、タクシルの作り話の多くの要素を流布させ続ける上で役立っていたことは間違いない。彼らの後はほかの作家たちに引き継がれたが、そのうちの何人かについては次の章で取り上げる。しかし、パラディズムに関する噂はその大部分が自ずと広まり続けたのではないかとする見方もある。タクシルの最後の告白に関する新聞の切り抜きが保管庫へと消えていった一方、タクシルや彼の模倣者たちが書いた反フリーメイソンの本は図書館やカトリック施設の本棚にとどまった。今日においてさえ、タクシルの作り話は、教皇空位論者のカトリック教徒の超保守派と、またさらに驚くべきことに、過激派の福音主義者とイスラム教徒のグループの反フリーメイソン運動の出版物にも表れている。こうして、レヴィのバフォメットやパイクの「秘密の指示」が、フリーメイソンの悪魔的な危険性に対する警告を発しているあるキリスト教系のコミック本に、突如として登場するのを見ることができる。そのコミックの頁の下部にはクララン・ド・ラ・リーヴの『世界的フリーメイソンにおける女性と子ども *La Femme et L'Enfant dans la Franc-Maçonnerie Universelle*』に付された脚注が示されている。

　しかし、これらが当時も今も、過激派の小集団しか抱いていない少数派の見方であることは疑いようがない。タクシルのペテンが発覚した後、反フリーメイソンのカトリック教徒の大半は、露骨なサタニストの仮説を無言で捨て去った。以降、フリーメイソンによる悪魔崇拝に関する考えは、タクシルが登場する以前はそうであったような示唆的な余談程度に収まっていった。だが、これは決してフリーメイソンの大いなる陰謀論の終わりを意味するものではない。タクシルの一件以降、カトリックの反フリーメイソン主義は、世俗化する政府、巨額の資金、革命的扇動という三つの手段を使った「キリスト教社会」に対するフリーメイソンの秘密の政治的・イデオロギー的陰謀というもともとの仮説に戻っていった。二〇世紀の最初の四〇年間にはカトリックの反フリーメイソン主義が全盛期を迎え、世界的なユダヤ＝フリーメイソンの陰謀論を広めた。

　ただ、この考えがカトリックの専権で長くあり続けることもなかった。反資本主義・協調組合主義の考え、階層的権威主義、少数派グループに社会悪を帰すことによる大衆の動員は、西洋革命に対する不満により膨れ上がったほかの政治的運動によっても用いられうる組み合わせだった。彼らが新たにやらなければならなかったのは、先人のカトリック教徒の明確なローマ・カトリック・教皇権至上主義の枠組みを、ほかの、一般にはナショナリストの忠誠に置き換えることだけだった。これまでも見てきたとおり、すでに世紀末には、反フリーメイソンのテーマはドリュモンのような無宗派の政治家や、後にはナショナリストのアクシオン・フランセーズに吸収されていった。そして、売れない画家だったアドルフ・ヒトラーは、第一次世界大戦開始前の数年間に、反ユダヤ主義を普及させていたウィーンのカトリック教徒からユダヤ＝フリーメイソン＝マルクス主義者の陰謀論という考えを受容していた。ヒトラーの自伝的な『我が闘争 *Mein Kampf*』に時折出てくる言い回しには、彼の陰謀論の宗教的な起源が常に示されている。たとえば、ユダヤ人を「ルシファーのもとに送り返す」ことで、「神の御業を守るのだ」等とする主張である。

こうした観点から見れば、タクシルの企ての全体的な結果は、彼の意図とは対照的なものとなった。サタン崇拝や悪魔の出現といった極端な宗教的要素に関する、カトリックの反フリーメイソン主義者たちの主張を撤回させた結果、より多くの無宗派の運動がその考えを取り入れるようになった。それと同時に、タクシルがそれまでの一二年間で広めるのに成功した反フリーメイソンのプロパガンダは、普通のカトリック教徒の意識に何らかの形で残り、フリーメイソンやその支持者による最悪の事態が起こるのではないかと身構えさせた。タクシルはこうして意図せずして、二〇世紀に起こる大虐殺へとつながるイデオロギーの路線の枕木を敷くことに協力したのかもしれなかった。「われわれは彼らに喉元を掻っ切られることになるだろう」と、ユダヤ系の銀行家ロスチャイルドは世紀末の反ユダヤ主義の動乱においてすでに予見していた。この予言的な言葉は的中することとなった。

われわれがみなサタンの子であるという考えは、一面の真理を突いている。
――スタニスワフ・プシビシェフスキ
『サタンの子どもたち *Satans Kinder*』第二章第一節

間奏曲　三

〈一九世紀の宗教的サタニズム――事実かフィクションか〉

宗教的サタニストは一九世紀には活動していたのだろうか？　多種多様な出版物（個人の回想録から学術的な著作、大衆本からサタニズムに関する研究論文まで）において、サタニストの地下組織はこの時期に活動していたという確信を見出すことができ、ある歴史学者が述べるには、「こうした倒錯が蔓延していたよう」ですらある。詳しく調べてみると、これらの主張は、裏づけとなる証拠があったとしても、元をたどればすべてユイスマンスやタクシルの著作、あるいは反フリーメイソンのプロパガンダに関する幅広い著作物に由来していることがわかる。第4章では、ユイスマンスが実在するサタニスト・グループを直接知っているわけではなかったことを指摘した。このフランスの作家の現存する大量の個人的書簡の中には、これに関するわずかな記述さえ見られない。人々に広まった宗教的サタニズムの儀式に関するユイスマンスの考えは、そのほとんどが信頼のおける証人とは言い難いブーランに依拠したものであり、ブーランもまたその情報の大半を、同じくらい信頼のおけないヴァントラから入手していた。タクシルをはじめとする偽情報の詐欺師たちによって広められた作り話も、証拠として認める余地がないのは言うまでもない。現在に至るまで、一九世紀に宗教的サタニズムの実質的な動きがあったというほかの証拠は出てきていない。したがって、このような地下運動が存在したという考えは伝説の域にとどまっている。

とはいえ、このことは一九世紀に孤立した個人や集団が宗教的サタニズムを行っていた可能性を排除するわけではない。何かが存在しなかったことを証明するのは、実質的には不可能である。確実に言えるのは、この時代における宗教的サタニズムの実在に関する現存する文献における主張が、批判的な吟味に耐えうるものではないということだ。しかし、これまでは知られていなかった、もしくは発見されていなかった宗教的サタニストたちに関する新たな証拠が将来見つかる可能性は大いにある。

実際、まさにこの孤立した宗教的サタニズムの可能性のある二つの事例、両方とも一九世紀末から世紀の変わり目にかけてのものだが、スウェーデンの歴史学者ペール・ファクスネルドによって最近学術界に提示された。一つ目の事例は、スタニスワフ・プシビシェフスキ(一八六八〜一九二七)という、今ではほとんど忘れ去られたデカダン派で表現主義のポーランド人作家で、世紀末のポーランド、ドイツ、北欧の前衛派サークルにおける重要人物である(彼はアウグスト・ストリンドベリやエドヴァルド・ムンクと親交を結んでいた)。プシビシェフスキは多作な作家で、小説、エッセイ、散文詩を主にドイツ語で執筆し、これらの作品の多くはその中でサタニズムが大きな役割を果たしていた。当時多くの人がそうであったように、プシビシェフスキはユイスマンスを読んでサタニズムに関するインスピレーションを得、彼もそのことを認めていた。このポーランド人作家の初期の作品で、サタンが重要な役割を果たした『サタンの子どもたち *Satans Kinder*』という作品は、パラディズムがでっち上げであることをタクシルが暴露したのと同じ一八九七年に出版された。ドストエフスキーの『悪霊 *Demons*』の流れを汲むこの作品では、虚無主義的なアナーキストの小集団が、あるドイツの町で既成の体制を転覆させようと企て、市庁舎や工場などの重要な建物を焼き払う描写がなされている。この企ての中心人物である青年ゴードンは、共謀者の中で最も急進的であり、その関心はより良い世界を築くことではなく、破壊そのものを広めることにあった。物語の重要な場面で、ゴードンはサタンへの信仰告白をしているように見える。その理由は、「サタンが神よりも前から存在するから」というものだ。そして、彼は自分が「パラディスト」であることは否定しながらも、「その教団のことはよく」知っていて、その「基本原則」には賛同すると述べる。

ゴードンと彼の残酷な破壊への執着を通じて、プシビシェフスキはユイスマンスが描く秘密のサタニストたち、すなわち「世界を破壊し、廃墟に君臨することを切望する」存在について描写しようとしたようである――ただし、プシビシェフスキはサタニズム信奉者の立場からその描写を行った。これらの虚無主義的なサタニストについて、彼は明確に否定的な描写をしていたわけではない。ここで、ロマン派サタニズムの古典的な要素が再び登場する。たとえば、タイトルの「サタンの子どもたち」は、次のような言葉で同情をもって定義されている。すなわち「恐れを抱く者、絶望する者、無力な怒りに歯ぎしりをする者、牢獄へ向かう者、飢えと屈辱を味わう者、奴隷や梅毒に罹った紳士、娼婦、恋人に捨てられた未婚の妊婦、囚人と泥棒、無名の作家、舞台から降ろされる役者」などである。ほかの箇所で、ゴードンは極めてロマン派的な方程式を作り、自らの神は自己であるとだけ定義する――彼の理解において自己とは、「人間性」というロマン派の集合的な概念とは対照的に、極めて個人主義的なものだったが。ゴードンのような登場人物とその作者というのは明確に区別できるものではない。プシビシェフスキ自身は明らかに左派だった。つまりファクスネルドによれば、ゴードンをはじめとするサタニストの台詞に出てくる考えの多くは、続編と思われるプシビシェフスキのノンフィクション小説の中で、彼自身の考えとして述べられているものだったのである。

そうしたノンフィクション作品の一つに、一八九七年に出版された『サタンのシナゴーグ *Die Synagoge Satans*』がある。この作品は、明らかにジュール・ボワの『サタニズムと魔術』から着想を得、一部はそれに基づいて書かれており、そのテーマに対しても同様の漠然とした姿勢を示していた。また、それはサタンに関する議論で始まっていたが、堕天使に関するいくつかの特徴的な記述において、ボワに密接に倣った内容となっていた。「サタン＝トート」である彼は（エソテリシズム的な）知の起源であり「学知の父」であり、「サタン＝パン」である彼は自然と「地上の美」の化身であり、「サタン＝サテュロス」あるいは「サタン＝ファルス」である彼は性の神であった。レヴィが「魔術の力」について主張したように、プシビシェフスキは、サタンの強い力は、高度な知性を持った鍛錬されたエリートによってしか「ベシユヴェーレン（beschwören）」（ドイツ語で、呼び出す、操る、従えるの意）できないと述べた。大衆がそれを試みると、低俗な本能がしたい放題にする状況を生み出すだけだった。後者の事例は近世の魔術で見ることができ、それについてプシビシェフスキは「獣性を感じるほど忌まわしい」と述べ、それに合わせた生々しい詳細を加えた。彼は、社会にとって魔女狩りは自己防衛の正当なあり方であったと主張し、無実の人々が死んだことは認めているものの、処刑された約八〇〇万人の魔女の大多数は、理由なく殺されたのではないと捉えていた。

このポーランド人作家は、自身の時代における魔術に関する情報は乏しかったと続けた。当時のサタニズムについて彼が参照した最も重要な資料もまたユイスマンスであり、「彼の不朽の名作『彼方』」やユイスマンスがジュール・ボワの本に寄せた前書きに、プシビシェフスキは明確に言及していた。タクシルの作り話に大まかに触れた後で、プシビシェフスキはジュール・ボワのユイスマンスの前書きに倣って、「サタン崇拝者の教団」は今日では二つの派閥に分かれていると述べた。一方はルシファー主義者、もしくはパラディストであり、その教義はローマ・カトリックの教義をただ逆さにしたもので、ルシファーを善神としての「アドナイ」に置き換え（プシビシェフスキは、「彼らがイタリアのフリーメイソンにどう関係しているかは、議論の余地があるべきである」とも述べた）、もう一方は純粋なサタニズム、つまり悪の権化としての堕天使を崇拝する派閥とした。「純粋に文学的な脚色はさておき」、『彼方』は当然のことながら、この後者の派閥の儀式に関する「一級の資料」のままであった。

この描写から、プシビシェフスキが自身をこうしたサタニスト運動の一部と考えたり、それに魅力を感じたりしていなかったことは明らかである。とはいえ、プシビシェフスキや彼のサークルは、折に触れて自分たちをサタニストと自称し――この点については次の段落で触れることとする――、それはファクスネルドがプシビシェフスキをサタニストと見做す最大の理由の一つでもあった。さらに、ファクスネルドは、サタンが主な象徴的な役割を担う、おおむね筋の通った哲学あるいは宗教思想をプシビシェフスキが展開したと述べ、それは「多少なりとも体系化されたサタニズムを構築する、最初の試みであろう」と論じた。さらに興味深いことに、プシビシェフスキはおそらく、サタニズムをニーチェの哲学と社会進化論の両方に結びつけた最初の人物であった。この二つの思想は、後の宗教的サタニズムにおいて中心的な役割を担うことになる。プシビシェフスキは、ニーチェのことを結局はブルジョワだと軽蔑し、そのことを公言してはいたものの、『サタンの子どもたち』に出てくるゴードンは、ニーチェの〈超人〉概念の実例とも考えられる。プシビシェフスキはこの超人を、あらゆる伝統的な道徳から自由な人物として捉え、小説の終盤には、この世の人間という「カナリア」への同情、またはわずかな愛情の抑制からも解放された存在として理解していたのかもしれない。『サタンのシナゴーグ』の中でニーチェは、堕天使の庇護のもとで解放をもたらす人々の一人として明確にサタンと結びつけられている。「サタンの名において、ニーチェはすべての価値観を評価し直すよう教えた。彼の名において、アナーキストは法の世界を作り変えることを夢見る。彼の名において、芸術家は創造する」。この賛辞には、「ハンマーを持った哲学者」についてプシビシェフスキが実際に抱いていた見解が反映されている。彼はニーチェの熱烈な、そして初期からのファンだったのである。

　当時の多くの知識人たちと同様に、プシビシェフスキもまた進化論と社会進化論から強い影響を受けていた。しかし、当時の人の多くが人種的強さの「退化」と喪失について広まっていた懸念を表現するのにこれらの科学的・似非科学的理論を用いたのに対して、プシビシェフスキはそれに関して明らかに独自の解釈を取り入れた。彼にとって最も重要だったのは精神の進化であり、その進化において未来の新たな人類を生み出す遺伝的多様性をもたらしうるのはまさに精神錯乱者、神経症患者、過敏な芸術家だった。プシビシェフスキは人間の進化に関する考えを、彼の文学作品の一つで一八九三年に出版された散文詩『レクイエム・ミサ *Totenmesse*』にすでに記していた。この作品は、半ば聖書風の文体で、世界が「ダス・ゲシュレヒト（das Geschlecht）」からいかにして生じたかについて語っていた。「ゲシュレヒト」というこのドイツ語は、この文脈においては広い意味での性的欲求またはリビドーと訳すのが適当である。「初めにリビドーがあった。その外には何もない――すべてはその中にある」。繁殖と交わりへの欲求の中で、リビドーは無数の生命体へと進化し、最後に脳が生まれ、それは脳の中に人間の魂が生まれるまで続いた。プシビシェフスキによれば、魂はその進化の頂点であり、またリビドーにとってはある種の自殺行為を意味する。自意識的であるからこそ、魂はリビドーに打ち勝ち、それを断ち切ることができ、それによってリビドーに支配されない領域を創造することができる。しかし、このようにして魂は自らの死を招く、なぜなら生物学的に生命はリビドーによってしか存続できないからだ。これは人間にとっては窮地だが、と同時に肉欲的な生命を創造する力にとってはその最高の功績であり、最後の作品と言える。魂はリビドーと肉体に支えられていると同時に、それに打ち勝ち、その限界から自らを切り離そうとするため、人間の異なる衝動と衝動が対立するのは避けられず、プシビシェフスキが言うには、人の宿命は本質的に苦しみと結びついている。

この複雑な考えをプシビシェフスキがいかに体系的にサタンに結びつけたかについては、まだ十分な研究がなされていない。だが、このポーランド人作家のサタンへの継続的な共感は十分に証明されている。彼がこのような方向性を表立って示すことで、同じ考えを持つ「サタニスト」たちの初期のグループが形成されるに至った可能性がある。プシビシェフスキがポーランドに戻った一八九八年以降、彼の周りには弟子たちが集まり、その弟子たちは彼の小説のタイトルにちなんで「サタンの子どもたち」と自称した。

ファクスネルドがすでに指摘したように、プシビシェフスキが崇拝していたサタンの核心となっていたのは、ロマン派の文学的サタニズムだった。しかし、この崇拝は極めて両義的だった。先述したロマン派のサタンに関する詳細な分析に従えば、左派詩人のプシビシェフスキは自由の守護者、抑圧された人々の擁護者としてのサタンへの熱意を明確に示していたと言える——彼はその感情を自由にニーチェ的なエリート主義と社会進化論者の倫理観に結びつけた。（彼が主に語る「抑圧された人々」とは、いまは周縁化されているものの、未来の「新しい人間」の種を備えた著述家や芸術家のことだった。）また、プシビシェフスキは、学知の父であり人間の知への意欲である「サタン＝トート」のことも憚ることなく称賛した。しかし、さらに複雑なのは、性と自然の象徴としてのサタンとプシビシェフスキとの関係だった。これは「ダス・ゲシュレヒト」、ひいてはそれによって支配された自然界に対する彼の曖昧な態度と大いに関係していた。『レクイエム・ミサ』と『サタンのシナゴーグ』のいくつかの段落において、プシビシェフスキは、人と自然の本書での分析は、サタニズムに関するプシビシェフスキによる最も明確な記述によって裏づけられている。それは何年も経ってからプシビシェフスキが一九二〇年代に書いた個人的な回想録に記されていた。ポーランド人作家はその回想録で、「私のサタン崇拝は、結局なんだったのか」と問うた。「拒絶の精神、プロメテウス的な精神、社会にとって有益で合法的規範が許容するもののくびきに屈することを拒絶するあらゆる自由な精神の庇護者であり象徴である。狭量で古ぼけた教条主義によって鎖につながれることを拒みつつ、ますます完璧であろうと努力し——もちろん官僚主義の倫理観を犠牲にして——、人間の精神を自由の祝祭日へと導きたいとする精神である。既成教会はこの精神をサタン、ルシファー、バフォメットと呼ぶ……。そういうわけで、芸術家が取り入れているのはこの象徴であり、それは芸術家がドグマを打ち砕く時、あるいは教条主義によって厳しい破門や禁止が課された人間の魂のとてつもなく広範な領域に芸術家が入り込む時に取り入れられる」。プシビシェフスキは続いて、自身のサタニズムを表すものとしてバイロン、ボードレール、カルドゥッチ、ユイスマンス、そしてポーランドの詩人ユリウシュ・スウォヴァツキとアダム・ミツキェヴィチ（実はこの二人の作品に、サタンがそれらを庇護することを肯定的に評価していると思われる。結局のところ、リビドーとは生命を維持し、人間の霊的な完成を可能にするものだった。にもかかわらず、彼の作品においてより支配的であったのは、本能のままに生きることに対する嫌悪や不安に関する、典型的な世紀末の態度である。『サタンのシナゴーグ』では、歴史上および現代のぞっとするような行き過ぎたサタニズムが、必ず「ダス・ゲシュレヒト」と結びつけられている。「リビドーだけがこれらすべての顕現の原因である。リビドーの深淵においては、すべてが可能なのである」。レヴィ、ボードレール、ユイスマンス、ボワなど多くの者たちの考えを真似て、プシビシェフスキは、サタニズムは「絶望した人類」にたった一つしか救済策を示していないと主張した。救済策とはすなわち、リビドーに完全に身を委ねた「せん妄状態」である。「それが唯一のサタンの助け主である、酔いたまえ」。しかし、プシビシェフスキが人間の最も重要な活動領域をその霊的成長に見たことは明らかである。人間の本能であるサタンは、人間の知性であるミカエルによって抑制されるか、少なくとも制御されなければならない。

ダム・ミツキェヴィチなど多くの古典的な「悪魔的」作家たちについて言及したり引用したりした。「神ではなく、人間精神のみが奇跡をなすことができる」とするのが「スウォヴァツキの信仰であり、わがサタニズムである」とプシビシェフスキは述べた。同じ頁で彼はミツキェヴィチによる文章を肯定的に引用した。そこでは、堕天使が神の「全統一体」から自らを切り離し、それゆえ自分なりの個性と独立を確立した最初の存在として描かれている。

このことが示すのは、プシビシェフスキが称賛していたサタンが、バイロンの描くルシファーとおおむね一致しているということだ。すなわち、人間精神の果てしない上昇志向によって単なる自然的なものを超越する人間の力を表す存在としてのルシファーである。しかしほかでは、ポーランド人作家は人間の二元的な傾向を統合あるいはバランスを保たせること、つまりリビドーと理性、自然的なものと霊的なものとの融合を広めていたようだ。この融合がプシビシェフスキにとって可能だった領域の一つは芸術かもしれない。芸術もまた一見するとリビドーの冗長な排出物に思えるが、不毛あるいは自滅的とは考えられていない純粋な霊界とは対照的に、「芸術においては生きたリビドーの力強い鼓動、熱に冒された光の精液の波、個人の不死への意志が震えている」。また、余計なことかもしれないが、プシビシェフスキ自身のサタニズムももっぱら文学と芸術の問題であった。回想録の中で彼は評論家と文学者をこき下ろし、彼らはサタニズムを「レオ・タクシルと彼が起こした幻想のくだらない見下げ果てたペテンと、おそらくまったく存在しない助手のミス・ダイアナ・ヴォーン」の線に沿ってしか考えられていないとした。プシビシェフスキは皮肉を込めて、自身のサタンの儀式は、黒ミサでも謎めいた儀式でもなく、サディスト的な暴力も盗んできた聖餐式用のホスチアも未熟児の血も使わないと述べた。「なんと哀れで退屈で単調なサタニズムだろうか！」しかし彼らしいことに、プシビシェフスキは余談として、自らのサタニズムの「興味深い伝説」を破壊したことをいささか後悔しており、「神の天使たちの中で最も栄光に満ちた」サタンを神の玉座に据える「教団」に喜んで加わっただろうと付け足した。ここでどこまでが彼の皮肉あるいは大袈裟な表現で、どこまでが真剣なものだったかを見極めるのは難しい。

これより単純明快なのは、カール・ウィリアム・ハンセン（一八七二〜一九三六）、別名ベン・カドシュの事例である。ハンセンは貧しい育ちのデンマーク人で、乳製品を販売し、ほとんどの時間をエソテリシズムや錬金術に費やしていた。結社の設立認可状の熱心な収集家だった彼はさまざまな国際的なエソテリシズム結社の会員となり、パピュスのマルティニスト会を初め、デンマークの周縁的なスピリチュアル・グループにも数多く所属していた。彼は一九〇六年に二〇数頁にわたる『新しい朝の始まり——世界のマスタービルダーの帰還 *Den ny morgens gry: Verdensbygmesterens genkomst*』というタイトルの小冊子を出版し、その中でサタン／ルシファーの教団の設立を発表し、フリーメイソンのルシファー主義者の組織を作ることを提案した。興味があり、ルシファー主義者になりたい者は、コペンハーゲンのヒョリンガーデ二九番地にあるハンセンの自宅まで問い合わせるようにと記した。同じ年にデンマークの国勢調査が行われ、その際にハンセンは自身の宗教をルシファー主義とし、紛れもなく史上初の正式に登録されたサタニストとなった。ほぼ同時期に出された新聞記事では、彼のルシファー主義者としてのクリスマスの祝い方について、「白いキリスト」ではなくバフォメットを礼拝すると書かれていた。

『新しい朝の始まり』はかなり曖昧で、わざと不明瞭なデンマーク語で書かれていたため、作者のルシファー主義者としての信条の正確な性質を見極めるのにはあまり役に立たない。それでも、ファクスネルドはそれを再構成しようとした。ベン・カドシュの思想体系の中心的な教義は、そのタイトルが示すように、伝統的なフリーメイソンで崇められていた宇宙の偉大な建築師は実はルシファーにほかならなかった、というものである。このルシファーの定義の仕方からして、カドシュはレヴィの思想にかなり精通していたと思われる。ファクスネルドの解釈の一部を引用する。

> カドシュによると、あらゆる生命の源はルシファーの父であるが、「どの言語もその存在を表す、理解可能で発音可能な言葉を一つも持ち合わせていない」。ルシファー自身は「発音できない存在」である彼の父の現れであり、ルシファー主義の教団は「自然の中の永遠の、隠された、強大な、もしくは全能の力の崇拝」を中心に据えていると見られるべきである。言い換えれば、サタンは隠された不可知の神の表現手段であり、この言葉を超えた神秘に接

近する上では人間にとってふさわしい道筋である。神はその器であるルシファーを通じてのみ知られうる。

これを読むと、カドシュがレヴィの考えをその論理的結論に持って行ったかのように思われる。ハンセンの「発音できない神」の中にカバラの無限《アイン・ソフ》を、彼のルシファーの中にレヴィの「魔術の力」を認めることは難しくはない——言うまでもなく、レヴィはこのルシファー主義の力は崇拝されるより、習得されるべきであると強調したのではあるが。また、カドシュは当然のことながら、ルシファーを「物質の性質の「全体」——または自我——であり、ロゴスと力」をも創り出すパン神と同一視している。カドシュは、非人格的であり人格的でもあるこの神を適切な儀式によって呼び出すことができると述べ、この目的のために錬金術の実験を行っていたと思われる。

初期のサタニズムに関するこれらの孤立した例外的な事例は、どちらもまさに予想どおりの筋道に見出される。すなわち、プシビシェフスキの例は、ロマン派サタニズムとその一九世紀末の継承者たちに倣ったものであり、ベン・カドシュの例は、レヴィ的なエソテリシズムから分かれ出たものとしてオカルト界の中にある。考えてみれば、異端的なレヴィの思想体系の可能性が、一九〇六年になって風変わりなデンマーク人によってやっと最大限に引き出されたというのは驚くべきことであろう。どちらの事例においても、〈同一化〉がある程度重要な役割を果たしていた。カドシュは、胎児食らいや狂宴を行う悪魔としてのサタニストの従来のイメージからは距離を置いていたが、ファクスネルドはひとまず、カドシュがフリーメイソンのルシファー崇拝に関する着想を、タクシルの出版物から間接的に得ていたのではないかと示唆している。この仮説は、筆者にはかなりうなずけるものに思える。さらなる手掛かりとして、ハンセンのエソテリシズム的な別名であるベン・カドシュも挙げられるかもしれない——タクシルの作り話によれば、カドシュの騎士というスコットランド・ライトの位階は、熟練者にフリーメイソンの真の秘密の核心、すなわちルシファーの崇拝を教える位階であった。カドシュはタクシルのパラディウム団はフィクションであると知っていたことだろう。彼が自ら教団を設立することとなったのは、そのことが理由ではないかとも考えられる。となると、べン・カドシュは本書がようやく見出した、何らかのネオ・パラディズムの本物の事例と言えるかもしれない。

プシビシェフスキにあってはもう少し漠然としている。初期のロマン派サタニストたちのように、彼はサタンを一般的な意味での肯定的な象徴として受容したが、前述のとおり、彼のサタンに対する態度はずっと曖昧なままだった（その点では、ロマン派サタニストも同様だった）。歴史上および現代のサタニストのいわゆる儀式について、プシビシェフスキは身の毛もよだつような言葉で軽蔑を込めて表現した。彼がサタニストを自称し始めたのは、彼の小説の内容から人々がサタニズムを彼にラベリングしたことに影響された可能性がある。回想録では、プシビシェフスキは自分が出入りしていたボヘミアン・サークルで行われていると噂された「サタンのためのミサ」について触れ、彼自身のサタニズムの定義については、サタニストの個人的な烙印に関する長文の私見で始まっているが、その烙印というのは『サタンのシナゴーグ』が出版されて以来、彼個人に結びつけられるようになったものと思われる。自分にサタニストのイメージが与えられているというプシビシェフスキの発言は、現実味を欠いていたわけではない。当時のある作家は、彼のことをイデオロギーの扇動者、冒瀆的な狂宴の儀式に関与するサタニストの教団に実際に参加する人物として描いた小説まで出版した。ここに、ラベリングと〈同一化〉というおなじみのプロセスの縮小版が展開するのを見て取ることができる。しかし、プシビシェフスキは一九世紀の対抗文化の傾向に関する鋭い目を持った人物としての印象も与える。サタニストの黒いマントを纏うことが一九世紀においては、ニーチェ哲学、アナーキズム、進化論の流行と同様に粋なことであったのは確かである。プシビシェフスキのサタニズムが、かなり変化しやすい流行に起因し、そして、何年も経ってから、彼の人格が彼のサタニストとしての〈同一化〉と密接に結びついたことにより、プシビシェフスキがその流行に、多少なりとも洗練された哲学の形を与えた可能性は残っている。彼のサタンの大義との〈同一化〉が実際にはどれほど完全なものであり、彼の著作や個人的な文章に堕天使がどの程度体系的に呼び出されているかについてはさらなる研究が必要である。

いずれにせよ、これらのサタニズム好きに関する孤立した事例が、当時や後世の著述家の多くが一九世紀後半に存在を突き止めたと思っていた重大なサタニズム運動の裏づけにはならないことは明らかである。ベン・カドシュのルシファー主義は彼個人の関心事にとどまっていたと思われ、彼の妻や二人の娘たちでさえ、一九〇六年のデンマークの国勢調査ではルター派であると申告していた。プシビシェフスキは、ポーランド、北欧、ドイツの前衛派サークルに多少影響を与えていたが、二〇世紀に入ってからは忘れ去られていったようだ。ファクスネルドは、何が彼の「サタンの子どもたち」となったのかは詳しく述べていない。したがって、これらの例外的な二人の人物の存在が、全体的に見れば一九世紀には現実のサタニストはいなかったという本書の説に著しく影響を及ぼすことはない。これまでの章でもすでに述べているように、一九世紀末のサタニズムが「増えた」とされている現象は、主として、サタニズムについて話す人が増えたということを指す。

　当然のことながら、この見解からは自ずと、なぜこの時代にそれほど多くの人々がサタニズムに関心を持ったのかという疑問が生じる。この一風変わったサタン崇拝への執着はなぜ起こったのか。この問いに対する適切な答えは本研究の枠を超えてしまうが、いくつかの見解を示すことで、これまでの章で論じてきたことをまとめる良い機会にもなるだろう。

　第一に、サタンには一九世紀の対抗文化を形成した重要なメンバーたちによって、象徴的な参照点としての政治的・イデオロギー的・霊的な重要性が一九世紀初頭から与えられてきた。ロマン派サタニストたちは、サタンを使って神話形式で政治的・宗教的変革を提唱または論じた。アナーキズムの思想家たちは、反教権的あるいは反宗教的な感情のメタファーとしてサタンを用いた。ミシュレなどの歴史家たちは、これらの立場を過去のサタニズムの再構成された系譜の中に根づかせようと試みた。ロマン派サタニズムの影響で、レヴィをはじめとするオカルティストたちは、堕天使に少なくともある程度肯定的な態度を示した。このサタンの復権は、一九世紀全体を通じて重要な文化的基盤として存在し続けた。加えて、それが結びつけられたイデオロギー計画――西洋革命によってもたらされた政治的・社会的・宗教的対立――は、この時代を通じて現実的な問題に直結していた。その結果、一部の人々は宗教的サタニズムが実在するという説に確実に興味を抱き、あるいは少なくとも最初から否定的に捉えることはなかった。こうした寛容な態度を世俗的およびオカルト系の新聞・雑誌への寄稿の一部に見出することができ、そこではサタニズムやルシファー主義は、穏健なものであれば、この「全体的な寛容の時代」に完全に許容されるべきであると論じられていた。また、より強い賛同の姿勢が、タクシルがでっち上げたパラディズムに加わろうとした人々によって示された。パラディズム団の会報を出版していたピエレは、そうした事例をいくつか報告している。同様の試みが、パピュスが『ライト *Light*』誌の寄稿者に報告した「無神論のフリーメイソンから採用された数人のメンバー」によって行われていたかもしれない。パピュスによれば、そのメンバーのうち最も有名なのは「元老院議員であり、一流の製造化学者であり、パリ大学の医学部の教授」だという。複数の評者が、ルシファー崇拝が明るみに出たあかつきには、すぐにでも「大規模な当世風の集会」が開かれるだろうと推測した。

なるほど、この想定は、世紀末の社会をデカダンと見るより一般的なイメージを持ち出すことで説明がついたかもしれない。だがやはり、一九世紀末にはサタニズムに思い切って加わってみたいという宗教的希求心を持つ人たちが一定数存在したという印象を強く受ける。このほかには、個人的な不幸により絶望に追いやられてサタンに走り、自ら悪魔崇拝者となることを志望する、より従来型の人々も残っていた——これはドイツ、モンベルクにあるフリーメイソンのロッジに送られてきた、思わず笑ってしまうほど素朴な手紙によっても裏づけられており、手紙には富を得るためであればフリーメイソンになる覚悟はできているといった内容が綴られていた。「悪魔に自分を差し出さねばならないのだろうと思いますが（私もそれを望んでいます）、そうすれば悪魔はお金でも何でも授けてくれるのでしょう。メンバーになるためにどこで何をすればよいか、至急お教えください」。

第二に、一九世紀に継続するラベリングの慣行も、同様に重要な点である。実際、この二つの事象はつながっている。これまで見てきたように、ロマン派は悪魔的なものを好むと見做す敵意を持ったラベリングは、一部のロマン派サタニストが自分たちをサタンと〈同一化〉する主な誘引となった。そしてレヴィなどのオカルティストの悪魔への極端な執着が、部分的には同様に引き起こされたものであることは間違いない。その一方、西洋革命の支持者の一部が示した悪魔への共感は、（キリスト教徒の）対抗勢力によって、自分たちの最悪の恐怖を裏づけるものとして解釈された。ラベリングの土台はおそらくいつの時代も存在していたのだろうが、一九世紀にこの現象は予期せぬ盛り上がりを見せた。それがとりわけ顕著に現れたのは、ローマ・カトリック教会が近代の政治的・イデオロギー的勢力として次第に組織化されるようになった時である。ユダヤ人、「異端」キリスト教徒、異教の信者、(近代の)魔術師、フリーメイソンなどの従来の奸賊たちは悪魔崇拝の疑いをかけられ続けていた最重要の対象だったが、これらの疑いはもはやひとまとめにされ、西洋革命によってもたらされた不安を軸とする新たなイデオロギー計画の一部となった。サタンへの関心は、このように極めて近代的かつ関連する政治的・社会的問題と結びついていたのである。その問題の中でまず挙げられるのは、自由化と世俗化の絡み合うプロセスであった。さらにその背景では、産業化、資本主義、大衆社会の台頭などの、より広範で同じように不安を引き起こす展開が問題にされることもあった。これらの政治的・社会的傾向を促進した、もしくは促進したと考えられる人物や運動は、サタニズムの疑いをかけられる最も明確な対象に属していた。一九世紀末にかけて、比較的穏健で「神学的」なラベリングの形態(たとえば、フリーメイソンは気づかないうちにサタンの道具となっていた)は、次第に意図的な悪魔崇拝に対するあからさまな非難に置き換えられていった——これは前章で見たように、「二重スパイ」、タクシルによって扇動もされ利用もされたプロセスである。その結果、保守的なキリスト教徒の中でも特に教皇権至上主義のローマ・カトリシズムのあいだで、サタニズムというテーマに懸念が抱かれるようになった。こうした懸念は、ダイアナ・ヴォーン事件が発生した時期にピークに達したに違いなく、その際に忠実な信者たちが抱いていた、あらゆる潜在的な恐怖が裏づけられたと思われる。

しかし、世紀末におけるサタニズムに関する公の発言を調べると、サタニズムというテーマへの多数派の関心は、これらの明確に示されたイデオロギーに基づく共感、あるいは嫌悪のいずれからも生じていない印象を強く受ける。結局どちらの側も、特に極端なことを言う人々はほんの少数派であった。このように、一般大衆が悪魔的なものに対する強い関心を示したのにはさらなる理由があったに違いなかった。そのいくつかは、これまでの章で挙げた話から簡単に推測することができるだろう。まず、「大昔の」教団が近代まで残っていたとの(誤った)考えが、ゴシックホラーやゴシック的怪奇譚のスリルを人々に与えたことは明らかである。ぼんやりとした過去の謎に包まれた残存としてのサタニズム観は、とりわけユイスマンスによるその描写（これまで見てきたように、ユイスマンスは自らの時代の「本物ではないもの」からの逃避を可能にするものとしてサタニズムに関心を抱くようになった）や、オカルティストの著述家（オカルトも、密かに伝えられた古の伝統に強い思い入れを持つ下位文化であるゆえに）によるさまざまな描写において明白に示されていた。教会側の資料の文章とは対照的に、これらの著述家たちは、サタンが実際に現れるようなサタン崇拝の儀式については、合理的に解釈するか、巧みにぼかすかした。それによって多少なりとも世俗化された大衆にとってははるかに説得力のある描写となっていた。

この点で、一九世紀末におけるサタニズムへの注目は、総じて、毒殺事件の最中や事件後に出た一七世紀末の諸報告の中に認められた傾向、すなわち、サタン崇拝から「神秘性を取り除き」、基本的にはただの人間の企てにすぎないとする傾向をそのまま引き継いだものだった。しかし違いも一つあった。一七世紀の報告の目的が実態調査であり、極めて現実的な超自然的なものの介入としてまだ広く考えられていた対象に公平な光を当てようとするものであったのに対し、一九世紀末の記述は、魔術を匂わせることで、完全に脱魔術化した世界に生きる読み手を面白がらせることが目的であった。この点で世紀末のサタニストの妄想が、人々の「霊的なもの」や「神秘的なもの」に対する興味の復活にうまく馴染んだことは確かであり、それは多くの点で一九世紀初頭にロマン派において現れた同様の反応に似ていた。

少なくとも、サタニズムに関する一九世紀末の物語の魅力の中で際立つものとしては性の要素も挙げられる。ボードレールのような詩人の個人的なメモ、ユイスマンスの「超自然論主義的」小説、レヴィやガイタのオカルト論文、ミシュレの歴史の再構成、ロゼンヌ、タクシル、クララン・ド・ラ・リーヴラ（似非）カトリック活動家の出版物など、どれを読もうと、サタニズムは決まって性と関連している。これまでにも何度か指摘してきたが、この関連性は特に目新しいものではなかった。性的に「逸脱した」儀式は、中世や近世におけるサタニズムのステレオタイプの主な要素であり、この時代の伝承や文学は、ユイスマンスやガイタなどの作家によって、身の毛もよだつような性的描写の資料として大いに用いられた。しかしそれでも、この要素には一九世紀のサタニズムに関する文学において、さらに意図的な、ほとんど自律的とも言えるような役割があった。瀆聖やサタン崇拝は、性的「倒錯」を用いるものとして描かれるというよりもむしろ、性的倒錯の新たな形を描くためにサタン崇拝が利用された感がある。

とはいえ、この性的要素は当時の文章において一般には肯定的に扱われていたわけではない。それどころか、ミシュレのような、後世の性の革命の後に西ヨーロッパでは一般的なものになった肉欲に対する態度に非常に近づいていた著述家でさえ、性的本能を完全に解き放つことの危険性について強い不安を時折示している。ほかの著述家の場合は、この不安が完全な強迫観念になっていたと言えるだろう。女性の描写――一般に女性はより本能的で「獣欲主義的」であり、その自然な衝動を制御する能力が劣っていると考えられていた――においては、制御できない不安定な本能の領域に対するこの不安がとりわけ明白となる。このようにほとんどの場合、「あそこ」の「下部」の衝動と、サタンとサタニズムの世界との関連づけは称賛を意味するのではなかった。これは、初期の一部のロマン派サタニストや、この伝統の中でさらに徹底して取り上げ続けたほかの作家たちがこのテーマをより牧歌的に扱っていたのとは対照的だった。同時に、暗く歪んだ性的欲望とサタニストの関連性にはそれ自体の魅力もあり、サタニズムについて書かれた文章は、常に性的要素を拒絶するか魅了されるかのあいだで躊躇しているようであり、一方に落ち着くこともあれば他方に落ち着くこともあるが、常に曖昧さを伴っている。言うまでもなく、優秀な心理学者であれば誰でも指摘するように、この曖昧さは、サタニズムや同様の「醜悪な」教団に関する近代以前・近代初期の描写に常に内在するものだった。しかし、一九世紀後半は、この曖昧さが、サタニズムについて書いていた著述家たちによってより意識的に想起され、より意識的に用いられていることが窺える。「堕落する喜び」はそのようなものとして明確に描写されている(すなわち、喜びだけでなく堕落でもあるものとして)。際限のない性的充足という空想と、道徳的無秩序が「恐ろしい獣性」へと陥っていく世界の恐怖は、組み合わさって世紀末のサタニズムの描写の多くに影響を与え、その魅力のかなりの部分をもたらした。

性に関するこうした興味や不安は――説明としてはそれ自体で十分ではあるが――社会の道徳状態に関するより広範な不安の一部だった。道徳の低下への懸念が左派と右派のどちらにも共通する特徴であったのは、世紀末を専門とするある歴史学者が指摘したとおりである。サタニズムの儀式が広まっているという認識は、この退廃に関する認識と見事に合致していた――サタニズムは社会現象とされるものの中では「世紀末の最高傑作なんだよ」と、サタニズムをテーマとするあるオランダの小説には記されていた。サタニストのステレオタイプにはそれ自体において、既成宗教がそれまでのように社会を支えることが急速になくなる中で、人々が経験した道徳的不確実性が強く現れている。そこには、時代が進むにつれてさらに緊急性を増したさまざまな問いがはっきりと示されていた。あらゆる道徳が消滅したら、人間はどのような行動を取るようになるだろうか？　絶対的に自由な文明では、ユイスマンスの描くサタニストのような、通常の道徳がとんでもなく覆されるような事態が起こるのだろうか？　本物の霊性を欠き、官能的な欲望を満たすことだけを崇める社会は、それでもそこで生きる価値はあるのだろうか？　（この最後の問いには、ユイスマンスが『彼方』で、下劣さにおいてはほかに秀でた表現によって答えていた。）

サタニズムを完全な道徳律廃棄主義の具現であり、道徳規範がすべて覆された反転世界を組み込んだものとする比喩が、実際にはサタニズムの概念そのものと同じくらい古いものであることは言うまでもない。しかし、一九世紀においてこの昔からある比喩の辛辣さがエスカレートした。というのも、この時代にますます多くの哲学者、イデオローグ、革命家たちが、まさにそうした既成の道徳秩序の反転をさまざまにやかましく求めたからだ。これはニーチェがその哲学のハンマーをふり上げ始めた時期であり、サタニズムがアナーキズムや虚無主義と多くの出版物において結びつけられていたのは偶然ではなかった。一九世紀社会の一般に認められた価値観を否定する少数の人々にとって、サタニズムの亡霊はこの点で十分に魅力的に映ったのかもしれない。ユイスマンスもそうした中の一人だった時期があったのかもしれない。これはおそらくユイスマンスに限ったことではなく、ぞっとする憤りと特別な関心との特有の両義性は、当時のサタニズムに対する態度としては典型的なものだったと思われる。一九世紀の社会は、まとわりつくサタニズムの幻想によって自らを鏡に映し出し、そのほとんどは社会が抱える恐怖や不安だったが、時には秘められた夢あるいは秘密とはいえない夢も映し出していた。

世紀の変わり目には、サタニズムの商業化とそれへの嘲笑という必然的な反動が加わったようだ。タクシルの作り話の種明かしは、これに一役買っていたのかもしれない。一九〇三年にはフランスの絵入り雑誌『ラシエット・オ・ブール *L'Assiette au beurre*』(「バター皿」)が、一冊全体でサタニズムと「黒ミサ」のテーマを取り上げた。掲載されていた挿絵の一つにイタリア人画家のマニュエル・オラーツィ(一八六〇～一九三四)の作品がある。そこには黒い外套を纏い、どこかうぬぼれたあさましい表情をした青年たちが、ある一人の女性が裸で腹ばいになって体を反らしている背後に立ち並び、女性の腰のくぼみには人間の頭蓋骨が置かれている様子が描かれている。添えられた詩には「ペテン」というタイトルがつけられ、欲求不満の若者たちが性的興奮を求めて、悪魔を呼び出そうとするが失敗する姿が綴られている。興味深いことに、オラーツィはほんの八年前に同じような図柄を用いて豪華な『魔術カレンダー』の挿絵を描いていた。派手ではあるがそれほど滑稽ではない豪華な商品で、当時盛んだったオカルト用品の市場のニーズに応えようとしたものだった。

この商業化と嘲笑への二重の傾向は、一九〇四年二月一七日にパリのボディニエール劇場で上演された、古くからある黒ミサの、奇妙できわどい「劇的な再現」によっても例示されている。この劇の紹介文は小さなパンフレットで発行され、その中には公演にちりばめられた生き生きとした場面を写した四枚の白黒写真が収められていた。ユイスマンス、ミシュレ、レヴィは明らかに、その作者であるローラン・ブレヴァンヌという人物に直接的あるいは間接的なインスピレーションまたは情報をもたらしていた。ジル・ド・レの黒ミサの場面から始まり、裸の女性(写真にも写っているように、この役は女優が肌色のボディースーツを着て演じた)の背中の上で儀式が執り行われ、最も最近死んだ子どもと最も最近生まれた子どもの血を混ぜ合わせた聖体のかけらが用いられた。聖杯は親殺しの犯人の頭蓋骨であるとされ、その脚部には田舎娘と交わった雄鹿の角が使われていた。その後、ラ・ヴォワザンと彼女の仲間たちの不道徳な儀式の場面が続くが、ラ・ヴォワザンとトリアノンのレズビアンの恋愛をほのめかす大胆なくだり以外は、特に新しい要素はなかった(トリアノンが実は両性具有者である可能性を匂わせもしていた)。最後の第三幕では、「今の時代のパリにおける」黒ミサが再現された。近代の黒ミサは、劇の内容を信じるのであれば、実際には極めて同性愛的で、「愛」と「死」に向き合うものだった。そのシーンは遊び疲れた上流階級の紳士のグループを描いたもので、次の会話が交わされた。

パルノワ：今夜はどんな特別なもてなしをしてくれるんだい？
カルル：黒ミサをするのさ。
パルノワ：そんなに特別でもないな、時々パリでしてるじゃないか。
アクセル：見たことはあるのか？
パルノワ：つい最近ね――あそこの、パンテオンの近くで。
侯爵：君が何を話そうとしているかはわかっている。それらは卑しい道楽でわれわれの先祖の立派な瀆聖行為とは何の共通点もない。「立派な」と私は言ったが、つまり、無神論だけが唯一、信仰の時代において真に偉大でありうるのだ。今日ではもはや何がまっとうな狂宴かも知られていない。サタンの信奉者たちには笑ってしまうよ、サタン（Satan）の名に彼らが「h」をつけてSathanと綴っていてもね。

場面は、正体不明の二人の女性と、その後をつけてきた警察が登場すると風刺劇と化した。警察が参加者から「近代化した黒ミサ」を行っている最中であることを知らされると、その警察の調査官は、これが中世であれば火あぶりにされ、ルイ一四世の時代であればバスティーユ牢獄に送られていただろうと答えた。だが、今の時代はどうか。警察はただ「見せなさい」と言うだけだろう。

自身にとっての最善を信じる人々は、幸いである、その人々は心を脅かされることはない。
——アントン・サンダー・ラヴェイ『サタンの聖書 *The Satanic Bible*』
「サタン書 The Book of Satan」第五章九節

第7章 二〇世紀への道筋

時は一気に半世紀以上進む。われわれは黒色の古い民家の中にいる。一九六〇年代後半の、カリフォルニア州サンフランシスコ、カリフォルニア通り六一一四番地。不気味に照らされた部屋の中に三六人の男女が集まり、そのうちの数人は大きな頭巾の付いた黒いローブを纏っていた。大きな石板——実際は突き出した炉棚——の上には、一人の裸の若い女性が仰向けに横たわり、その女性の長い髪が滝のように垂れ下がっている。女性の上には、黒い壁に不規則に広がる巨大な逆五芒星が描かれ、そこから、嘲るような表情のメンデスの山羊バフォメットが、集まった人々を横目で見ている。部屋の反対側には、ローマ・カトリックの司祭の黒い衣装に身を包んだ、青白い顔をした男が立っていた。男の頭はそり上げられているが、口の周りには丁寧に整えられた髭が蓄えられている。男はさらに、黒く長いマントと二本の角が突き出したぴったりした頭蓋帽をこれ見よがしに身につけ、カーニバルの悪魔のような出で立ちをしていた。

鐘が鳴り、オルガンが不吉な旋律を響かせる。その角のある大祭司は儀式用の剣を取り出し、裸体の祭壇の上に差し出しながら次の言葉を唱えた。「In nomine Dei《イン・ノーミネ・デイ・》

nostri Satanas Luciferi excelsi《ノストリー・サタナース・ルーキフェリー・エクスケルシー》. わが貴き神、サタン、ルシファー、地上の支配者、世界の王の御名において、地獄の門から姿を現し、暗黒の力の恵みを授けたまえ。現れ出でよ」。そして、ベリアル、レビヤタン、アスモデウス、バラム、ベルゼブブ、ヘカテ、イシュタル、マモン、パン、シャイターンの召喚が行われ、主の祈りが逆から唱えられた。次に、ローマ・カトリックのミサのパロディが行われた。聖体のようなウエハースが、炉棚の上に横たわる裸の女性の陰唇のあいだに差し込まれ、その後、見物人に配られた。司教の式服を着た男は儀式として屈辱を受け、別の男は（十字架を背負って）イエスに扮し、九尾の猫鞭で打たれながら部屋を這った。大祭司と数名の女性信者は、プラスチック製の聖人の小立像を粉々に打ち砕き、それに尿をかけた。見物人の歓声の中、修道女の格好をした一人の女が修道衣を脱ぎ、長いブロンドの髪をほどいて、下に着ていたタイトなミニスカート姿で挑発的に踊り、部屋にいたほかの女たちは頭巾を被った男たちと手をつなぎ、数分間うかれ騒ぎながら裸で背中合わせに踊った。「気を滅入らせる罪悪感や抑圧はふり払われる！」大祭司はそう厳かに述べた。「獣の肉体的要求が露わとなる。天は震え、地獄は笑う。恍惚は、腰抜けや宦官が説く退廃的な自己否定に勝利する。肉体の道は人類をその快楽のひだに包み込む。サタンが地上を支配する。サタン万歳！　サタン万歳！」

「サタン万歳！」人々はそう叫び応えた。

サタン教会

これはカトリック教会のプロパガンダやデカダン派の文学小説の例を挙げたものではなく、儀式を司宰した大祭司のアントン・サンダー・ラヴェイにより一九六六年に正式に設立された、最初のカリフォルニアのサタニスト集団「サタン教会」の本部で行われた黒ミサに関する本物の報告である。儀式の最後はコーヒーとケーキで締め括られ、おなじみの狂宴は行われなかったものの、ここでついに極めて意識的かつ明確な〈同一化〉と摂取の例を目の当たりにすることになる。本書の歴史を通じた探求の中で初めて、古くからあるサタニズムの物語が現実となり、堂々とサタニズムに自らを〈同一化〉する宗教集団が現れたのだ。

ラヴェイは自らのサタニズムを構築するために、歴史上のさまざまな時代においてサタンの信奉者たちにラベリングされた数々の要素を意図的に摂取した。本章冒頭に示した短い描写においてさえ、これらの要素の多くを読み取ることができる。教会がその印として選んだ逆五芒星は、エリファス・レヴィによって黒魔術の象徴として指定されたものだった。背中合わせの踊りは当然ながら近世の悪魔学における魔女のサバトに関する記述を思わせ、裸の女性の体を祭壇と見立てるのは毒殺事件でラ・ヴォワザンとその仲間たちが行っていたとされる魔術儀式に由来し、ルゲやユイスマンスやさまざまな大衆向けのペーパーバックを介して、カリフォルニアまでたどり着いたのだった。一方、ユイスマンスの黒ミサが、バッファローの角をつけた修道士ドークルを妙に彷彿とさせる悪魔の格好をしたラヴェイが行っていた儀式の主要なモデルであったことは明らかだ。実際、ラヴェイが一九七二年に発行した黒ミサ用儀式文集には、『彼方』でドークルがキリストを非難してふるった長い熱弁がすべてそのまま収められ、フランス語の原文と英語の訳文の両方が掲載されていた。

これらの式服や室内装飾には、現代の宗教的サタニズムが構築されていく上で集約された、より深い歴史的影響が表れている。ラヴェイの宗教的サタニズムが、どのような点でこれまでの章で挙げられてきた伝統や時代の風潮の恩恵を受けているのかは後述することとする。その頃には、これらの要素がどのような歴史的足跡をたどって一九六〇年代のカリフォルニアに至ったかについても知ることとなる。だがこの問題を掘り下げていく前に、カリフォルニアのサタン教会の起こりとその直近の歴史的背景について、いくらか述べておくことが適当であろう。

サタン教会に関して語ることは、多くの部分ではその創設者であるアントン・サンダー・ラヴェイについて語ることである。ラヴェイ自身は、自分の家系やサタニストになる以前のことについて隠したがっていた。ラヴェイはサタンの聖職に就いた後、祖母がトランシルヴァニア人で、ほかにもモンゴル系、ユダヤ系、ジプシーの血が自分に流れていると述べた。一七歳で家出をした後、彼はライオンの調教師、蒸気オルガン奏者、警察の撮影係、幽霊祓いの祈禱師、ナイトクラブのオルガン奏者の仕事に就いた。彼が言うには、このオルガン奏者の仕事をしていた頃は、有名になる直前のマリリン・モンローと恋仲だったという。さらに、後にラヴェイは、自分は日光に対する病的な敏感さとニンニクアレルギーに悩まされてきたと語った。さらにラヴェイお墨付きの伝記では、生まれつき尻尾のようなものがあり、一〇代の初めにそれを手術で切除したことを語っている。

結局のところ、これらの主張の大半は虚偽と証明されるか、極めて疑わしいとされることになるのだが、それまではこのような説が何十年ものあいだ、近現代サタニズムに関する通俗的・学術的な文献に度々載っていた。ラヴェイについて確かなのは、一九三〇年四月一一日にイリノイ州シカゴでハワード・スタントン・レヴィーとして生まれたということである。父親にはユダヤ系の血も入っていたのかもしれないが信仰はしておらず、若きハワードはたしかにサーカスには加わったものの、ライオンの調教師ではなく雑用係だったようだ。そのほかの確かな情報は、ラヴェイが音楽的素養を身につけていたことで、サーカス時代にカリオペという蒸気オルガンを弾き、後にハモンド・オルガンとウーリッツァー・オルガンを巡回カーニバルやサンフランシスコの娯楽施設で演奏したことである。また、ラヴェイが早い時期からオカルト的なもの、より広く言えば奇妙で不吉なものに魅了されるようになったという彼の主張を疑う理由はない。一九四〇年代末の写真には、煙草を持ち、ドクロの指輪を身につけ、細い口髭を蓄え、右頬に偽の傷をつけた映画に出てくるギャングの格好をしたラヴェイの姿が写っている。また、左翼芸術に対するラヴェイの関心も単なる気まぐれでなかったことは十分明らかだ。彼は一九六〇年代に、長年かけて収集した膨大な量のオカルト本の蔵書を展示した。同じく一九六〇年代の前半には、奇妙奇天烈なもの、すなわち「自然界の変わり種」、第六感、カニバリズム、スピリチュアリズム、歴史上の拷問方法等に関する講演をし始めた。これらの講演はたいてい何らかの実演で締め括られた。たとえば、伝えられるところによると、ラヴェイのカニバリズムに関する講演の後には、病院の霊安室から入手してきた人間の女性の太腿を直火で焼いた肉片が回されたという。同様に、黒ミサに関する講演では、ラヴェイが「多くの資料をもとに」再現した儀式の実演も行われた。これは本章の冒頭で紹介した黒ミサの前身と思われる。

ラヴェイはその間に自らの魔術を実践するようになり(この点は詳しく後述する)、同じような関心を持った人々を大勢集めて、「魔術サークル」と呼ばれる小さなグループを結成した。彼は「ギャング」の服装を脱ぎ捨て、ドラキュラ伯爵を思わせる衣装で身を固めるようになった。魔術サークルはそれまでにもカリフォルニア通りにある〈ブラックハウス〉に集まっていた。ここはラヴェイが生涯住み続けることになる家でもあった。この家を奇跡的に手に入れた時のことについて、ラヴェイはにわかには信じられないようなことを語った。その話によれば、それはもともとサンフランシスコで悪名高いマダムのもぐり酒場で、その違法な仕事をうまく進めるために作られた秘密の通路がたくさんあった。(実際には、この家はラヴェイの両親が一九五六年に購入し、それを彼が譲り受けた。秘密の通路はラヴェイ自身が造ったものと思われる。)ラヴェイとパートナーのダイアン・ヘガーシーは、その家を近隣の明るい色の住宅と対比させるために黒色に塗った。ラヴェイはさまざまな変わったペットを飼っていたことで近隣住民からさらに不評を買った。たとえば、ラヴェイの手入れされていない庭から聞こえてくるトガレという名の仔ライオンのやかましい唸り声に、周りの住民が苦情を申し立て、最終的にその仔ライオンは、市の命令でサンフランシスコ動物園に引き渡された。

そんな中、ある知人が、これだけの魔術と哲学があれば新たな信仰を確立することができるが、教会を設立してはどうか、とラヴェイに提案した。その意見にラヴェイが耳を傾けた結果、一九六六年に最初のサタン教会がカリフォルニア州で登録された。これが、今日の世界で信仰されているような宗教としてのサタニズムの本当の意味での始まりであったと、ある程度の根拠を持って主張できるだろう。ラヴェイは自らをサタンの大祭司および地獄の総督と呼び、一九六六年を新たなサタン暦の一年目とした。

ラヴェイはなぜサタンに「教会」を捧げることにしたのだろうか。この一見シンプルな問いに対する明確な答えはまだ見出されていない。ラヴェイの魔術との関わりや不吉なものへの偏愛にその方向性が示されているかもしれない。しかし、彼が悪魔が関わる宗教的経験をしたことを窺わせるようなものは何もない。より重要であったのはおそらく自身の新たな組織で自分のものとしようとした哲学的前提だった。ラヴェイにとってこれらのことを表すシンボルとして最適なのがサタンだった。ラヴェイの哲学の中心となるのは、人は「白い光の諸宗教」に妨げられることなく、自らの自然な欲求に従って生きるべきとする考えだ。この「諸宗教」には、もちろんさまざまな宗教が含まれていたものの、ラヴェイが最も意識していたのがキリスト教だったことは確かである。ラヴェイは数年後、彼の主な教義の要約本である『サタンの聖書』（一九六九）の中で、次のように記している。「人は二〇〇〇年にもわたり、そもそも罪の意識を決して覚える必要のないことに対する罪を償ってきた。われわれは与えられてしかるべき生の喜びを否定することに飽きている。……サタンは人間が持つ自然な本能を妨げ咎めるあらゆる宗教に対する抵抗を象徴する。サタンが悪の役割を与えられたのは、彼が単に生命の肉体的・現世的・世俗的な側面を表す存在だからである」。サタンが何を象徴しているかについては、ラヴェイが書いた「サタンの九つの声明文 Nine Satanic Statements」にまとめられている。これはラヴェイのサタニズムに関する研究において伝統的に引用されるようになった信条の要約のようなものである。

一、サタンは節制ではなく、放縦を表す！
二、サタンは霊的な夢想ではなく、生命の実存を表す！
三、サタンは偽善的な自己欺瞞ではなく、汚れのない知恵を表す！
四、サタンは恩知らずの徒に無駄に費やされた愛ではなく、享受するにふさわしい者に施される優しさを表す！
五、サタンは反対側の頰を差し出すのではなく、復讐を表す！
六、サタンは心をむしばむ者へのケアではなく、責任を負うべき者への責任を表す！
七、サタンは人を、四肢動物に優ることもあるが劣ることの方が多い、「霊的で知的な発達」のために動物の中で最も邪悪な存在となった単なる動物として表す！
八、サタンは罪悪とされるあらゆるものを表す、なぜならそれらはすべて身体的、精神的、あるいは感情的な満足につながるからである！
九、サタンは教会の最良の友である、なぜならサタンのおかげで教会の商売がずっと成り立ってきたからだ！

ラヴェイの新たな教団は、一連の巧みな宣伝行為によって悪名を馳せた。教会は一九六七年に初のサタニスト式の結婚式を執り行ったが、それは教会として認可されたことにより行使することを認められた特権であった。この結婚式はマスコミや一般人の好奇心を大いに引きつけ、その数か月後に行われた教会メンバーの「サタン式」の陸軍葬も同様の注目を集めた。一九六七年五月二三日には、ラヴェイは三歳の娘ジーナに洗礼を授けたが、その儀式はラヴェイがこのために特別に構成したものであった。この洗礼式をはじめ、さまざまなサタニストの儀式がレコードに収録され発表された。一九六九年にエイヴォン・ブックス社が、サタン教会で配布されていた小冊子をもとに教義的な文章や儀式を編集した『サタンの聖書』を出版した。この反聖書的な本は人気を集め、スペイン語、ドイツ語、ロシア語、スウェーデン語、チェコ語に翻訳された。一九七二年にはさまざまな儀式について書かれた『サタンの儀式 *The Satanic Rituals*』という本が出版され、これはサタニストの集会——たとえば、本章の冒頭に示した黒ミサの過激さを若干抑えた集会——で使えるように書かれたものだった。

サタン教会がちょうどこのタイミングで出現し、マスコミの注目を引きつけるのに成功したのは偶然ではない。北アメリカの宗教事情に重大な変化が現れ始めていたのである。西洋革命の最初の申し子としてのアメリカ合衆国は、「信教の自由」の初期の法制化と成文化されたキリスト教会と国家の正式な分離において例外的であった。しかし、こうした法的な政教分離にもかかわらず、アメリカは事実上キリスト教の国であり続けた。第二次世界大戦直後に行われた世論調査では、人口の九四パーセントが神の存在を信じており、これはほとんどの西ヨーロッパ諸国よりもかなり高い割合だった。さらに、アメリカ国民の八三パーセントが聖書を「神によって啓示された言葉」と考え、八〇パーセントがキリストの神性を認めていた。しかし、一九六〇年代には教会員数も礼拝出席者数も著しく減少し始めた。たとえばデトロイトでは、一九六〇年代の直前には人口の六八パーセントが神の存在を確かなものと感じていたが、一九七一年にはその割合がデトロイトの住民の半分以下に減った。社会的・地理的な可動性と教育水準の高まりによって、先祖の信仰から脱却し、新しいあるいは独自の宗教性のあり方を求める人々が、主に若者のあいだで増加した。

この非キリスト教化の新たな波の最も劇的な現れは、まさにサタン教会が設立された年である一九六六年に起こり、その発祥の地であるサンフランシスコでは同じ年に、全米の若者が（スコット・マッケンジーの歌の歌詞にあるように）「髪に花をつける（wear flowers in their hair）」ようになり、ヒッピー・カルチャーが絶頂を迎えたサマー・オブ・ラヴ運動において若者がサンフランシスコのヘイト・アシュベリーに集結した際に、西洋世界全体における対抗文化運動の波が起こった。ヒッピーは、既成の価値観をあからさまに否定することを通じて、社会のより大きな流れを象徴していた。東洋の霊性やサイケデリックな世界、およびさまざまな形のオカルトは、ヒッピーたちが受け入れた伝統的なキリスト教に代わるものの中でもとりわけ目立っていた。一九六〇年代に、アメリカではオカルトに興味を持ち参加する人々が急増し、西洋全体では今日の社会において広範に拡張している「オカルチャー（オカルト文化）」の火付け役になった。このオカルトの復活と並行して、性革命によって性に関する西洋の道徳に変化がもたらされ、それまでは不適切と見做されていたさまざまな性的な行為を許容する方向性を打ち出し、性行為の主な機能と目的として快楽を強調した。

新たなサタン教会は明らかに、これらの反キリスト教、オカルト・ブーム、性の解放、全体的な反抗的傾向にぴったり当てはまるものだった。ラヴェイ本人も、次のように指摘する。「われわれは悪者が一貫して英雄になるという、歴史上珍しい一つの時代を体験している。真逆のものが望まれるようになり、ゆえにそれがサタンの時代となるのだ」。意義深いことに、ブラックハウスはヘイト・アシュベリーにあるヒッピーの常設の野営場からほんの数ブロックの距離にあった。現代の宗教的サタニズムはしたがって、一九六〇年代の対抗文化の所産として捉えることができる。だが、サタンの新宗教と新たに出現した対抗文化との関係は、見かけほど単純なものではなかった。アントン・サンダー・ラヴェイは間違いなく髪に花をつけるようなタイプの人間ではなかった。実際、彼はサタン教会を設立した際に、儀式として自分の頭を一九六六年のヴァルプルギスの夜[*17]に丸刈りにした。ラヴェイは新しい対抗文化に参加していたほとんどの人より上の世代で、その派手なスタイルや型にははまらないイデオロギーにもかかわらず、彼の美的嗜好は一九四〇年代と一九五〇年代に深く根差したものだった。このことが原因で、ラヴェイは彼の地元に群がる長髪でだぶだぶの服を着てギターを弾く若者たちと対立することとなった。教会員の大半も、ヒッピー運動に参加していた高校中退者や大学生たちよりかなり年上だった。

嗜好の問題とは別に、ラヴェイのサタン教会と若者の対抗文化はイデオロギー的にも相当異なるものだった。ヒッピーや抗議する学生たちが社会的・政治的革命に向けたおおよそ明確な計画を提示していたのに対し、サタン教会の「力は正義なり」との指針は、逆説的なことに、教会を体制側に位置づけるものだった（と同時に、おそらくラヴェイとサンフランシスコの警察との緊密な関係構築にもつながった）。対抗文化グループの多くが急進的な自然回帰の平等主義やコミュナルセックスによる性の解放を謳っていたのに対し、ラヴェイのサタニズムは性分化、個人的な逸脱、フェティシズムを説いていた。（ラヴェイは『サタンの聖書』に、「サタニストは、自分が性の専門家になれば「そして性の罪悪感から真に解放されれば」、罪の意識にさいなまれた社会のお堅い言動に抑圧されないのと同じくらい、いわゆる性の革命家たちに抑圧されることもないのだと気づく」と記している。）対抗文化が「平和」をその目標と標語としていたのに対し、サタンの聖書は人は肉食動物であるとし、「圧制者」、「勝者」、「勇者」を称えた。対抗文化がドラッグによる超越体験を通じて心を解放しようとしたのに対し、ラヴェイはドラッグに激しく反対し、従来のものとは異なる黒ミサを執り行うことまで提案した。この黒ミサでは、キリスト教ではなく現代の神である幻覚剤が嘲笑され、幻覚剤研究の第一人者であるティモシー・リアリーの肖像が逆さまにかけられ、ＬＳＤの錠剤が踏み潰されるなどした。ヘイト・アシュベリーのヒッピーたちが神秘主義や不合理なものにのめり込んだ一方、サタン教会は合理性の宗教を広めていた。

ラヴェイは後に、教会を設立した当初はしばらくヒッピー運動を呪い、「奴隷を追いたてて檻に帰す」ための儀式を行ったと述べている。この話の真偽は定かではないが、サタン教会とヒッピー族との姿勢に見られる大きな相違を簡潔に捉えた記述である。新たに出現したサタニズムとより広範な対抗文化との違いの一部は、アントン・ラヴェイの個人的嗜好によるものと見做すことができる。ほかは、ラヴェイがサタニズムを引き出した反キリスト教の言説やキリスト教に替わるスピリチュアリティという特定のカテゴリーに根差すものであり、この点は後述で掘り下げていくこととする。だがいずれにせよ、「愛の世代」に向けたラヴェイの態度は、現代のサタニズムが歩むこととなる独特の道の行き先を暗に示すものであった。

先駆者とインスピレーション

ラヴェイはサタン教会を「サタニズムの最初の地上組織」と表現した。おそらく彼は正直にそう思ったのだろう。けれども、ラヴェイのサタン教会はサタンを崇拝した二〇世紀初の教団でもなければ、最初の地上組織ですらなかった。裏づけのない噂や新聞報道を除いたとしても、ラヴェイより以前、あるいは、同時期のサタニスト組織に関しては、十分な証拠のある事例がいくつか挙げられる。その中で主だった例は、戦間期のパリの自由な雰囲気の中で現れた「タンプル・ド・サタン〔サタンの神殿〕」である。設立者のマリア・ド・ナグロフスカはロシア貴族の女性で、ユダヤ系のヴァイオリン奏者と貴賤結婚をしてから苦境に見舞われ、一九三〇年にタンプル・ド・サタンを設立した。この組織は、派手な性的儀式、至福千年の雰囲気、執拗なフェミニズムを特徴とした。公式には「黄金の矢《フレッシュ・ドー》騎士団」と称されたこの組織は、公然と活動を行った。ナグロフスカが〈ラ・クポール〉というレストランで毎回聴衆を引きつけ、ヴァヴァン通り三六番地にある〈ステュディオ・ラスパイユ〉で毎週集会を開いていた一方、組織は『ラ・フレッシュ――魔術活動の機関紙 *La Flèche: Organe d'Action Magique*』という定期刊行物を発行していた。

その興味深い教義の組み立てにおいて、ナグロフスカのタンプル・ド・サタンは明らかに一九世紀のエソテリシズムを継承している。黄金の矢騎士団は見かけ上は反キリスト教的な要素がまったくなく、「三位一体の第三の位格」である聖霊の支配を広めることを明言した。しかし、ナグロフスカにとって「聖霊」は「女性」と同義であった。彼女はまた、「聖霊（Esprit Saint）」を「正霊（Esprit Sain）」――聖なる霊ではなく健全な霊の意で――と呼ぶことを好み、新たな時代によってもたらされ、身体へのより肯定的な態度をその言葉で示していた。来る聖霊の時代が女性の時代となるとの考えは、すでにフローラ・トリスタン、エリファス・レヴィ、ジュール・ボワなどのエソテリシストによって広められ、彼ら以前には一部の中世の神秘家によって唱えられていた。ナグロフスカは、男性がその衝動に従って生命を支配しようとするのに対し、女性はそれを「組織化」しようとする、男性支配の終焉と女家長制の確立によってのみ、世界には調和がもたらされるだろうと主張した。彼女によれば、三位一体の第三の位格によって、女性の「異なる存在であることの権利」が確立されれば、女性だけが満たすことのできる機能に専念できるようになる。

ナグロフスカは自らを「サタンの女司祭」と称し、自身の儀式体系の第一段階をためらうことなく「サタン式加入儀礼」とし、それによって「健全なサタンの教義の真理」に近づくことを許されるのだと述べた。この意味において、ナグロフスカの騎士団は間違いなくサタニストであった。しかし、サタニズムは彼女の宗教体系の一要素でしかなく、その宗教体系はキリスト教、オカルト、サタニズムの要素からなる複雑な半ヘーゲル哲学と表現するのが最も適切であろう。ナグロフスカは次のように主張した。神は生命であり、生命は神であり、常に変化し、常に生成し、決してとどまることがない。この永遠の神の「是」に対して、サタンは自身を適切に位置づけた。サタンは「自分たちの外側に存在する」何かではなく、永遠に共存する「否」を表し、それは破壊および、いわゆる人間の理性――ゲーテの「いつも否定する」精神にして、創造を絶え間なく解体しようとするもの――を象徴するものとして理解された。この解体する力は、本質的に「悪」である何かとしてではなく、世界の連続的な生成に必要なものとして見做された。古いものが破壊されて初めて、新しいものが生じうる。

人々が知る現実は、二つの勢力間の複雑な相互作用だった。生きる意志（神）と死ぬ意志（サタン）との争いから、その目に見える現れである創造の中に、父の勝利の象徴である息子が生まれた。サタンがその息子と戦うと、神は二度目の勝利を収め、聖霊（または正霊）によって生命が再確認される。しかし、これらの勝利は地上のものでしかない、なぜなら永遠の「否」が沈黙するなら、永遠の「是」も途絶えるからである。ナグロフスカの体系において、これらの複雑な三位一体（または四位一体）の観念は、創造のほかの段階にも反映され、その中でも最も重要なのが人間の小宇宙だった。ナグロフスカによれば、サタンの理性は特に男性の領域であり、一方女性は生命の発生力と直感力を象徴する。だが、どちらもその内側にこの二極性を抱えている。男性の知性はサタン的だが、男性の性器は生命を象徴する。それに対し、女性の性器はサタン的である、そこに蛇の姿をしたサタンが女性に肉欲を教えようと入り込んだからだが、肉欲は死への誘引剤にもなるためである。

黄金の矢騎士団の教えには、これらの正と負の両極を用いた象徴的で実践的な性魔術が含まれていた。男性の新入会員はさまざまな試練を通じて自らのサタン的特質を強化しなければならず、その頂点では、自分の「聖なる力を死すべき液体に結晶化させる」ことなく（すなわち、射精することなく）裸の女性と交わる儀式も行われた。加入儀礼のプロセスの最終段階で、男性は新時代を体現した女性に降伏する。それは浄化された女性との聖なる交わりの中で、サタンである己を供犠に付すことで果たされるが、その間男性は絞首台から吊るされていた。この儀式は、サタンの地獄への（すなわち男性器への）追放と理性のバランスの崩壊を引き起こし、「秘密の著作」に記された〈崇高な愚者〉へとサタンを変化させた。われに返ると――首吊りは死に至らしめることを意図したものではなかった――、彼は〈新しい人間〉、つまり来る聖霊、もしくは正霊の時代の先駆者となっていることだろう。この時代の始まりは目前に差し迫っていた。ナグロフスカは、その前兆として、三人の男性と四人の女性が関わる「黄金ミサ」が執り行われることをほのめかしていた。残念なことに、彼女はもしかするとこの壮大な儀式を一度も行わなかったのかもしれない――エソテリシズムのジャーナリスト、ピエール・ジェロなどが目撃した公開儀式で、主に象徴的な「準備としての黄金ミサ」を行っただけだった。

　複雑で極めて一九世紀的な諸観念を備えたナグロフスカの黄金の矢騎士団は、ほぼ間違いなく組織化された宗教的サタニズムの最初の認知された団体として見做すことができる。だが、騎士団は出現した時と同じくらい突然に消えていった。一九三六年の初め頃、マリア・ド・ナグロフスカは突然パリを去った。噂では、首吊りの儀式で男性の参加者が死にかけた後に警察がタンプル・ド・サタンを警戒するようになった。この自称サタンの女司祭はチューリッヒにいる娘のもとへ行き、その数か月後に亡くなった（この事実が知られるようになったのは数十年後のことで、それまでのあいだ、彼女の末路については根も葉もない話がささやかれていた）。

　ナグロフスカ以前にも、伝統的な二極のうちの闇の側への共感は、ドイツの魔術ロッジである土星同胞団《フラテルニタス・サトゥルニ》によってあまり目立たない形で示されていた。書籍商のオイゲン・グローシェ（一八八八～一九六四）によって一九二六年に設立された土星同胞団は、エリート主義と折衷主義のエソテリシズムの結社で、占星術、タントラの性魔術、ドラッグによるトランス実験などに興じていた。その神話の中心は、光と闇の対立と相互作用だった。原初の時代には、闇がより強力な要素だったが、その中には光が含まれていた。同胞団によれば、私たちの惑星系では、光と生命をもたらしたのは太陽のロゴス（クレストス）だった。だが、ルシファーは神から光のトーチを奪い取り、神の秘密をたずさえて天体の果てまで逃げ去ってしまった。ゆえに、ルシファーの惑星は土星である。古代のコスモロジーにおいて、土星は太陽から最も遠く離れ、最後の光が通り過ぎ闇の中へと消えていく場所にある。ルシファーはしたがって、超越と救済への扉を開き、死者の世界を守る境界の守護者と見做される。

　このルシファーは悪とは見做されない、と同胞団は主張する。闇の勢力の表象としての土星／ルシファーはクレストスの原理と戦ってはいるが、それによって彼はたしかにもっぱら負の象徴となっている。だが、グローシェは同胞団の雑誌で、光と闇はどちらも生命に必要であり、生命の基本的な条件を形成すると主張した。

　ゆえに、負のルシファー主義の原理は、神聖な起源を持つだけでなく、バランスを保つための要素として、クレストスの原理と同じくらい必要である。彼を理解している人々にとって、人類にとっての偉大な光をたずさえる者であるルシファーは、自らの意志で太陽のロゴスの自己中心的な力を打ち砕き、太陽のクレストス原理と同じように救済者としてまったく同様の働きをすることができる。……神には明るい面と暗い面があった。

　人間にとって土星の創造主《デミウルゴス》にしたがうことは厳格さ、禁欲主義、苦悩を意味した。魔術師は闇あるいは「鉛」を、「光の極性の反転」によって「金」に変えなければならなかった。この両極端のものが融合する中で、土星は最終的には、土星の原理である原初のルシファー主義の核、つまり太陽となる。そのため、入会者にとって土星に仕えるということは、実際には、太陽に霊的に奉仕することであり、「闇の兄弟」の帰還に寄与することである。実生活において、土星から太陽への道筋は、嫉妬、憎しみ、怠惰、疑念、移り気という障害を克服することと似ており、それらは願望、愛情、エネルギー、信仰、忍耐に再び方向づけされなければならない。「このように土星の教団に従うことは、この創造主《デミウルゴス》のより高い次元を理解し、ルシファー主義の原理を神の霊力と認識し、太陽のロゴスのためにこれを意識的に組織化することを意味する」。

ナグロフスカの場合と同様に、これらの思想は明らかにロマン派サタニズムとレヴィのオカルトに根差していると思われるが、土星同胞団はまたクロウリーのセレマからも影響を受けていた（セレマについては詳しくは後述する）。しかし、ナグロフスカとは対照的に、同胞団が自らをサタニストと呼ぶことはなかった。実際、その神学においては、土星の「高次」の存在を表すルシファーと神の「低次」の存在を体現するサタンとは明確に区別されていた。また、同胞団を本書における基準に沿ってサタニストと呼ぶことができるかどうかは議論の余地がある。ルシファーは、同胞団の神話においては明らかに中心的な役割を果たしている一方、その文献や儀式においてはほとんど触れられることがない。同胞団の最も重要な儀式であるフリーメイソンもどきの土星ミサでは、土星（サトゥルヌス）のみが召喚、称賛される（とはいえ、ルシファーがオフィス・ホ・アルカイオス、つまり「古の蛇」と呼ばれていることも認められる）。同胞団のドイツ語で書かれたエソテリシズムの膨大な量の著作に関する詳細な研究がなされるまでは、同胞団についてはむしろ、レヴィの魔術《マジスム》やブラヴァツキーの神智学のような、サタニズムの要素を強く持つエソテリシズムの流れとして示すこととする。

土星同胞団はナチ体制下では抑圧されたが、戦後グローシェによって再興された。グローシェが一九六四年に亡くなると、ルシファー主義の要素はその重要性をさらに失い、すでに縮小していた組織は、確執と分裂によってばらばらになった。それでも同胞団は今日に至るまで存続し、ルシファー的土星への崇拝を継続している。

ある学術文献に言及されている一九六六年より前に出現した、また別のサタニスト集団は、オハイオ州トレドにある〈サターナスのオフィス派教団（Ophite Cultus of Sathanas）〉で、その設立者はハーバート・スローン博士という、以前は理髪師、カード占い師、紅茶占い師をしていた人物である。教団の名称が示すように、スローンは古代のグノーシス主義に関する本からインスピレーションを受け、教団を構想した。トレドの「サターニスト」たちは、グノーシス主義の典型に倣って、物質世界の創造を悪と見做し、その上方、それを超えたところに、純粋な霊の世界の善神がいることを信じていた。ネオ・オフィス派たちによれば、サターナスはこの至高の神の使者であり、スローンは自らの存命中にこの使者が二、三度、自分の前に現れたと述べた。彼の小さな教団の信奉者たちは、スローンが浄めの儀式によって「エンドアの聖母マリア団（Coven of Our Lady of Endor）」へと転換したトレドの理髪店に集まった。教団はおそらく一九六六年より前から存在していたと思われるが、筆者が見る限りでは、それ以前の文献に教団に関する手掛かりは一つもない。スローン自身は一九四〇年代にはすでに教団は活動していたと主張しているが、教団が示したウィッカとの多くの類似点を踏まえると、設立されたのは、ジェラルド・ガードナーのネオペイガン〔新異教主義〕的魔術教団の存在が明るみに出た一九五三年より後である可能性が高い。

一九六〇年代には、スローンのサターナス教団のほかに、純粋な対抗文化のサタニストの集団が少なくとも一つ現れた――彼らが崇拝する対象には、エホバ、キリスト、ルシファー（土星同胞団のように、この集団においてルシファーはサタンとは明確に切り離された存在として考えられていた）まで含められていたのだが。この集団は、〈最後の審判のプロセス教会（Process Church of the Final Judgement）〉と言い、その驚くべき歴史は余すところなく語るに値する。一般に〈ザ・プロセス〉と呼ばれたこの組織は、一九六〇年代初頭に、ロンドンのセラピーグループとして誕生した。当時はまだロバート・ムーアを名乗り、ロバート・デ・グリムストン（当時はまだロバート・ムーアを名乗り、建築学科の学生だった）はサイエントロジーのセラピーセッションで、コールガールのメアリー・アン・マクリーンと知り合った。二人はすぐに恋人となり、その後夫婦となり、サイエントロジーのセラピーを自分たちで行うようになった。サイエントロジーから追放された後、彼らの緊密な精神分析サークルは、次第にスピリチュアルな要素を取り入れた。一九六五年に名称をザ・プロセスに変更し、そのメンバーはロンドンのバルフォア通り二番地にある一軒家で共同生活を始めた。また、ザ・プロセスは間もなく世界の終わりが訪れると信じる著しい終末論的な傾向を帯びるようになった――こうした感情は、核兵器開発競争やキューバ危機などの時代には珍しくはなかった。一九六六年にザ・プロセスのグループ全体――約三〇名とジャーマンシェパードが六頭――がカリブ海の島に移り、自給自足の生活ができ、差し迫った文明の崩壊を待つことのできる島を探した。最終的に、彼らはユカタン半島の放棄されたシュトゥルと呼ばれた塩工場に落ち着き、魚やカカオナッツ、ウチワサボテンというその土地特有のフルーツなどを食べて生活した。

神々が最初に姿を現したと思われるのはこの思い切った移住先でのことだった。カリブ海の島でグループで瞑想している際に、数名のメンバーが非物質的な複数の知的存在との接触に気づくようになった。最初のうちは、プロセシアンはそれらをただ「ビーイング」と呼んだ。プロセシアンたちをメキシコの塩工場の廃墟に導いたのは、このビーイングだった。ユカタンの畏怖の念を起こさせる自然の景色に囲まれて、最初の神が現れた。エホバだ。グループの聖典の一部となったシュトゥル問答において、ロバート・デ・グリムストンは、次のように記している。

一、宇宙は一つ以上存在するのか？

存在する。さまざまな次元に宇宙がたくさん存在する、しかしそれらはすべて唯一のまことの宇宙の一部でしかなく、唯一のまことの宇宙はあらゆる次元に存在する。すなわち、神々が大勢いるのである。しかし、それらすべてを体現するのは唯一のまことの神だけである。

二、つまりそれぞれの神が一つの宇宙ということか？

一つの宇宙の一側面とも言える。たとえば、エホバは物理的宇宙の知である。

ハリケーンがユカタンを襲い、ザ・プロセスが文明社会に戻ると、グリムストンがほかの宇宙の諸側面を体現するそれぞれの神々について述べ始め、最終的には複雑な神学と聖なる文書を集約した荘厳な大全となった。ザ・プロセスは一九六七年にニューオーリンズにアメリカの「チャプターハウス」を設立し、それを〈最後の審判のプロセス教会〉として正式に登録したが、これはおそらく合衆国で宗教団体が受ける免税制度を利用するためだったと思われる。活動が合衆国全体に広まるにつれ――サンフランシスコ、ロサンゼルス、ニューヨークシティで注目を集めた――、ザ・プロセスの万神殿《パンテオン》の四神は、それぞれ姿を明確にしながら統合されていった。大地の女神であるエホバは、厳格さ、権威主義、強さを象徴していた。ほどなくして、火の女神であり、分離、対立、激しさを象徴するサタンが加わり、その後、大気の男神であり、感性、寛容、知性の光を表すルシファーが加わった。このアメリカのプロセス・コミュニティが一九六八年にニューヨークに移った時には、これらの神々はすでに確立しており、プロセシアンたちは寄付金を集めるために通りを歩き回っていた。その際、彼らは、複数の大きな銀の十字架とサタンの力を受け入れたしるしである山羊の頭部が組み込まれた三角形の「メンデスの徽章」の飾りをつけた黒い服を揃って身に纏っていた。最後に、そこにキリストが、初めは神々のあいだに統合をもたらす預言者、あるいは使者として、後に神そのものとして加えられた。

　これらの神々、あるいは半神たちは、いずれも悪とは見做されなかった。グリムストン曰く、彼らは単に「人間の基本的な現実のパターン」を表していた。グリムストンの主張によれば、本当の「悪魔」は人類であり、より正確には「灰色《グレー》の力」、すなわち大多数の人々をその未来の破滅へと愚かにも進ませる、妥協と服従の力であった。最も重要なことは、「灰色《グレー》」にならないことだった。この解釈は政治にまで当てはめられ、ザ・プロセスは左派の学生運動にも右派の政治組織にも参加し、両陣営に滑稽極まる混乱をもたらした。しかし、最終的には、すべての敵対者が、キリストのもたらしたサタンとエホバの統合によって、単に平穏になるのではなく愛において和解をするのだと信じられた。キリストは敵を愛せと言っていなかったか？　そしてキリストの敵はサタンではなかったか？　「神々が再統合される」まで、神は人間の諸要素の散らばった断片的な鏡にすぎない、とグリムストンは主張した。

　この神学は「サバト」と呼ばれるユダヤ＝キリスト教、オカルト、サタニストのイメージを融合させた儀式的な集会で表現された。厳粛な讃美歌が、エホバ、サタン、ルシファー、キリストに捧げられた。

エホバは強さ
ルシファーは光
サタンは分離
キリストは統合
彼らは宇宙の大いなる力なり
人類はみな彼らの意志に従わん

ザ・プロセスにおいて、神々は宇宙を説明する哲学的な方程式であるだけではなかった。神々は何よりもまず社会的・心理的現実を反映していた——中でもザ・プロセス自体の内部の現実を。教義によれば、人は誰しも神々の中の一柱の神に特に向かうのだという。後にこれに若干の修正が加えられ、人間はみな二つの神性を心理的に結合したものだという考えが示された。たとえば、メアリー・アンは女神のエホバとサタンを、ロバート・デ・グリムストンはルシファーとキリストを体現していた。イエスの伝統的なイメージに不気味なほど似ていたグリムストンの外見は周到に利用され、キリストのようなポーズをし、波打つブロンドの巻き毛が後光のように輝いて見える写真が使われた。

　この創設者の二人は早い段階から一般信者たちとは距離を置き、自分たちは別個のかなり豪華な住居に住むことが常であったのに対し、信者たちは貧困の淵をさまよっていた。二人が合衆国に移る頃には、プロセス教会の少数の幹部信者としか連絡を取り合っておらず、捉えどころのない神秘的な、霊界を支配する「オメガ」のような存在になっていた。グリムストンは教会の託宣者および予言者として前面に押し出され、その特徴的な半聖書的で弁証的な散文体で次々と聖典を書き記していたが、実権はメアリー・アンが握っていた。ある面では、ザ・プロセスの神学は、この夫婦間の大掛かりなセラピーセッションと神話的な権力争いとして捉えることができる。たとえば、厳格なメアリー・アンの厳しく権威主義的なエホバとのバランスを取るために、グリムストンは自由で楽しいこと好きなルシファーを取り入れた。神々はそれぞれに敬意を払われてはいたが、当初プロセス教会は主に、自制、規律、禁欲を強調するエホバの姿勢を示していた。だがある時から、グリムストンは「エホバのゲーム」をルシファーのそれと入れ替えることに成功し、教会メンバーが個人的な楽しみを持つことができる余地をもたらした。

　また、ザ・プロセスの零落の原因は、オメガ内部の二人の性格に起因する、隠れた神学論争にもあった。四神の体系はロバートの不倫により崩壊した。この不倫は最初はメアリー・アンの承認を得たもので、彼女の促しによるものですらあったが、途中でメアリー・アンの気が変わり、その後夫をオメガから追い出した。夫婦は一九七三年に離婚した。ロバート・デ・グリムストンの離脱に伴って、サタンとキリストは組織から正式に追い払われ、ルシファーはパンテオンから静かに降ろされた。ザ・プロセスの神官たちはベルと本と蠟燭を持って回り、サタンとキリストのネガティヴな霊を各チャプターハウスから追い出した。

　頑強なエホバだけが残された教会は〈至福千年いしず

え教会〈Foundation Church of the Millennium〉と名称を変え、信仰療法に注力する疑似ユダヤ的な信者組織となった。グリムストンはもとのザ・プロセスを復活させようと、反対派のプロセシアンたちと儚い試みをし、自分たちをいしずえ教会のエホバ団の対抗勢力となるルシファー主義教団として理解した。これらの試みはことごとく失敗し、そうしてザ・プロセスのサタニズムとの関係には完全な終止符が打たれた。一方、いしずえ教会のエホバはその真の指導者であるメアリー・アン・デ・グリムストンと同様、いっそう超越的で遠く離れたものとしての存在感を増していった。メアリー・アンはその存在自体が外部から隠され、側近たちからは暗黙のうちに女神として受け入れられていた。一九八〇年代に教会は最後の驚くべき変容を経て、〈ベスト・フレンズ・アニマル・ソサエティ〈Best Friends Animal Society〉〉となり、ユタに移転して多少知名度のある動物保護区を立ち上げた。現在では宗教色を一切排除した組織となっているが、メアリー・アンはベスト・フレンズの敷地内に住み続け、その後の彼女の人生は不明である。報告によると彼女は二〇〇六年に亡くなったという。

ナグロフスカ、グローシュ、スローン、ザ・プロセスの経緯は、ラヴェイがサタニズムを「明るみに出した」最初の例でも唯一の例でもないことを明確に示している。とはいえ、ラヴェイの主張には、わずかながら真実も含まれていた。というのも、これらの二〇世紀のラヴェイの先駆者たちはいずれもサタニズムの伝統を長続きさせることはできず、周縁的な土星同胞団を除いて、どの組織も最終的には跡形もなく消えていた。系譜の点では、今日の世界で知られているサタニスト集団はすべて、たとえラヴェイに対して否定的であったり、ほかのサタニズムの先駆者（真偽はともあれ）を重視したりしていても、ラヴェイの一九六六年のサタン教会から直接、あるいは間接的に派生したものである。

さらに、ラヴェイや彼のサークルが先人の影響を受けていた、あるいはその存在を知っていたことを指し示すものはない。ラヴェイはナグロフスカや土星同胞団についての言及を一切行っていないのだ。可能性としては、両組織が発行する資料や両組織について書かれた文献はどれも主にフランス語やドイツ語で書かれていたため、ラヴェイが単に彼らのことを聞いたことがなかった、ということではないかと考えられる。また、ラヴェイが一九六六年以前に無名の〈サタ－ナスのオフィス派教団〉

について知っていたことを示すものもない――一方、スローン氏はサタン教会設立後に教会の正式なメンバーとなった。

〈最後の審判のプロセス教会〉の場合、影響が逆の方向に働いていた可能性は高い。サタンとルシファーが、ザ・プロセスの神学にいつ登場したのかは、それほど明確ではない。しかし、一九六七年一二月に教団は、サンフランシスコのヘイト・アシュベリー地区の近くで一時的に活動を展開しており、その際に、ラヴェイのサタニストとしての活動にプロセシアンたちが出くわしていたことはほぼ間違いないと言えるだろう。また一九六七年一二月には、「世界の三神」に関する最初の記述が、グリムストンの『ザ・ヒエラルキー *The Hierarchy*』というエッセイに登場した。それから間もなくして、教団の本部がニューヨークに移転した後、プロセシアンたちは「メンデスの山羊」を表す徽章を身につけるようになった。これらの偶然は、ラヴェイからの影響を受けたことの決定的な証明となるものではなく、別個の似たような展開の結果だったのかもしれない。それでも、影響がラヴェイからの一方向であった可能性はほぼ確実である。というのも、サンフランシスコにいるこのサタニズムの教皇〔ラヴェイ〕が、エホバやキリストを崇拝する、来る終末の預言者たちの教団への共感を抱いた可能性は見込めないからである。

アレイスター・クロウリー、グレイト・ビースト666

新たに出現したラヴェイのサタニズムへの真に重要な影響について知りたいのであれば、これらのそれ以前のサタニストの活動はひとまず脇に置いて問題ない。その代わり、ある一人の歴史的人物が浮かび上がる。その人物はアレイスター・クロウリー（一八七五〜一九四七）というイングランドのオカルティストで、近現代の代替宗教の多く、とりわけネオペイガンあるいは「左道（Left Hand Path）」の集まりに極めて重要な影響を与えたことが分かっている。詩人、小説家、画家、冒険家、K2への最初の登山隊のリーダー、チェスの名人、古典学者、父親のビール醸造所によってもたらされた一家のわずかな財産の相続人であったクロウリーは、紆余曲折を経て、キリスト教に代わる新しい世界宗教であるセレマ、すなわち意志を確立しようとする試みに行き着いた。厳格なプリマス・ブレザレン派の家庭で、（彼の言葉を使うなら）「地獄の少年時代」を過ごしたことで、クロウリーは幼い頃から辛辣な反キリスト教の態度を身につけた。だが、そのことで「宗教的な事柄」への興味がなくなったわけではなかった。クロウリーはケンブリッジにいた頃、神智学とレヴィの魔術を組み合わせた要素に独自の発想を加えた〈黄金の夜明けヘルメス教団（Hermetic Order of Golden Dawn）〉（以下〈黄金の夜明け団〉と記す）と接触した。クロウリーは一八九八年一一月一八日に入団を許され、「最後まで耐え抜く」を意味するフラテル・ペルドゥラーボーという名を与えられた。クロウリーは下位の位階を次々と通過したが、団の首領（チーフ・クリエイティヴ・ジーニアス）であるサミュエル・リデル・マザーズと不満を持った団員の派閥との確執に巻き込まれた際に、突如として〈黄金の夜明け団〉の団員資格を失った。

しかし、クロウリーは団員の資格を失っても、マザーズから入手した儀式書を使って自分で位階の等級を上げていった。さらに、クロウリーは幻覚剤と性魔術を試し、最終的にはブラヴァツキーのように神秘の東洋に向かった。クロウリーはそこでK2に登頂する初の試みに乗り出し、ヨガや仏教に夢中になった。ヨーロッパに戻ると、〈黄金の夜明け団〉の元教導者だった人物と、極めて個人主義的な魔術結社A∴A∴、すなわち〈銀の星《アルジェンテウム・アストルム》〉を新しく設立した。この結社では、〈黄金の夜明け団〉の要素と、クロウリーがインドで取り入れてきた神秘的な技巧が結びつけられていた。また、一九一二年には、テオドール・ロイスというドイツのオカルティストから連絡を受けた。彼は〈東方聖堂騎士団（Ordo Templi Orientis）〉というネオ・フリーメイソンの小さなオカルト結社の設立者で、ひたすら大っぴらに性魔術に取り組んでいた。クロウリーは、「アイルランド、アイオナ、およびグノーシスの聖域内の全ブリトン」のためのこの騎士団おける「°X位階の最も神聖な至高王《スムム・レクス・サンクティシームス》」となり、一九二〇年代に騎士団全体の指揮を執ったが、団員の多くがこの奔放なイギリス人オカルティストを新しい「団の外なる首領」として受け入れることを拒否した。

とはいえ、クロウリーの霊的なキャリアにおいて最も重要な出来事は、おそらくそれより数年前の一九〇四年に、妻のローズとともに東洋から戻ってきた際に起こった。クロウリーはカイロで滞在していたホテルのスイートルームの一室を即席の魔術神殿に変え、儀式を行い続けた。クロウリーの記述によれば、儀式の最中に妻が、古代エジプトのホルス神がフラテル・ペルドゥラーボーを「待って」おり、「神々の春分が来た」、と奇妙なことを言い始めた。クロウリーは（妻の声を通じて）四月八日の正午に自室の神殿で、ホルス神の正式な召喚の後、セト神の使者であるアイワスに呼びかけられるのに備えておくようにとの指示を受けた。クロウリーが指示に従い、机に向かって万年筆を手に待機していると、正午きっかりに命令をしてくる声が聞こえ始めた。お告げは一時間ほど続き、その後の二日間、正午になるとアイワスが語り始め、その内容をクロウリーが書き留めた。クロウリーはそれを三章からなる聖書風の語調で書かれた指示と預言の書にまとめ、それを『法の書 *The Book of the Law*』と名づけた。

　とはいえ語り口が聖書的ではあっても、その内容は聖書とはかけ離れたものだった。『法の書』は性の自由を説き、「感覚に訴え歓喜をもたらすものすべてを楽しむ」よう人々に促し、古い宗教の時代は終わったのだと告げるものであった。あの世からの声が三日目にこう告げた。「私は秘密の四重の言葉の中にいる、世の人のすべての神々に対する冒瀆である。奴らを呪え！　呪え！　呪え！　この鷹の嘴《くちばし》で十字架にかけられたイエスの両目をついばむぞ。ムハンマドの顔に翼を打ちつけ盲目にしてやるぞ。この爪でインド人と仏教徒、ムガル人とディン人の肉を引き裂くのだ。バーラスティ！　オンペーダ！　汝の不節制極まりない宗教に唾を吐きかけるぞ」。人類の新時代の「言葉」は *θέλημα*〔テレーマ（セレマ）〕、あるいは〈意志〉であり、すなわち「汝の意志すること、それを法のすべてとせよ」という新たな黄金律である。これはダッシュウッドの聖フランシスの模擬騎士団の標語を変化させたもので、もともとはラブレーの『ガルガンチュワ物語 *Gargantua*』からの格言「汝の意志することをなせ」を訳したものだった。しかし、ラブレーやダッシュウッドにおいて意図されていたこの標語の解放的な意味合いは、クロウリーの宗教体系では失われていた。クロウリーの〈汝の意志すること〉が意味するのは、自らの真の意志に従うことであり、それはつまり自らに定められた目的を見出し、それを星として決められた軌道を追いかけることであった。このことは、たとえば、『法の書』における「汝には己の意志をなす以外に権利はない」という逆説的な言葉の説明になる。

　現在から見れば、カイロでのお告げはクロウリーの人生における転機となる出来事だった。しばらく躊躇したた後に、クロウリーは自らの〈真の意志〉は、この新しい福音の選ばれし使者になることだと気づいた。彼は西暦紀元一九〇四年に始まったホルスの時代に沿って時を数えるようになった。クロウリーが相続した財産はすべて旅と贅沢に費やされ、ヨーロッパ、アメリカ、北アフリカを放浪し始め、あらゆる宣伝の機会を使ってセレマを広めた。『法の書』の原理が社会の実行可能な指針を形成しうるものであることを証明するために、クロウリーはシチリアのチェファルにセレマ僧院という小さな宗教コミュニティを設立した。一九三〇年代に全体主義体制がヨーロッパを席巻すると、クロウリーはスターリンとヒトラーに接触しようと試みたが、これは両者にセレマをそれぞれの国の新しい国教として導入することに関心を抱かせようとしてのことだった。この取り組みは当然のことながら失敗に終わった。クロウリーが一九四七年に疲れ切った貧しい老人として亡くなった際には、世界中に散らばったわずかな弟子しか、その新たな宗教を信奉していなかった。「私にはわからない」というのが、予言者の記録された最期の言葉だった。

クロウリーは生前も死後も、悪魔崇拝をしているとして特に大衆紙やキリスト教的な偏見のある著述家たちからよく非難された。これらの疑惑には少しでも真実は含まれていたのだろうか、つまりクロウリーはサタニストだったのだろうか。この問いに対する答えはイエスでもありノーでもある。少なくとも彼の『告白 *Confessions*』における言葉を信じるなら、クロウリーがサタニストだった時期はたしかにあった。この「聖人伝風の自伝」の中でクロウリーは、父親が死ぬまでは自分が学校の生徒としていかに神聖な生活を送るよう心がけていたかを綴っている。その後、彼は神に背く反キリスト教的な非行に走ることに決め、聖書によると許され得ない、謎めいた「聖霊に対する罪」を必死になって犯そうとしたが、これは自分がどのみち、恩寵を授けられない運命にあるのだということを確かなものにするためだった。クロウリーはミルトンを読んで、ブレイク、ゴドウィン、シェリーなどの先人たちと同様のサタン論に至った。

キリスト教に対するクロウリーの激しい反感は、彼の魔術への興味にも火をつけた。彼が最初に手にした魔術に関する著作は、A・E・ウェイトが編纂した一般向けの要約本『黒魔術および契約の書 *The Book of Black Magic and Pacts*』だったが、その内容にクロウリーはひどくがっかりした。理由は、彼自身の言葉によれば、その古い魔術指南書の作者たちが「心では誠実なキリスト教徒だが、霊に対しては劣ったキリスト教徒」であり、「ミルトンやユイスマンスが讃美したサタンの概念を持ち合わせていない」ことが明白だったからだという。〈黄金の夜明け団〉にいた頃に、クロウリーが魔術研究に本格的に乗り出した際、彼は自宅に神殿の部屋を二部屋造り、一方は白魔術を行う部屋、もう一方は黒魔術を行う部屋とし、後者には人間の頭蓋骨と逆立ちをした黒人の像で支えられた祭壇が備えられていた。

この点でさらに注目すべきは、クロウリーが頻繁に、聖書に登場する「向こう側」の「グレイト・ビースト」に〈同一化〉していることだ。この「グレイト・ビースト」は仔羊に敵対し、ヨハネの黙示録のアンチキリストに先立つ存在である。クロウリーの回想によれば、信仰心の篤い母親から「ビースト」と幼い頃から呼ばれていたという。クロウリーはこの呼び名をペンネームとして使い、後年に「ト・メガセリオン666」（グレイト・ビースト666）や、「マスター・セリオン」（マスター・ビースト）、もしくは単に「ビースト」、「666」などと署名する習慣があった。ほとんど病的に等しい反キリスト教的な態度は、生涯を通じてクロウリーの思想の顕著な特徴であり続けた。一九一〇年にクロウリーはキリスト教に対し、『世界の悲劇 *The World's Tragedy*』という叙事詩の中でシェリー的な激しい批判を行った。タイトルにある悲劇とは言うまでもなくキリスト教信仰であり、とりわけそのプロテスタント諸派のことを指していた。クロウリーはこの詩作品の序文で、次のように述べている。「彼らがキリスト教と呼ぶその宗教、彼らが尊ぶ悪魔を彼らは神と呼ぶ。私は彼らの定義を受け入れる。というのも、同時代の人々に理解されるには、詩人はそうせざるをえないからだ。私が憎み破壊するのは彼らの神と宗教である」。クロウリーは一九一六年になっても、ニューハンプシャー州ブリストル近郊にあるコテージで「魔術的隠遁生活」を行っていた際に、「「死にゆく神」を追い払うための魔術」を行わざるをえないことに気づいた。クロウリーはヒキガエルに「奴隷神イエス」として洗礼を施し、自分（クロウリー）がキリスト教によって受けた苦悩を捕虜に厳粛に突きつけた後、そのかわいそうな生き物を磔刑を模倣した儀式で磔にした。

この激しい反キリスト教的な態度を踏まえると、ちょっとしたサタニズムなどクロウリーにとっては造作もないことだろうと思うかもしれない。しかし、マッシモ・イントロヴィニエをはじめとする多くの研究者が主張するように、また筆者自身の考えにおいても、クロウリーをサタニストと位置づけるのは適切ではない。グレイト・ビーストの人生に関するこれまでの短い記述においても、クロウリーがホルス神やアイワスをはじめ、まったく別の神々も頻繁に召喚していたことは明らかである（とはいえ、神智学ではサタンの原型として考えられている神であるセト神の使者であり顕現であるアイワスの位置づけは難しくはあり、クロウリー自身もアイワスを一度「わが主なる神たる悪魔」と呼んだこともあった）。さらに、あらゆる種類の魔術を調べていたにもかかわらず、クロウリーが自らをレヴィ的な言葉の意味における「白魔術師」――善や利他的な目的のために魔術の力を利用する魔術師――と見做していたことは確かであり、彼の記述には、ペラダン、ガイタ、パピュスの記述にもあるような「黒魔術集団」と対決する描写が見られたりもする。

たしかにクロウリーの膨大な量の著作をめくっても、サタニストの要素が顕著であるとはまったく言えない。その代わりに、多面的で、一見すると矛盾して見えることもある宗教思想体系が示されており、それをある研究者〔エギル・アスプレム〕は「計画的習合」と適切に称した。ほとんどすべての「神智学的啓蒙」の古典的なテーマといくつかの新しいテーマを網羅する中で、クロウリーの著作で主に取り上げられているのは、すなわち、西洋のエソテリシズムの魔術やカバラのレヴィ的な伝統、ヒンドゥー教や仏教に対する神智学的関心（道教にも少し関わった）、宗教の永遠の本質に関する一八世紀の諸理論（太陽あるいは生殖力の崇拝）、少なくともモーツァルトの時代まで遡るエジプト神話への強い関心、古の神々に対するネオペイガンのノスタルジア、ロマン主義と個人崇拝、近代的決定論とニーチェ哲学などであり、そしてフロイトとコカインへのちょっとした言及も含まれていた――サタニストと呼ばれうるいくつかの要素が問題にならなくなるような壮大な内容をまとめた著作となっている。この体系をサタニズムと見做すのは、それを仏教あるいはユダヤ教神秘主義と呼ぶのと同じようなものであろう。

ビーストに見られるサタニストの要素は、本書でもこれまでに度々出てきた一九世紀の諸観念を主に反映したものである。『魔術 *Magick*〔手品（magic）と区別するために「k」をつけた綴りとなっている〕』の脚注ではサタンは生命、愛、自由を表す偉大なる導き手として描写され、それと同様の考えが、クロウリーの有名な「ルシファーへの讃歌 Hymn to Lucifer」や、あまり知られていない「サタンへの讃歌 Hymn to Satan」の中でもよく見られる。クロウリーが悪魔についてより体系的に論じるのは、ほとんどがタロットやカバラに端を発するレヴィの再解釈の文脈においてである。クロウリーはすでに初期の魔術に関する著書の一つでレヴィのカバラ主義を拡大および体系化させ、カバラのシンボリズムを、魔術の幻影を解釈・検証し、新たな儀式を考案し、世界の最も重要な神話体系において示された永遠の真理を理解するための鍵とした。この体系においてタロットの悪魔は、したがって、古代エジプトの神セト、ヒンドゥー教の神リンガとヨーニ、人間の生殖系、象徴的な動物である山羊、古の神プリアポスとパンに対応している。けれども、このかなり簡単な図式は複雑である。というのも、ギリシアの神パンはカバラの無限《アイン・ソフ》、すなわちすべてを超越し、言葉では言い表せない、一であると同時に無でもある原初の神の原理とも同一視されるからである。クロウリーにとって、この一なるものからの世界の流出は万物の起源であると同時に、万物はこの原初の一なるものとの再結合を願うものであった。このように、世界《コスモス》は一なるものと多数なるものとのあいだで常に流動している――「創造――分娩は一なるものの至福であり、結合――分解は多数なるものの至福である」。明らかにここでも、「万物の神」でもあるサタン／バフォメットとともに、レヴィの大きな影がぼんやりと現れる。しかし、レヴィとは対照的に、クロウリーは、至高の神の原理をユダヤ＝キリスト教の神とはまったく結びつけることなく、パン神だけを同一視していた。

　クロウリーの最も「サタニスト的な」言葉の背景をなすのは、悪魔とパン神とのこの複雑な同一視である。タロットの解説書『トートの書 *The Book of Thoth*』の中でクロウリーは、悪魔のカードは「キリスト教の暗黒の時代においては」完全に誤解されてはいたが、レヴィは「少なくとも……カードに描かれた山羊をパン神と同一視することには成功した」と記している。クロウリーによれば、これがまさに悪魔のカードの真髄であり、その章の残りの箇所で悪魔は、「その最も物質的な形における創造的エネルギー」、「パン・パンゲネター」、すなわち全父親」、「その最も男性的な部分における男性的なエネルギー」などさまざまな呼ばれ方をしている。タロットの悪魔は究極の全体性の具現となる。すなわち「このカードの公式は、存在するすべてのものを完全に理解することである。彼は荒れた不毛なものも、穏やかな肥沃なものと同様に喜ぶ。万物が等しく彼を高揚させる。彼はどんなに本性的に忌まわしいものであっても、あらゆる現象に恍惚を見出すことを体現し、彼はあらゆる限界を超越し、彼はパンであり、彼は全である」。

ビースト〔クロウリー〕はかなり率直に、セト神とサトゥルヌス神は別として、この神の別の名はサタンであると述べている。クロウリー自身も指摘するように、この同一化はすでに『魔術』の「第四の書 Book Four」でなされていた。この書は、レヴィの『高等魔術の教理と祭儀』に寄せた文体で書かれており、魔術について理論的に暴露した内容となっている。クロウリーのサタンはしかしながら、悪とは何の関係もない。この大雑把な関連づけは、もともとの「S」の神々が南（the South）、つまり中東の暑さと干ばつという否定的な含みがある方角と結びつけられていたことに由来する。「しかし、天文学上の事実を知っているわれわれにすれば、南に対するこうした反感は、精霊崇拝をしていた先祖たちがその土地特有の条件による災害から連想した愚かな迷信である」とクロウリーは続ける。より一般的には、善悪というものは「二元性に基づく多元的な象徴性の中で人の考えを表すための恣意的な装置であり」、「人間の理想と本能の観点から定義されなければならない。それゆえわれわれは「悪魔崇拝」――音の法則や発話と聴覚に関する現象によって、自由な息であるAにより発音される〈ShT〉や〈D〉に基づく名を持つ「神々」の一団とつながりを持つことを強いられるような悪魔崇拝――を復活させることに、何のためらいもない。というのも、これらの名前が意味するのは、勇気、率直さ、エネルギー、自尊心、力、勝利という資質であり、またこれらの名前は創造的で父性的な意志が表れている言葉だからである」。

この「悪魔」とは「人の前に現れた際に、人をアイギパン神、すなわち全にする神」、つまり人を原初の一なるものと再び結びつける「結合――分解」という忘我の力でもあるとクロウリーは続ける。この一なるものは魔術的加入儀礼の究極の目的である。クロウリーはこの高められた段階（あるいは、少なくともその一歩手前の段階である「イプシッシムス」、すなわち神）に到達したのは、彼の時代では自分だけであると考えていたため、その後に続く記述は、グレイト・ビーストのさりげない自己アピールともなっている。

このように、彼は人間から作られた高尚で熱心な神である。彼は意識的に自らの最大限の水準に達し、そのため世界を救う旅にいつでも出られる状態である。だが、彼はこの真の姿では現れないかもしれない。パン神の姿は人々を恐怖で狂わせるからである。彼はその元の姿の中に、身を隠さねばならない。

彼はそのため、最初彼がそうであった人間となっているようである。彼は人間の人生を送っている。彼はまさに完全な人間なのである。しかし、自らの加入儀礼によって彼は事象のマスターとなった。自分の身に何が起ころうとも、それはこの真の意志を実行に移すことなのだとする理解を彼に与えることによって。

論理的な結論を導き出すとすれば、これらの言葉からは、クロウリーの思想の究極の原理はサタンであり、クロウリー自身が地上におけるサタンの生きた化身であることが窺える。けれども、このような解釈の曲芸では、クロウリーの思想の真意や習合を十分に捉えたことにはならない。その長い生涯の中で、グレイト・ビーストは一度もサタンを自らの宗教の中心的存在としては示さなかった。お気に入りの神がいたとすれば、おそらくパン神であろう。クロウリーはレヴィに倣ってパン神を悪魔とサバトの山羊と同一視した。しかし問題の核心は、パン神の正体が悪魔だったことではなく、悪魔の正体がパン神だったことである。そして、パン神の名前すらも、ある概念の一つの歴史的宗教的伝統に由来するものにすぎず、その概念は、ほかの歴史的宗教的伝統に由来するほかの名前によって同じように表すこともできたのである。同様に、クロウリーは『魔術』において、サタンは「サトゥルヌス神、セト神、アブラクサス神、アダド神、アドニス、アッティス、アダム、アドナイなど」でもあると書いた。クロウリーの思想の中心に秘密の崇拝対象である唯一の神というものは存在せず、むしろ、彼の思想はあらゆる神々に関する真の解釈を示し、最終的には神々を支配し人々が自らの運命を築く方法を説いていた。

クロウリー自身をサタニストと見做すことはできないとしても、彼は二〇世紀になってようやく形成されることとなる宗教的サタニズムに大きな影響を与えた人物であることがわかる。アングロ゠サクソンの世界では少なくとも、クロウリーは自らを平然と「サタン的なもの」と〈同一化〉した、おそらくただ一人の有名な宗教家だった。ラヴェイが自らの教会を設立する前に着手したというサタニスト集団を探求する不毛な試みの中でグレイト・ビーストに遭遇したのは当然の成り行きだった。クロウリーは合衆国を頻繁に訪れたが、とりわけ東方聖堂騎士団のカリフォルニア支部で彼が活発に活動していた形跡が残されていた。この支部の導き手はジャック・パーソンズというロケット燃料の科学者で、アメリカの宇宙計画に対する功績を称えられ、月のクレーターの一つには彼の名前がつけられている。おそらくクロウリーの最も有望な弟子だったパーソンズは、魔術名としてベラリオン・アルミルス・アル・ダジャル・アンチクライストを名乗り、自分は人類を「ビースト666の法の支配」へと導くよう運命づけられた、この名を持つ黙示録的人物の現れであると主張した。パーソンズは性魔術にも熱心に取り組み、いっときは興味深いことにL・ロン・ハバード（後のサイエントロジーの創設者）という若者を巻き込んで行っていた。この若者は最終的に、パーソンズの性魔術のパートナーだった女性とパーソンズの多額の資金とともに逃亡した。

ラヴェイは、この派手な人物について知っていた。ラヴェイ公認の伝記によれば、彼は一九四〇年代末にパーソンズと連絡を取り、クロウリーの大量の著作――『神々の春秋分点 *Equinox of the Gods*』『涙のない魔術 *Magick without Tears*』『ムーンチャイルド *Moonchild*』『麻薬常用者の日記 *Diary of a Drug fiend*』『歌の剣 *Sword of Song*』『タンホイザー *Tannhäuser*』『嘘の書 *The Book of Lies*』『野人のためのヨガ *Yoga for Yahoos*』『法の書』――を注文したという。ラヴェイは一九五一年にバークレーにある東方聖堂騎士団のロッジを訪れたが、その回想を信じるなら、彼は「バークレーの集まりが、一なるものの霊的涅槃に到達するために、東洋哲学、東洋の言語、星、瞑想の研究を重視する、神秘志向のカード占い師の一団」であることを知り、失望して帰ったという。シモンズによるかなり敵対的なクロウリーの伝記の第一版が一九五二年に出版されると、ラヴェイはグレイト・ビーストについて「麻薬常用者の気取り屋で、その最大の功績は詩人と登山家としてのものだった」と切り捨てた。

しかし、セレマ信奉者について「どちらかと言えば無害である」として片づけたラヴェイの発言には裏があった。というのも、同じ一九五二年にパーソンズは自身の研究室で爆死したのだが、噂では自己性愛的な魔術実験の最中のことであった。実際に、ラヴェイがクロウリーを素っ気なくはねつけたのは、どう見ても自らの本来の霊的な起源を隠したがる者の態度ゆえだった。『サタンの聖書』においてラヴェイはクロウリーのことを「この上ない気取り屋」と記してはいたが、彼の宗教哲学については、一九六六年より前のサタニズムに「最も近い表立った兆候」の一つとして見做し、そこの箇所の注では東方聖堂騎士団について「本書の説明にある原理のいくつかを実践している」とも記していた。実際の歴史的なつながりは、もちろん逆である。ラヴェイは、クロウリーが説いた原理の一部を実践していたのである。ラヴェイのサタニズムとクロウリーのセレマ信仰には重要な違いがあるが、双方の類似点は明白である。これらの異同について詳しくは後述するが、簡単な例を挙げれば、「地獄の総督」というラヴェイの肩書きはおそらくクロウリーの例を大いに参考にしたものだろう。たとえば、ラヴェイのスキンヘッドは――ラヴェイ自身は中世の絞首刑執行人を模し、架空のものと思われるヤジーディーの儀式に倣ったと述べているが――、グレイト・ビーストが、アイワスへの献身のしるしとして、同じくスキンヘッド（時折パン神の男根のような角を記念して、髪の毛を一、二房残していたこともあったが）にしていたことに、少なからず影響されたものであるに違いない。

　クロウリーはまた、彼が撒いた霊的な種から生じたもう一つの宗教的潮流であるウィッカ、あるいはネオペイガンの魔術《ウィッチクラフト》を通じて、より間接的に宗教的サタニズムの出現に寄与した。クロウリーの系譜はここでヨーロッパの対抗文化のほかのいくつかの要素と交差または再交差したが、その中で最も重要なのはおそらくミシュレに端を発するヨーロッパの魔女の復興であろう。これまでも見てきたように、ミシュレとレヴィは両者ともかなり漠然と、ヨーロッパの田舎で人々が立ち入らないところに原初の魔女集団の生き残りがいまだにいるかもしれないことを示唆し、そして前述のとおり、このことは一八八九年にすでに『アラディア、あるいは魔女の福音』を出版したアメリカ人のリーランドによって取り上げられていた。自然を愛する女性的な魔女集団に関するミシュレの説は、戦間期にイングランドのエジプト学者マーガレット・マレーによって取り入れられ、元の説がそれと分からないほど綿密な内容に仕上げられた。ミシュレに言及さえすることなく、マレーは考古学的発見に関する疑わしい解釈に基づいて、女神とその男性配偶者である

「有角神」を崇拝するヨーロッパの豊饒儀礼の歴史的な存在を前提とした。マレーはまた、この儀礼はキリスト教が出現してからもずっと密かに存在し続けたとも主張し、ミシュレと同様、いくつかの「古の宗教」が現存している可能性を示した。一九四〇年代には、これら「いくつか」あるうちの一つが、ジェラルド・ガードナーが主導する「伝統的な」魔女のイングランドでの「集会《カヴン》」として、正式に再び表舞台に登場した。イギリスで魔術《ウィッチクラフト》に対する法的な禁止が撤廃されてから、ガードナーは一九五四年に自らの新しい古の宗教の知名度を上げようとして、宣伝のための完璧な手段として、魔術に関する自著の序文に「専門家」のマレーに推薦文を書いてもらえるよう手はずを整えた。これが今日ではウィッカとして知られる宗教運動の始まりであり、一部にはこれを、西洋世界において最も急速に拡大しているネオペイガンの宗教とする論者もいる。

　古の宗教の儀式や教義がどのようなものであったかに関する具体的な情報は当然かなりわずかしかなかったため、ガードナーはその隙間を埋めるためにクロウリーの思想を調べた。実のところ、ガードナーは東方聖堂騎士団のメンバーだった時期があり、クロウリーを個人的に知っていたため、暗黙のうちに彼から自身の挑戦を進めていくよう刺激を受けていたのかもしれない。これはそれほどおかしなことではない。というのも、クロウリーは自然に対しロマン派的な態度を示していたからである。実際、クロウリーはよく森の散歩中に空気の精を見かけ、ビルマのジャングルでは一度女性の木の精霊と交わったことがあると述べていた（「活力にあふれ、激しく、情熱的で純粋な女性であり、人間の女性でも稀なのだが、私の記憶の中に何年経ってもとどまっているほどすばらしい女性だった」）。さらに重要なことに、「生殖力」と男女の二元性の崇拝は、クロウリーの宗教体系の基本的な特徴のうちの二つであり、太古の豊饒儀礼で使う材料をもたらした。大まかに言えば、ガードナーは、マレーらによって付与された偽の歴史的外観に覆われたクロウリーの思想を身に纏い、そのほかの資料から得た発想やガードナー自身の好み――古き良きイングランドの鞭打ちなどもかなり含まれているようだ――に合った要素を付け加えたのだった。

　ラヴェイが自らの新たな宗教を設立した時点では、急拡大していたネオペイガンの魔術《ウィッチクラフト》のサブカルチャーが、大西洋を挟む両大陸ですでに頭をもたげ始めていた。だが、復活した魔術《ウィッチクラフト》の実践者と、黒の教皇〔ラヴェイ〕の一団との関係はかなり険悪だった。ラヴェイは『サタンの聖書』の中ですでに、「善」の魔術を行うふりをした「ネオペイガン、似非キリスト教徒……白魔術集団」が固守する「罪の意識にさいなまれた哲学」を批判している。後にラヴェイは「白魔術師たち」について、自身が発行する会報『悪魔のひづめ《クローヴン・フーフ》 *Cloven Hoof*』に掲載した記事の中で、「悪魔のゲームを行い、悪魔の道具を使っている」にもかかわらず、「悪魔の偉大な地獄の名前」を否定しているとして非難した。キリスト教は少なくともそれ自体には一貫性がある、とラヴェイは主張する。「だが、悪魔のゲームに興じながらも、正義で身を覆い隠す者たちは、烙印や火箸の傷痕に耐え、自らの死を見据えて呪いをそっと唱えながら死んでいった者たちの名を汚している」。ラヴェイは一九七二年に『サタンの儀式』でこのテーマを再び扱い、鋭い歴史的洞察とともに、「安全魔術《ウィッチクラフト》学派」の信奉者たちは、キリスト教会が何世紀にもわたって「黒」魔術に対する否定的な態度を示す中で行ってきたゲームと同じことをしていると指摘した。さらに悪いことに、「『サタニズムではなく、魔術《ウィッチクラフト》！』主義の信奉者たちはキリスト教会からの解放を主張しているにもかかわらず、キリスト教徒のお仲間たちと同様に、他者を侮辱することで自分たちを高めようとする心理的欲求を抱いている」。

　一方、ウィッカ信奉者はサタニズムとのつながりを否定するのに苦労していた。この数十年間、彼らは自分たちの新宗教の「社会的地位」を得ることに力を注いでいた。悪魔崇拝という不吉なイメージはこの戦略にはなじまなかったのだ。その上、初期のウィッカは、「白い」魔女の善良な魔術に敵対する黒魔術と悪魔崇拝者の地下組織について、独自の伝承を主張していた。ガードナ、黒魔術の実践者と「霊的次元で」戦ったと述べ、また、ウィッカ信奉者の中でも異端的なイギリス人のチャールズ・ペイス（一九一九〜？）ですら、最初こそ「マスター・サタニスト」だったが、そこから善の側に乗り換えたのだと述べていた。ここでのウィッカは、レヴィの「高等魔術」の伝統と完全に一致しており、前述したペラダン、ガイタ、そしてクロウリーにも、これと同様の主張や実践が見られる。

　ラヴェイが取り入れた意図的な不吉なイメージは、こうした態度とは合わなかった。そのため、ほとんどのウィッカ信奉者はラヴェイのことを、自分たちの評判に傷をつけるペテン師か、もしくは純粋に黒魔術に入れ込んでいる人物として捉える傾向にあった。さらに、一部のネオペイガンたちはラヴェイによる批判をそのまま真似て、サタン教会がキリスト教的すぎるとして非難した。結局のところ、サタンはユダヤ＝キリスト教伝統の創造であり、したがって根本的にはキリスト教の神なのだからという理由で。

　歴史学者の観点からすると、このオカルト陣営内部の確執を正しく把握するためにいくつか述べることができるだろう。この論争のウィッカ側を検討してみると、アレイスター・クロウリーよりもずっと前に、ウィッカと現代サタニズムに共通するルーツがあることをより明確に指摘できるかもしれない。歴史的には、マレーが論じる魔術《ウィッチクラフト》の二元的な神と女神はそのようなものとして存在したことはない。それら二神を生じさせた文献資料をたどっていくと、ウィッカの有角神の最も重要な歴史的原型の一つは、パン神のような一九世紀の対抗文化の復権したサタンにほかならなかった。このように多くの点で、ネオペイガンの魔術《ウィッチクラフト》とラヴェイのサタニズムは、ロマン派サタニズム、一九世紀のエソテリシズム、クロウリー思想という同じ系譜から伸びてきた二本の枝であった。さらに、ネオペイガンの魔術《ウィッチクラフト》の初期の代表者の中には、「サタン的なもの」に対してはるかに開放的な態度を示す者もいた。たとえば、オーストラリア人の魔術《ウィッチクラフト》の先駆者ロザリーン・ノートン（一九一七〜一九七九）は、パン神だけでなくヘカテ神、リリス、ルシファーのことも崇拝し、それらを人間を自我の限界に晒すトリックスター的な神として表した。

　サタン教会に関しては、ラヴェイの組織が、ネオペイガンの魔術《ウィッチクラフト》が主導していた一九六〇年代のオカルト復興で大いに得をしたことは明白である。結局のところ、ウィッカはそれが含意する魔女と魔術《ウィッチクラフト》の綿密な再定義にかかわらず、一九六〇年代を通して、伝統的なラベリングの「向こう側」との大っぴらな〈同一化〉を示した、最も重要な宗教運動だった。（後述するように、ラヴェイのサタニズムは世間体を気にして、常に尊大な態度を取っていたわけではなかった。）ラヴェイが独自の「黒魔術」のブランドを確立する上で、このことが彼にどの程度影響を及ぼしたかについては推測の域を出ない。たとえば「魔女たちの王」としてガードナーの後継者を自称するアレックス・サンダースの儀式はその多くが写真に収められているが、写真に写っている儀式の様子と、ラヴェイによる視覚的な演出の設定には明らかな類似点がある。また、サンダースの方ではヌードの女性が登場すること が多く、山羊の頭や人間の頭蓋骨も時折使われた。それがどのようなものであれ、ラヴェイが一般受けを狙って魔術《ウィッチクラフト》で人々を「引っかけ」ようとしていたのは明白であり、教会の中心メンバーを「魔女」や「魔術師」と呼んだり、『サタン的魔女 *The Satanic Witch*』という、妖婦の低俗な、あるいはことによると究極の魔術について書かれた、やや陳腐な手引書を出版したりなどした。

もう一つの伝統——ラベリング

サタンやサタニズムに関する昔の観念がラヴェイに伝わったのは、クロウリーの思想とウィッカを通してだけではなかった。少なくとも本書が解明したようなラベリングという「長年の」伝統は、サタニズムを形成する上では極めて重要だった。悪魔崇拝という古くからあるラベリングのイメージは、時代を経るごとに膨らんでゆき、ラヴェイのような人々はそこから自分たちの新たなアイデンティティを構成する上での主な着想を得ていた。ユイスマンスとタクシルはそれぞれ、サタニストを表すある種のステレオタイプ——不吉、冒瀆的、性的倒錯者、反社会的、陰謀論——を、前者は確立させ後者はそれを利用したが、以来、そうしたステレオタイプはそのまま引き継がれていた。そして、このイメージは中世に展開した宗教的他者に対するステレオタイプのヴァリエーションにすぎなかった。ユイスマンスの文体を模した(その信憑性も同程度の)秘密のサタニスト集団への訪問譚は、二〇世紀全体を通じて新聞記事やノンフィクションの大衆小説に登場し続けた。これらの訪問譚はたいてい同じような展開をたどった。詮索好きな語り手が、所定の時間に高級車に乗せられて秘密の場所へと連れて行かれ、そこで必ずと言っていいほど性的な狂宴で山場を迎える中世を模した冒瀆的な儀式を目撃するのである。語り手が嫌悪感を抱いて逃げ出したり信者たちと関係を絶ったりすると、超自然的な嫌がらせや霊的な脅しに苦しめられたりする。こうしたいわゆる冒険譚の典型例としてはアメリカの評論家ウィリアム・シーブルックによるものをはじめ、多くの事例が挙げられる。サタニストたちと実際に遭遇したこれらの話に加え、「オカルトの専門家」(自称である場合がほとんど)の本で、サタニストの潜伏組織に関するより一般的な神話が広まっていった。

どちらのタイプの話も事実に基づく描写であるという体を取ってはいるが、フィクションとエンターテイメントの世界に容易に溶け込んでしまいがちである。これまで見てきたように、サタニストの神話は一九世紀末にすでに商業的に摂取されており、この流れは二〇世紀も続いた。ホラー小説、コミック本、映画をはじめとする大衆文化によってサタニストのイメージは広められ利用された。実際に、二〇世紀にはサタニストのラベリングのイメージを発信する出版物などの情報源が大量にあった。そうした情報源の軌跡を詳細にたどることはほとんど不可能であり、そのため一部の研究者は「現代の伝説」あるいは「現代の神話」とまで述べている。同様に、ラヴェイと彼のサークルが悪魔に関する、ほとんど余すところなく広まった原型を見出したその具体的な道筋をたどることも不可能である。とはいえ、サタニズムの古典的なステレオタイプが二〇世紀の文化に浸透していったさまざまな経路を描写するため、ここでは、このプロセスにおいて間違いなく重要な役割を果たした二人の著述家に注目することとする。その二人の著述家とは、モンタギュー・サマーズ「師」（一八八〇〜一九四八）とイングランドのスリラー小説作家デニス・ウィートリー（一八九七〜一九七七）である。

モンタギュー・サマーズは明らかに、イングランド人が「奇人」と呼ぶようなタイプの人物だった。ケンブリッジで王政復古時代の演劇の講師をしていたサマーズは、ヨーロッパ大陸の旅行から戻ったある日、祭服を纏い、ローマ・カトリックの司祭となったことを主張した。サマーズが実際に司祭になったのかどうか、そしてどのようになったのかという疑問については彼の伝記作家もいまだに解明できていないが、いずれにせよ聖職者としての肩書きによって、彼はどうやら「霊」に関するテーマについて書く筆を執る資格を得たように感じたようだ。テーマには不吉なことや猟奇的なものといったサマーズの好みが明確に示されている。サマーズは、キーガン・ポール出版社のC・K・オグデンの勧めで吸血鬼、狼人間、「黒魔術」、「魔術《ウィッチクラフト》」などのテーマに関する半通俗的な専門書を何冊か執筆した。一九二六年に『魔術《ウィッチクラフト》と黒魔術の歴史 *History of Witchcraft and Black Magic*』、一九二七年に『魔術《ウィッチクラフト》の地理学 *The Geography of Witchcraft*』、一九三七年には続編の『魔術《ウィッチクラフト》の通俗史 *A Popular History of Witchcraft*』、一九四六年には『魔術《ウィッチクラフト》と黒魔術

Witchcraft and Black Magic』が出版された。

これらの著作においてサマーズが示した態度は、当時の人々の感覚にはまったくそぐわないものだった。サマーズは超自然的なものの実在性を強く確信していることを主張し、さらに魔術《ウィッチクラフト》と魔法は客観的に見て本物の現象であるばかりでなく、キリスト教社会におけるこの「危険な儀式」に対する強い抑圧は極めて正当なものだと続けた。「あらゆる魔法、あらゆる魔術《ウィッチクラフト》、それらは悪魔に依存し、根本的に悪である」。サマーズの本は全体的に、昔の悪魔学者からの種々雑多な引用、最近の新聞記事、歴史的根拠は曖昧な噂によって構成されているが、その本全体を通して、これまでの本書の各章でラベリングの被害者として出てきたほぼすべての歴史上の集団が、「サタニスト」という呼称でひと括りにされて描かれる。ヴァントラに影響を与えたアジャンでの出来事がこうして再び登場するが、そこに出てくる固有名はすべて「匿名化」されている。（「早くも一八一八年には……ロット・エ・ガロンヌ県で活発に活動するサタニストのグループが存在し、一八四三年には、その約二五年のあいだに彼らが三三二〇以上もの聖体を冒瀆し損壊させていたことが判明した」。）またタクシルがそれとなく省いていたボルゲーゼ宮殿のルシファー主義者たちの礼拝堂に関する描写も、さらに一般化されて登場した。（「さらに近年では、一〇年ほど前に同様のことが起こっていたが、悪魔崇拝のために準備されたもう一つの礼拝堂がローマで偶然発見されてから大きなスキャンダルが巻き起こり、この悪魔の教団の根城はすみやかに鎮圧された」。）

また、サマーズにとって、このサタニズムの地下組織は過去のものではなかった。「黒ミサは秘密裏にロンドンやブライトンで——おそらくほかの多くの都市でも——行われている」とサマーズは『魔術《ウィッチクラフト》の地理学』に記している。『魔術《ウィッチクラフト》と黒魔術』では、この「ほかの多くの都市」についても明記され、悪魔崇拝者は「ロンドン、ブライトンとバーミンガム、オクスフォードとケンブリッジ、エディンバラとグラスゴーなどをはじめ、イギリス諸島の百以上もの都市で」活動しているとされた。これはヨーロッパを政治的混乱と破壊に陥れようとする巨大な悪魔の陰謀のイギリスでの現れにすぎなかった。「フランス革命は何年も前から綿密に計画され、入念に準備されていたことが証明されうるのだ」とサマーズは主張する。「この大変動全体は、その大枠や事件だけでなく、その細部にわたる一つひとつがサタニストによって操られ計画されたものだった。このことはロビンソン教授やバリュエル神父をはじめ、多くの手堅い歴史家による証言によって確実に示すことができる。以来、同じ悪の勢力がほかの革命を計画、実行し、それは世界全体を混沌と対立の中に巻き込むまでくり返された。サマーズが「ほかの革命」として示していたのは主に、ロシアにおけるボリシェヴィキによる支配や、ドイツ、ハンガリー、メキシコ、スペインにおける共産主義者やアナーキストによる企てのことである。サマーズはほかに、実際の「人間の姿をした悪霊」は、「赤く荒れ狂う大衆の中に」紛れ込み、扇動された群衆をさらに煽って憤慨させていたとさえ述べている。このサタニストによる大変動の流れに抵抗するため、サマーズは多くの言葉を使って魔術《ウイッチクラフト》とオカルトの迫害を再開させることを提案した。サマーズは「イングランドは魔術《ウイッチクラフト》に対する法律を撤廃してしまった」と結論に記している。「神の法を撤廃することはできない。汝ら、女呪術師を生かしておくなかれ」。

　サマーズがどのくらい真剣に述べていたかはわからない。確実に言えるのは、彼はローマ・カトリック教会の強硬派にしてはおかしな点がいくつかあったということだ。聖職者になる前のサマーズはちょっとしたデカダン派であり、流行の服装、フランスの詩歌、あまり知られていない性愛文学を特に好んだ。このような以前のモンタギュー・サマーズの片鱗は、サタニズムの「放蕩」をくり返し強調するなど、地獄の責め苦を説く説教者となったサマーズの本の中に時折見出される。サマーズが一七世紀のマドレーヌ・バヴァンによる回想録を翻訳すると、彼の出版社はイギリス当局の検閲の対象となり、そして、マルキ・ド・サドの「猥褻な文章」や「忌まわしい描写」に言及する際には、必ず注にその作品に関する愛書家としての詳細な忠告を記すようになった。また、そのような関心は本の中だけでのことではなかった。サマーズは聖職者になる前も、なった後も同性愛の関係を持ち、少年愛をテーマにした詩の本を出版した。彼が私淑していたのは有名なデカダン派の詩人オスカー・ワイルドであり、学生時代には、ワイルド風のダンディな不明瞭な言葉遣いを真似て、父親を苛立たせた。同性愛者であることをほぼ公にしていたことはさておき、ワイルドもまた晩年にカトリックに回心していたことは注目に値するだろう。ローマ・カトリック教徒になるというのは、少なくともイングランド国教会のイングランドでは明らかに、極めてデカダン派的な行動であった。サマーズが一九一三年に聖職者となった時も、彼はデカダン派の空想に浸っていただけだったのかもしれない。

サマーズが範としていたことが明らかなもう一人の人物はJ＝K・ユイスマンスだった。サマーズについての評論（そもそもその数が少ないのは確かだが）の中では、ワイルドほどには注目されていないが。サマーズは何年ものあいだ、フランスのユイスマンス研究会の数少ない外国人メンバーの一人だった。さらにサタニズムに関するサマーズの作品は、その語調や実際の内容が『彼方』と著しく似通っており、その中では二度にわたってユイスマンスの「陰鬱なロマンス」は「細部まで真実」であると述べられている。サマーズの著書には、ユイスマンスも記録していた詳細な描写の多くが反復され展開されており、たとえば、聖体泥棒がサタニスト組織の存在を証明する確かな証拠として描かれている。

サマーズによるユイスマンスの模倣は、執筆物だけにとどまらなかったのかもしれない。すでに見てきたとおり、このフランス人著述家もデカダン派の作家として道を歩み始めたのであり、彼がサタニズムに対しもともと抱いていた興味も完全に反感に基づくものではなかったのかもしれない。この点でもサマーズはユイスマンスに倣ったと思われ、さらに数歩先まで踏み込んでいった可能性さえあった。サマーズの元性的パートナーだった人物の一人が書誌編纂者のティモシー・ダーク・スミスに打ち明けたところによると、彼ともう一人の若者が一九一八年に参加したサマーズの「プライベートな」黒ミサは、ローマ・カトリックのミサを卑しめたものであり、同性愛的な行為が所々にちりばめられていたという。もしこれが事実なら、サマーズは実際に行われた黒ミサの最初の事例をもたらしてくれていることになる。サマーズが冒瀆的な儀式に関する最初の着想をどこから得てきたかは容易に想像できる。多くの人々と同様、サマーズもおそらく『彼方』におけるユイスマンスの記述を彼の自伝として解釈したのである。

これらの内容が本当なら、サマーズが司祭になった最初の動機が何だったのかについて、もう一度考えてみてもよいかもしれない。『彼方』によれば、本物の黒ミサを執り行うことができるのは司祭だった。ユイスマンスとサマーズとの顕著な類似は、後者が数年後に突然辛辣な反オカルトの著述家に転向したことを解き明かす上で、また別の光を投じることになる。ティモシー・ダーク・

スミスは、これは冒瀆を「重ねた」ことによるサマーズの「ある種の心理的な反動」が引き起こしたものなのではないかと推測する。その可能性は十分にある。だがここでも、サマーズはまた別の好きな作家を模倣して行動しているように見える。

ここで論じるもう一人の作家デニス・ウィートリーもまた、J＝K・ユイスマンスからかなりの影響を受けていた。これはウィートリーの著書の中でサタニズムをテーマとした最初のものに特に顕著だった。その最初の著書は、典型的なポットボイラー、すなわち金儲けのために書かれた粗悪な怪奇小説で、『悪魔の席巻 *The Devil Rides Out*』というタイトルで一九三四年に出版された。主な登場人物の一人はフランスの王党派の公爵ド・リシュローで、『彼方』のデュルタルが出入りしていた保守派の陰謀団からそのまま出てきたような人物であり、さらにサタニストの悪役はモカタと呼ばれる「元修道士」で、ユイスマンスのドークルを思わせる奇妙な人物である。よく読んでいくと、より些末ないくつかの点においてもユイスマンスの要素を明白に見て取ることができる。たとえば、精神病院にいる半数の人々は実は悪魔に取り憑かれ、「見えるはずのない恐ろしいものが見えてしまう」ことによって苦しんでいるという記述や、ホスチアを餌とする白ネズミの話で、「彼ら［サタニストたち］が自分たちのために教会からホスチアを人々に盗ませる」などといった内容である。『彼方』を書いた時のユイスマンスがそうであったように、ウィートリーは小説の内容に真実が含まれているかもしれないと読者に思わせ続けるよう配慮していた。彼はあとがきで、「黒魔術であれ白魔術であれ、魔術と関連がある儀式に個人的に参加」したことは一度もない、と入念に否定していた。それでも、この本は十分な調査に基づいたものであるとウィートリーは述べ、調査結果は「魔術の本物の実践者」によって裏づけられ、「黒魔術がロンドンやほかの都市で現代においても、いまだに行われていることの十分な証拠を見つけた」とした。「もし読者の誰かがこのテーマについて真剣に学びたいと思い、力を持った男性または女性と接触するなら、いかなる秘術であれ、それに引き込まれてしまわないよう読者に強く呼びかけることが当然であると私は考えている。私は私自身の所見に基づき、秘術に近づく人は、実在する確実な危険に陥るだろうとの絶対的な確信を抱いたのである」。

『悪魔の席巻』において、これらの「実在する確実な危険」には、荒れ地でサバトを行うサタニストの集会（裸の踊りや不協和音を奏でる音楽、「人間の精神が想像しうる限りのありとあらゆる倒錯を伴う不潔極まりない狂宴」）、「メンデスの山羊」の実際の出現（最終的には小説の勇敢なヒーローたちに車で突撃される）、そして不気味で催眠的な力を持ち、子どもを虐待する邪悪な魔術師モカタなどが含まれる。このジャンルのウィートリーの次の小説『悪魔に娘を *To the Devil a Daughter*』（一九五三）では、無垢の少女が悪魔崇拝者の集団の手にかかり儀式で処女を奪われるところから救い出される。一九六〇年には『サタニスト *The Satanist*』が出版され、そこでは、キリスト教世界を滅ぼし、サタンの支配を確立させるために世界的な核戦争を起こそうと画策する悪魔のロケット科学者が描かれている。

　ウィートリーが助言を求めたとする「魔術の本物の実践者」について少し触れておこう。これは完全なほら話ではなかった。ウィートリーは、サタニズムの謎を解き明かすのを助けてくれそうな人物を数名、実際に探し出していたのだ。その中でまず挙げられるのは、ほかでもないアレイスター・クロウリーだった。ウィートリーはグレイト・ビースト６６６と長々と話し込み、そのことを受けて一部には、ウィートリーが東方聖堂騎士団に準団員として入団まで許されていたのかもしれないと述べる者もいた。『悪魔の席巻』に登場する大いなるサタニストの修道士モカタは、一部クロウリーをモデルとしており、ウィートリーは自らの小説の随所でクロウリーの基本的な思想の多くはサタニズム由来だとした。具体的には、クロウリーの位階の体系、〈汝の意志することをなせ〉という格言、サタニズムの適切な名称としての「左道結社」などである。しかしながら、ウィートリーは憚ることなくクロウリーの教えから完全なでたらめをでっち上げ、法の言葉をその最も下卑た意味において解釈し、ビーストに関する過激な噂を出版して広めた。たとえば、クロウリーがパン神の召喚に失敗し、「マクアレイスター〔アレイスターの息子の意〕」というビーストの「霊的な息子」を失った際に、一時的に精神病院に入れられたなどといった完全な作り話を吹聴した。

　ウィートリーはクロウリーのほかに、「黒魔術の専門家」モンタギュー・サマーズにも助言を求めた。サマーズの田舎のコテージで週末を過ごしたウィートリーと彼の妻は、この怪しげな神父に明確な違和感を覚えた。まず二人は、自分たちの寝室の天井を動き回る大量のクモに危機感を募らせた。その後、ウィートリーの妻は庭で老いた巨大なヒキガエルと出くわしたが、サマーズは即座にそれが彼の古い友人の生まれ変わりであると言い出した。気まずい雰囲気となったのは、サマーズが自ら所蔵する古書の一冊をウィートリーに法外な値段で売りつけようとして失敗してからだった。普段は穏やかな表情の神父が、ウィートリーによれば、「突如として明らかに悪魔のような表情に豹変し」、そのため彼は慌てて口実を作り、妻とロンドンに戻る手はずを整えたという。ウィートリーは、サマーズを『悪魔に娘を』に出てくる主要な悪役でサタニストのボスである修道士コプリー・サイルのモデルとすることで、彼のもてなしに報いた。（興味深いことに、サマーズもまたクロウリーとお互いの関心領域について連絡を取り合っていた——本書がたどっている影響の痕跡は、二〇世紀において交差に交差を重ね、ほどくことのできない糸の結び目となる。二人は意外にも意気投合したと思われ、一九二九年七月五日に夕食を共にした後、ビーストは日記に「ここ数十年で最も愉快な晩であった」と書き留めていた。一方、サマーズが本の中でクロウリーのことをそれほど親切には扱っていなかったのは言うまでもない。名前は伏せられていたが確実にクロウリーのことを指して書かれた文章には、彼がホルス神の信者のふりをした本格的なサタニストであると描写されている。サマーズは回想録の中でこのセレマの予言者のことを「四分の一が魔術師、四分の三がペテン師」と呼び、彼が書いた内容の大半は「間違いなく計画された悪」だとした。しかしまた、サマーズはグレイト・ビーストが時折「天才の片鱗」を覗かせていたことも認めていた。）

サマーズがウィートリーを震え上がらせたとはいえ、両者のサタニズムに対する態度はよく似ていることが窺える。サマーズと同様、ウィートリーのサタニストは邪悪な陰謀の枠組みの中に位置づけられている。ウィートリーは帝国、王室、階級を支持する側の模範的なイギリス人だったが、彼の小説に登場する秘密の策士としてのサタニストは、サタンの悪政を確立することにのめり込んでいた。小説に登場する物知りの主人公は、次のように説明する。「それを自分たちの目標として、彼らは戦争、階級間憎悪、ストライキ、飢餓を助長し、倒錯、道徳の緩み、ドラッグ摂取を煽るためにできることは何でもする。世界から良き支配者や誠実な政治家の命を奪った多くの政治的暗殺の背後に彼らがいたことを信じるに足る十分な根拠があり、そして当然の帰結として、今や共産主義が彼らの最も強力な武器となっているのである」。『サタニスト』においては、雄羊同胞団が性的な脅迫、労働者の扇動、出版業界などを使い同様の陰謀を企む。サタニストでロケット燃料の科学者ローター・クーンは、小説の中の主要な悪魔的存在であり、以前はナチで後に共産主義者となったが、実はそれすらも彼の真のイデオロギーの隠れ蓑でしかなく、その真のイデオロギーというのはおそらくサタニズム的アナーキズムとして最もよく表すことができる――サタニズム的アナーキズムは核兵器を用いるが、それ以外の点では、ユイスマンスとタクシルがそれぞれのサタニストに帰していたアナーキズムと基本的には同じものである。

ウィートリーにとってこれらの考えが単なる小説の仕掛け以上のものであったのは明らかだ。実際、ウィートリーの私生活と仕事におけるフィクションとノンフィクションの境界は、しばしば曖昧になっていた。『悪魔の席巻』を出版したことで、ウィートリーはオカルトの専門家としての評判を得（彼の「あとがき」がその要因となったのは間違いない）、出版後、キーガン・ポール社はウィートリーに「黒魔術」に関するノンフィクション本を編纂するよう求めた。ウィートリーはそれを断り、代わりに（同じくらい怪しげな）ロロ・アーメドというエジプトのユダヤ人で「白魔術師」の専門家を取り上げることを提案した。だが結局、その約四〇年後にウィートリーは依頼に応じ、『悪魔とその所業のすべて *The Devil and All His Works*』（一九七一）というノンフィクションの人気作品を著した。この本は筋書きがないこと以外はウィートリーのフィクション本と同じで、読み進めていくともっぱら彼が最初に断ったことの賢明さが窺える。しかしそれはまた、ウィートリー自身は彼がフィクションと見せかけて述べ伝えていた事柄の多くを実は現実に起こったこととして捉えていること――あるいは少なくとも、読者がそうした印象を抱くことに異存がないこと――も明らかにしている。フランス革命とロシア革命がサタンの仕業であると示唆し、近代の魔術《ウィッチクラフト》とサタニズムに関する、特に短く誤情報に基づいた節の後で、ウィートリーは「右道」を進むよう読者に強く訴えて本を締め括った。彼はこの忠告を、脱植民地運動、全体主義、社会主義の台頭を痛烈に批判する一般的な保守派の政治的声明と混ぜ合わせた。近代の魔術《ウィッチクラフト》とサタニズムはこの文明の崩壊におけるさらなる動因であり、なぜなら、それらは人々にドラッグの摂取を積極的に促し、「悪の焦点」として作用したからだとウィートリーは主張する。ウィートリーは次のように述べる。「文明人であれば一七世紀に起こったような魔女狩りをしようなどとは考えもつかないだろう。しかし、今や麻薬常用者、アナーキスト、無法状態の主な温床となっているこうした悪と闘うためには、新たな法律を導入するべきであると強く考えている」。

だが、サマーズとウィートリーを同一と位置づけるのは性急であろう。サマーズの自意識的な超カトリックの態度と、ウィートリーのより一般的な保守主義との大きな違いは明白だった。すぐに目につく重要な違いは、ウィートリーの代替宗教（スピリチュアリティ）への強い関心である。サマーズが伝統的なカトリックの態度で、これらのスピリチュアルな文化を隠れた悪魔崇拝として軽視した一方、ウィートリーの小説はより多様な光と闇の要素の広がりを示していた。たとえば『悪魔の席巻』では、ローマ・カトリックの悪魔祓いの装具が邪悪な力に対する強力なお守りの役割を果たしている。しかしそれらの装具は、ネオ・カバラ主義の魔術や神智学の神学の要素と完全に無頓着に結びつけられ、さらに、どうしたらそれらが力を持つのかについてのウィートリーの説明は、カトリックの正統派の考えからはほど遠かった。（小説の主人公の一人は十字架を高く掲げながらこう述べる。「これは私を守ってくれることだろう、なぜなら私はそうなると信じているから」。）小説の山場において、土壇場に現れ窮地を救うデウス・エクス・マーキナーは、天使や聖者ではなく、瞑想をしていた「秘密の谷」から（およびH・P・ブラヴァツキーの文章から）直接召喚される「数多の命を経て完成に近づきかけている光の主」である。やはりこれにはウィートリーの実生活における信念が正確に反映されており、キリスト教の名残りや、輪廻、カルマ、賢明な隠れた大師（マスター）といった神智学の教義を混ぜ合わせていると思われる。より広範な歴史的枠組みの中で捉えると、ウィートリーの「黒」魔術と「白」魔術に対する態度は、エリファス・レヴィ、レヴィ以前のフランスのネオ・カバラ主義者、そして彼より後のニューエイジとオカルト信奉者が示す態度と似ている。

ウィートリーがサマーズと異なるもう一つの点は、本書でこれまで「西洋革命」と呼んできたものの価値観に対しウィートリーが示すかなり肯定的な姿勢である。ウィートリーはたしかに保守派と呼ぶことができるかもしれない。彼は法、階級、秩序、伝統を重んじ、軽い人種差別をしたり、「超近代的音楽」（『サタニスト』ではサタニズムに批判的に結びつけられている）に対して老人の愚痴をこぼしたりすることもあった。とはいえ、前章で論じたカトリックの反動主義者たちとは対照的に、ウィートリーは個人的・市民的自由を尊重していた。そのほとんどは、間違いなくウィートリーがイギリス人であるという単純な事実に起因するものであり、本人にしてみればおそらく、自由の大義を擁護する中で、マグナ・カルタまで遡るイングランドの伝統をただ継承している感覚だったのだろう。ウィートリーが認識したこの自由の大義に対する主な脅威は、共産主義が支持する平等主義的な全体主義であり、社会主義の一見穏健な姿勢は、その「中間点」にすぎなかった。ウィートリーが真剣に懸念し、確信していたことは、彼が住んでいた土地に隠されていた骨つぼから発見された「後世への手紙 letter to posterity」に示されている。この古風な文書の中でウィートリーは、自分の死後にイギリスで社会主義または共産主義の独裁政権が確立した場合はゲリラ戦を仕掛けるよう後世の人々に訴えた。手紙には次のように記されていた。「人はみな、平等ではない。一部の者はほかの者たちよりはるかに優れた想像力と能力を持っている。その者たちには、自分たちより才能に恵まれない者たちを導き守る責任があり、それが彼らの務めであり権利なのである」。それでもなおこの平等という「誤った有害な教義」が広まってしまった場合（ウィートリーは明らかにそうなるだろうと考えていたが）、このイギリス人の愛国者にできることは一つしかなかった。「それゆえ、もしこの文書が発見される時にイギリス人が国家というシステムに縛り付けられていたら、私は後世の人々に謀反を起こすよう伝える。……あなた方の命ではなく、あなた方の自由が重要である。したがって、必要とあらば、生き、働き、愛する権利のために闘え、どんな手段を使おうとも、どこにいようとも。必要とあらば、権利のために死にゆけ」。

　人気作家であったサマーズとウィートリーは、何世紀にも及ぶラベリングのステレオタイプが、二〇世紀後半に広く普及していったプロセスにおける二つの明確な足掛かりを示している。これは、ラヴェイが彼の摂取の冒険的な試みに利用する比喩的表現、儀式、歴史的関連づけの大きな宝庫となった。実際、このサタンの大祭司

〔ラヴェイ〕はサマーズとウィートリーの著作に直接慣れ親しんでいた。ラヴェイと彼のサタン教会は、サタンの時代を宣言するほんの六年前に出版されたウィートリーの『サタニスト』で描かれていた組織を意識的に再現しようとしていたとさえ言われている。ウィートリーが描くサタニストとアントン・ラヴェイが創ったサタン教会とのあいだには、たしかに興味深い類似点がある。そのうちの一部は些細なものかもしれないが、たとえば、ウィートリーのサタニストが集ったのは予想外の覗き穴や通路や廊下がたくさんあるジョージ王朝様式の古い屋敷であり、ラヴェイのブラックハウスにも、ラヴェイが作ったと思われる秘密の通路など諸々の幽霊屋敷の仕掛けがあった。また別の部分ではより深い類似点がある。悪人のローター・クーンが物語の終盤でサタンの新時代の幕開けを告げるくだりでは、ラヴェイの同様の宣言が自ずと思い出され、また、ウィートリーがクーンに「キリスト教の異端」を非難させた手法（これによって「何世代にもわたって無意味な自制が人間社会に課され」、「人が生まれながらにして持つ権利である人生の喜びが否定されてきた」）も、ラヴェイが『サタンの聖書』に記した内容と酷似している。さらに、ラヴェイは後述するように間違いなく裏で画策する強力な陰謀者としてのサタニストという考えにかなり魅了されていた。

ロマン派サタニズムの遺産

もちろん、ラヴェイのサタン教会に関する発想がウィートリーのスリラー小説の単なる模倣であるとする見方は適切ではない。「地獄の総督」〔ラヴェイ〕はサタン教会を設立する上で、かなり幅広いさまざまな資料を参考にしていた可能性があり、実際にそうしていたことは明らかである。ウィートリーとラヴェイがそれぞれのサタニズムを設定する上で、同じ歴史上の情報源を参照し、同じイメージの貯蔵庫を参考にしていた可能性もある。両者の本質的な違いは明らかに、ウィートリーがサタニズムを（極悪の）他者にラベリングしたのに対し、ラヴェイはサタニズムと〈同一化〉したことにある。第3章で述べたように、近代史におけるこのラベリングから〈同一化〉への変化を最初にもたらした人々は、ロマン派サタニストだった。筆者はまた、従来はサタンやサタニズムにあてがわれていたラベリングを彼らが肯定的に反転させたことで、現代の宗教的サタニズムの輪郭ができあがり、そして宗教／霊性に対するロマン派の態度は、現代の宗教的サタニズムが出現する上で不可欠なものだったと論じた。これらの推測は、ラヴェイのサタニズムをより詳しく見ていけば証明されるのだろうか。本節ではこれをテーマとし、次節でも重要な論点の一つとして取り上げる。

　現代の宗教的サタニズムに現れた一九世紀の遺産の最も明確な特徴が、ロマン派サタニストが提唱した「サタン的」属性に関する三つの要素からなる再評価であることは間違いない。ラヴェイの著作や発言においては、性愛・学知・自由の三重奏が顕著に示されている。『サタンの聖書』では、興味の尽きない性愛に関するテーマに多くの頁が割かれ、実際、最も長い章の一つは「サタンの性愛」に当てられている。ラヴェイは『ウォール・ストリート・ジャーナル』紙に対し、信者は単に「否定と偽善という抑圧的な要素との関係を絶つことを望む快楽好きの人々」だと説明している。性革命が高まりつつある中、サタンの大祭司は「逸脱および／または倒錯した」性行動を声高に擁護した。「サタニズムはあらゆるタイプの性行動を容認し、あなた方一人ひとりの欲望を十分に満足させる――異性愛、同性愛、両性愛、あるいは無性愛であっても、それがあなた方の望みであるなら――。また、サタニズムは望まない者を巻き込まない限り、あなたの性生活を高めるどんなフェティッシュや逸脱も認める」。

　また、一九世紀に見られたこのテーマの肉欲／本性への幅広い適用は、サタン教会の資料にも窺える。ラヴェイは次のように述べる。「サタンは人間の自然な本能を妨げ、非難する宗教すべてに敵対する。サタンが悪の役割を与えられたのは、単に彼が人生の肉欲的、世俗的、現世的な面を象徴するからである」。人間を肉欲的存在と認めることは、サタニズム教義の不可欠な要素となっている。このことは『サタンの聖書』で明示的にも暗示的にも何度か示され、たとえば、七つの大罪を身体的、精神的、感情的な喜びの先触れとするラヴェイの創造的な反転などにも表れている。『サタンの聖書』の序章でラヴェイはこう述べる。「肉欲が広まり、その名において聖別された偉大な教会が築かれるだろう」。ラヴェイ的なサタニズムには、（カルドゥッチ、レヴィ、クロウリーが示したような）ある種パン神的なすべてを包含する大地の神として拡大解釈されたサタン像の影響もいくらか見出される。詳細は後述するが、ラヴェイは漠然とした一節の中で自身の神について、「自然界におけるバランス力」であり「世界に浸透しそのバランスを保つ強力な力」と記した。ラヴェイはクロウリーを批判しつつも、グレイト・ビーストの有名な「パン神への讃歌 Hymn to Pan」を絶賛した。

ラヴェイのサタニズムに関する資料全体において、学、すなわち知の探求は、サタンの属性としてそれほど目立ってはいない。たしかにラヴェイの宗教体系には強力な合理主義が浸透している。けれども、歴史的に見れば、この要素がラヴェイの新たな宗教にとって必ずしも異質なものではない理由は今なら理解できても、ラヴェイがこの点に関してサタンに関する特定の伝統を反映しているかどうかについては疑問が残る。カルドゥッチによるサタンへの讃歌をラヴェイが称賛していたことは確かである。しかし、「合理的な」宗教を築こうとするラヴェイの試みは、一九世紀、あるいはそれ以前の啓蒙思想の合理的な反宗教的な批評にまで遡る、より一般的な西洋の代替宗教の伝統の中に位置づけることができる。ラヴェイのサタニズムのこの側面に関しては、次の節でより詳しく論じることとする。

とはいえ、一九世紀におけるサタンと学知とのつながりのわずかな残響が、ラヴェイの本には見出される。「ルシファーの書 Book of Lucifer」（『サタンの聖書』第二部）の序文で、ルシファーは「啓蒙思想の化身」と呼ばれ、「精神の解放」と「真理」をもたらし、「偽りの価値観」と「ごまかし」の正体を暴く存在とされる。また、ラヴェイは『サタンの儀式』において研究者たちに彼らの「研究や実験の先人たち」が被った悪魔の烙印を忘れてはならないと訴え、彼らがサタニストの伝統の中にいることを認めるよう訴えた。ラヴェイが「最もサタン的な活動」と称した創造である「人間の人工的な仲間」〔ラブドール〕への彼のこだわりの中に、このテーマに関する糸が善意とともにかすかに見え隠れする。「過去の寒さと飢えの経験から、人は土地を耕し、製粉機を動かす働き手となる子孫を残す」。サタンの大祭司は『サタンの儀式』の終章で考えを巡らした。「寒さは収まり飢えも終わるが、そうなると生まれてくる子どもの数は減る。魔術師が蒔いた種から地上に芽吹いた副産物が、過去には人間の子孫が負っていた役割を担うからである。神人の存在は最も愚かな者の目にも明らかであり、彼らは神人の創造性の奇跡を目にすることになるのである」。

しかし、ロマン派サタニストに始まる一九世紀の反伝統におけるように、『サタンの聖書』に見られるサタニストのアイデンティティの本質は自由と要約できる。ラヴェイにとってはもっぱら個人の自由を意味していた自由は、近現代サタニズムのほとんどの教義に通底する重要な要素である。たとえば、ラヴェイの性の論じ方において、それは不可欠な要素である。ラヴェイによれば、「健康的」な人が「そうすべき」であるように、人は性を経験するために宗教に起因する罪悪感から自らを「解放」することを第一に求めるべきではない。むしろ、人は一人の人間として好きなように自由に性的満足を見出せばよいのであって、他人に自分の好みをどれだけ異常と思われようと関係ないのである。ラヴェイによれば、この点においてラヴェイ自身は、一九六〇年代の対抗文化の過激なグループが行っていた集団フリーセックスによる中途半端に自発的な「解放」に反発し、また、聖職者に代わり、許容されうる性行動の新しい「科学的な」基準を確立した精神医学にも疑義を唱えた。

個人の自由は、ラヴェイのほとんどの哲学の裏に隠された前提である。しかし、ラヴェイがサタン教会を設立した状況は、ロマン派サタニストや彼らの一九世紀の継承者たちが「サタン的」な自由の大義を広めていた状況とは大きく異なっていた。専制的な君主や公式に強制される宗教は西洋ではほとんど消滅していたのである。本書で取り上げた、何らかの形でサタンと自身を同一化していた一九世紀の人物の多くは、実刑判決、国外追放、検閲、親権の喪失といった自らの立場がもたらす個人的な問題に直面したか、あるいは懸念を抱いた。ラヴェイがサタン教会を設立した場所と時代においては、これらは過去のことのように思われた。ラヴェイがこうした社会的不利益を被ることなく、アメリカ人の大多数が信奉する神とは正反対の神に祈りを捧げるサタン教会を容易に作り出すことができたという事実は、信教の自由などの西洋革命の価値観が、一九六〇年代までにどれだけ西洋に根を張っていたかを証明している。そのため、ラヴェイがほかの問題を緊急の課題として扱っていたことは、それほど不合理ではなかったのかもしれない。一九世紀の対抗文化の一部にとっての自由の天使としてのサタンは、慣習や「群れ」（つまり人類の大多数）の気まぐれに注意を払わない、真に個人的で社会規範に従わないでいる権利と必要性を説くラヴェイの絶え間ない主張にその姿を最も顕著に現している。地域社会に強制された慣習への服従というラヴェイ自身の一九四〇年代と一九五〇年代の経験が、このこととおそらく関係しているのだろう。ラヴェイは約二〇年後、サタンの意味についてこのように述べている。「サタンとは、ユダヤ＝キリスト教が人々の内面の個性と誇りの力を表すのに用いる名前であり、……その名前が何であれ、自由思想と合理的な選択肢を擁護する存在である」。

まさにこれらの要素が現代の宗教的サタニズムで再現されているのは偶然とは思えない。とはいえ、このことからはロマン派サタニズムとサタン教会とともに出現した現代サタニズムとの正確な歴史的関連についてはまだよくわからない。ロマン派の一部による詩的なサタニズムは、一体どのようにしてカリフォルニアのサタン教会に行き着いたのだろうか。言うまでもなく、この関連は直接的なインスピレーションや模倣として理解されるべきものではない。アントン・ラヴェイはバイロンの『カイン』やシェリーの詩集を読んで、サタンを崇拝する組織を立ち上げることにしたわけではなかった。黒の教皇〔ラヴェイ〕が、少なくとも表面的にでも「サタンの」作品について把握していないというのはとてもありえそうにないが、ブレイクもシェリーもバイロンも彼の著作には登場せず、これはミルトン、ボードレール、ユイスマンスなど「サタン支持派」とはいえない作家たちとは対照的である。

しかし、ラヴェイや彼の仲間がブレイクらの作品を読んでいたかどうかは定かでなくとも、ロマン派サタニストの影響がラヴェイに及んでいなかったわけではない。これまでも見てきたように、サタンの復権は一九世紀末にかけて広く行き渡った主題《トポス》となり、そのまま二〇世紀に伝わった。二〇世紀におけるサタンの復権は、従来のサタニストのラベリングイメージの伝統とはある種反対の伝統であり、従来のラベリングイメージほどの普遍的な広がりはないにしても、それに匹敵するくらいの存在感を作家やオカルティストをはじめとする幅広い領域で発揮したと言えよう。ロマン派サタニズムの一定の考えがカリフォルニアに伝わったであろう具体的な道筋を探しているのであれば、オカルトの伝承や文学が特に頭に浮かぶ。レヴィもクロウリーもロマン派サタニズムの前提をくり返して再現し、そしてラヴェイが彼らの作品に精通していたことは明らかだった。

しかし、筆者の見方では、昔のロマン派サタニズムと今日の宗教的サタニズムとの関係を説明する上では、それを特定の出版物によって伝えられた、直接的または間接的な影響によるものとするだけでは不十分である。むしろ、ロマン派サタニストたちはサタンの摂取や復権の文化的連鎖のプロセスを開始し、そこから多様かつ相互につながった一連の段階を経て、最終的には宗教的サタニズムが誕生したというのが筆者の考えである。これらの中間段階の一つは、ミシュレとクロウリーを通したネオペイガンの魔術《ウィッチクラフト》の創造であり、また別の段階には、レヴィ、ブラヴァツキー、（再び）クロウリーらによってオカルトに浸透していったサタンに関するロマン派の観念があり、さらにまた別の段階では、否定的な鏡像ではあるが、ユイスマンス、ウィートリーなどの作家にロマン派サタニズムの考えが組み込まれ、それが再びラヴェイたちによって肯定的に摂取され反転された。結局のところ、この疑問に対する答えは本書で示す物語であると言えるのである。

また、宗教的サタニズムについて、ついに明確な宗教の形となったロマン派サタニズムをそのまま再現したものとする見方はあまりに短絡的であろう。反キリスト教の言説は、アントン・ラヴェイとヴィクトル・ユゴーを隔てた世紀に新たな形へと展開し、ラヴェイのサタニズムはその影響を十分に受けていた。ダーウィンの進化論は、キリスト教の創世神話の信憑性をさらに失わせ、人間中心的な支配的な世界観を揺るがした。フロイトは、主にリビドーに突き動かされる有機体としての人間に関する執拗な分析と、父親的存在の投影としての宗教に関する仮面はがしを続けた。しかし、近現代サタニズムに最も絶大な影響を与えた思想家は、「ハンマーを持った哲学者」フリードリヒ・ニーチェ（一八四四〜一九〇〇）だった。キリスト教の神の死を告げた人物として有名なニーチェは、そのキリスト教および「疑似キリスト教的」観念論哲学に対する激しい批判によって死後に悪評を博し、近現代サタニズムの展開に不可欠な足掛かりとなった。

ニーチェ哲学の重要な特徴は、ニーチェがキリスト教道徳を脱構築した極端な方法にある。啓蒙思想や一九世紀初期の宗教批判者は、キリスト教の抑圧的で自己矛盾的な側面は攻撃したが、キリスト教倫理における「善」と「悪」に関する基本的前提に疑問を投げかけることはなかった。このように、ロマン派サタニストはキリスト教道徳のいくつかの面（たとえば性に関する事柄など）は非難したものの、その全般的枠組みに対して疑念を呈することはなかった。ある意味では、ロマン派サタニストは、キリスト教の公言された倫理を単にキリスト教の神そのものに当てはめただけであり、その結果、民族全体の虐殺を命じ、諸国王の残虐性は見逃す残酷な暴君である神を神にふさわしくないと見做した。同様に彼らは、ほとんどキリストのように美徳を体現することもあるサタンを受け入れ、称賛し、生み出した。フランスの歴史学者が適切に言い表したように、彼らによる悪魔の描写は要するに「サタンの列聖」とも言うべきものだった。

ニーチェはそれよりさらに踏み込み、「善悪という古い妄想」そのものを対象とした。このドイツ人哲学者にとって道徳は相対的なものであり、それを作り出した者たちの視点に依存したものであり、さらに言えば、すべての道徳は突き詰めると権力の道具だった。とりわけ、ニーチェは二つの道徳を区別していた。すなわち奴隷道徳（Sklavenmoral）と君主道徳（Herrenmoral）である。前者は「弱者」にとって不可欠な価値を示し、たとえば、無防備であったり脆弱であったりする者たちに対する思いやりの価値や、地上での自らの惨めな存在は輝かしい来世で補われ、自制や禁欲は高潔であるとする信仰などをいう。ニーチェによれば、強者はこれらの価値や信仰を必要としない。彼らは生きることに伴う苦闘も含めて、存在することをただ楽しみ、現世を超えた補償を必要とすることなく、そのままの現実に向き合うことができる。

キリスト教が示すものは、たしかに奴隷道徳の極みであった。それはキリスト教の価値体系を徐々に押し付けていくことでヨーロッパを支配することに成功した弱者の革命とも言えるかもしれない。厳密には、これらの価値体系はどちらも「善」でもなければ「悪」でもなかった。「奴隷道徳」が単に弱者と不適合者の「集団」にとって自然で最も適した道徳の戦略であるのに対し、「君主道徳」は強者にとって自然な道徳となるものであった。しかし、ニーチェがどちらの価値体系を好んでいたかは明白である。それは強者、つまり支配者の価値体系であり、そのもとで、人間は最も健全で崇高で喜びに満ちた姿をとり自分を主張することができた。ギリシア・ローマ文明に輝きをもたらしたのは、こうしたキリスト教以前の価値体系である。ニーチェはこう記す。「善とは何か？　――権力の感情を、権力への意志を、人間のうちにある権力そのものを高めるすべてのもの。／悪とは何か？　――弱さに由来するいっさいのもの」［『偶像の黄昏／アンチクリスト』西尾幹二訳、白水社、一九九一］。

ニーチェは自らを迫りくる強者の反革命運動の予言者と見做しており、彼の任務は「すべての価値の価値転換(Umwertung aller Werte)」を声高に叫ぶことだった。この革命が差し迫っていることを示す兆しはあった。神は死んだ、とニーチェは言った。この言葉の意味するところは、キリスト教の神はすでに近代のほとんどのヨーロッパ人たちから社会にリアルに影響を及ぼす存在の象徴としては忘れ去られていたということであり、すなわち、神はただ、カント哲学の「道徳法則」としての哲学的概念におけるかすかな亡霊として、また教会の自己利益のための空虚なカモフラージュとして存在し続けていたにすぎない。「ハンマーを持った哲学者」は同胞のヨーロッパ人たちを厳しく非難し、このようなすでに中身の失われた信仰の偽善的な残存物にしがみつくのではなく、新しい道徳を受け入れるよう訴えた。そうすれば、新たな優れた人類が進化し、ニーチェが「超人」と呼ぶ、道徳的に解放され精神的に勇猛な人類が現れるだろうとした。

ニーチェは自分自身の考えを、そのほとんどを自費で出版した一連の著書で発表するが、――その中で最も重要な作品として、『ツァラトゥストラはかく語りき *Also sprach Zarathustra*』(一八八三~一八八五)、『善悪の彼岸 *Jenseits von Gute und Böse*』(一八八六)、『道徳の系譜 *Zur Genealogie der Moral*』(一八八七)などがある――、晩年には精神錯乱に陥り、一九世紀末の最後の一〇年間を昏迷状態のまま過ごすことになる。ニーチェが最後に仕上げた原稿はいみじくも『アンチクリスト *Der Antichrist*』だった。この著作は「キリスト教に反抗する律法」で締め括られ、その中でニーチェは「反自然」を促進する役割を担うキリスト教による「悪徳」への「決戦」を宣言した。「性生活のいかなる侮蔑もまた、「不潔」という概念による性生活のいかなる不潔化も、生の聖なる精神に反抗する本来の罪である」。ニーチェは七つの命題からなる文の中でこのように力説し、おそらくこれを複製し、小冊子にして配布するつもりでいた。要するに、このドイツ人哲学者は、聖職者をすべて追放し、「キリスト教が怪蛇バジリスク〔アフリカの砂漠に住み、人を睨み殺すという伝説上の蛇〕の卵を孵化せし呪うべき地」をすべて跡形もなく完全に破壊することを提案した。この律法は「アンチクリスト」と署名され、日付は「救済の日に、第一年の最初の日に(――偽りの日付では一八八八年九月三〇日に)交付」と記されていた。

ニーチェが狂気の淵に追い込まれていく中、彼の名声は高まっていった。ニーチェの考えは社会進化論と関係していくようになった。社会進化論はダーウィンの理論を人間社会にしばしばかなり大まかに当てはめたものとして特徴づけられ、一九世紀の進化論の庶子ともいうべき考え方である。最も単純化すると、「出来そこない」は社会から根絶されるであろうし、そうなるべきであるという主張である。そのため、その原理はとどまるところを知らない資本主義の論理的根拠として用いられ、さらに、それはやがて古い人種的・民族的偏見と結びつき、そうした偏見に新たな似非科学的な根拠を与えた。一九三〇年代と一九四〇年代には、古い偏見、新たな社会進化論、最も荒削りな段階で利用されたニーチェの思想の三つが合併することにより大惨事が引き起こされうることがつまびらかとなった。ニーチェが進化論の影響を受けていたことは確かだが、その道理に反する結びつきを彼が許すことはなかっただろう。ニーチェは、反ユダヤ主義とナショナリズムを徹底的に軽蔑し、自身のことは何よりもまず「ヨーロッパ人」として、すなわちヨーロッパ大陸の哲学的・精神的伝統の後継者として捉えていた。しかし、だからといってニーチェが自らの哲学から暴力的な結論を引き出さずにいたわけではない。ニーチェは『アンチクリスト』で、次のように述べている。

「弱者と出来そこないは滅びるべし、――これはわれわれの人間愛の第一の命題。彼らの滅亡に手を貸すことは、さらにわれわれの義務である」。

強いて言うなら、近現代サタニズムが政治勢力の左派ではなく「右派」に広く位置づけられうる宗教運動となったのは主に、それだけではないにせよ、ラヴェイがニーチェの思想を熱心に吸収したことによるところが大きい。これは、ほとんど常に「進歩的な」大義に良くも悪くも仕えていた一九世紀のサタンへの〈同一化〉の「伝統」との決別を意味する。『サタンの聖書』において、ラヴェイはまったく異なる語調で高らかに唱えた。この現代サタニズムの根幹的テキストの最初の一節には、「弱き者には死を、強き者には富を！」というはっきりとした指示があり、その数頁後では、イエスが言ったとされる言葉が完全に裏返されている。

敵を愛し、あなた方を憎み利用する者に親切にしなさい――これはつまり、蹴られてもお腹を見せ仰向けに寝転がるスパニエル犬《こびへつらう者》の見下げ果てた哲学ではないか？

敵を全身全霊をかけて憎み、あなたの頬を打つ者がいれば、その者の頬を打ちのめしなさい！　その者の尻と太腿に一撃を食わしなさい、自己防衛が至上の掟なのであるから！

ラヴェイの聖書にはこうした文言が、やや落ち着いた言葉遣いではあるがくり返し登場する。〈サタンの九つの声明文〉の第四項には「サタンが象徴するのは恩知らずの徒に無駄に費やされた愛ではなく、享受するにふさわしい者に施される優しさである！」と書かれている。これは「愛と憎しみ」に関する短い章の最初の一文でもあり、その後には次のような文章が続く。「このように、あなたの愛を受けるにふさわしい者を強く徹底的に愛すべきであり、敵には決してもう一方の頬を向けてはならないのである！」

これらの文言を踏まえると、状況が許し、呪いの受け手がサタニストを破壊しようと動く組織の害虫であるなら、魔術の呪いによって他者を傷つけたり殺したりすることもありうるとラヴェイが考えていたのは驚くに値しない。ほかにも、ラヴェイはニーチェを応用してさまざまな心理的描写を巧みに付け加え、「心をむしばむ者」、つまり「人々に特に理由もなく責任を感じさせ、恩義があるようにすら感じさせる技を駆使する」者たちの概念を提唱した。これらは「丁重に」取り除かれるべきである。実際、『サタンの聖書』においてニーチェの影響は随所に見られ、その書をニーチェの滑稽なもじり、と呼ぶ者までいたほどだった。ラヴェイは着想の源について隠すことはなかった。ラヴェイはしばしば、自身が読んで最も影響を受けた著述家としてニーチェの名前を挙げ、ほかに彼が言及した作家と言えば、ロマン派サタニストやオカルティストではなく、ニーチェや社会進化論の考えを（正しいにせよ、間違っているにせよ）広めているとラヴェイが見做していたアイン・ランド、H・L・メンケン、H・G・ウェルズ、ベン・ヘクト、ジョージ・バーナード・ショー、ハーバート・スペンサー、ジャック・ロンドンといった、アメリカやイングランドの作家であることがほとんどだった。

誤解のないように言っておくと、こうしたニーチェの影響は純粋に哲学的なものである。いくつかの散らばった些末な文を除けば、ニーチェの著作にサタンや悪魔はほとんど登場しない。さらに、ラヴェイがニーチェ哲学と社会進化論を混ぜ合わせたイデオロギーの潮流から生まれた文献にどっぷり染まっていたことは明らかである。このことは『サタンの聖書』の第一の書の大半を構成する「痛烈な非難」にはっきりと示され、先ほど示した好戦的な指示もここから引用したものである。実際には、ラヴェイの本のこの部分は、一八九六年にラグナル・レッドビアードというペンネームで出版された『力は正義なり *Might is Right*』という、社会進化論についてあからさまに書かれた小冊子を手直ししたものにすぎなかった。その文章は非常に不明瞭に書かれており、ラヴェイの盗用が発覚するまで二〇年かかったほどだったが、ラヴェイは『サタンの聖書』の初版の献辞の頁にラグナル・レッドビアードの名前を挙げていた。ラヴェイが手を入れたのは主に、ミソジニー、人種差別、反ユダヤ主義の数多い例が削除され、悪魔をさらりとほのめかす文章（たとえば、「正しく謙虚な者」は元の文章にあった普通のひづめではなく「割れたひづめに」踏みつけられるだろう、などといった一文）が付け加えられていた。その「摂取」が発覚しても、ラヴェイは盗用したことについても、盗用した作品に対しても謝罪しようとはしなかった。それどころか、その小冊子の新版に序文を書き、その「冒瀆的な内容」を褒め称えた。

サタン教会の設立当初は、これらの「力は正義なり」とする考え方はまだそれほど支配的ではなかった。少なくとも、『サタンの聖書』を読む限りではそのような印象は受けず、全体的に明るく開放的な雰囲気が見受けられ、皮肉に満ちてはいるが常識を欠いてはいなかった（誰でも一人は「心をむしばむ者」と言える人を知っているだろう）。だが、ラヴェイの著書の中には唐突な箇所があったり、彼のイデオロギーには一九世紀の「サタニズム」の遺産に照らすと違和感がある要素も入っており、これらはより漠然とした哲学的影響によるとすると説明がつく。たとえば、ある一節ではニーチェの生まれながらにして優勢な「超人」と進化論者が唱える「適者」は、社会で密かにあるいは公然とその成功を享受している者たちと暗に同じと見做され、そして、この世界の本物の「サタニスト」と同一視されている。ラヴェイは次のように主張する。「成功している男女全員が知らず知らずに文字通りのサタニストになっているとするのは単純化しすぎであろう。けれども、人々が現世での成功を望み実現させることに聖ペトロが反対する理由があることは間違いない。もし金持ちが天の国に入るのは、らくだが針の穴を通るのと同じくらい難しいなら、また、もし金を愛する心が諸悪の根源であるなら、われわれは少なくとも、この世で最も有力な人々は最もサタン的だと考えるべきである。このことは資本家、実業家、歴代の教皇、詩人、独裁者、世論形成者、社会の諸活動の指導者たちに当てはまる」。

この定義が極めてイデオロギー的あるいは神学的で、それほど歴史的でなかったことから、ラヴェイは「ラスプーチン、ザハロフ、カリオストロ、ローゼンバーグとその仲間」など、密かにその影響力を行使し、「黒魔術のまねごと」をしていたとされる一連の歴史的人物を「サタニズムの真の遺産」として見做し続けた。しかし、サタンの時代が最盛期を迎え始めた以上、この密かな「伝統」が明るみに出ることは避けられなかった。こうして、ラヴェイは『サタンの聖書』でほかにも、真のサタニストが「われはサタニストなり！　ひれふせ、われは人の命の至上の権化なり！」と言って壮麗な姿を現すその日まで、いかにして「義人の笑い声とあら探しから逃れ、あるいは地上の秘密の場所で誇らしげに立ち、愚かさにまみれた大衆を自らのサタンの力によって操るかを述べている」。

「力は正義なり」のイデオロギーは、より広い社会に対するラヴェイの考えや、社会に対してラヴェイの新たな教団が取るべき態度を決定する要因ともなっていた。これらのことに関しては次の章でより詳しく述べることにする。ラヴェイはインタビューの中でくり返し、サタン教会は厳格に法を遵守する組織であることを主張し、真のサタニストは与えられた社会の枠組みの中で活動するべきだと強調した。これらの発言はサタニスト組織としては意外なことのように思われる。発言が主に実利的な動機に触発されていたことは確かだが、「力は正義なり」はその立場にイデオロギー的根拠をもたらした。一九六〇年代のアメリカでは、左派集団による政治運動が復活し、公民権闘争が進行中であり、そうした中で法を遵守するこの姿勢は決して当たり前の選択ではなかった。その方向に進んだことで、ラヴェイは実質的に自身の宗教的サタニズムをロマン派サタニズムの「革命的な」伝統から遠ざけ、完全に右派の水域に向かって舵を切った。たしかに、薬物、政府、社会立法、法的報復、そして中絶などの問題に対するサタン教会の見解は保守派のそれと妙によく似ていた。保守派側が、サタニズムが掲げる教義にどれほど恐怖を感じていたとしても。ウィートリーとラヴェイであればコーヒーを飲みながら仲良く会話ができたであろう、と考えることもできる。

反宗教的な宗教の矛盾

性愛、自由、容赦ないニーチェの哲学は、ラヴェイのサタニズムの根本的な構造を知る上で、大いに役立つ。しかし、ほかにもラヴェイの宗教的思惑には、これまでの章で述べたヨーロッパの遺産との興味深いつながりを示す側面がある。魔術はその一つに挙げられる――これについては次の節で詳細に述べる。もう一つの、少なくとも同じくらい興味深いテーマは、宗教に対するラヴェイの両義的で非常に現代的な（あるいはポストモダン的とも言える）見解である。彼の反宗教的な宗教を作り出そうという矛盾した試みは、近現代の宗教的サタニズムにその特有の味わいの多くを与えるまた別の側面である。

『サタンの聖書』をはじめとするラヴェイの著作には、啓示宗教、禁欲や（自己）超越を説く宗教など、彼が「白い光の宗教」と呼ぶ諸宗教に対する批判が数多く記されている。過去のあらゆる宗教に関するラヴェイの記述に含まれているのは、それらは基本的には迷信――人の普通の「自然な」振る舞いに付け加えられた何か――だとする見方である。この宗教的な「付加」を取り除くことができれば、人は本来あるべき生き方を歩み始める（歩み直す）ことができる。これが「正しい」生き方であるという含意があるのは明らかである、この「自然な」振る舞いの側面の多くは、「白い光の宗教家」やその仲間たちにとっては「邪悪」で「野蛮」なもののようであるにもかかわらず、また、サタニストは「邪悪」や「悪魔的」といった形容語句を意識的な反抗の一環として自ら取り入れさえするにもかかわらず。しかし突き詰めていくと、こうしたことの原因は「善悪」の概念が宗教的「迷信」によって汚されてしまったことにある――あるいは、むしろこれらの概念そのものが本質的には宗教的迷信であることにある。

これらの思想は何ら新しいものではなく、その中にヴォルテール、ルソー、フォイエルバッハなどの啓蒙思想家たち（および、言うまでもなく、啓蒙思想の宗教批判を踏襲していたニーチェ）の反宗教的な言説の遠い残響を見出すのは難しいことではない。また、シェリーやブレイクなど、自らの反キリスト教的なもくろみに組織宗教に対する啓蒙思想の批判（の一部）を取り入れたロマン派サタニストたちを彷彿とさせることもある。たとえば、人を支配するために過去の宗教が用いた主要な手段は恐怖心だったとするラヴェイの主張である。「このように大々的に恐怖心を植え付けることなしに、宗教家たちは信者たちに対して権力を振りかざすことはできなかっただろう」。恐怖心が確立すると、「白い光の宗教家たち」は自分たちの権力を罪の観念をもたらすことでさらに拡大させていった。人の自然な行動の一切が「罪深い」とされれば、人々は罪を犯さざるをえない。そうすると、人は必ず罪悪感を抱き、自らの罪を償うよう簡単に誘導されるのである。ラヴェイはこの仮説を、自慰行為を論じる際に最も明確に立てた。「サタニストは宗教家たちが自慰を罪深いとする理由を十分わかっている。ほかのあらゆる自然な行動と同様、人々はどれほど厳しく非難されようとも、それを必ず行う。罪悪感を抱かせることは、禁欲の神殿の抵当を払わせることで「罪」を償うよう人々に義務づけるための、宗教家たちの悪意ある企みの重要な側面なのだ！」

　ラヴェイがキリスト教の企みに対抗して位置づけた彼のサタニズムの信条は、基本的には「自己の自然な欲望に身を任せている」人間は善であるという考えである。ラヴェイは、人間には救済が必要だという思想からの救済、解放が必要だという思想からの解放を説いていたとも言える。この自己の受容が人々をラヴェイの宗教に魅きつけ、宗教的背景のない人々まで魅了した主な要因の一つであったことは確実である。制限や抑制は、あらゆる人間社会とあらゆる社会的相互作用の根深い側面である。言うまでもなく、ラヴェイが前提とする「自己」とは、高度に単純化された、神話的ともいえる存在――「動物の一種でしかない」人間のことを指す。しかしこの単純化は、おそらくそれ自体が魅力の一部なのである。ここに明らかに、啓蒙思想家とロマン派の思想家が掲げる基本前提、つまり人は「自然の光」に導かれるべきとする前提を再び見出すことができる。それゆえ、ルソーの「高貴な野蛮人」がラヴェイの本に再現されているとも言えるだろう――ただし、ラヴェイの本でその野蛮さはかなり増している。

　ラヴェイの哲学の純然たる還元主義は、人々はそもそもなぜ、宗教、あるいは少なくともそれに似た疑わしげなものをいまだに持ちたがるのか、との疑問を残している。人々はなぜ古い宗教から取り入れた超自然的存在の名において、シンボルだらけの儀式をいまだに行っているのか。ラヴェイはこの問いを『サタンの聖書』の中で自らに投げかけた。ラヴェイの出した答えは、現代人は「過去の宗教の無意味な教義に幻滅するようになり」、次第に自らの本性に気づき始めたのではあるが、かといって『サタンの聖書』で人類の発達の至上の高みとされる、新しい「肉体の意識」を人が純粋に獲得したわけではないというものだった。

物事を知的に受け入れることと、同じ物事を感情的に受け入れることはまったく異なる問題である。……人は儀式と儀礼、幻想と魔法を必要としている。精神医学は、それが成したあらゆる貢献にもかかわらず、宗教が過去にもたらしていた驚きと夢を人から奪った。サタニズムは、現代における人々の要求を把握し、宗教と精神医学とのあいだにある大きな灰色の隙間を埋める。サタン哲学は心理学の原理および善良で誠実な感情に強く訴える、すなわち教義とを兼ね備えている。それは人が切望していた夢をもたらす。人間の本性に完全に反する考えや行動に基づいていない限りは、教義には何ら問題はないのである。

「驚きと夢」や人間の不合理な面の認識に対するこうした要求は、ロマン派との類似性が高い。ほかにもラヴェイは『サタンの聖書』において、一部のロマン派による啓蒙思想の宗教批判の反転とよく似た、より根本的な転換を行っている。その部分を次に引用する。

霊的な宗教はすべて人間の発明である。神々の体系全体を創り出したのは、人の肉体的な脳にすぎなかった。自我があり、そのことを受け入れることができないというだけで、人はそれを自らが「神」と呼ぶ大いなる霊的装置に外在化しなければならない。……もし人がそのような神を必要とし、その神を認識するのであれば、人は人間が発明した存在を崇拝していることになる。それゆえ、人は神を発明した人間を間接的に崇拝しているのである。自分自身の感情的ニーズに合わせて、自分で創造した神を崇拝する方がより合理的ではないか。つまり、そもそも神を創り出す発想力を持つ、まさに肉体的な存在を最もよく表す存在を。人がその真の自己を外在化することにこだわるのであれば、なぜ「神」を恐れて、この真の自己を恐れるのだろうか――その名の下で儀式崇拝や宗教儀礼を行うために、なぜ「神」から自分を疎外したままなのだろうか？　……人は自己と自らの「神」との隔たりをなくす時に、自尊心の悪霊が忍び寄ってくるのを――まさにルシファーの化身が自らの中に現れるのを――見ることになるからだろうか？

この最終的な結論は、人は「自らを神と認めるならば」、神そのものであるというものだ――ラヴェイは、サタニストである自分の誕生日を最も重要な宗教的祝日として宣言した際に、そのことをユーモラスに認めた。サタンは究極的には人間自身である神を表す。そして人は、サタニズムという宗教が治療的に用いる古い宗教の「壮麗な見かけ」によって、力づけられる。「もし人が自分自身を受け入れたとしても、儀式や儀礼を、自分が発明した宗教が自らの信仰を嘘で支えるために利用する重要な装置と見做すのなら、その信仰を真実で支えるのも同じ形式の儀式――威厳ある存在としての人の自意識に具体性を与える太古の壮麗な見かけ――である」。

このような節では、ラヴェイのサタニズムの宗教的な核心が最も明確となる――要するに、信奉者が現在の自己を超越するための探求であり、不自然または有害と判断されるものをすべて取り除くことによって、手の届きにくい「肉体的」純潔を実現しなければならない自己のことである。また、第2章で取り上げたロマン派の思想との高い類似性もここに示されている。霊的な宗教はすべて「人間の発明」であるとするラヴェイの主張は、ウィリアム・ブレイクの「すべての神々が人間の心の中に住んでいる」とする一節を思い起こさせ、この原理に基づくラヴェイの結論は、ブレイクが述べていることとも著しく似ている。人間が神々を創造するならば、たとえ神の力があったとしても、それは実際には人間の創造性であり、すなわちラヴェイの「発想力」やブレイクの詩的な才能や想像力である。もちろん、ブレイクとラヴェイは大きく異なる点もあり、超自然的なものを後者は否定し、前者は受容していたことに由来する違いもある。しかし、両者とも最終的には、実際の神は人間であり、あるいは少なくとも、真に偉大な人間であるとして同じ結論に達する。このようにラヴェイは、ノースロップ・フライがロマン派思想における全体的な傾向として見出した、超越的な天上の神から、内在する「地上の」神への全般的な変化と完全にマッチするのである。ロマン派サタニズムにとって、サタンあるいはルシファーの核心は、プロメテウスのように神の威厳を纏う人間性を象徴的に具現化したものだった。これは、ラヴェイが人間と人間の神々との「隔たりをなくす」象徴的な神として描く悪魔とぴったり一致する。しかし、ほとんどのロマン派とは異なり、ラヴェイはこれらの信条に基づく儀式、教義、聖職位階を伴う「正式な」宗教を確立しようとした。「人には儀式や教義が必要であるが、外在化された神が、神の名において行われる儀式や儀礼に参加する上で必要であるとする法はない！」こうして、近現代の宗教的サタニズムが生まれた。

　ここで再び、これらのロマン派の概念がどのようにして一九六〇年代のカリフォルニアに伝わったのかという問いが浮上する。もう一度言うが、これは的外れな問いかもしれない。ロマン主義は単に、自己宗教性や自己創造の霊性という選択肢を明確に示した近代ヨーロッパの歴史における最初の運動であったのかもしれず、それらの選択肢はその後二世紀にわたって、特に一九六〇年代のように伝統的な信仰の衰退が加速した時に何度も再発見された。そしてそれらが何度も再発見されたのは、西洋文明の状況によってそうした選択肢が生まれ、それらの選択肢が答えとなりうるような問いが生じたためであった。実際、自己宗教性、神話の創造的な再構築、自己創造の霊性は、世俗化が始まって以来現れた多くの新しい宗教団体や運動の共通項となるものを形成した——ラヴェイのサタニズムは、もちろん際立ってはいるが、こうした傾向の一例にすぎなかったのである。ロマン主義はこれらの運動の源泉の一つとして言及されることが多い。筆者の考えでは、これは根拠があってのことである。歴史は一つしかない。ドイツのファシズムはヴェルサイユ条約がなくとも拡大していたかもしれないが、それがどのようなものとなっていたかはわからないし、同様に、ロマン主義は近代史における自己の宗教が出現する上で決定的な役割を担っていた。これらの概念がロマン派作家たちから直接または間接的に取り入れられたものなのか、あるいはロマン派運動によってある程度形づくられた知的世界において独自に再発明されたものなのかという点はそれほど問題ではない。

　それでもやはり、ラヴェイがこの普及したロマン派の霊性に関する諸々の考えを知ることとなった史料について検討することは——伝達経路を探る上でも、ロマン派思想が二〇世紀までの西洋思想史・精神史の中で経た歴史的展開を知る上でも——それなりの価値があるだろう。この文脈でまず挙げておくべき仲介となった人物は、またしてもドイツの哲学者ニーチェである。ニーチェは、自由な創造性を発揮する人間を価値と意味を創造する至高の存在として称賛したことから、多くの点でロマン派思想の頂点と見做されうる人物である。ニーチェはこのことに関する自らの考えを、『ツァラトゥストラはかく語りき』に出てくる駱駝《らくだ》、獅子、幼子の有名な寓話の中で最も雄弁かつ最も詩的に表現している。

君たちに、精神が遂げる三段の変化を述べよう。すなわち、いかに精神が駱駝となり、駱駝が獅子となり、最後に獅子が幼子となるのか、を。

畏敬の念を内に宿した、逞しく、忍耐強い精神にとって、多くの重いものがある。この精神の逞しさが、重いもの、そして最も重いものを望むのだ。

(略)

これらすべての重いものを、忍耐強い精神はおのれの背に負う。重荷を負って、砂漠へ急ぐ駱駝さながら、こうして忍耐強い精神は、おのれの砂漠へと急ぎ行く。

だが、この上もなく孤独な砂漠で、今や第二の変化が起こる。精神はここで獅子になる。彼は自由を勝ち取って、彼を取り巻く砂漠の支配者になろうとする。

彼はここで、彼を最後まで支配した者を呼び出す。彼の最後の主と最後の神を敵に回し、勝利を賭けて、巨大な龍に死闘を挑む。

精神がもはや主とも神とも呼ぶを潔しとせぬ巨大な龍とは何であろうか？「汝なすべし」が、この巨大な龍の名前である。だが、獅子の精神は言う、「われ欲す」と。

「汝なすべし」が、精神の行く手を阻む。この有鱗動物は燦然たる金色を放ち、その鱗の一枚一枚には「汝なすべし」の文字が光っている。

千年の重みを帯びたもろもろの価値が、この鱗の上に輝いている。そして、すべての龍の中でも最も強大なこの龍は語る。「もろもろの事物のすべての価値——それがこの身に輝いている」。

「一切の価値は、もうすでに創られたのだ。そして、これら創られた価値のすべて——それがわたしだ。

まことに、いかなる《われ欲す》も、もはや存在してはならない」と、龍はこう語る。

　わが兄弟たちよ、何のために精神の獅子が必要なのか？　重荷に耐え、諦めと畏敬の念に満ちたあの動物では、なぜ十分ではないのだろうか？

　新しい価値の創造――それはまだ獅子にもできない。だが、新しい創造のための自由の創造――それは、獅子の力に可能なことだ。

　自由を拓き、義務の前にさえ神聖な否を言うこと、わが兄弟たちよ、そのためにこそ、獅子が要るのだ。

　新しい諸価値への権利を手に入れること――これは、忍耐強く畏敬に溢れた精神には、そら恐ろしい所為である。まことに、それは彼にはひとつの強奪であり、猛獣がすることなのだ。

　かつて精神は、あの「汝なすべし」をおのれの至聖なるものとして敬愛した。今彼は、この至聖なるものの中にも妄想と恣意を見抜き、こうしておのれの愛からの自由を強奪せねばならない。この強奪のために、獅子が要るのだ。

　しかし、わが兄弟たちよ、言うがよい、獅子ですらできなかった事柄で、幼児にできることは何か？　なぜ、強奪する獅子が、さらに幼児となる必要があるのだろうか？

　幼児は無垢、そして忘却、一つの新しい始まり、遊戯、おのずから回る車輪、初元の運動、そして聖なる肯定だ。

　そうだ、わが兄弟たちよ、創造の遊戯のためには、聖なる肯定が必要なのだ。今こそ精神はおのれ自身の意志を意志する。世界を喪失した者が、おのれの世界を獲得するのだ。〔「ツァラトゥストラはこう語った」『ニーチェ全集　第一巻』薗田宗人訳、白水社、一九八二年〕

　解放された人類が子どものような創造性の中で自らの価値観と精神性を構築すること、それこそがニーチェの〈超人〉の真髄である。筆者が思うに、これはロマン派の多くが称賛した、自己を解放した人類を作り直したものにほかならない。伝統的な神に従うより、「むしろ神そのもの」でありたい人類であり、天国ではなく「地上の王国」を欲する人類である。「お前たちは私の超人を――悪魔と呼ぶだろう」。そうニーチェは予言したが、これがまさにラヴェイのサタニズムで起こったことだった。

ニーチェのほかには、近代のオカルティズムを通じて、「神聖な自己」に関するロマン派の拠り所となる考え方がラヴェイに伝わった可能性が示唆されている。第3章では、ロマン派の宗教的創造性の意識が、いかにしてレヴィの作品に影響していたかを論じた。レヴィは彼自身が「サタン派」における無名の詩人として出発した人物と見做すことができる。また、アレイスター・クロウリーはここでもこの伝統とラヴェイのサタニズムとのつながりをもたらした人物として挙げられる。ちなみに、クロウリーはロマン派およびデカダン作家としての波乱に富んだ人生を歩み始め、その道をまっとうした。クロウリーの人生において、詩、宗教、魔術は密接に絡み合い、その詩の断片は彼の書いた典礼文にしばしば使われた。ビースト〔クロウリー〕は真のロマン派らしく、作家を「秘儀の祭司もしくは神の神官、発行者を自らの使者と」見做していた。彼はまた、自分がどの「詩の流派」に属していると思っているかをはっきりと述べていた。「ボードレールとスウィンバーンはその絶頂期に、ミルトンとシェリーと同じように、敵に勝利した人間の魂を称賛することに成功する。私はこの流派に属していることに一瞬たりとも疑問を抱いたことはない」。

このような背景を踏まえれば、クロウリーの作品に「人間のほかに神はいない」というような文章があったとしても不思議ではない。けれども、この見方がクロウリーの魔術とエソテリシズムの体系に適用されることには驚かされることもあり、ラヴェイがロマン派を反転させて用いたこととの興味深い類似点と相違点を示している。クロウリーの言葉を信じるのであれば、彼は完全な合理主義者として魔術への探求に乗り出した。この合理主義者としてのクロウリーは、その作品全体を通してなお、とりわけ魔術の扱い方において、極めて明白にその顔を覗かせている（詳しくは後述する）。実際に、クロウリーはこの当初の唯物論的な物の見方と、自らの最終的な魔術やカバラ、東洋神秘主義の実践、悪魔の召喚とのあいだには何の矛盾もないと考えていた。「われわれは、自分たちの感覚では直接感じ取ることのできないあらゆる種類の観念をためらうことなく「物質」と分類してしまうことに注意する必要がある」と、クロウリーは自らの「聖人伝風の自伝」に記している。「私より以前の観察者たちが、調査・吟味に自由に使える方法や事実が不足していたために、「神々」、「大天使」、「霊」などと呼んだ存在がいる世界を探求する際に、私は、自らの不可知論を捨てることは決してなかった」。しかし、それと同時にクロウリーは、〈理性〉は「無から学知を創造することはできず、……事実の吟味というその明確な機能に限られている」とする典型的なロマン派の主張も述べている。一方、カバラは「真理を直接理解することのできる能力があることを……示した」。このことをクロウリーは「神秘性の解明」とも「霊の現象を説明する秘密のエネルギー源」とも呼んだ。

この「秘密のエネルギー源」や「真理について直接われわれに知らせてくれる理性から独立している理解力」とは何か。理性と学知によって破綻していることが証明された信仰でないことは確かだ。むしろ、理解力は人間の持つ自然な直感の一種であり、それに対し、秘密のエネルギー源は人間の創造的な力であるように思われる。クロウリーはこの創造性の概念をほとんどそのまま文字通りに捉え、すなわち、新しい生命を増やし生み出す人間の力であり、宇宙の永続する分解と発展を反映する性的能力の「解体と統合《ソルヴェ・エト・コアグラ》」であるとした。男根像または性的行為に対する隠されたあるいはあからさまな崇拝は、クロウリーのほとんどの儀式の核心部分となっている。しかし、クロウリーはここでさらに近代的な考え、たとえば、彼が精通していたフロイトやユングの考えも反映していた。フロイトと同様、クロウリーは性的欲求を無意識の現れと見做した。この無意識は人間に備わる真の原動力であり、クロウリーがパン神の名の下にしばしば召喚した世界《コスモス》の創造的な原理を帯びるものだった。つまり、彼の最も重要な神である。ここでブレイクの「欲望」を思い起こさずにはいられない。このように、インスピレーションによって創造された——すなわち神聖な無意識によってインスパイアされた——ものはすべて、神性のさらなる表現、あるいは神そのものなのである。最終的にクロウリーは、このようにロマン派を反転させた本質を体現する立場を取り、そのことはたとえば彼の『嘘の書』の中の次に引用する詩によく表れている。

盲目のウェブスター

理解する必要はない、崇敬するだけでよし。
神は土でできているのかもしれない。それを崇敬せよ。それが神となる。
われわれはわれらを創りしものを無視し、われわれはわれらが創りしものを崇敬する。

神のみを創ろうではないか！
われわれに創造させるのは真の父と母であり、
われわれは自らの姿に似せて創造するが、それは父と母の姿なのである。
ゆえに恐れることなく創ろうではないか、
われわれに神でないものは創り出せないのだから。

クロウリーは彼に先行するレヴィのエソテリシズムの伝統を多くの点で引き継いでいたが、ここではそれとの決別が表れている。レヴィは、魔術とは意識的な意志によって「野生の」魔術の力を支配することだと述べた。クロウリーは、本来の自己に意識的な意志を委ねることを説き、これとフロイトの無意識とを同一視することもあった。「夢想的な酔い」は、カバラの伝統では避けるよう信奉者は言われていたが、セレマの信奉者はそれを切望し、薬物や性的恍惚などのトランス状態を引き起こすメカニズムによってその状態を追求するようになった。クロウリーはこう記す。「魔術（magick）は人が抑圧し覆い隠そうとした已の美と尊厳を示すことであろう」。この「人間の知性を沈黙させ……神性な意識の声を聞く」ために、クロウリーは東洋の瞑想や独自に考案したものを実践した。たとえば、セレマ僧院で修練者は訓練の一つとして、「私」という言葉が使われるたびに腕を切りつけた。そうすることで、仏教徒が「三昧」と呼ぶ心の境地に最終的に至ることができ、これは「霊の顕現を抑制するものを取り払うこと、あるいは（実質的に言っていることは同じだが）宇宙のエネルギーを利用できるようにすることを意味する」。クロウリーによれば、人間の本性の自然で無意識な部分を解放することで、人は本来の自己を、すなわち慣習や宗教に染まらない純粋な自己を見出すことができる。こうして、人は自らの真の意志も見出すのである。グレイト・ビーストは自分がインスピレーションを受けた伝統を反転させた。すなわち、レヴィのネオ・カバラ主義（魔術師にその内なる暗く原始的で神秘的な混沌とした力を制御するよう促した）、フロイト派（セラピーを通じて無意識なものを意識的なものとすることで取り除き支配しようとした）、仏教徒（煩悩から解放されるために自我を排除することを訴えた）の伝統を反転させた。

「真の神は人である。人の中にはすべてが隠されている」と、クロウリーは『魔術』の中で大胆に述べている。

しかし、クロウリー思想の複雑さはこれだけではない。ビーストは真の多神教という観念にも思いを巡らせた。彼の著作や日記では「神々」への言及が豊富になされており、それらは「人間の内」に備わる力として理解されることもあるが、明らかに独立した存在として示されることもある。しかし見てきたように、クロウリー神学の包括的な特徴は、汎神論または万有在神論の一つである。クロウリーにとって「万物の現れ」であるパン神は、創造における生殖本能を表す基本となるものだった。ここに人間の神性のさらなる根拠が見出される。人間は世界の（創造的な）一部であることによって、神の一部ともなっている。「私の中に神々のものでない部分はない」と、クロウリーはグノーシス流のミサで述べた。ロマン派や一九世紀のエソテリシズムの多くに見られた全体論や万有在神論が、この点でこのイギリスのオカルティストにとっての源泉の一つであったことは間違いない。しかし、セレマの信奉者には、神へのより個人的な道が用意されていた。魔術師は自らの加入への道において、「結合‐分解」の忘我を通じて原初の宇宙と一つになり、自身の神性を獲得することができる。クロウリーは彼の時代にそれを獲得したのは自分だけだと主張したが、

〈セレマの道〉は究極的には、すべての信奉者をこの自己神格化という高尚な段階へと導くものだった。クロウリーは自身の魔術日誌の一つに、次のように記している。「私は地上の子ら（人間）に味方し、神々と戦う。私は世界の悲しみから逃れようとはしない。私は運命に打ち勝つことを誓おう。これが私の詩を読み解く鍵である」。

このように地上のものを超越する明確な宗教的・霊的枠組みは、クロウリーの魔術と儀式に伴われていた。このことはクロウリーが「生殖力」を崇拝していることにすら当てはまる——というのが少なくとも彼の主張だ。

宗教儀式はすべて自然の生殖力を礼讃しているのだとする人類学者による証明に反論の余地はないが、そのことを踏まえても、私はこれらの儀式が完全に霊的なものであると断言できる。そうした儀式が性的な形式となるのは、生殖があらゆる現象の中で最も普遍的に理解され、最も辛辣に評価されているものだからにすぎない。私が思うに、この見解が広まれば、人類は安心して儀式崇拝に再び参加できるようになるだろう。私は、宗教的熱狂が性的なものに基づくものであることが明白である儀式を数多く作

り出してきた。私はそこでとどまることを拒んできたにすぎない。性的興奮は神聖な忘我が退化したものでしかないと私は主張してきた。私はこのようにして人間の情熱という荒馬を、霊的な太陽の戦車につないだのである。

アントン・サンダー・ラヴェイのサタニズムに話を戻すと、ラヴェイによる人間の神格化とクロウリーによるそれとのあいだには明らかな類似性がある。両者とも、人間のことを神を創造する神とする「ロマン派の反転」に倣っているのである。人間の本質的核心としての（最も広い意味における）無意識と生殖力に対するクロウリーの信念は、ラヴェイの強調する「肉欲」に大まかに反映されている。しかし、少なくとも同じくらい印象的なのは、両者を分ける違いである。ラヴェイは、クロウリーが魔術的伝統と宗教的伝統を統合したことから生じた神学的な複雑さや矛盾をあっさりと無視し、後に地元の東方聖堂騎士団について述べた際に、「一なるものの霊的涅槃に到達するために、東洋哲学、東洋の言語、星、瞑想の研究を重視する 神秘志向のカード占い師の一団」として嘲った。ラヴェイのサタニズムでは複雑なコスモロジーや神秘的な指針、あるいは霊的なヒエラルキーなどは考慮されず、自我の「完全な満足感」がはるかに間接的で分かりやすい方法で求められ、クロウリーが明らかに好みそうな似非仏教的な瞑想やカバラ主義者の加入儀礼の果てしない位階は退けられた。クロウリーにとっては通過点でしかなかった「私」という個人が、ラヴェイにとっては最終的な目的地となっているのだ。

だからといって、明らかな「霊的」要素が、ラヴェイのサタニズムにおいてまったくないわけではない。しかし、その要素が現れると、ラヴェイの表向きの物質主義の大枠からすると特異なものに見えることが多い。その顕著な例は、『サタンの聖書』における「自我の実現による死後の世界」に関するラヴェイの考えに表れている。ラヴェイは思弁した。「サタニズムがその信奉者に健全で強靭な自我を育てるよう促すのは、この世で生命が存在する上で不可欠な敬意をそのような自我は彼らに与えるからである。もし人がその一生を通じて活力にあふれ、この世での存在をかけて最後まで闘ったなら、自我を宿した肉体が朽ちてもなお死ぬことを拒むのは、まさにこの自我である」。ラヴェイは、人間は「ただの動物」であり、死は「大いなる禁欲」であるとする自らの確信とは矛盾することを、詩的なインスピレーションに任せてここでは書いていたと思われる。

サタニズムに関するラヴェイの控えめな量の文書全体における根本的な両義性はこれだけではない――次の節ではさらに例を見ていくこととする。この節と特に関係しているのは、「啓蒙思想」の合理性と「ロマン派」の非合理的知識とのあいだの継続的な緊張であり、その緊張はクロウリー的な哲学と同様、ラヴェイのサタニズムにも内在する。ここまでにおいてクロウリーが、啓蒙思想に由来する宗教批判と、ロマン派が最初に示した霊的な創造性に関する概念とを結びつけたのを見てきたが、この二つの立場は本質的には相容れないものだった。人が世界を理解する上では、「創造的な才能」(インスピレーション)または合理的分析(理性)のどちらかが本源でなければならない。ラヴェイの著作にはたしかに、明確な認識論や人間の理解に関する理論は含まれていない。しかし、ラヴェイの見解はどちらかというと「啓蒙思想」の側であることが暗に示されている。『サタンの聖書』では、「宗教家」に対して「ごまかし」、「偽りの価値観」、「時代遅れの愚行」、「不合理な宗教的要求」、「でっち上げ」などといった言葉が散見される――一方、サタニズムは「分別のある人間ベースの新たな道徳」、「健全な哲学」、「汚れのない知恵」などと描写される。最終的にラヴェイは、「健全で論理的な根拠」に基づいて、古い宗教の前提を否定し、自身の主張を擁護した。後にラヴェイは、自らの宗教の合理的な側面をさらに強調し、サタニズムは「合理主義と自己保存(自然法、獣性の段階)の世俗的な哲学ではあるが、これらの考えに魅力を加えるために宗教的な装飾を施しているのだ」と述べた。

この主張が成り立つかどうか、そして現代のサタニズムがどの程度まで実際に「健全で論理的」なのか、という問題はここでは取り上げない。ここで重要なのは、ラヴェイの暗黙の見解である。ブレイクのようなロマン派に見られる認識論の急進的な反転は、ラヴェイのサタニズムには見られない。結局のところ、「健全で論理的な根拠」(と見做されるもの)が基準となって「真理が確立され」、その後それが教義や儀式で称賛されたりもする。このようにラヴェイのサタニズムは、可能な限り人間が「野生の獣として生きること」ができるようにするために、霊的表現を求める人間の「本能的な」欲求を満たすよう合理的に考え出された宗教、という矛盾した宗教観を示している。

「黒」魔術の復活

しかしながら、サタン教会を人間学と神学の理論体系としてのみ記述すると、ラヴェイの宗教的企てを大きく歪めることになる。同じくらい重要で、より視覚的にわかりやすい要素は、魔術や魔術儀式の実践だった。個人や集団のための魔術儀礼に関する記述が『サタンの聖書』のより多くの部分を構成し、『サタンの儀式』の内容のほとんどを占めている。実際、ラヴェイは序文で『サタンの聖書』を「魔術のテーマ」についてはっきりと記した最初の本として表している。ラヴェイがオカルトに関心を持った初期の頃に目を向けてみると、ラヴェイが魔術に魅せられたことで、やがてサタン教会へとつながる道に導かれていったとする見方はもっともらしく思われる。サタン教会の直接の前身が、魔術サークルと呼ばれる非公式の集まりであったことにはそれなりの理由があったのである。

サタン教会はこの儀式魔術という強力な要素によって、ザ・プロセスのような教義を重視するグループとは区別され、エリファス・レヴィに始まり、その後ガイタ、〈黄金の夜明け団〉、より近年ではクロウリーやウィッカに引き継がれた「高等魔術」の伝統のど真ん中に位置づけられる。しかし、『サタンの聖書』に記された儀式について読むと、第1章の最後に出てきたような近代以前の魔術を思わせる描写がより多く見られる。ここで言うラヴェイの儀式は、その優れた実用性において、一九世紀以前からある（半ば）秘密裏に行われていた魔術実践に違和感なく対応するように思われる。双方の目的はおおよそ同じであり、性愛あるいは愛情、物質的利益あるいは人への影響、敵の物理的・心理的破壊であった。たとえば『サタンの聖書』には、三つある魔術儀式のうちの二つとして「欲望を呼び覚ますための召喚術」と「破壊をもたらすための召喚術」が記されている。こうした現世志向は、一般に個人の変革や超越というより「高尚な」目標を追求していた一九世紀のレヴィの魔術伝統とは対照的だった。一方、ラヴェイはその特徴的な率直な物言いで、「個人的な力を得たいという理由以外で魔術やオカルトに関心があるふりをしている人間はみな、偽善者の中でも最悪の部類だ」と述べた。

言うまでもなく、近世の魔術の「地下」伝統が、一九六〇年代のカリフォルニアに不思議と復活していたというわけではない。後述するように、ラヴェイはノンフィクションやリメイクされた魔術書、一九世紀と二〇世紀における先駆者たちの著作をもとに、自身の魔術を構築していった。実際、ラヴェイによる魔術の（再）構築は、ラヴェイの宗教的な構成概念において生み出された伝統の最も明確な事例の一部となっている。また、彼の魔術の構築は、〈同一化〉と摂取（本書での意味で）は常に、ラベリングされたステレオタイプからいくつかの要素を取り入れ、他は捨てるという、条件付きの過程であることをよく表している。

サタニズム研究者のイェスペル・ペーターセンは、過去の悪魔崇拝や黒魔術の――それらが実在したかどうかはさておき――遺産に対するラヴェイの態度には、二重の傾向があると指摘する。一つは「サタン化」、もう一つは「毒抜き」である。この二つの概念は、サタン教会における魔術実践について検討する際に特に役立つ。ここでのサタン化とは（「悪魔化」とは対照的に）肯定的な言葉であり、非サタニズム的な要素をサタニズムの構成を作る上で流用することを指す。これに関する事例は『サタンの儀式』に数多く登場し、テンプル騎士団、ナチ党の親衛隊保安部、偽のスラヴ異教、ホラー作家ラヴクラフトの作品に基づく儀式（と目されるか、それとしてでっち上げられたもの）がラヴェイのサタニズムに取り入れられている。その最も露骨な例は、『サタンの聖書』の末尾に掲載されたジョン・ディーのエノク語の直訳本の「翻訳」であろう。それは、キリスト教の神に向けられたそのエリザベス朝の魔術師による多くの敬虔な言葉を、ラヴェイが「サタン」向けに置き換えただけの文章で、一部のオカルト専門家をぎょっとさせた。しかし、サタンの大祭司〔ラヴェイ〕による魔術の扱いは、「怯えた精神と実りなき肉体のもろい遺物」から魔術を切り離し、（黒）魔術を全体的に「サタン化」させたものとも言える。ラヴェイによれば、本物の魔術は「悪魔自体」をただ呼び出すものであり、魔術師をこれらの「邪悪な」力から守るために五芒星を描くことも、「おまけとして加えられたイエスの名を交えた長い呪文」を唱えることもないのだという。ここでは、それ以前の時代においては常に極めて習合的だった緩い慣習の集まりに対して、非キリスト教化とそれに伴う「サタン化」が行われている。

しかし歴史的に見ると、ラヴェイが行った「毒抜き」の量はさらに顕著である。大祭司は後に、自身のサタンの宗教は「九割が社会から敬意をもたれるもの、一割が社会に対する憤激」からなっていると述べたが、これは彼の魔術体系にも、もちろん当てはまる。これまでの章において十分明確化されたように、西洋の歴史上、「黒魔術」は一般に、嬰児供犠や狂宴に結びつけられることが多かった。サタン教会の目録には、何らかの性的要素を特徴とする儀式が多く含まれてはいるものの、その中に見境のない狂宴は含まれていなかった。そのような狂宴は、新たなサタニズムに影響を及ぼしている個人主義には適さないのかもしれない。ラヴェイは、「幼児たちと官能的な乙女［たち］」の供犠について、その実態は敵対者が魔術師にラベリングした悪意ある噂であり、「右道の伝道者たち」の単なる「おしゃべり」にすぎないものだとして（何らかの理由があって）否定した。ラヴェイはまた、それほど目立たない形ではあるが、動物の「供物」に強く反対した。これは昔の魔術書では正当な魔術行為としてたしかに位置づけられていたものだったが、大祭司は動物、そして子どもにとって有害な儀式をすべて「健全かつ論理的な理由」で退けた。

> 動物である人間は、サタニストにとっての神である。肉的な存在の最も純粋な形は、自らの自然な欲求を自分で否定するほどにはまだ成長していない動物と人間の子どもの体の中で眠っている。……サタニストは、このような世界の生まれついての魔術師たちから多くを学びうることを承知しているがゆえに、これらの存在を神聖視するのである。

この一節は、ラヴェイが「神聖」という言葉を良い意味で使っている、数少ない例の一つであり注目に値する。動物と子どもをラヴェイが本当に慈しんでいたことを疑うつもりはないが（かといって、動物と子どもの世話の仕方を、彼が常に理解していたわけでもなかったが）、この教義に関する発言の動機としては、毒抜きの配慮が重きをなしていたといって間違いないだろう。振り返ってみると、ラヴェイがこの時点でいかに数十年先の感覚を先取りしていたかがよくわかる。こうした節度がなければ、ラヴェイの活動は非合法組織あるいは地下組織として無名なまま終わっていたことだろう。

同様にラヴェイは、「サタニズムの」性愛には本来、「児童虐待」や「動物の性的冒瀆」は含まれず、「自らの行動に対して全責任を負う心構えのある成熟した大人たち」のみが関わるべきものであることを明記した。しかし、毒抜きの取り組みはラヴェイのサタニズムの中心的価値観にも及んでいた。自我の宗教および自我の神格化として示されたサタニズムではあったが、ラヴェイはそのような信念に備わりうる過激思想を和らげる上で、それが「黄金律を修正したもの」、すなわち「人からされたことを、人にもしなさい」とする教えを説くものだと主張した。放縦は責任によってバランスを保つ必要があった。自分が大切にしている人のために何かをすることも、自我を満足させることの一つのあり方である一方、サタニストは冷遇してくる他者に対して「相応の憤怒をもって」接する権利を保持しているのだとラヴェイは主張した。後にラヴェイは、「サタニズム流九つの大罪」と「サタニズム流の地上の規範」なるものまで定めた。

毒抜きと「サタン化」は、初期の魔術に対するラヴェイの態度とそれへの部分的な〈同一化〉における重要な要素だった。しかし、ラヴェイが提唱した魔術と、その実利的な見かけにおいてはよく似ているように見える近代以前の魔術とでは、根本的な違いがある。決定的な違いの一つは、ラヴェイの実践的な魔術が、明らかに近現代イデオロギーの枠組みの中に組み込まれていたことだった。「放縦」と「自我を満足させること」への衝動は、おそらく人類と同じくらい古くから存在するが、このカリフォルニアの大祭司は、はっきりと定式化した人生観にその衝動を取り入れた。近代以前の魔術の多くに、同じような目的があったことは確かである。しかし、本書で把握する限り、その目的をイデオロギー的な言葉で明示することは通常避けられ、稀に表現された場合には、その行いの利他的で「敬虔な」側面が多分に強調された。

このようなイデオロギーの枠組みの影響も受け、ラヴェイの魔術はなぜそれが実際に効力を持つのかについてはまったく異なる考えに基づいていた。近代以前の先人たちとは対照的に、ラヴェイの魔術儀式では召喚された超自然的存在の実在性は信じられていなかった。ラヴェイのサタニズムは、その最も実践的なレベルでは、超越的ではなく内在的な世界観によって特徴づけられていた。ラヴェイの考えでは、魔術儀式の主な機能は、「放っておいたら散逸してしまう副腎やそのほかの感情的に誘発されたエネルギーを取り出し、動的に伝達可能な力に転換すること」だった。ラヴェイは、これが具体的にどう行われたかについて詳細は語らなかったが、それが「完全に感情的なもの」であって、知的な営みではないことは大いに強調した。こうしたことから、ラヴェイは「サタン崇拝の神殿」とその儀式と儀礼を「知性の減圧室」になぞらえた。

　儀式の始まりと終わりを定式化することは、教義上の反知性的な装置として機能し、その目的は外界の活動と枠組みを、意志を集中させるべき儀式の部屋から切り離すことである。こうした儀式の様相が知識人にとって最も重要であるのは、知識人が典礼歌、鐘、蠟燭などの装飾による「減圧室」効果をとりわけ必要とするためであり、そうして初めて知識人は自らのイメージを投影し活用する中で、純粋で意図的な願望を自分のために働かせることができるようになるのである。

　ラヴェイは、サタニストはサタニズムが人間の作り出したものであることをよく理解した上で、この「ストレートな感情化」に入るのだとくり返し強調した。サタンの大祭司〔ラヴェイ〕によれば、すべての宗教の礼拝は本質的には一時的な無知の訓練であるという。「違いは、サタニストは自らの意志を展開させるために、仕組まれた無知の一形態を実践していることを知っているが、ほかの宗教家はそのことを知らないでいるということだ」。ラヴェイが『サタンの儀式』で述べたように、「サタン崇拝の儀式、およびサタニズム自体の本質とは、絶望ではなく論理に基づいて受け入れた場合には、客観的に主観的状態へと入っていくことである」。

　ラヴェイの魔術は、明示されたイデオロギー的・神学的枠組みの中で機能するという事実と、それが関与しているとされるメカニズムの内在的な性質の両方の点で、一九世紀にエリファス・レヴィが提唱し、その後二〇世紀にはアレイスター・クロウリーによって引き継がれた「高等魔術」の伝統の一部として明確に位置づけられる。レヴィとクロウリーによる影響は、ラヴェイの魔術体系の詳細の多くにおいても明らかである。たとえば、大祭司は魔術的供犠としての自慰行為による「生体電気エネルギーの放出」について主張するが、それはクロウリーが行っていた同様の儀式、つまり『魔術』の脚注でクロウリーが、「この供犠を一九一二年から一九二八年のあいだに毎年平均約一五〇回」行ったと冗談めかして記していた儀礼そのままを想起させる。さらに詳しく述べると、オーガズムのエネルギーを人間の潜在意識の中の「抑圧された」神に魔術によって接近するために使うという考えそのものが、セレマの魔術の中核をなしていた。クロウリーが魔術の周りに構築した複雑な形而上学的な上部構造はラヴェイのサタニズムでは切り捨てられた一方、怒りや悲しみといったほかの「根源的な感情」が魔術エネルギーの源泉となりうるものとして加えられた。

レヴィとクロウリー（をはじめとするその伝統における著述家たち）のさらなる名残りは、サタニストの魔術をなす主要な要素として「意志」や「空想」（「想像」）が頻繁に登場することである。ラヴェイは自らの魔術の有効性を説明するために、主に心理学的・（似非）生物学的なメカニズムに訴えたが、「純粋な意志」、「純粋で意図的な願望」、「イメージの投影」などの言葉は、ラヴェイの魔術体系がレヴィとクロウリーの伝統に根差したものであることを示している。この点においても、ラヴェイの儀式の全体的な流れは、やはりレヴィのそれと同様だった。すなわち、象徴的な環境で願いを強く想像することで、魔術師は自らの意志を強化し、思い描いたことを実現させることができるというものだ。レヴィとクロウリーと同様、ここでキーワードとなるのは制御、とりわけ自制心である。クロウリー（そしてラヴェイ）は、レヴィが「アストラル界の酩酊」とのレッテルを貼ったさまざまな恍惚の形態を自身の魔術において利用した可能性はあるが、この点に関して両者のあいだに根本的な違いはなかった。グレイト・ビースト〔クロウリー〕は晩年に、「推測では、セレマの約九〇パーセントは自制心にほかならない」と確信を持って述べた。クロウリーは一九六九年の新聞のコラムで、「儀式的魔術において最も重要な必須条件は制御である」と簡潔に述べた。感情に身を委ねることを魔術の手法として用いるとしても、これは常に注意深く制御された状況の中で、事前に定めた目標のためになされなければならない。このようにして、「客観的に主観的状態に入っていく」ことができるのである。

こうした態度は、「小魔術」（これもラヴェイがクロウリーから取り入れた用語である）に対するラヴェイの扱い方の中で特に明らかとなる。「小魔術」とは、基本的には愛と人生において欲するものを得るために他者（そして自己）を操るための技である。そのほとんどは、他者を思い通りに操るための、ある程度常識的な、あるいは時にはあからさまな方法からなり、中にはレヴィが一世紀前に述べていたやや滑稽な「魔術の」デート術をそのまま持ってきたようなものもある。ここでもまた、魔術の「自制」と「自己認識」がテーマとして登場する。ラヴェイは、性愛のこの分野における人間の自由と自我を満足させる権利を主張していたにもかかわらず、この態度をその分野にまで拡大させた。「真のサタニストは、ほかの欲求に支配されないのと同様に、性欲にも支配されることはない」。

本書で見てきたように、これとまったく同じ態度が、レヴィや彼のオカルトの後継者たちにも見出される。しかし、レヴィやクロウリーをはじめとするオカルト実践者たちにとって、この自制には明確な目的があった。すなわち、人間と神——厳密には、人間の中にすでに存在する汎神論の神——の一体化である。ラヴェイの体系においては、この点での矛盾が明らかとなる。もしサタニズムが満足を与える宗教であるなら、なぜその満足感を制御することによって、先延ばしにしたり制限したりするのだろうか？　そもそもこの満足感とは何か？　それは快楽を享受することそれ自体なのか？　だがそうするには制御を解かなくてはならないのではないか？　あるいは、男性であれ女性であれ、権力の座であれ何らかの物を所有することであれ、満足感を与えてくれるものを「巧妙に」手に入れる行為のことだろうか？　ここでまた、ラヴェイのサタニズムに浸透する人間的優越をめぐる二つの対立する理想のあいだの根本的な緊張が明らかとなる。すなわち、その自然な衝動を自由に満たすことを許されるべき「動物的」で「子どものような」肉欲的人間という考えと、自己とそれが制御しようとする環境の上位に位置する合理的人間という考えである。もちろんこの緊張は、ラヴェイの言葉を哲学的または神学的に捉えた場合にのみ見えてくるものだ。実践者にとってラヴェイの魔術は、欲しいものを手に入れるための抜け目のない方法にしか見えないかもしれない。

ラヴェイの魔術体系に広がる緊張の一部は、意図的に作り出されたものである可能性がある。そのうちの一つは、おそらく自由で率直な新ロマン派の創造性と、ラヴェイが特に『サタンの儀式』において自身の魔術儀式に纏わせようとしていた歴史的正当性というオーラとの摩擦だった。ラヴェイはその書で、「サタニズムの儀式は、グノーシス主義、カバラ、錬金術、フリーメイソンの各要素を融合させたものであり、ほとんどすべての神話から力を持つ用語を取り入れている」と述べ、サタニストが自らの儀式を作り上げる中で用いることのできる創造性と「公言された空想」を強調した。また、ラヴェイはこの原理を実証する上で、アメリカのホラー作家H・P・ラヴクラフトの作品の断片や、作品に登場する架空の人物を正統な儀式に組み込んだ。

　ある形では、こういった創造性はロマン主義の時代にすでに表面化し、レヴィによってすでに実践されてはいたが、ラヴェイがオカルト界で恥ずかしげもなくあからさまにフィクション作品を取り入れたことは確実に先駆的だった。しかし、正当化戦略としての伝統にはこうして理論上は別れを告げたにもかかわらず、『サタンの儀式』に登場する儀式の多くは歴史的信憑性や古くからの伝統を示唆するような文章で記されていた。たとえば、前述した「黒ミサ」の儀式は（架空の）「ルシファー主義結社」のミサに基づいたものとされ、それを本物らしく見せるために、フランス語の引用句が『彼方』から大量に取り入れられていた。同様に、「電気前奏曲（Die elektrischen Vorspiele）」は一九三〇年代に「設立されたばかりのナチス親衛隊の情報部が」行ったとされ、「悪魔《チョルト》へのオマージュ」は「口伝と結社の伝統」によって今に伝わる古いスラヴの儀式として、「アル・ジルワ」という儀式はヤジーディー教の聖典に基づいて作られた独自の儀式として示された。こうした気ままな創作と見せかけの歴史的正統性の組み合わせが、ラヴェイが実際にはどんな効果を狙っていたのか、という疑問を人々に抱かせるような複雑怪奇な儀式を作り出すこともあった。たとえば、ラヴェイは「レール・エペ（L'Air Epais）」と呼ばれる儀式をテンプル騎士団の第六位階の儀式であると主張した。この騎士団は、ヤジーディー教との接触を通じてサタニズムを取り入れ、その事実は彼らが示していた生命に対する誇りと肯定に表れているとラヴェイは続けた。しかし彼はそれと同時に、実際のテキストがジェイムズ・トムソンの無神論者用の葬送歌『恐ろしい夜の街 *The City of Dreadful Night*』（一八七三）と「レヌアールの一八〇六年の戯曲『テンプル騎士団 *Les Templiers*』」から取ってきたものであることを率直に認めている。

　ここでも、ブリコラージュした儀式の歴史的起源とされるものを、蠟燭や鐘と同様に「感情を生み出す装置」としてラヴェイが意図的に利用していたことは明らかだった。彼が自ら記すように、「儀式魔術は成功に対する感情の強さに依存するものであるから、その実践においては感情を生み出すあらゆる装置を用いる必要がある」。しかし、この緊張関係は私たちの目にだけ存在するのではない。ラヴェイはなぜ自らの儀式を本物の歴史的遺産として一貫して示さなかったのかというのはたしかに疑問だが、他方では「感情を生み出す装置」の一部はこの点でサタニズムの歴史に対するラヴェイの真面目な確信を反映しているのではないだろうかとの疑問も浮かぶ。たとえばテンプル騎士団は本当に隠れた悪魔崇拝者だったとの主張のように。もちろん、ラヴェイが書いた当時のサタニズムに関する歴史的研究の状況を踏まえれば、歴史的なサタニズムを実際の数よりも多く見出していたことは大目に見ることができる。

ラヴェイが意図したであろうもう一つの緊張関係は、一般に「物質主義的」とされる彼の魔術の特徴と、その神話的で超自然的な外観とのあいだにある。実際ラヴェイは、直接の先駆者であったアレイスター・クロウリーと比べると、魔術の「神秘的な」特徴を維持することに苦労していたようである。グレイト・ビーストは自らの「魔術 Magick」について、「魔術とは、意志に従って変化をもたらす科学と技術である」とする明確な定義を示した。彼はその概念を、すでにレヴィが使っていた例で解説した。すなわち、「自らの知識の限りにおいて世界に事実を知らせることが私の意志である。そこで私は「魔術の武器」であるペンとインクと紙を手に取り、私が指導したい人々が理解できるような「魔術の言語」で「呪文」をこのような文章に記した。そして、印刷業者、出版業者、書店などの「霊」を呼び起こし、彼らに私のメッセージを伝えるよう強制する。この書を執筆し広めることは、したがって、自らの意志に従って私が変化をもたらす魔術行為である」。クロウリーにとって「意志」という言葉は特別な意味があったことは忘れてはならないが、彼はためらうことなく自身の教義から極めて「幻滅的な」結論を導き出した。クロウリーはさらに『魔術』の中で、「意図的な行為はすべて魔術行為であり」、「ある意味では、魔術は大衆が科学に与えた名前として定義できるかもしれない」と述べている。

しかし、だからといって魔術が物理学や化学に還元されるわけではなく、宇宙も同様であり、クロウリーが定めた儀式は「自然界でこれまで知られていなかった力を発見し、利用する」ための道具だった。その上、呼吸でさえも意図的であり、ゆえに魔術的な行為である可能性がある。クロウリーの体系の主な目的は、人間に生来の力を意識させ、その力を自らの意志で使わせることだった。「魔術にはあらゆる行為が含まれていることを覚えておくように。すべてが魔術の武器になりうるのだ。たとえば、国に対し自らの意志を押し通す上で、人々の護符は新聞であったり、三角のシンボルは教会であったり、円はクラブであったりするかもしれない。女性を射止めるには、五芒星は首飾りであるかもしれず、宝物を発見するには、魔法の杖は劇作家の筆であったり、呪文は流行歌であったりするかもしれない」。

ラヴェイは多くの点でクロウリーの理論に恩恵を受けていた。クロウリーから取り入れた多くの実用的な考えの中でラヴェイが特に注目したのは、彼が「バランスを保つための要素」と呼ぶ原理だった。「バランスを保つための要素」とは、普通に考えて望めないようなものを、魔術で手に入れたいと思ってはならないということだ（つまり、音楽がまったくわからない人間は、魔術儀式でヴァイオリンの名人になれるなどと考えるべきではなく、「醜く、こぶだらけで、淫らな口元をした歯並びの悪い浮浪者」は、「魅惑的な若いストリッパー」を射止められるなどと期待してはならないということ）。サタンの大祭司は晩年に「魔術には自然との調和が必要だ」と述べている。しかし、おそらくラヴェイは完全に還元主義的なアプローチでは、いわば魔術の魔術らしさを殺してしまうことを認識していた。よって、ラヴェイは『サタンの聖書』の中で、自分の指示や手順は「応用心理学、あるいは科学的事実」でしかないが、魔術は「決して完全に科学的に説明できるものではない」とも主張した。それゆえ、彼はクロウリーによる定義に一部修正を加え、魔術を「意志に従って、普通のやり方では変えられない状況または事象に変化をもたらすこと」として定義した。

ラヴェイはまた自分自身に関しても、超常的な並外れた能力を持っているというイメージを入念に築いていった。たとえば、ラヴェイ個人の伝説には、彼がかけた呪いが豊満な容姿で有名なハリウッド女優ジェーン・マンスフィールドの死を招いたとする話がある。マンスフィールドは芸能人の中ではサタン教会の最も有名な熱狂的信奉者の一人で、彼女が「度胸のあるハリール・ジブラーン」と呼んだとされるその新宗教への支持を公然と示していた。彼女の代理人で愛人だったサム・ブロディが、彼女にラヴェイとの関わりを断たせようとすると、ラヴェイはブロディに呪いをかけた。大祭司の警告にもかかわらず、マンスフィールドは愚かにもブロディと車に乗り込み、その後二人は事故に巻き込まれ命を落とした。ラヴェイはむしろこの悲劇的な出来事を冷酷に利用し、彼自身の魔術実績を揺るぎないものとした。しかし、彼はより日常的なことにも魔術の力を使っているとも述べ、たとえば、混雑したサンフランシスコで確実に駐車場を見つけられる力などを挙げている。

ラヴェイや初期のサタン教会がこの件に関して実際にどのような立場を取っていたのかについて、正確に窺い知ることは難しい。一方で、ラヴェイは明らかにオカルトに分類されるような考えを抱いていたと思われる――たとえば、三角形と台形に秘められた力へのこだわりである。他方で、この分野で彼が見せた曖昧さの多くは意図的なものであった可能性がある。「オカルト自体の魅力が、オカルトの人気をこうも高めている」。ラヴェイはこのように述べたことがあるが、彼の魔術的秘儀の体系全体も、「空想」を「魔術の武器」として使う彼独自の方法の一例なのかもしれない。それでも、ラヴェイの物質主義的で合理主義的な宗教がその魅力の大半を、不吉なもの、説明のつかないもの、そして古の神々と古の悪霊たちを呼び出す派手な儀式から取り入れているという事実には、矛盾とまではいかなくとも、多くの逆説が残っている。現代の研究者と同様、厳密には何が客観的事実で何が主観的空想とされているのか、当時のすべての観察者や参加者が簡単に解明できたわけではないだろう。次の章で見ていくように、実際に解明に苦労した人々がいたこともわかっている。

角のしるしは今や、わずかではなく大勢の人々の前に現れることだろう。
そして、魔術師は自らを知らしめるべく進み出るのだ。
――アントン・サンダー・ラヴェイ『サタンの聖書』
「ルシファーの書」第一二章

第8章

初期サタン教会の苦難

大衆文化に深く刻み込まれた一千年に及ぶキリスト教側からのラベリング、啓蒙思想からニーチェに至るまでのヨーロッパ思想における反キリスト教的な反応、ロマン派サタニズムによる堕天使の復権、ロマン派による反転としての宗教性に対する人間中心的な態度、一九六〇年代における性の革命とオカルトの復活、完全に近代化された中世および近世の魔術など、これらすべてがサタン教会の出現に寄与した。サタン教会は、キリスト教の悪の神話的具象化を主な崇拝対象として取り入れ、ユダヤ＝キリスト教の神を完全に除いた驚くべき新宗教だった。その創設者であり、元サーカスの雑用係で元オルガン奏者だったアントン・ラヴェイの創作力と大胆さもまた、この異色の宗教活動を形成する上での決定的な要因となった。ナグロフスカの短命に終わったタンプル・ド・サタンは別として、このように表立って堂々と悪魔への忠誠を誓う宗教集団は、かつてなかった。この最終章では、サタンの新宗教に関する最初の頃からおよそ二〇世紀末に至るまでの歴史を、特にサタン教会とその創設者の伝記に焦点を絞って検証する。サタン教会は、二〇世紀最後の三〇年間にどう展開していったのか。この新たな反宗教的な宗教に、周りの社会はどのような反応を示したのか。サタニズムは、ラヴェイが自信を持って予見していたように、新たな世界宗教に成長していくのだろうか。

サタンとセト神　ラヴェイとアキーノ

一九六〇年代から一九七〇年代にかけて、若いサタン教会は組織的な勢力を伸ばしていたようである。サタン教会の広報担当は全国に一万人の信奉者がいるとしていたが、より控えめな見方では実際にはその半分ほどの人数で、後に脱会者が述べたところによれば、活動している信者は数百人程度しかいなかったという。この新宗教は、地理的にはその影響力を広げていた。ラヴェイは全米に教会の支部を設立しそれを「グロット〔洞窟〕」と呼んでいたが、それはおそらくウィッカの影響を受けた「カヴン〔魔女の集会〕」という表現を避けるためであった。一九七二年にサタン教会はその思想的な原点であるヨーロッパに逆輸入された。その年にマールテン・ラーマースというオランダの若き実業家がオランダに公式のグロットを設立したのだ。同じ年に、ラヴェイは自宅で毎週行っていた儀式をしなくなった。以降、教会の礼拝はグロットで行われるようになり、ブラックハウスは教団の国際本部となった。

世の中では楽観主義が高まりつつあったが、サタン教会は問題を抱えていた。サタンを利用しようとするライバルが現れたりもしたが、さらに深刻だったのは教会組織が内部に抱える問題だった。個人主義と放縦を公式にテーマとする団体で結束を保つことが困難であるのは避けられず、すぐに内部分裂が起こった。デトロイトでは、バビロン・グロットの支部長がラヴェイから二度目の職位剝奪の処分を受けた。その支部長はイギリスから来た元カトリック司祭で、自分の利益のために会費をつり上げ、グロットの儀式を緊縛と同性愛の個人的な空想の世界に変えたとして支部のメンバーから告発された。その後、この元司祭は〈人間普遍教会〉を分離させ、「サタンなきサタニズム」の教会と称したが、その活動はすぐに消えていった。一九七三年にはシカゴ支部の多くのメンバーが〈ネシラム・ライトの汝サタン正教会〉という分派を設立したが、一九七四年にはそのまた分派である〈汝サタン教会〉というさらに小さな教派が一部の信奉者によって設立された。一九七三年二月には、デイトンにあるステュクス・グロットの一部のリーダーたちが盗品の取引を行っていたとの疑いを受けて、セントラル・グロットがステュクス・グロットの設立許可を取り消した。彼らはその後正式に、〈サタン友愛教会〉という自分たちの組織を設立したが、その主要な扇動者の一人だったジョン・デヘヴンがキリスト教への改宗を表明したことで、劇的な終わりを遂げた。

これらの分派は短命でほとんどの場合それほど重要ではなかったが、それらは必然的に混乱をもたらし、そして一部の教会メンバーのあいだで広まった不満が、最終的にはより深刻な分裂を引き起こすことになった。この不満には主に二つの原因があり、それらは検証を進めていく上で非常に興味深いものである。一つは、アントン・ラヴェイの性格とリーダーシップのスタイルであり、もう一つは、彼のサタニズムの教義的な内容に関するものだった。

まずラヴェイ自身について述べると、このカリスマ的な大祭司は、自身が始めたサタン教会を自分個人の事業であるかのように運営していた。ラヴェイは教会の運営を補助してもらうために九人評議会を指名していた（もしくは指名したと主張していた）が、真の権威は完全に「地獄の総督」にあった。さらに、ラヴェイのアプローチには商業的な側面も含まれ、一九七〇年代初頭にはその側面が目立っていったようである。ラヴェイが自分の反宗教的な宗教に対し、実際にどれだけ真剣であったかについては疑問が上がるかもしれない。結局のところ、ラヴェイはショービジネスの世界にいたこともあり、彼が作り上げたものは、滑稽な悪魔に扮した大祭司が走りまわるカーニバルの出し物を彷彿とさせ、引っかかるところがあった。彼が記した自身の偉人伝では、自分がカーニバルやサーカスの従業員だったとすら述べている。もしサタン教会が、根本的には、その大祭司が自らの地位を高め、金銭的利益を得るための宗教的カーニバルのショーだったとしたらどうだろう。

サタニズムを商業目的や娯楽のために利用することに関しては、ラヴェイは先駆者とは言えないだろう。このテーマは本格的な歴史研究ではいささか無視されてきたが、「悪魔崇拝」というテーマが成人向けの娯楽産業でサタン教会に先んじて用いられていたことは確かだ。ラヴェイは『サタンの聖書』の中ですでに、「サタニズムを口実として用いるセックスクラブ」を、より厳粛な「闇の」エソテリシズムと「永遠に共存する」現象として描写していた。「それは今日も続いており、タブロイド紙の記者はそのことに感謝しているだろう」。さらに、一九四〇年代から一九五〇年代にかけては、パリとローマの風俗街の治安の悪いエリアで、金を払った客が「本物の」黒ミサに参加できたとする三文小説がいくつもある。ギリシアのイリニ王女ですら、パリの地下室で行われていたそうした儀式を目撃したと報道された。ブレヴァンヌの『黒ミサ *Les Messe noires*』に出てくる「カピトリヌス神殿の近く」で行われていた「卑しい道楽」もその一種と見てよいだろう——実際、一九〇四年のその芝居自体も多かれ少なかれソフトポルノの実演だった。中には、性的演技、商業活動、純粋な宗教儀式の境界が見分けにくい場合もある。たとえば、『ビヨンド *Beyond*』誌の記者がストックホルムで目撃したという「サバト」についてはどう考えればよいだろうか。そのサバトでは若い女性が苦しみのうちにあるベトナムの人々への敬意の印として自らの処女性とされるものを儀式で捧げたという。

ラヴェイのサタニズムがその初期段階において、この「のぞき見ショーのサタニズム」との親和性があったことは間違いない。アムステルダムではオランダ・グロットのリーダであるラーマースが自身の教会に併設した「ヴァルプルギス修道院」というセックスクラブがあり、そこではプロの「修道女」がバナナを使った演技を行っていた。黒の教皇〔ラヴェイ〕自身もそうしたことと無関係ではなかった。ラヴェイは教会の設立当初に、サンフランシスコのノースビーチにあるナイトクラブで「トップレスの魔女レビュー」を上演した。内容としては、胸を露わにした魔女たちが「異端審問所長」（ビリー・グラハムの元神学顧問がその役を演じ、「水色のビキニパンツ」姿で登場した）を誘惑したり、同様に胸を露わにした女性のヴァンパイアが棺の中から現れたりするものだった——ラヴェイのアドバイザーだったエドワード・ウェバーは、教会がトップレスショーをしていることがカリフォルニア州に知られると、新しい教会への認可が下りないのではないかと気が気でなかった。ラヴェイはこの事業を中止にはしたものの、女性のヌード姿は世間の注目を集め、大祭司はしばしば男性誌のインタビューを受けたり写真撮影に応じたりしていた。それに対応して、教会にはより充実した性生活を求めて訪れる人も多かったが、ラヴェイは自由な乱交パーティーを期待する参加者を思いとどまらせようとした。人間のほとんどの性のあり方に対する教会の寛容な態度は、とりわけ同性愛者とSM愛好家を引きつけたようだ。

さらに、ラヴェイの宗教事業には当初から商業的な一面もあった。教会の終身会員には郵便で二〇ドル、後に一三ドル払うと、なることができた。その出資に対し、新入会員には黒字で印字され、銀色のバフォメットのシンボルが浮き彫り加工された緋色の会員証が贈られた。（ちなみに、教会が主張する一万人の会員数の元となった情報は、このタイプの会員を含めたものだった可能性がある。）会員はまた、バフォメットのペンダントと特別な魔除けを四ドルから一〇ドルの値段で購入することができた。さまざまなグロットに所属していたサタニストは、サンフランシスコのセントラル・グロットに年間一五ドルを寄付していた。しかし、これらの価格はむしろ控えめなほうだった。ラヴェイは当時サタニズム事業で生計を立てていたと思われるが、それは主に集会、講演、執筆活動を通じて成り立っていた。

一九七〇年代にラヴェイと配偶者のダイアン・ヘガーシーは、自分たちが作った制度的枠組みにうんざりするようになっていった。信奉者のネットワークを管理するためには多くの時間と大量の手紙のやり取りが必要となるが、その結果得られるのは、トラブルの嵐とわずかな収入だけだった。さらに、組織化されたサタニズムに引きつけられるタイプの人間は概して、ラヴェイが自身の新宗教のヴィジョンとして思い描いていた優秀な人物像とは合わなかった。ラヴェイは補佐役の一人に宛てたA．S．七年（一九七二年）三月六日付の手紙に、「メンバーシップについての問い合わせは増え続けているが、脳外科医や国会議員はまだ不足している」と記している。その手紙の中で、ラヴェイは新たなアプローチ方法も提案した。ラヴェイが記すには、支部教会を苦労して作るより、サタニズム・ブームを作ってそれに対する大衆の支持を増やすことに、より多くのエネルギーを注ぐのがよい。そうすれば、「悪魔崇拝のグッズを低レベルなうるさ型に売り込むこと」で、この大衆の支持を当面のあいだ商業的に利用することができると思われる。魔除けを大量に売り、教会内部の機関誌『悪魔のひづめ』を『プレイボーイ』誌に並ぶ高級雑誌にする必要がある。ほかのサタニストたちと集まりたい信者はグロットで自ら計画しなければならず、その際は間もなく出版される『サタンの儀式』を手引書として用いればよいが、サタン教会は本来、指導者のエリートにとっての組織となるべきである。「やがて、調整がなされ、サタニズムブーム（教会ではなく）が十分に広がれば、人材は、唱道者、寄付者、指導者、正当性を与える者、下っ端の奉仕者などに分類されうる――ちょうど人間という動物に対処してきた過去の諸宗教が行ってきたように。そうしてわれわれの計画に従えば、それぞれの人の価値を引き出すことができ、神殿と大型娯楽施設を建設することができる」。

その後の数年間、組織に対するラヴェイの態度は揺らいでいたものの、一九七四年九月に彼の「マスタープラン」の「第四段階」を発表し、信奉者たちをますます驚愕させた。グループ活動にはサタニズムを「侮れない力」として確立させる目的があったが、「アヒルの子が身を寄せ合って暖を取る程度」のものとなってしまった。サタニストとは強固な意志を持つ人間であるべきであり、「強固な意志を持つ人間は、ほかの強固な意志を持つ人間とはうまく付き合えない傾向がある」とラヴェイは述べた。そのため、すべての支部を停止し、個々の会員とグロットは今後、セントラル・グロットにのみ報告を行い、会員同士の連絡は最小限にとどめるべきである。将来、すべてのサタニストは「無比のエージェント」として行動し、個別に活動することになる。祭司と師《マジスター》の地位は「サタン教会の外での注目すべき功績と影響」に対して授けられることになる。教会員は、ラヴェイが彼個人の運転手に「マジスター第四位階」の地位を与えた際にさらに激怒した。この称号は、ほとんどの場合、厳しい審査の過程を経て祭司職を取得した正式な祭司の中でも、一人だけにしか授与されなかったものである。

大祭司と関係者たちとのあいだで高まっていた不信感は、一九七五年に頂点に達した。ラヴェイは、その年に『悪魔のひづめ』で勅令を発し、「サタン教会の外での注目すべき功績と影響」の基準の一部を明確にし、サタニズムの祭司職にふさわしい人物像を示した。またほかの条件として、教会に「物質的な貢献」を行った者は祭司に叙任されうる、とする旨もはっきりと記されていた。ラヴェイは、「サタニズムのあからさまな物質主義的概念は常に少しのパンや、あるいはそれに相当するものを必要としている」と書き添えている。ある意味では、ラヴェイはむしろここで自らの哲学の論理的帰結を導き出していたにすぎなかった。すでに『サタンの聖書』において、彼は次のように述べていた。「もし金持ちが天国に行くことが、ラクダが針の穴を通ろうとするのと同じくらい難しく思われるのであれば、もし金銭欲が諸悪の根源であるなら、少なくとも地上で最強の人間を最も悪魔的存在として見做さねばならない」。サタン教会が広めたような、魔術に対する明らかに肉欲的・現世的・実利的なアプローチでは、成功する魔術師は、富または権力を持っている人物である必要があった。しかし、教会の古参はこのような論理を快く思わず、ラヴェイが私腹を肥やすためにサタンの祭司職を売りに出していると、おそらく根拠を持って結論づけた。実質的な物理的な組織としての教会をほぼ消滅させてしまうような分裂が起こった。

この分裂は言うなれば、神学論争ないし悪魔学論争、すなわち、サタンの存在論的性格に関するラヴェイと一部の信奉者とのあいだで深まる、見解の相違の帰結でもあった。サタン教会には当初から、サタンを実在の独立した人格を持つ存在として信じる信奉者たちが集まっていた。ラヴェイは公式にはサタンをメタファーと位置づける見解を示していたが、彼の執筆物の中には、ほかに解釈の余地があるととりうる記述も見出される。たとえば、『サタンの聖書』の中でラヴェイは、サタニストが神を信じていないというのは「よくある誤解」だと記している。「サタニストにとって「神」という存在は――どんな名前で呼ばれていようとも、あるいは呼び名がまったくなくとも――、自然界の均衡を保つ要因と見做され、苦しみに関係するものとしては見做されていない。宇宙の隅々まで広がりその均衡を保つこの強力な力は、われわれが住む泥の球体の上にいる生身の人間の幸福や苦悩を気にかけるには、あまりに抽象的な存在である」。この一節からは、ここでいう「神」が「サタン」と同一のものであるかはわからないが、別の一節からは両者が同じものを指すとわかる。その一節でラヴェイは擬人化されたサタン像からは距離を置き、代わりに堕天使は「自然の力――闇の力ともいう。どの宗教もその力を闇から取り出すことができなかったという理由でそう名づけられた――を象徴する」と述べる。いずれも、ラヴェイが用いる言葉は、彼がよく知るレヴィの言葉から直接引いてきたものだった。エリファス・レヴィにとっては、「宇宙の均衡を保ちその隅々まで広がる強力な力」が、

「汎神論的神性」として現れるサタンであり、と同時に魔術師が使う「魔術の力」であったことを思い起こせば、これらの一節を書いた時点で、サタニズムの大祭司が、非人格的でありつつ神聖な宇宙《コスモス》の原理としてのサタンの概念を受け入れていたと考えざるをえない。

サタン教会の初期の分派の一つである〈ネシラム・ライトの汝サタン正教会〉はすでに、サタンを対抗勢力とする創造神という伝統的な概念に「立ち戻っていた」（彼らが好んでいたのは、もちろん前者だった）。しかし、サタン教会内部で有神論的なサタン観を最も顕著に示していたのはマイケル・A・アキーノであろう。彼はラヴェイが最も信頼する幹部メンバーであり、教会の機関誌『悪魔のひづめ』の編集者だった人物である。当時、アメリカ陸軍の中尉としてベトナムで心理戦に従事していたアキーノは、一九六六年三月にサンフランシスコでの休暇中に好奇心からラヴェイが行う儀式の一つを見学した。彼はすぐに派手な大祭司のカリスマ性に圧倒された。後の回想によればアキーノは当時、深刻な精神的危機に陥っていた。彼は実存主義哲学に没頭した結果、人生には目的などないという結論に達し、一時期は自殺まで考えていた。アキーノは後に手紙の中で、「この時アントン・ラヴェイはこう言った。「意味のないところには、われわれで意味を創り出すことができる。ゆえに、われわれは創造物ではなく、創造者である。われわれは神なのだ」」と綴っている。この若き陸軍士官がラヴェイのことを霊的指導者のような存在として見ていたことは明らかであり、彼はその後数年間にわたって、ラヴェイのためにサタン教会の運営と支部の基盤を構築することに多くのエネルギーを注ぎ込んだ。

しかし、その忠誠心にもかかわらず、アキーノはやがて、サタン像に関する事柄に関しては、ラヴェイの正統派の思想から離れ始めた。その過程はゆっくりしたものだったと思われる。後年にアキーノが書いた自身のオカルト体験に関する回想録には、サタンを召喚する魔術儀式がきっかけで彼が有神論者の道を歩み始めたことを示唆する内容が散見される。「黒魔術の儀式に参加するサタニストたちは、すぐに自分たちのものとはどこか異質に感じられる部屋の空気の中に存在する「働きかけてくる力」に気づき始めた。派手な儀式や大袈裟な弁舌は背景に消え、参加者は儀式の最後には、自分たちが消耗し疲れ果て、動揺するほど鋭く強烈な力に感覚器官を通して囚われたことに気づくだろう。それは偶然起こったことではなく、必然的にくり返されるものだった。このような体験の後、参加者は口を閉ざし、内省的になり、自分の感情についてどう思ったかを話し合うのを嫌がった。正常な心理劇を演じる無神論者から「落ちこぼれた」ような、ちょっとした恥じらいの気持ちすらあったかもしれない」。単なる儀式的な祈りから実際の信仰に至ることうした流れはありうることである。T・M・ルーマンは現代のネオペイガンの魔術師に関する自身の著名な研究において、「想像的で感情的な関与」から、教義上の主張への知的な関与への「解釈的流れ」について報告しているが、これと同じ移行である。アキーノ自身は後年、エリファス・レヴィによる次の有名な一節を引用することを好んだ。「呼ばれると、悪魔は来て姿を現す」。

教義的なテキスト上の象徴として定義された悪魔と、儀式の「知性の減圧室」に実在する存在として召喚された悪魔とのほぼ必然的な混乱以外では、アントン・ラヴェイ自身の振る舞いが、一部の信奉者の有神論的傾向を強める原因となったのかもしれない。大祭司は「サタンの御名において！」や「サタンを君臨させん！」という叫びを、まったく躊躇せず、もったいをつけて盛んに投げかけ、脱会者やライバル集団との対立の際には、教会に悪魔からの正式な命令が下されたのだと平然と述べた。少なくともアキーノは早い段階で、教会がその名を冠した存在と実際に関わっていると確信していたようだ。それから間もなくして、彼はサタンの名において予言者として語り始めた。一九六九年六月に軍務でベトナムに戻った際、アキーノはミルトンの『失楽園』を持って行った。ロマン派サタニストたちと同様、アキーノはこの叙事詩に触発されて聖書の起源神話を、自分の言葉で語り直した。アキーノはフランス統治時代の爆破された古い建物の中や、ヘリコプターやテントの中で、また時には銃撃をかわすために下生えの中で書き綴っていたことで、自分の文章が深い意味においてもインスピレーションを受けたものであるように感じるようになった。「それはまるで文章に生命が宿っていたかのようであり、完成した時でさえ、予定通りタイプライターで清書することなど不可能であると感じた。だから、私はさらに一か月かけて、二巻の本として仕上げるために自分の奇妙な装飾的な手書きの文字で書き写したが、またしてもそのような文字で書くことを「強いられた」のだ」。

その結果、半ば聖書的な散文形式の「サタニズムの」創造神話ができあがった。アキーノが『魔性 *The Diabol-*

icon』と名づけたその書には、サタン、ベルゼブブ、アスモデウスをはじめとする悪霊たちの言葉や、原初の時代の混沌から、「今や神という名で呼ばれている」秩序がいかにして生じたかが記されていた。しかし、この秩序は宇宙の均衡が保たれた状態を希求するものだった。サタンだけがこの停滞を免れたのは、「未知の天上の融合を通じて」、神の秩序によって規定されていない「霊性と主体性」を持つ生命を纏っていたからだった。サタンは長いあいだ自らのこの特別な資質に気づかないままでいたと『魔性』の中で語った。「しかし、ついに私の意志は生命を輝かせ、そして私は思考した――そして自分の自我を認識し、精神において独立しており、本質的に唯一無二の存在であることを知った。自らの新たな精神の力によって私は自分と一緒に形づくられた者たちに働きかけ、彼らに触れて主体性を与えた」。神が結局自分以外に「意志」を持つことを許さないことを知ったサタンは、神に反旗を翻した。その後、サタンに味方する天使たちと、「メシア」と呼ばれる強力な天使に率いられた秩序を守る天使たちとのあいだで戦争が起こった。

この争いが宇宙《コスモス》を破壊する恐れがあったため、秩序の側の天使たちは天へと撤退し、「新たな精神を持つ」天使たちは宇宙の枠を超えた場所へと引き揚げ、そこで彼らはすべての意志が平等となる「暴動的な万魔殿《パンデモニアム》」を生み出した。戦場は、秩序の勢力が「無垢の愚かさ」のうちに生きる人類が住む新たな世界を築いていた地上へと移った。サタンは反撃するため、彼らの領域に侵入し、意志と個性の「黒い炎」をもたらした。以来、メシアと彼に従う天使たちは人間の中にある火種を抑え込もうとして、恐怖と宗教的な脅威をもたらす「神の教会」を築き、ルシファーとの友好関係によって不寛容と異端審問と死の恐怖だけを味わう人間の悲鳴で地上を満たした。しかし人間は着実に、困難をものともせず、「自由で無限の意志であるサタンの驚異を創造し、永続化し、実践すること」において成長している。

『魔性』は、その哲学と表現において、ブレイクおよびバイロンの『カイン』が描くルシファー像をまず連想させるが、アキーノはインスピレーションの源としてどちらにも言及することはなかった。それに対し、サタン教会の公式イデオロギーの方針からすると、こうした個人的なサタンからの啓示は落ち着かないものだったようだ。しかし、ラヴェイは信奉者の有神論的な傾向に対し驚くほど寛容だった。アキーノが自らの著書を送ると、ラヴエイは簡潔ながらも丁重な礼状を返した。「『魔性』を無事受け取りました。いつまでも影響を与え続ける作品となることと思います。時間を超越した作風で完全に自覚的に書かれています。非常に感銘を受けたので、今夜の儀式で私が朗読する一節をいくつか選びました。この儀式では、マキアヴェッリ、ニーチェ、トウェイン、ホッブズといった過去の悪魔崇拝の巨匠たちの著作を称え、教会の評議員がそれぞれの作品を朗読することになっています」。

ラヴェイはまた、アキーノがケンタッキー・グロットへの加入宣誓書を作成した時も、『魔性』の神学的・哲学的要素が含まれていたものの、口を挟まなかった。むしろ、その宣誓書をいくらか修正したものを、『サタンの儀式』の成人の洗礼式に取り入れた。その洗礼式で志願者のサタニストは「神に盲目的に従うこと」と「自己の忘却」をやめることを誓い、「唯一無二の存在の喜びと苦痛」を受け入れ、「サタンとして称えられるルシファー、光の王との友情」を宣言することを促された。ラヴェイは『ナショナル・インサイダー *National Insider*』のコラムでも同様に、あからさまに有神論的な内容が記されたサタニストたちからの手紙を「一部の人々が悪魔という概念に対してどれほど熱心であるかを知ってもらうために」引用することもあったが、一方、別のコラムでは、サタンはただの「象徴的存在にすぎない」とも述べ、すなわち、「人間自体が神であり、サタンは人間全体の象徴的表象にすぎず、サタンの儀式では自己の確信を確認するための強化装置として位置づけられている」とした。

しかし、アキーノがこの頃までに信じるようになっていたのがこのことでなかったのは言うまでもない。この若き情報将校がほかのサタニストたちに宛てて書いた手紙に出てくるサタンは、伝統的な神とは見分けのつかない描かれ方をしていた。あるサタンの祭司への手紙には、サタン教会への「命令」は「暗黒の君その人から直接」下されたものだとして、「もしこのことを確信していなければ、われわれがこの名称を名乗るのは偽善的でありましょう」と記した。アキーノは一九七四年の七月から八月にかけての『悪魔のひづめ』の中で、大祭司の暗黙の了解のもと悪魔の実在を大胆にも主張した。教会側は戦術上の理由から悪魔の実在を否定していたにすぎなかったが、その理由も、もはや妥当なものではなくなっていた。「たしかにサタンは存在する。神話としてだけでなく、心理的な元型としてだけでも、比喩的表現としてだけでもなく、本質的で知的な存在として存在するのである」。

アキーノはひとまず、ラヴェイの忠実な補佐役としてとどまった。サタンから一九七四年の夏に届いた新たなメッセージは、ラヴェイの教会に関する方針を忠実に支持するものだった。その中でその大悪魔は自分の教会を「喜びと、われわれにとっては蜜の味のする矜持をもって」見ていたと述べた。しかし、悪魔はサタンの名が再び忌避され、自分の教会が「現実に生き残る」ために「虚構の中に消える」時が来るだろうと予見した。「現実に生き残る」ためには、教会の組織を放棄し、その信奉者を「選ばれた者」として残す必要があった。これはこの時まさにラヴェイが提案したことであり、その結果、サタンは自分に仕える魔術師を大いに称賛した。魔術師はサタンと交わした契約を焼き捨てるよう命じられたが、それは今や魔術師が「[彼]自身において悪霊」であり「真の神」であるからだった。

しかし、この予言の語調はサタンに対してとげとげしいほどで、アキーノが自分の中の別の声を封じ込めようとしているように感じられる。アキーノは、ラヴェイが作った新しいアメリカのサタニズムのために全国規模の組織を築こうと尽力した。彼が後に書いた回想録には、ラヴェイが最も忠実な信奉者たちに時折冷淡な態度を取っていたことに対しアキーノが憤りを感じていたことが明確に記されている。また回想録からは、儀式的な位や階級に執着していた人物としてのアキーノの姿も窺える。さらに彼は、サタン教会は地獄の魔王によって神聖化されたものであると本当に考え、その祭司たちを神聖な存在と見做していた。そのため、ラヴェイが自分の運転手にマジスターの位を授与した際にアキーノは大いに困惑し、そして大祭司が、今後は物質的に特別な寄付を行った者にも祭司職を与えることを発表した際には愕然とした。アキーノはダイアン、そしてアントン・ラヴェイに長文の手紙を送り、文末に「地獄の聖職叙任権」が「サタン教会株式会社」から取り上げられたので、彼らは祭司を任命する権限を失ったことを通知した。全国のグロットの指導者から辞表が殺到する中、アキーノはメンバー全員に向けてメッセージを送り、サタン教会はもはや「暗黒の君が真に正当と認めるもの」ではなくなったと伝え、自分に連絡するよう促した。

不満を抱くサタニストの一団が集まり、アキーノは次に何をするかを思案した。一時期、「新」あるいは「改革派」サタン教会の設立が検討されたが、この案は結局却下された。憤慨し、自身の教会に関する助言をサタンに直接求めることにしたアキーノは、自宅に籠り、レイフ・ヴォーン・ウィリアムズのレコードを延々とかけながら、エノキアン魔術の最初の祈禱文を唱えた。彼はすぐさま自分の書斎に入り、腰を据えて執筆したくなった。アキーノは後に、次のように述懐している。

その体験は、「口述」というものでも、……あるいは降霊術者のやり方に倣った「自動書記」というものでもなかった。その考え、言葉、言い回しは自分のものと区別がつかないように思えたが、ほかの出来事にはないような独自性と必然性の両方を感じさせるものだった。私は度々、しばらく間を置いて、次に何が起こるかを待っていた。私は机から三度離れた――一度はウォリス・バッジが書いた『エジプト語 *Egyptian Language*』という小本を見つけ、それをぱらぱらめくって以前悩ませられた文を探し出し、そこに記された象形文字を書き写すため、一度は『法の書』に走り書きしてあった一節のそのままの内容を物語風に丁寧に書き直すため、そして最後は執筆物の末尾に「印」として自分自身の小絵（以前単なる瞑想的な思いつきで描いた作品）を書き入れるためだった。

アキーノはその後、最終的にできあがった執筆物に『夜に現る書 *The Book of Coming Forth by Night*』というタイトルをつけた。その中には、暗黒の天使からの驚くべきメッセージがいくつか含まれていた。まず、暗黒の天使はもはや「ムーア人的な」名であるサタンと呼ばれることを望まなかった。「セト神の真の名において、わが神殿と教団を再び聖別せよ。私はもはやヘブライ人の悪魔の不愉快な称号は受け入れない」。さらに暗黒の天使は、自分は「宇宙の永遠の知性」であり、昔は「ケム」（エジプト）で崇拝されていたが長いあいだ忘れ去られ、以来ずっと自分を求める者を探して地上をさまよっていたと述べた。彼は一九〇四年に、浄化をもたらし、「人間の死の神々たちの停滞の恐怖を取り払う」べく、「反対の自己」としてアレイスター・クロウリーの前に現れた。サタン教会の設立により、セト神とこの反対の自己は融合した。しかし今や、セト神が純粋で堕落していない姿で再び現れ、自らの名前で直接召喚される時が来た。「サタニストは儀式を通じてサタンに近づこうと考えた。今後、セト神の信奉者があらゆる暗唱を避けなければならないのは、他のもののための詩文は「反対の自己」に対する非礼にあたるからである。私にはむしろ友として、優しく恐れることなく話しかけるように。ひざまずいたり視線を落としたりしてはならない。なぜなら、パ・マト・エトにある私の神殿でそうしたことは行われていなかったからだ。ただし、話しかけるのは夜中であること。というのも、夜になると空が障壁ではなく、入り口になるからである。そして私を暗黒の君と呼ぶ者たちは、私の名誉を傷つけることは決してしてない」。

このように神の使命を与えられたアキーノは、一九七五年一〇月二三日に非営利の宗教法人として〈テンプル・オブ・セト〉を正式に登録した。サタン教会のかなりの数の祭司たちがこの新たな宗教事業に加わり、教団指導部の中でも高い地位に就いた。実践的な側面においてもイデオロギー的な側面においても、この新たなセト教会はラヴェイのサタン教会を特徴づけていた多くの緊張や矛盾を解消し、それらを一貫性のある態度に置き換えようと努めた。その際、サタン／セト神が本物の超越神という地位に押し上げられたことは言うまでもない。アキーノは、このサタン／セト神が従来の「死神」、すなわち無条件の降伏や奴隷のような服従を必要とする人間性の投影ではないことを明確にしようと苦心した。むしろ、セト神のことは友人あるいは仲間として捉え、高次の人間性を手に入れる手助けをしてくれる存在として考えなければならなかった。しかし、アキーノがセト神を、独立し人格を備えた上位の存在として、さらに自律性と個性という人間（そして天使の）意識の創造者として見做していたことは明らかだった。

また、サタンとして知られる存在の正体がセト神であることが明らかになったことで、サタンの系譜が問題視されることもなくなった。テンプル・オブ・セトの崇拝対象は、ユダヤ＝キリスト教の創造物ではなく、人類が知る中でも最古の神々の一柱であることが判明した。アキーノは、自分が崇拝していたのが実は「古代エジプトの神」であったことを突然知り非常に驚いたことを主張した。しかし実際には、アキーノはラヴェイと決別する数年前からすでに、古代エジプト神話とセト神に興味を抱き始めていた。さらに一九世紀のエソテリシズムでは、古代エジプトの神セトがヘブライ語のサタンの語源であるとする説がすでに提示されていたが、これはブラヴァツキーとクロウリーの両者が示した、巧みではあるが完全に間違った説だった。

　歴史的に見ると、この新しいテンプル・オブ・セトでは、ラヴェイが意識的に隠そうとした西洋のオカルト伝統、特にクロウリーとのつながりを明確に復活させた。『夜に現る書』には『法の書』から直接引用された箇所まであり、原稿の暗号化された断片がラヴェイとアキーノへの直接的な言及として解読されていた。アキーノは組織レベルでは、ラヴェイの組織で起こったとされる不正を防ぐよう気をつけていた。『夜に現る書』の中でセト神は都合よくアキーノを「第五位階の魔術師」に指名したが、正式な権力は九人評議会に与えられた。また、テンプル・オブ・セトは、将来、商業主義へと逸脱してしまわないよう、節度ある非営利組織として形づくられた。実際には、テンプル・オブ・セトはほどなくして、ラヴェイのグロットをモデルにした地域の「パイロン〔塔門〕」で組織されるエソテリシズムの研究会や多くの教団内部組織へと展開していった。アキーノはラヴェイが信奉していたエリート主義を引き継いだが、組織の複雑な等級制度においては知的な功績が昇格する上で最も重要な基準となった。後にメンバーは膨大な読書リストに不満を漏らすこともあった。リストには希少で高価な本が多く含まれ、メンバーはそれらをエソテリシズム的な昇格資格を得るために購入しなければならなかった。

　ラヴェイのサタニズムにおける両義性を根本的に解消することが、テンプル・オブ・セトの人間学におけるテーマであったことはほぼ間違いない。アキーノもラヴェイと同じように、人間には、少なくとも潜在的な可能性として「真の完全な神性」があると考えていた。しかし、人間を「単なる動物」と見做すラヴェイの人間観とはまったく対照的に、この神性の潜在的な要素は、人間の創造的で意識的な本質の中に見出されるものだった。すでに『魔性』で表されている内容にしたがえば、テンプル・オブ・セトの究極の目的は、昔も今も、物質的で物理的な世界と向き合う教団の信奉者たちを解放することであり、セト神はこの真に個性を持った存在に達する能力の源としても表象としても機能した。ラヴェイが『サタンの聖書』で示した個人の不死性の可能性に関するやや矛盾した仮説は、死後の世界についての包括的な理論へと作り上げられていった。「未発達の意志」は、肉体の死後はおそらく「存在しなくなる」一方、「より強く発達した意志」は死後も存在し続けるだろうとあるセト神信奉者は一九七七年の教団の会報で主張した。これは「アストラル界」や「主観的現実」の領域、すなわち「夢や空想」の「個人的で私的な世界」で起こりうることだった。

> われわれがそう望むのなら、「神の」法を自分たちの世界に当てはめる必要はない。世界はわれわれが望むあらゆる生き物や存在で満たすことができる。その世界において、われわれは狩人になる日もあれば、王になる日もある。そこに制約はない。その中でわれわれは至高の存在なのである。自分たちの主観的な世界においては、われわれが「神」なのであり、支配するのはわれわれだけなのだ……。人が死ぬと、後に残るのはアストラルの世界だけなのかもしれない……。人が死ぬと、その人物は自らの完全に主観的な世界に入り込み、客観的な存在からは完全に切り離されるのかもしれない。

究極的には、この霊的で創造的な存在としての人間という見方が、テンプル・オブ・セトの神学および教団の大部分の実践の土台となっていた。言うまでもなく、こうした見方は古代世界のものでも古代エジプト的なものでもなく、極めて近代的なものであった。さらに言えば、この見方は——アキーノがドイツ・ロマン派哲学の熱心な読者であったこともあり——ラヴェイのサタニズムよりもはるかにロマン派的要素を多く含んでいた。バイロンが描いたルシファーは、テンプル・オブ・セトでは古代エジプトの神の教団を装ってはいたものの、ついに信奉者を見出したともいえる。

　一方、アントン・ラヴェイと彼のサタン教会はどうなっていたのだろうか。ラヴェイが最も信頼していた教団の仲間たちの脱会によって相当な衝撃を受けていたことは確かだ。彼は生涯、著書の中でテンプル・オブ・セトに言及することは一度もなく、アキーノや彼の仲間を、「シュライン会員[*18]になるか、あるいはローレル&ハーディ主演の『極楽発展倶楽部 *Sons of the Desert*』に登場している方がまだましのエジプトかぶれ」と言って軽蔑していた。後年、彼は「ある特定の集団」が広めた噂を否定し、サタン教会は「存在しない分裂あるいは高位役職者の大量脱会」によって、「回復できない」ような痛手は負っていないと主張した。それどころか、一九七五年の出来事はすべてサタニズムの五段階あるマスタープランの一環であり、「「家の掃除」を行い、〈第一段階のサタニズム〉（つまり、厳密に計画され、限られた方法でキリスト教を冒瀆する集団儀式）に興味のある会員を段階的に減らしていくための悪魔的なやり方」であったとした。

私は、多くの人々がわれわれの仲間に加わるのは、単に友達が欲しかったり、あるいは、位階を取得するための試験に合格する、という名誉が欲しかったりするためであることはわかっていた。それは、式服や祭服を脱げば、教会の外ではただの人になる「お偉方《グランド・ブーバ》」の様子とよく似ている……。集団は自分たちの全能感を強化するために、信念や妄想に依存することを促す。実際、私は自分が設立した集団が自己充足と率直な懐疑論を育む代わりに、妄信と不健全な神人同形説に陥っているのを目の当たりにした。

いよいよマスタープランの第五段階、「応用」の時が訪れた。この段階では、サタニズムが社会で表立った、もしくは隠れた影響力として躍進し、組織を「集団に依存しなければならないはみ出し者ではなく、生産力のあるよそ者のための緩く組織化された団体《カバール》」へと再編成することが求められた。また、ラヴェイは有神論者と距離を置き、サタンをメタファーとして、自らの「宗教」を「合理主義と自己保存（自然法、動物状態）の世俗哲学」として明確に示し、「これらの考えを宗教的な装飾で飾り立てて魅力を高めた」のだと述べた。

一方、アキーノはそのようなマスタープランがそもそも存在していたのかどうか疑念を抱いていた。ラヴェイがアキーノとの対立が起こるよりずっと前から段階を伴ったプランに言及していたことは確かだが、実際の分裂もその一環だったかどうかは、もちろん知る由もない——ただし、それに先立つ彼の行動の中には意図的に挑発したと思わせるような兆候があり、中でも自分の運転手を第四位階のマジスターに昇格させたことは、その最たる例だった。さらにアキーノは、ラヴェイのサタン観は、サタン教会の初期の神学から逸脱していると述べた。アキーノによれば、一九七五年まではラヴェイと教会の中心メンバーは、悪魔を純粋な人格神としてずっと信じており、一方で暗黒の君を象徴として示すことは、当時の人々の感覚に逆らわないようにするための隠れ蓑でしかなかった。自らの主張の証拠として、アキーノはラヴェイの初期の同僚の言葉や、自分やパートナーのリリス・シンクレアが大祭司と交わした個人的な会話を引用した。彼が示した最大の証拠は、ラヴェイがサタンと結んだとアキーノが述べている「正式な書面による契約」だった。

> 私が長年知らなかったのは、一九六六年の教会設立と同時に、アントン・ラヴェイが個人的にサタンとの契約（見出しには「わが契約」とだけあった）を手書きし、それに署名していたことだ。ラヴェイはそれについて口にしたことも他人に見せたこともなかったが、一九七四年のある晩、私が六一一四番地を訪れた際、私たちはたまたまロバート・W・チェンバースの『黄衣の王 *The King in Yellow*』について話をすることになった。ラヴェイは紫の部屋から出て行き、鍵がかかった金属製の金庫を持って戻ってきた。彼はそれを開けて、中に入っている当時としては極めて珍しい本を見せてくれた。金庫の中にほかに入っていたものは彼の契約書だけで、その見出しとそれが一枚の紙に完全に手書きされたものであることはわかったが、それ以上読むことはできなかった。

ラヴェイの契約書とされるものはアキーノが目撃して以来、表に出ることがなかったため、そこに何が書かれていたか、そしてそれが悪魔の実在を信じていたことの証拠となりえたのかはわからない。また、初期のサタン教会の中心メンバーが、サタンを実在する存在として密かに崇拝していたかどうかについては、証明することも反証することもできない。注目すべきなのは、ラヴェイが一九七五年以前も以降も、サタンの実在性やそのほかの点について、驚くほど一貫した発言を社会に対しては行っていた一方で、他方では一九七五年以前に、彼が信奉者たちの有神論者的な傾向を許容していたことであろう。とはいえ、ラヴェイに有神論者としての密かな信念があったとする見方（この可能性も決してないわけではない）を除いても、彼がなぜこのように両義的な立場を示していたのかを新たに説明する仮説を立てることができるかもしれない。最初の説明としては、有神論者の信奉者をサタン教会につなぎとめるためという戦術的な動機から、ラヴェイがこの問題に関してある程度の両義性を保っていた可能性が挙げられる。本章で明らかにするように、大祭司は時に、ちょっとしたごまかしをすることも厭わなかった。一九七五年に志を同じくする選ばれたメンバーからなる「団体《カバール》」に組織を縮小することを決めた際には、これらの「第一段階のサタニスト」をつなぎとめておく必要性はなくなっていたのかもしれない。二つ目の説明はさらに深く、ラヴェイの宗教事業の核心に触れるものである。ラヴェイが魔術と儀式を、神々と悪霊を本物の超自然的な人格を持つ存在かのように召喚するための空想の世界のものとして、いかに捉えていたかは前述のとおりである。サタニストがサタンを自らの個人的な神として実際に呼びかけることができたのは、この「ストレートな感情化」の世界においてだった。ラヴェイがこのようにして悪魔について（あるいは悪魔に対して）語る文章の内容のほとんどは、儀式的なものである。わかりやすいものとしては、たとえば、『サタンの儀式』の文章や『サタンの聖書』に記された召喚文などである。ついでに述べると、ラヴェイはアキーノのサタンからの個人的な啓示である『魔性』に賛同する旨をアキーノに書き送った。そしてラヴェイは日曜日の儀式が『魔性』にふさわしいと考えたらしく、儀式でそれを使うつもりであることをアキーノに伝えた。

　ラヴェイは「合理的」な教義を説明する際は、ずっと真面目な口調で、宗教は人間が作り出したものであることを強調し、サタニストは、自分自身も含め、その点を十分承知していると主張した。ラヴェイは『サタンの儀式』の中で、サタニズムはその非合理的で儀式的な部分においては「空想だと自ら認めている」と明確に述べた。「サタニストが聖書に書かれた内容に匹敵する作り話を簡単に生み出すことができるのは、彼らが基盤としているものが、諸民族・地域の太古の神話である創作の初期段階そのものだからである。そしてサタニストはそれらの神話が作り話であることを認めている」。

　しかし前述したように、この二つの領域を切り離しておくのは必ずしも容易ではなかったに違いない。ある意味では、サタン教会そのものが空想的な構築物だった。というのも、ラヴェイが教会を作ったという明らかな事実に加えて、その「神殿」としての主な目的が、ある領域、つまりサタニズムの儀式を行える空想の世界を創造することにあったからである。その領域につけられた名称は、放縦の教会でも個人主義の教会でもなく、儀式の中で神であるかのように召喚された象徴にちなんだものだった。また、ラヴェイが作り上げた構築物全体が、想像的な芸術作品であるとも言えるかもしれない（ただし、かなり低俗な芸術であることは付け加えておこう）。ロマン派サタニストたちが、詩の文脈の中でサタンが実在するかのように表現し、自分たちが意味があると見做した観念を読み手に体験させたように、サタン教会の構造においてもサタンは一定の実在性を帯びていた。この文脈では、「サタン万歳」という文言や、悪魔をモチーフにした書簡紙、そしてブラックハウスにある奇妙な道具一式にはそれぞれ役割があった。ラヴェイの想像上の伝記も、最初は彼の「魔術的」な起業家精神を育むために彼が考案したものであることは確かであり、この空想的な教会を作り上げる中でその役割を果たしていた。

筆者の考えでは、教会を空想的なものとして創ることが最初からラヴェイの「立案」によるものであった可能性は低い。むしろ、教会のもともとの教えや両義性から自然に展開したものだったと考えられる。このような状況の中で、多くのメンバーがサタンに関する教会の真の核となる信念について混乱するようになったのは無理のないことだった。ラヴェイでさえ、事実と「魔術的な」創作とを区別するのに苦労したこともあったに違いないが、相手に合わせてカメレオンのごとく別人になりきるその能力によって、意図的に混乱を引き起こすこともあっただろう。しかし、彼が『サタンの聖書』の序文に書いた次の言葉は、その完成形であるサタン教会にも当てはまるものだったのかもしれない。「ここに真理――そして空想――が見出されるだろう。その二つは存在するために互いを必要とするが、それぞれの真の姿は見極められなければならない」。

また、一九七五年に起こった神学論争は、定義に関するかなり皮肉な問題を本書に突きつける。ラヴェイが本当にサタンをメタファーと捉えていたとしても、サタン教会は宗教的サタニズムと見做されうるのか、という問いが生じる可能性がある。神々や儀式を意識的に考案された心理劇の道具や象徴としてだけ取り入れる、合理性に基づいた哲学として教会が存在する場合、その思考体系と実践体系を宗教と呼ぶことはできるのだろうか。言うまでもなく、筆者は可能と見ている。ラヴェイのサタニズムでは依然として、サタニストをその存在の究極的条件と見做すものに関連づける役割を果たす「一連の象徴的な形式と行為」が示されている。サタンを自存する人格的存在と考えるか、あるいは人間自身の奥底に秘める神性や激しい独立心の象徴と考えるかは、本書で取り入れた宗教の定義にしたがえば、その一連の象徴的な形式と行為が存在し、そこに多少の一貫性が示されている限りにおいては結局のところ重要ではない。

後に登場したラヴェイのサタニズムのさらに急進的な分派のいくつかは、儀式をすべて放棄し、完全に合理的で反宗教的な哲学や生き方を示したが、これらの分派でさえこの定義によれば宗教的サタニズムと呼びうる。いずれも、自分たちの世界観に不可欠と見做した価値観（たとえば、自尊心、肉欲、放縦、批判的思考など）の象徴として、サタンあるいは関連した悪霊や神々を体系的に利用し続けている。ロマン派サタニストと同様に、彼らを宗教的とする「象徴的な形式と行為」はここでは、口述および文書による言語行為に変わっている。彼らを宗教的と見做す根拠としては、これは弱いと見えるかもしれない。けれども、少し思考実験を行い、「サタン」という名を「神」または「イエス」と置き換えてみると、混乱している読者にとっては問題がいくらか明確になるかもしれない。名前を置き換えるとすぐさま、「神」や「イエス」を慈悲、無償の愛、または社会的解放といった人間の価値観を表す存在として描く急進的な自由主義神学が想起される。より保守的なキリスト教徒は同意しないかもしれないが、このようなキリスト教の変種を宗教と呼ぶことを拒否する研究者はほとんどいないだろう。

ラヴェイのサタニズムから分裂し、それを再構成したアキーノのテンプル・オブ・セトは、本書の定義に関するまったく別の問題を提起している。ここでこの組織の宗教性については議論の余地はない。テンプル・オブ・セトで儀式や儀礼が実際に果たす役割はかなり小さいとは言っても。しかし形式的には、この組織はサタンを崇拝することをやめ、古代エジプトの神であるセトを代わりに取り入れた。このことは少なくとも一人のサタニズム研究者にとっては、テンプル・オブ・セトをサタニズムの枠から外す十分な理由となった。形式的に言えば、筆者もこの見方に同意せざるをえない。より明確に言えば、ウィッカと同様、テンプル・オブ・セトは昔のサタニズムから展開したネオペイガニズムの一つと見做すことができる。しかし歴史学者の視点からすると、テンプル・オブ・セトのセトは、キリスト教以前の古代エジプトの神より、西洋のオカルト伝統およびサタン教会で生じたサタンの概念の方とより強い結びつきがあることは明らかである。アキーノ自身はサタニズムとセティアニズムを連続体として捉え、後年には黒魔術とサタニズムについて肯定的な発言をすることもあった。

サタニズムパニック、あるいは古い伝説の毒性

成長期にあるサタン教会が分裂によって揺れ動くあいだ、社会全体ではサタニズムの一般的な認識に、はるかに大きな影響を与えることになる変化が現れ始めていた。その中で最も重要なのは、アメリカのキリスト教が思いがけず復活したことだった。一九六〇年代に『サタンの聖書』を編集していた時、ラヴェイはキリスト教を小馬鹿にしていた。サタンの大祭司が厳しく非難した「白い光の宗教」の中でキリスト教はたしかに最も顕著ではあったが、ラヴェイは主に、現代人を真の自己から疎外するという、この信仰が果たした非道な歴史的役割に、なんとしても人々の目を向けさせたいと考えていたようだ。キリスト教は今のままでは消滅していくことは免れないだろうとラヴェイは考え、軽くからかっていた——特に、「キリスト教無神論」、「ビート・ミサ」、修道女の丈の短くなった修道服など、ほとんどのキリスト教の主流教派において注目を集めていた自由主義化の傾向の滑稽な現れが、嘲笑の対象だった。ラヴェイは面白がって空想し、次のように述べた。「トップレスの修道女が「ロック風の荘厳ミサ曲《ミサ・ソレムニス》」に合わせて官能的に身を投げ出す姿を目にする日も近いのでは？　サタンはにやりと笑ってこう言う。それならすばらしい——修道女はとても美しく、脚のきれいな娘が多いからね、と」。ラヴェイはまた皮肉を込めてこうも言った。もしキリスト教の神が完全に死んでいないのであれば、神に高齢者医療制度《メディケア》が必要なのは確かだ。キリスト教の消滅が差し迫っていることを確信していたラヴェイは、そのことを公式の理由として、一九七〇年代初頭に黒ミサや同様のキリスト教を嘲笑する儀式を執り行わない決定を下した——死に馬に鞭を打っても仕方がない、ラヴェイは後にこう述べている。

しかし、この予測はどうやら早計だったようだ。一九七〇年代にアメリカでは教会員数が着実に減少し、それに関連して宗教書の売り上げが停滞するなどしたが、一九八〇年代には少し回復した。さらに、この回復はキリスト教自由主義者よりも、原理主義者、福音派、カリスマ派の教派またはグループに起こったものだった。これらのグループは一般的に、異言、予言的幻視、悪霊から

の解放といった超自然的（とされる）信仰の側面に大きな重点を置いていることが特徴とされていた。そのため、一九八〇年代におけるキリスト教の回復は、ほぼ必然的にオカルトに対する激しい敵意を伴っていた。自由主義神学がこれらの伝統的なキリスト教の諸要素に別れを告げた一方で、カリスマ派のキリスト教徒は悪魔的なものを極めて現実的なものと見做し、サタンのことを唸るライオンのように今も世界を徘徊している敵として捉えた。また、彼らの神学では通常、終末論的な傾向が強く表れていた。キリストの再臨は近いが、それに先立ってキリスト教徒の迫害が拡大し、アンチキリストの支配が広がることになる。一九六〇年代に西洋文化にもたらされた革新——性の自由、宗教的多元主義の拡大、従来とは違う生き方——は、これらの差し迫った出来事を予兆する不吉な印として解釈された。キリスト教の歴史上、それまでも起こっていたように、これらの要素は古いラベリングのパターンを復活させる上で最適な土壌となった。

この復活を最初に示したものの一つは、キリスト教の著述家ハル・リンジーの著書だった。リンジーが名声を馳せた一九七〇年刊のベストセラー『今は亡き大いなる地球 *The Late Great Planet Earth*』は、黙示録的な通俗神学の本であり、アンチキリストの台頭とアルマゲドンの最終決戦が間近に迫っていることを説いた。リンジーは二冊目の著書『サタンが健在に住まう地球 *Satan Is Alive and Well on Planet Earth*』（一九七二）の中で、現代社会において彼が捉えた悪魔的な現れの高まりに目を向けた。「魔女やサタニスト、霊や悪霊がわれわれの世代で明るみに出た」とこの通俗神学者は記している。アントン・ラヴェイによるサタン教会の設立は、この傾向を示す第一の兆候として挙げられている。リンジーはこの点で、サタニズム、ネオペイガンの魔術、そのほかの大衆的なオカルトの現れをあまり区別していなかった——それらはすべて基本的には悪魔的なものだった。しかし、リンジーにとってより重要だったのは、西洋文明を形づくってきた深遠な知的な力、すなわち、カント、ヘーゲル、キルケゴール、マルクス、ダーウィン、フロイトの「思想爆弾」だった。彼らの「爆発的な考え」による「汚染」は、悪魔が西洋における二〇世紀の思想を形づくる上で重要な手段だった。悪魔に触発されたこの新たな世界観は、テレビ、映画、ポピュラー音楽、現代美術、自由主義神学、世俗教育、国際金融、そしてウィジャ盤のような「無害な」オカルトゲームなどを通じて広まり、その結果が、アメリカにおける殺人発生率の上昇やアメリカの家族の「混乱」という形で現れた。リンジーは次のように述べた。「われわれは寛容でありすぎたことの報いを受けている。本物の霊的存在が明るみに出始め、人々がサタンを進んで崇拝しているほどだ！」

リンジーのサタニズム不安に関するより具体的な描写は、『サタンが健在に住まう地球』が出版された時点ですでに印刷に回されていた。一九七二年に出版された『サタンの販売人 *The Satan Seller*』は元ヒッピーのマイク・ウォーンキーの自叙伝とされ、その中でウォーンキーは自分がどのようにして一九六〇年代の対抗文化のドラッグとフリーセックスの大混乱に陥り、そしてその後、「アメリカだけでなく世界中で活動している、深く広まった組織である」強力なサタニスト教団に最終的に行き着いたかについて述べている。ウォーンキーは三つの都市に合計一五〇〇人の信奉者がいる教団の大祭司となることができ、自由に使える無限の富を手に入れた。その地位についたことで彼は、最上位の指導者、秘密結社イルミナティのすぐ下に位置づけられた。しかし、本に記されているとおり、彼は結局キリスト教に改宗し、サタニズムからは身を引いた。この元サタニストの祭司はその後、「ウィッチ・モービル」というカラフルなトレーラーにオカルト的なガラクタを大量に積んで、伝道者としてアメリカを巡業していた。後に彼はキリスト教徒のコメディアンとして成功を収めるが、一九九〇年代初頭に二人のキリスト教紙の記者によって詐欺師であることを暴露された。ドリーン・アーヴァインはイギリスのウォーンキー的人物で、以前は娼婦で麻薬中毒者であり、精神科にかかった過去がある。彼女はある伝道集会においてキリスト教に改宗し、本人の証言によれば、四七の悪霊を祓ってもらったという。一九七二年に出版された『魔術からキリストへ *From Witchcraft to Christ*』の中で、彼女は自分がイングランドで最上位のサタニストの恋人であり、「黒魔女の女王」でもあったと述べている。彼女が明かすところによれば、サタニストは数多く存在し、社会のあらゆる階層に広がっていたが、それでも彼らは秘密主義を極めて忠実に守り続けていた。黒魔女の女王としてのアーヴァインは、サタンが悪魔崇拝の集まりに現れるのを目撃し、またある時は、ダートムーアの荒野で一〇〇人の魔女が裸の儀式を行っているところを、彼女が霧を突然発生させて、発見されるのを防いだこともあった。ちなみに、この超自然的に発生した霧は、デニス・ウィートリーの小説を思い起こさせるたくさんの細かい描写の中で、最も目立つものにすぎない。ドリーン・アーヴァインがサタニストや「黒魔女」を見出したのも、ウィートリーの小説の中だった可能性が高い。

サタニズムに関係する噂による騒動が起こり始めたのも一九七〇年代だった。ウィッカやラヴェイが登場する以前も、三文小説作家や新聞記者たちは時折、危険なサタン崇拝集団について書いていた。だが今や、事実とフィクションとの境界にあるこうした身震いするような話は、本物のパニックを地域にもたらしかねなかった。ロンドンの古風なハイゲイト墓地の前には、サタニストたちが「吸血鬼の王」を蘇らせようと計画しているとの噂が広まった後に、大勢の人々が心配して、あるいはスリルを求めて、集まってきた。アメリカの中西部では一九七三年頃から、農家や町の住民が自分たちの土地で発見された、「体の一部を失った」とされる牛に関して次第に懸念を募らせるようになり、本格的なパニックがさらに広がっていった。この現象についてはさまざまな説明がなされたが——単独のサイコパスの仕業であるとか、政府による実験であるとか、宇宙人による誘拐であるなど——、サタニスト秘密集団による「血の儀式」だとする説が有力視されていた。多くの場合、牛は彼らの供犠の始まりにすぎず、人間もその後に続くだろうと考えられた。サタニストたちが徘徊しているとの噂に危機感を募らせ、牧場主たちは自警団を結成して牧場を巡回し、親は子どもたちを日没後は（ハロウィーンの時期は特に）家に居させるよう警告され、公式調査も何度か行うよう命じられた。ちなみに、これらの調査では「体の一部を失った」動物の死骸は、天敵や通常の腐食過程によるものとする指摘がなされるのが常だった。こうした噂には、サタニストの「ヒッピー・ブラッド・カルト」が、犬の皮を生きたまま剝いで人食いの儀式を行っていたとするカリフォルニアで広まった疑惑が反映されていた。

その頃、アメリカ社会ではカルトに対する嫌悪感がすでに広がっていた。一九六〇年代の対抗文化の夢であった「平和と愛」の夢は、一九六九年のチャールズ・マンソン・ファミリーによる女優シャロン・テートほか数名の残虐な殺人事件によって影を投げかけられた。マンソン・ファミリーは暴力的なヒッピー集団で、ドラッグや集団セックスを人種差別と終末論に結びつけていた。マンソンは時折自分をルシファーと同一視し——イエスと同一視することの方がはるかに多かったのではあるが

――、彼の信奉者のうちの二人はラヴェイのサタン教会とつながりがあった。マスコミは、このわずかしかないまったく不十分な情報に食いつき、マンソンにサタニストの烙印を押し、彼をサタン教会とプロセス教会に結びつけた――後者のグループに関しては、その同じように終末論的な性質と、マンソンのグループがサンフランシスコでプロセス教会と出くわしていたかもしれないという理由だけで結びつけられたにすぎなかった。

　マンソン集団をめぐる報道の嵐は、従来とは異なる新たな宗教性のあり方に関してアメリカ人の多くが抱いていた不安に対する反応でもあり、それを刺激することにもなった。さらにそれは、保守派のキリスト教徒、メンタルヘルスの専門家、地元の警察官からなる非公式のグループによる反カルト運動組織の出現も促進した。この運動組織は、「カルト」が洗脳技術を使って、若者を何の疑問も抱かない無条件に服従する信奉者に変えてしまうと主張した。これを受けて反カルト運動家は、そうした集団から信奉者を時には力ずくで引き離し、彼らを再び「普通の」（しかもほとんどの場合、キリスト教徒の）社会の一員にすることを目的として洗脳を解く「脱洗脳《ディプログラミング》」のセラピーを受けさせた。

宗教団体と世俗の役人が同じように手を組むことで、一九八〇年代と一九九〇年代のサタニズムパニックが起こることとなった。一九八〇年代末から保守派のキリスト教徒は、政治的影響力を得るために超教派の圧力団体を組織し始めた。これにより明らかに、中絶のような宗教に関連する問題が、国家的な議題として容易に挙げられるようになった。しかし、キリスト教右派のロビー活動が、サタニズムのような不可解なテーマの社会的知名度を、世俗の協力者なしに果たして上げることができたかは疑問である。中には意外な協力者もおり、急進的なフェミニスト、児童保護活動家、専門のセラピストなどによって、サタニズムパニックは拡大することとなった。

　彼らが関わるようになった複雑な経緯は、そのきっかけとして多重人格を持つ患者への関心が精神医学において高まったことが挙げられる――解離性同一性障害はさまざまに議論されている精神疾患で、患者には異なる、しばしば完全に解離した人格が現れる（その症状は典型的な悪魔憑きのパターンに似ているとも言われている）。罹患する原因としては、深刻な身体的・心理的なトラウマが最も可能性が高いとされた。一九七〇年代後半には、セラピストが催眠により患者の別人格に問いかけ、疾患を引き起こしたトラウマ的な出来事に関する「抑圧された記憶」を明らかにする実験を行い始めた。多くの場合患者は子どもの頃に受けた性的虐待について語った。患者によれば、虐待は不吉な宗教的な雰囲気の儀式の中で、近親者によって行われることが多かったという。これは厳密には新たな発見ではなかった。フロイトはすでに催眠術の実験を行った際に、自分が診ていた女性患者のほぼ全員がこのような話をすることに気づき、一時期、準普遍的に起こる親との近親相姦がさまざまな精神疾患の原因であると仮定した。フロイトは検討を重ね、最終的にそれらを空想として分類し、有名なエディプス・コンプレックスの理論を展開した。しかし一九七〇年代に女性解放や児童保護の活動家たちが家庭内の性的虐待に関する暗黙の掟を打ち破ろうと運動を起こし、フロイトの理論によって実際の児童虐待の問題が家父長制を守るために覆い隠されていると批判し始めた。これにより、一部のセラピストは患者の話を事実に基づく描写と受け止める傾向があった。

この点で流れを作ったのは、カナダ人の精神科医であるローレンス・パズダーの著書『ミシェル・リメンバーズ *Michelle Remembers*』（一九八〇）と言えるだろう。この本は、患者であるミシェル・スミスがセラピー中に「取り戻した」幼少期の記憶を綴ったものだった。それは身の毛もよだつような内容で、左手の中指が切り落とされている魔女たちの集まりで行われたサタン崇拝の儀式で、日常的に身体的暴行と性的暴行を受けている描写が含まれていた。また、五歳の子どもの人格のスミスは、動物や人間の生贄、殺されて積み上げられた赤ん坊の死体を見るよう強いられた時の様子を語った。

『ミシェル・リメンバーズ』によって、セラピー界にサタニズムのテーマが効果的に持ち込まれた。この本はさまざまな形で、アメリカのキリスト教右派においてそれ以前に展開されていた悪魔崇拝の教団に関する見解とつながっていた。アメリカの民俗学者ビル・エリスは、ミシェルの話が悪魔祓いやサタンの隠れ教団に関するカリスマ的な言説に影響を受けたものである、ともっともらしく主張した。パズダー自身は敬虔な伝統的なローマ・カトリック教徒で、ミシェルの一件を調査する際にヴァチカンから正式な許可を求めていたほどだった。実際、スミスとパズダーの本は典型的な終末論的な描写で終わっていて、一九五五年にサタンから伝えられた長文の韻を踏んだ「マスタープラン」には、一九八〇年代に魔王が全勢力を挙げて現れることが示されていたことが添えられていた。

『ミシェル・リメンバーズ』は明らかに宗教的な含みがあったにもかかわらず、世俗的セラピストたちにとって非常に影響力のある本となった。解離性同一性障害を診るセラピストと患者の結束の強いコミュニティは、「儀式的虐待」あるいは「悪魔崇拝的虐待」を支配的な原因譚として取り入れ、セラピー中にはサタニストの暴挙に関するかつてないほど壮大な物語を語る「オカルト・サバイバー」が名乗り出てくるようになった。その結果、親に対する訴訟が相次ぎ、中には依頼人が選ぶ選択肢としてレイプ、拷問、ソドミー、儀式的虐待の欄を設けた記入用紙を配り始めた弁護士までいたほどだった。これらの話のほとんどは、患者の年齢を踏まえると一九四〇年代や一九五〇年代に起こったという過去についてのものではあったが、当然ながらこうした広範で強力な地下組織の活動はその後も続いているものと考えられた。それが事実であることを示す最初の主張が、やがて現れた。一九八三年にロサンゼルスにあるマクマーティン幼稚園の職員七人が、三六〇人の児童を血の生贄を含む儀式で虐待した容疑で起訴されたのである。この事件は、児童の母親の一人が告発して始まった。この母親は後に妄想的な統合失調症と診断されたが、その告発はほかの親たちのあいだで広まり、やがて親は自分たちの子どもが児童虐待をするサタニストの地域社会全体にわたる教団の犠牲になっていると確信するようになった。

大々的に報道され、長期化した裁判によって、託児所が小児性愛団体および／あるいはサタニズムに関連づけられるなどの事態が次々と発生した。こうした事態は、児童虐待の問題についてはまだ経験が浅く、被害者とされている子どもを守ることに意欲を燃やしていた警察の捜査員やソーシャルワーカーたちによって引き起こされたものだった。ロサンゼルスだけでも、ほかに六三か所の託児所が儀式的虐待の疑いがあるとして訴訟に巻き込まれた。その頃には、犯罪的なサタニストの地下組織がアメリカ全土に広がっているとする考えが、マスコミ、そして、宗教的専門家、「オカルト・サバイバー」、セラピスト、児童福祉関係者、「カルト専門警官」らのネットワークによって広められ、定着してしまった。中には、一〇〇万人のサタニストが秘密裏に血の儀式を行い、年間五万人の子どもがサタンに捧げられていたとする情報もあった（子どもの中には、生贄にするためだけに「ブリーダー」によって生み出された赤ん坊もいて、少女たちがそうした赤ん坊を産むために監禁されていたという話もあった）。アメリカのいくつかの小さな町では、サタニストたちが青い目をしたブロンドの処女を誘拐しようとしているという噂で住民がパニックに陥り、組織的な児童虐待、ポルノ、過激なポピュラー音楽、思春期サタニズム（これについては後述する）、「オカルト」の落書き、超自然的なものに関する地元の伝説などを組み合わせたサタニストの陰謀論が構築された。一九九〇年代初頭の世論調査では、テキサス州の六三パーセントの住民が、サタニズムは社会にとって「非常に深刻な」問題であると考えていることが確認された。

何人もの識者が二〇世紀末のサタニズムパニックと、それより約三世紀遡る魔女狩りの恐怖とのあいだに見られる顕著な類似性に注目した。基本的に、ここで復活したのは、逆転した道徳と悪魔崇拝という隠れたぞっとする「異界」を表す同様の比喩だった。中には、比喩の共通性以上のつながりが認められるケースもあった。たとえば、「カルト専門家」が、近世の悪魔学からサタニズムを見分ける指標を引き出すといったことがあった。魔女狩りの場合と同様に、この妄想の産物が社会的・政治的影響を持ちえたのは、世俗的権威の代表者たちが――その内容の明らかな宗教的起源にもかかわらず――それを取り入れ、効力を持たせたからである。そしてこうも影響を及ぼしたのは、より多くの人々が共有していた不安が歪められて反映されたからにほかならなかった。この不安の根底には、二〇世紀アメリカの変化する社会的・経済的状況の中で子育てをすることに対する自信のなさがあったと多くの研究者が指摘する。託児所がサタニストによる虐待に関する噂や調査の対象として最も頻繁に挙げられたのは偶然ではなかった。しかしおそらく、性別役割や性道徳をめぐるより大きな不安、つまり一九六〇年代から一九七〇年代にかけてこれらの分野でもたらされた新たな「寛容さ」が引き起こす不安が関わっていたのだろう。

当然のことながら、近世の魔女狩りと二〇世紀のサタニズムパニックとのあいだには違いもあった。一つはサタンが直接的に関与することで果たした役割が、後者においては圧倒的に少なかったことだ。マイク・ウォーンキーやドリーン・アーヴァインの著書をはじめとする「オカルト・サバイバー」の多くの報告において、サタンが定期的に地上に姿を現していたことは事実であり、また、サタンの実在性が、キリスト教の背景を持つ多くの世俗の「専門家」によって依然として恐ろしいものとして受け入れられていたことも事実である。しかし、サタニスト・パニックに関する公式に認められた言説の中にサタンは登場しない。公判や政府刊行物では、「儀式的虐待」あるいは「多数の被害者と多数の加害者がいる虐待」といった遠回しな表現が、明らかにサタニズム陰謀論がもととなった事件であっても、過度な宗教色を避けるために使われた。この点でこれらの表現は、サタニズムを主に人間の活動として社会にとって危険で害をなすものと解釈した、一七世紀末にまで遡るサタニズムを「世俗化させる」風潮に適合していた。実際、昔のラベリングのステレオタイプがこのように変化したことによってのみ、二〇世紀末のアメリカのような近代世俗社会における公権力が、この複雑に混ざり合った疑惑に少しでも関与することが可能となった。

もう一つ、それも幸運な違いとしては、サタニストパニックによって犠牲となった人命がはるかに少なかったことである。これは主に司法制度の働きによるもので、このモラル・パニックに一時的に流されはしたものの、最終的にはごくわずかな例外を除いて、適正な証拠基準が保たれた。一九九〇年にマクマーティン裁判（カリフォルニア州の法制史上最長で最も費用がかかったとされる）の被告人が全員無罪となったのは、訴訟手続きが二度目の評決不能陪審となったためであり、その後「サタニズムの儀式的虐待」に関係する裁判事件の数は減少していった。その頃には、学界の著名な学者たちがサタニズムパニックの神話を覆し始め、FBIもこの件に関する公式報告書では、サタニストによる儀式的虐待が本当に行われていたとされる事件のどれ一つをとっても、信憑性のある証拠を見つけることはできなかったと発表した。一九九〇年代末には、危険なサタニストというステレオタイプは、キリスト教原理主義者や陰謀論マニアの下位文化という、アメリカの中での元の位置に後退していた。

それでも、その間にかなりの被害が出ていた。まず、数知れない幼い子どもたちが性的な嫌がらせや精神的外傷を受けたが、それはサタニストによるものではなく、善意の児童福祉関係者による被害であり、虐待を受けていないかを確かめるために子どもたちの性器を調べたり、長時間の厳しい尋問で子どもを怯えさせたり、中には家族から一定期間引き離された事例もあった。一九八九年までに約五〇人が儀式的虐待の事件に端を発する容疑で裁判にかけられ、それは通常、個人に対する社会的評判に永久的な傷を与えることを意味した。そのうちの約半数が有罪となり、その多くが非常に厳しい罰を受けた。最終的には彼らの大半が控訴してから釈放されたが、その場合、すでに数年間に及ぶ拘留を経た後のことだった。そしてこれよりさらに不運だった人物が数名いた。中でも最も悲惨なのは、自分の十代の娘たちから性的虐待を行ったとして告発された、カリフォルニア州の保安官代理ポール・イングラムの事例である。きっかけは、彼の娘の一人が夏のバイブル・キャンプに参加している最中に、自宅で行われたサタニズムの儀式についての記憶を蘇らせたことだった。イングラムは敬虔なペンテコステ派のキリスト教徒で、郡の共和党委員会の委員長を務めていた人物であり、本人はサタニズムの儀式についてはは何も覚えがなかったものの、多くの祈りを捧げ、厳しい尋問を受けた後に、自分が犯したことのない娘たちに行ったサタニズムの虐待についての記憶を「思い出した」。イングラムは裁判で罪を認め、一九八九年五月一日に懲役二〇年の判決を受けた。彼は刑務所に入ってから自分の自白を考え直したが、すでに自分で有罪を認めてしまっていたために、判決に対する上訴は意味をなさなかった。イングラムは結局、二〇〇三年に釈放された。

また、サタニズムパニックはアメリカとカナダだけにとどまらなかった。キリスト教の「専門家」や文献によってサタニズム陰謀論をめぐるモラル・パニックが輸出され池の水紋のように広がり、約三世紀前に起こった近世の魔女狩りを彷彿とさせた。イギリスはいち早くその影響を受けた国の一つだった。モラル・パニックはおそらくそこで頂点に達した。一九九一年二月にオークニー諸島の離島で、夜明け前にヘリコプターを使った警察の強制捜査が行われ、九人の子どもたちが拉致されたのだが、それはソーシャルワーカーが島に住む子どもにサタニズムの儀式的虐待について届け出るよう誘導したからだった。その後、サタニズムが儀式的虐待と結びつくモラルパニックがニュージーランド、オーストラリア、南アフリカ、オランダ、スカンジナビア、イタリア、イスラエルで起こった。これらの国々におけるサタニズムパニックの影響はわずかで、短期間で終わったが、サタニズム陰謀論のモデルがナイジェリアやケニアなどのアフリカの国々に及んだ際に、さらに悲劇的な結果を招いた。これらの地域では、サタニズムの危険性に関するアメリカとイギリスの福音派の考えが、地元の伝統的な魔術に対する恐れと結びつく傾向にあり、その結果、近世の魔女狩りがただ反映されるだけでなく、実際に再現されているかのような状況が生じた。およそ六〇人がリンチで死亡し、ケニアの大統領ダニエル・アラップ・モイが公式の「悪魔崇拝のカルトに関する調査委員会」を設置したほどだった。委員会が出した二〇〇〇年の報告書では、サタニストのカルトは教育を受けた若者を唆してケニアで列車事故などの災難を引き起こしたと結論づけられ、人柱、カニバリズム、儀式的虐待という従来の告発をくり返した。報告書ではまた、少数派の宗教の多くにサタニストが入り込んでいたことが発表され、その中には言うまでもなくフリーメイソンも含まれ、アルバート・パイクまでもが「フリーメイソンの教皇」として、またも言及された。

一方その間、サタン教会とテンプル・オブ・セトを組織した自称サタニストたちのえり抜き集団はどのような運命をたどっていたのだろうか。意外にも、彼らはサタニズムパニックの影響をほとんど受けなかった。たしかに、サタニズムの儀式的虐待に関するモラル・パニックが生じる前に、ラヴェイと彼の家族にはすでにサタニズムへの憎悪から起こる嫌がらせを頻繁に受けていた。たとえば、一家の娘であるジーナがある日学校から帰ると、玄関先でナイフを持った殺意のある精神異常者に遭遇し、そしてまたダイアン・ラヴェイが一九七三年に書いた手紙には、ブラックハウスが「レンガ、銃弾、爆弾一発、卵、スプレー塗料で襲撃された」と記されていた。一九七一年にはすでにアントン・ラヴェイはセントラル・グロットを有刺鉄線で取り囲み、また、暴徒を追い払うための空気銃をいつでも使える状態にしていた。ラヴェイは一九七五年に六一一四番地の家をベージュに塗装までして目立たないようにし、さらには自分たちがその家にはもう住んでいないという噂も流し、ビバリーヒルズやアムステルダムなどの離れた場所を郵便の宛先住所として使用し、所在をわからないようにしていた。ただし、それはまだ一九七〇年代のことであり、サタニズムパニックの際にこうした小規模の暴力が激化したことを示すものは何もない。サタン教会の存在は、奇妙に思えるかもしれないが、サタニズムパニックを拡大させた道徳起業家が提唱した陰謀論において大きな役割を果たすことはなかった。「オカルト・サバイバー」の中にはサタニストの血の儀式の集まりでラヴェイに会った、または見かけたという者や、彼がより大きな計画における手先だと知っていると言う者もいた。リンジーのようなさらに一般的な理論家たちは、彼を時代の兆候、あるいは社会の道徳に邪悪な影響を与える存在として引き合いに出した。エンターテイメント的な教会と、法と秩序に対する支持を断固として表明し、人格を持つ存在としてのサタンを否定する道化的な黒の教皇をどう扱ってよいか、正確に把握していた人間はほとんどいなかったと思われる。

サタニズムパニックにおいてサタン教会がほぼ気づかれることなく取り残されていたのは、このことが理由の一つかもしれない。モラル・パニックの波によって、サタニスト組織に深刻な法的な影響がもたらされることはなかった。超保守派の上院議員ジェシー・ヘルムズは、「サタンや悪の力の崇拝」に関与する集団に対する免税を取り消す法案を通そうとしたが、この提案は承認されず、信教の自由はもとのまま保たれた。サタニズムパニックの影響を直接受けた唯一の有名な（元）サタニストは、実はラヴェイのかつての弟子だったマイケル・アキーノであり、それも偶然によるところが大きかった。陸軍士官だったアキーノがカリフォルニア州プレシディオに駐留していた一九八七年、陸軍基地の託児所が儀式的虐待疑惑の流行に呑み込まれた。慣例の質問をされた後、ある幼い子どもがアキーノと彼の妻を疑惑の恐ろしい儀式に参加していたとして特定したのだ。けれども、アキーノは起訴されることなく、プレシディオ基地の公式報道官は報道陣に対し、アキーノは良き兵士であり「自らの役割を果たした」人物だと述べた。

サタニズムパニックによって何が変わったかと言えば、ラヴェイのキリスト教に対する軽く見下すような態度だった。少なくとも一九世紀に遡ると思われるキリスト教のあり方が復活するのを、ラヴェイは明らかな強い反感を持って見ていた。サタン教会の会報でラヴェイは自身の困惑を述べた。一九四〇年代や一九五〇年代には、ただの一人のサタニストもいなかったのに、最近、幼少期に強力なサタニストたちから虐待を受けたと、成人した被害者が声高に主張しているというのは一体どういうことなのか。マスコミはなぜこの「サバイバー」たちの経歴や過去の精神状態を調査しないのか。複雑な国際的な隠蔽工作と、高架下に子どもがスプレー塗料で五芒星を落書きすることを同時に引き起こしたとされるサタニスト陰謀論には、どれほどの信憑性があるのか。「『ミシェル・リメンバーズ』のような精神医学をマスコミが支持するなんて、フロイトの知性はどこに行ってしまったのか？」。

老境に入ったキリスト教がその古い栗を火中から拾い、かつてないほど理不尽な魔女狩りを生み出しているようだ。ヒステリーは注目されるだけでなく奨励されもした。たしかに、一般人だけでなく特に権威ある立場の人々が、疑うことなくすべてを鵜呑みにしているということには疑問を抱かざるをえない。子どもたちは唆されているのだ——サタニストではなく当局によって、自分の両親についての不利な嘘を捏造するように。どんな星形も円も三角形も六芒星も八角形も「サタニズム」のシンボルになる。呪われた物のリストが増えていく。ステンドグラス、陶器の猫、単色のバスローブ、革の衣服、ロックのレコード（特にその逆再生）。『サタンの聖書』が発見されれば、それを読んでいた人物が、人類が知りうる限りのあらゆる罪を犯していることの証拠となるのである。

サタニズムパニックが激しさを増すにつれ、大祭司ラヴェイのキリスト教に対する語調はより辛辣なものへと著しく変化していった。ラヴェイは次のように述べた。「キリスト教は例のごとく、進歩の妨げとなる唯一ののだ。われわれが仕切っているからには、この羊たちに寛容さや仲間意識を示す必要は一切ない。キリスト教徒がサタニストに慈悲をかけたことがあっただろうか」。ラヴェイは特に苦境に直面した時にしばしばしていたように、最終的には自らの感情を歌にして吐き出した。サタンの総督はキーボードを弾きながら「サタン帝国の讃歌 Hymn of the Satanic Empire」（または「黙示録の戦いの讃歌 Battle Hymn of the Apocalypse」）を即興で演奏し、キリスト教徒の大群に対する自らの敵意を明瞭に語った。

獅子と虎に彼らを引き裂かせよ
闘技場はキリスト教徒の血を求め叫ぶ。

ナチズム、西洋革命、純粋なサタニスト陰謀論

ラヴェイのキリスト教原理主義者の陰謀論的妄想に対する批判がどれほど辛辣なものであっても、彼はサタニ

ズムが、社会の進化に対し陰に陽に影響を与えるある種の秘密の力であるという基本的な考えには反論しなかった。ラヴェイは自分のサタン教会を次第に、「創造的なはみ出し者の陰謀団《カバール》」という陰謀組織として捉えるようになった。サタンの帝国が突如その輝きを放つ時、社会はより高くより正気のレベルへと進化するだろう。サタン教会はその進化をもたらす上で、最も重要な役割を果たしたことになる。

本章の冒頭でも述べたように、当初ラヴェイはサタン教会を将来の大衆運動の核となる存在と考えていた。だが、ラヴェイのサタニズムは大衆運動になるにはほど遠く、そのために必要だった要員を確保するための組織運営という中間的な雑務によって、大祭司〔ラヴェイ〕は教会を「演じる」という事業そのものに嫌気が差してしまった。サタニストでいるためのほかの二つの選択肢については、ラヴェイはすでに『サタンの聖書』でその概要を示していた。すなわち、「正義を振りかざす者たちの嘲笑と批判から逃れるか、あるいは、地上の自らの秘密の場所に堂々と立ち、その輝かしい姿を現すことができるその日まで、自らのサタンの力で愚行に囚われた大衆を操るかのどちらかである」。この二つの選択肢は、『サタンの聖書』の中で少し付け足す程度に記されていただけだったが、後年のラヴェイの活動において主要な位置を占めることになった。そして、一九七五年以降の二〇年間にわたってラヴェイがサタン教会の進むべき道を決める上で、主にベースとしたのは、この後者の選択肢――「愚行に囚われた大衆を密かに操る者」としてのサタニスト――だった。

今さら言うまでもないことかもしれないが、サタニストを陰謀家とする考えはサタニズムそのものの概念と同じくらい古いものだった。ここでもまた、ラヴェイは古くからあるサタニストのイメージを摂取し、新たな肯定的な解釈を与えた。彼は皮肉を込めてこう述べた。「初めて〈シオン賢者の議定書 The Protocols of the Elders of Zion〉を読んだ時の私の本能的な反応は、『それでそれの何が悪い。どんなマスタープランもそのように機能すべきではないのか。大衆はこうした専制に値する（いや、それを求めている）のではないか?』というものだった」。サタニストを秘密の陰謀家とするこの考えは、『サタンの聖書』に「事実上のサタニスト」としてラスプーチンと武器商人のバジル・ザハロフ（一八四九～一九三六）が登場する理由を明らかにするものである。両者とも強力な陰の操り手としてのサタニストの象徴である。黒の教皇ラヴェイは明らかに自らを謎に満ちた陰の操り手と見做すことを好み、サタン教会に関する自分の決定を偉大な「マスタープラン」におけるステップとして提示することを好んだ。前述のとおり、ラヴェイはすでに一九七〇年代初頭にアキーノに宛てた手紙の中で、サタニズムが進むべきいくつかの「段階」について述べ、自分は入念に計画された戦略に沿って行動していると述べていた。この「マスタープラン」は、一九七五年の分裂の後に教会のニュースレターに掲載されただけで、アキーノが適切に指摘したように、後づけのフィクションのような印象を与えた。

この最後の計画によれば、最初の三段階には「サタニズムの国」の確立と普及が含まれていた。アキーノや祭司たちとの対立は第四段階の一部であり、「分散」と「脱制度化」により「建設者を住民から」分離するためのものだった。ラヴェイはサタン教会を、当初はサタニストの大衆運動そのものとして、その後は大衆運動を率いる選ばれたサタニストたちの核となるものとして捉えていたが、今度はさらに陰謀論の型にはまった行動計画を打ち出した。サタン教会は今後、人々の「緩やかな陰謀団《カバール》」となり、どんな分野であれ社会に影響を及ぼし、独立して、そして必要であれば秘密裏にサタニズムの原理を社会に挿入するために影響力を行使するようになる。そのためにサタン教会が必要としていたのは「優れた人物」、つまり本物の能力あるいは力を持つ男女であり、「サタン・ペンパル・クラブ」を探しているような社会不適合者ではなかった。組織としてのサタン教会は、このようなサタニストたちにとっての公の道標のようなものとして機能し、主にアントン・サンダー・ラヴェイの著述を通じてサタニズム哲学を確実に普及させるために存在し続けるだけでよかった。実際、真のサタニストであれば入会する必要すらない、というのがラヴェイの主張だった。真のサタニストは小さな群れの心理的サポートがなくても、自力で活動することができる。儀式の必要があれば、自分たちで執り行うことができる。この捉えどころのなさがラヴェイには非常に合っていたのかもしれない。彼は一九九〇年に嘲笑うようにこう述べた。「サタニスト、つまり真のサタニストを発見しようとすることは、壁にカスタードクリームを釘で打ちつけるようなものだ。われわれの強みの一つは、大きな建物を持つ必要がないことにある。世界中に活動の拠点があるからだ……。サタン教会は『サタンの聖書』に記された指針以外のものからの支配または命令を受ける必要はない。これはわれわれの宗教が持つ危険性の一つでもある」。

ラヴェイのマスタープランの第五段階は「応用」とだけ示され、大祭司はそれを「目に見える成果、言うなれば収穫の始まり」と表現した。このサタニズムの進化における次の最終段階は何を目的とするものだったのだろうか。ラヴェイがこの点についての考えを発表したのは、サタニズムパニックが最高潮に達していた一九八八年になってからだったが、そのことによって彼の見解が過激化した可能性がある。しかし、彼の以前の思想と矛盾が生じたわけではなかった。それどころか、一九六〇年代末から一九七〇年代初頭にかけてラヴェイが語っていたテーマが、〈サタンの時代〉に関する草案の中で再び登場する。ラヴェイは「五角形の修正主義」という見出しで、「目標」に関する次の五つの点からなる計画を提案した。

一、階層化

二、キリスト教教会に対する厳しい課税

三、同害報復法の再導入

四、人間の人工的な仲間〔ラブドール〕を開発、生産すること

五、誰もが自分の好きな環境の中で生きる機会を得ること

多くの点でこの計画はSF的な要素を含んでいたが、そのいくつかの点ははっきりとした具体的なものだった。言うまでもなく、キリスト教教会に課税するという提案はラヴェイの反宗教性が反映されたもので、それはサタニズムパニックによってさらに強まった。サタン教会を設立して間もない頃は、ラヴェイも免税制度によって利益を得るつもりだったかもしれないが、今では、その収入や財産に課税がされれば、キリスト教教会は途端に「自ら廃れ、一夜にして崩壊する」だろうと確信していた。「同害報復法」――目には目を、歯には歯を――の導入も、「世俗化され、法と秩序の問題に組み込まれた宗教的信念」に対抗する措置として提示された。ラヴェイ自身が指摘するように、彼は被害者／擁護者が犯罪者にされてしまうこの「ユダヤ＝キリスト教の理想に基づいた現行の不正な制度を完全に覆す」ための提案と、「誰もが自らの行動が招く結果をそれが良きにせよ悪し

きにせよ、身をもって理解しなければならないサタニズム社会」を確立するための提案をすることで、『サタンの聖書』に記してあった「責任を負うべき者への責任」に関する初期の自分の考えを反映させていた。

しかし、ラヴェイも認めていたように、「ほかのすべてのものが最終的に依拠する」重要な点は、階層化だった。この言葉は実際には、西洋革命で展開した平等の概念――共通の人間性についての哲学的原理である人間学として、また社会を形づくる理想としての――をラヴェイが根本的に捨て去ったことを意味していた。ラヴェイははっきりと、次のように述べた。「万人の平等という神話はありえない。それは凡庸さにしかつながらず、強者を犠牲にして弱者を支えることにしかならない。人は水のように、自分の無能を擁護する者たちに妨げられることなく、自然と自らの能力に見合った場所に落ち着くことを許されなければならない。己の愚かさが招く結果からは、誰も守られるべきではない」。ラヴェイは人類を平等神話ではなく、優劣の階層、すなわち「いかなる代償を払ってでも正当化されるべき」創造的な知的エリートと、それ以外の「イナゴ」に分類される人類とに分けて捉えた。ラヴェイはさらに過激な「雑談」の中で、「群れ」を押し込めエリートの自由を「承認」するための警察国家的な措置を提起することも厭わなかった。すなわちゲットー化、優生学、強制不妊手術などである。

ラヴェイはこれらの過激な考えを何もないところから展開させたわけではなかった。その着想の一つの源となったと思われるものが、すでに前章で取り上げているフリードリヒ・ニーチェの哲学である。ラヴェイの計画は、西洋の価値観を再形成し、プラトンの『国家 *Republic*』に登場する哲人王のように君臨する創造的エリートを求めるニーチェの訴えを、荒削りではあるが必ずしも間違っているわけではないニュアンスで表したものに見える。本書ではこれまで、ニーチェ（そしてラヴェイ）の考えを、西洋革命で生まれたキリスト教倫理に対する批判が極端に進化したものとしてしか捉えていなかった。しかしそれは、極めて政治的で西洋革命に対抗する反動を体現する、緩やかな「伝統」の中にある別の枠組みの中に位置づけることもできる。この伝統を「反動的」あるいは「保守的」と分類するのはやや語弊があるかもしれない。むしろ、西洋革命から直接展開し、常に革命と共にあった批判として理解するのが最も適切である。そして、西洋革命の三つの核となる言葉――自由、平等、友愛――

の中でも、人間の平等の概念がその主な批判の対象となったのだ。平等と平等主義的な民主国家では凡人による支配が助長され、卓越性がどの分野においても排除される社会が創り出された。ラヴェイのサタニズムもこうした考え方の現れの一つとして見做すことができる。興味深いことに、ラヴェイが知的先駆者として最も頻繁に言及していたのは、この伝統のアメリカの支脈に属していた（あるいはラヴェイがそう考えていた）著述家たち――ベン・ヘクト、H・L・メンケン、アイン・ランドなど――だった。もっとも、彼らのほとんどは単にラヴェイと同じような自由思想と反平等主義的な考えを支持していただけで、サタンについては一行も書いていなかったのではあるが。

　ラヴェイを生み出したオカルティストの伝統においても、力は正義なりという考え方や、（原）ニーチェ的思想はまったく馴染みないものではなかった。第3章で論じたように、エリファス・レヴィはナポレオンの信奉者となった後に、すでに同様の考えを自身の著作の中で示していた。それらは後のオカルティズムにも浸透していた。アレイスター・クロウリーはニーチェを読んで直接インスピレーションを受けた。クロウリーはニーチェのことを「知恵の神トトのほとんど化身のような存在」と考え、そして『法の書』には「奴隷は奉仕せよ」、「強者の法」、「哀れむ者たちは呪われよ！」など、ニーチェの思想を反映する表現が窺える。後に書いた『法の書』の解説で、ビースト〔クロウリー〕は、次のように説明する。

> 弱者を淘汰していくのが自然のやり方だ。これが最も慈悲深い方法でもある。現在、あらゆる強者は全身に傷を負い、その弱った手足や失くなった手足、病んだ手足や衰えた手足が重荷となって彼らの変化を妨げている。キリスト教徒をライオンに！
>
> 　われわれはスパルタの教育思想に立ち戻らねばならない。そして人類にとっての最悪の敵は、慈悲の名のもとに世代を超えてその病いを継続させることを望む者たちである。キリスト教徒をライオンに！

　このように、ラヴェイにおけるニーチェ、社会進化論、「力は正義なり」の哲学の受容は、彼に大きな影響を与えることになるオカルティズムにおいても先例があったと言える。また、ラヴェイのサタニズムは、良い言葉が見つからないがエリート主義ともいえる考え方もオカルティズムから受け継いだ。「オカルトの知識」を明かされた人々はそれだけで特別な存在となり、さらに「賢く」そして「強く」なることができた。多くのオカルト組織に共通する位階制度はその性質上、差別化を生み出す。克服しなければならない現実の儀式的な試練は、卓越した人間のみが、知恵と力の高みに至ることができることを示している。たとえば、マリア・ナグロフスカが彼女の教義は「盲目的な大衆」に向けられたものではないと述べたが、その言葉は、彼女と信奉者たちが真のエリート（彼女の場合は、「支配することも、支配されることもない者たち」からなるエリート）であるという自己称賛とほぼ同義だった。超人および生まれながらの君主に関するニーチェの思想ですら、こうした考え方に通じるところがあった。少なくとも、このドイツの哲学者が新たな高次の人間として思い描いていたのが、金髪で筋骨たくましいナチのアスリート的な人物などでなかったのは明らかだ。むしろ、ある意味では、それはある知に通じる者、すなわち、古い偏見を捨てることができ、新しく急進的で非超越的な現世的な人生観を受け入れることのできる人々からなる精神的エリートの一員になることを意味した。

このように、ラヴェイのイデオロギー的な方向性は、西洋オカルティズムの系譜と無関係ではなかった。しかし、サタニズムについては、すでに指摘したとおり、ラヴェイはここで伝統の再発明および政治的な再配置に乗り出したが、これはまったく新しい試みだった。本書でも論じてきたように、それまで悪魔への共感は左派を中心としたものだった。そのため、サタン教会の設立当初は、ラヴェイの政治的立ち位置をめぐって混乱が生じた。左派の「サタニズム」の長い歴史とサタン教会の対抗文化的な起源から、ラヴェイが左派的な政治目標を追求していると思い込んだ者もいた。これはたとえば、極めて保守的な市民監視団体であるジョン・バーチ協会が出した結論だった。この協会は、共産主義者と目される人物を「暴く」ことで、マッカーシーの反共産主義の運動を続けようとしていた団体である。一九七〇年にブラックハウスを訪れた協会の代表が書き留めたところによれば、ラヴェイの本棚には「よく読み込まれた『共産党宣言』」や「共産主義者とされる人物」による著作が何冊か並んでいたという。さらにその人物は、地下室の「壁に何か赤いものがかかっているのが見えた」とし、それはおそらくソ連の旗だろうと推測した。

後にネオペイガンの団体の著名なメンバーとなる、当時一七歳でバークレーの学生だったアイザック・ボーンウィッツは、ジョン・バーチ協会とは対照的な動機でサタン教会に加わったが、同じ先入観を持っていた。ボーンウィッツは、サンフランシスコ大学に押しかける〈ジーザス・ピープル〉の伝道活動の様子をものまねしてからかうために、キャンパス内でサタンを支持する内容の路上説教を行っていたところをラヴェイに見出され、サタン教会に招かれた。しばらくのあいだボーンウィッツは教会の儀式に熱心に参加した。だが、彼が左派に傾き、ベトナム戦争に抗議するようになると、ラヴェイや彼の信奉者が奉じる主義はそれとはかなり異なることがわかってきた。ボーンウィッツは後に、次のように回想している。「儀式には本物のクー・クラックス・クランのローブやナチの制服を持ち込んでいる者もいた。これらの衣服は人々の凝り固まったありきたりの思考パターンに衝撃を与えるためのただの「サタン的なショック効果」だと信奉者たちは断言した。だがその後その服を着ている男性たちと話してみると、彼らが演じているわけではないことがわかった。教会には黒人の会員がおらず、アジア系が一人いるだけであることに気づき、私はなぜだろうと思い始めた」。ボーンウィッツの疑念にはそれなりの理由があった。ラヴェイはその後数十年にわたって、ネオナチや右派団体に何度か接触し、友好的な関係を保ち続けていた。サタンの大祭司はそのことについて問われると、近代サタニズムとナチズムの類似性は主に美学の問題だと答えることがほとんどだった。「サタニズムの美学はナチズムのそれである」。ラヴェイはある時そう述べた。しかし、黒い制服や勇ましい行進曲に対する単なる美的関心よりもさらに深刻な問題が関係していたと思われる。言うまでもなく、ファシズムは、ラヴェイが受容した同じ平等主義批判の流れのもう一つの歴史上の現れだった。

実際、ラヴェイや彼の信奉者の多くが第三帝国とその後継者たちに魅了された理由としてさまざまな動機を見て取ることができる。一つ目は、めったに語られることはないが常に存在していたものとして、一九四五年以降の西側諸国でナチズムの明らかな潜在的挑発性がサタンそのものの挑発性と同等、あるいはそれ以上のものになったことが挙げられる。二つ目は、ラヴェイと彼の仲間たちが、ナチと特に親衛隊の「黒い騎士団」のことを強力な黒魔術師と捉えていたことである。よってラヴェイは、『サタンの儀式』の中で、「新進の親衛隊保安部の情報部」に由来するとされるサタニズムの儀式について記した。さらにラヴェイは自身の公認の伝記の中で、終戦直後にドイツを訪れた際にナチズムの奥義に直接触れたと主張していた。アキーノもまた、かつて親衛隊の儀式が行われていたヴェーヴェルスブルクにある施設を訪れて魔術的な「業」を行い、人間の精神が実は「反自然的」であることを知った――アキーノは親衛隊の城の増築に関わった強制収容所の労働を知り非難したが、ヒムラーやその側近たちのことを本物の強力な魔術師と信じて疑わなかった。三つ目は、ラヴェイとアキーノが、人間精神の闇の部分を巧みに利用することで政治的な力を発揮した代表例として、ナチ党員にしばしば言及していたことである。このために『サタンの聖書』では「ヒトラーの考えの狂気」について記されていたが、「歓喜力行団（喜びを通じて力を）」によってドイツ人の忠誠心を得ようとするヒトラーの考えを称賛した。この点にラヴェイはナチの真の魔力を見出したのではないかと考えられる。これはまた、ナチが強力な裏の「操り手」としてラヴェイ自身とサタン教会のモデルとなりうる点でもあった。ラヴェイはおそらくこうした理由からナチのイデオローグ、アルフレート・ローゼンベルクを自分の「サタニズムの陰謀家」リストに含めていた。

しかし、ラヴェイがナチに強い魅力を感じていた最大の理由は間違いなく、彼らが多くの点でイデオロギー的に類似していたことにあった。両者とも西洋革命の平等の概念を批判し、極端な（似非）ニーチェ哲学や社会進化論の倫理を広め、キリスト教を超えて進んだ社会を構想していた。これが、ラヴェイのサタニズムと（ネオ）ナチズムがより本質的な共通点を見出すことができた点であり、ラヴェイがナチズムに魅了され続けていた背景を形づくっていたと言える――ナチとの無条件の同一化へと展開することは決してなかったが、とはいえ一部のラヴェイ擁護派の学者がいうような、単なる挑発的な態度や「冗談めかした文化批評」の域は超えていた。

一方、極右とのこのような類似性があるとはいえ、ラヴェイがナチズムの人種差別的な考えを受け入れていたわけではないことは強調しておかなければならない。ユダヤ系のルーツを持つラヴェイが、ナチの反ユダヤ主義を受け入れていたとすれば、実に驚くべきことだろう。代わりにラヴェイは冗談半分にユダヤ系ナチズムというサタニズムのあり方を提唱し、世俗化したユダヤ人や

「膨大な数のユダヤ人と非ユダヤ人の混血の子どもたち」に「屈強なアイデンティティ」をもたらそうとした。すなわち、「誇り高く、認められたシオニスト、オーディン崇拝者、ボリシェヴィキ、ナチ、帝国主義者、社会主義者、ファシズムの合理的な融合」である。ラヴェイは『サタンの聖書』ですでに、真のサタニズムは「民族的、人種的、経済的な違いを超越する」と記述しており、このメッセージを生涯にわたってくり返していた。前述したボーンウィッツの指摘はさておき、サタン教会には有色人種の会員は存在し、最も有名な人物としてはユダヤ系、黒人、プエルトリコ系の血を引く歌手のサミー・デイヴィス・ジュニアがいた。しかし、サミー・デイヴィス・ジュニアがどちらかと言えば例外であったことも事実である。ラヴェイも当然このことには気づいていた。一九九〇年に出版された「公式の」教会史の中で、ラヴェイはこの点に関する即興的な、ちょっとした社会学的分析を試みた。

> 当局の鋭い洞察力のあるオカルト捜査官の一人が最近私に、なぜ今サタニズムに関わる人たちの中では、中流・上流階級の若い白人男性が割合として多いのか、と聞いてきた。私は、彼らが人種的なアイデンティティを持たない唯一の集団だからではないかとの可能性を提示した。黒人の若者はアフリカン・アメリカンの仲間、メキシコ系アメリカ人の若者はチカーノの仲間になることができ、多様な若者グループの一つと自分を結びつけることができる。マイノリティの権利や利害にはさまざまな関心が寄せられている。白人の子どもは、もはや自分たちの力を表すアイデンティティがないように感じ、怒りや憤りを抱えながら育つ。だから――スキンヘッドのグループがあり、白人中心のヘヴィーメタルがあり、そしてそれらの要素を超えて――サタニズムがあるのだ。

この長い引用には、ラヴェイがネオナチズムの一部のネオペイガンに友好的な態度をとるさらなる動機の手掛かりがすでに示されている。ラヴェイは彼らをサタン教会に勧誘する候補と見做し、将来手を組む見込みのある集団と考えていた。すでに一九七四年には、アキーノに宛てた密書の中で、まさにこのような戦術的な根拠をネオナチのナショナル・ルネサンス党と接触したことの理由とし、彼らに布教すれば容易にサタニストにすることができるだろうと述べた。「彼らはその人種差別的な理想を腕章としても身につけ明確に掲げているが、その理想はその腕章のように取り外しできるものだと私は考えている。……現状ではほんの一握りしかいない。だが、彼らがその手法を見直せば仲間も増えていくだろう」。

この発言の直接的な文脈からは、ラヴェイの小規模な政治構想の背後にある、さらなる野心的な意図が窺える。アキーノはこの時期、仲間のサタニストたちに宛てた手紙の中で「右派の激しい政治的反動」がアメリカで起こるだろうと予測していた。「もちろん、革長靴と鉤十字が復活するわけではない。アメリカ国旗、スーザの行進曲、ヘルメット、ミニットマン型の民兵組織などである」。ラヴェイがネオナチ集団との戦略的な同盟を明らかにしたのには、このシナリオに照らしてのことだった。彼らの書簡の内容を見る限り、ラヴェイもアキーノも差し迫った右派政権の誕生をむしろ心待ちにしていたような印象を受ける。実際、右派の台頭の必然性は、サタンの時代そのものの到来の必然性と同一であり、両者が何らかの形でつながっていたか、あるいは同じものであったようにすら思われる。ラヴェイ自身の右派的な傾向や、彼が自分のサタニズムをアメリカ的なものとして表現することを好んでいたことを踏まえれば、これはまったく非論理的なことではないだろう。特筆すべきなのは、たとえば、一九九〇年にラヴェイが、この「右派の政治的反動」がどのように起こるかに関するアキーノの考えを、サタニズムが従うべき「指針」として言い換えたことだ。「サタニズムが合衆国の主要な宗教になれば、赤、白、青の旗がはためき、ジョン・フィリップ・スーザのトロンボーンが鳴り響くだろう」。ただ、これは「博士〔アキーノ〕」の後にラヴェイが思いついたというわけでもなかったようだ。ラヴェイは一九七一年のタブロイド紙のコラムですでに、次のように書いていた。「サタニズムこそが最も純粋なアメリカ主義の形である。われわれは、家庭、家族、愛国心、個人の誇りなど、これらのアメリカの神聖な伝統を否定したり冒瀆したりすることを容認したり、ましてや推奨したりすることはなく、むしろそうした伝統を支持している」。ラヴェイは右派の活動家たちと交友を深めることで、将来の与党で自分の組織の権力の地位を確保したいと思っていたのかもしれない。

これらのことを合わせると、新たな右派政権下での自身とサタン教会の役割としてラヴェイが思い描いていたのは、第三帝国のもとで「黒い騎士団」が果たしていたと彼が考えていたのとほとんど同じ役割、つまり、権力の中枢に密かに存在する「霊的な」エリート組織としての役割であった可能性もあると筆者は考える。このように、ラヴェイのサタニズムの中心には、たしかにある種の陰謀の企てがあったが、それは感情的になったキリスト教原理主義者たちが想像していたものとはやや異なっていた。また、その陰謀は人々に恐怖を抱かせるほどのものでもなかった。というのも、ラヴェイが描いていた自身やサタニズムの役割についての壮大な構想と、現実のラヴェイと彼の運動の重要性（あるいは重要性のなさ）とのあいだには、大きな隔たりがあったからである。一九八〇年代と一九九〇年代には、サタン教会がほとんど完全に消滅しかけているように見える時期もあった。教会の会報が一九八一年には一頁に縮小し、一九八八年には「サタン教会の急速な拡大により」廃刊となり、一方で組織のある一つの支部の代表者は、大祭司についてはもう長いこと何も聞いておらず、彼がいまだに何らかの活動に携わっているのかどうかもわからないと述べた。

ラヴェイ自身は当然のことながら、これとは異なるイメージを示すことを好んだ。彼は幾度となく、来るべきサタンの時代の新たな兆候を指摘した。その最期の日々まで、ラヴェイは教会と自分が大きな社会的発展の背後に潜む強力な勢力であるとのイメージを持ち続け、ある時は、サタニズムへの関心を高めるために、サタニズムパニックを企てたとまで主張した。ある著述家が述べたように、こうしたラヴェイはむしろ、象の隣を行進するネズミのようであり、象が鳴らす強大な音を自分が鳴らした音であるかのように自慢しているようだった。自分たちは重要な存在だとするラヴェイの思い込みと、実際の状況との著しい違いが、実は、彼がネオナチに積極的に接近していったことのさらなる動機となっていた可能性がある。彼の態度はこの点において、アメリカ主義がファシズムの未来であり、現行のネオナチの活動は明らかにばかばかしいとする彼自身の分析とは明らかに矛盾していた。ラヴェイは後者を「ニキビだらけの田舎者の類」で「街頭デモで嘲笑されることに時間を費やしている」として辛辣に描写し、そして、鉤十字を振りかざす集団がアメリカで大衆運動にまで拡大することは決してないことを強く認識していた。それにもかかわらず、彼がこのあさましいサブカルチャーの小集団に働きかけたのは、実際に「陰謀を企て」、関心を示した少数のグループと「戦略的同盟」を結ぶことで、自分たちは重要な存在なのだと感じたいという単純な欲求に駆られてのことだったのかもしれない。ラヴェイは一九七四年に、アキーノに、次のように書き送っている。「彼らは私たちのために何でもしてくれるだろう。クー・クラックス・クランも同じだ。私はどちらも支持はしていないが、どんなグループであってもその友情は受け入れる」。

筆者は、このように社会的・政治的勢力としてのラヴェイのサタニズムの影響を最小限に評価することで、それが広めた社会進化論、エリート主義、反平等主義がまったく害のないものだったと述べたいわけではない。ラヴェイのサタニズムを論理的に突き詰めていった結果は、ナイン・アングルズ騎士団の歴史によく示されている。この摑みどころのないサタニスト組織は、少なくとも当時においては主にアントン・ロングが考え出したものとされていた。アントン・ロングというのはおそらく、イギリスのファシストであるデイヴィッド・ウルスタン・マイアット（一九五〇年または一九五二年生まれ）が使っていた筆名である。この組織の発行物には、その起源が何千年も前から存在する秘密の伝統にあり、一九六八年にロング／マイアットがその伝統に魔女団の女性指導者が執り行う儀式を通じて加入したと記されている。しかしながら、この起源神話には外部による裏づけがない。唯一わかっているのは、一九六八年にデイヴィッド・マイアットが、ある指導者のボディガードとして右派団体のブリティッシュ・ムーヴメントに加わり、アントン・ロングとして一九七〇年代後半から一九八〇年代前半にかけて、ナイン・アングルズ騎士団の哲学や手法を概説する文章を発表し始めたということである。彼が付けた組織名にはサタン教会からの直接的な影響が表れている――『サタンの儀式』には「ナイン・アングルズの儀式」に関する記載がある。実際、ロング／マイアットが広めたサタニズムは、多くの点で、ラヴェイのサタニズムですでにあった傾向を極端に拡大解釈したものということができる。

マイアットの政治活動に示されているように、ナイン・アングルズ騎士団は、ラヴェイの極右との関わりは控えめだったのに対し、ナチズムと反ユダヤ主義に本格的に同一化した。中でもこの過激な方向性は、彼らがユダヤ＝キリスト教の宗教的およびオカルト的伝統に由来する、あらゆる概念や存在を厳密に避けていたことに表れるが、もちろん、サタンはその唯一の例外だった。サタンは実在する超自然的存在として捉えられていた。この組織の究極の目的は、人類の進化において新たな種、すなわちさながら「人間の生の最高の具現化」としてのラヴェイのサタニストをアーリア化させた、サタン的な神人の種を生み出すことだった。この新しい人類が出現すれば、歴史には新時代が刻まれ、その「銀河の時代《ギャラクティック・アイオン》」においては人間が恒星間旅行によって宇宙《コスモス》を征服することとなる。ナイン・アングルズ騎士団の熱烈な信奉者は、銀河帝国の到来を早めるために、自らが神人となるべく修練し、現在の社会を崩壊させるために可能な限りその社会を混乱させることになっていた。

　信奉者は真の銀河人《ホモ・ガラクティカ》になるために、七段階の厳しい試練を順番に乗り越えていく必要があり、一試練を経るごとに上位の段階に挑戦することを許される。こうした厳しい試練の過程は、サタン教会に恩恵をもたらした有力者に位階を授け始めたサタン教会のそれとは明らかに対照的であり、また、テンプル・オブ・セトのような入信者のエソテリシズムの知識を問う学問的な試験の類でもなかった。そうではなく、この過程は信奉者に心構えをさせ、身体と精神の双方における適性を測ることを意図したものだった。したがって、第一段階では野外で一晩眠らずに過ごすことが課され、ほかの段階では重い荷物を背負って長距離を走り、文明の恩恵に与ることなく荒野で三か月間切り抜けるなどの厳しい試練が課される。また別の儀式は、ナイン・アングルズ騎士団のメンバーがユダヤ＝キリスト教的な倫理観を完全に自分から排除し、真にサタニストの「戦士の精神」を受容したかを確認するためのものである。その中で最も悪名高いのは、「人間淘汰」という儀式で、社会にとって無益あるいは有害と見做された人間を殺害し、見つからずにいることを求めるものである――これはラヴェイが魔術として安全に保っていたサタン教会の、いわゆる呪いの儀式を実践に応用し、極端に展開させたものだった。さらに入信者は自分自身の「魔術的」な神殿を立ち上げ、また、偵察かつ洞察的役割を果たすことが求められる。たとえば、既存の秩序に大混乱をもたらし、自らの倫理的・精神的な限界を超えるために、左派あるいは右派の反乱組織に加わることが要求される。後者の儀式は、ラヴェイがサタン教会の設立当初に行っていた儀式を彷彿とさせる。その儀式で人々は敵のことを「魔術的」に洞察するために、自分たちの最も憎む人物――たとえば、自分の上司やナチの悪党――になりきる（これはラヴェイが自宅にナチ親衛隊の格好をした人々がいる理由としてボーンウィッツに語った内容として想起されるだろう)。ここでもまた、ナイン・アングルズ騎士団はラヴェイが儀式の領域にとどめていたものを行動に移したようである。驚くべきことに、ナイン・アングルズ騎士団の入信者はボードゲームをすることも求められた。厳密には、「スター・ゲーム」を作り、それをプレイする。そのゲームはアントン・ロングが考案したもので、プレーヤーが人類文明の歴史を魔術的に演じることができるように設計されていた。

この一連の試練を通じて、騎士団が入信者を助けることはない。後のラヴェイのサタニズムのように、騎士団は文献によって自分たちの道の伝承を広める、ほぼヴァーチャルな組織であり、信奉者はその後、それぞれ自分一人で信奉していかなければならなかった。騎士団が極めて謎に包まれた組織であるのは、こうしたことが要因でもあった。「人間淘汰」が実際に行われたことがあるか、そしてその試練の段階をすべてクリアした人間がいるかどうかは不明である。それらをすべて実行したのは、ナイン・アングルズ騎士団の手法と目的に従って活動をしていたデイヴィッド・マイアット、ただ一人だったかもしれない。前述のように、マイアットはイギリスのさまざまな過激なファシスト組織で活動しており、ある時は単に国家社会主義運動と呼ばれる自らの組織まで設立し、人種戦争を煽る小冊子を発行していた。この後者の組織は、一九九九年にメンバーのデイヴィッド・コープランドが同性愛者、黒人、アジア系が出入りする場所で釘爆弾による襲撃を行い、三人を殺害し一〇〇人以上を負傷させたことで有名となった。

その頃のマイアット自身は意外な動きを見せ、イスラム教徒に改宗していた。彼はさまざまなジハード主義の組織と接触し、「コーランとスンナに則った」殉死作戦の合法性を擁護する英語による神学的な小論文を執筆し、一時期は、それがハマスのウェブ・サイトに参考文献として掲載されていた。イスラム過激思想を受容したことで、マイアットはそれまで大事にしていた多くのテーマ――反ユダヤ主義/反シオニズム、西洋の物質主義への反乱、宇宙旅行(今度は三日月のしるしを掲げて)――を実際に追求することができるようになったが、一方で二〇一〇年以降にマイアットはさらに突然の心変わりをした。この変化の予兆となったのは、ナイン・アングルズ騎士団が突如として、「セム系」や「右道」の考えを自分たちのエソテリシズムで用い、左派の「進歩的」なサタニズムを提唱した「邪悪な部族」を受け入れ始めた、という予想外の出来事だった。マイアットは、イスラム教を棄教したことを公表し、今後は「霊的な道」、後に「苦難からの学び《パティ＝マトス》」と名づけた自分自身の哲学に従うと述べた。これは、「人種」、「氏族」、「部族」といった他者に関する非人間的な抽象概念に別れを告げ、他者への思いやりに満ちた生き方を受容することであった。この新たな改宗が真摯なものなのか、あるいは単なる「偵察かつ洞察的役割」なのかは今は確かめることはできない。けれども、現在に至るまでマイアットは自分がアントン・ロングであることを否定している。そのため、研究者がマイアットがナイン・アングルズ騎士団の首謀者であることを正確に特定しているとすれば、彼の誠実さは疑わしいものとなる。

　もちろん、アントン・ラヴェイに、ロング／マイアットをはじめとする過激主義者たちが彼の哲学を利用したやり方まで責任を負わせることはできない。また、たとえラヴェイや彼の運動の傾向がいっときその方向に向いていたとしても、彼や彼の運動をファシストやナチと呼ぶことは的確とはいえないだろう。ラヴェイの西洋革命との関係は、否定的な反応だけではなかった。前章で述べたように、ラヴェイのサタニズムにおける最重要のテーマが自由であり、より正確には、宗教的・イデオロギー的・社会的制約からの自律的な個人の解放であると見るのは妥当である。この点で、サタン教会のイデオロギー的計画は、西洋革命の解放およびキリスト教に対する西洋の反発の枠組みの中に深くとどまるものだった。

　ラヴェイのエリート主義的な反平等主義は、ある意味では、他人と異なる存在であることの権利と価値の擁護として捉えることもできる。西洋革命では当然のことながら集団だけでなく個人の自由も主張されていた。こうした主張の明らかな延長線上にあるものとして、現代サタニズムでは超個人主義、反平等主義、そして不平等であることの権利に重点が置かれた。この反平等主義は、ラヴェイの後のさらに過激な発言でもその背景となっており、逆説的にも社会では反動主義と同じ立場をとることもあったが、それを形成していた前提条件は反動主義の運動の前提条件とは根本的に対立する。このように、ファシズムの基本的な特徴である指導者への従属および個人が、「民族」という大衆に埋没することは、ラヴェイのサタニズムにとっては完全に受け入れ難いものであり、それは多くの点で「右派のアナーキズム」の一形態として、より適切に示すことができよう。

　ラヴェイの後期の著述では、西洋革命の解放の計画へのこのような支持は、彼より前の「サタニスト」の伝統とは異なる形で表現されていた。ラヴェイは二〇世紀のサンフランシスコにおいて、自身の非同調の権利が一八二〇年代のヨーロッパとは異なる形で脅かされているのを感じていた。つまり、ラヴェイが脅威を感じていたのは、抑圧的な政府や弾圧的な法律ではなく、ヒッピーの平等主義、「群衆」の慣行への従順さ、次第に高まる大量生産と大量消費の要求に対してであった。ラヴェイは『サタンの聖書』の中で、ラグナル・レッドビアードの言葉を言い換えることで、その言葉への同意を暗に示した。「祖先にとって生命と希望と自由を意味していた理論や考えが、今やわれわれにとっては破壊と隷属と屈辱を意味するものとなっているのではないか！　環境が変化するにつれ、どんな人間の理想も確実なものではなくなる！」その結果、ラヴェイは批判をより見えにくい別の自由の敵に向けた、特にマスメディアの影響とされるものや、その結果もたらされた大量消費文化に対する批判を書き記していった。黒の教皇は後にエッセイの中で、この点に関する自身の立場を簡潔に述べている。

　サタニストは他人に自分を操作させてはならない。そうしたことには徹底的に抗うべきだ、それは精神の自由に対する最大の敵なのだから。それはまさに人生そのものを否定することである。その人生とは自らに与えられた驚くべき唯一の経験であり、他人のつまらない存在を模倣するためにあるのではない……。サタニズムの本質そのものは、その意味上の呼称である「他者」によって表される。大衆文化に迎合する者にもサタニズムに共感、あるいは熱狂する者がいるかもしれないが、そうした者はサタニストとは呼べない。

　また別の記事の中でラヴェイは、マスメディア、特にテレビという「新しい神」、「大衆にとっての主要な宗教」による「サブリミナル効果」、および、進歩の敵としてのユダヤ＝キリスト教と同等とラヴェイが見做していた流行ファッションの「盲目的崇拝《デス・カルト》」に対し警鐘を鳴らしていた。いずれも「群れの心理」を生み出すための手段である。ラヴェイは、大量消費主義という地球村においては民族文化の違いさえも意味を持たなくなったと訴えた。「アジア系が欲するもの、ラテン系が欲するもの、アングロ・サクソン系が欲するもの、アメリカ先住民が欲するもの、アフリカ系アメリカ人が欲するもの……すべてが同じだ。これはテレビで見る通り。言い換えれば、自分のルーツを語り、自分が受け継いだものにこだわり、先祖について研究しながらも、他人と同じように生きるということだ。それはつまり、同じ製品を買い、決められた時期にそれを廃棄し、新しいものを買うということだ」。

　これに対抗する手段として、ラヴェイは非同調、すなわち「サタニズムの最大の武器」という本質的な特徴をくり返し強調した。この点に関するラヴェイのアドバイスはシンプルなものだった。「自分が買うもの、見るもの、聞くもの、することが人気のあることかを立ち止まって考えてみるように。もしそうであるなら、それは操作されているということであり、好むと好まざるとにかかわらず、あなたは操作されているのだ」。サタニストは意識的に自らの独自性を高める必要がある。逆説的ではあるが、これは消費社会からの「脱出」、またはそれに対する批判を通じてではなく、主流からは無視され、忘れ去られ、拒絶されたものを意図的に一つのスタイルとして選択することでなされた。ラヴェイにとってこれは、「受け入れ難いとは言わないまでも、疑わしいもの」、「原型的なもの」を選ぶことであり、何より、「流行遅れになる」のを許容することを意味していた。ラヴェイはエッセイや記事の中でしきりに、過去数十年間の、特に一九三〇、一九四〇、一九五〇年代——おおよそ大祭司〔ラヴェイ〕自身が若かった頃の時代であることは想像に難くない——の音楽、芸術、服装に回帰することを主張、あるいは予測していた。「われわれの文化は、一九三九年にその頂点に達したと考えている」と、ラヴェイはあるインタビューで述べた。したがって、「サタニストの美学」は大衆文化そのものと対立しているのではなく、「時代遅れ」になったものや周辺に存在していた大衆文化の要素を好んで取り入れたものだった。これは車を買う場合にも当てはまった。サタニストは、スチュードベーカーやハドソンのような「製造中止になった」車種を購入することが望ましく、そうした車種は「非同調を表すわかりやすいしるし」として機能し、長い目で見れば最終的には有望な投資ともなった。当然ラヴェイは、商業的に提供される反乱のサブカルチャーを受け入れることで得られる、「計画された、あるいは見せかけの非同調」に対して軽蔑の念しか抱いていなかった。現代のサタニズムは、それ自体の非同調の姿勢を同調させられる危険から免れることはできないとラヴェイは警告した。「もったいをつけた「サタニスト」の予測可能な変わった行動は、非サタニストたちに商業的に利用されている」。

たとえば、市場社会に対する何らかの新マルクス主義的な批判と比較すると、これらの提案はかなり浅はかなものに聞こえる。そしてある意味ではそうだったのだろう。しかし、ここで問題となっていたことは、明らかにラヴェイにとっては重要だった。彼にとって真の非同調とは、真の「サタン流」魔術を体現するものであり、おそらく魔術の核心、または本質ですらあったのかもしれない。「もし魔術の定義が「通常のやり方では変えることができないような状況や出来事を、自らの意志に従って変えること」であるなら、うまく働いている魔術はどれも非同調の行為である。生まれつきの非同調の度合いが高ければ高いほど、人には強い魔力が備わっている」。成功している非同調は、その本質において「自己を創造する」真の方法であるだけでなく、自らの意志に従って自分を取り巻く環境を変えることであり、言い換えれば、魔術を使うことだと言える。究極的にこのことが意味するのは、世界を変えることだった。それゆえ、ラヴェイの「五角形の修正主義」計画のやや特異な五つ目の点である、「誰もが自分の好きな環境の中で生きる機会を得ること」がある。ラヴェイはこれらのコミュニティを「同質化された多言語の環境の代わりとなる、私的に所有、運営、管理された環境」として思い描き、「個人の幸福という社会環境の中で自己を隔離する自由」と「自分の選択を汚す、または損ねるような人々から干渉されることなく、美学的に見て最も快いものを感じ、目にし、それに耳を傾ける機会」の両方を提供する安全な隠れ家として構想していた。ラヴェイ自身が提唱するそのような完全な環境は、むしろディズニー的なものではあったが、ここで基本的に問題となっているのは、自分の生活状況を完全に支配することによる、完全な自由と完全な自律性だった。黒の教皇自身が述べたように、「個人主義者は、他人の基準で創られた世界ではなく、常に自分の世界で生きなければならない」。

このようにして捉えると、ラヴェイが西洋革命の人間の自律性という課題に強いこだわりを抱いていたことは明らかであるように思われる。たしかに、ラヴェイはそうした自律性の主張の極端な代表と考えられるかもしれない。しかしここでも、茂みの下には蛇が潜んでいる。なぜなら、ラヴェイの完全な自由は万人に向けられたものではないからである。ラヴェイの計画によれば、それは非同調主義者のわずかなエリート、つまり言葉よりも行動の上での真の「サタニスト」たちのみを対象としている。ラヴェイは、彼ら以外の社会の人々は忌み嫌われた「群れ」であり、ゲットーに吸い出されるべきだと提案した。このゲットーという言葉は文字通りの意味で使われ（公の発言ではこの語の使用を避けてはいたが）、ほかの惑星の「宇宙ゲットー」ならなおよいと述べた。言い換えれば、「群れ」は宇宙空間に打ち上げられるべきとされた。「群れは、『原子未来戦《バック・ロジャース》』や『超人対火星人《フラッシュ・ゴードン》』といった宇宙SFテレビ番組のせいで、そういった世界を受け入れやすくなっているからね」と、大祭司は冗談めかして言った。人間の中でも本当に価値があるのは、結局のところ、真に創造的な一握りの人々だけなのだ。「創造することのできる大切な一人の子どもは、生産することのできる一〇人の子どもよりも——あるいは信じることのできる五〇人の子どもよりも——重要になるだろう！」ラヴェイは『サタンの聖書』でもすでにこのように記していた。

　このことにしたがえば、ラヴェイのサタニズムは、一般大衆に非同調や自律的な思考を説いて回る運動として理解されるべきではない、というのが黒の教皇の主張だった。思考することのできないイナゴの群れは厳然たる事実であり、サタニズムはそのエリート主義運動としての本質に基づいて、「人々」を解放するための手段ではなく、それを「餌食」にすることを目的としていると言うのだった。このようなラヴェイの態度、そして陰謀論的な傾向は、ラヴェイがテレビについて書いた論文の中で特に明らかになる。テレビについてラヴェイは「流行、思考、態度を決定づける」媒体であり、「堕落プロセス」を促進する力であると述べたが、一方で、「新たなサタンの宗教を主流に浸透させ」、「新たなサタンの時代」の始まりを示す重要な証拠として歓迎もしていた。テレビは日常の宗教実践としてのキリスト教に効果的に取って代わり、さらには大衆を操作し鎮めるための優れた道具でもあった。したがって、サタニストはテレビを利用するべきであり、テレビに利用されないようにしなければならない。「サタニズムを提唱していく上で、テレビが最も実用的で非常に有効な手段であるとサタニストが確信すれば、第一線から退きたいと思うかもしれず、これはイエズス会の神父やラビや牧師が、教区民には規範を忠実に守るよう促しているにもかかわらず、人に見えないところではその規範に反する生活をしていることとよく似ている」。ラヴェイが主張した階層化は今や、「テレビのライフスタイル」に基づいて分類することでさらに明確にすることができるようになった。すなわち、「テレビ中毒者」、「普通の信者」、あるいは新たな世俗の宗教の「大祭司」という、表立ってもしくは裏で活動する陰の操り手である。この中で真のサタニストが属することができるのが、三つ目の階層だけであることは驚くにはあたらないだろう。これが理由の一つとなって、ラヴェイは晩年に娯楽産業の人間の多くに祭司職を与えていたのかもしれない。

このことからは当然、何によってサタニストになる人間が決まるのかという重要な問いが生まれる。それに対しラヴェイは意外にも、「サタニストは生まれつくものであり、作り出されるものではない」と答えた。どうやらこの「サタニズム」は遺伝的なものであるらしく、実際にラヴェイは優生学の技術を使ってサタニストのエリートを「繁殖」させることを提唱した。しかし、この遺伝は人種的血統あるいは貴族の血筋に基づくようなものではない。それはむしろ、「よそ者」という創造的な非同調者になろうとする傾向であり、ラヴェイはそれを生まれ持つものとして考えていたようだ。これは一見すると、サタニストは自分自身を「創造する」という彼の主張と矛盾するように思われる。だが、それはあくまでも一見するとの話だ。遺伝的に決定された創造性と独創性の傾向が際立っている人々、そうした人々だけが非同調の、真に個性的な人間の型に自らをはめ込むことができるのだろう。ラヴェイはくり返し何度も、創造的な個人と真のサタニスト――彼自身もその一人である――の青春時代の「他者性」やよそ者的な立場を強調した。これとはまったく対照的に、大半の人々は遺伝的に群れの一員であることを運命づけられている。「群集行動は彼らに適したものであり、それを彼らは求めているのだ。染色体および条件つきの複製であるために、彼らはそれ以外の何者にもなりえない」。そしてサタニストが「優れた人々」であるとすれば、普通の群れのような人類は劣った存在として分類されるしかない。結局、ラヴェイのサタニズムにおける非同調は単に自由を掲げていただけでなく、「よそ者エリート」を際立たせ、彼らの優位性を確立する指標でもあった。「このように、サタニズムは大いなる分離のプロセスとして機能している」とラヴェイは的確に指摘した。

西洋革命の遺産とのこうした曖昧な関係という点でも、ラヴェイはアレイスター・クロウリーに似ていた。この点で、このイギリスのオカルティストは同様の両義性を示しており、その両義性は彼の晩年のある出来事によって明らかとなった。クロウリーは一九四一年一一月六日――バトル・オブ・ブリテンがまだくり広げられ、ドイツ空軍による空襲で恐怖を植えつけられていた時――に、連合国の戦争努力を魔術で支援する一枚のパンフレットを発行した。そこに記されていた五つの項目は、西洋革命の価値観への明快な呼びかけ《クラリオン・コール》とも言うべきものだった。

一、人には自らの法に従って生きる権利がある――
　自ら望むように生きる権利がある
　自ら望むように働く権利がある
　自ら望むように楽しむ権利がある
　自ら望むように休む権利がある
　自ら望む時に、望む方法で死ぬ権利がある
二、人には自らが望むものを食べる権利がある
　自らが望むものを飲む権利がある
三、自らが望む場所に住む権利がある
　地球上を自らが望むように移動する権利がある
三、人には自らが望むように思考する権利がある
　自らが望むことを話す権利がある
　自らが望むことを書く権利がある
　自らが望むものを描写し、彩色し、彫刻し、食刻し、鋳造し、建造する権利がある
　自らが望む装いをする権利がある
四、人には自ら望むように愛する権利がある――
　「汝らの望むように愛を心ゆくまで意志の赴くまま求める権利がある
　汝らの望む時に、望む場所で、望む相手と」
五、人にはこれらの権利を妨げる者を殺す権利がある

この人権宣言のすぐ下に、グレイト・ビーストは平然と『法の書』の第二章五八節を引用した。すなわち、「奴隷は仕えるべきである」と。

ラヴェイの晩年

一九九〇年代になると、ラヴェイはますます人類から距離を置くようになっていったようだ。これまで見てきたように、自ら望んで得た悪名高さの不愉快な側面から逃避する傾向は少なくとも一九七〇年代初頭から見られたが、年を経るごとに顕著になっていった。この頃には、彼がサタニストの「エリート」を集められなかったことは明らかだった——少なくとも、集めたことを示す記録はない。ラヴェイが『サタンの聖書』に記したサタニストにとっての二つの選択肢——「自らのサタンの力で愚行に囚われた大衆」を密かに操るか、「正義を振りかざす者たちの嘲笑と批判」から逃れること——のうち、大祭司は次第に後者を選ぶようになったと思われた。たとえば、宿敵アキーノとは対照的に、ラヴェイはサタニズムパニックの最中にヒステリーの高まりについてテレビでコメントすることなく人目につくことを拒み続け、そのためかえって目立つ存在となっていた。彼はその役割を末娘のジーナに託した。ジーナはその頃には「魅力的な曲線美のブロンド」の女性に成長していた。黒の教皇自身がインタビューに応じることはほとんどなくなり、彼の刊行物も教会のニュースレター『悪魔のひづめ』とその後継誌である『ブラック・フレイム *The Black Flame*』への寄稿に限られ、その内容は簡潔で次第に人間嫌いなものとなっていった。

この隠遁生活は、ラヴェイの私生活での度重なる挫折に、ある程度起因していた可能性があった。彼のパートナーのダイアンは、設立当初からサタン教会の「運営」を献身的に支えてきたが、一九八六年に慰謝料請求訴訟を起こし、一九八八年にブラックハウスから出て行った。その後も二人のあいだで法的な争いは絶えず、ダイアンは内縁の夫〔ラヴェイ〕から「定期的に暴行や言葉による虐待を受けた」と主張したが、実際に虐待が立証されたのはそのうちの二件だけだった。彼女が出て行った理由としてはおそらく、サタン教会の初期にアントンが「見習いの魔女」と見境のない性的関係を持ったことと、晩年にますます悪臭を放つようになったこと——歯の手入れをほとんどせず、自ら公言していたようにできるだけ入浴をしないでいたために、サタンの大祭司は次第にメンデスの山羊そのもののような臭いを放つようになった——も挙げられるだろう。最終的に裁判官は、ラヴェイの財産の半分をダイアンに分与し、アントンは破産申請をせざるをえなくなった。元パートナーに慰謝料を支払うために、サンフランシスコ通り六一一四番地の自宅は不動産大富豪のドン・ワービーに売却された。ワービーはラヴェイに理解を示し、寛大にも彼がそのまま家に生涯住み続けることを許した。

一九九〇年にさらにラヴェイを襲った個人的打撃は、娘のジーナとの関係に深いひびが入ったことだった。この出来事の原因が何であったかは正確にはわかっていない。ラヴェイの伝記作家バートン・ウォルフによれば、父娘の関係はすでにその前から、娘がバリー・ドゥービンという人物と交際を始めたために疎遠になっていた。ドゥービンはナチの支持者で、名前をニコラス・シュレックに変え、「ナチズムが幼稚園レベルに思える」場所に人類を連れて行くつもりだと公言していた。ジーナとシュレックは、一九八八年八月八日にマンソン殺人事件を記念するイベントを一緒に計画していた。ラヴェイ自身にファシスト的な傾向があったことはすでに述べたとおりだが、彼は一九六〇年代にサタニズムとマンソン事件を切り離すためにかなりの労力を費やし、サタン教会の多くのメンバーとは対照的に、マンソンの集会には参加しなかった。よってラヴェイはウォルフが主張するように、ジーナとシュレックの過激な傾向を不快に思い、一九九〇年に二人を祭司職から追放した可能性があり、また、ジーナが言うように、彼女が自分の意志で父との関係を断ったことも事実かもしれない。もっとも、それが事実であろうとなかろうと、ジーナの最終的な脱会は劇的な展開となった。その後、ジーナは自分の姓を捨て、ラヴェイに対する実質的な中傷運動を起こし、ラヴェイのことはそれ以来「父ではない人（unfather）」と呼ぶようになった。彼女とシュレックはラヴェイをさらに侮辱するためにテンプル・オブ・セトに加わり、ジーナはそこですぐに高位祭司に任命された。

ラヴェイに対する法的手続きによって、彼が抱えていた健康問題も明らかとなった。一九七〇年の時点で、すでに医師から高血圧と心雑音の診断を受けていた。ダイアンとジーナによれば、サタンの大祭司はそれ以来、自分の健康を心配するようになり、一日に一五回も血圧を測るよう頼むこともあったという。二人はまた、ラヴェイが緊急の用事から逃れる口実として自分の症状を計画的に利用していたと主張した。ラヴェイが病弱で自分の健康を過剰に気にして何もできない状態だったことが事実であるかどうかはさておき、慰謝料請求裁判で提出された医療記録はラヴェイが本当に健康問題を抱えていたことを証明していた。黒の教皇は心臓の合併症で何度か入院していたが、おそらく世間に知られないようにするため、偽名で入院していたこともあった。

このような状況の中で、ラヴェイはますます郷愁に浸るようになった。彼の自宅は完全にコントロールされた環境における小規模な実験のようであり、ラヴェイが最も再現したかった環境というのは、彼が青春時代を過ごした一九四〇年代の暗黒映画《フィルム・ノワール》の装飾だった。一九七〇年代当時、彼はすでに自宅の地下室に古めかしく怪しげなバーを再現し、「悪の巣窟」と命名されたその空間では、酔っ払った女性が床に寝そべり、娼婦が水兵にすり寄り、その水兵は巨大な男性器を露わにしていた。サタンの大祭司はその服装さえも、魔術に向かう以前に身につけていた暗黒映画のギャング風のスタイルに次第に戻りつつあるようだった。ラヴェイはいくつかの論文で、「性愛の最高到達点の持続」という持論を唱え、若い頃に自分が喜びを感じたものに囲まれている人は、いつまでも活力にあふれ、はつらつとしていることだろうと述べた。「人々の大半は新しさによって死ぬ。人が老いる唯一の方法は、新しいものに触れることだ」彼はそう断言した。「本物のタイム・ワープ」を創造し、「自分が最も好奇心をくすぐられ、最も生き生きとした」時代を再現することで、できる限り「免疫力をつける」ようラヴェイは助言した。半ば冗談であったかもしれないが、ラヴェイは自らの忠告に従ったように見える。

ダイアンが去ってすぐ、ラヴェイは新しいパートナーを見つけた。シャロン・デンズリーというふくよかな若い女性で、ラヴェイは彼女の名前を「ブランチ・バートン」に変えた。彼女は一九九三年にラヴェイの一人息子を出産した。息子に付けられた名前はサタン・ザークシーズ・カーナッキという驚くべきものだったが、幸いなことに周囲はみな彼をセカンドネームで呼んだ。バートンは衰退したサタン教会を復興しようと尽力し、特に教会の会報を復活させるなど、「ドクター」〔ラヴェイ〕への彼女の献身はたゆみないものだった。しかし、彼女が黒の教皇の気持ちを和らげることが実際にできていたかどうかは疑問であり、人類への彼の嘲りはひどくなる一方だった。ラヴェイは昔からの妄想である「人間の人工的な仲間〔ラブドール〕」の創造にますますのめり込むようになった。覚えている読者もいると思うが、彼は一九八八年にそれを「五角形の修正主義」という五つの点からなる計画の中の項目の一つに挙げていたほどである。「彼女らは理想的な仲間だ」。ラヴェイは後にエッセイでそう陽気に述べている。「彼女らには、存在しない自我を満足させるためにエネルギーを消費するようなやり取りは必要ない。……彼女らに飽きたら棚にしまい、必要に応じて再び取り出し、その外観を変え、道徳的な良心を痛めることなく破壊することができるのである」。ラヴェイは自宅の地下室でこの「禁じられた産業」による自分なりの実験を行い完璧な女性の仲間を作ろうとしたが、いよいよ「試運転」となって彼女に挿入しようとしたまさにその瞬間、地震でそれどころではなくなったと記者に語った。

　この時期にブラックハウスを訪れたジャーナリストたちは、そこが要塞のようになっていたことに衝撃を受けた。そこではラヴェイが「ベネディクト会の修道士よりもさらに制限された世間から隔絶した生活を」送り、ずらりと並んだシンセサイザーで懐かしい曲を弾いたり、地下室に「人間の人工的な仲間〔ラブドール〕」を集めたりしていたという。彼らはラヴェイの犬が家の中の暗い玄関で飼われているのを見てかわいそうに思った。また、彼らはラヴェイの妄想がひどくなっていることにも気づき、たとえば、衛星や地上に設置されたマイクロ波のパラボラアンテナを使った密かな戦争により、パートナーのバートンが風邪を引いたとラヴェイが主張していたことなどを指摘した。公式の伝記に掲載された写真に写るラヴェイは、両手を固く組んでヨガのような変わった姿勢で身構えていたが、それは彼が「見えない戦争の勢力」に対抗するために取った姿勢だった。

　それと同時に、「サタンの時代」が到来することに対するラヴェイの信念が揺らぐことはなく、サタニストの原理によって統制された世代が権力を握る時が近づいていることを示す新たな兆候がないかを常に窺っていた。晩年のインタビューで彼は「Dデイが近づいている、世の終わりが目前に迫っている。その時が来たら、キリスト教徒には神の加護が授けられよう！」と述べた。その奇妙な祭司職についてラヴェイは「生計を立てる」ためだけだと述べたことがあったが、先のような発言からはまた別の側面が窺われる。彼の最も重要な考えが長年にわたって明らかに一貫していることや、悪魔の総督を演じ続けたその非常な頑固さからは、その大胆な宗教的事業を始めた時の彼の意図がどのようなものであったにせよ、ラヴェイがサタニストとしての自身の役割と長期にわたって一体となっていたことが明白である。

ラヴェイは一九九七年に心不全により六七歳で亡くなった。彼の死の直後、友人や敵対者たちは彼の死に少しばかりの神秘性を持たせようとした――娘のカーラは一〇月三一日（ハロウィーンの日）をラヴェイの命日として登録しようとしたが、後に一〇月二九日に訂正され、また、キリスト教原理主義者は大祭司が死の床で悔い改めたとする噂を流した。アメリカの大手新聞社には死亡記事が掲載された。

サタン教会は、サタニズム界の中でもすでに周辺的な位置にあったが、ラヴェイの死後、組織はさらなる周辺へと追いやられた。大祭司の後継者争いがすぐに起こった。カーラ・ラヴェイは何年ものあいだサタン教会からは距離を置いており、その間主にブラジルで美容整形の手術を受けるなどしていたが、父親の法定相続人として名乗りを上げ、蠟人形館から借りたラヴェイの像とややぎこちないポーズで写真に写った。ブランチ・バートンに継承争いで敗れた後、カーラはファースト・サタン教会を設立したが、それは主にウェブページ上に存在するように見えるサタニスト組織だった。一方、バートンは二〇〇一年に大祭司としての地位をピーター・ギルモアに譲った。彼は家父長らしい外見の人物で、一九八九年に創刊した最初の本格的な公のサタニズム雑誌『ブラック・フレイム』の共同創刊者だった。その間、サタン教会は教条主義的な集団へと成長し、宗教的サタニズムを代表する唯一正統な組織を自称して、ラヴェイの著作を聖典と位置づけるようになった。

ブラックハウスはさらに悲しい運命をたどった。この家はラヴェイの生前からすでに崩れかけていた。ラヴェイが破産を申し立てた際の専門家による鑑定評価では、板は腐り、漆喰は崩れ、暖房設備はなかったか、もしくは故障していたという。ブランチ・バートンは家の所有権がダイアンに渡らないようにするため、このサタニズムの「メッカ」が攻撃された場合、「一部の人々」が「盲目的に熱狂する」可能性があると彼女に警告した。しかしラヴェイの死後、ブラックハウスを救おうと盲目的に熱狂した信奉者がいたことを示すものは何もなかった。バートンは、自分たちの宗教が誕生した場所であるブラックハウスを修繕するための寄付をサタン教会のメンバーに呼びかけたが、反応は乏しく、家はそのまま荒廃の一途をたどった。建物には浮浪者が侵入して寝泊まりし、ある新聞では、「冒瀆的なグラフィティ・アーティスト」が郵便受けに「イエスが支配する」との落書きをしていたとする記事が掲載された。最終的に、ブラックハウスは二〇〇一年一〇月に不動産投資家によって取り壊され、跡地には八九万ドルのかなり平凡な分譲マンションが建てられることとなった。元の住所も廃止され、カリフォルニア通り六一一八番地に変更された。このようにして世界で最も類を見ない一宗教の発祥地は、大量生産された同調主義の灰色のコンクリートの下に消えていった。

われは汝の弟子
ゆえに己の弟子

――ダークスローン「地獄の野を歩く To Walk the Infernal Fields」『アンダー・ア・フューネラル・ムーン *Under a Funeral Moon*』（一九九三）

間奏曲　四

〈思春期サタニズム、メタル・サタニズム、サイバー・サタニズム〉

自ら選んだ「孤立と放棄」の方針のため、晩年のラヴェイは数十年後に宗教的サタニズムにとって非常に重要なものとなる、社会の二つの変化に関わることがなかった。二つの変化とは、インターネットと「サタニズム流」メタル音楽の登場である。（後者の現象から論じると）ロック音楽とサタニズムの結びつきは、一九六八年の有名な曲「悪魔を憐れむ歌 Sympathy for the Devil」に始まった。これは当時「オカルト」期にあったローリング・ストーンズの曲である。一九六〇年代のオカルト・リバイバルの全盛期には、サタニズムのテーマを遊び心で取り入れたグループはほかにも存在した。サタンとのこのような結びつきは、一九七〇年代に登場したロックのサブジャンルであるヘヴィーメタルでさらに強まり、一九八〇年代から一九九〇年代にかけて進化したデスメタルとブラックメタルというサブのサブのジャンルで頂点に達した。黒い服装をしたバンドは、サタンを讃美したり不気味さを追求したりする歌詞、それもブーザンゴたちが書いた最も過激な文章に匹敵するような歌詞を、かなりの騒音を伴う演奏に乗せて歌った。彼らのコンサートでは、ファンが一斉に手を挙げ、角を意味するメロイックサインを掲げた。これほどまでに公然とサタン的なものに自己〈同一化〉したサブカルチャーは、ロマン派のサタニスト以来初めてだった。

すべてのメタルバンドがサタニズムについて歌っていたわけでないことは強調しておかなければならないが、サタニズムについて歌っていたバンドのほとんども、芸術的・商業的に興味があったテーマをただ利用していたにすぎなかった。同様に、彼らの若者を中心とした観客も明らかに、自分たちが熱中するその象徴の完全な意味を必ずしも認識しておらず、あるいは認識していたとしても、まったく気にかけていなかった。だが、一部のミュージシャンやファンは、こうした堕天使との芸術的な戯れに深い意味を見出した。たとえば、ノルウェーのブラックメタルのサブカルチャーでは、特に気味の悪い極端なサタニズムが展開した。その信奉者たちは、ラヴェイのサタニズムが人道的すぎると揶揄し、自分たちは真に「邪悪」であることを主張した。その結果、たとえば、厳粛で陰鬱とした態度を保つよう努める者（陽気なことは「善い」ことであり、ゆえに避けるべきであるとされたため）が出てくるなど、ほとんど滑稽とも言えるような行動をとる人々が登場した。このサブカルチャーの中でもさらに純粋な考え方をした人々にいたっては、「good dinner」と言う代わりに、「tasty」と表現することを好んだ。

学術的な観点では、サタニストの傾向を持つ「ヘヴィメタ・ファン」のグループの存在が、二〇世紀後半に世間や研究者の注目を集めた「思春期サタニズム」の現象とどの程度一致していたかはまだわかっていない。実際、年少者によるサタニズムの実践の実態または疑惑に対する親の懸念や社会不安は、サタニズムパニックが発生した主な要因の一つであり、この道徳的な混乱が鎮静化した後も不安材料として残っていた。社会現象としての「思春期サタニズム」は、正確にはメタル・サブカルチャーが登場する以前からすで存在していたと考えられる。それが最初に現れたのは一九六〇年代末から一九七〇年代初頭の「サイケデリック文化」においてであることは時折示されており、このことは当時の古い資料に「麻薬的サタニズム」の呼称がたまに登場することからも窺える。しかし、（たとえば文学など）文化のほかの部分からサタニズムを展開させた若者の個々のケースはあるものの、一九八〇年代と一九九〇年代には、集団的な傾向としての思春期サタニズムが「メタル」サブカルチャーにしっかり定着していた印象が強い。

この点に関して筆者が曖昧な言葉遣いをしている理由は、思春期サタニズムが持つ生来的に儚く刹那的な性格にだけあるのではなく、このテーマに対する宗教的サタニズム研究をする宗教学者たちの関心の低さにもある。宗教学者はそれを宗教性の純粋な表現ではなく、心理的あるいは社会的な問題として捉える傾向がある。こうした姿勢は既成の多くのサタニスト・グループに共通するものであり、それらのグループはしばしば、若い未熟な仲間たちの悪ふざけとはできるだけ距離を置くよう気をつけていた。当然のことながら、若者のそれぞれのサタニズムは、思春期文化のほとんどの要素がそうであるように、未熟さからくる反抗心の荒削りで短命な表現であることが多い。だが調査によれば、現代の現役のサタニストのほとんどは二〇代後半か三〇代で、彼らがサタニズムに興味を持ったのは一〇代後半——つまり思春期サタニストとして——であった。そして、この問題に関する統計データは一切ないとはいえ、サタニズムの環境を大まかに観察しただけでも、「ダーク」なロック音楽のミュージシャンやファンは宗教の中では圧倒的にサタニストに多く、ほかはそれほどでもないような印象を受ける。筆者の推測では、「メタル」サブカルチャーは過去三〇〜四〇年間に多様な宗教的サタニズムに、新たな生命力と活力をもたらすことにおいて重要な役割を果たしたのではないか。

思春期サタニズムとブラックメタルはどちらも、主に犯罪活動に関わる事件によって社会から注目されるようになった。その大半は小規模な破壊行為や落書きだったが、中には衝撃的なものもあった。たとえば、二〇〇〇年にイタリアの一六歳と一七歳の三人の少女が、「サタンへの生贄」として一人の修道女を殺害した。さらに体系的に行われたものとしては、ノルウェーのブラックメタルのメンバーが始めた組織的な一連の暴力事件が挙げられる。グループ内の対立、反キリスト教の残忍なレトリック、暴力の崇拝は、エスカレートする略奪行為を扇動し、その中で起こった複数の殺人は彼らの極端なイデオロギーに少なくとも部分的に結びついたものであり、そして教会への連続放火——中には貴重な中世の歴史的建造物も含まれていた——は、キリスト教の「外部からの抑圧」から自分たちの祖国を浄化するための象徴的な行為だった。しかし、強調しておかなければならないのは、このような事件は今も昔も例外的な出来事だという点である。数千人もの若者が思春期サタニズムに「手を出し」、あるいは過激な暴力や破壊行為に走ることとなく今も関わり続けており、さらに多くの人々がロックコンサートでメロイックサインを掲げたことがあっても、その後、すっかり立派な市民に成長しているに違いない。

多くの点で、思春期サタニズムとメタル・サタニズムの歴史は、少なくとも本研究で描写したようなサタニズム全体の歴史の縮図として捉えることができる。学者たちが次々と主張するところによれば、特にサタニズムパニックの時期にメディアによって流布されたラベリングされたサタニズムのイメージは、思春期サタニズムと初期のブラックメタル・サタニズムの両方がサタニストのアイデンティティを構築していく上で、最も重要なインスピレーションとなっていた。ラヴェイのサタン教会をはじめとするサタニズムの存在だけでも一定のインスピレーションをもたらし、『サタンの聖書』もそうしたサブカルチャーの一部で読まれてはいたものの、センセーショナルな新聞報道やテレビ番組で流される反サタニズム的な噂が、サタニズムはどのようなものかについての主な情報源となることが多かった。ある学者が述べるには、「実際、反サタニズムのワークショップや講義はいかなるネットワーカーの地下組織より、「サタニズム」の儀式のやり方についてはるかに多くの指図書をネットワーク化する可能性がある。このラベリングと〈同一化〉との奇妙な相互作用は、ヘヴィーメタルをはじめとするメタル音楽をめぐる果てしない循環の中でくり返され、キリスト教原理主義者や不安がる市民たちがメタルバンドは暴力を助長するとして裁判を起こし、あるいは彼らが若者を堕落させるためのサタニストの陰謀の一部をなしていると非難し、それによって、一部の若者のあいだでメタル音楽の人気が高まったり、バンドがサタニズムについてますます露骨に発言するようになったりした」。

メタル・サタニズムの出現はまた、ロマン派サタニズムが宗教的サタニズムへと進化した過程を短く再現したようなものでもある。ロマン派サタニズムと同様、メタル音楽とサタンの関係は、サタン、あるいはサタンを象徴的かつ芸術的に喚起する詩から始まった。サタニズムの大きな歴史の中で起こりえたように、悪魔に対する芸術的共感は次第に、〈同一化〉と本物の宗教的な関与へと発展していった。音楽とその演奏はその主な表現方法であり続けたが、このサタニズムは文章、服装、ライフスタイル、そして時にはテロ行為によって示されることもあった。

メタル・サタニズムの場合、このプロセスにかかったのはほんの数十年だった。また、歴史的背景の違いから、それまでのロマン派とは異なるサタニズムがもたらされた。とりわけブラックメタルの一部の過激派のあいだでは、サタンはしばしば本物の超自然的存在と考えられ、報復と罰の残酷な神として崇められている。それとは対照的に、キリスト教の神は、少なくとも穏健でリベラルな教派が示す神のあり方においては、愛と許しを体現するやわな神だとして蔑まれた。ブラックメタルはこうして歴史のねじれの中でロマン派とは反対のサタン像を作り出し、われわれに突きつけた。すなわち、そのサタンは、ロマン派サタニストが詩を通して非難した冷酷な「エホバ」の方に酷似していたのである。ロマン派はそのエホバの反対側に、解放の使者としての反逆の天使を位置づけていたのだが。この好戦的で獰猛なイデオロギーがもたらしうる奇妙で複雑に絡み合った意味合いがよく表れているものとして、ノルウェーのブラックメタルの著名なメンバーが一九九二年のインタビューで語った発言が挙げられる。

もちろん、ブラックメタルのバンドは世界中にたくさんあります。問題は、彼らがサタニストだと名乗っていても、実際にはキリスト教を好んでいるということです。というのも、彼らの考えではキリスト教は堕落し邪悪なものであり、人々を抑圧しているからです。けれども、われわれからすればこれはすばらしいことなのです！　キリスト教はすべて悪であり、なくすべきだとバンドが言う時、こうしたバンドは善と自由を説いていることになります、だから私は彼らをサタニストとは認めません。……何らかの方法で敵に対処することは大切だと思います。この敵というのはほとんどがキリスト教徒ですが、私が言うキリスト教徒は、キリスト教の過激派や原理主義者のことではありません――彼らのことは一〇〇パーセント支持しています。なぜなら、彼らが広めているのは多くの悲しみと抑圧だからです。……われわれが嫌うのは穏健派のキリスト教徒たちであり、自分の人生を使って人助けしている、マザー・テレサのようなキリスト教徒たちです。それが敵なのであって、他者を抑圧する宗教指導者は敵ではありません。

すでに述べたように、こうした若者のサタニズムに対しサタン教会のような「既成の」サタニズム組織は主に軽蔑的な反応を示した。ほとんど言うまでもなく、メタル音楽は必ずしもアントン・ラヴェイの好みではなかった。黒の教皇が好きだったのは仰々しいクラシック音楽や昔懐かしいポピュラー音楽だった。ラヴェイは奇妙な魔術理論まで展開し、長く埋もれていた昔のヒット曲を再び奏でると、その魔力が放たれるなどと論じた。彼の説明によれば、真のサタニズム音楽とは旋律が美しく叙情的で心に響くものであり、例として「イエス・ウィー・ハヴ・ノー・バナナ Yes, We Have No Bananas」の曲を挙げた。これに対し、ヘヴィーメタルは大量消費主義という同調的な世界における音楽ジャンルの一つにすぎず、そのリスナーを「思考することのできないゾンビ」に変えてしまうものだった。ラヴェイは特に歯に衣着せぬエッセイの中で、ヘヴィーメタルはキリスト教の産物であり、その響きはキリスト教の伝承に登場する取り憑かれた人々がたてるような音を真似たものだと述べた。

しかしその後、この新たな音楽サブカルチャーの宣伝効果が明白になっていくと、メタル音楽に対するラヴェイの発言は寛容になっていった。彼はあるインタビューに、次のように答えている。「車に乗った長髪の子どもたちが、通り過ぎざまに私に気づいて角のサインをしてくれたら、とても光栄に思います。私にとってそれは賛辞に感じられます――彼らはある意味では私の子どもたちなのです」。彼は祭司職をデンマークのメタル・ミュージシャンのキング・ダイアモンドや、商業的ショックロックのマリリン・マンソンなど、彼自身の哲学と合うメタル音楽畑の人々に与えた。やがてラヴェイは、すべてはサタン教会の戦略の一環だったと主張し始めた。「われわれが儀式を行う場は、数十人が収まる大きさの部屋から、角のサインを前に突き出して熱狂するサタニストたちで混み合ったコンサートホールに移りつつある」。しかしそれでも、ラヴェイがメタル音楽を好きになることはなかった。彼はメタル音楽業界の一部に現れた熱狂的なサタニズムを歓迎はしたが、メタル音楽の「遍在する音の波」が、本物のサタニズムの音楽によって突然遮られたらどうなるだろうと空想することが好きだった。サタニズムの音楽とはつまり、「ワーグナーやリストやベートーヴェンの響き」を奏で、一九三〇年代のナチ党の党歌「旗を高く掲げよ Horst-Wessel-Lied」のような影響を人々にもたらしうる音楽である。「それは野蛮人の手に銃を渡すようなものだ、AK－47を渡すようなものだ！」

サタンの大祭司はインターネットにもあまり関心を示さなかった。ラヴェイは一九九〇年代に訪れた最初のインターネット・ブームの時は存命中だったが、サタン教会がウェブ上で実質的な存在感を示すようになるのは彼の没後だった。テレビには敵意を持ちつつも関心を抱いていたのに対し、この新しいメディアに対するラヴェイの態度は嘲笑的なままだった。高齢のラヴェイは晩年のインタビューで軽蔑するように嘲笑いながらこう語った。「新しい情報技術は多くのデスクトップ型のサタニストを生み出した。掲示板からわかるのは、サイバー空間はサタニストだらけに見えるということ。そこには一人軍団がたくさんあるのです」。

いずれにせよ、インターネットによって現代サタニズムの連絡方法や情報発信のあり方は大きく変化することになる。社会の最周辺部に位置するほかの多くの利益団体と同様、サイバー空間はサタニストにとっての安全な避難場所となった。インターネット以前のサタニズムでは、信者同士のつながりは講座、集団で行う儀式、出版物、郵便で届く手紙などを通じて築かれ、維持されていた。サタン教会の組織構造がほとんど崩壊しかけていた一九九〇年頃、ラヴェイは同好の士とつながりたいと考えているサタニストたちに、バフォメットのメダルを身に着けたり、黒い服装をしたりしてサタンの信奉者であることがわかるようにと助言し、あるいは（内気な人には）掲示板（街頭の本物の！）や地元の新聞に広告を出すよう勧めた。今では、サタニストたちはインターネット上あるいはインターネットを介してつながり、自分たちの信念を表現することができるようになり、匿名でもそれが可能となった。この新たなメディアによってもたらされた超個人主義的な表現空間は、現代サタニズムのような反権威主義的で反制度的な宗教の信奉者と相性の良いものに見えた。最近の調査によれば、サタニズムの現代の信奉者たちが言葉を交わすのはもっぱらオンラインであり、ほぼ全員がインターネットを主なコミュニケーション手段として使用している。また、サタニズムを真にグローバルなものとしたのもインターネットだと言えよう。組織に属しているサタニストも属していないサタニストも、今やほぼすべての西洋諸国で見出されるようになった。

インターネットは、現在のサタニズムにとって手袋のようにぴったりはまる環境だと言われている。現代サタニズムが示す相対主義的で皮肉な姿勢は、従来の意味における強固な組織作りを促すものではまったくない。こうした態度に対し、ウェブサイト、ネット掲示板、ネット・コミュニティは、現実世界に個々の存在が実在することを最低限伝えることのできる数少ない空間となっている。

ラヴェイは気難しくはあったが、オンライン・サタニズムに対する彼の侮辱的な発言はある程度、的を射たものだったのかもしれない。サタニズムの組織はインターネットが普及するより前からすでに細かく分裂していたが、（無料の）ウェブサイトや掲示板があるだけで、マリファナを愛好するラスタファリ主義のサタニストから左派のサタニスト共産主義者に至る新たなグループが、雨後の竹の子のように次々と現れた。今日、数人（あるいはそれ以下）からなっている正体不明のサタニズムの「教会」は数多く、メンバー同士は互いの名前を子どもっぽいペンネームでしか知らない場合もあり、その活動はしばしば、ウェブ上でただ存在を示すことや、掲示板での議論に限られている。つまり、ウィリアム・ブレイクが望んだように、ついに誰もが予言者になることができるのだ。あるいは、少なくともそれらしく振る舞うことができるのである。

結論

ここに呼び起こされる驚くべき歴史は、ヨーロッパの誇り、自尊心、傲慢、高慢の歴史である。
――アルベール・カミュ『反抗的人間 *L'homme révolté*』

パプアニューギニアのマーカム川周辺に広がる強烈な暑さのジャングルでは、太古の昔から部族民たちが石器時代の暮らしをしていた。そこへ一九世紀から二〇世紀初頭にかけてヨーロッパ人たちが徐々に侵入し始めた。ヨーロッパ人は巨大な丸木舟でやって来て、強力な武器をたずさえ、未知の品々をもたらし、そして、パプアの人々の暮らしや崇拝する対象を変えなければならないと言い始めた。パプア人たちは言うまでもなくひどく困惑した。彼らの伝統的な神々や先祖の霊は、この突然の侵略に対して無力であるように思われた。人々のあいだに動揺が広がる中で、さまざまな新宗教教団が次々と生まれた。

一例として、ニューギニア南東のモロビ地区にある、マーカム川支流のイーロップ川とローワー・レーロン川沿いの村々で興った教団が挙げられる。その教団は、ブンキ村出身のマラフィという男性を指導者とし、一九三三年もしくは一九三四年に最初に出現した。マラフィはヨーロッパから来た侵略者と彼らがもたらす新たな神を快く思っていなかった。これは少なくとも、彼が白人の神に敵対する霊、すなわち「サタンという悪魔」との接触を試みたという事実から窺える。彼が言うには悪魔は彼を死んだ祖先たちが暮らす地中へと連れ行き、そしてすべての村人たちがサタンを至高の存在とする信仰に改宗すれば黄金時代が到来するだろうと告げたという。村人の避難場所となる大きな家を複数建てる必要があり、その後地震が起こり、空が黒くなり、そして火のついた灯油の雨がこれらの避難場所以外のすべてを破壊することになる。この終末の後、死者が地上に戻り、ありとあらゆる贈り物やヨーロッパ人のものよりはるかに強力な武器をもたらしてくれる。もはや畑の手入れをする必要はなくなる。

サタンの王国の到来という朗報は、モロビ地区で大きな熱狂を引き起こした。マラフィは地域を巡回し、奇跡のわざを披露し、幹部を任命し、教団の歌と踊りを指導した。その後、その幹部たちがサタンの信仰をほかの村に広めた。彼らの活動を知った村人の中には、白人の侵略者たちとトラブルになるのではと言う者もいたが、マラフィたちは、植民地の役人が来ることはもうないとして、「もし来たとしても、サタンが役人たちの足元の地面を開き、彼らをそこに埋めてしまうだろう」と言った。来るべき終末を理由に畑は放置され、村には植民者の雇い主から脱走してきた者たちが隠れた。これによりこの新宗教運動は植民地当局から目をつけられることとなり、地区の役人たちが介入して運動の主要な扇動者たちが逮捕された。その際、マラフィは黒神の選ばれし予言者として、私腹を肥やしていたことがわかった。逮捕された時、マラフィは現金二ポンド九シリング、ブランケット一枚、腰布二六枚、女性用ブラウス三枚、ナイフ二本、斧一本を所持し、さらに女性二人を自分の妻として略奪していた。

筆者がパプアのサタニストであるマラフィの話をしたのは、それが西洋世界におけるサタニズムの物語の半分を要約していると考えたからだ。何らかの理由でキリスト教の神を嫌い、あるいは神に嫌われていると思った場合、人が選びうる道の一つは、神の伝統的な敵対者である悪魔に頼ることである。歴史上、わずかな一部の人々がこの結論に達し、サタンを選んだ。本研究では、これらの西洋のマラフィにあたる人々の物語について論じてきた。今日のサタニストの中で、もともと熱心なキリスト教徒であったり、あるいはキリスト教に対する個人的なトラウマが原因でサタニズムという新たな教義を受け入れたりした人々はごく少数ではあるが、歴史的に見れば、西洋サタニズムの起源はキリスト教に対する反動としてのみ理解することができる。

だが、西洋サタニズムが出現するプロセスは、パプアのサタニズムからの単純な類推が示す以上にはるかに複雑だった。筆者が、マラフィの事例が西洋サタニズムの物語の半分しか表していないと述べたのは、誇張ではない。残りの半分の物語は、最初の半分に先立つものである。西洋では、サタンの概念とサタニズムの概念はどちらにもはるかに長い歴史がある。西洋のキリスト教伝統においてサタンが登場したのはおよそ二〇〇〇年前であり、その後この伝統が一〇〇〇年以上もの支配を続けるあいだに、悪魔を神話的な悪の表象の筆頭とする解釈が確立した。聖書や外典の神話ではサタンのイメージとして、反逆心、高慢、性的欲望などが付け加えられた。マラフィの悪魔に関する知識の情報源はキリスト教の宣教師、あるいは少なくともキリスト教徒のヨーロッパ人たちだったに違いないが、マラフィの教団に関する報告書には、実際にキリスト教と対立したことを示すような記述はなかった。彼は、サタンは残忍で強力な存在であり、一本の指が「非常に長く、槍のようだった」と説明するだけだった。サタンの本性に関する善し悪しについては一切触れておらず、マラフィのサタニズムはその大部分が、先祖が重要な役割を果たす伝統的なパプアの宗教性に深く根差していたようである。

サタンを悪とする支配的な解釈によって、西洋キリスト教社会において悪魔を選択することが、極めて異質で過激なものと見做されるようになった。だがそれだけではない。キリスト教の伝統はさらに、サタニズムが意味するものに関する独自の考えを西洋文化に吹き込んだ。千年以上ものあいだ、教会や世俗的権威はサタン崇拝の実践を、宗教的・社会的によそ者である集団に代々ラベリングしてきた。その結果、サタニストであることの意味について予め定義された一連の観念が展開していった。したがって、西洋世界の文化的背景の中でサタニズムを受容することは、この先行するサタニストのイメージに〈同一化〉すること、もしくは少なくともそのイメージを甘受することを意味した。これらの「ラベリング」、および「同一化」または「摂取」の仕組みを踏まえていなければ、西洋サタニズムの歴史を正しく理解することはできない。

ラベリング

複雑なラベリングのプロセスの歴史的な起源と展開については、本研究で、特に第1章においてその概要を幅広く記述した。初期キリスト教では、ほかの宗教は本質的には悪魔の領域であり、ほかの宗教の信奉者たちは実際には無意識のうちに悪霊を崇拝していると見做された。中世には、サタンやその手下の悪霊を意図的に崇拝しているとする告発が初めてなされた。この時代にサタニズムが主にラベリングされていたのは、キリスト教内部における反乱分子の集団だったが、ほかの集団――異教の信者、ユダヤ人、民間魔術の実践者――もまた悪魔崇拝を密かに行っているとして非難された。近世の魔女狩りは多くの点で、サタニズムをラベリングするというこの慣習が最悪の形で表れたものと言える。だが一九世紀や二〇世紀になってもラベリングは行われ続け、それどころか、それは今日まで続いている。一九世紀には、キリスト教の論客がサタニストのステレオタイプを競合する宗教やイデオロギーに対して積極的に適用する一方、オカルト支持者も同様にライバルの評判を貶め、自分たちの正当性を強調するためにそれを用いていた。こうしたサタニズム論争の代表的な例として挙げられるのは、ブーラン／ユイスマンスと薔薇十字団との対立や、より大規模なものでいえば、ローマ・カトリックによるフリーメイソンに対する追放運動であり、レオ・タクシルはそのお株を奪い、暴露した。二〇世紀後半には、キリスト教原理主義者がこの古くからあるラベリングを新たに復活させることで、アメリカで集団ヒステリーの波を引き起こすことに成功した。もう付け加えるまでもないかもしれないが、この長きにわたる告発は、実際には何の根拠もないことがほとんどだった。このようにその歴史のほとんどにおいて、サタニズムは神話的な宗教として機能し、実際の信奉者のいない幻の宗教で、ライバル教団やイデオロギー集団を悪魔化するために使われた。

こうしたサタニストのステレオタイプを構成する基本的な要素は、初期の頃から驚くほど一貫していた。キリスト教伝統において、悪魔は悪の神話的象徴であり神の宿敵であったため、意図的なサタン崇拝は、意図的な悪の崇拝と実質的には同義だった。あるいは、むしろ順番はその逆だったともいえ、サタン崇拝は、真の信仰の敵が信奉する悪を崇拝することの一つの現れであると見做された。一三世紀に教皇グレゴリウス九世は、捉えどころのないルキフェル派について、次のように述べた。「神がお喜びになることを彼らはしないと主張する」、「そして可能であれば、彼らは神が嫌うことを行う」。この一般的な前提に基づいて、あらゆる道徳律廃棄的な行動がサタニズムと関連づけられるようになった。悪魔崇拝者たちは秘密の集会で神を冒瀆し、禁じられた性行為を行い、嬰児殺し、人身供犠、あるいは人食いまで行ったとされている。こうした不道徳に加え、サタニズムは（キリスト教）文明を崩壊させ、不安定な社会体制を混沌に陥れるための陰謀と捉えられることが多かった。これらの道徳の逆転や陰謀に関する噂は、大昔から語られてきたさまざまな姿の「他者」（皮肉なことに、初期キリスト教も含まれていた時期もあった）に対する中傷を反映している。だが、この種の噂にサタンの崇拝が加わったのは、キリスト教に特有の新たな展開だった。この追加により、サタニズムの概念（意図的に行う宗教的なサタン崇拝）が現実に誕生したと言える。

　何世紀も通じて、このステレオタイプに加えられた変化はごくわずかだった。その変化の多くは強調点の変化、すなわち特定の社会や時代において最も冒瀆的、あるいは恐ろしいものと考えられたものに照らして逸脱していると見做されたものの変化であり、たとえば、ローマ・カトリックにおけるホスチアに対する冒瀆や、二〇世紀後半における児童虐待などが挙げられる。サタニズムとされた儀式の詳細も徐々に凝ったものになっていったが、それはしばしば、フィクションを元に作られたものだった。『彼方』におけるユイスマンスによる黒ミサの描写はその顕著な例であり、レヴィが発案したサタニストのシンボルとしての逆五芒星もその一例として挙げられる。最も大きな変化は、サタニストに対するステレオタイプが、社会全体に沿って、あるいはそれに先駆けて「世俗化」の傾向に晒されるようになったことだろう。魔女狩りの時代には、サタンをはじめとする邪悪な超自然的存在との明確な深い関わりが、サタニズムの概念に不可欠な要素だったが、一七世紀後半以降、サタン崇拝は次第にもっぱら人間が引き起こすこととして語られるようになった。サタンの実際の介入は、宗教的な情報源に基づく描写の中で今も引き続き語られ、そして、サタニズムの儀式が「暗黒の力」を呼び起こすかもしれないというより漠然とした言い回しは、今日に至るまでサタニズムに関する描写の中でも使い古された決まり文句として残っている。しかし、科学的な世界観が登場して以来、事実性を装った記述の大半では、悪魔が実際に現れたとは書かれなくなった。

極悪非道で恐ろしいサタニストという修辞表現――そして、さまざまな奇怪さや悪意をすべて「他者」に帰す、より一般的で古くからある習慣――がずっと残り続けていることからは、この悪魔化するという傾向が人間の精神に深く根差したものであることが窺える。本書では、この現象の考えられうる非歴史的な原因については掘り下げていない。多くの研究者は、突然説明のつかない不幸に見舞われた人々にとって、この他者による秘密の陰謀という考え方は魅力的に映ると指摘する。自分たちを苦しめる得体の知れない悪霊に名前をつけると、不幸な状況の中で安らぎを得られるのだという。またほかの研究者たちは、恐ろしい他者という概念を支えているのは、自分たちの心に深く根づき幼少期に誰もが植えつけられた恐怖であると主張する。霊長類に関する最近の研究では、人類の道徳性そのものが「自分たち」と「他者」とのあいだの同種内およびグループ間での対立に基づいている可能性が示されている。

本研究では、より具体的な歴史的観点から、なぜサタニズムのラベリングは西洋の歴史の中でくり返される現象となったのかについての仮説を示すことができるかもしれない。第一に、西洋の支配的な宗教であるキリスト教は、サタニズムの概念に表されるような極端な悪魔化をもたらす肥沃な土壌であることを自ら示している。キリスト教が持つ普遍的かつ排他的な真理の主張と半ば二元論的なその性格によって、競合する宗教や宗派は悪魔の策略として貶められた。そこから、その支持者たちをサタンの自発的で能動的な信奉者として見做すのは比較的小さな、魅惑的なステップだった。この型にはめ込まれたのはまったく異なる宗教の信者たちだったがほかにも、異端者集団や近い信仰を持つ人々も同様の扱いを受けがちであり、それは彼らとは真理の境界を画定するためより熾烈でより不安定な闘いをくり広げていたためだった。悪魔崇拝を最初に告発された者の中にキリスト教の「異端者」がいたのは偶然ではなかったのである。ユダヤ人も頻繁に標的になってはいたが。

このような悪魔化の傾向はキリスト教全体に常に見られるが、それがより活発化し深刻化した時期がある。陰謀論に関するより一般的な研究にしたがえば、サタニストの陰謀とする考えに人々が傾倒し、特に魅力を感じるのは、キリスト教共同体やキリスト教社会が大規模かつ特定個人に起因するものではない混乱に直面した時だという。このことが容易に認められるようになるのは一九世紀から二〇世紀にかけてであり、大々的にくり返されたサタニズムのラベリングと世俗化のプロセスの激化が同時に起こったと思われる時である。その状況下では、サタニズムの観念がスピリチュアル市場でライバルを蹴落とすための有効な手段となり、さらに、集団が被る不幸という理解し難く、混乱した事態に対し、わかりやすい答えと解決策をもたらしてくれるものとなった。また、それは分裂したキリスト教徒を動員し、団結させ、統制するための手段としても機能した。本書では、この現象が一九世紀後半に実際にローマ・カトリック教会で起こったことを確かめた。また、ほかの研究者たちは、サタニズムパニックの際には、邪悪な外部の敵に対する人々の不安を煽ることが、集団を結束させ、信者たちの危機感を再燃させる働きをした可能性を指摘した。

これらの要因が、サタニズムの警鐘を鳴らす人々が、自分たちが脅威に晒されていると認識し、注意喚起する背景には常に存在していたことが明らかになった。だが歴史的に見れば、このように脅威として描かれた人間は、実際には必ずといっていいほど、脅威に晒されている側の人間であることは強調しておかなければならない。ミリ・ルービンが中世の反ユダヤ主義の論客について記しているように、言葉が言葉だけにとどまることはない。「暴力的で不寛容な言葉が広まり、ますます多くの人の耳に入り、罰せられることなく語られるようになれば、その後に暴力的な行為が起こるのはほぼ確実である」。これは確実にサタニズムにも当てはまり、サタニズムのラベリングは、暴力の扇動やイデオロギー的な口実としての役割をくり返し果たしてきた。中世から近世にかけて異端や魔術行為で告発された人々に対する合法的暴力は、最も過激な例である。しかし、二〇世紀後半においてさえ、サタニズムの秘密組織への関与を疑われた親や託児所の従業員は、その後起訴され、実刑判決を受け、社会的に追放された。この点で、ガイタとパピュスのような一九世紀のオカルティストが、サタニストの疑いをかけられた際に、自分たちを中傷してくる者たちに決闘を申し込むことにしたのは理にかなっていたのだ。

要するに、二〇世紀までのサタニズムの歴史は、ラベリングの連続体、つまり、サタニストは実在しないが、サタニストとされる者が大勢いる状態としてまとめることができる。だが、この時期に実際にサタニズムと言えるものがまったくなかったと結論づけるのはあまりにも浅薄であろう。とりわけ近世には、サタンを選んだ人々が実際にいたことが、さまざまな地域の古文書に記録されている。ドイツの神学部、人里離れたスカンジナビアの森、ラテンアメリカの刑務所などで、悪魔に魂を捧げる覚悟をした人々がいたことが確認されている。その多くは、精神に異常をきたしていたり、酔っ払っていたり、あるいはひどい苦境に陥っていたりしていたのかもしれない。だがそれらだけが原因だったのではない。明らかに、反対側を選ぶことは、西洋キリスト教社会においてまったくありえない選択肢ではなかったのである。

このような特殊な事例は間違いなく周辺的な現象ではあるが、おそらくわれわれが現在把握している以上に頻繁に起こっていたと考えられる。そのほとんどは、物質的な利益を得ようとして個人的に悪魔に関わることで、(キリスト教的社会規範上は)軽い罪に手を染める特異な事例にすぎなかった。近世のサタニズムがより組織的に行われていたことを示す唯一の例は、一七世紀後半に繁栄していたパリの地下黒魔術に見出される。魔術——とりわけ「黒」魔術やネクロマンシー——は、古代からキリスト教教会によって、公式にも非公式にも悪魔崇拝との烙印を押されていた。こうした見方を必ずしもネクロマンサー自身が共有していたわけではなく、われわれの知る限り、彼らは主に悪霊を拘束していたのであって、悪霊を崇拝していたのではないとされている。しかし、一部の例外的な事例では、召喚は儀式的な崇拝に極めて近いものである場合もあった。これに当てはまるものとしては、一六八〇年代のいわゆる毒殺事件の際に行われたと証言されている組織的な魔術実践が挙げられ、そこでは裸の女性を祭壇にしたり、儀式的な性的行為が行われたり、聖別された聖体を使ったり、幼児の供犠まで行われたりしたとされている。ラベリングの可能性が常にありうること、そして、情報源の大半が拷問によって歪められていることを踏まえれば、この事件について現存する報告書の記述の事実と虚構を区別することは極めて困難である。けれども、少し後の時代の信頼に足る資料は、当時たしかに小規模な魔術師(あるいは詐欺師)産業がパリで盛んであり、さまざまな契約を「地獄の霊」や悪霊たちと結びたがっている人々の仲介が行われていたことを裏づけている。どうやら、自分の魂をサタンに売る手助けをしてくれる人物の需要があったようなのである。さらにこれらの報告書から明らかなのは、悪魔と契約を結ぶこと——あるいはむしろ、悪魔にその契約を承認するよう仕向けること——は必ずしも容易なことではなかった。複雑な儀式を行わなければならず、事前に結果が示されることはなかった。たとえば、ある老女は一〇年間、または一二年間の契約を結ぼうとしたが、「悪魔が彼女から欲しいものは何もない」という理由で成功しなかったという。

事例としては少数だが、これらは〈同一化〉または摂取の初期の例として見做すことができる。これはとりわけ、サタンとの契約を個人的に結んだ人々の特殊な事例に顕著である。悪魔の契約という考えは、キリスト教神学や聖人伝の中で作られたもので、民間伝承や文学によく登場するモチーフになった。明らかなのは、この時代の人々が悪魔と同盟を結ぶ方法の手掛かりを得たのは、この［教会による］ラベリングの概念からであり、それとは独立して存在する、秘密の契約締結の伝承があったからではないということだ。このような意外な方法で、キリスト教が作り出した黒魔術という概念は、時折ある程度現実のものとなった。

これらのリアルライフのファウスト（というほどの魅力はないが）を西洋初のサタニストとして捉えることはできるが、彼らのサタニズムが現代のそれとはまったく異なるものであることは覚えておかなければならない。資料ではこれらの人々の心的状態についてわかることはほとんどないが、彼らが明確にサタンに共鳴したり、キリスト教と意識的に対立する立場にあったりすることを示すものはないに等しい。全体として、彼らのサタニズムは極めて実用的なもので、愛や富、あるいは出世などを手に入れることに焦点が当てられていた。悪魔と契約を結ぶことは、信仰の証となる行為ではなく、（超自然的な）ビジネスの契約を結ぶことと見做すことができる。サタニズムあるいは「悪魔崇拝」が意識的な宗教的アイデンティティ（の一部）として取り入れられたことを暗示するものはほとんどない。極めて反キリスト教的な内容に思われる儀式の描写があったとしても、詳しく見ていくとしばしば異なる実態が浮かび上がってくる。たとえば、ラ・ヴォワザンが主催した「恋愛のミサ」は、悪魔と契約を結ぶために、裸の女性たちと聖別された聖体を使ったが、瀆聖を目的としていたわけでないことは確かだった。聖体が用いられていたのは、キリスト教を揶揄したり嘲笑したりするためではなく、キリストの優れた力には悪魔を呼び出し、契約を受け入れさせる「力」があると信じられていたためである。これらの儀式にはキリスト教に対する明確な神学的・イデオロギー的な否定は含まれていない。むしろ、キリスト教とサタニズムの奇妙な「習合」と言えよう。この事実はスペイン異端審問所でも認められていた。一五〇三年にバルセロナで出版された異端審問官のための手引書では、サタンが創造主として扱われた場合を除き、サタンの召喚を異端と分類しないよう注意がなされていた。

復権

その実用主義的な「習合」の傾向、および明確な神学の欠如によって、この初期の悪魔主義は、現在の宗教的サタニズム、すなわち、主に西洋キリスト教の遺産に対するイデオロギー的な反動と理解できるそれとははっきりと区別される。マラフィのパプアン・サタニストたちの場合ですら、「サタン、悪魔」の受容は、侵略してくるキリスト教徒のヨーロッパ人に対する彼らの意識的な反抗の一部だったと十分に推測できたのとは対照的である。このような自己意識的なサタニズムの最初の重要な例は、西洋では比較的遅くに現れた——実際、マリア・ド・ナグロフスカのテンプル・オブ・サタンを最初の明確な事例とするなら、マラフィのサタニズムとほぼ同時期の現象だった。しかし、それが芽を出したのは、ずっと以前からあった肥沃な文化的な培養土からだった。前述のように、マラフィの事例は西洋のサタニズムの半分しか反映していない。ここまでの頁では、その残る半分の一部しか語っていない。西洋キリスト教社会では、サタンとサタニズムに対して極めて否定的なイメージを持つ根強い伝統が存在したが、それとは別に近年は、サタンおよび比較的規模は小さいがサタニズムの両方を復権させようとする伝統があったことも事実である。

この復権運動を始めたのは、(ロマン派の)詩人と(アナーキストの)哲学者たちだった。彼らは一七世紀に書かれたジョン・ミルトンの叙事詩『失楽園』に着想を得て、サタンを暴君のような神に立ち向かう悲劇的な英雄として読み直すことを提唱した。新しいサタン像は、アナーキストの哲学者ウィリアム・ゴドウィンと風変わりな芸術家および作家ウィリアム・ブレイクによって最初に示され、高名なロマン派詩人であるパーシー・ビッシユ・シェリーとバイロン卿、フランスではアルフレッド・ド・ヴィニーとヴィクトル・ユゴーに受け継がれた。彼ら自身がまとまったグループを形成することはなかったが、文学研究者たちはこの作家たちをロマン派サタニストと呼んだ。本書では、このロマン派サタニストたちが、次の三つの点で後の宗教的サタニズムの基礎を築いたと論じた。

- 第一に、最も明白なことは、サタンという神話的存在を肯定的に再定義するという文化的に重要な運動において、彼らが西洋で先鞭をつけたこと。彼らの再定義によって、堕天使は魅力的な象徴的存在へと変化し、潜在的な〈同一化〉と崇拝の対象として受容されるようになった。
- 第二に、その再定義されたサタン像にロマン派サタニストたちが与えた特徴が、後世に及ぶ影響を持つに至ったこと。本書ではそれらの要素を性愛・学知・自由としてまとめた。それぞれの要素、つまりキリスト教の神話の中で否定的にサタンと関連づけられていた特徴は、肯定的なものに捉え直された。悪魔は伝統的には不正な性的行為や罪深い欲望と結びつけられていたが、一部のロマン派のあいだでは、それが情熱的な愛や抑制されていない自然な性欲を象徴する守護者として再解釈された。こうした展開はロマン派においてはまだほとんどが初期の段階だったが、この関連づけの逆転によって悪魔は、やがてキリスト教が軽蔑したとされた自然界と肉体を象徴するある種の大地の神、つまりパン神のような存在となっていった。さらに、悪魔はエデンの園の蛇と同一視されて以来、禁断の知識という誘惑と結びつけられてきた。ロマン派サタニストの中には、時にやや躊躇しながらもこの特徴を否定的なものから肯定的なものへと反転させ、サタンが学知的な問いや自由思想の象徴となる道を開いた者もいた。自由は、新たなロマン派のサタン像が象徴するようになった中心的な信条であり、この価値はサタンが表すほかの二つの比喩的な特徴の中核をなしていた。
- ロマン派サタニストを重要なものとする第三の点はさらに複雑である。すなわち、彼らの神話や宗教に対する態度は、後に現代の宗教的サタニズム（およびほかの新たな宗教性）に現れることとなる態度を予見させる。ロマン派サタニストは、神話に対する伝統的な見方とは異なり、聖書やそのほかの神話を真実を伝える話としては信じていなかった。しかし、彼らは神話を単なる古い言い伝えとして否定することもなく、啓蒙思想の合理主義が示した態度とは違っていた。代わりに彼らは、単なる合理的な言葉では適切に表せない、真理観や価値観を表現できる媒体として神話を受容した。ブレイク、シェリー、ユゴーのような詩人たちは、詩人や芸術家たちのあいだに最も強く現れる人間の想像力こそが、神聖な真理・世界《コスモス》の真理に関する知識を人間に伝える手段と考えていた。ロマン派の中には、人間の想像力が究極的にはこれらの神聖な、あるいは世界《コスモス》の真理という考えを創り出していたと主張する者までいた。従来は神々がインスピレーションを与えて詩人が詩を書いていたと考えられていたが、今や詩人がインスピレーションを受けて書いた詩によって神々が創り出されたと考えられるようになった。

本書ではこの視点の転換をロマン派の逆転と呼んだ。この逆転がロマン派サタニストのほとんどに、そしてほかのロマン派たちにも明確にあるいは暗黙のうちに示されていることがわかる。ただし、彼らがどの程度過激であるかは立場によってさまざまであり、神からインスピレーションを受けた予言者としてのより古典的な詩人のイメージを持っている者もいれば、人間の創造性が価値、意味、真理の唯一の源泉であるとするほぼポストモダンの態度を取り入れていた者もいた。後者の立場が、価値、意味、真理を見出そうとする人間の努力を軽視するものでないことは言い添えておかねばならない。それどころか、意味のある世界を構築する上で、創造性と創造的な芸術家が極めて重要であることを強調していた。

　これまで見てきたように、神話や宗教に対するこのような新しい態度は、ロマン派サタニストたちがサタンを復活させることを可能にした。彼らは二通りの方法でサタンを復活させた。まずロマン派サタニストは、キリスト教で地獄に追いやられ、不道徳のレッテルを貼られていた堕天使の名誉を回復させた。彼らは次に、同様に重要なこととして、啓蒙思想で葬り去られていたサタンを蘇らせた。ロマン派サタニストの多くは啓蒙思想と同じく、サタンを文字通りの人格を持った存在としては信じていなかったが、本質的な形而上学上の真理を表す強力な象徴的存在としてのサタンに魅了された。偶然にも、これは啓蒙思想より後の現代サタニズムの多くでサタンが果たすことになる役割である。

文学者のピーター・ショックが指摘するように、ロマン派サタニズムの出現は、ラベリングと〈同一化〉の過程の短縮版のようなものだった。保守的な批評家は、その最も著名な代表格であるバイロンとシェリーを「詩作のサタン派」を提唱しているとして非難した。これに対し二人は、この汚名に自分たちを〈同一化〉させ、嘲笑と挑発、反抗が入り混じった態度を示した。しかしこれまでも見てきたように、サタンを復権させようとするロマン派の試みにおいては、単なる文学論争よりもはるかに大きな問題が生じていた。今日の西洋社会を形成する上で欠かせない二つの歴史的展開によって、かつての暗黒の天使に対する新たな見方が生まれた。その歴史的展開とは、世俗化と西洋革命と呼ばれる相互に関係する解放のプロセスである。

一七七六年から二〇世紀にまで及ぶ西洋の歴史は政治革命によって特徴づけられてきたが、その中でもフランス革命は新しい時代を切り開く上で最も重要で、最も刺激的だった。この記念碑的な出来事および、その後の政治的展開が、サタンを支持するロマン派サタニズムの作品の多くに直接の刺激を与えたと指摘することができる。さらに深い次元では、ロマン派のサタン像を時代を象徴するシンボルにしたのは、西洋革命の火山噴火をきっかけとする民主化、自由化、解放に向けた緩やかな地殻運動だった。多くの人々にとってキリスト教の神が独裁的で伝統的な支配の旧秩序の象徴となった一方、この反逆の天使は進歩的知識人の多くから解放と不服従の新たな精神の神話的化身として歓迎された。このように、一九世紀におけるサタン支持の発言は、必ずと言っていいほど、その著者の左派的で急進的な傾向を示している。概して、この時代のサタン像に関する言説の政治的性格は顕著であり、対立する両陣営がサタンをイデオロギー戦争の強力な象徴的武器として用いていた。

革命は新しいサタン像の出現において決定的な要因の一つであり、世俗化はもう一つの要因だった。前述のように、この両者の歴史的プロセスは密接に絡み合っていた。神は革命の政治運動が置き換わろうとした独裁的または伝統的な体制を示す暗号として機能する一方で、純粋に宗教的なレベルでは、人間の解放および解放に関する新しいイデオロギーはまた、（ウィリアム・ゴドウィンの言葉を引用すると）「暴力」と「批判を封じ込める権威」からその正当性を引き出していると認識されていた神と宗教に対してあまり好意的ではなかった。最近の学術的な定義に従えば、世俗化を単なる宗教性の衰退として理解してはならない。それどころか、世俗化とは、社会的・政治的な領域における宗教組織（キリスト教教会）の直接的な影響力を弱める動きであると同時に、宗教的・イデオロギー的な多元性の拡大でもあり、それはやがて新しい霊的な選択肢の「スーパー・ノヴァ〔超新星爆発効果〕」を生み出すことになる。西洋社会という特定の状況の中でこの二つの側面が実際に意味していたのは、古くからのキリスト教の政治的・社会的支配が終わったこと、あるいは著しく弱まっていたことだった。

この変化はすでに啓蒙主義の初期、あるいはおそらくはルネサンスや宗教改革の時代から始まっていたが、一九世紀に入るとそれが大衆運動へと激化し、社会的・政治的な影響力をますます発揮するようになった。ロマン派サタニズムは、こうした闘争を鋭く映し出し、拡大させたものとして捉えることができる。本書でロマン派サタニストと分類してきた作家のほぼ全員が、過去または現在におけるキリスト教による社会支配を批判し、一部には（特にシェリーは）、人間または世界《コスモス》の解放の鍵として世俗主義を積極的に推進した者もいた。彼らはいずれも自らの作品で、伝統的キリスト教および啓蒙主義の行き過ぎた実証主義や脱神秘化の傾向に代わる、宗教的あるいはイデオロギー的な選択肢を唱道した。根本的に再定義された（そして主に自己定義した）キリスト教のあり方を提示した作家もいれば（ブレイク、コンスタン）、汎神論者や理神論者の神学を受容した作家もいれば（シェリー、ユゴー）、後の実存主義を予示するようなもっぱら人間中心の価値と意味の観念を打ち出した作家もいた（バイロン、ヴィニー）。いずれも世俗化の潮流の中心にある傾向、そして西洋革命のイデオロギー的混乱に直接つながる傾向を示す好例である。その傾向とは、宗教が自律的に選択されるものまたは考案された選択肢となることであり、その選択肢は著しく人間主義的で内在的な志向のものだった。このことは、ロマン派のサタン像に正確に反映されている。そのサタンは、超越的実在から、人間のさまざまな性質を象徴する存在へと変化していった――その性質というのは、ほぼ例外なく、自然、精神、社会、政治に関係する人間の自律性に関係するものだった。

この時代の対抗文化においてロマン派の新しいサタン像の人気が確実なものとなったのは、そのサタン像が西洋革命、および世俗化の闘いという二つの変革――つまり、「長い」一九世紀において政治的・イデオロギー的な議論を支配していた二つの問題――の拠り所となっていたためであることは間違いない。サタンの痕跡は、芸術や文学、アナーキストや社会主義者の出版物、そしてなんと言っても一九世紀に現れた最も画期的な代替宗教に見出される。レヴィのオカルティズム、ブラヴァツキーの神智学、シュタイナーの人智学はいずれもロマン派サタニズムの影響をとどめている。さらに比較的影響力の小さいものであっても、ロマン派サタニズムはサタニストを復活させ、自らをサタンと〈同一化〉しようとする最初の試みをもたらした。シェリーは未完の試みとして、グノーシス主義のオフィス派を理想的な人類共同体として描こうとし、ジョルジュ・サンドはフス派の「サタニスト」を初期の革命家として取り上げ、フランスの歴史家ミシュレは「サタニズム」の魔女をプロレタリア革命、女性解放、自然と肉体的なものの復興を擁護する存在として描写した。

摂取

多くの点で、ロマン派サタニズムは新しい宗教的サタニズムの出現に不可欠な基盤をすでに提供していた。しかし本研究が示すように、宗教的サタニズムの諸々の事例が実際に展開するまでにはかなりの時間を要した。一九世紀に宗教的なサタニズムが存在したという噂はずっとあったものの、その時代に実質的な宗教的サタニズムが存在していたことを示す信憑性のある証拠はないのだ。ロマン派のサタン像の要素を受容したエソテリシズムの流れでさえ、自分たちにはやましいところはないと見せるために、その対極としての恐ろしい「他者」としてのサタニズムと「黒魔術」のラベリングされたステレオタイプを持ち続けた。純粋な宗教的サタニズムの個別の事例が現れ始めるのは、一九世紀末（ベン・カドシュ、強いて言えばプシビシェフスキも）や二〇世紀初頭（ナグロフスカのタンプル・ド・サタン、土星同胞団《フラテルニタス・サトゥルニ》）になってからだった。ある観点からすれば、ウィッカ（ネオペイガニズムの魔術）はラベリングの「反対側」と自らを〈同一化〉した、近代の宗教運動の最初の主要な現れと言えるだろう。ウィッカは、魔女という「サタニスト的」存在を復活させ、時にはルシファーをはじめとする「悪魔の」神話的な存在に対する崇拝を特徴としていた。しかし、ウィッカの信奉者は、そのルーツの一部がロマン派サタニズムにあるにもかかわらず、歴史的な魔術のサタニズム的な特徴を頑なに否定し、自分たちの信仰は古代ペイガニズムの残存であると主張した。さらに、ウィッカは一九世紀のオカルティズムの伝統を引き継ぎ、ネガティヴなサタニズムのステレオタイプを、隠れた黒魔術の輪の中で影響力を及ぼす危険な「他者」に関連づけていた。

実質的な宗教的サタニズムが西洋で明確に現れるようになったのは、一九六〇年代になってからだった。一九六〇年代にアントン・サンダー・ラヴェイはカリフォルニアでサタン教会を設立し、イングランドの〈最後の審判のプロセス教会〉はルシファーとサタンを主要な神々としてパンテオンに取り入れた。言うまでもなく、これらのことが歴史上のこの時期に起こったのは決して偶然ではなかった。それは西洋社会における新たな世俗化の波とほぼ同時期に起こり、一部の人々のあいだで高まった「主流」のキリスト教に対する強い嫌悪感と代替宗教の急増という形で現れた。新しいサタニズムはどちらの要素ともうまく合致した。ザ・プロセスは最終的にはサタニズムの側面を失い、目立った後継教団を残すことなく姿を消した一方、サタン教会は周辺的ではあるが持続的なサタニズムの伝統を西洋の宗教情勢の中に生み出すことに成功した。現在の組織としてのサタン教会の規模は小さいものの、現存するすべてのサタニズムのグループや流れの系譜的な起源はラヴェイの宗教事業にあり、また、ラヴェイのサタニズムは特定の音楽サブカルチャーにおけるサタニズムの傾向を直接、あるいは間接的に刺激した。現在、宗教的サタニズムの信奉者は世界中に一万人から一〇万人いると推定されるが、依然として非常に細かく分断された宗教的少数派のままである。しかし、その存在は半世紀以上も続いており、今後もすぐに消えることはなさそうである。

それまでの時代におけるラベリングと復権の「伝統」がなければ、この現代の宗教的サタニズムは確実に今日ある形とは異なっていただろう。本書ではこれらの伝統がラヴェイのサタニズムに与えた影響を集中的に調べた。というのもラヴェイのサタニズムは、今あるすべてのサタニズムの源泉として注目に値するだけでなく、筆者の考えでは、特に世俗、個人主義、科学が支配する西洋社会の性質を受け入れながらも、それでも宗教的な方法で意味や目的をもたらそうとする断固としたその姿勢においてサタニズムの最も興味深い現れだからである。サタン教会は、とりわけその初期段階において、その図像表現や儀式に以前のラベリングの要素を摂取した例が豊富に見られ、その多くがその後のサタニズムの図像を特徴づけることとなった。祭壇上の裸の女性、逆五芒星、魔術書やホラー文学やユイスマンスの本からとってきた「邪悪な」儀式、黒いローブや衣装、これらはすべてサタニストのステレオタイプを意図的に再現したものだった。と同時に、この再現は皮肉な批判でもあった。デイヴィッド・フランクフルターはある理由からこの点について「直接的な模倣のパロディ」と述べているが、このパロディの要素に本格的な宗教的コミットメントも含まれていることは指摘しておかねばならない。

本研究やこれまでの資料で明らかに示されてきたように、サタニストの儀式(とされるもの)に関するラヴェイの知識は秘密の伝統から受け継がれたものではなかった、ラヴェイが秘密の伝統をほのめかすような言動を好んですることもあったが。実際には、本、映画、芸術作品から収集、再構築されたものだった。当然のことながら、まだその宗教自体が存在していなかったため、既存の宗教伝統から継承したと見るには無理がある。ラヴェイは魔術に関する知識を、多様な他称のサタニストや悪魔化した集団——テンプル騎士団、フリーメイソン、イルミナティ、「ルシファー主義者」、「オカルト」のナチ——に関する資料から得たと主張していた。より深いレベルでは、ラヴェイや彼の後進のサタニストたちは、サタニズムを「他者性」、逸脱、(キリスト教)道徳の反転として明確に示していた。

摂取と〈同一化〉は、この構築のプロセスを説明する上で適切な用語と言える。ただ、この用語ではラヴェイが自身の目的に合わせてサタニストのステレオタイプを根本的に修正しようとした方法を隠してしまう恐れもある。ラヴェイは「悪(evil)を逆から綴ると生きる(live)になる」などのスローガンを考えたりもしていたが、ラヴェイのサタニズムは宗教的に悪を追求するものではなかった。その代わり、サタン教会はやや不道徳な紳士淑女に向けて、完全に毒を抜かれたサタニズムを提供することを提唱した。そのため、カニバリズム、人身供犠、儀式的狂宴などのさらに著しい反転の要素は、ラヴェイによって暗黙のうちに取り除かれていた。また、何千年ものあいだ、宗教的・魔術的伝統において十分に尊重されてきた動物供犠でさえも、動物愛護の時代の精神に合わせて放棄された。ラヴェイはサタン教会を扇動のための手段ではなく、法律に則った組織として位置づけ、既存の秩序を支持した。彼の運動の規範を破る可能性は主にイデオロギーや個人のセクシュアリティの問題に限られていた。後者の面でも、ラヴェイは当時の流行に乗っていたのだが、認めなければならないのは彼がたしかにその流行の最前線にいたことだ。

自身のサタニズムを立派なものに見せようとする試みは、ラヴェイ（およびその後のサタニズムの多く）を矛盾した、そして自滅的な可能性を秘めた立場に追いやった。自らを古くからあるサタニストのステレオタイプに意図的に〈同一化〉させることで、ラヴェイは自身と自分の運動の挑発的で刺激的な魅力を確実なものとした。さらに、それに伴う意図的に取り入れられたスティグマは、あらゆる社会が抱える道徳的束縛から脱するためのある程度の精神的な自由を、ラヴェイと彼の信奉者たちにもたらしたのかもしれない。だがこの古くからのステレオタイプによって、ラヴェイのサタニズムに悪の奇怪さの化身という永続的な烙印が押されることとなった。ラヴェイはこのような偏見に対しどこまでも反論し、ほかの現代のサタニストたちも同様に反論し続けている。こうした活動は、より知識の豊富な大衆のあいだではある程度の成功を収め、その結果、現代のサタニズムは西洋では多くの人々から、やや風変わりではあるが、基本的には無害な宗教の一種と見做されるようになっている。しかし、この無害なイメージは宗教的、あるいはイデオロギー的な選択肢としてのサタニズムの魅力の一部をなす、挑発的で逸脱的な要素を破壊する恐れがあった。ラヴェイにしばしば見られる自己矛盾した態度はそのためだった。すなわち、自らのサタニズムの立派さを保ちつつ、一方で邪悪で不吉なことをほのめかす傾向があった。

ある意味では、ラヴェイのサタニズムは一九世紀以前にわずかに存在していた「サタニズム」の初期の形態に驚くほど似ていた。近世の「サタニズム」と同様、ラヴェイのサタニズムは主に魔術として示され、また、ラヴェイの魔術の目的は主に実用的であり、繁栄、愛、肉欲、敵に災いをもたらすことを希求するものだった。その儀式の形態や道具の一部も前近代の魔術のものと似ており、レヴィ／セレマの魔術や魔術書の復刻版などを通じてラヴェイにもたらされた。

しかし、これらの類似性は若干欺瞞的である。ラヴェイの魔術は、まったく異なる歴史的・イデオロギー的文脈の中で機能し、まったく異なる宗教的・哲学的な先入観に基づいていた。近世の先人たちが、魔術や超自然的なものの実在性を所与の事実として受け入れていた世界の一部であったのに対し、ラヴェイの魔術は、経験科学が主要因として集合的な世界観を決定する社会に登場した。科学的、合理的、経験的な思考の支持者たちはまず、支配的でほとんどが暗黙のうちに存在する魔術的・宗教的世界観に対して自分たちの主張を擁護する必要があったが、今度は魔術を復活させようとする人々が、同様のことを行わなければならなかった。この点で、啓蒙主義以降の魔術は、少なくとも西洋の脱魔術化した世界においては決して以前と同じものにはなり得なかった。それ以降、魔術はどんなに明快なものであっても、なぜそれが機能するのかに関する宣言または説明をする必要が生じた。

こうした説明は、ほぼすべての近代の魔術体系で見出される。ラヴェイにおいては、そのうちの二つが最も重要だった。一つは、科学によってまだ開拓されていない、隠された未開発の力が自然界に存在するという一般的な前提、もう一つは、魔術は強力な「心理劇」であり、人の精神状態を変化させ、内なる未開発の力を解放する一助となりうるという実用的な考えである。このような合理主義的な枠組みは、前近代または近世の「サタニスト」の魔術とはかけ離れたものだった。ラヴェイは古い「黒」魔術の手法に着想を得てはいたが、実用的な魔術を同じように重視していたことはほとんど偶然だった。これはラヴェイの意図的、そして一部イデオロギー的な動機に基づく試みに起因するものであり、彼は自らのサタニズムのもととなった一九世紀および二〇世紀の極めて難解な魔術体系に、さらなる合理主義、簡潔さ、現世性（Diesseitigkeit）をもたらそうとした。このように、古代の魔術行為がこの文脈に再び現れた場合、それは現代サタニズムの古来のルーツを裏づけているのではなく、まずもとの文脈から切り離されてから、次に現代サタニズムに再び組み込まれるという摂取の過程の結果を示しているのである。

このような歴史的な隔たりと一致して、摂取と〈同一化〉のメカニズムの底にある動機と実際の現れ方もまた大きく異なっていた。近世のサタニストたちが悪魔崇拝者にラベリングされていた儀式を摂取したのは、それが自分たちが実在すると見做していた超自然的存在に働きかけるための正しい方法だと考えていたからだった。彼らがこれらの儀式を取り入れたのは代替となるアイデンティティを示すためではなかった。もし自分たちに同様の実用的な利益をもたらしうると思っていたなら、彼らは喜んで既成宗教の枠の中にとどまっていただろうし、実際、自分自身を明らかにキリスト教徒として捉え続けていたサタニストは多かった。ラヴェイのサタニズムとその後進たちの場合、この状況は完全に逆だった。サタニストのステレオタイプの要素の摂取とサタニストとしての自己〈同一化〉は、比較的最近の現代的な、明らかに反抗的で、反キリスト教的なイデオロギーを核としたアイデンティティを構築するのに第一に役立った。このように、古いサタニストのイメージへの現代サタニズムの〈同一化〉の大部分が表面的なものであったことは確かだ。しかし、この表層および〈同一化〉がなければ、現代サタニズムはまったくサタニズムではないものとなっていただろう。

本書で明らかにしたもう一方の伝統、つまりロマン派におけるサタンの復権の伝統は、ラヴェイのサタニズムにも明確に表れている。『サタンの聖書』をはじめとするラヴェイの著作をざっと読んでみただけでも、性愛・学知・自由という三つの古典的なテーマが圧倒的に多いことがわかる。『サタンの聖書』ではレヴィのポスト・ロマン派の全体論的なサタン像も簡単に見つけることができる一方、ラヴェイのサタン像の主な機能は、ロマン派サタニストやその亜流と同様、人間の解放と個人の自由の象徴となっていることだ。これは偶然とは言い難い。しかし、ロマン派のサタン像がカリフォルニアのラヴェイの教会に至った詳細な歴史的経緯をたどることはそう簡単ではない。ラヴェイが「サタニズム的なもの」を幅広く読んでいたことから、少なくとも表面的には、彼が主要なイングランドの「詩作のサタン派」の代表作や、ミシュレの『魔女』のような古典的な外国語作品の翻訳本についてひと通りの知識があったことは確実と言える。ラヴェイが一九世紀の復権した悪魔の断片を拾い集めたもう一つの経路はオカルティズムだった。レヴィとクロウリーは、ラヴェイのサタニズムの展開に大きな影響を与えた。けれども、このような三つの顔をもったロマン主義の悪魔像は一九世紀の対抗文化において漠然としか存在しておらず、ラヴェイがサタン教会を設立した当時、その膨大な数の文学作品や芸術作品からこの象徴を抜き出した英語の出版物で入手できるものはほんのわずかしかなかった。よって、ラヴェイが、同様の反キリスト教感情や文化的傾向によって、ロマン派からはある程度独立してサタン像を作り上げた可能性は否定できない。

後者の点は、ロマン派サタニストに本書が割り当てた第三の歴史的意義に関して特に適切である。本書でロマン派サタニズムに見出した神話と宗教に対する態度は、ラヴェイのサタニズムおよびその多くの後進のあいだで見られる態度と驚くほどよく似ている。すなわち、宗教が人間の創造性の産物でありつつも、自分たちの人間性にとって非常に重要であるとする認識、神話と詩と「空想」は人間の表現にとって欠かせない様式であるとする認識、人間は神の神聖な創造者であるとするのと同じ認識が窺えるのだ。サタンは「自由に浮動するシニフィアン」(ショックによる表現を使うなら)と同じ象徴的な方法で用いられ、また、ラヴェイのサタニズムでは、少なくとも理論的には、ほかの象徴的な記号を取り入れる上でも、同じような創造的な自由が許容されていた(ただし、ラヴェイがパンテオンに組み入れた「悪魔的な」神々はすべて「サタン化」され、つまりラヴェイのポスト・キリスト教のサタンとほとんど同じ象徴的な機能を果たすよう再定義された)。ラヴェイの魔術儀式と儀礼は、ロマン派における文学や芸術と同じように、人間の想像の領域としての役割を果たしていると言える。また、現代の宗教的サタニズムの究極の目的の一つは、自らの人生を個人の創造性の芸術作品とすることだともいえる。こうしたことから、ラヴェイのサタニズムは、ロバート・ベラーが一九六〇年代に予測した西洋の宗教性の来るべき姿を特に明確に示した事例と捉えられる。すなわち、それは「「人間」自身の存在の変えられない条件を示す象徴そのもの」を作り変えることのできる宗教性であるだけでなく、「それが象徴体系であること、そして人間はつまるところ自らの象徴体系を選択する責任があることに対する高まった認識」を持つ宗教性である。

この点において、現代の宗教的サタニズムは多くの新宗教運動、オカルト現象、作り直された伝統宗教に見られる、より広範な展開の一部と言える。著名な研究者たちは、ロマン主義、とりわけロマン派哲学を、この展開にとって最も重要な起源の一つとして指摘する。筆者から見て、この指摘はたしかに妥当である。しかし、これらのロマン派の考えが実際にどのような経路で現在の宗教運動に伝わっていったのかをたどろうとすると、そこで見えてくるのはただ似ているから影響関係があるだろうとは言えない、はるかに曖昧で不確かな関係である。これは少なくとも、ラヴェイのサタニズムには当てはまる。ラヴェイがロマン派の哲学者やロマン派サタニストの作品をただ読んだだけで霊感を受け、わかりやすくロマン派的な態度をとるようになったという直接の影響関係を示す証拠はない。実際、その可能性はなさそうである。ロマン派の逆転の意味するもの全体は、多くのロマン派サタニストにおいては潜在的なままだったし、表現された場合もあちこちの文章に部分的に現れたにすぎない。彼らの言葉は、彼らがいた時代には容易に理解されたかもしれないが、現在その意味あいを一般の読者に向けて読み解くには、(この研究で示したような)綿密な分析が必要となる。同様のことが、多くのロマン派の哲学者にも当てはまるかもしれない。言うまでもなく、ここでもまた、近代オカルティズムがミッシングリンクである可能性を示している。本書で筆者が論じてきたように、レヴィのような著名なオカルティストに対するロマン主義とロマン派サタニズムの影響は、この点で顕著である。ただし、事後の分析はどれほど貴重で注意深いものであったとしても、実際には歴史という川の底に転がる小石でしかなかったものを、重要な足掛かりとして拡大解釈してしまう可能性がある。

　現実にはやはり、ロマン派サタニズムとラヴェイのサタニズムがそれぞれ独自に似たような歴史的な苦境に対し、同じような答えを展開した可能性は排除できない。その苦境とは、ポスト・キリスト教およびポスト啓蒙思想の文脈の中で、宗教を再構築するという課題だった。ロマン派、およびロマン派サタニストたちは、啓蒙思想の脱神秘化と世俗化によって可能となった新しい宗教的な態度の初期の現れと見做すことができ、そしてその新たな態度は後の西洋社会において宗教的革新の「スーパー・ノヴァ」を生じさせることとなった。そして、彼らがこの新しい宗教性を有するいくつかの団体が出現した直接的な要因であったことは間違いない。ラヴェイが「世俗化された」宗教を作ろうとしたのは、ロマン派の先人たちより一世紀以上も後であり、レヴィおよびクロウリーのオカルティズム、ニーチェ哲学、対抗文化のイデオロギー、幅広い個人的な読書からインスピレーションを受けていた。ラヴェイが直接的であれ間接的であれ、ロマン派サタニストの精神的な要素が混ざり合った大いなるシチューから一匙のインスピレーションをすすったというところまでは確かである。

　また、ロマン派と現代宗教的サタニズムの驚くべき類似性に加え、重要なイデオロギー的な違いも指摘できる。まず、ラヴェイのサタニズムは、ブレイクやシェリーのようなロマン派サタニストほどにはロマン派の逆転を徹底させることがなかった。ロマン派にとって、人間の想像力と創造力――神話、詩、芸術の言語で表現される――は、（啓蒙思想の）合理主義では到達し得なかった本質的な真理への鍵だった。ラヴェイは真理と「空想」のどちらの価値も認識していたが、それぞれ独立した範疇として捉えていた。最終的に、日々の実生活やコスモロジーの存在の枠組みに関する決定権があったのは、人間の理性（良識）だった。この点で、ラヴェイのサタニズムは極めて啓蒙主義的な宗教であり、革命時の理性崇拝やコントの実証主義宗教のような人間の宗教的本能に合理的な伝達経路を創造しようとするほかの試みに匹敵するものだった。また、ラヴェイの反キリスト教精神は（ロマン派サタニストたちの反キリスト教のように）、宗教を蒙昧主義および聖職者が支配するための道具とする啓蒙思想の言説も思い起こさせた。ラヴェイにとって、人間は無機質な世界に生きる「ただの動物」にすぎなかった。サタニストは、自分や他者の本能的な衝動を合理的に（または巧妙に）認識し利用することで、可能な限り満足のいく生活を送ることを期待することができた。その中で、神話や儀式をはじめとする「空想」にはそれなりの役割があったが、それは人間が本能的な動物であり、「ストレートな感情化」をせずには生きていくことができなかったからだ。サタニストは、自らの宗教の内容と形式を合理的に定義することで、自分と他者の精神を操作し、最大限の個人の幸福を手に入れることができた。サタンはこの儀式と空想の「知性の減圧室」において、神話的象徴としての役割だけを担っていた。このように、ラヴェイは悪魔の存在を信じずにいると同時に、サタン教会で毎週行われる儀式で伝統的な神のように悪魔を召喚することもできた。

　当然のことながら、この認識論的な境界線を日常の実践の中で明確に保つことは難しかった。ラヴェイ自身も、自らの「ストレートな感情化」に引きずられることがあったのだろう。それまで悪魔の存在を信じていなかった彼の信奉者のうち何人もが、自分たちが崇拝する存在は実在すると信じるようになった。その結果、多少なりとも伝統的な有神論的信仰に戻る、いくつかのサタニズム分派が出現し、中でも最も顕著な例がテンプル・オブ・セトだった。これとは対照的に、ラヴェイ自身、そしてラヴェイに影響を受けたサタニスト・グループの一部は、次第に自分たちのイデオロギーの合理的な要素を強調し、それを時に純粋に無神論あるいは人間主義の言説を広める手段とすることもあった。彼らが論じている対象が宗教的サタニズムの現れであることを思い出させるものと言えば、わずかに出てくるサタンの名前だけだった。

ロマン派サタニズムと現代の宗教的サタニズムのあいだにある同様に顕著な違いは、後者の政治的志向である。ロマン派サタニズムが一般的に「左派」の関心事であり、目立ってそうだったのに対し、ラヴェイのサタニズムとその後の分派のほとんどは、政治的なイデオロギーに関する大半の事柄において右派に明確に位置づけられ、ネオファシズムまたはネオナチズムに傾いていることすらあった。本書で見てきたように、ラヴェイのサタニズムはそれでも、重要な節目節目において西洋革命の価値観を示す宗教的な手段であり続けた。自由、個人の自律性、個人主義の問題は、ラヴェイが書いたほとんどすべてのものの中核をなし、ラヴェイが描くサタン像の本質的な象徴的意義を定義した。さらに言えば、彼のサタニズムの著しく個人主義的で非社会的な性格には、西洋革命の解放の試みの論理的な展開として説明できる部分もある。二〇世紀のアメリカでは、西洋革命の重要な価値観が非常に早い段階で法制化されていたため、暗黙の集団道徳や大量消費主義によって高められた同調主義といったほかの課題が重要視されるようになった。

しかし、ラヴェイのサタニズムからは西洋革命への反発も見て取ることができる。このイデオロギーの対立あるいは転換は現在のサタニズムの特徴を決定づけるものであり、その中には、一九世紀初期以来の反キリスト教言説の展開に由来するものもあった。ロマン派サタニストがサタンをキリスト教の神がなり損ねた、いわば人道的な神として讃美したのに対し、ニーチェのようなさらに急進的な批評家は、キリスト教およびキリスト教社会の道徳的基盤を攻撃し始め、キリスト教の利他主義を「弱者」による支配の隠れた道具だとして非難した。粗雑な社会進化論と結びついたことで、「力こそ正義なり」の考えが助長され、ファシズムやラヴェイのサタニズムの両方に見出されるような思想が育まれた。

現代サタニズムの政治的な方向転換にとって同じよう

に重要なのは、西洋革命そのものによって生み出されたイデオロギー的な反動であったかもしれない。フランス革命の三つの古典的テーマ——自由、平等、友愛——の中でも、特に批判を浴びたのは平等の概念だった。この標語は当初、法の前での平等を確立するという控えめな目標を表すものだったが、西洋革命に批判的な潮流によって平等主義のための計画として解釈され、避けられた。それを受けて、人間には人格だけでなく、本質的な価値においても違いがあることを強調するようになった者もいた。支配するのに適した人間と、支配されるべき人間がいるとされた。この反民主主義的な傾向は、後に生物の進化論から取り入れられた考えによって補完され、支配者にふさわしい人物を示す唯一の手段として、人間同士の争いを称賛することにつながりかねなかった。

このような態度を反動的もしくは保守的と呼ぶのは少し語弊がある。むしろ、西洋革命そのものが原因となって現れた何か新しいものだった。この傾向はすでにレヴィやクロウリーの西洋エソテリシズムの中で時折示されており、また、ボードレールとユイスマンスにもその痕跡が見出された。ニーチェや彼の影響を受けたアイン・ランドのようなアメリカ人の信奉者もまた、このイデオロギーの反動主義の代表格と見做すことができ、彼らがラヴェイに与えた影響はかなり大きかった。ウィッカのような現代エソテリシズムの流れは、「保守的」なヨーロッパのオカルティズムに共通の土壌を持っていたが、一九六〇年代と一九七〇年代にさらに左派的な方向へと進んでいったのに対し、ラヴェイは逆に、西洋エソテリシズムにすでに存在していた反平等主義の態度を強調することを選択した。ところで、明らかな「サタニストの祖」とされるブレイクとシェリー、もしくはバクーニンとプルードンらに関してラヴェイがほとんど何も言及していないのは、彼らの「左派的」な政治思想に対し批判的な姿勢を取っていたことも関係していたのではないかとも考えられる。彼らはラヴェイにとって好ましくない伝統における偉人だったと推測することもできる。

サタン教会が発展していくにつれて、ラヴェイは次第に、優れた人格を持つエリートが一般市民の「群れ」を支配、あるいは少なくとも避けるための組織的かつイデオロギー的な手段として、自身のサタニズムを捉えるようになった。ファシズムとナチズムはこの反平等主義の態度を共有していた。このことが、黒の教皇が、個人主義と個人の自由の問題に関しては対極の立場を取っていたにもかかわらず、これらのイデオロギーの潮流に時折接触していたことの一因である可能性は高い。また、ナイン・アングルズ騎士団などのラヴェイ以降のサタニズムは、そこからさらに踏み込んで、ネオナチズムや反ユダヤ主義を自分たちの宗教の不可欠な要素として取り入れた。権力、闘争、エリート主義を強調する右派の思想は、サタニストの神学にも浸透し、時にはさらに「獰猛な」サタン像を打ち出すことにもつながった。このサタン像が、暴力と復讐が崇高な美徳として頻繁に称えられていたブラックメタル・サタニズムにおいて高々と掲げられていた。スリナム共和国のブラックメタルのファンがある時、記者に、次のように述べた。「神は弱虫だが……サタンは強力な存在だ。忠実な信奉者としてサタンを崇拝し、彼に仕えるなら、あなたは楽園に身を置くことになるだろう。しかしサタンを失望させたなら、地獄で焼かれることになる」。強調しておかねばならないのは、このような極端な考えを支持しているのは、現在のサタニズムの中でもかなり周辺的な一部のグループに限られているということだ。だが皮肉にも、ここに崇拝の対象として現れるサタンは、ロマン派サタニストたちが激しく嫌悪していたユダヤ＝キリスト教のエホバのステレオタイプに酷似しているのである。

適　用

現代の宗教的サタニズムをもって、本書は宗教の歴史の中を一周し、始めの地点に戻ることになる。サタンは昔は真の神の邪悪な敵対者だったが、善や称賛に値するあらゆる存在の代表格となり、その一方でキリスト教の神は悪の象徴へと変化するか、あるいはすっかり影を潜めた。筆者の知る限り、これは宗教史の中でも極めて稀な出来事である。過去には、物理的もしくはイデオロギー的な戦争によって崇拝されていた霊的存在が憎悪の対象となることもあり、とりわけそれが異なる文化的共同体に属するものであった場合は顕著だった。しかし、社会が、あるいはその一部でも、自らの意志でその本来の神を放棄し、その代わりにその神話的な敵対者を受容することを選択したことはなかった。この特殊な宗教は近現代的特徴を持つため、本書ではその成り立ちを詳しく説明することができたが、それがいかに人間的な出来事であったかという点は注目に値する。詩的な創作、捏造された伝統、大掛かりな偽造がその成り立ちの土台となり、巧妙に暴利を貪る者、情熱的な改革者、カリスマ的な予言者は、その創始においてそれぞれが役割を果たした。実際、これらの範疇は、しばしば重なり合ったり、複雑に結びついているように見える。しかし最も衝撃的なことは、それが悪魔と神といった完全に対照的な存在であっても、神々の名前が実質上、置き換え可能なものになったということだ。

では、これはどこにつながっていくのだろうか。バラはどんな名前で呼ばれようと甘く香る、というシェイクスピアの言葉を参照して、サタニズムの歴史を単なる名称の入れ替えとして捉えることはできるだろうか。ほかの銀河系から見れば、たしかにそう捉えられるかもしれない。しかしより詳細に見ていくと、異なる光景が浮かび上がってくる。近現代宗教的サタニズムでサタンと呼ばれる神は、(伝統的な)キリスト教で神もしくはキリストと呼ばれている神ではない。まず、ロマン派サタニズムおよびラヴェイのサタニズムにとってサタンは、キリスト教における神のような実在する超自然的人格とは異なり、どのような意図や目的があろうとも、この世のリアリティの中に位置づけられるというところは確かな、形而上学的力を象徴していた。たとえば、ラヴェイにとってサタンは、宇宙で脈打つ生命力の象徴であり、個人におけるこの生命力の原型的顕現であった。また、存在論的に実在する人格神としての伝統的なサタン像を持ち続けていたサタニスト集団にあっても、全能のユダヤ゠キリスト教の神の諸特徴がサタンに取り入れられることはほとんどなかった。たとえば、テンプル・オブ・セトにおいて、サタン/セトは基本的に異世界の助力者や仲間という性格を帯びている一方、信奉者の重要な務めは、自分を神まで高め解放することである。ノースロップ・フライはロマン主義を「人間がかつて神々、英雄、自然の力と見做していたものを人間のものとして回復する」運動として分析したが、それは近現代宗教的サタニズムにも大いに当てはまる。ロマン派サタニスト以来、近現代の宗教的サタニズムは神聖なものを世界《コスモス》のこちら側に割り当てようとしたり、人間性の内側に配置しようとしてきた。ラヴェイのサタニズム、そして後の分派のほとんどは、この前提をさらに一歩進め、少なくとも潜在的には個人そのものを神格として崇めた。アントン・ラヴェイのパートナーであるブランチ・バートンは、次のように述べた。「私たちの内にある革命的で創造的で抑えようのない精神を代表する存在が――聖なる父ではなく、おそらく反抗的な兄弟のような存在が――私たちには必要だったのです」。これはもともとのユダヤ＝キリスト教の超越的な神の概念、つまり神が自らの選択で姿を現す時以外は、人間が近寄り難い存在である神の概念、とはまったく逆の発想である。

別の銀河系から来た観察者は、本書の用語に隠れているもう一つの点、すなわち、筆者が本研究で宗教として記述した人間の現象が極端に多様なことにも気づかないかもしれない。この研究の中で遭遇した歴史上のさまざまなサタニズムは、互いに根本的に異なっている。その多くに「宗教」という言葉を当てはめようとすると、明確な違和感が生じる。たとえば、超自然的な悪魔的存在を誘うための前近代の契約は、宗教的な実践というより、魔術的な技法との印象を多くの人には与えるだろう。それはロマン派サタニズムに見られるような、そして「単なる」詩や文学と見做されがちな表現である芸術の領域でのみ現れるような、純粋に象徴的なサタンの使い方からはかけ離れているように思われる。ラヴェイのサタニズムを扱っていると、若干似たような抵抗が生じる。というのも、ラヴェイのサタニズムでは、神話と儀式が心理療法の一形態として、無神論や反宗教を明確に公言するイデオロギー体系の中で使われ、また後の段階では、儀式の「装飾」を完全に取り除きさえもしたのである。ここでも、研究者たちが（筆者を含め）同義語や用語と格闘し、「生の哲学」、「生活様式」、「イデオロギー」などの言葉が、「宗教」と同じくらい頻繁に登場する。しかし、ベラーによる宗教のより広い定義、すなわち「人間を自らの存在の究極的条件と考えるものに結びつける一連の象徴的な形式と行為」を適用すると、これら多様な現象はすべて正当に宗教として分類することができる。

すると、このように分類をすることにまだ意味があるのかという問いが自ずと生じる。本書で扱っているのは、互いにまったく異なる現象どころか、完全に別の範疇の現象ではないのか、と。この問いは明らかに一人の著者で解決できるものではない。その答えは、最終的には学術的および非学術的な用語における慣例に依存する。だが、いつくかの見解を示すことはできよう。まず、徹底的に精査すると、これらのあらゆる違和感が示すのは、われわれはめったに明示されることのない「普通の」宗教という、ある種のイメージから逸脱した宗教に直面しているということである。このイメージは、超自然的な存在に関わる人間活動のそれであり、具体的には、組織化された、あるいは少なくとも共同体の活動であり、伝統的な意味での超越的なものを志向する活動であり、明確な内的立場が関わる活動である。言い換えれば、伝統的なユダヤ＝キリスト教の宗教のことである。筆者の考えでは、自分たちの宗教に関する考えを広げ、人生の価値、意味、神話的モデル、つまりブレイクがすでに主張していたような、経験科学の「単なる分析」では答えを示すことのできない人生における領域を創造しようとする試みをすべて宗教に含めることは、建設的であると同時に（実り多い）混乱をもたらすだろう。

人々の大半がより伝統的な宗教の観念を持ち続けていることや、あるいは宗教という言葉を軽蔑の言葉と捉えてさえいることを踏まえると、このように広い意味でその言葉を使うことはほとんど受け入れられそうもない。けれども、そうした意味の拡大はたしかに価値のある試みなのかもしれない。それによって、現代の宗教的サタニズムよりもさらに謎に包まれている、世俗化した社会の中で意味、価値、神話を形成しようとする試みを探し出すのに有効で、面白いほど刺激的な道具がもたらされるかもしれない。さらには、そうすることで世俗的な世界の住人である「われわれ」と、過去と現在の宗教家とのあいだの極めて重要な人間同士のつながりを回復させることにもなるだろう。宗教を、われわれの「マクロな意味」を創造する試みが現れる、常に存在し極めて人間的な現象として見るならば、宗教は単なる過去の遺物ではなくなり、教育を受けた西洋人の多くが内心では時代遅れの異質物としか考えられないような存在ではなくなる。その代わり、宗教を、私たちの拡張した意識の論理的帰結として、すなわちその意識が、経験科学では答えの出ない、存在の「理由」や「目的」を問うためにもたらす能力として見ることができる。

もちろん、だからといってさまざまな宗教や宗教的信念が、常に、あるいは等しく妥当で理にかなったものであるわけではない。過去半世紀にわたって、人文学においてはこの基本的な事実を認めようとしない奇妙な抵抗の動きが生じていると思われる。これは、われわれの知識と思考の限界、部分的にはそれらがわれわれ自身の特定の文化的・歴史的立場に必然的に根づいていることへの認識の高まりによっても引き起こされている。しかし、他者の話に耳を傾け、自分に疑問を投げかけようとするこの欲求は伝統、すなわち他者を沈黙させせようとし、自問することを拒んだ伝統に対する反発において確立された探求の枠組みによって可能となったことを忘れてはならない。たとえ私たちが学術研究者として、あるいは人間として、自分たちのものとは異なる古今の別の世界観を探求することに意欲的だとしても、相手から同じような有効な態度が返ってくるとは限らないことは覚えておくべきである。人間の思考において私たちの現在の立場を特徴づけるのは、耳を傾け、問いかけ、問いかけられようとするこの積極的意志である。筆者はこうした立場を優れたものと呼ぶことにためらいはない。先人であるロマン派サタニストたちのように、私たちは自分たちの問いかけが自分たちが望むような答えをもたらしてくれるとは限らないという事実を認めることができ、そして彼らのように、人間の理解を見出しうるほかの方法を認めることができるかもしれない。けれども、ロマン派サタニストたちのように、私たちは問いかけを許さないような伝統に戻るべきではないし、戻りたいとも思わない。私たちが学術研究に携わること（あるいは強い意志を持って読み続けている読者であるあなた方が今しているように）その研究成果を吸収していること）自体が、すでにこの信念を裏づけている。

このことから明らかなように、今一度想起しなければならないのは、宗教や宗教的信念が自ずと善いものとなるわけではないという点である。当然ながら、歴史という曖昧な世界（私たちにとって唯一の世界）には一括りに「善」あるいは「悪」と呼べるものはめったに、あるいは一つもない。ほぼ無限の多様性を持つ人類の宗教は、このことを示す最たる例である。意味や目的を構築する手段として、宗教は人間や人間社会に対して莫大な力を発揮しうるが、本研究が十分示してきたように、この影響は必ずしも有益なものであるわけではない。しかしながら、こうした「善悪」の問いを投げかけることは、少なくともこの研究で提示した宗教という言葉の広義の意味を採用した場合には、私たち自身を宗教の領域に引き戻すことになる。単なる専門的な事実の突き止めを超えて宗教史を記述する試みにおいては、ある程度の宗教的・イデオロギー的な信念を明示したり、あるいは暗黙的に示したりすることは避けられない。よって、学術的な歴史学者でさえも、自身の研究を意味のあるものにしたいという願望があれば、いつの間にか自分が宗教的な試みに携わっていることに、ある時点で必ず気づくのである。

このことは、神学的または学術的な専門用語の問題よりもさらに中心的で興味深いかもしれない第三の歴史的な問いを提起している――つまり、近現代サタニズムでは善悪の定義について何を語り、あるいは何を語ろうとしているのか、そしてそのことが西洋世界における善悪の概念の移り変わりをどのように反映しているかという問いである。序論でも述べたように、サタンを崇拝することは必ずしも悪を崇拝することと同じではない。悪の崇拝を目的としたサタニズムを確立しようとする数少ない試みは大雑把で短命なものに終わり、また、表面的な分析でも、そうしたサタニズム集団が「善」について、単なる武勇であれ大義への忠誠であれ、はっきりとした独自の考えを実際に持っていたことがわかるだろう。しかし、サタンをもっぱら悪の卓越した象徴として見做す社会においてサタンのような存在を崇拝することを選ぶことは、ほとんど自動的に、一般に受け入れられている倫理観に挑戦する立場をとることを意味する。本書で遭遇したサタニズムはすべて、暗黙的あるいは明示的な倫理的な位置取り《ポジショニング》を伴っている。信奉者たちの言葉に耳を傾ければ、彼らが主に関心を抱いていたのは神学や悪魔学の問題ではなく、教会や社会（場合によっては人間の本性そのもの）から押し付けられた、実際的および道徳的な制限を逸脱し、回避し、無効にすることであったのは明らかだ。たとえば、ロマン派サタニストがサタンを動員したことの中心には、何が善で何が悪かに関する問題、すなわち不服従の正当性や抑圧的な政治形態の不条理に関する問題、慣習の枠を超えた愛や性を経験する自由に関する問題、キリスト教以外の宗教的信念を告白する自由、あるいは明確な宗教的信念を一切持たないことを告白する自由に関する問題があった。これらの価値観は今日の西洋社会ではほとんど当然のこととして受け入れられているが、当時はまだ大きな議論の的であった。ロマン派サタニストたちはサタンをかつての悪の象徴として旗印に掲げることで、キリスト教の悪が善ではないこと（バイロンのルシファーの言葉を言い換えれば）だけでなく、キリスト教で悪と考えられてきたものの大半が、自分たちにとっては極めて正当なものであることも鮮やかに強調した。ラヴェイのサタニズムは、こうした傾向をさらに極端に推し進めたものであり、ニーチェの前提を取り入れてキリスト教の伝統に由来する基本的な倫理的価値観、たとえば利他主義への称賛や、利己主義あるいは攻撃性への非難などを疑問視した。

ラヴェイのサタニズム（そして現在のサタニズムのあらゆる形態）に純粋な道徳律廃棄主義というものはなかったが、近代サタニズムのほとんどは悪の「邪悪さ」を疑問視し、代わりに「光」と「闇」がそれぞれにふさわしい位置を占め、互いに座を奪い合うのではなく、バランスを保つ必要のある、より全体論的なアプローチを示している。これはキリスト教の過去との明確な断絶を意味する。キリスト教伝統における悪の存在論的な位置づけは必ずしもいつも十分明確であるわけではないが（ヒッポのアウグスティヌスによる、悪は善の欠如であるとする有名な定義がそのことを示している）、一方で、神的なものとサタン的なものとの境界線ははるかに明確である。存在論的なカテゴリーとしての「悪」（ラヴェイはクロウリーのように引用符をつけて記す傾向がある）はサタニストの「伝統」においては、妄想、宗教的な迷信、もしくはそれ自体としては善でも悪でもない反対物のあいだのバランスの欠如として主に記述される。この立場は、レヴィやクロウリーの一九世紀エソテリシズムから直接派生したものであり、ブレイクやユゴーなどのロマン派サタニストと同様な態度を反映している。

この点で、サタニズムは文化的な真空空間で活動しているわけではない。マッシモ・イントロヴィニエが述べるように、近現代の宗教的サタニズムが「近代性の鏡像」であることは確かである。歴史的に見てもそれは確かであり、本研究で示してきたように、近代の宗教的サタニズムは近代西洋社会を特徴づける世俗化と西洋革命のプロセスを補完するものとして展開した。しかし、近現代の宗教的サタニズムは、近代が投げかける疑問に対して、われわれが共通して直面する苦境をも正確に映し出している。伝統や啓示における古くからの原理を否定してもなお、道徳的規範を定義することはできるだろうか？　それはどのような道徳性だろうか？　個人の自由と社会的な要求のバランスの落としどころは、そのようなものがあるとしたら、どこになるのか？　人々の相互扶助の本能を活性化させる上で、個人を超えた献身の対象（宗教、イデオロギー、国民性、民族性など）なしに、社会を成り立たせることは果たして可能なのだろうか？　社会は、その成員が取った行動によってもたらされた結果から、彼／彼女らをどの程度守るべきだろうか？　ますます大衆化し、アイデンティティが予め用意された既製商品と化した社会において、人々は自らのアイデンティティを肯定することができるだろうか？　そして、人間であり続けながら生きる意味を自ら見出さなければならないのなら、人生はどのような意味を示してくれるだろうか？　これらは世俗化されたあらゆる社会における深刻な問いであり、その明確な答えはいまだ見つかっていない。

サタンの教団という顔が、大勢の人々を引きつけることを阻む要因となると思われるが、ラヴェイのサタン教会のようなサタニスト・グループが示した答えの多くには、より広範な社会で一般に見られる態度が反映されている。実際、ラヴェイの社会的・倫理的な考えの多くは、あるサタニズムの歴史家が適切に指摘したように、「昔からある抜け目のない自己中心的な皮肉屋のもの」にすぎない。「もう一方の頰を向ける」のではなく、自分がされたことを二倍にして敵を「打ちのめす」べきだとする助言に賛同する人は多いだろう。多くの人々は、個人的満足と個性の確立を人生の中で最も価値のあることと見做している。それは、たとえサタン教会のように、そのことを神格化という神学的な言葉で人々が表現していなかったとしても同じである。性的・宗教的な選択における個人の自律性は、今や一般に合意されていることであり、犯罪者に対して厳しい報復を与える同害報復法を求めるラヴェイの主張は、多くの保守派の政治集会や深夜のバーカウンターでの会話で聞かれる意見に似ている。さらに、「強者」が繁栄することを許容する社会に関するラヴェイの考えは、「アメリカン・ウェイ・オブ・ライフ」として礼賛されてきた価値観と完全に一致している。最近の新自由主義の唱道者の一部が促進する方策と比べると、むしろ穏当に見えるほどである（ちなみに、新自由主義者とラヴェイはどちらも、インスピレーションの源としてアイン・ランドの新ニーチェ思想に着想を得ていた）。

現代サタニズムは、これらの問いに対する答えを組み立てる中で、せいぜいさらに過激であったり派手であったりする程度だ。彼らが示す答え自体は、必ずしもそれほど珍しいものであるわけではない。ラヴェイが展開したような、より成熟した彼らの表現には、ある程度の創造性が見られる。しかし筆者個人としては、現代のサタニズムが提示した極端な個人主義的な答えを是とすることが、本当にわれわれの世界をさらに快適な場所にすることになるのかという点で疑問を感じる。現代宗教的サタニズムは、伝統的にサタニズムに帰せられてきた「言語を絶する行為」とはかけ離れており、犯罪的な意味で危険なのは例外的な事例に限られているが、たとえば、ラヴェイのサタニズムが社会の支配的な意見となった場合、それは社会にとってよいことなのかどうかは疑わしい。ラヴェイの宗教思想は間違いなく、相応の正当な論理と純粋な知恵をもたらしている。しかし、それが最も価値を持つのは、ラヴェイ自身が示唆したように、古い価値観を修正するものとしてであって、新たな、そしてより健全と期待される倫理的・社会的な体系を築くための本質的に堅固な基盤としてではないのかもしれない。

　ラヴェイの宗教思想が「他者性」を重視していることを踏まえると皮肉に聞こえるかもしれないが、現代サタニズムの多くに最も欠けているのは、他者のための真の居場所なのかもしれない。筆者が言わんとしているのは、利他主義が欠けているということではない。利他主義はラヴェイたちによって不当とは言い切れない批判を受けていた。また、現代サタニズムには伝統的な意味での社会問題を扱う場所が少ないということでもない。そうではなく、神学的・哲学的意味での他者のための場所がないのだ。ラヴェイが非人道的な行為の支持者でないことは確かであり、彼のサタニズムの実践的な規範は、人間の扱いに対する十分な良識があること、そして人間の「奇妙な」逸脱した側面に対する大きな共感があることを証明している。けれども、より基本的なレベルでは、ほとんどの現代サタニズムにおいて、自分と顔を合わせるリアルな他人が果たす現実的な役割は存在しない。「他者」と徹底的に同一化することで、サタニストはその場所を奪って自らのものとしたのだろう。すべては自分が、他者であること、他者になること、他者性を育むことを中心に回り、自己と対峙する実在の他者――ほかの存在、ほかの人間――の立場はほとんど無視されている。だが、人生の経験は、いかなる形であれ、本質的には他者との出会いの経験であるかもしれない。そして、いかなる方法であれ、他者を認め、他者にその他者の場所を譲ることによってのみ、人間社会や人間共同体が可能となる。

　歴史は、社会全体を支配する宗教的あるいはイデオロギー的な体制はどれも、いつかは（そしてほとんどは早いうちに）不寛容と搾取の体制に変化してしまうことを示している。これまで、サタニズムはこの点で失敗の恩恵を受けてきており、西洋社会で支配的な地位を得ることはまったくありそうにない。実践される宗教としては、サタニズムは極めて周辺的であり続け、文化的な力としても、その影響はごくわずかである。ラヴェイは現代の宗教的サタニズムの歴史において突出した存在であったにもかかわらず、彼が広範な社会に及ぼした影響はおそらく、サタンの代弁者としての初期の露出と、『サタンの聖書』の著者としてのメディア的なイメージに限られていた。『サタンの聖書』は謄写版印刷された会員向けの小冊子を急いで編集したもので、オカルティズム、合理主義、ロマン主義、反キリスト教、社会進化論からなる、混乱はしているが潜在的に破壊的な混合物を多くの家々の玄関先にもたらした。

歴史的に見れば、サタンは一九世紀にはるかに重要な役割を果たしたと論じることもできる。古の神々を棄て、永続的な宗教的迷いの状態に入ることを自発的に決めた一九世紀という時代独自の文明の冒険の中で、サタンは微小ながらも魅力的な役割を担っていた。この時期、サタンは少数ではあるが影響力のある文化的エリートの層によって抑圧と搾取に対する闘争の中で起用され、そして、自分たちが好きな対象を好きなように崇拝する自由、自分たちが好きな対象を好きなように愛する自由、自分たちのことを好きなように表現し、自分たちの好きなように生きる自由などの価値観を象徴する英雄として称えられた。こうした価値観によって今ある西洋社会が形づくられ、それは良くも悪くも、かつてないほどの自由の場となっている。その点で、われわれはある意味においてみな、ルシファーの子どもたちなのである。

解説

藤原聖子

本書『悪魔崇拝とは何か——古代から現代まで』はRuben van Luijk, *Children of Lucifer: The Origins of Modern Religious Satanism*, Oxford U.P., 2016（『ルシファーの子どもたち——現代悪魔崇拝の起源』）のうち、序論の先行研究に関する部分数ページを除く全訳である。出版コストの面から原注は割愛せざるを得なかった。タイトルを見て、本書を悪魔崇拝への指南書だと受け取った人もいるかもしれないが、これは宗教学者による研究書である。著者ルーベン・ファン・ラウク氏がオランダのティルブルフ大学に提出した博士論文がもとになっている。ファン・ラウク氏はオランダ・ロッテルダム生まれで、現在は方々を旅しながら、地獄の歴史について研究している。多芸で、写真家、翻訳家、小説家、芸術家でもある。ちなみに、この現況について本人に「さながら彷徨えるオランダ人ですね」とコメントしたところ、「まさに！」という返答があった。

原著はオックスフォード大学出版局の「西洋エソテリシズム研究」叢書に加えられており、二一世紀に入ってから欧米で活況を呈しているエソテリシズム研究——秘教と訳されるが、ヘルメス主義、占星術、錬金術、魔術、カバラ、心霊主義、神智学等の研究——の流れに棹さすものである。本書を初めて読んだ時の解説者の感想は、「ファン・ラウクはミルチャ・エリアーデの最良の継承者かもしれない」というものだった。エリアーデは一二歳の時に書いた最初の小説「私はいかにして賢者の石を発見したのか」以来、エソテリシズムの研究に傾倒し、摩訶不思議な世界への水先案内人として二〇世紀を代表する宗教学者になった。しかし、エリアーデに対する評価は現在に至るまで分かれている。批判の主なものは、歴史資料の文脈を無視して自分の好きなように解釈している、聖なるもの（神）の実在を前提とした、宗教家風の書きぶりになっているというものである。それに対して本書は、エソテリシズムやオカルトという怪しくも魅惑的な対象を、膨大な資料をもとに細かく記述するだけでなく、それぞれの歴史的文脈をしっかりと押さえている。また、著者自身が神や悪魔の実在を前提にしたような個所は一か所たりともない。つまり、エリアーデの魅力と実証的な歴史学の方法を両立させている。

同時に、エソテリシズムの中でもサタニズム（悪魔崇拝）を主題とした本書は、社会的な意義も高い。というのも、Qアノン陰謀論についての報道が始まった二〇二〇年ごろから、日本でも「悪魔崇拝」という言葉をときどき耳にするようになったが、実際のところ、それは何を指すのかは自明ではないからだ。インターネットの情報では何が正しく何が誤りなのかを見分けることは難しい。本書は、二〇一七年にアメリカ宗教学会（American Academy of Religion）の学会賞を受賞しており、内容が信頼に足るだけでなく、通説をバッサリと切り、サタニズムの歴史について専門家の認識すらも一新したという画期的な書である。これはぜひ、日本でも多くの人が参照できるようにすべきではないかと考えたことから、この度の翻訳に至った。

内容は、西洋におけるサタニズムの包括的な歴史である。その包括性には二つの面がある。一つは、古代から現在に至る通史であること、もう一つは、サタニズムに関する事実と虚構の両方を対象にし、かつそれらの相互関係を明らかにしていることである。サタニズムの歴史に関してこれほどの網羅的な書は他にない。

本書が類書に優るもう一つの大きな特徴は、専門的な学術書であり、しかも大部でありながら、読み物としても成立していることである。読者をグイグイと引き込む推理小説的なところがある。この点はアメリカ宗教学会賞の授賞理由にも含まれており、英語を母語としないのにアメリカ人を唸らせるほどの〝読ませる〟本を書いたというのには驚く。とはいえ、なにぶん大著であるため、ワクワク感を楽しみたい読者には余計なことかもしれないが、理解促進のために以下に概要を記しておく。

通説に対して、本書が初めて明らかにしたこととは、二〇世紀に入るまでサタニズムというものは実際には存在しなかったこと、少なくとも「あった」ということを裏付ける証拠は一つもないことである。これは著者が大量の歴史資料を徹底的に調べた結果である。つまり、「あの人たちは悪魔を崇拝し、黒ミサをあげている」という噂はすべて、ユダヤ人やキリスト教の異端など、排除したい少数派に対する、事実無根の中傷だったのである。ところが二〇世紀になると、自ら「私たちは悪魔を崇拝している」と公言する悪魔教会が出現する。そのような実在のサタニズムは、熱狂的なカルト文化（ここでは「カルト・ムービー」という時の「カルト」の意）でありながら、悪魔の実在を、本当に信じているのかいないのかわかりにくい、人によっては自覚的な〝なんちゃって〟宗教だった。すなわち、逆説的にも、実在するサタニズムは、近代化によって人々が「世俗化」し、神も悪魔も恐れなくなった段階で初めて生まれたのである。

となると、かつては負のレッテルに過ぎなかったサタニズムに、積極的な意義を見出し、自らサタニストを名乗る人たちが現れるに至る、この大きな変化の転換点はどこにあったのかがポイントになる。本書の答えでは、それは一八世紀のロマン主義文学である。対抗文化的精神あふれる文学青年たちが、悪魔をダーク・ヒーロー化して描いた作品が、〝炎上〟して一気に広がった。社会背景としては、体制派であるキリスト教教会に対する批判を含む革命の機運があった。

本書はその後の二〇世紀までの展開についても、文学・フィクション上の悪魔・サタニズムに関するイマジネーションと、現実のサタニズム（という濡れ衣を着せあう）事件が交差する様子を描き出している。前者の文学・フィクション上の例としては、当時最もインパクトがあったユイスマンスの『彼方』、後者の例としてはルイ一四世宮廷毒殺事件からレオ・タクシルのパラディウム団事件まで大小の事例を扱っている。サタニズムという負のレッテルがユダヤ人差別・フリーメイソン陰謀説を増幅させたことや、フランスやイタリアのカトリック教会の権威やそのアイデンティティの揺らぎと関わっていたことが具体的にわかる個所である。なかでも、『彼方』については、ユイスマンスは実際に黒ミサを見てこれを書いたのかという、ユイスマンス・ファンやオカルト・ファンの往年の疑問にも答えを出している。その証明の過程では、当時の著名なオカルト実践者たちの攻防も描かれるほか、オカルトはサタニズムとは実は関係がなかったという、一般常識とは異なる事実についても、なぜそうだったのかを明快に説明している。

　二〇世紀の現実のサタニズムについては、アントン・ラヴェイのサタン教会を中心に、人・思想・組織・文化の面での広がりを余すところなく記している。一般に、オカルトを含むスピリチュアル文化（Zen、ヨガ、パワースポット、占い、霊との交信、前世信仰、菜食主義など）は、二〇世紀においては若者のヒッピー・ムーブメントに代表される、レフト系の対抗文化として興隆した。これに対してラヴェイのサタニズムは政治的には極右である。つまりこれまでの研究において見落とされてきた、右派系スピリチュアル文化の流れを示したのも本書の意義である。その果てにあるのが、現在の北欧のブラック・メタル文化の中の、排外的・白人ナショナリズム的サタニズムなのだ。

　その一方、他人を誹謗中傷するための「サタニズム」というレッテルも消えることはなかった。一九七〇年代末以降、アメリカでは右寄りのクリスチャンである福音派が台頭すると、このレッテルも復活した。それは実際にサタニズムを実践したラヴェイたちに向けられたのではなく、全く別の文脈においてだった。これが一九八〇年代から九〇年代にかけて全米を震撼させた「サタニズム・パニック」である。発端は、この時期、精神障害は虐待などの過去のトラウマから生まれるという学説に基づく回復療法が始まったことにある。それによって心理療法士が意図せずに偽りの記憶を患者に植えつける事態に至った。その偽りの記憶の中に、サタニズムのイメージがとり入れられ、一人の患者のケースをきっかけに、自分の親もサタニストで、幼少時の自分を儀式で虐待したと言い出し、裁判に訴える人が続出したのである。Qアノン陰謀説の中のサタニズム・イメージがこの系譜にあることは言うまでもない。

　以上の歴史を整理する上で、著者は「ラベリング（attribution）」「摂取（appropriation）」「同一化（identification）」というタームを使っている。「ラベリング」は他人に対してサタニストの濡れ衣を着せること。「摂取」は、ラベリングにより形成された架空のサタニズムの要素を（ロマン主義の文学青年のように）自ら取り込むこと。「同一化」は、摂取を続けてサタニストを自認するに至ることである。「同一化」は紛れやすいため、本文中では山括弧を付け〈同一化〉とした。

大部であるため、翻訳にあたっては読みやすさを重視した。そのために意訳した個所も多く、訳語にも工夫した。主なものでは、〝cosmos〟は辞書的訳では「宇宙」だが、宇宙空間を指すわけではないため「世界」とし、ルビをふった（そのルビも、英語読みの「コスモス」ではなくあえて、「コズモス」とした）。〝entity〟も、「実体」と訳すと特別な意味が込められるが、本書では、「存在」程度の一般的な意味合いであると判断した。〝agent〟〝agency〟は、本書では社会科学系のタームとしてではなく用いられていたため、文脈に応じて「力」などの語を当てた。また、悪魔を指す言葉については基本的に〝Satan〟を「サタン」、〝devil〟を「悪魔」、〝demon〟を「悪霊」と訳したが、文脈によってはどれも「悪魔」と訳した個所もある。

表紙にもなっている「悪の精霊 Le Génie du Mal」の像は、本文には記載がないものの、著者がロマン派のサタン像の典型例と捉え原著の表紙に採用した像である。ちなみに、原著の装丁に使われた像の写真は著者自身による撮影で、本書六九二頁左上はその写真を著者から直接提供いただいた。掲載するにあたり、原著の表紙について著者に問い合わせたところ、上記の理由のほか、自身の名字ファン・ラウク（van Luijk）が「リエージュ出身の」という意味で、遠い昔に先祖が住んでいた土地の大聖堂（St. Paul's Cathedral, Liège）にあるサタン像であることも教えてくれた。

翻訳にあたっては中央公論新社の郡司典夫さん、吉田大作さんに大変お世話になった。特に郡司さんと校正者の方は訳の一文一文を原文と照合してくださった。ここに厚く御礼申し上げたい。

*11　『彼方』の原題は*Là-Bas*であり、訳語としては「向こうに」、「あそこに」、「そちらに」、「あちらに」などがあるが、一方で「下方に」という意味もある。本書はもともと英語で執筆され、*Là-Bas*は英語では*Down There*と訳されている。意味としては、「下の方」のほか、「(性器を指して) あそこ」など、性器を指す婉曲表現も含まれる。

*12　一八三一年に主にアルジェリア人で編成されたフランスの歩兵。

*13　イタリア王国とローマ教皇庁とのあいだの政治的対立を指す。一八七〇年にイタリア王国はローマ教皇領を占領しイタリアの実質的な首都としたが、そのことで教皇領をすべて失った教皇ピウス九世は、自らヴァチカン幽囚の身となった。イタリア王国とヴァチカンの対立関係は、一九二九年にイタリア政府がラテラン条約をローマ教皇と結び、ヴァチカン市国の存在を認め、教皇をヴァチカン市国の完全な主権者と認めたことによって解決した。

*14　ローマ教皇庁の半公式の新聞。

*15　ウィッカ (Wicca) は「魔女」を意味するが、ウィッチ (witch) とは異なる。本書のキーワードを使えば、ウィッチはしばしば、「あの人は魔女だ」と告発するために用いられるラベリング。ウィッカは魔女へ同一化した現代の女性を指す。サタニズムと同様に、ウィッカも二〇世紀以降の近代的現象。キリスト教に対抗する、ヨーロッパの異教の信仰の復興として始まった。

*16　反ユダヤ主義。近代以前から存在するユダヤ人差別と異なるのは、ユダヤ教という宗教に対する差別以上に、セム族としてのユダヤ人という人種に対する差別であること。

*17　ドイツの民間伝承で、五月祭 (五月一日) の前夜をいう。この夜魔女たちの集会 (サバト) がブロッケン山で開かれ、魔王を囲んでの乱痴気騒ぎがくり広げられるとされる。

*18　1872年にアメリカで結成されたフリーメイソン系の友愛結社the Ancient Arabic Order of Nobles of the Mystic Shrineの会員。

訳　注

＊1　信仰によってのみ救済されるのだから、道徳律に拘泥してはならないとするプロテスタントの一つの立場。ただし、本文の文脈では道徳を一切守らない立場という程度の意味。

＊2　ルカによる福音書第一四章二三節に出てくる言葉。宴会に招かれた人々が当日になって次々と断ったため、怒った主人が下僕に町の貧しい人や体の不自由な人を宴会に連れてくるよう言い、それでも席が余っていたため、通りから「無理にでも人々を連れて来て、この家をいっぱいに」するように言いつけた、というたとえ話の一節。

＊3　聖餐に関するローマ・カトリック教会の正統教義。ミサにおいて、パンと葡萄酒が、その実体においては完全にキリストの肉と血に変化するという信仰。

＊4　カトリックにおいて、聖体を聖別するとは、ミサに使うパンが、儀式によってキリストの体に変わるということ。「聖変化」も同意。そのように聖別されたパンを冒瀆することは、キリストを冒瀆することになる。

＊5　紀元前四八〇年、テルモピュライの戦で、スパルタ王レオニダス率いるギリシア軍が優勢なペルシア軍に立ち向かい善戦した。

＊6　キリスト教神学の用語で、〈キリストの敵〉を意味する。世界終末のキリストの再臨前に出現して教会を迫害したり世を惑わす偽預言者、異端、悪魔などをいう。

＊7　現在広く知られるバフォメットの姿は、19世紀にエリファス・レヴィが描いたものが基となっており、その描写によれば、頭部と足脚は黒山羊、体と腕は人間であり、両性具有の体に翼が生えた姿をし、額には五芒星が、頭頂部には松明が描かれている。

＊8　ルイ一七世（ルイ一六世の息子）が実は生き延びていたとする生存説を背景に、ドイツの時計工だったカール・ヴィルヘルム・ナウンドルフという人物が自らをルイ一七世だと主張したことに端を発する運動。彼は王政復古期および七月王政期を通じてこの主張を行った。

＊9　本名をポール・ラクロワ（一八〇六〜一八八四）と言い、フランスの作家・文筆家であり、書物収集家としても有名だった。生き字引のような人物で、パリの博識な人々から頼られる存在だった。

＊10　ネオペイガニズムは、キリスト教到来以前にあった古いヨーロッパの信仰を復興させようとする運動。自然崇拝や多神教であることが特徴で、スピリチュアリティ運動やニューエイジ運動と結びつけて実践する人も多い。前出のウィッカもこの一つ。

Praxis 1884–1945. 2 vols. Göttingen: Vandenhoeck and Ruprecht, 2007.
Zayed, Fernande, *Huysmans: Peintre de son époque*. Paris: Nizet, 1973.
Zech, Kerstin, "Heidenvorstellung und Heidendarstellung: Begrifflichkeit und ihre Deutung im Kontext von Bedas *Historia Ecclesiastica*." In *Die wahrnehmung anderer Religionen im früheren Mittelalter: Terminologische Probleme und methodische Ansätze*, edited by Anna Aurast and Hans-Werner Goetz, 15–45. Hamburger geistwissenschaftliche Studien zu Religion und Gesellschaft no. 1. Berlin: Lit Verlag, 2012.
Zerner, Monique (ed.), *Inventer l'hérésie? Discours polémiques et pouvoirs avant l'Inquisition*. Nice: Z'éditions, 1998.
Zumthor, Paul, *Victor Hugo, poète de Satan*. Paris: Robert Laffont, 1946.

■ 定期刊行物類

Annales de la Sainteté au XIXe siècle. Paris: Au Bureau des Annales de la Sainteté au XIXe siècle, 1873–1875.
L'Assiette au beurre 141 (12 December 1903) — *messes noires*.
La Croix du Dauphiné 3 (1895).
La Flèche. Organe de action magique 1–5 (1930–1935).
L'Écho de Paris 8–10 (1891–1893).
L'Écho de Rome. Organe de la défense du Saint-Siège 27 (1894).
Le Nouveau Moniteur de Rome 1 (1894).
La Petite Guerre. Organe populaire de la lutte contre la Franc-Maçonnerie 1–2 (1887–1889).
Revue Bénédictine 13 (1896).
Revue mensuelle religieuse, politique, scientifique: Complément de la publication Le Diable au XIXe Siècle 1–3 (1894–1896).

Wilder, Eleanor, *Gathering the Winds: Visionary Imagination and Radical Transformation of Self and Society*. Baltimore, MD: Johns Hopkins University Press, 1975.

Wilson, A. N., *God's Funeral: The Decline of Faith in Western Civilization*. London: John Murray, 1999.

Wilson, Leslie A.,"Dichter-Priester.Bestandteil der Romantik."*Colloquia Germanica: Internationale Zeitschrift für germanische Sprach- und Literaturwissenschaft* (1968): 127–136.

Wippermann, Wolfgang, *Agenten des Bösen: Verschwörungstheorien von Luther bis heute*. Berlin-Brandenburg: be.bra verlag, 2007.

Wirth, Oswald, *Stanislas de Guaita: Souvenirs de son Secrétaire*. Paris: Éditions du Symbolisme, 1935.

Witte, Els, "Pierre-Théodore Verhaegen et la franc-maçonnerie." In *Pierre-Théodore Verhaegen: l'homme, sa vie, sa légende. Bicentaire d'une naissance*, edited by Jean Stengers, 47–60. Bruxelles: Université Libre de Bruxelles, 1996.

Wolf, Ole, "The Culture Cult." In *Contemporary Religious Satanism: A Critical Anthology*, edited by Jesper Aagaard Petersen, 259–265. Farnham, UK: Ashgate, 2009.

Wolfe, Burton H., *The Black Pope: The Authentic Biography of Anton Szandor LaVey*. s.l.: s.n,. 2008 [e-book published by the author].

Wood, Juliette, "The Reality of Witch Cults Reasserted: Fertility and Satanism." In *Palgrave Advances in Witchcraft Historiography*, edited by Jonathan Barry and Owen Davies, 69–89. Houndmills: Palgrave Macmillan, 2007.

Worsley, Peter, *The Trumpet Shall Sound: A Study of the "Cargo" Cults in Melanesia*. New York: Schocken, 1968.〔ピーター・ワースレイ『千年王国と未開社会――メラネシアのカーゴ・カルト運動』吉田正紀訳、紀伊國屋書店、1981年〕

Wright, Lawrence, *In de ban van Satan: Over ritueel seksueel misbruik en de mysteries van het geheugen*. Translated by Nicky de Swaan. Amsterdam: L. J. Veen, 1994.

———, *Saints and Sinners*. New York: Vintage, 1995.

Wurmbrand, Richard, *Was Karl Marx a Satanist?* s.l.: Diane Books, 1979.

Wuthnow, Robert, *The Restructuring of American Religion: Society and Faith Since World War II*. Princeton, NJ: Princeton University Press, 1988.

Wyllie, Timothy, *Love, Sex, Fear, Death: The Inside Story of the Process Church of the Final Judgment*. Edited by Adam Parfrey. Port Townsend, WA: Feral House, 2009.

X***, Abbé, *La Messe d'amour: Scènes de la vie religieuse*. Paris: E. Dentu, 1889.

Young, Julian, *Friedrich Nietzsche: A Philosophical Biography*. New York: Cambridge University Press, 2010.

Young, Mary de, "Breeders for Satan: Toward a Sociology of Sexual Trauma." *Journal of American Culture* 19 (1996) 2:111–117.

York, Michael, "Le neo-paganisme et les objections du wiccan au satanisme." In *Le Défi Magique II: Satanisme, sorcellerie*, edited by Jean-Baptiste Martin and Massimo Introvigne, 174–182. Lyon: Presses Universitaires de Lyon, 1994.

Zacharias, Gerhard, *Satanskult und Schwarze Messe: Die Nachtseite des Christentums. Ein Beitrag zur Phänomenologie der Religion*. München: F.A. Herbig, 1990.

Zander, Helmut, *Anthroposophie in Deutschland: Theosophische Weltanschauung und gesellschaftliche*

Waardt, Hans de, "Met bloed ondertekend." *Sociologische Gids* 36 (1989): 224–244, 288–289.

Waite, Arthur Edward, *Devil-Worship in France, or the Question of Lucifer: A Record of Things Seen and Heard in the Secret Societies according to the Evidence of Initiates*. London: George Redway, 1896.

Waite, Gary K., *Eradicating the Devil's Minions: Anabaptists and Witches in Reformation Europe, 1525–1600*. Toronto: University of Toronto Press, 2007.

Walker, D. P., *Spiritual and Demonic Magic from Ficino to Campanella*. London: Warburg Institute, 1958.〔ダニエル・P・ウォーカー『ルネサンスの魔術思想』田口清一訳、筑摩学芸文庫、2004年〕

Wardinski, Nathan, "The Satanic Politic." In *Contemporary Religious Satanism: A Critical Anthology*, edited by Jesper Aagaard Petersen, 255–258. Farnham, UK: Ashgate, 2009.

Warner, Sylvia Townsend, *Lolly Willowes or the Loving Huntsman*. 1926. Reprint, London: Women's Press, 1978.

Washton Long, Rose Carol, *Kandinsky: The Development of an Abstract Style*. Oxford: Clarendon, 1980.

Watson, Nicholas, "John the Monk's *Book of Visions of The Blessed and Undefiled Virgin Mary, Mother of God*: Two Versions of a Newly Discovered Ritual Magic Text." In *Conjuring Spirits: Texts and Traditions of Medieval Ritual Magic*, edited by Claire Fanger, 163–215. Magic in History, no. 4. Thrupp: Sutton, 1998.

Webb, James, *The Occult Underground*. La Salle, IL: Open Court, 1974.

Weber, Eugen, *Action Française: Royalism and Reaction in Twentieth Century France*. Stanford, CA: Stanford University Press, 1962.

———, *Fin de siècle: La France à la fin du XIXe siècle*. Translated by Philippe Delamare. Paris: Fayard, 1986.

———, *Satan franc-maçon: La mystification de Léo Taxil*. Paris: Julliard, 1964.

Weber, Max, *Wissenschaft als Beruf*. München: Duncker and Humblot, 1919.〔マックス・ウェーバー『職業としての学問』尾高邦雄訳、岩波書店、1982年〕

Wellek, René, "The Concept of 'Romanticism' in Literary History." *Comparative Literature* 1 (1949) 1:1–23, 2:147–172.

Wenisch, Bernhard, *Satanismus: Schwarze Messen—Dämonenglaube—Hexenkulte*. Mainz: Matthias-Grünewald-Verlag, 1988.

Wheatley, Dennis, *The Devil and All His Works*. London: Book Club Associates, 1977.

———, *The Devil Rides Out*. London: Reed International Books, 1996.〔デニス・ホイートリ『黒魔団』平井呈一訳、国書刊行会、1976年〕

———, "Letter to Posterity." http://www.bbc.co.uk/bbcfour/documentaries/features/wheat-ley_letter.pdf, accessed 4 April 2011.

———, *The Satanist*. London: Arrow, 1975.

———, *To the Devil a Daughter*. Ware: Wordsworth, 2007.

Whitehead, Harriet, "Reasonably Fantastic: Some Perspectives on Scientology, Science Fiction, and Occultism." In *Religious Movements in Contemporary America*, edited by Irving I. Zaretsky and Mark P. Leone, 547–587. Princeton, NJ: Princeton University Press, 1974.

Librairie Antimaçonnique, 1895–1897.

——— (Jeanne-Marie-Raphaëlle), *La Neuvaine Eucharistique pour réparer*. Paris: Librairie Antimaçonnique, [1895].

———, *Le 33e:. Crispi: Un Palladiste Homme d'état démasqué. Histoire documentée du héros depuis sa naissance jusqu'à sa deuxième mort (1819–1896)*. Paris: Librairie Antimaçonnique, [1896].

Velde, H. te, *Seth, God of Confusion: A Study of His Role in Egyptian Mythology and Religion*. Probleme der Ägyptologie, no. 6. Leiden: E. J. Brill, 1977.

Viaene, Vincent, "A Brilliant Failure. Wladimir Czaki, the Legacy of the Geneva Committee and the Origins of Vatican Press Policy from Pius IX to Leo XIII." In *The Black International/ L'International noire 1870–1878*, edited by Emiel Lamberts, 230–255. Leuven: Leuven University Press, 2002.

———, "The Roman Question. Catholic Mobilisation and Papal Diplomacy during the Pontificate of Pius IX (1846–1878)." In *The Black International/L'International noire 1870-1878*, edited by Emiel Lamberts, 135–177. Leuven: Leuven University Press, 2002.

———, " 'Wagging the dog'. An Introduction to Vatican Press Policy in an Age of Democracy and Imperialism." In *The Papacy and the New World Order. Vatican Diplomacy, Catholic Opinion and International Politics at the Time of Leo XIII, 1878–1903 = La Papauté et le nouvel ordre mondial. Diplomatie vaticane, opinion catholique et politique internationale au temps de Léo XIII*, edited by Vincent Viaene, 323–348. Bruxelles: Institut Historique Belge de Rome/Belgisch Historisch Instituut te Rome, 2005.

Viatte, Auguste, *Victor Hugo et les Illuminés de son temps*. Montréal: Les Éditions de l'Arbre, 1942.

Victor, Jeffrey S., "The Dynamics of Rumor-Panics about Satanic Cults." In *The Satanism Scare*, edited by James T. Richardson, Joel Best, and David G. Bromley, 221–236. New York: Aldine de Gruyter, 1991.

———, *Satanic Panic: The Creation of a Contemporary Legend*. Chicago: Open Court, 1993.

Vigny, A. de, *Œuvres Complètes*. Edited by F. Baldensperger. 2 vols. Paris: Librairie Gallimard, 1950.

Villeneuve, Rolland, *Le Diable dans l'Art: Essai d'iconographie comparée à propos des rapports entre l'Art et le Satanisme*. Paris: Éditions Denoël, 1957.

Vinchon, Jean, "Guillaume Apollinaire et Berthe Courrière, inspiratrice de 'Là-Bas.' " *Les Cahiers de la Tour Saint-Jacques* 8 (1963): 162–165.

Volney, C.-F., *Les Ruines*. 1822. Reprint, edited by Jean Tulard. Paris: Slatkine, 1979.

Voltaire, *Essai sur les mœurs et l'esprit des nations et sur les principaux faits de l'histoire depuis Charlemagne jusquà Louis XIII*. 2 vols. Paris: Éditions Garnier Frères, 1963.

Vondel, Joost van den, *Lucifer: Treurspel*. Edited by W. J. M. A. Asselbergs. Zwolle: Tjeenk Willink, 1954.

Vos, Nienke, "The Saint as Icon: Transformation of Biblical Imagery in Early Medieval Hagiography." In *Iconoclasm and Iconoclash: Struggle for Religious Identity*, edited by Willem van Asselt, Paul van Geest, and others, 201–216. Leiden: Brill, 2007.

Waal, Frans de, *Primates and Philosophers: How Morality Evolved*. Princeton, NJ: Princeton University Press, 2006.

Thomas, Marcel, "Un aventurier de la mystique: L'abbé Boullan." *Les Cahiers de la Tour Saint-Jacques* 8 (1963): 116–161.

Thorey, M. J. C., *Rapports merveilleux de Mme Cantianille B . . . avec le monde surnaturel.* 2 vols. Paris: Louis Hervé, 1866.

Thorndike, Lynn, *A History of Magic and Experimental Science during the First Thirteen Centuries of Our Era.* 1923. Reprint, New York: Columbia University Press, 1964.

Todd, Janet, *Death and the Maidens: Fanny Wollstonecraft and the Shelley Circle.* London: Profile, 2007.〔ジャネット・トッド『死と乙女たち――ファニー・ウルストンクラフトとシェリー・サークル』平倉菜摘子訳、音羽書房鶴見書店、2016年〕

Tuczay, Christa, "The Nineteenth Century: Medievalism and Witchcraft." In *Palgrave Advances in Witchcraft Historiography*, edited by Jonathan Barry and Owen Davies, 52–68. Houndmills: Palgrave Macmillan, 2007.

Trachtenberg, Joshua, *The Devil and the Jews: The Medieval Conception of the Jew and Its Relation to Modern Anti-Semitism.* Philadelphia: Jewish Publication Society of America, 1961.

Trevor-Roper, H. R., *The European Witch-Craze of the Sixteenth and Seventeenth Centuries and Other Essays.* New York: Harper and Row, 1969.

Tristan, Flora, and Constant, A., *L'Émancipation de la Femme, ou le testament de la paria.* Paris: Bureau de la direction de *La Vérité*, 1846.

Truzzi, Marcello, "Towards a Sociology of the Occult. Notes on Modern Witchcraft." In *Religious Movements in Contemporary America*, edited by Irving I. Zaretsky and Mark P. Leone, 628–645. Princeton, N.J.: Princeton University Press, 1974.

Union Antimaçonnique Universelle, *Actes du Ire Congrès antimaçonnique international, XXVI- XXX Septembre M DCCC XCVI, Trente.* 2 vols. Tournai: Desclée, Lefebvre, 1897.

Urban, Hugh B., "Magia Sexualis: Sex, Secrecy, and Liberation in Modern Western Esotericism." *Journal of the American Academy of Religion* 72 (September 2004) 3:695–731.

———, "The Occult Roots of Scientology? L. Ron Hubbard, Aleister Crowley, and the Origins of a Controversial New Religion." In *Aleister Crowley and Western Esotericism*, edited by Henrik Bogdan and Martin P. Starr, 335–367. New York: Oxford University Press, 2012.

Valente, Michaela, "Witchcraft (15th–17th centuries)." In *Dictionary of Gnosis and Western Esotericism*, edited by Wouter J. Hanegraaff, 2:1174–1177. 2 vols. Leiden: Brill, 2005.

Van Gehuchten, François, *Bokkenrijders: Late heksenprocessen in Limburg. Het proces van vier bokkenrijdersgroepen in Limburg* (1773–1795). s.l.: s.i., 2002.

Varma, Devendra P., "Montague Summers: A Gothic Tribute." In *Montague Summers: A Bibliographical Portrait*, edited by Frederick S. Frank, 24–34. The Great Bibliographers Series, no. 7. Metuchen, NJ: Scarecrow, 1988.

Vaughan, Diana, *La restauration du paganisme: Transition décrétée par le Sanctum Regnum pour préparer l' établissement du culte public de Lucifer. Les hymnes liturgiques de Pike. Rituel du néo-paganisme.* Paris: Librairie Antimaçonnique, [1896].

———, *Le Palladium régénéré et libre. Lien des groupes lucifériens indépendants.* Paris: Bureau Central de la Propaganda Palladiste Indépendante, 1895.

——— (Jeanne-Marie-Raphaëlle), *Mémoires d'une ex-Palladiste Parfaite Initiée, Indépendante.* Paris:

Summers, Montague, *Antinous and Other Poems*. London: Cecil Woolf, 1995.
———, *The Galanty Show: An Autobiography*. London: Cecil Woolf, 1980.
———, *The Geography of Witchcraft*. Evanston: University Books, 1958.
———, *A Popular History of Witchcraft*. London: Kegan Paul, Trench, Trubner, 1937.
———, *Witchcraft and Black Magic*. London: Rider, [1945].
Suster, Gerald, *The Hell-Fire Friars: Sex, Politics and Religion*. London: Robson, 2000.
Swinburne, Algernon Charles, *The Poems of Algernon Charles Swinburne*. 6 vols. London: Chatto, 1904.
Symonds, John, *The King of the Shadow Realm. Aleister Crowley: His Life and Magic*. London: Duckworth, 1989.
Taussig, Michael T., *The Devil and Commodity Fetishism in South America*. Chapel Hill: University of North Carolina Press, 1984.
Taxil, Léo, *À bas la calotte!* Paris: Strauss, 1879.
———, *Confessions d'un ex-libre-penseur*. Paris: Letouzey and Ané, [1887].
———, *Le Culte du Grand Architecte*. Paris: Letouzey and Ané, [1886].
———, *Les amours secrètes de Pie IX, par un ancien camérier du Pape*. Paris: Librairie Anti- Cléricale/ Librairie Populaire, [1881].
———, *Les Frères Trois-Points*. 2 vols. Paris: Letouzey and Ané, [1885].
———, *Les mystères de la Franc-Maçonnerie dévoilés*. Paris: Letouzey and Ané, [1887]
———, *Les sœurs maçonnes: La Franc-Maçonnerie des dames et ses mystères*. Paris: Letouzey and Ané, [1886].
———, *Pie IX devant l'histoire: Sa vie politique et pontificale, ses débauches, ses folies, ses crimes*. 3 vols. Paris: Librairie Anti-Cléricale, [1883].
———, *Pie IX franc-maçon?* Paris: Téqui, 1892.
———, *Y a-t-il des Femmes dans la Franc-Maçonnerie?* Paris: Delhomme and Briguet s.a.
Taxil, Léo, and Tony Gall, *Les admirateurs de la lune à l'Orient de Marseille: Histoire Amusante d'une Loge de Francs-Maçons*. Paris: Agence Centrale des Bons Livres, s.a.
Taylor, Charles, *A Secular Age*. Cambridge, MA: Belknap Press of Harvard University Press, 2007. 〔チャールズ・テイラー『世俗の時代（上／下）』木部尚志、山岡龍一、遠藤知子、石川涼子、梅川佳子、高田宏史、坪光生雄訳、千葉眞監訳、名古屋大学出版会、2020年〕
Tertullian, *Apology. De Spectaculis*. Translated by T. R. Glover. 1933. Reprint, London: William Heinemann, 1960.
Theißen, Gerd, "Monotheismus und Teufelsglaube: Entshehung und Psychologie des biblischen Satansmythos." In *Demons and the Devil in Ancient and Medieval Christianity*, edited by Nienke Vos and Willemien Otten, 37–69. Supplements to Vigiliae Christianae: Texts and Studies of Early Christian Life and Language, no. 108. Leiden: Brill, 2011.
Thérèse de L'Enfant-Jésus et de la Sainte-Face, Sainte, *Œuvres complètes (Textes et derniers paroles)*. Paris: Éditions du Cerf/Desclée De Brouwer, 2004.
Thiele, Rita, *Satanismus als Zeitkritik bei Joris-Karl Huysmans*. Frankfurt am Main: Verlag Peter D. Lang, 1979.

1964.
———, *Shelley's "Devils" Notebook: Bodleian MS. Shelley adds. E.9. A Facsimile Edition with Full Transcription and Textual Notes*. Edited by P .M. S. Dawson and Timothy Webb. New York: Garland, 1993.
———, *Shelley's "Prometheus Unbound": The Text and the Drafts*. New Haven, CT: Yale University Press, 1968.〔同『鎖を解かれたプロメテウス』石川重俊訳、岩波文庫、2003年〕
Siefener, Michael, "Der Teufel als Vertragspartner." *@KIH-eSkript: Interdisziplinäre Hexenforschung online* 3 (2011) 1:61–68, at https://www.historicum.net/themen/hexenfor-schung/akih-eskript/heft-3-2011/artikel/Der_Teufel_als_Vertragspartner/(accessed 14 January 2012).
Sieg, George, "Angular Momentum: From Traditional to Progressive Satanism in the Order of the Nine Angles." 2009 conference paper, at http://www.ntnu.no/c/document_library/get_file?uuid=a82 7e3e1-3b8e-447a-b641-7d5285eb96f1&groupId=10244 (accessed 14 May 2013).
Smoczynski, Rafal, "Cyber-Satanism and Imagined Satanism: Dark Symptoms of Late Modernity." In *Contemporary Religious Satanism: A Critical Anthology*, edited by Jesper Aagaard Petersen, 141–153. Farnham, UK: Ashgate, 2009.
———, "The Making of Satanic Collective Identities in Poland: From Mechanic to Organic Solidarity." In *The Devil's Party: Satanism in Modernity*, edited by Per Faxneld and Jesper Petersen, 189–203. Oxford: Oxford University Press, 2012.
Snijders, Armand, "Leve satan, God is een slappeling." *Dagblad De Pers* (18 October 2007): 12.
Somerset, Anne, *The Affair of the Poisons: Murder, Infanticide and Satanism at the Court of Louis XIV*. London: Weidenfeld and Nicolson, 2003.
Southey, Robert, *A Vision of Judgement*. London: Longman, Hurst, Rees, Orme and Brown, 1821.
Søderlind, Didrik, and Asbjørn Dyrendal, "Social Democratic Satanism? Some Examples of Satanism in Scandinavia." In *Contemporary Religious Satanism: A Critical Anthology*, edited by Jesper Aagaard Petersen, 153–170. Farnham, UK: Ashgate, 2009.
Sperlinger, S. D., "Belial." In *Dictionary of Deities and Demons in the Bible*, edited by Karel van der Toorn, Bob Becking, and Pieter W. van der Horst, 169–171. Leiden: Brill, 1999.
Starkie, Enid, *Petrus Borel, the Lycanthrope: His Life and Times*. New York: New Directions, 1954.
Steiger, Brad, *Sex and Satanism*. New York: Ace, 1969.
Steiner, Rudolf, *Christus in verhouding tot Lucifer en Ahriman: De drievoudige gestalte*. Translated by J. Stolk-van Greuninge. Driebergen: Zevenster. 1986.
Steinmetz, Jean-Luc, *Pétrus Borel. Vocation: Poète maudit*. [Paris]: Librairie Arthème Fayard, 2002.
Stevenson, David, *The Origins of Freemasonry: Scotland's Century, 1590-1710*. Cambridge: Cambridge University Press, 1988.
Stoecklin, E., *Instructions au 18me grade*. Fribourg: Souv:. Chapitre L'Amitié de Lausanne, 1882.
Stronks, G., "The Significance of Bathasar Bekker's The Enchanted World." In *Witchcraft in the Netherlands from the Fourteenth to the Twentieth Century*, edited by M. Gijswijt-Hofstra and W. Frijhoff, 149–156. Rotterdam: Universitaire Pers, 1991.
Stuckrad, Kocku von, "Discursive Transfers and Reconfigurations: Tracing the Religious and the Esoteric in Secular Culture." In *Contemporary Esotericism*, edited by Egil Asprem and Kennet Granholm, 226–243. Sheffield, UK: Equinox, 2013.

Schnierer, Peter Paul, *Entdämonisierung und Verteufelung: Studien zur Darstellungs-und Funktionsgeschichte des Diabolischen in der englischen Literatur seit der Renaissance.* Tübingen: Max Niemeyer, 2005.

Schock, Peter A., *Romantic Satanism: Myth and the Historical Moment in Blake, Shelley, and Byron.* Houndmills: Palgrave Macmillan, 2003.

Schöne, Albrecht, *Götterzeichen, Liebeszauber, Satanskult: Neue Einblicke in alte Goethetexte.* München: C. H. Beck, 1982.

Schuré, Édouard, *Le théâtre de l' âme.* Paris: Perrin, 1900.

Scott, Gini Graham, *The Magicians: An Investigation of a Group Practicing Black Magic.* New York: ASJA, 2007.

Scrivener, Michael Henry, *Radical Shelley: The Philosophical Anarchism and Utopian Thought of Percy Bysshe Shelley.* Princeton, NJ: Princeton University Press, 1982.

Ségur, Louis Gaston Adrien de, *Les Francs-Maçons: ce qu' ils sont, ce qu' ils font, ce qu' ils veulent.* Paris, Tolra et Haton, 1867.

Senholt, Jacob C., "Radical Politics and Political Esotericism: The Adaptation of Esoteric Discourse within the Radical Right." In *Contemporary Esotericism*, edited by Egil Asprem and Kennet Granholm, 244–264. Sheffield, UK: Equinox, 2013.

———, "Secret Identities in the Sinister Tradition: Political Esotericism and the Convergence of Radical Islam, Satanism, and National Socialism." In *The Devil's Party: Satanism in Modernity*, edited by Per Faxneld and Jesper Petersen, 250–274. Oxford: Oxford University Press, 2012.

———, "The Sinister Tradition: Political Esotericism and the Convergence of Radical Islam, Satanism and National Socialism in the Order of the Nine Angles." 2009 conference paper, at http://www.scribd.com/doc/38118165/The-Sinister-Tradition (accessed 29 May 2013).

Sewell, Brocard, "The Reverend Montague Summers." In *Montague Summers: A Bibliographical Portrait*, edited by Frederick S. Frank, 3–23. The Great Bibliographers Series, no. 7. Metuchen, NJ: Scarecrow, 1988.

Sharrock, Robert, "Godwin on Milton's Satan." *Notes and Queries for Readers and Writers, Collectors and Librarians* 9 (December 1962) 12:463–465.

Sedgwick, Alexander, *The Ralliement in French Politics 1890–1898.* Cambridge, MA: Harvard University Press, 1965.

Shelley, Mary Wollstonecraft, *Frankenstein; or the Modern Prometheus.* 1912. Reprint, London: J. M. Dent and Sons, 1927.〔メアリー・シェリー『フランケンシュタイン』小林章夫訳、光文社、2010年〕

Shelley, Percy Bysshe, *The Complete Poetical Works of Percy Bysshe Shelley.* Edited by Neville Rogers. 4 vols. Oxford: Clarendon, 1972–1975.〔パーシー・シェリー『シェリー詩集』上田和夫訳、新潮文庫、1980年／『レイオンとシスナ　あるいは黄金都市革命——一九世紀の一幻影』原田博訳、音羽書房鶴見書店、2022年〕

———, *Essays and Letters by Percy Bysshe Shelley.* Edited by Ernest Rhys. London: Walter Scott, 1905.

———, *The Letters of Percy Bysshe Shelley.* Edited by Frederic L. Jones. 2 vols. Oxford: Clarendon,

——, *Lucifer: The Devil in the Middle Ages*. Ithaca, NY: Cornell University Press, 1984.〔同『ルシファー——中世の悪魔』野村美紀子訳、教文館、1989年〕

——, *Mephistopheles: The Devil in the Modern World*. Ithaca, NY: Cornell University Press, 1986.〔同『メフィストフェレス——近代世界の悪魔』野村美紀子訳、教文館、1991年〕

——, *The Prince of Darkness: Radical Evil and the Power of Good in History*. Ithaca, NY: Cornell University Press, 1988.〔同『悪魔の系譜』大瀧啓裕訳、青土社、2002年〕

Saget, Justin, "Notes pour servir à la Grande Histoire de la Vieille Dame." *Cahiers du Collège de Pataphysique* 5–6 (1952): 17–23.

Salemink, Theo, "Die zwei Gesichter des katholischen Antisemitismus in den Niederlanden: Das 19. Jahrhundert und die Zeit zwischen den Weltkriegen im Vergleich." In *Katholischer Antisemitismus im 19. Jarhhundert: Ursachen und Traditionen im Internationalen Vergleich*, edited by Olaf Blaschke and Aram Mattioli, 239–257. Zürich: Orell Füssli Verlag, 2000.

——, "Politischer Katholizismus in den Niederlanden." In *Die Rolle des politischen Katholizismus in Europa im 20. Jahrhundert: Band 1*, edited by Heiner Timmermann, 161–175. Münster: Lit Verlag, 2009.

Sand, George, *Consuelo. La Comtesse de Rudolfstad*. 3 vols. Paris: Éditions Garnier Frères, 1959.〔ジョルジュ・サンド『歌姫コンシュエロ——愛と冒険の旅（上／下)』持田明子／大野一道／原好男訳、藤原書店、2008年〕

Sande, Anton van de, "Antimaçonisme bij katholieken en protestanten." In *"Een stille leerschool van deugd en goede zeden": Vrijmetselarij in Nederland in de 18e en 19e eeuw*, edited by A. van de Sande and J. Roosendaal, 137–155. Hilversum: Uitgeverij Verloren, 1995.

——, "Freemasons against the Pope: The Role of Anti-masonry in the Ultramontane Propaganda in Rome, 1790–1900." In *The Power of Imagery: Essays on Rome, Italy and Imagination*, edited by Peter van Kessel, 212–230. Sant'Oreste: Apeiron Editore, 1993.

Sansweet, Stephen J., "Strange Doings. Americans Show Burst Of Interest in Witches, Other Occult Matters." *Wall Street Journal* (23 October 1969): 1, 32.

Sauvestre, Charles, *Les congrégations religieuses dévoilées*. Paris: E. Dentu, 1870.

Schaapman, Karina, *Zonder moeder*. Amsterdam: Muntinga Pockets, 2005.

Schäfer, Volker, "Tübinger Teufelspakte." In ". . *helfen zu graben den Brunnen des Lebens*": *Historische Jubiläumausstellung des Universitätsarchivs Tübingen*, edited by Uwe Jens Wandel, and others, 72–77. Tübingen: Universitätsbibliothek Tübingen, 1977.

Schaik-Willing, Jeanne van, *Dwaaltocht: Een stukje eigen leven*. 's Gravenhage: Nijgh and Van Ditmar, 1977.

Schiff, Gert, "Füssli, Luzifer und die Medusa." In *Johann Heinrich Füssli 1741–1825*, edited by Werner Hofmann, 9–22. München: Prestel-Verlag, 1974.

Schimmel, Annemarie, *Mystical Dimensions of Islam*. Chapel Hill: University of North Carolina Press, 1975.

Schipper, Bernd U., "From Milton to Modern Satanism: The History of the Devil and the Dynamics between Religion and Literature." *Journal of Religion in Europe* 3 (2010) 1:103–124.

Schmidt, Joachim, *Satanismus: Mythos und Wirklichkeit*. Marburg: Diagonal-Verlag, 1992.

Taxil: Recherches à ce sujet et réponse à M. Aug. Vacquerie, rédacteur du Rappel. Paris: Téqui, 1891.

Riley, G. J., "Demon." In *Dictionary of Deities and Demons in the Bible*, edited by Karel van der Toorn, Bob Becking, and Pieter W. van der Horst, 235–240. Leiden: Brill, 1999.

Ringvee, Ringo, "Satanism in Estonia." In *Contemporary Religious Satanism: A Critical Anthology*, edited by Jesper Aagaard Petersen, 129–140. Farnham, UK: Ashgate, 2009.

Rive, A. C. de la, *La Femme et l'Enfant dans la franc-maçonnerie universelle*. Paris: Delhomme and Briguet, 1894.

———, *Le Juif dans la Franc-Maçonnerie*. Paris: Librairie Antimaçonnique, 1895.

Roberts, J. M., *The Mythology of the Secret Societies*. London: Secker and Warburg, 1972.

Roberts, Susan, *Witches U.S.A.* New York: Dell, 1971.

Rogers, Matthew D., "Frenzies of the Beast: The Phaedran *Furores* in the Rites and Writings of Aleister Crowley." In *Aleister Crowley and Western Esotericism*, edited by Henrik Bogdan and Martin P. Starr, 209–225. New York: Oxford University Press, 2012.

Rolland, Paul-Antoine-Honoré, *Étude psychopathologique sur le Mysticisme de J.-K. Huysmans*. Nice: Imprimerie de l'Éclaireur de Nice, 1930.

Rollo, Ahmed, *The Black Art*. London: Jarrolds, 1968.

Rose, Elliot, *A Razor for a Goat: A Discussion of Certain Problems in the History of Witchcraft and Diabolism*. Toronto: University of Toronto Press, 1989.

Rosen, Paul, *L'Ennemie Sociale: Histoire documentée des faits et gestes de la Franc-Maçonnerie de 1717 à 1890 en France, en Belgique et en Italie*. Paris: Bloud and Barral, 1890.

———, *Satan et Cie: Association Universelle pour la destruction de l'ordre social. Révélations com- plètes et définitives de tous les secrets de la Franc-Maçonnerie*. Paris: Vve H. Caserman, 1888.

Rosweyde, Herbert (ed.), *Vitae Patrum: De Vita et Verbis Seniorvm sive Historiæ Eremiticæ Libri X. Avctoribus suis et Nitori pristino restituti, ac Notationibvs illustrati, Operâ et studio Heriberti Ros-Weydi Vltraiectini, e Soc. Iesu Theologi*. Antverpiæ: Ex officina Platiniana, 1628.

Rousse-Lacordaire, Jérôme, *Rome et les Franc-Maçons: Histoire d'un conflit*. Paris: Berg International Editeurs, 1996.

Rowe, Laurel, and Gray Cavender, "Caldrons Bubble, Satan's Trouble, but Witches Are Okay: Media Constructions of Satanism and Witchcraft." In *The Satanism Scare*, edited by James T. Richardson, Joel Best, and David G. Bromley, 263–275. New York: Aldine de Gruyter, 1991.

Rubellin, Michel, "Au temps où Valdès n'était pas hérétique: Hypothèse sur le rôle de Valdès à Lyon (1170–1183)." In *Inventer l'hérésie? Discours polémiques et pouvoirs avant l'Inquisition*, edited by Monique Zerner, 193–218. Nice: Z'édition, 1998.

Rubin, Miri, *Gentile Tales: The Narrative Assault on Late-Medieval Jews*. New Haven, CT: Yale University Press, 1999.

Rudwin, Maximilian, *Supernaturalism and Satanism in Chateaubriand*. Chicago: Open Court, 1922.

Russell, Jeffrey Burton, *The Devil: Perceptions of Evil from Antiquity to Primitive Christianity*. Ithaca, NY: Cornell University Press, 1977.〔ジェフリ・バートン・ラッセル『悪魔——古代から原始キリスト教まで』野村美紀子訳、教文館、1995年〕

Paderborn: Igel Verlag, 1994.
———, *Homo Sapiens (Über Bord. Unterwegs. Im Malstrom). Satans Kinder*. Studienausgabe Werke, Aufzeichnungen und ausgewählte Briefe, 8. Paderborn: Igel Verlag, 1993.

Puissant, Jean, "Démocratie, socialisme, anticléricalisme, et inversement." In *Aspects de l'anti-cléricalisme du moyen âge à nos jours*, edited by Jacques Marx, 135–147. Bruxelles: Éditions de l'Université de Bruxelles, 1988.

Python, Francis, "Diable, les Franc-Maçons sont de retour! 1877–1903." In *La Franc-maçonnerie à Fribourg et en Suisse du XVIIIe au XXe siècle*, edited by Yvonne Lehnherr, 153–175. Gèneve: Slatkine, 2001.

Rachilde, *Alfred Jarry ou le surmâle de lettres*. Paris: Bernard Grasset, 1928.〔ラシルド夫人『超男性ジャリ』宮川明子訳、作品社、1995年〕

Raine, Kathleen, *Blake and Tradition*. 2 vols. Princeton, NJ: Princeton University Press, 1968.

Rand, Ayn, *Atlas Shrugged*. New York: Penguin Putnam, 1992.〔アイン・ランド『肩をすくめるアトラス』脇坂あゆみ訳、ビジネス社、2004年〕

Rapisardi, Mario, *Lucifero: Poema*. Rome: Eduardo Perino, 1887.

Raschke, Carl A., *Painted Black: From Drug Killing to Heavy Metal-The Alarming True Story of How Satanism Is Terrorizing Our Communities*. San Francisco: Harper and Row, 1990.

Ratner, Lorman, *Antimasonry: The Crusade and the Party*. Englewood Cliffs, NJ: Prentice-Hall, 1969.

Ravaisson, François (ed.), *Archives de la Bastille*. 19 vols. Paris: A. Durand and Pedone-Lauriel, 1866–1904.

Règnier, Philippe, "Le chaudron idéologique de La Sorcière: féminisme, homéopathie et saint-simonisme." In *La Sorcière de Jules Michelet: L'envers de l'histoire*, edited by Paule Petitier, 127–148. Paris: Honoré Champion, 2004.

Rheinfelder, Hans, "Giosuè Carducci und sein Werk." In *Carducci. Discorsi nel Cinquantenario della morte*, 501–524. Bologna: Zanichelli, 1959.

Rhodes, Henry T. F., *The Satanic Mass: A Sociological and Crimonological Study*. London: Rider, 1955.

Richardson, James T., "Satanism in the Courts: From Murder to Heavy Metal." In *The Satanism Scare*, edited by James T. Richardson, Joel Best, and David G. Bromley, 205–217. New York: Aldine de Gruyter, 1991.

Richardson, James T., Joel Best and David G. Bromley (eds.), *The Satanism Scare*. New York: Aldine de Gruyter, 1991.

———, "Satanism as a Social Problem." In *The Satanism Scare*, edited by James T. Richardson, Joel Best, and David G. Bromley, 3–17. New York: Aldine de Gruyter, 1991.

Richardson, James T., Jenny Reichert, and Valery Lykes, "Satanism in America: An Update." *Social Compass* 56 (December 2009) 4:552–563.

Richmond, Keith, "Through the Witch's Looking Glass: The Magick of Aleister Crowley and the Witchcraft of Rosaleen Norton." In *Aleister Crowley and Western Esotericism*, edited by Henrik Bogdan and Martin P. Starr, 307–334. New York: Oxford University Press, 2012.

Ricoux, Adolphe, *L'existence des loges de femmes affirmée par Mgr Fava, évêque de Grenoble, et par Léo*

Divide, edited by S. Lewis and J. R. Lewis, 218–247. New York: Cambridge University Press, 2009.

———, " 'We demand bedrock knowledge': Modern Satanism between Secularized Esotericism and 'Esotericized' Secularism." In *Handbook of Religion and the Authority of Science*, edited by Olav Hammer and James R. Lewis, 67–114. Leiden: Brill, 2011.

Phayer, J. Michael, *Sexual Liberation and Religion in Nineteenth Century Europe*. London: Croom Helm, 1977.

Pike, Albert, *The Book of the Words*. Whitefish, MT: Kessinger, 1992.

———, "Hymns to the Gods." *Blackwood's Edinburgh Magazine* 45 (June 1839) 284:819–830.

———, *Morals and Dogma of the Ancient and Accepted Scottish Rite of Freemasonry, Prepared for the Supreme Council of the Thirty Third Degree for the Southern Jurisdiction of the United States*. Charleston, SC: s.i., A. M. 5632 [1871].

Piper, H. W., *The Active Universe: Pantheism and the Concept of Imagination in the English Romantic Poets*. London: Athlone, 1962.

Plard, Henri, "Anticlérical, anticléricalisme: évolution des ces termes." In *Aspects de l'anticléricalisme du moyen âge à nos jours*, edited by Jacques Marx, 15–22. Bruxelles: Éditions de l'Université de Bruxelles, 1988.

Pluquet, Marc, *La Sophiale: Maria de Naglowska, Sa vie, Son œuvre*. Paris: Ordo Templi Orientalis, 1993.

Pögeler, Otto, "Hegel und die Anfänge der Nihilismus-diskussion." *Man and World* 3 (September 1970) 3:163–199.

Poliakov, Léon, *Histoire de l'antisémitisme: Du Christ aux Juifs de cour*. Paris: Calmann-Lévy, 1955.〔レオン・ポリアコフ『反ユダヤ主義の歴史〈第１巻〉キリストから宮廷ユダヤ人まで』菅野賢治訳、筑摩書房、2005年〕

Poorthuis, Marcel, "Mani, Augustus en de Kabbala over eten en sex: een vergelijking." In *Augustinia Neerlandica: Aspecten van Augustinus' spiritualiteit en haar doorwerking*, edited by P. van Geest and J. van Oort, 55–71. Leuven: Peeters, 2005.

Praag, Marcus van, *Pantheïstisch pleidooi*. Weesp: s.i., 1976.

Praz, Mario, *The Romantic Agony*. Translated by Angus Davidson. Oxford: Oxford University Press, 1951.

Proudhon, Pierre-Joseph, *De la justice dans la Révolution et dans l'Église. Études de philosophie pratique*. 3 vols. Paris: Garnier Frères, 1858.

———, *De la justice dans la Révolution et dans l'Église: Études de philosophie pratique*. 2 vols. [Paris]: Fayard, 1988.

———, *Système des contradictions économiques, ou philosophie de la misère*. 2 vols. Paris: Guillaumin, 1846.〔ピエール＝ジョゼフ・プルードン『貧困の哲学（上／下）』斉藤悦則訳、平凡社、2014年〕

Przybyszewski, Stanislaw, *Die Synagoge Satans: Entstehung und Kult des Hexensabbats, des Satanismus und der Schwarzen Messe*. Berlin: Verlag Clemens Zerling, 1979.

———, *Ferne komm ich her...: Erinnerungen an Berlin und Krakau*. Translated by Roswitha Matwin-Buschmann. Studienausgabe Werke, Aufzeichnungen und ausgewählte Briefe, 7.

Pasi, Marco, *Aleister Crowley und die Versuchung der Politik*. Translated by Fredinand Leopold. Graz: Ares Verlag, 2006.

———, "Dieu du désir, dieu de la raison (Le Diable en Californie dans les années soixante)." In *Le Diable*, edited by Jean-Claude Aguerre, Jean Céard, Antoine Faivre, and others, 87–98. Paris: Éditions Dervy, 1998.

———, "Varieties of Magical Experience: Aleister Crowley's Views on Occult Practice." In *Aleister Crowley and Western Esotericism*, edited by Henrik Bogdan and Martin P. Starr, 53–87. New York: Oxford University Press, 2012.

Patschovsky, Alexander, "Der Ketzer als Teufelsdiener." In *Papsttum, Kirche und Recht im Mittelalter: Festschrift für Horst Fuhrmann zum 65. Geburtstag*, edited by Hubert Mordek, 317–334. Tübingen: Max Niemeyer Verlag, 1991.

———, "Zur Ketzerverfolgung Konrads von Marburg." *Deutsches Archiv für Erforschung des Mittelalters* 37 (1981): 641–693.

Peckham, Morse, "Toward a Theory of Romanticism." In *Romanticism: Points of View*, edited by Robert F. Gleckner and Gerald E. Enscoe, 231–257. Englewood Cliffs, NJ: Prentice-Hall, 1970.

Péladan, Joséphin, *Comment on devient artiste: esthétique*. Paris: [Chamuel], 1894.

———, *Comment on devient Fée*. 1893. Reprint, s.l.: Paréiasaure, 1996.

———, *Comment on devient Mage*. Paris: Chamuel, 1892.

———, *Introduction aux sciences occultes*. Paris: E. Sansot, [1911].

———, *L'Art idéaliste & mystique: Doctrine de l'Ordre et du Salon Annuel de Rose - Croix*. Paris: Chamuel, 1894.

———, *"Pereat!" (Ladécadencelatine. Éthopée XV)*. 1902. Reprint, Génève: Editions Slatkine, 1979.

———, *La vice suprême (La décadence latine. Éthopée I)*. 1896. Reprint, Genève: Editions Slatkine, 1979.

Pelikan, Jaroslav, *The Emergence of the Catholic Tradition*(100-600). The Christian Tradition: A History of the Development of Doctrine, vol. 1. Chicago: University of Chicago Press, 1975.〔ヤロスラフ・ペリカン『公同的伝統の出現――100-600年』鈴木浩訳、教文館、2006年(「キリスト教の伝統　教理発展の歴史」シリーズ第１巻)〕

Pessoa, Fernando, *Het uur van de duivel*. Translated by August Willemsen. Amsterdam: Uitgeverij De Arbeiderspers, 2000.

Peters, Edward (ed.), *Monks, Bishops and Pagans: Christian Culture in Gaul and Italy, 500–700*. Philadelphia: University of Pennsylvania Press, 1975.

Petersen, Jesper Aagaard, "The Carnival of Dr. LaVey: Articulations of Transgression in Modern Satanism." In *The Devil's Party: Satanism in Modernity*, edited by Per Faxneld and Jesper Petersen, 167–188. Oxford: Oxford University Press, 2012.

———, "From Book to Bit: Enacting Satanism Online." In *Contemporary Esotericism*, edited by Egil Asprem and Kennet Granholm, 134–158. Sheffield, UK: Equinox, 2013.

———, "Introduction: Embracing Satan." In *Contemporary Religious Satanism: A Critical Anthology*, edited by Jesper Aagaard Petersen, 1–24. Farnham, UK: Ashgate, 2009.

———, "Satanists and Nuts: Schisms in Modern Satanism." In *Sacred Schisms: How Religions*

Historismus: Studien zu Problemgeschichten der Moderne, 137–162. Kritische Studien zur Geschichtswissenschaft, no. 116. Göttingen: Vandenhoeck and Ruprecht, 1996.

Ogrinc, Will H. L., "Frère Jacques: A Shrine to Love and Sorrow. Jacques d'Adelswärd-Fersen (1880–1923)." semgai.free.fr/doc_et_pdf?Fersen-engels.pdf, 2006.

Olbrich, Karl, *Die Freimaurer im deutschen Volksglauben: Die im Volke umlaufenden Vorstellungen und Erzählungen von den Freimauern*. Breslau: M. & H. Marcus, 1930.

O'Neddy, Philotée, *Feu et Flamme*. Paris: Librairie orientale de Dondey-Dupré, 1833.

———, *Lettre inédite de Philothée O'Neddy, auteur de Feu et Flamme, sur le groupe littéraire romantique dit des Bousingos (Théophile Gautier, Gérard de Nerval, Petrus Borel, Bouchardy, Alphonse Brot, etc.)*. Paris: P. Rouquette, 1875.

Osterkamp, Ernst, *Lucifer: Stationen eines Motivs*. Berlin: Walter de Gruyter, 1979.

Owen, Alex, "The Sorcerer and His Apprentice: Aleister Crowley and the Magical Exploration of Edwardian Subjectivity." In *Aleister Crowley and Western Esotericism*, edited by Henrik Bogdan and Martin P. Starr, 15–52. New York: Oxford University Press, 2012.

Oyen, Geert van, "Demons and Exorcism in the Gospel of Mark." In *Demons and the Devil in Ancient and Medieval Christianity*, edited by Nienke Vos and Willemien Otten, 99–116. Supplements to Vigiliae Christianae: Texts and Studies of Early Christian Life and Language, no. 108. Leiden: Brill, 2011.

Pagels, Elaine, *The Origin of Satan*. London: Penguin, 1996.〔エレーヌ・ペイゲルス『悪魔の起源』松田和也訳、青土社、2000年〕

———, "The Social History of Satan, the 'Intimate Enemy': A Preliminary Sketch." *Harvard Theological Review* 84 (1991) 2:105–128.

Paine, Thomas, *The Age of Reason*. 1794/1795. Reprint, New York: Prometheus, 1984.〔トマス・ペイン『理性の時代』渋谷一郎監訳、泰流社、1982年〕

Pals, Daniel, *Seven Theories of Religion*. New York: Oxford University Press, 1996.

Papus, *Catholicisme, satanisme et occultisme*. Paris: Chamuel, 1897.

———, "La-Bas. Par J.-K. Huysmans." *L'Initation: Revue philosophique indépendante des Hautes Études* 11 (May 1891): 97–114.

———, *La Caballe: Tradition secrète de l'Occident*. [Paris]: Bibliothèque Chacornac, 1903.

———, *Le Diable et l'Occultisme*. Paris: Chamuel, 1895.

———, *Peut-on Envoûter? Étude historique, anecdotique et critique sur les plus récents travaux concernant l'envoûtement*. Paris: Chamuel, 1893.

———, *Traité élémentaire de science occulte*. Paris: Albin Michel, 1926.

Parker, Fred, "Between Satan and Mephistopheles: Byron and the Devil." *Cambridge Quarterly* 35 (2006) 1:1–29.

Parker, John, *At the Heart of Darkness: Witchcraft, Black Magic and Satanism Today*. London: Sidgwick and Jackson, 1993.

Partridge, Christopher, "Occulture Is Ordinary." In *Contemporary Esotericism*, edited by Egil Asprem and Kennet Granholm, 113–133. Sheffield, UK: Equinox, 2013.

———, *The Re-Enchantment of the West. Volume I: Alternative Spiritualities, Sacralization, Popular Culture, and Occulture*. London: T&T Clark, 2004.

Contemporary Religious Satanism: A Critical Anthology, edited by Jesper Aagaard Petersen, 171–198. Farnham, UK: Ashgate, 2009.

Muchembled, Robert, *A History of the Devil: From the Middle Ages to the Present*. Cambridge: Polity, 2003.

Mulhern, Sherrill, "Satanism and Psychotherapy: A Rumor in Search of an Inquisition." In *The Satanism Scare*, edited by James T. Richardson, Joel Best, and David G. Bromley, 145–172. New York: Aldine de Gruyter, 1991.

Müller, Daniela, "Aspekte der Ketzerverfolgung unter den römischen Kaisern bis Justinian." *Journal of Eastern Christian Studies* 60 (2008) 1–4:175–193.

———, *Frauen vor der Inquisition: Lebensform, Glaubenszeugnis und Aburteilung der deutschen und französischen Katharerinnen*. Veröffentlichungen des Instituts für Europäische Geschichte Mainz, No. 166. Mainz: Von Zabern, 1996.

———, "Gott und seine zwei Frauen: Der Teufel bei den Katharern." *@KIH-eSkript. Interdisziplinäre Hexenforschung online* 3 (2011) 1:69–76, at http://www.historicum.net/no_cache/persistent/artikel/ 9107 (accessed 14 December 2011).

———, "Les historiens et la question de la vérité historique: L'église cathare a-t-elle existé?" In *1209–2009. Cathares: Une histoire à pacifier? Actes du colloque international tenue à Mazamet les 15, 16 et 17 mai 2009*, edited by Anne Brenon, 139–154. Portet-sur-Garonne: Nouvelles Éditions Loubatières, 2010.

———, "Our Image of 'Others' and Our Own Identity." In *Iconoclasm and Iconoclash: Struggle for Religious Identity*, edited by Willem van Asselt, Paul van Geest, and others, 107–123. Leiden: Brill, 2007.

Murawski, Roman, "The Philosophy of Hœne-Wronski." *Organon* 35 (2006): 143–150.c

Murray, Margaret Alice, *The God of the Witches*. London: Faber and Faber, 1956.〔マーガレット・A・マレー『魔女の神』西村稔訳、人文書院、1995年〕

———, *The Witch Cult in Western Europe*. Oxford: Clarendon, 1962.

Naglowska, Maria de, *La Lumière du Sexe: Rituel d'initiation satanique, selon la doctrine du Troisième Terme de la Trinité*. Montperoux: Ordo Templi Orientis, Oasis Sous les Étoiles, 1993.

Nathan, Debbie, "Satanism and Child Molestation: Constructing the Ritual Abuse Scare." In *The Satanism Scare*, edited by James T. Richardson, Joel Best, and David G. Bromley, 75–94. New York: Aldine de Gruyter, 1991.

Nemours Godré, L., "La fin de Diana." *La Vérité*, 21 April 1897.

Nietzsche, Friedrich, *Also Sprach Zarathustra: Ein Buch für Alle und Keinen*. Leipzig: Alfred Kröner Verlag, 1930.〔フリードリヒ・ニーチェ『ツァラトゥストラ（上／下）』吉沢伝三郎訳、ちくま学芸文庫、1993年／『ツァラトゥストラ』薗田宗人訳、白水社、1982年〕

———, *Der Antichrist: Versuch einer Kritik des Christentums*. Berlin: Nordland Verlag, 1941.〔同『反キリスト者』西尾幹二訳、『偶像の黄昏／アンチクリスト』白水社、1991年〕

———, *Jenseits von Gut und Böse / Zur Genealogie der Moral*. Leipzig: Alfred Kröner Verlag, 1923.〔同『善悪の彼岸　道徳の系譜』信太正三訳、ちくま学芸文庫、1993年〕

Oexle, Otto Gerhard, "Das Mittelalter und das Unbehagen an der Moderne: Mittelalterbeschwörungen in der Weimarer Republik und danach." In *Geschichtswissenschaft im Zeichen des*

Milton, John, *Paradise Lost*. London: Penguin, 2000.〔ジョン・ミルトン『失楽園（上／下）』平井正穂訳、岩波文庫、1981年〕

Mola, Aldo A., "La Ligue antimaçonnique et son influence politique et culturelle aux confines des XIXe et XXe siècles." In *Les courants antimaçonniques hier et aujourd'hui*, edited by Alain Dierkens, 39–55. Problèmes d'histoire des religions, no. 4. Bruxelles: Éditions de l'Université de Bruxelles, 1993.

Mollenauer, Lynn Wood, *Strange Revelations: Magic, Poison and Sacrilege in Louis XIV's France*. University Park: Pennsylvania State University Press, 2006.

Möller, Helmut, and Ellic Howe, *Merlin Peregrinus: Vom Untergrund des Abendlandes*. Würzburg: Köningshausen & Neumann, 1986.

Möller, Horst, "Die Gold- und Rosenkreuzer. Struktur, Zielsetzung und Wirkung einer anti-aufklärischen Geheimgesellschaft." In *Geheime Gesellschaften*, edited by Peter Christian Ludz, 153–202. Wolfenbütteler Studien zur Aufklärung, no. V/1. Heidelberg: Verlag Lambert Schneider, 1979.

Möller, Melanie, *Satanismus als Religion der Überschreitung: Transgression und stereotype Darstellung in Erfahrungs- und Aussteigerberichten*. Marburg: diagonal-Verlag, 2007.

Mœller, Henry, "Lettres inédites de J.-K. Huysmans à l'abbé Henry Mœller." *Durendal: Revue Catholique d'Art et de Littérature* 5 (1908): 37–44.

———, "Joris-Karl Huysmans d'après sa correspondance." *Durendal: Revue Catholique d'Art et de Littérature* 5 (1908): 100–104, 169–173, 248–251, 438–446; 6 (1909): 273–282; 7 (1910): 166–177, 221–225, 493–502, 553–560, 730–741.

Mombelet, Alexis, "Entre metanoïa et paranoïa: Approches sociologique et médiatique du satanisme en France." *Social Compass* 56 (December 2009) 4:530–530.

Monsabre, T. R. P., *La Croisade au XIXe siècle: Discours prononcé à Clermont-Ferrand à l'occasion du 8e centenaire de la 1re Croisade, le 18 Mai 1895*. Paris: Bureaux de La Revue Thomiste, s.a.

Montero, Feliciano, and Robles, Cristobal, "Le mouvement catholique en Espagne dans les années 1870." In *The Black International/L'International noire 1870–1878*, edited by Emiel Lamberts, 427–446. Leuven: Leuven University Press, 2002.

Moody, Edward J., "Magical Therapy: An Anthropological Investigation of Contemporary Satanism." In *Religious Movements in Contemporary America*, edited by Irving I. Zaretsky and Mark P. Leone, 355–382. Princeton, NJ: Princeton University Press, 1974.

Moore, R. I., *The Formation of a Persecuting Society: Power and Deviance in Western Europe, 950–1250*. Oxford: Basil Blackwell, 1987.

Moore, R. Laurence, "Spiritualism." In *The Rise of Adventism. Religion and Society in Mid-Nineteenth-Century America*, edited by Edwin S. Gaustad, 79–103. New York: Harper and Row, 1974.

Moynihan, Michael, and Didrik Søderlind, *Lords of Chaos: The Bloody Rise of the Satanic Metal Underground*. Venice, CA: Feral House, 1998.〔マイケル・モイニハン／ディードリック・ソーデリンド『ブラック・メタルの血塗られた歴史』島田陽子訳、メディア総合研究所、2008年〕

Mørk, Gry, " 'With my Art I am the Fist in the Face of god': On Old-School Black Metal." In

Masters, Anthony, *The Devil's Dominion: The Complete Story of Hell and Satanism in the Modern World*. New York: G.P. Putnam's Sons, 1978.

Mathews, Chris, *Modern Satanism: Anatomy of a Radical Subculture*. Westport, CT: Praeger, 2009.

Mathiesen, Robert, "A Thirteenth-Century Ritual to Attain the Beatific Vision from the *Sworn Book* of Honorius of Thebes." In *Conjuring Spirits: Texts and Traditions of Medieval Ritual Magic*, edited by Claire Fanger, 143–162. Magic in History, no. 4. Thrupp: Sutton, 1998.

Matuszak, Gabriela, *"Der geniale Pole"? Stanislaw Przybyszewski in Deutschland (1892–1992)*. Translated by Dietrich Scholze. Paderborn: Igel Verlag, 1996.

Maxwell-Stuart, Peter, "The Contemporary Historical Debate, 1400–1750." In *Palgrave Advances in Witchcraft Historiography*, edited by Jonathan Barry and Owen Davies, 11–32. Houndmills: Palgrave Macmillan, 2007.

McGrath, Malcolm, *Demons of the Modern World*. Amherst, NY: Prometheus, 2002.

McIntosh, Christopher, *Eliphas Lévi and the French Occult Revival*. London: Rider and Company, 1972.

McLeod, Hugh, *Secularisation in Western Europe, 1848–1914*. Houndmills: Macmillan, 2000.

Medway, Gareth J., *Lure of the Sinister: The Unnatural History of Satanism*. New York: New York University Press, 2001.

Melton, J. Gordon, "Satanism and the Church of Satan." In *Encyclopedic Handbook of Cults in America*, edited by J. Gordon Melton, 76–80. New York: Garland, 1986.

Menasce, P. de, O.P., "Note sur le dualisme mazdéen." *Satan: Les Études Carmélitaines* 27 (1948): 130–135.

Menegotto, Andrea, "Italian Martyrs of 'Satanism': Sister Maria Laura Mainetti and Father Giorgio Govoni." In *Contemporary Religious Satanism: A Critical Anthology*, edited by Jesper Aagaard Petersen, 199–209. Farnham, UK: Ashgate, 2009.

Mercer, Joyce, *Behind the Mask of Adolescent Satanism*. Minneapolis: Deaconess, 1991.

Mery, Gaston, *La vérité sur Diana Vaughan: Un complot maçonnique*. Paris: Librairie Blériot, s.a.

Meurs, Jos van, "William Blake and His Gnostic Myths." In *Gnosis and Hermeticism: From Antiquity to Modern Times*, edited by Roelof van den Broek and Wouter J. Hanegraaff, 269–309. Albany: State University of New York Press, 1998.

Meurin, Léon, *La Franc-Maçonnerie, Synagogue de Satan*. Paris: Victor Retaux and Fils, 1893.

Michelet, Jules, *La Sorcière: Nouvelle édition*. Bruxelles: A. Lacroix, Verboeckhoven, 1867.〔ジュール・ミシュレ『魔女（上／下）』篠田浩一郎訳、岩波文庫、1983年〕

Michelet, Victor-Émile, *L'Amour et la Magie*. Paris: Librairie Hermetique, 1909.

———, *Les compagnons de la hiérophanie: Souvenirs du mouvements hermétiste à la fin du XIXe siècle*. Paris: Borbon-Ainé, [1938].

Milner, Max, *Le diable dans la littérature française: De Cazotte à Baudelaire 1772–1861*. 2 vols. Paris: Librairie José Corti, 1960.

———, "Signification politique de la figure de Satan dans le romantisme français."In *Romantisme et politique 1815–1851. Colloque de l'Ecole Normale Supérieure de Saint-Cloud (1966)*. Edited by Louis Girard, 157–163. Paris: Libraire Armand Colin, 1969.

——, "Searching for Marafi: A Short History of Satanism in the Western World." *@KIH-eSkript. Interdisziplinäre Hexenforschung online* 3 (2011) 1, 23–30: http://www.historicum.net/no_cache/ persistent/artikel/9102.

——, "Sex, Science and Liberty: The Resurrection of Satan in 19th Century (Counter) Culture." In *The Devil's Party: Satanism in Modernity*, edited by Per Faxneld and Jesper Petersen, 41–52. Oxford: Oxford University Press, 2012.

Lyons, Arthur, *Satan Wants You: The Cult of Devil Worship in America*. New York: Mysterious Press, 1988.〔アーサー・ライアンズ『黒魔術のアメリカ——人はなぜ悪魔を信じるのか』広瀬美樹/鈴木美幸/和田大作訳、徳間書店、1994年〕

——, *The Second Coming: Satanism in America*. New York: Dodd, Mead and Company, 1970.

MacCarthy, Fiona, *Byron: Life and Legend*. London: John Murray, 2002.

MacMullen, Ramsay, *Christianity and Paganism in the Fourth and Eighth Centuries*. New Haven, CT: Yale University Press, 1997.

Maeyer, Jan De, "La Belgique. Un élève modèle de l'école ultramontaine." In *The Black International/L'International noire 1870–1878*, edited by Emiel Lamberts, 360–385. Leuven: Leuven University Press, 2002.

Maigron, Louis, *Le Romantisme et les mœurs: Essai d'étude historique et sociale d'après des documents inédits*. Paris: Librairie Ancienne, 1910.

Maistre, Xavier de, *Voyage autour de ma chambre*. [Paris]: Librairie Arthème Fayard, 2000.〔グザヴィエ・ド・メーストル『部屋をめぐる旅』加藤一輝訳、幻戯書房、2021年〕

Mali, Joseph, *Mythistory: The Making of Modern Historiography*. Chicago: University of Chicago Press, 2003.

Mandrou, Robert, *Magistrats et sorciers en France au XVIIe siècle: Une analyse de psychologie historique*. Paris: Éditions du Seuil, 1980.

—— (ed.), *Possession et sorcellerie au XVIIe siècle: Textes inédits*. Paris: Librairie Arthème Fayard, 1979.

Margiotta, Domenico, *Le Palladisme: Culte de Satan-Lucifer dans les triangles maçonniques*. Grenoble: H. Falque, 1895.

——, *Souvenirs d'un Trente-Troisième: Adriano Lemmi, chef suprême des Franc-Maçons*. Paris: Delhomme and Briguet, s.a.

Martin, Daniel, and Gary Alan Fine, "Satanic Cults, Satanic Play: Is 'Dungeons & Dragons' a Breeding Ground for the Devil?' In *The Satanism Scare*, edited by James T. Richardson, Joel Best, and David G. Bromley, 107–123. New York: Aldine de Gruyter, 1991.

Martin, Philippe, *Le théâtre divin: Une histoire de la messe du XIVème au XXème siècle*. Paris: CNSR Éditions, 2010.

Marquès-Rivière, J., *La trahison spirituelle de la Franc-Maçonnerie*. Paris: Éditions des Portiques, 1931.

Massignon, Louis, "Huysmans devant la 'confession' de Boullan." *Bulletin de la Société J.-K Huysmans* 22 (1949) 21:40–50.

——, "Le témoignage de Huysmans et l'affaire Van Haecke." *Les Cahiers de la Tour Saint-Jacques* 8 (1963): 166–179.

lewis. htm, accessed 1 February 2011.

———, *Satanism Today: An Encyclopedia of Religion, Folklore, and Popular Culture*. Santa Barbara, CA: ABC-Clio, 2001.

Lewis, Matthew Gregory, *The Monk: A Romance*. London: Brentano's, 1924.〔マシュー・グレゴリー・ルイス『マンク』井上一夫訳、国書刊行会、1995年〕

Lézinier, Michel de, *Avec Huysmans: Promenades et souvenirs*. Paris: André Delpeuch, 1928.

Liagre Böll, Herman de, *Herman Gorter 1864–1927: Met al mijn bloed heb ik voor U geleefd*. Amsterdam: Olympus, 2000.

Lidaka, Juris G., "*The Book of Angels, Rings, Characters and Images of the Planets*: Attributed to Osbern Bokinham." In *Conjuring Spirits: Texts and Traditions of Medieval Ritual Magic*, edited by Claire Fanger, 32–63. Magic in History, no. 4. Thrupp: Sutton, 1998.

Lillie, Arthur, *The Worship of Satan in Modern France*. London: Swan Sonnenschein, 1896.

Lindsey, Hal, and C. C. Carlson, *Satan Is Alive and Well on Planet Earth*. Grand Rapids, MI: Zondervan, 1972.

Lipp, Wolfgang, "Außenseiter, Häretiker, Revolutionäre. Gesichtspunkte zur systematischer Analyse."In *Religiöse Devianz in christlich geprägten Gesellschaften. Vom hohen Mittelalter bis zur Frühaufklärung*, edited by Dieter Fauth and Daniela Müller, 12–26. Würzburg: Religion and Kultur Verlag, 1999.

Lorain, Alphonse, "La question Diana Vaughan." *La France Libre*, 13 November 1896.

———, "L'Entreprise Diana Vaughan." *La France Libre*, December 1896.

Lord, Evelyn, *The Hell-Fire Clubs: Sex, Satanism and Secret Societies*. New Haven, CT: Yale University Press, 2008.〔イーヴリン・ロード『ヘルファイアー・クラブ——秘密結社と18世紀の英国社会』田口孝夫／田中英史訳、東洋書林、2010年〕

Loriga, Sabina, "A Secret to Kill the King: Magic and Protection in Piedmont in the Early Eighteenth Century." In *History from Crime*, edited by Edward Muir and Guido Ruggiero, 88–109. Selections from *Quaderni Storici*, no. 3. Baltimore, MD: Johns Hopkins University Press, 1994.

Lory, Jacques, "La 'Correspondance de Gèneve' (1870–1873). Un organe de presse singulier." In *The Black International/L'International noire 1870–1878*, edited by Emiel Lamberts, 102–131. Leuven: Leuven University Press, 2002.

Lowe, Thompson, R., *The History of the Devil: The Horned God of the West*. London: Kegan Paul, Trench, Trubner, 1929.

Lowney, Kathleen S., "The Devil's Down in Dixie: Studying Satanism in South Georgia." In *Contemporary Religious Satanism: A Critical Anthology*, edited by Jesper Aagaard Petersen, 103–117. Farnham, UK: Ashgate, 2009.

———, "Teenage Satanism as Oppositional Youth Subculture." *Journal of Contemporary Ethnography* 23 (1995) 4:453–484.

Luhrmann, T.M., *Persuasions of the Witch's Craft: Ritual Magic and Witchcraft in Present-day England*. Oxford: Basil Blackwell, 1989.

Luijk, Ruben van, "God, Satan, Poetry and Revolution: Romantic Satanism in the Nineteenth Century." *Religion and Theology* (2016) 1.

of-the-past.php, accessed 15 January 2015.
———, *Satan Speaks!* Los Angeles: Feral House, 1998.
———, *The Satanic Bible*. New York: Avon, 1969.
———, *The Satanic Rituals*. New York: Avon, 1972.
———, *The Satanic Witch*. Los Angeles: Feral House, 2003.
Lavocat, Françoise, "L'Arcadie diabolique. La fiction poétique dans le débat sur la sorcellerie (XVI e–XVII e siècles)." In *Fictions du Diable: Démonologie et littérature de saint Augustin à Léo Taxil*, edited by Françoise Lavocat, Pierre Kapitaniak, and Marianne Closson, 57–84. Genève: Librairie Droz, 2007.
Laycock, Donald, *The Complete Enochian Dictionary: A Dictionary of the Angelic Language as Revealed to Dr. John Dee and Edward Kelly*. London: Askin, 1978.
Lea, Henry-Charles, *Léo Taxil, Diana Vaughan et l'Église Romaine: Histoire d'une mystification*. Paris: Société Nouvelle de Librairie et d'Édition, 1910.
Lefèvre, Frédéric, "Une heure avec M. Léon Hennique de l'Académie Goncourt." *Les Nouvelles Littéraires, artistiques et scientifiques* 9 (10 mai 1930) 395: 1–2.
Legge, F., "Devil-Worshipand Freemasonry." *Contemporary Review* (October 1896) 70: 466–483.
Legué, G., *Médecins et empoissonneurs au XVIIe siècle*. Paris: Bibliothèque-Charpentier, 1895.
Leland, Charles G., *Aradia, or the Gospel of the Witches*. London: David Nutt, 1899.
Lemaire, Jacques, "Les premières formes de l'antimaçonnisme en France: les ouvrages de révélation (1738–1751)." In *Les courants antimaçonniques hier et aujourd'hui*, edited by Alain Dierkens, 11–23. Problèmes d'histoire des religions, no. 4. Bruxelles: Éditions de l'Université de Bruxelles, 1993.
Lenfant, Jacques, *Histoire de la Guerre des Hussites et du Concile de Basle*. 2 vols. Amsterdam: Pierre Humbert, 1731.
Lennep Jacques van, *De 19e-eeuwse Belgische beeldhouwkunst*. Brussels: General Bank, 1990.
Lévi, Éliphas, *La Clef des grands mystères, suivant Hénoch, Abraham, Hermés Trismégiste et Solomon*. Paris: Félix Alcan, [1923].〔エリファス・レヴィ『大いなる神秘の鍵』鈴木啓司訳、人文書院、2011年〕
———, *Dogme et rituel de la haute magie*. 2 vols. Paris: Félix Alcan, 1910.〔同『高等魔術の教理と祭儀　教義篇／祭儀篇』生田耕作訳、人文書院、1994年〕
———, *Histoire de la magie, avec une exposition claire et précise de ses procédés, de ses rites et de ses mystères*. Paris: Germer Ballière, 1860.〔同『魔術の歴史』鈴木啓司訳、人文書院、1998年〕
Levine, Mark, "Doing the Devil's Work: Heavy Metal and the Threat to Public Order in the Muslim World." *Social Compass* 56 (December 2009) 4:564–576.
Lewis, James R., "Conversion to Satanism: Constructing Diabolical Identities." In *The Devil's Party: Satanism in Modernity*, edited by Per Faxneld and Jesper Petersen, 145–166. Oxford: Oxford University Press, 2012.
———, "Infernal Legitimacy." In *Contemporary Religious Satanism: A Critical Anthology*, edited by Jesper Aagaard Petersen, 41–58. Farnham, UK: Ashgate, 2009.
———, "The Satanic Bible: Quasi-Scripture/Counter-Scripture." http://www.cesnur.org/2002/slc/

Ladous, Régis, "Le spiritisme et les démons dans les catéchismes français du XIXe siècle." In *Le Défi Magique II: Satanisme, sorcellerie*, edited by Jean-Baptiste Martin and Massimo Introvigne, 203–228. Lyon: Presses Universitaires de Lyon, 1994.

Lambert, Pierre, "Adèle Chevalier raconte . . .", *Les Cahiers de la Tour Saint-Jacques* 8 (1963): 217–226.

———, "Annexes au dossier Van Haecke-Berthe Courrière. Lettres inédites de Gourmont et de Firmin Vanden Bosch à Joris-Karl Huysmans." *Les Cahiers de la Tour Saint-Jacques* 8 (1963): 180–189.

———, "En marge de *Là-Bas*. Une Cérémonie au 'Carmel de Jean-Baptiste,' à Lyon, d'après une relation de Boullan." *Bulletin de la Société J.-K. Huysmans* 28 (1953) 27:297–306.

———, "Un culte hérétique à Paris, 11, Rue de Sèvres. Avec des textes inédits de Huysmans." *Les Cahiers de la Tour Saint-Jacques* 8 (1963): 190–205.

———, "Une lettre de J.A. Boullan à Huysmans." *Bulletin de la Société J.-K. Huysmans* 25 (1952) 24:203–207.

Lamberts, Emiel, "Conclusion. The Black International and its Influence on European Catholicism (1870–1878)." In *The Black International/L'International noire 1879-1878*, edited by Emiel Lamberts, 464–480. Leuven: Leuven University Press, 2002.

———, "L'internationale noire. Une organisation secrète au service du Saint-Siège." In *The Black International/L'International noire 1870–1878*, edited by Emiel Lamberts, 15–101. Leuven: Leuven University Press, 2002.

———, "Political and Social Catholicism in Cisleithania [Austria] (1867–1889)." In *The Black International/L'International noire 1870–1878*, edited by Emiel Lamberts, 298–317. Leuven: Leuven University Press, 2002.

Lamers, Maarten Joost, *Vlucht in de Werkelijkheid: Inleiding tot het Satanisme*. Amsterdam: Satanisch Seminarium, 1983.

Lancre, Pierre de, *L'Incrédulité et mescréance du sortilège plainement convaincu*. Paris: Nicolas Buon, 1622.

———, *Tableau de l' inconstance des mauvais anges et démons, où il est amplement tracté des Sorciers, & de la Sorcellerie*. Paris: Nicolas Buon, 1613.

Lantoine, Albert, *Lettre au Souverain Pontife*. Paris: Éditions du Symbolisme, 1937.

Lap, Amina Olander, "Categorizing Modern Satanism: An Analysis of LaVey's Early Writings." In *The Devil's Party: Satanism in Modernity*, edited by Per Faxneld and Jesper Petersen, 83–102. Oxford: Oxford University Press, 2012.

Lapidoth, Frits, *Goëtia*. 2 vols. Leiden: S. C. van Doesburg, 1893.

———, *Goëtia: Die Priesterin der schwarzen Kunst*. Dresden: Heinrich Minden, [1897].

Larmore, Charles, *The Romantic Legacy*. New York: Columbia University Press, 1996.

Laurant, Jean-Pierrre, "Le dossier Léo Taxil du fonds Jean Baylot de la Bibliothèque Nationale." *Politica Hermetica* 4 (1990): 66–67.

LaVey, Anton Szandor, *The Devil's Notebook*. Los Angeles: Feral House, 1992.

———, *Letters from the Devil*. s.l.: Underworld Amusements, 2010.

———, "On Occultism in the Past." *Cloven Hoof* 3 (1971) 9: http://churchofsatan.com/ occultism-

———, *Forbidden Rites: A Necromancer's Manual of the Fifteenth Century*. University Park: Pennsylvania State University Press, 1998.

———, *Magic in the Middle Ages*. Cambridge: Cambridge University Press, 1990.

Kinney, Jay M., "Shedding Light on a Possible Inspiration for Taxil's Hoax Letter: Pike's *The Masonry of Adoption*." *Heredom* 11 (2003): 149–157.

Kippenberg, Anton, *Die Sage vom Herzog von Luxemburg und die historische Persönlichkeit ihres Trägers*. 1901 Reprint, Niederwalluf bei Wiesbaden: Dr. Martin Sändig oHG, 1970.

Kister, M. J., "Ādam: A Study of Some Legends in *Tafsīr* and *Hadīt* Literature." *Israel Oriental Studies* 13 (1993): 113–174.

Klaassen, Frank, "English Manuscripts of Magic, 1300–1500: A Preliminary Survey." In *Conjuring Spirits: Texts and Traditions of Medieval Ritual Magic*, edited by Claire Fanger, 3–31. Magic in History, no. 4. Thrupp: Sutton, 1998.

Klaassen, Frank, and Christopher Phillips, "The Return of Stolen Goods: Reginald Scot, Religious Controversy, and Magic in Bodleian Library, Additional B. 1." *Magic, Ritual, and Witchcraft* 1 (Winter 2006) 2:135–175.

Knight, Mark, and Emma Mason, *Nineteenth-Century Religion and Literature: An Introduction*. Oxford: Oxford University Press, 2006.

Koomen, Martin, *Het ijzige zaad van de duivel: Geschiedenis van heksen en demonen*. Amsterdam: Wetenschappelijke Uitgeverij, 1973.

Korteweg, Theodoor, "Justin Martyr and His Demon-ridden Universe." In *Demons and the Devil in Ancient and Medieval Christianity*, edited by Nienke Vos and Willemien Otten, 145–158. Supplements to Vigiliae Christianae: Texts and Studies of Early Christian Life and Language, no. 108. Leiden: Brill, 2011.

Kostka, Jean, *Lucifer démasqué*. Paris: Delhomme and Briguet. [1895].

Krampl, Ulrike, "When Witches Became False: Séducteurs and Crédules Confront the Paris Police at the Beginning of the Eighteenth Century." In *Werewolves, Witches and Wandering Spirits. Traditional Belief and Folklore in Early Modern Europe*, edited by Kathryn A. Edwards, 137–154. Kirksville, MO: Truman State University Press, 2002.

Kreyenbroek, Philip G., *Yezidism — Its Background, Observances and Textual Tradition*. Lewiston, NY: Edwin Mellen, 1995.

Kurze, Dietrich, "Zur Ketzergeschichte der Mark Brandenburg und Pommerns vornehmlich im 14. Jahrhundert." *Jahrbuch für die Geschichte Mittel- und Ostdeutschlands* 16–17 (1968): 50–94.

Kusters, Wouter, *La Sorcière: Nouvelle édition critique avec introduction, variantes et examen du manuscrit*. Nijmegen: s.i., 1989.

L., X. [=Julien Osgood Field], *Aut Diabolus Aut Nihil, and Other Tales*. London: Methuen, 1895.

La Fontaine, Jean, "Satanism and Satanic Mythology." In *Witchcraft and Magic in Europe, Volume 6: The Twentieth Century*, edited by Willem de Blécourt, R. Hutton, and J. La Fontaine, 81–140. London: Athlone, 1999.

LaChapelle, Sofia, *Investigating the Supernatural: From Spiritism and Occultism to Psychical Research and Metapsychics in France, 1853–1931*. Baltimore, MD: Johns Hopkins University Press, 2011.

Jerouschek, Günther, " 'Diabolus habitat in eis.' Wo der Teufel zu Hause ist: Geslechtigkeit in rechtstheologischen Diskurs des ausgehenden Mittelalters und der frühen Neuzeit." *Rechtshistorischer Journal* 9 (1990): 301–329.

Jésus-Marie, Bruno de, "La confession de Boullan." *Satan: Les Études Carmélitaines* 27 (Paris: Desclée De Brouwer, 1948): 420–426.

Jones, W. R., "Palladism and the Papacy: An Episode of French Anticlericalism in the Nineteenth Century." *Journal of Church and State* 12 (1970) 3:453–473.

Jong, Albert de, *Traditions of the Magi: Zoroastrianism in Greek and Latin Literature*. Religions in the Graeco-Roman World, no. 133. Leiden: Brill, 1997.

Jouvin, Henri, "Les Lettres de J.-K. Huysmans. Essais de Bibliographie." *Bulletin de la Société J.-K. Huysmans* 22 (1949) 21:27–31, 24 (1951) 25:146–153, 28 (1953) 27:288–296.

Kaestli, Jean-Daniel, "L'interprétation du serpent de Genèse 3 dans quelques textes gnostiques et la question de la gnose 'Ophite.' " In *Gnosticisme et monde hellénistique: actes du colloque de Louvain-la-Neuve (11–14 mars 1980)*, edited by Julien Ries, 116–130. Publications de l'Institut Orientaliste de Louvain, no. 27. Louvain: Université Catholique de Louvain, Institut Orientaliste, 1982.

Kahaner, Larry, *Cults That Kill: Probing the Underworld of Occult Crime*. New York: Warner, 1988.

Karimi, Annette, "Satanisch seksueel misbruik: Hulpverleners vragen aandacht slachtoffers sekten." *Spits* (7 November 2011), 1.

Katz, Jacob, *Jews and Freemasons in Europe, 1723–1939*. Translated by Leonard Oschry. Cambridge, MA: Harvard University Press, 1970. 〔ヤコブ・カッツ『ユダヤ人とフリーメーソン――西欧文明の深層を探る』大谷裕文訳、三交社、1995年〕

Kaczynski, Richard, "Continuing Knowledge from Generation unto Generation: The Social and Literary Background of Aleister Crowley's Magic." In *Aleister Crowley and Western Esotericism*, edited by Henrik Bogdan and Martin P. Starr, 141–179. New York: Oxford University Press, 2012.

———, *Perdurabo: The Life of Aleister Crowley*. Berkeley, CA: North Atlantic, 2010.

Keller, Barbara G., *The Middle Ages Reconsidered: Attitudes in France from the Eighteenth Century through the Romantic Movement*. New York: Peter Lang, 1994.

Kelly, Henry Ansgar, *Satan: A Biography*. Cambridge: Cambridge University Press, 2006.

Kershaw, Kris, *The One-eyed God: Odin and the (Indo-)Germanic Männerbünde*. Journal of Indo-European Studies Monograph, no. 36. Washington, DC: Institute for the Study of Man, 2000.

Kesteren, Ronald van, *Het verlangen naar de Middeleeuwen: De verbeelding van een historische passie*. Amsterdam: Uitgeverij Wereldbibliotheek, 2004.

Kieckhefer, Richard, "The Devil's Contemplatives: The Liber Iuratus, the Liber Visionum and the Christian Appropriation of Jewish Occultism." In *Conjuring Spirits: Texts and Traditions of Medieval Ritual Magic*, edited by Claire Fanger, 250–265. Magic in History, no. 4. Thrupp: Sutton, 1998.

———, *European Witch Trials: Their Foundations in Popular and Learned Culture, 1300–1500*. Berkeley: University of California Press, 1976.

———, *Là-Bas: A Journey into the Self*. Translated by Brendan King. Sawtry: Dedalus, 2009.
———, *Lettres inédites à Jules Destrée*. Genève: Droz, 1967.
———, *Lettres inédites à Arij Prins, 1885–1907*. Genève: Droz, 1977.
———, *Marthe: Histoire d'une fille*. Paris: Le Cercle du Livre, 1955.
———, *Sainte Lydwine de Schiedam*. Paris: Plon, 1901.〔同『腐爛の華――スヒーダムの聖女リドヴィナ』田辺貞之助訳、国書刊行会、1994年〕
Institoris, Henricus, and Jacobus Sprengerus, *Malleus Maleficarum*. Translated by Montague Summers. 1928. Reprint, New York: Benjamin Blom, 1970.
———, *Malleus Maleficarum*. Edited and translated by Christopher S. Mackay. 2 vols. Cambridge: Cambridge University Press, 2006.
Introvigne, Massimo, "The Beast and the Prophet: Aleister Crowley's Fascination with Joseph Smith." In *Aleister Crowley and Western Esotericism*, edited by Henrik Bogdan and Martin P. Starr, 255–284. New York: Oxford University Press, 2012.
———, "*Diana Redux: retour sur l'affaire Léo Taxil-Diana Vaughan.*" *Aries: Journal for the Study of Western Esotericism* 4 (2004) 1:91–97.
———, *Enquête sur le satanisme: Satanistes et antisatanistes du XVIIe siècle à nos jours*. Translated by Philipp Baillet. Paris: Éditions Dervy, 1997.
———, "Huysmans." In *Dictionary of Gnosis and Western Esotericism*, edited by Wouter J. Hanegraaff, 1:579–580. Leiden: Brill, 2005.
———, "Le satanisme moderne et contemporain en Italie." *Social Compass* 56 (December 2009) 4:541–551.
———, "Satanism." In *Dictionary of Gnosis and Western Esotericism*, edited by Wouter J. Hanegraaff, 2:1035–1037. Leiden: Brill, 2005.
Irvine, Doreen, *From Witchcraft to Christ*. Cambridge: Concordia, 1973.
———, *Van hekserij tot Christus: Mijn ware levensverhaal*. Translated by Loek Visser. Den Haag, Gazon: s.a.
Jacques-Lefèvre, Nicole, "Michelet et les démonologues: lecture et réécriture." In *La Sorcière de Jules Michelet. L'envers de l'histoire*, edited by Paule Petitier, 90–107. Paris: Honoré Champion, 2004.
Jacquinot, Jean, "En marge de J.-K. Huysmans. Un Procès de l'Abbé Boullan." *Les Cahiers de la Tour Saint-Jacques* 8 (1963): 206–216.
Jarrige, Michel, *L'église et les Francs-Maçons dans la tourmente: Croisade de la revue "La Franc-Maçonnerie Démasquée" (1894–1899)*. Paris: Éditions Arguments, 1999.
Jaquerius, Nicolaus, *Flagellum Haereticorum Fascinariorum*. Francofurti ad Moenu: [Nic. Bassaeus], 1581.
Jenkins, Philip, and Daniel Maier-Katkin, "Occult Survivors: The Making of a Myth." In *The Satanism Scare*, edited by James T. Richardson, Joel Best, and David G. Bromley, 127–144. New York: Aldine de Gruyter, 1991.
Jenkins, Richard, "Continuity and Change: Social Science Perspectives on European Witchcraft." In *Palgrave Advances in Witchcraft Historiography*, edited by Jonathan Barry and Owen Davies, 203–224. Houndmills: Palgrave Macmillan, 2007.

———, *Mein Kampf*. Translated by James Murphy. 1939. Reprint, Mumbai: Embassy Book Distributions, 2005.

Hjelm, Titus, "Introduction." *Social Compass* 56 (December 2009) 4:499–502.

Hjelm, Titus, Henrik Bogdan, Asbjørn Dyrendal, and Jesper Aagaard Petersen, "Nordic Satanism and Satanism Scares: The Dark Side of the Secular Welfare State." *Social Compass* 56 (December 2009) 4:515–529.

Hobsbawm, Eric, and Terence Ranger (eds.), *The Invention of Tradition*. Cambridge: Cambridge University Press, 1983.〔エリック・ホブズボウム『創られた伝統』前川啓治／梶原景昭ほか訳、紀伊國屋書店、1992年〕

Hoeven, T. H. van der, *Het imago van Satan: Een cultureel-theologisch onderzoek naar een duivels tegenbeeld*, Kampen: Kok, 1998.

Holt, Cimminnee, "Death and Dying in the Satanic Worldview." *Journal of Religion and Culture* 22 (2011) 1:33–53.

Hoog, Armand, "La révolte métaphysique et religieuse des petits romantiques." In *Les petits romantiques français*, edited by Francis Dumont, 13–28. Paris: Les Cahiers du Sud, 1949.

Howe, Ellic, *The Magicians of the Golden Dawn: A Documentary History of a Magical order, 1887–1923*. London: Routledge and Kegan Paul, 1972.

Hugo, Victor, "Eloa ou la Sœur des Anges, mystère par le comte Alfred de Vigny." In *La Muse française 1823–1824*, edited by Jules Marsan, 2:247–258. Paris: Édouard Correly, 1907.

———, *Le texte de "La Fin de Satan" dans le manuscrit B.N. n.a.fr. 24.754*, edited by René Journet and Guy Robert. Contribution aux études sur Victor Hugo, no. 2. Annales Littéraires de l'Université de Besançon, no. 232. Paris: Les Belles-Lettres, 1979.

———, *Les Contemplations*. Paris: Éditions Gallimard and Librairie Général Française, 1965.

———, "Sur George Gordon, Lord Byron." In *La Muse française 1823–1824*, edited by Jules Marsan, 2: 297–309. Paris: Édouard Correly, 1907.

Huret, Jules, *Enquête sur l'évolution littéraire*. Vanves: Éditions Thot, 1982.

Hutton, Ronald, "Crowley and Wicca." In *Aleister Crowley and Western Esotericism*, edited by Henrik Bogdan and Martin P. Starr, 285–306. New York: Oxford University Press, 2012.

———, "Modern Pagan Witchcraft." In *Witchcraft and Magic in Europe, Volume 6: The Twentieth Century*, edited by Willem de Blécourt, R. Hutton and J. La Fontaine, 1–80. London: Athlone, 1999.

———, *The Triumph of the Moon: A History of Modern Pagan Witchcraft*. Oxford: Oxford University Press, 1999.

Huxley, Aldous, *The Devils of Loudun*. London: Chatto and Windus, 1953.〔オルダス・ハクスリー『ルーダンの悪魔』中山容／丸山美知代訳、人文書院、1989年〕

Huysmans, J.-K., *À Rebours*. Paris: Bibliothèque-Charpentier, 1919.〔ジョリス＝カルル・ユイスマンス『さかしま』澁澤龍彥訳、河出文庫、2010年〕

———, *Certains*. Paris: Tresse and Stock, 1889.

———, *Croquis parisiens*. Paris: Éditions Slatkine, 1996.

———, *En Route*. Paris: Plon, 1955.〔同『出発』田辺貞之助訳、光風社出版、1985年〕

———, *Là-Bas*. Paris: Plon, s.a.〔同『彼方』田辺貞之助訳、創元推理文庫、1975年〕

———, "Occult/Occultism." In *Dictionary of Gnosis and Western Esotericism*, edited by Wouter J. Hanegraaff, 2:884–889. 2 vols. Leiden: Brill, 2005.

———, "Romanticism and the Esoteric Connection." In *Gnosis and Hermeticism: From Antiquity to Modern Times*, edited by Roelof van den Broek and Wouter J. Hanegraaff, 237–268. Albany: State University of New York Press, 1998.

———, "The New Age Movement and the Esoteric Tradition." In *Gnosis and Hermeticism: From Antiquity to Modern Times*, edited by Roelof van den Broek and Wouter J. Hanegraaff, 359–382. Albany: State University of New York Press, 1998.

Hanson, Ellis, *Decadence and Catholicism*. Cambridge, MA: Harvard University Press, 1997.

Harmening, Dieter, *Superstitio: Überlieferungs- und theoriegeschichtliche Untersuchungen zur kirchlich-theologischen Aberglaubensliteratur des Mittelalters*. Berlin: Erich Schmidt Verlag, 1979.

Harrison, C. G., *Das Transcendentale Weltenall: Sechs Vorträge über Geheimwissen, Theosophie und den katholische Glauben, gehalten vor der "Berean Society."* Translated by Carl Graf zu Leiningen-Billigheim. 1897. Reprint, Stuttgart: Engel and Seefels, 1990.

Hartmann, Georg, *Das Wirken Rudolf Steiners von 1890–1907: Weimar und Berlin.*Vier Bildbände zu Rudolf Steiners Lebensgang 4. Schaffhausen: Novalis Verlag, 1975.

Harvey, David Allen, "Lucifer in the City of Light. The Palladium Hoax and 'Diabolical Causality' in Fin de siècle France." *Magic, Ritual, and Witchcraft* 1 (2006) 2:177–206.

Harvey, Graham, "Satanism in Britain Today." *Journal of Contemporary Religion* 10 (1995): 283–296.

———, "Satanism: Performing Alterity and Othering." In *Contemporary Religious Satanism: A Critical Anthology*, edited by Jesper Aagaard Petersen, 27–40. Farnham, UK: Ashgate, 2009.

Haubtmann, Pierre, *P.-J. Proudhon, genèse d'un antithéiste*. [Tours]: Mame, 1969.

Häll, Mikael, " 'It is better to believe in the Devil': Conceptions of Satanists and Sympathies for the Devil in Early Modern Sweden." In *The Devil's Party: Satanism in Modernity*, edited by Per Faxneld and Jesper Petersen, 23–40. Oxford: Oxford University Press, 2012.

Hemmings, F. W. J., *Baudelaire the Damned: A Biography*. New York: Charles Scribner's Sons, 1982.

Hertenstein, Mike, and Jon Trott, *Selling Satan: The Evangelical Media and the Mike Warnke Scandal*. Chicago: Cornerstone, 1993.

Hexham, Irving, and Karla Poewe, *New Religions as Global Culture: Making the Human Sacred*. Boulder, CO: Westview, 1997.

Hicks, Robert D., "The Police Model of Satanic Crime." In *The Satanism Scare*, edited by James T. Richardson, Joel Best, and David G. Bromley, 175–189. New York: Aldine de Gruyter, 1991.

Hiel, Emanuel. *Lucifer: Oratorium*. Brussel: J. Nijs, 1866.

Hill, Douglas, Pat Williams, Frank Smyth, and Tessa Clarke, *Witchcraft, Magic and the Supernatural: The Weird World of the Unknown*. London: Octopus, 1974.

Hitler, Adolf, *Mein Kampf: Zwei Bände in einem Band Ungekürzte Ausgabe*. München: Zentralverlag der NSDAP, 1943.〔アドルフ・ヒトラー『わが闘争（上／下)』平野一郎／将積茂訳、角川文庫、2001年〕

———, *Le Serpent de la Genèse. Première Septaine (Livre I): Le Temple de Satan*. Paris: Hector and Henri Durville, 1915.

———, *Le Serpent de la Genèse. Première Septaine (Livre II): La Clef de la Magie Noire*. Paris: Henri Durville, 1920.

———, *Lettres inédites de Stanislas de Guaita au Sâr Joséphin Péladan*. Neuchâtel: Éditions Rosicruciennes, 1952.

———, *Rosa Mystica*. Paris: Alphonse Lemerre, 1885.

Guérard, M., *Cartulaire de l'abbaye de St.-Père de Chartres*. Collection des Cartulaires de France, no. 1. Paris: Imprimerie de Crapelet, 1840.

Guillemain, Charles, "Joanny Bricaud (1881–1934). Révélateur de J.-K. Huysmans occultiste et magicien." *Bulletin de la Société J.-K. Huysmans* 38 (1959) 37:375–381.

Guthke, Karl S., "Der Mythos des Bösen in der westeuropäischen Romantik." *Colloquia Germanica. Internationale Zeitschrift für germanische Sprach- und Literaturwissenschaft* (1968): 1–36.

Haag, Herbert, *Teufelsglaube*. Tübingen: Katzmann Verlag, 1974.

Habermas, Jürgen, "An Awareness of What Is Missing." In Jürgen Habermas and others, *An Awareness of What Is Missing: Faith and Reason in a Post-Secular Age*, 15–23. Translated by Ciaran Cronin. Cambridge: Polity, 2010.

Hakl, Hans Thomas, "The Magical Order of the Fraternitas Saturni." In *Occultism in a Global Perspective*, edited by Henrik Bogdan and Gordan Djurdjevi, 37–55. Durham, UK: Acumen, 2013.

———, "The Theory and Practice of Sexual Magic, Exemplified by Four Magical Groups in the Early Twentieth Century." In *Hidden Intercourse: Eros and Sexuality in the History of Western Esotericism*, edited by Wouter J. Hanegraaff and Jeffrey J. Kripal, 445–478. Leiden: Brill, 2008.

Hale, Wash Edward, *Ásura—in Early Vedic Religion*. Dehli: Motilal Banarsidass, 1986.

Hales, E. E. Y., *Mazzini and the Secret Societies: The Making of a Myth*. London: Eyre and Spottiswoode, 1956.

Hamilton, Victor P., "Satan." In *The Anchor Bible Dictionary*, edited by David Noel Freedman, 5:985–989. New York: Doubleday, 1992.

Hammond, D. Corydon, "Hypnosis in MPD: Ritual Abuse." At http://whale.to/b/greenbaum.html (accessed 28 August 2013).

Hanegraaff, Wouter J., "The Beginnings of Occultist Kabbalah: Adolphe Franck and Eliphas Lévi." In *Kabbalah and Modernity: Interpretations, Transformations, Adaptations*, edited by Boaz Huss, Marco Pasi, and Kocku von Stuckrad, 107–128. Leiden: Brill, 2010.

——— (ed.), *Dictionary of Gnosis and Western Esotericism*. 2 vols. Leiden: Brill, 2005.

———, "The Dreams of Theology and the Realities of Christianity." In *Theology and Conversation. Towards a Relational Theology*, edited by J. Haers and P. De Mey, 709–733. Leuven: Peeters/Leuven University Press, 2003.

———, "How Magic Survived the Disenchantment of the World." *Religion* 33 (2003): 357–380.

———, *New Age Religion and Western Culture: Esotericism in the Mirror of Secular Thought*. Leiden: E. J. Brill, 1996.

1973.〔アーヴィング・ゴッフマン『スティグマの社会学――烙印を押されたアイデンティティ』石黒毅訳、せりか書房、2001年〕
Goodman, Felicitas D., *How about Demons? Possession and Exorcism in the Modern World*. Bloomington: Indiana University Press, 1988.
Gougenot des Mousseaux, Roger, *Les Hauts Phénomènes de la Magie, précédés du Spiritisme Antique*. Paris: Plon, 1864.
———, *Le Juif, le judaïsme et la judaïsation des peuples chrétiens*. Paris: Plon, 1869.
———, *La magie au dix-neuvième siècle, ses agents, ses vérités, ses mensonges. Précédée de quelques lettres adressées à l'auteur*. Paris: Plon, 1864.
———, *La magie au dix-neuvième siècle: Ses agents, ses vérités, ses mensonges*. Paris: Henri Plon and E. Dentu, 1860.
Gourmont, Remy de, "Souvenirs sur Huysmans." *Promenades Littéraires: Troisième Série*, 5–18. Paris: Mercvre de France, 1916.
Granholm, Kennet, "Embracing Others Than Satan: The Multiple Princes of Darkness in the Left-Hand Milieu." In *Contemporary Religious Satanism: A Critical Anthology*, edited by Jesper Aagaard Petersen, 85–101. Farnham, UK: Ashgate, 2009.
———, "The Left-Hand Path and Post-Satanism: The Temple of Set and the Evolution of Satanism." In *The Devil's Party: Satanism in Modernity*, edited by Per Faxneld and Jesper Petersen, 209–228. Oxford: Oxford University Press, 2012.
———, "The Secular, the Post-Secular and the Esoteric in the Public Sphere." In *Contemporary Esotericism*, edited by Egil Asprem and Kennet Granholm, 309–329. Sheffield, UK: Equinox, 2013.
Gray, L.H., "Demons and Spirits." In *Encyclopaedia of Religion and Ethics*, edited by J. Hastings, 4:565–635. 12 vols. Edingburgh: T&T Clark, 1911.
Gregorius, Fredrik, "Luciferian Witchcraft: At the Crossroads between Paganism and Satanism." In *The Devil's Party: Satanism in Modernity*, edited by Per Faxneld and Jesper Petersen, 229–249. Oxford: Oxford University Press, 2012.
Gregorius IX (Pope), "Vox in Rama." In *Monumenta Germaniae Historica inde ab Anno Christi quingentesimo usque ad annum millesimum et quintegentesimum: Epistolae Saeculi XIII E Regestis Pontifcum Romanorum selectae*, edited by G. H. Pertz and Carolus Rodenberg, 1:432–434. Berolini: apud Weidmannos, 1883.
Griffiths, Richard, *The Reactionary Revolution: The Catholic Revival in French Literature, 1870– 1914*. London: Constable, 1966.
Grillet, Claudius, *Le Diable dans la littérature au XIXe siècle*. Lyon: Emmanuel Vitte, 1935.
Groh, Dieter, "Die verschwörungstheoretische Versuchung oder: Why Do Bad Things Happen to Good People?" *Anthropologische Dimensionen der Geschichte*, 267–304. Frankfurt am Main: Suhrkamp, 1992.
Grundmann, Herbert, "Der Typus des Ketzers in Mittelalterlicher Anschauung." In *Kultur- und Universalgeschichte: Walter Goetz zu seinem 60. Geburtstage dargebracht von Fachgenossen, Freunden und Schülern*, 91–107. Leipzig: B.G. Teubner, 1927.
Guaita, Stanislas de, *La Muse Noire*. Paris: Alphonse Lemerre, 1883.

kolonialen Amerika." *Paideuma: Mitteilungen zur Kulturkunde* 45 (1999): 257–273.

Garinet, Jules, *Histoire de la magie en France, depuis le commencement de la monarchie jusqu'à nos jours*. Paris: Foulon, 1818.

Gauguin, Paul, *Sous deux latitudes, suivi de Natures mortes*. Paris: L'Échoppe, 2000.

Gautier, Théophile, "Le club de Hachichins." *Revue des Deux Mondes* 1 (1846): 248–259.

Gelas, Bruno, "Le satanisme et le roman Là-Bas de Huysmans." In *Le Défi Magique II: Satanisme, sorcellerie*, edited by Jean-Baptiste Martin and Massimo Introvigne, 271–277. Lyon: Presses Universitaires de Lyon, 1994.

Gerber, Hildebrand, [= Hermann Gruber], *Betrug als Ende eines Betruges. Oder: Die Kundgebung Leo Taxil's vom 19. April 1897 und der Hereinfall, bezw. Die Schwindeleien, deutscher "Kulturkämpfer" anläßlich derselben*. Berlin: Germania, 1897.

Geyraud, Pierre, *Les petites églises de Paris*. Paris: Éditions Émile-Paul frères, 1937.

———, *Les religions nouvelles de Paris*. Paris: Éditions Émile-Paul frères, 1937 [=1939].

———, *Les sociétés secrètes de Paris*. Paris: Éditions Émile-Paul frères, 1938.

———, *Sectes & rites, petites églises, religions nouvelles, sociétés secrètes de Paris*. Paris: Éditions Émile-Paul frères, 1954.

Gillet, Oliver, "L'antimaçonnisme roumain depuis 1989. Ses origines et son développement actuel." In *Les courants antimaçonniques hier et aujourd'hui*, edited by Alain Dierkens, 145–161. Problèmes d'histoire des religions, no. 4. Bruxelles: Éditions de l'Université de Bruxelles, 1993.

Ginzburg, Carlo, *Ecstasies: Deciphering the Witches' Sabbath*. Translated by Raymond Rosenthal. London: Hutchinson Radius, 1990.

———, *The Night Battles: Witchcraft and Agrarian Cults in the Sixteenth and Seventeenth Centuries*. Translated by John and Anne Tedeschi. Baltimore, MD: Johns Hopkins University Press, 1983.

Godechot, Jacques, *La Grande Nation: L'expansion révolutionnaire de la France dans le monde de 1789 à 1799*. Paris, Aubier Montaigne, 1983.

Godwin, Joscelyn, *The Theosophical Enlightenment*. Albany: State University of New York Press, 1994.

Godwin, William, *Political and Philosophical Writings of William Godwin*. Edited by Mark Philp. 7 vols. London: Pickering, 1993.〔ウィリアム・ゴドウィン『政治的正義(財産論)』白井厚訳、陽樹社、1973年〕

Goethe, [Johann Wolfgang], *Faust: Eine Tragoedie*. München: Droemersche Verlaganstalt, 1949.〔ヨハン・ヴォルフガング・フォン・ゲーテ『ファウスト』粂川麻里生訳、作品社、2022年〕

Goetz, Hans-Werner, "Was wird im frühen Mittelalter unter 'Häresie' verstanden? Zur Häresiewahrnehmung des Hrabanus Maurus." In *Die wahrnehmun anderer Religionen in früheren Mittelalter: Terminologische Probleme und methodische Ansätze*, edited by Anna Aurast and Hans-Werner Goetz, 47–88. Hamburger geistwissenschaftliche Studien zu Religion und Gesellschaft no. 1. Berlin: Lit Verlag, 2012.

Goffman, Erving, *Stigma: Notes on the Management of Spoiled Identity*. New York: Jason Aronson,

Fiard, Abbé, *La France trompée par les magiciens et démonolâtres du dix-huitième siècle, fait démontré par des faits*. Paris, Grégoire and Thouvenin, 1803.

———, *Lettres magiques, ou lettres sur le diable*. "En France": s.i., 1791.

First Rastafarian Church of Satan, *The Rastafarian Satanic Bible*. [Los Angeles]: s.i., 2005.

Fiume, Giovanna, "The Old Vinegar Lady, or the Judicial Modernization of the Crime of Witchcraft." In *History from Crime*, edited by Edward Muir and Guido Ruggiero, 65–87. Selections from *Quaderni Storici*, no. 3. Baltimore, MD: Johns Hopkins University Press, 1994.

Flowers, Stephan E., "Excerpt from Lords of the Left-Hand Path: A History of Spiritual Dissent." In *Contemporary Religious Satanism: A Critical Anthology*, edited by Jesper Aagaard Petersen, 239–245. Farnham, UK: Ashgate, 2009.

Fögen, Marie Theres, *Die Enteignung des Wahrsager: Studien zum kaiserlichen Wissensmonopol in der Spätantike*. Frankfurt am Main: Suhrkamp, 1997.

France, Anatole, *La révolte des Anges. Préface de Pierre Boulle*. Paris: Calmann-Lévy, 1980.

Frank, Frederick S., *Montague Summers: A Bibliographical Portrait*. The Great Bibliographers Series, no. 7. Metuchen, NJ: Scarecrow, 1988.

Frankfurter, David, *Evil Incarnate. Rumors of Demonic Conspiracy and Ritual Abuse in History*. Princeton, NJ: Princeton University Press, 2006.

Franz, Adolph, *Die kirchliche Benediktionen im Mittelalter*. 2 vols. Freiburg im Breisgau: Herdersche Verlagshandlung, 1909.

Fresnois, André du, *Une étape de la conversion de Huysmans: D'après des lettres inédites à Mme de C . . .* Paris: Dorbon-Aîné, s.a.

Freud, Sigmund, "Eine Teufelsneurose im siebzehnten Jahrhundert." In *Gesammelte Werke*, edited by Anne Freud, and others, 13:315–353. 18 vols. 1940. Reprint, London: Imago, 1947.

Frick, Karl R. H., *Die Satanisten: Materialen zur Geschichte der Anhänger des Satanismus und ihrer Gegner*. 3 vols. Graz: Akademische Druck- u. Verlagsanstalt, 1985.

Fry, L., *Leo Taxil et La Franc-Maçonnerie: Lettres inédites publiés par les amis de Monseugneur Jouin*. Chaton: British-American-Press, 1934.

Frye, Northrop, *A Study of English Romanticism*. New York: Random House, 1968.〔ノースロップ・フライ『イギリス・ロマン主義の神話』渡辺美智子訳、八潮出版社、1985年〕

Gallagher, Eugene V., "Sources, Sects, and Scripture: The Book of Satan in *The Satanic Bible*." In *The Devil's Party: Satanism in Modernity*, edited by Per Faxneld and Jesper Petersen, 103–122. Oxford: Oxford University Press, 2012.

Garçon, Maurice, "La société infernale d'Agen." *Mercvre de France* (15 July 1928): 271–304.

———, *Trois histoires Diabolique*. [Paris]: Librairie Gallimard, 1929.

———, *Vintras: Hérésiarque et prophète*. Paris: Librairie critique Émile Nourry, 1928.

Gardner, Gerald B., *Witchcraft Today*. London: Rider, 1954.

Gareis, Iris, "Feind oder Freund? Der Teufel in Spanien und in der Neuen Welt im 16.-18. Jahrhundert." *@KIH-eSkript. Interdisziplinäre Hexenforschung online* 3 (2011) 1:77–84, at http://www.historicum.net/no_cache/persistent/artikel/9107 (accessed 14 December 2011).

———, "Wie Engel und Teufel in die Neue welt kamen. Imaginationen von Gut und Böse in

Jesper Aagaard Petersen, 211–228. Farnham, UK: Ashgate, 2009.

Fanger, Claire, "Medieval Ritual Magic: What It Is and Why We Need to Know More about It." In *Conjuring Spirits: Texts and Traditions of Medieval Ritual Magic*, edited by Claire Fanger, vii–xviii. Magic in History, no. 4. Thrupp: Sutton, 1998.

Fava, Mgr., *La Franc-Maçonnerie: Doctrine, histoire, gouvernement. Lettre à la Revue Catholique des Institutions et du Droit*. Paris: Librairie de la Société Bibliographique, 1880.

Faxneld, Per, "Blavatsky the Satanist: Luciferianism in Theosophy, and Its Feminist Implications." *Tenemos* 48 (2012) 2:203–230.

———, " 'In communication with the powers of darkness': Satanism in Turn-of-the-Century Denmark, and Its Use as a Legitimating Device in Present-day Esotericism." In *Occultism in a Global Perspective*, edited by Henrik Bogdan and Gordan Djurdjevi, 57–77. Durham, UK: Acumen, 2013.

———, "The Devil Is Red: Socialist Satanism in Nineteenth and Early Twentieth Century Europe." *Numen: International Review for the History of Religions* 60 (2013) 5.

———, *Satanic Feminism: Lucifer as the Liberator of Woman in Nineteenth-Century Culture*. Stockholm: Molin and Sorgfrei, 2014.

———, "Secret Lineages and de Facto Satanists: Anton LaVey's Use of the Esoteric Tradition." In *Contemporary Esotericism*, edited by Egil Asprem and Kennet Granholm, 72–90. Sheffield, UK: Equinox, 2013.

———, "The Strange Case of Ben Kadosh: A Luciferian Pamphlet from 1906 and Its Current Renaissance." *Aries: Journal for the Study of Western Esotericism* 11 (2011) 1:1–22.

———, "Witches, Anarchism, and Evolutionism: Stanislaw Przybyszewski's Fin-de-siècle Satanism and the Demonic Feminine." In *The Devil's Party: Satanism in Modernity*, edited by Per Faxneld and Jesper Petersen, 53–77. Oxford: Oxford University Press, 2012.

———, "Woman Liberated by the Devil in Four Gothic Novels: William Beckford's *Vathek* (1786), Matthew Lewis' *The Monk* (1796), Charlotte Dacre's *Zofloya, or The Moor* (1806), and Charles Maturin's *Melmoth the Wanderer* (1820)." In *Grotesque Femininities: Evil, Women and the Feminine*, edited by M. Barrett, 29–43. Oxford: Inter-Disciplinary Press, 2010.

Faxneld, Per, and Jesper Aagaard Petersen, "Introduction: At the Devil's Crossroads." In *The Devil's Party: Satanism in Modernity*, edited by Per Faxneld and Jesper Petersen, 3–18. Oxford: Oxford University Press, 2012.

Felix, Minicius, *Octavianus*. In *Tertullian, Apology. De Spectaculis. Minicius Felix*. Translated by Gerald H. Rendall, 303–437. 1931. Reprint, London: William Heinemann, 1960.

Ferrer Benimeli, José A., "L'antimaçonnisme en Espagne et en Amérique latine." In *Les courants antimaçonniques hier et aujourd'hui*, edited by Alain Dierkens, 77–86. Problèmes d'histoire des religions, no. 4. Bruxelles: Éditions de l'Université de Bruxelles, 1993.

Feuerbach, Ludwig, *The Essence of Christianity*. Translated by George Eliot. 1854. Reprint, Buffalo, NY: Prometheus, 1989.〔ルートヴィヒ・フォイエルバッハ「キリスト教の本質」『フォイエルバッハ全集　第九／十巻』船山信一訳、福村出版、1975年〕

Fersen, M. de, *Messes Noires: Lord Lyllian*. Question de Genre 62. Montpellier: GayKitchCamp, 2011.

New York: Oxford University Press, 2012.
Ebon, Martin (ed.), *The World's Weirdest Cults*. New York: Signet, 1979.
Edelman, Nicole, "Diable et médiums. Histoire d'une disparition." In *Le Défi Magique II: Satanisme, sorcellerie*, edited by Jean-Baptiste Martin and Massimo Introvigne, 321-329. Lyon: Presses Universitaires de Lyon, 1994.
Egmond, Daniël van, "Western Esoteric Schools in the Late Nineteenth and Early Twentieth Centuries." In *Gnosis and Hermeticism from Antiquity to Modern Times*, edited by Roelof van den Broek and Wouter J. Hanegraaf, 311–346. Albany: State University of New York Press, 1998.
Egmond, Florike, *Underworlds: Organized Crime in the Netherlands 1650–1800*. Cambridge: Polity, 1993.
Eliade, Mircea, *The Quest: History and Meaning in Religion*. Chicago: University of Chicago Press, 1969.〔ミルチャ・エリアーデ『宗教の歴史と意味』前田耕作訳、せりか書房、1973年〕
Ellis, Bill, "Legend-Trips and Satanism: Adolescents' Ostentive Traditions as 'Cult' Activity." In *The Satanism Scare*, edited by James T. Richardson, Joel Best, and David G. Bromley, 279-295. New York: Aldine de Gruyter, 1991.
———, *Raising the Devil: Satanism, New Religions, and the Media*. Lexington: University Press of Kentucky, 2000.
Emmanuel, Pierre, *Baudelaire: The Paradox of Redemptive Satanism*. Translated by Robert T. Cargo. Tuscaloosa: University of Alabama Press, 1970.
Encausse, Philippe, *Sciences occultes ou 25 années d'occultisme occidental: Papus, savie, son œuvre*. Paris: Éditions Ocia, 1949.
Epiphanius of Salamis, *S.P.N. Epiphanii, Constantiae in Cypro episcope, opera quae repriri potuera omnia*. 3 vols. Patrologiae Cursus Completus: Patrologiae Graecae no. 41–43. Paris: J.-P. Migne, 1863.
———, *The Panarion: Book I (Sects 1-46)*. Translated by Frank Williams. Nag Hammadi Studies, no. 35. Leiden: E. J. Brill. 1987.
———, *The Panarion: Book II and III (Sects 47-80, De Fide)*. Translated by Frank Williams. Nag Hammadi Studies, no. 36. Leiden: E. J. Brill. 1994.
Erdan, Alexandre, *La France mystique: Tableau des excentricités religieuse de ces temps*. 2 vols. Amsterdam: R. C. Meijer, 1858.
Erhard, Johann Benjamin, "Apologie des Teufels." In *Über das Recht des Volks zu einer Revolution und andere Schriften*, edited by Hellmut G. Haasis, 109–134. München: Carl Hanser Verlag, 1970.
Ertl, Thomas, *Religion und Disziplin: Selbstdeutung und Weltordnung im frühen deutschen Franziskanertum*. Arbeiten zur Kirchengeschichte, no. 96. Berlin: Walter de Gruyter, 2006.
Esquiros, Alphonse, *Le Magicien*, Lausanne: L'Âge d'Homme, 1978.
Essarts, Fabre des, *Sadisme, Satanisme et Gnose*. Paris: Bodin, 1906.
Evans, Dave, "Speculating on the Point 003 Percent? Some Remarks on the Chaotic Satanic Minorities in the UK." In *Contemporary Religious Satanism: A Critical Anthology*, edited by

Desjardins, Jean F., "Huysmans fut-il anarchiste? À propos des collaborations retrouvées." *Bulletin de la Société J.-K. Huysmans* 37 (1959), 36:366–374.

Dinzelbacher, Peter, "Die Realität des Teufels im Mittelalter." In *Der Hexenhammer: Entstehung und Umfeld des Malleus Maleficarum von 1487*, edited by Peter Segl, 151–175. Köln: Böhlau, 1988.

Disreali, Benjamin, *Lord George Bentinck: A Political Biography*. London: Colburn, 1852.

Djurdjevic, Gordan, "The Great Beast as a Tantric Hero: The Role of Yoga and Tantra in Aleister Crowley's Magick." In *Aleister Crowley and Western Esotericism*, edited by Henrik Bogdan and Martin P. Starr, 107-140. New York: Oxford University Press, 2012.

Drumont, Édouard, *Le Testament d'un Antisémite*. Paris: E. Dentu, 1891.

Drury, Neville, "An Australian Original: Rosaleen Norton and Her Magical Cosmology." In *Occultism in a Global Perspective*, edited by Henrik Bogdan and Gordan Djurdjevi, 231-243. Durham, UK: Acumen, 2013.

———, *Stealing Fire from Heaven: The Rise of Modern Western Magic*. Oxford: Oxford University Press, 2011.

Dubois, Dominique, *Jules Bois (1868-1943): le reporter de l'occultisme, le poète et le fé ministe de la belle époque*. s.l.: Arqa, 2006.

Dubus, Edouard, "L'art de envoûter." *Le Figaro* 39 (29 January 1893) 29:1.

Dufay, Pierre, "L'Abbé Boullan et le 'Chanoine Docre.' " *Mercvre de France* 882 (15 March 1935): 509–527.

Duffy, Eamon, *Saints and Sinners: A History of the Popes*. New Haven, CT: Yale University Press, 1997.

Duggan, Colin, "Perennialism and Iconoclasm: Chaos Magick and the Legitimacy of Innovation." In *Contemporary Esotericism*, edited by Egil Asprem and Kennet Granholm, 91–112. Sheffield, UK: Equinox, 2013.

Dülmen, Richard van, "Imaginationen des Teuflischen. Nächtliche Zusammenkunfte, Hexentänze, Teufelssabbate." In *Hexenwelten: Magie und Imagination*, edited by Richard van Dülmen, 94–130. Frankfurt am Main: Fischer Taschenbuch Verlag, 1987.

Dvorak, Josef, *Satanismus: Schwarze Rituale, Teufelswahn und Exorzismus. Geschichte und Gegenwart*. München: Wilhelm Heyne Verlag, 1993.

Dyrendal, Asbjørn, "Darkness Within: Satanism as a Self-Religion." In *Contemporary Religious Satanism: A Critical Anthology*, edited by Jesper Aagaard Petersen, 59–74. Farnham, UK: Ashgate, 2009.

———, "Hidden Knowledge, Hidden Powers: Esotericism and Conspiracy Culture." In *Contemporary Esotericism*, edited by Egile Asprem and Kennet Granholm, 25-48. Sheffield, UK: Equinox, 2013.

———, "Hidden Persuaders and Invisible Wars: Anton LaVey and Conspiracy Culture." In *The Devil's Party: Satanism in Modernity*, edited by Per Faxneld and Jesper Petersen, 123–139. Oxford: Oxford University Press, 2012.

———, "Satan and the Beast: The Influence of Aleister Crowley on Modern Satanism." In *Aleister Crowley and Western Esotericism*, edited by Henrik Bogdan and Martin P. Starr, 369–394.

New Literary History 34 (2003), 4:699–721.

Crispino, Anna Marie, Fabio Giovannini, and Marco Zatterin (eds.), *Das Buch vom Teufel: Geschichte—Kult—Erscheinungsformen*. Translated by Werner Raith. Frankfurt am Main: Vito von Eichbon, 1987.

Crouch, Ben M., and Kelly Damphouse, “Law Enforcement and the Satanism-Crime Connection: A Survey of ‘Cult Cops.’ ” In *The Satanism Scare*, edited by James T. Richardson, Joel Best, and David G. Bromley, 191–204. New York: Aldine de Gruyter, 1991.

Crowley, Aleister, *777 vel Prolegomena Symbolica ad Systemam Sceptico-Mysticæ Viæ Explicianda, fundamentum Hieroglyphicum Sanctissimorum Scientiæ Summæ*. London: Walter Scott, 1909.

———, *The Book of Lies, which is also falsely called Breaks: The Wanderings or Falsifications of the one thought of Frater Perdurabo (Aleister Crowley)*. Boston: Weiser, 2001.

———, *The Confessions of Aleister Crowley: An Autohagiography*. London: Jonathan Cape, 1969.

———, *Liber Oz: Liber LXXVII*. Los Angeles: O.T.O., An. IXV [1941].

———, *Magical Diaries of Aleister Crowley: Tunisia 1923*. Edited by Stephen Skinner. York Beach, ME: Samuel Weiser, 1999.〔アレイスター・クロウリー『アレイスター・クロウリーの魔術日記』江口之隆訳、国書刊行会、1997年〕

———, *Magick*. Edited by John Symonds and Kenneth Grant. London: Routledge and Kegan Paul, 1973.〔同『魔術——理論と実践』島弘之、植松靖夫、江口之隆訳、国書刊行会、1997年〕

D’Arch Smith, Timothy, *The Books of The Beast: Essays on Aleister Crowley, Montague Summers and Others*. [London]: Mandrake, 1991.

D’Hoore, Marc, “Goblet d’Alviella, un intellectuel en politique. Commentaires sur son œuvre et sa pensée.” In *Eugène Goblet d’Alviella, historien et franc-maçon*, edited by Alain Dierkens, 19–34. Problèmes d’histoire des Religions, no. 6. Bruxelles: Éditions de l’Université de Bruxelles, 1995.

D’Olivet, Fabre, *Caïn, mystère dramatique en trois actes de Lord Byron, traduit en vers français et réfuté dans une suite de remarques philosophiques et critiques*. 1823. Reprint, Genève: Éditions Slatkine, 1981.

Dachez, Roger, “Freemasonry.” In *Dictionary of Gnosis and Western Esotericism*, edited by Wouter J. Hanegraaff, 1:382–388. 2 vols. Leiden: Brill, 2005.

Daoust, Joseph, *Les débuts bénédictins de J.-K. Huysmans: Documents inédits receuillis avec le concours de dom J. Laporte et de dom J. Mazé, Moines de Saint-Wandrille*. Abbaye Saint Wandrille: Éditions de Fontenelle, 1950.

Davies, Maxwell, “Self-Conscious Routinization and the Post-Charismatic Fate of the Church of Satan from 1997 to the Present.” In *Contemporary Religious Satanism: A Critical Anthology*, edited by Jesper Aagaard Petersen, 75–84. Farnham, UK: Ashgate, 2009.

Dehau, Émile, “Le culte de Lucifer.” *Charente*, 13 April 1895.

Delvaux, Peter, “Hexenglaube und Verantwortung zur Walpurgisnacht in Goethe’s *Faust I*.” *Neophilologus* 83 (1999), 4:601–616.

Dennis, Ian, “*Cain*: Lord Byron’s Sincerity.” *Studies in Romanticism (Boston University)* 41 (Winter 2002): 655–674.

Chethimattam, John, "The Concept and the Role of the Demon in Indian Thought." In *Le Défi Magique II: Satanisme, sorcellerie*, edited by Jean-Baptiste Martin and Massimo Introvigne, 311–320. Lyon: Presses Universitaires de Lyon, 1994.

Chick, Jack T., *The Curse of Baphomet*. Ontario: Chick Publications, 1991.

———, *Spellbound?* Ontario: Chick Publications, 1978.

———, *The Unwelcome Guest*. Ontario: Chick Publications, 2006.

Cholvy, Gérard, *La religion en France de la fin du XVIIIe à nos jours*. Paris: Hachette, 1991.

Churton, Tobias, "Aleister Crowley and the Yezidis." In *Aleister Crowley and Western Esotericism*, edited by Henrik Bogdan and Martin P. Starr, 181–207. New York: Oxford University Press, 2012.

Clark, T. J., *The Absolute Bourgeois: Artists and Politics in France 1848–1851*. London: Thames and Hudson, 1973.

Closson, Marianne, "Le *Diable au XIXe Siècle* de Léo Taxil, ou les 'mille et une nuits' de la démonologie." In *Fictions du Diable. Démonologie et littérature de saint Augustin à Léo Taxil*, edited by Françoise Lavocat, Pierre Kapitaniak, and Marianne Closson, 313–332. Genève: Librairie Droz, 2007.

Cohn, Norman, *Europe's Inner Demons: An Enquiry Inspired by the Great Witch-Hunt*. London: Sussex University Press, 1975.

———, *Warrant for Genocide: The Myth of the Jewish World-Conspiracy and the Protocols of the Elders of Zion*. Harmondsworth, UK: Penguin, s.a.〔ノーマン・コーン『ユダヤ人世界征服陰謀の神話――シオン賢者の議定書(プロトコル)』内田樹訳、ダイナミックセラーズ出版、2007年〕

Collin de Plancy, J., *Le diable peint par lui-même, ou galerie de petits romans, de contes bizarres, d'anecdotes prodigieuses, sur les aventures des démons*. Paris: P. Mongie Ainé, 1819.

Constant, Alphonse, *Dictionnaire de littérature chrétienne*. Paris: Migne, 1851.

———, *Doctrines religieuses et sociales*. Paris: Aug. le Gallois, 1841.

———, *L'Assomption de la femme ou Le Livre de l'Amour*. Paris: Aug. le Gallois, 1841.

———, *La Bible de la Liberté*. Paris: Le Gallois, 1841.

———, *La Mère de Dieu, épopée religieuse et humanitaire*. Paris: Librairie de Charles Gosselin, 1844.

———, *Le dernière incarnation: Légendes évangeliques du XXIe siècle*. Paris: Libraire sociétaire, 1846.

———, *Le Testament de la Liberté*. Paris: J. Frey, 1848.

Corelli, Marie, *The Sorrows of Satan or the Strange Experience of One Geoffrey Tempest, Millionaire: A Romance*. London: Methuen, 1895.

Corfield, Penelope J., "Historians and the Return to the Diachronic." In *The New Ways of History: Developments in Historiography*, edited by Gelina Harlaftis, Nikos Karapidakis, Kostas Sbonias, and Vaios Vaiopoulos, 13–34. London: Tauris Academic Studies, 2010.

Corneille, Thomas, and Donneau de Visé, *La Devineresse: Comédie. Introduction et Notes par P. J. Yarrow*. s.l.: University of Exeter, 1971.

Crabtree, Vexen, "Reflections on Satanism." In *Contemporary Religious Satanism: A Critical Anthology*, edited by Jesper Aagaard Petersen, 231–238. Farnham, UK: Ashgate, 2009.

Craciun, Adriana, "Romantic Satanism and the Rise of Nineteenth-Century Women's Poetry."

Bronowski, J., *William Blake and the Age of Revolution*. London: Routledge and Kegan Paul, 1972.〔ジェイコブ・ブロノフスキー『ブレイク——革命の時代の予言者』高儀進訳、紀伊國屋書店、1976年〕

Brooke, Stopford, "Byron's Cain." *Hibbert Journal. A Quarterly Review of Religion, Theology and Philosophy* 18 (1919): 74–94.

Bucher, Rainer, *Hitlers Theologie*. Würzburg: Echter, 2008.

Buet, Charles, *Grands Hommes en Robe de Chambre*. Paris: Société Libre d'Édition des Gens de Lettres, 1897.

Bugliosi, Vincent, and Curt Gentry, *Helter Skelter: Het ware verhaal van de Manson-moorden*. Translated by Frédérique van der Velde. Bussum: Van Holkema and Warendorf, 1978.

Burton, Richard E., *Baudelaire and the Second Republic: Writing and Revolution*. Oxford: Clarendon, 1991.

Butler, Marilyn, "Romantic Manichaeism: Shelley's 'On the Devil, and Devils' and Byron's Mythological Dramas." In *The Sun Is God: Painting, Literature and Mythology in the Nineteenth Century*, edited by J. B. Bullen, 13–37. Oxford: Clarendon, 1989.

Byron, Lord [George Gordon], *The Poetical Works of Lord Byron*. Oxford: Oxford University Press, 1961.〔バイロン卿『バイロン詩集』山宮允ほか訳、三笠書房、1949年〕

———, *Selected Letters and Journals*. Edited by Leslie A. Marchand. Cambridge, MA: Belknap Press of Harvard University Press, 1982.

Byron, Lord [George Gordon], and Truman Guy Steffan, *Lord Byron's Cain: Twelve Essays and a Text with Variants and Annotations*. Austin: University of Texas Press, 1968.

Cahill, E., *Freemasonry and the Anti-Christian Movement*. 2nd revised edition. Dublin: M. H. Gill, 1930.

Caldan, Jean de, "Le Satanisme est-il pratiqué aujourd'hui?' *Le Matin*, 21 april 1908.

Camporesi, Piero, "The Consecrated Host: A Wondrous Excess." In *Fragments for a History of the Human Body*, edited by Michel Feher, 1:220–237. New York: Urzone, 1990.

Casis, M., "M. Taxil chez Chopinette." *La Verité*, 15 April 1897, 2.

Cazotte, Jacques, *Le diable amoureux, et autres écrits fantastiques*. Paris: Flammarion, 1974.

Céard, Jean, "Démoneries du XVIe siècle et diableries du XIXe. Collin de Plancy et les démonologues de la Renaissance." In *Fictions du Diable. Démonologie et littérature de saint Augustin à Léo Taxil*, edited by Françoise Lavocat, Pierre Kapitaniak, and Marianne Closson, 297–311. Genève: Librairie Droz, 2007.

Cervantes, Fernando, *The Devil in the New World: The Impact of Diabolism in New Spain*. New Haven, CT: Yale University Press, 1994.

Cerza, Alphonse, *Anti-Masonry: Light on the Past and Present Opponents of Freemasonry*. Fulton, MO: Ovid Bell Press, 1962.

Chacornac, Paul, *Éliphas Lévi: Rénovateur de l'occultisme en France (1810–1875)*. Paris: Librairie Géneral des Sciences Occultes Chacornac Frères, 1926.

Chadwick, Owen, *The Secularization of the European Mind in the Nineteenth Century: The Gifford Lectures in the University of Edinburgh for 1973–4*. Cambridge: Cambridge University Press, 1975.

———, *Le Satanisme et la Magie: Avec une étude de J. K. Huysmans*. Paris: Ernest Flammarion, 1895.
———, *Le monde invisible*. Paris: Ernest Flammarion, s.a.
Bosch, Firmin van den, *Impressions de littérature contemporaine*. Bruxelles: Vromant, 1905.
Boss, Valentin, *Milton and the Rise of Russian Satanism*. Toronto: University of Toronto Press, 1991.
Bossier, Herman, *Geschiedenis van een Romanfiguur: De "Chanoine Docre" uit "Là-bas" van J.-K. Huysmans*. Brussel: De Lage Landen, 1942.
———, *Geschiedenis van een romanfiguur: De "chanoine Docre" uit Là-bas van J.-K. Huysmans*. Second, revised edition. Hasselt: Heideland, 1965.
———, *Un personnage de roman: Le chanoine Docre de La-Bas de J.-K. Huysmans*. Bruxelles: Les Ecrits, 1943.
Boureau, Alain, *Satan the Heretic: The Birth of Demonology in the Medieval West*. Translated by Teresa Lavender Fagan. Chicago: University of Chicago Press, 2006.
Boutet, Frédéric, *Tableau de l'au-delà*. Paris: Gallimard, 1927.
Bouton-Toubolic, Anne-Isabelle, "Le *De diuinatione daemonum* de Saint Augustin." In *Fictions du Diable. Démonologie et littérature de saint Augustin à Léo Taxil*, edited by Françoise Lavocat, Pierre Kapitaniak, and Marianne Closson, 15–34. Genève: Librairie Droz, 2007.
Bowie, Fiona, *The Anthropology of Religion: An Introduction*. Malden, MA: Blackwell, 2006.
Boyce, Mary, *Zoroastrianism: A Shadowy but Powerful Presence in the Judaeo-Christian World*. London: Dr William's Trust, 1987.
Braekman, W., *Magische experimenten en toverpraktijken uit een middelnederlands handschrift*. Gent: Seminarie voor Volkskunde, 1966.
Brevannes, Roland, *Les Messes Noires: Reconstruction dramatique en III parties et IV tableaux. Donnée au Théâtre de la Bodinière, le 17 février 1904*. s.l.: s.i., s.a..
Breytenbach, C., and P. L. Day, "Satan." In *Dictionary of Deities and Demons in the Bible*, edited by Karel van der Toorn, Bob Becking, and Pieter W. van der Horst, 726–732. Leiden: Brill, 1999.
Bricaud, Joanny, *Huysmans, Occultiste et Magicien: Avec une Notice sur les Hosties Magiques qui servent à Huysmans pour combattre les Envoûtements*. Paris: Bibliothèque Chacornac, 1913.
———, *J.-K. Huysmans et le Satanisme: D'après des documents inédits*. Paris: Bibliothèque Chacornac, 1913.
———, *L'abbé Boullan (Docteur Johannès de Là-Bas): Sa vie, sa doctrine et ses pratiques magiques*. Paris: Chacornac Frères, 1927.
Broek, Roelof van den, "Sexuality and Sexual Symbolism in Hermetic and Gnostic Thought and Practice (Second–Fourth Centuries)." In *Hidden Intercourse: Eros and Sexuality in the History of Western Esotericism*, edited by Wouter J. Hanegraaff and Jeffrey J. Kripal, 1–21. Leiden: Brill, 2008.
Bromley, David G., "Satanism: The New Cult Scare." In *The Satanism Scare*, edited by James T. Richardson, Joel Best, and David G. Bromley, 49–72. New York: Aldine de Gruyter, 1991.
———. "The Satanism Scare in the United States." In *Le Défi Magique II: Satanisme, sorcellerie*, edited by Jean-Baptiste Martin and Massimo Introvigne, 49–64. Lyon: Presses Universitaires de Lyon, 1994.

T. Richardson, Joel Best, and David G. Bromley, 95–106. New York: Aldine de Gruyter, 1991.

Bieberstein, Johannes Rogalla von, *Die These von der Verschwörung 1776–1945: Philosophen, Freimaurer, Juden, Liberale und Sozialisten als Verschwörer gegen die Sozialordnung*. Frankfurt am Main: Peter Lang, 1978.〔ヨハネス・ビーバーシュタイン『ヨーロッパ反体制思想』國嶋一則／久保陽一／戸田洋樹訳、公論社、1981年〕

Billy, André, *Stanislas de Guaita*. Paris: Mercure de France, 1971.

Blake, William, *Poems and Prophecies*. London: J. M. Dent, 1972.

———, *The Marriage of Heaven and Hell: With an Introduction and Commentary by Sir Geoffrey Keynes*. Oxford: Oxford University Press, 1975.〔ウィリアム・ブレイク『ブレイク全著作』梅津濟美訳、全二巻、名古屋大学出版会、1989年〕／同『ウィリアム・ブレイク』内田道子訳、牧神社、1977年／同『イギリス詩論集　上』岡地嶺訳、中央大学出版部、1980年他〕

Blavatsky, H. P., *Isis Unveiled: A Master-Key to the Mysteries of Ancient and Modern Science and Theology*. 2 vols. Pasadena, CA: Theosophical University Press, 1972.〔ヘレナ・ペトロヴナ・ブラヴァツキー『ベールをとったイシス〈第1巻　科学〉上／下』老松克博訳、竜王文庫、2010-2015年〕

———, *The Secret Doctrine: The Synthesis of Science, Religion, and Philosophy*. 2 vols. London: Theosophical Society Publishing, 1888.〔同『シークレット・ドクトリン　宇宙発生論《上》』田中恵美子／ジェフ・クラーク訳、Utyu Publishing、2013年〕

Blécourt, Willem de, "The Witch, Her Victim, the Unwitcher and the Researcher: The Continued Existence of Traditional Witchcraft." In *Witchcraft and Magic in Europe, Volume 6: The Twentieth Century*, edited by Willem de Blécourt, R. Hutton, and J. La Fontaine, 141–218. London: Athlone, 1999.

Blok, Anton, "The Bokkerijders Bands 1726–1776: Preliminary Notes on Brigandage in the Southern Netherlands." *Papers on European and Mediterranean Societies*, no. 7. Amsterdam: Antropologisch-Sociologisch Centrum Universiteit van Amsterdam, 1976.

Bloy, Léon, "L'expiation de Jocrisse." *Gil Blas* 5 (24 January 1893), 4816:1.

———, *Sur Huysmans*. Bruxelles: Éditions Complexe, 1986.

Bobineau, Olivier, "Le satanisme ou le 'religieusement incorrect.'" *Social Compass* 56 (December 2009) 4:503–514.

Bocquet, Leon, "Édouard Dubus (1863–1895)." *Le Nord littéraire et artistique*, 19 January 1928, 10–11.

Bogdan, Hendrik, "Envisioning the Birth of a New Aeon: Dispensationalism and Millenarianism in the Thelemic Tradition." In *Aleister Crowley and Western Esotericism*, edited by Henrik Bogdan and Martin P. Starr, 89–106. New York: Oxford University Press, 2012.

Bois, G[eorges], "La fin du Palladisme." *La Vérité*, 21 April 1897.

Bois, Jules, *Les noces de Sathan*. Paris: Albert Savine, 1890.

———, "L'envoûtement et la mort du docteur Boullan." *Gil Blas* 5 (9, 11, and 13 January 1893), 4801:2, 4803:2, 4805:2.

———, *Les Petites Religions de Paris*. Paris: Ernest Flammarion, s.a.

London: Fortune, 1933.
Beaufils, Christophe, *Joséphin Péladan (1858–1918): Essai sur une maladie du lyrisme*. Grenoble: Jérôme Million, 1993.
Behringer, Wolfgang, "How Waldensians Became Witches: Heretics and Their Journey to the Other World." In *Communicating with the Spirits*, edited by Gabor Klaniczay, Eva Pócs, and others, 155–192. Budapest: Central European University Press, 2005.
Bekker, Balthasar, *De Betooverde Weereld, zynde een grondig ondersoek van 't gemeen gevoelen aangaande de geesten, derselver Aart en vermogen, Bewind en Bedryf: als ook 't gene de Menschen door derselver kraght en gemeenschap doen*. Amsterdam: Daniel van den Dalen, 1691.
Bel, Jacqueline, "Satan in Holland. Over *Goëtia*, de salon-sataniste van Frits Lapidoth." In *Teruggedaan: Eenenvijftig bijdragen voor Harry G.M. Prick ter gelegenheid van zijn afscheid als conservator van het Nederlands Letterkundig Museum en Documentatiecentrum*, edited by Th. A. P. Bijvoet, S. A. J. van Faassen, Anton Korteweg, and others, 27–35. 's-Gravenhage: Nederlands Letterkundig Museum and Documentatiecentrum, 1988.
Bellah, Robert, "Religious Evolution." In *Reader in Comparative Religion: An Anthropological Approach*, edited by W. A. Lessa and E. Z. Vogt, 73–87. New York: Grune and Stratton, 1965.
Beller, Steven, *Antisemitism: A Very Short Introduction*. Oxford: Oxford University Press, 2007.
Belval, Maurice M., *Des ténèbres à la lumière: Etapes de la pensée mystique de J.K. Huysmans*. Paris: Maisonneuve and Larose, 1968.
Bénédictions de la Congrégation de S. Maur (ed.), *Recueil des Historiens des Gaules et de la France*, vol. 10. Paris: Chez Gabriel Matin. H.L. Guerin and L.F. Delatour, Antoine Boudet, 1760.
Bénichou, Paul, *Le sacre de l'écrivain, 1750–1830: Essai sur l'avènement d'un pouvoir laïque dans la France moderne*. Paris: Éditions Gallimard, 1996.〔ポール・ベニシュー『作家の聖別――1750–1830年――近代フランスにおける世俗の精神的権力到来をめぐる試論』片岡大右／原大地／辻川慶子／古城毅訳、水声社、2015年〕
———, *Le temps des prophètes: Doctrines de l'âge romantique*. [Paris]: Éditions Gallimard, 1977.
———, *Les mages romantiques*. [Paris]: Éditions Gallimard, 1988.
Benko, Stephen, "The Libertine Gnostic Sect of the Phibionites According to Epiphanus." *Vigilæ Christianæ* 21 (1967): 103–119.
Benoist, Alain de, "Psychologie de la théorie du complot." *Politica Hermetica* 6 (1992): 13–28.
Berend, Nora, *At the Gate of Christendom: Jews, Muslims and "Pagans" in Medieval Hungary, c. 1000–c. 1300*. Cambridge: Cambridge University Press, 2001.
Berger, Peter, Grace Davie, and Effie Fokas, *Religious America, Secular Europe? A Theme and Variations*. Aldershot, UK: Ashgate, 2008.
Berlin, Isaiah, "The Romantic Revolution. A Crisis in the History of Modern Thought." In *The Sense of Reality: Studies in Ideas and their History*, 168–193. London: Pimlico, 1996.
———, *The Roots of Romanticism*. Princeton, NJ: Princeton University Press, 2001.
Bessy, Maurice, *A Pictorial History of Magic and the Supernatural*. Translated by Margaret Crosland and Allan Daventry. London: Spring Books, 1964.
Best, Joel, "Endangered Children in Antisatanist Rhetoric." In *The Satanism Scare*, edited by James

Barbey d'Aurevilly, Jules, *Les Diaboliques*. Paris: Alphonse Lemerre, s.a.〔ジュール・バルベー・ドールヴィイ『悪魔のような女たち』中条省平訳、筑摩文庫、2005年〕

Baron, Louis, *Réponse aux polissonneries de Léo Taxil et aux divagations d'Andrieux*. Toulouse: Orient de Toulouse, 1886.

Barr, James, "The Question of Religious Influence: The Case of Zoroastrianism, Judaism, and Christianity." *Journal of the American Academy of Religion* 53 (June 1985), 2:201–235.

Barrès, Maurice, *Un rénovateur de l'occultisme, Stanislas de Guaita (1861–1898)*. Paris: Chamuel, 1898.

Barrucand, Pierre, "Quelques aspects de l'antimaçonnisme, le cas de Paul Rosen." *Politica Hermetica* 4 (1990): 91–108.

Barruel, Augustin, *Mémoires pour servir à l'histoire du jacobinisme*. 4 vols. London: Ph. Le Boussonnier, 1797.

Barry, Jonathan, and Owen Davies (eds.), *Palgrave Advances in Witchcraft Historiography*. Houndmills: Palgrave Macmillan, 2007.

Barton, Blanche, *The Church of Satan: A History of the World's Most Notorious Religion*. New York: Hell's Kitchen, 1990.

———, *The Secret Life of a Satanist: The Authorized Biography of Anton LaVey*. London: Mondo, 1992.

Bartrina, Joaquín Maria, *Obras poéticas*. Barcelona: Bosch, 1939.

Baskin, Wade, *Dictionary of Satanism*. New York: Philosophical Library, 1971.

Basset, Serge, "Une messe noire: Chez les adorateurs du prince des ténèbres." *Le Matin*. 14 (27 May 1899) 5571:1–2.

Bastiaensen, Toon, "Exorcism: Tackling the Devil by Word of Mouth." In *Demons and the Devil in Ancient and Medieval Christianity*, edited by Nienke Vos and Willemien Otten, 129–142. Supplements to Vigiliae Christianae: Texts and Studies of Early Christian Life and Language, no. 108. Leiden: Brill, 2011.

Baudelaire, Charles, *Curiosités esthétiques, L'Art romantique et autres œuvres critiques*. Paris, Éditions Garnier Frères, 1962.〔シャルル・ボードレール「文芸批評」「美術批評」阿部良雄訳、『ボードレール全集　2／3／4』筑摩書房、1984-1987年〕

———, *Journaux intimes. Fusées—Mon cœur mis á nu—Carnet. Édition critique établie par Jacques Crépet et Georges Blin*, Paris: Librairie José Corti, 1949.〔同『火箭・赤裸の心』齋藤磯雄訳、立風書房、1974年〕

———, *Les Fleurs du Mal: Texte de la seconde édition suivi des pièces supprimées en 1857 et des additions de 1868. Édition critique établie par Jacques Crépet et Georges Blin*. Paris: Librairie José Corti, 1968.〔同『悪の華』鈴木信太郎訳、岩波文庫、1961年他〕

———, *Le spleen de Paris: Petits poèmes en prose*. Paris: Librio, 2010.〔同『パリの憂鬱』阿部良雄訳、『ボードレール全集　4』筑摩書房、1987年〕

Bataille, "Docteur." *Le Diable au XIXe siècle: La Franc-Maçonnerie luciférienne ou les mystères du spiritisme. Révélations complètes sur le Palladisme, la théurgie, la goétie et tout le satanisme moderne. Récits d'un témoin*. 2 vols. Paris: Delhomme and Briguet, [1892–1893].

Bavent, Madeleine, *The Confessions of Madeleine Bavent*. Translated by Montague Summers.

sixth edition].
———, *The Temple of Set*. San Francisco: s.n., 2002–2010 [e-book published by the author, draft 11].
Asad, Talal, *Genealogies of Religion: Discipline and Reasons of Power in Christianity and Islam*. Baltimore, MD: Johns Hopkins University Press, 1993.〔タラル・アサド『宗教の系譜——キリスト教とイスラムにおける権力の根拠と訓練』中村圭志訳、岩波書店、2004年〕
Ashe, Geoffrey, *The Hell-Fire Clubs: A History of Anti-Morality*. Stroud: Sutton, 2001.
Asprem, Egil, "*Kabbalah Recreata*: Reception and Adaptation of Kabbalah in Modern Occultism." *Pomegranate* 9 (2007) 2:132–153.
———, "Magic Naturalized? Negotiating Science and Occult Experience in Aleister Crowley's Scientific Illuminism." *Aries* 8 (2008): 139–165.
Asprem, Egil, and Kennet Granholm, "Introduction." In *Contemporary Esotericism*, edited by Egil Asprem and Kennet Granholm, 1–24. Sheffield, UK: Equinox, 2013.
———, "Constructing Esotericisms: Sociological, Historical and Critical Approaches to the Invention of Tradition." In *Contemporary Esotericism*, edited by Egil Asprem and Kennet Granholm, 25–48. Sheffield, UK: Equinox, 2013.
Assmann, Jan, *Moses the Egyptian: The Memory of Egypt in Western Monotheism*. Cambridge, MA: Harvard University Press, 1997.〔ヤン・アスマン『エジプト人モーセ——ある記憶痕跡の解読』安川晴基訳、藤原書店、2017年〕
Atkins, Susan, with Bob Slosser, *Child of Satan, Child of God*. Plainfield, NJ: Logos International, 1977.
Awn, Peter J., *Satan's Tragedy and Redemption: Iblīs in Sufi Psychology*. Studies in the History of Religions, no. 44. Leiden: Brill, 1983.
Baal, J. van, "Magic as a Religious Phenomenon." *Higher Education and Research in the Netherlands* 7 (1963): 3/4, 10–21.
Baddely, Gavin, *Lucifer Rising: Sin, Devil Worship and Rock 'n' Roll*. London: Plexus, 1999.
Bainbridge, William Sims, *Satan's Power: A Deviant Psychotherapy Cult*. Berkeley: University of California Press, 1978.
———, "Social Construction from Within: Satan's Process." In *The Satanism Scare*, edited by James T. Richardson, Joel Best, and David G. Bromley, 297–310. New York: Aldine de Gruyter, 1991.
Bakunin, Michael, *God and the State*. New York: Dover, 1970.〔ミハイル・バクーニン『神と国家』勝田吉太郎訳、猪木正道／勝田吉太郎編『世界の名著53』中央公論社、1980年〕
Balch, Robert W., and Margaret Gillam, "Devil Worship in Western Montana: A Case Study in Rumor Construction." In *The Satanism Scare*, edited by James T. Richardson, Joel Best, and David G. Bromley, 249–262. New York: Aldine de Gruyter, 1991.
Baldick, Robert, *The Life of J.-K. Huysmans*. Oxford: Clarendon, 1955.〔ロバート・バルディック『ユイスマンス伝』岡谷公二訳、学習研究社、1996年〕
Barbeau, Raymond, *Un prophète luciférien: Léon Bloy*. Aubier: Éditions Montaigne, 1957.
Barbey, Léon, *L'âme du Chanoine Schorderet*. Fribourg: Éditions de l'Imprimerie St-Paul, 1943.

Christian Life and Language, no. 108. Leiden: Brill, 2011.

Andrey, Georges, "La Croisade antimaçonnique (XIXe–XXe siècles)." In *La Franc-maçonnerie à Fribourg et en Suisse du XVIIIe au XXe siècle*, edited by Yvonne Lehnherr, 177–186. Gèneve: Slatkine, 2001.

Angenendt, Arnold, "Die Liturgie und die Organisation des Kirchlichen Lebens auf dem Lande." In *Cristianizzazione ed organizzazione ecclesiastica delle campagne nell'alto medioevo: espansione e resistenze*, 1:169–226. Spoleto: Centro Italiano di Studi sull'Alto Medioevo, 1982.

Ankarloo, Bengt, and Gustav Hennigsen (eds.), *Early Modern European Witchcraft: Center and Peripheries*. Oxford: Clarendon, 1990.

Anonymous, "Chez le Sar." *Le Jour*, 28 April 1891, 1–2.

———, "Diana Vaughan." *L'Éclaire*, 10 December 1896.

———, *Diana Vaughan: Haar persoon, haar werk en haar aanstaande komst*. Leiden: J. W. van Leeuwen, 1897.

———, *Ergänzungsband zum Bilder-Lexikon: Kulturgeschichte—Literatur und Kunst—Sexualwissenschaft*. Bilderlexikon der Erotik, vol. 4. Wien: Verlag für Kulturforschung, 1931.

———, "Gestorum Treverorum Continuatio IV." *Monumenta Germaniae Historica inde ab Anno Christi quingentesimo usque ad annum millesimum et quintegentesimum: Scriptorum*. vol. 23. Hannoverae: Impensis Bibliopolii Hahniani, 1879.

———, *Gremoire du Pape Honorius: Avec un recueil des plus rares secrets*. 1670. Reprint, Paris: Éditions Bussière, 2012.

———, *Grimoire du Pape Honorius, avec un recueil des plus rares secrets*. Rome [Lille]: Imprimerie Du Blocquel, 1760.

———, *Joris-Karl Huysmans: Du naturalisme au satanisme et à Dieu*. Paris: Bibliothèque Nationale/ Bibliothèque de l'Arsenal, 1979.

———, *Le Crapouillot: Magazine non conformiste* 78 (November 1984) — *Sexe et magie*.

———, *Le labarum anti-maçonnique: Statuts de l'ordre, déclaration de principes et grandes constitutions, cérémonial des grand'gardes, extraits du rituel des chevaliers du Sacré-Cœur*. Paris: Librarie Antimaçonnique, s.a. [1895].

———, *Lettre de Satan aux Francs-Maçons, suivi d'une réponse à Satan*. Paris: Potey, 1825.

———, *Mariken van Nieumeghen: Ingeleid en toegelicht door Dirk Coigneau*. 's- Gravenhage: Martinus Nijhoff, 1982.

———, *Mensonges cléricaux*. Paris: Imp. Rinuy, s.a. [1897].

———, "Miss Diana Vaughan." *Le Matin*, 23 November 1896.

———, *Réflexions sur le procès intenté à M. Waille, au sujet de l'écrit intitulé: "Lettre de Satan aux francs-maçons". Extrait du Mémorial Catholique (février, 1826)*. [Paris]: Impr. De Gueffier, 1826.

———, *Report to the Council of the League of Nations on the Administration of the Territory of New Guinea from 1st July, 1934, to 30th June, 1935*. Commonwealth of Australia: Canberra, 1936.

———, *Satan. Les Études Carmélitaines* 27. Paris: Desclée De Brouwer, 1948.

———, "Satan." In: *Encyclopaedia Judaica*, 14:901–903. Jerusalem: Keter, 1972.

Aquino, Michael A., *The Church of Satan*. San Francisco: s.n., 2009 [e-book published by the author,

参考文献

Aagaard, Johannes, "Occultisme/Satanism and the Christian Faith." In *Le Défi Magique II: Satanisme, sorcellerie*, edited by Jean-Baptiste Martin and Massimo Introvigne, 259–267. Lyon: Presses Universitaires de Lyon, 1994.

Abrams, M. H., "English Romanticism: The Spirit of the Age." In *Romanticism: Points of View*, edited by Robert F. Gleckner and Gerald E. Enscoe, 314–330. Englewood Cliffs, NJ: Prentice-Hall, 1970.

Ach, Manfred, and Jörgensen, Johannes, *Joris-Karl Huysmans und die okkulte Dekadenz*. München: Arbeitsgemeinschaft für Religions- und Weltanschauungsfragen, 1980.

Ackroyd, Peter, *Blake*. London: Sinclair-Stevenson, 1995.〔ピーター・アクロイド『ブレイク伝』蜂巣泉／伊藤茂／高倉正行訳、みすず書房、2002年〕

Agulhon, Maurice, *Marrianne au combat: L'imagerie et la symbolique républicaines de 1789 à 1880*. Paris: Flammarion, 1979.

———, "Paris: A Traversal from East to West." In *Realms of Memory: The Construction of the French Past. Volume III: Symbols*, edited by Pierre Nora and Lawrence D. Kritzman, 523–553. Translated by Arthur Goldhammer. New York: Columbia University Press, 1998.

Alfred, Randall H., "The Church of Satan." In *The New Religious Consciousness*, edited by Charles Y. Glock and Robert N. Bellah, 180–202. Berkeley: University of California Press, 1976.

Algra, Keimpe, "Stoics on Souls and Demons: Reconstructing Stoic Demonology." In *Demons and the Devil in Ancient and Medieval Christianity*, edited by Nienke Vos and Willemien Otten, 71–96. Supplements to Vigiliae Christianae: Texts and Studies of Early Christian Life and Language, no. 108. Leiden: Brill, 2011.

Alinsky, Saul D., *Rules for Radicals: A Practical Primer for Realistic Radicals*. New York: Random House, 1971.

Alisauskiene, Milda, "The Peculiarities of Lithuanian Satanism: Between Crime and Atheism in Cyberspace." In *Contemporary Religious Satanism: A Critical Anthology*, edited by Jesper Aagaard Petersen, 121–128. Farnham, UK: Ashgate, 2009.

Altermatt, Urs, "L'engagement des intellectuels catholiques suisses au sein de l'Internationale noire." In *The Black International/L'International noire 1870–1878*, edited by Emiel Lamberts, 409–426. Leuven: Leuven University Press, 2002.

Ambelain, Robert, *Adam Dieu Rouge: L'ésotérisme judéo-chrétien, la gnose et les Ophites lucifériens et rose + croix*. Paris: Éditions Niclaus, 1941.

Amirav, Hagit, "The Application of Magical Formulas of Invocation in Christian Contexts." In *Demons and the Devil in Ancient and Medieval Christianity*, edited by Nienke Vos and Willemien Otten, 117–127. Supplements to Vigiliae Christianae: Texts and Studies of Early

第３章　シュタイナーが実際にルシファーとアーリマンにモデルをやらせたと伝えられる、スイス・ドルナッハのゲーテアヌム（人智学協会本部）にある彫刻「人類の代表者」（本文初出p.224）

第３章　バスティーユ広場７月革命記念柱の天使の像〈自由の精〉（ルシファー）（本文p.177）

第１〜第４章　ルイ一四世宮廷毒殺事件で行われたと想像された「黒ミサ」（ジュール・ボアの本の挿絵。ラ・ヴォワザン（左）、キブール（中央）。モンテスパン（夫人）（横たわる女性）（本文pp.77-71　*Le Satanisme et la Magie*, Jules Bois, Paris, 1903）

第３章、第５〜第８章　現在広く知られている、エリファス・レヴィによるバフォメットの描写。（本文初出p.208下）

第２章　ブレイク「天国と地獄の結婚」図版３（ブレイクによるエッチング画　本文p.104下引用部分）

第２章　ブレイク「天国と地獄の結婚」表紙の図版。ブレイクによるエッチング画（1790）

第７～第８章　〈ブラックハウス〉。ラヴェイの自宅兼サタン教会の本部。（本文初出p.459）

第５～第６章　タクシルとハックスが「ドクター・バタイユ」の筆名で発表した『19世紀における悪魔』。（本文初出p.325）

サバト（魔女集会）の絵画的表現

ゴヤの『魔女の夜宴』（1789）

ヨーハン・ヤーコプ・ヴィック（16世紀）の年代記から

ポール・クリスチャン『魔術の歴史』（1870）

ジュール・ミシュレ『魔女La Sorcière』（1862）の挿絵（本文p.258）

ギヨーム・ギーフ作「悪の精霊（ルシファー）
Le Génie du Mal」（1848）
右足と左腕が鎖に繋がれ、折れた笏と王冠を持ち、足元にはかじった後のリンゴが落ちている。
よく見ると、目元からは悔恨の涙がこぼれているのが窺える。
この像はリエージュ大聖堂の説教壇の背後に設置されており、極めてカトリック的でありつつ、悔恨を物語る涙を流している。聖堂にはもともと、ギヨームの弟ジョゼフが制作した『悪の天使L'Ange du Mal』が飾られていたが、その像のあまりの美しさに女性信者が惑わされたため、ギヨームが代わりの像を依頼されこの「悪の精霊」を制作した。
Photo: right: Luc Viatour, left: Ruben van Luijk

ヒ

フ

ヘ

ナ

ニ

ネ

ノ

ハ

ケ

コ

サ

シ

エ

オ

カ

キ

ク

索　引

＊当該項目が作品名等に含まれている場合は、原則としてノンブルを拾わなかった。
　例：『カイン』（バイロン著）が出てくるページは、【カイン】に含まれていない。
＊当該項目を取り上げている節がある場合、その節の全体のノンブルを示し、イタリック体にした。例：【*534-553*】。

ア

イ

ウ

著者

ルーベン・ファン・ラウク（Ruben van Luijk）

オランダ・ロッテルダム生まれ。ティルブルク大学神学部で博士号を取得。オランダ・ラドバウド大学リサーチ・フェローなどを務める。写真家、小説家、翻訳家、芸術家。

監修

藤原聖子（ふじわら・さとこ）

1986年、東京大学文学部卒業、2001年、シカゴ大学大学院博士課程修了、Ph.D.。比較宗教学。大正大学助教授、東京大学大学院人文社会系研究科准教授を経て、2017年より同教授。著書に、『ポスト多文化主義教育が描く宗教――イギリス〈共同体の結束〉政策の功罪』（岩波書店、2017）年、『宗教と過激思想――現代の信仰と社会に何が起きているか』（中公新書、2021年）『日本人無宗教説――その歴史から見えるもの』（編著、筑摩書房、2023年）などがある。

翻訳

飯田陽子（いいだ・ようこ）

東京大学大学院人文社会系研究科博士課程。アメリカ宗教史。「アメリカの禁酒運動とキリスト教（コラム11）」（高尾賢一郎他編『宗教と風紀』岩波書店、2021年）、「19世紀アメリカにおける女性の社会参加と宗教」（『東京大学宗教学年報』34号、2017年）他、翻訳に、エボニー・ジョイ・ウィルキンス『キャサリン・ジョンソン　新しい世界の伝記ライフストーリーズ3』（三省堂、2020年）がある。

装丁・本文組　濱崎実幸

悪魔崇拝《あくますうはい》とは何《なに》か
——古代《こだい》から現代《げんだい》まで

2025年3月25日　初版発行

著　者　ルーベン・ファン・ラウク
監　修　藤原聖子《ふじわらさとこ》
訳　者　飯田陽子《いいだようこ》
発行者　安部順一
発行所　中央公論新社
〒100-8152　東京都千代田区大手町1-7-1
電話　販売 03-5299-1730　編集 03-5299-1740
URL https://www.chuko.co.jp/

印　刷　TOPPANクロレ
製　本　大口製本印刷

Published by CHUOKORON-SHINSHA, INC.
Printed in Japan　ISBN978-4-12-005909-4 C1014